诸葛计／著

诸葛计为学自选集

鼫鼠迹

中国社会科学出版社

图书在版编目（CIP）数据

鼫鼠迹：诸葛计为学自选集 / 诸葛计著 . —北京：中国社会
科学出版社，2015.5
ISBN 978 - 7 - 5161 - 5968 - 2

Ⅰ . ①鼫… Ⅱ . ①诸… Ⅲ . ①史学—中国—文集②地方志—
编辑工作—文集 Ⅳ . ①K207 - 53②K290 - 53

中国版本图书馆 CIP 数据核字（2015）第 081312 号

出 版 人	赵剑英
选题策划	郎丰君
责任编辑	郎丰君
责任校对	孙青青
责任印制	戴 宽

出 版	中国社会科学出版社
社 址	北京鼓楼西大街甲 158 号
邮 编	100720
网 址	http：//www. csspw. cn
发 行 部	010 - 84083685
门 市 部	010 - 84029450
经 销	新华书店及其他书店

印 刷	北京君升印刷有限公司
装 订	廊坊市广阳区广增装订厂
版 次	2015 年 5 月第 1 版
印 次	2015 年 5 月第 1 次印刷

开 本	710×1000 1/16
印 张	38.25
插 页	2
字 数	626 千字
定 价	118.00 元

凡购买中国社会科学出版社图书，如有质量问题请与本社联系调换
电话：010 - 84083683

目　录

自序 ……………………………………………………………………… 1

一　史苑趾迹

1. 对黄巢起义中流寇主义问题的研究 …………………………………… 3

2. 对黄巢起义记事墨迹内容的质疑 ……………………………… 42

3. 关于庞勋起义两个问题的探讨 ………………………………… 51

4. 张全义略论 ……………………………………………………… 61

5. 南唐先主李昪行事述略 ………………………………………… 70

6. 宋慈及其《洗冤集录》 ………………………………………… 85

7. 宋慈生卒年份考辨 ……………………………………………… 96

8. 从一篇碑文谈到明代农民的徭役负担
　　——读万历三十九年《无锡县均田碑》 ………………… 103

9. 精于考证，勇于探索
　　——简评顾诚《明末农民战争史》 …………………………… 114

二　志海遗踪

志说拾碎

1. 纂修志书是"立言"的著述大业 ……………………………… 123

2. 历代皇帝与方志 …………………………………………… 129

3. 地方官与地方志 …………………………………………… 141

4. 志人的亮节与秽行 ………………………………………… 148

5. 地方志书之幸与不幸 ……………………………………… 160

6. 纠正方志史中一个流行说法的错误
　　——兼答友人问 ………………………………………… 176

7. 从一篇《修志本末》看古人是如何修续志的
　　——读《景定建康志·修志本末》有得 ………………… 181

8. 稀见著录地方志书概说
　　——关于合力编纂《中国稀见著录方志提要》的建议 ……… 187

9. 志书中的"策论"之笔 …………………………………… 199

10. 志书凡例琐谈
　　——从《龙岩市志·凡例》说起 ………………………… 210

11. 地方志与全面协调可持续发展 …………………………… 231

12. 郭沫若对中国方志的使用与整理
　　——为纪念郭沫若诞辰一百周年而作 ………………… 239

13. 重温教导倍觉亲
　　——沉痛悼念本届修志的倡导者胡乔木同志 ………… 247

14. 新方志应着力加强对抗日战争的记述
　　——从新编《芷江县志》谈起 ………………………… 252

15. 本届志书的一项特殊功效
　　——新编地方志促进海峡两岸交流小记 ……………… 268

16. 与学术研究结合进行修志
　　——洛阳、江陵的修志模式 …………………………… 277

17. 可贵的努力　可喜的成果
　　——本届修志推动学术研究之一瞥 …………………… 284

18. 民国史研究中的"光复"之议 …………………………… 292

书事评说

1. 显地方之特点　收教化之功效
　　——《泉州历史人物传》试评 ……………………… 295

2. 这种对作物记述的方法好
　　——《代县志》"蚕果"一节试析 ………………… 303

3. 一部接近九十年代中期水平的新志书
　　——新编《临桂县志》略评 ………………………… 306

4. 阐微掘幽　警世醒人
　　——评新编《临桂县志》后剩余的话 …………… 319

5. 考镜源流　成一省方志之总览
　　——《河南地方志提要》简评 …………………… 325

6. 此间明月胜他州
　　——读《扬州市志》有感（上） ………………… 337

7. 得失长短试说评
　　——读《扬州市志》有感（下） ………………… 347

8. 最是难得西流水
　　——评新编《桐梓县志》 ………………………… 353

9. 崇尚民族气节　突出地方特点
　　——评新编《桂林市志》 ………………………… 364

10. 从一部志书中提出值得探讨的若干问题
　　——读《桂林市志》杂感 ………………………… 374

11. 重行事　显特点　长豪气　增信心
　　——读《广西通志·政府志》有得 …………… 383

12. 重视独家资料的集纳
　　——读天津市《河西区志》之一得 …………… 398

13. 榜样的力量是无穷的
　　——试谈《芦台农场志》的示范意义 …………………… 402

14. 中华民族脊梁精神的体现
　　——读新编《阜平县志》印象记 …………………… 409

15. 从修志实践中对续断代志的探索
　　——评《三河市志》 …………………… 417

16. 名人手下出佳构
　　——《临汾市志》简评 …………………… 429

17. 好地方的好志书
　　——新编《大同市志》得失谈 …………………… 438

18. 一部正续合体的新型志书
　　——读《商丘地区志·续卷》 …………………… 444

19. 同中求异，共中出特
　　——《广西通志·旅游志·名人旅桂》篇推介 …………… 450

20. 继承创新　在显地情之特上下工夫
　　——南京《鼓楼区志》略评 …………………… 459

21. 关于志书中对区域专门文化的记述
　　——从《侯马市志》谈起 …………………… 469

22. 一部力度精深的纂辑体续志
　　——喜读吴小铁主编《南京莫愁湖志》 …………… 473

23. 展现时代新风貌的好志书
　　——对《奉贤县续志》多余的话 …………………… 477

24. 值得肯定的探索精神
　　——《马鞍山市志》试评 …………………… 486

25. 抓准地情民情特点，打造志书特色
　　——再读《洪洞县志》感想点滴谈 …………………… 497

26. 续补创新，规正昭来

——读《邗江县志（1988—2000）》有感 ……… 504

27. 承继和发扬中国修志传统之举
——写在《新方志纠错百例》出版之际 ……… 511

28. 检阅成果　总结经验教训
——全国地方志第二次评奖活动侧记 ……… 516

序言跋语

1. 《梅州市志》序 …………………………………… 534

2. 新编《临桂县志》序 ……………………………… 538

3. 时代催新法
——序《大埔县志》 ……………………………… 543

4. 《乌苏县志》序 …………………………………… 548

5. 《十堰市志》序 …………………………………… 551

6. 《锡林郭勒盟畜牧志》序 ………………………… 553

7. 一往直前求创新
——跋天津市新编《南开区志》 ……………… 558

8. 《文成华侨志》序 ………………………………… 562

9. 一副能窥时代变迁的镜具
——序江山市《白沙村志》 …………………… 564

10. 山西临川县《礼义村志》序 …………………… 576

11. 广西桂林市灵川县《灵川镇东唐氏家谱》序 …… 578

12. 六翁辑点《历代邹县志十种》序 ……………… 580

13. 雷坚著《广西方志编纂史》序 ………………… 583

14. 一部特色鲜明的区域方志史
——序陈泽泓《岭表志谭》 …………………… 587

15. 《一代志坛——马克思主义方志学理论与实践》序 …… 591

三　附录

未收入本集的文稿目录 ……………………………………… 595

后记 ……………………………………………………………… 599

鼯鼠之技 仅止此耳

——自序

十数年来，退休于五桐斋里，漫步在双耕庐傍。过着"径上笋成竹，拨枝门始通。杖斫园中树，蔬摘圃里菘"的生活。心近止水，优哉游哉。

忽一日，子、媳哼着那首《常回家看看》的流行歌曲，乘兴而归。进得门来，便将一页花色的印刷纸张，置于案头，谐谓曰："老爸，没有想到，除了我们这个家而外，您在外面居然还有另外的三个家。"我闻声愕然，不知所以。转细视之，原来纸中所印，乃是下载多年前一家媒体上，给在下设的一个词条。对此，我先前一无所知。条内赫然冠上了"历史学"、"方志学"、"编辑学"三个"家"。我始是默然，继则便觉悲从中来，羞惭无地。家尚和睦，学贵专精。三帽遮颜，足见我在人们眼中形象之浮杂、浅漏了。

细思起来，也不能全怪人家，谁教我走过的就是这么一条飘飘浮浮之路呢！我自从走出校门，便幸运地进入到国家最高的学术研究殿堂——中国社会科学院（刚进入时是中国科学院哲学社会科学部）。一直至退休的三十多年中，都混迹于学术界。先是在历史研究所，继之是中国社会科学杂志社，后又到中国地方志指导小组办公室。从专业范围而论，既有对中国古代史学的稍事研究，又从事过地方志的编纂指导工作。在中国古代史领域里，从先秦、到唐宋、明清，也都有所涉足。但可悲的是，无论何门、何段，均未能深入，每每都是蜻蜓点水，浅尝辄止。

回首自己的足迹，稍事检点，不顾拙劣，用时下最通行的话语来说，可以"晒"出来的，除了有所谓的"专著"《唐末农民战争战略初探》、《南唐先主李昇年谱》、《吴越史事编年》、《闽国史事编年》、《中国方志五十年史事录》、《中国方志史》（合著），以及正在广西师大出版社出版中的《中国方志二千年通鉴》等之外，余下可自选出的便是这个集子中的零散爪痕，足见此面目浮杂之甚矣。

读书中尝见毛诗有"硕鼠硕鼠，无食我黍"者。疏注者有谓，硕鼠即《尔雅》之鼫鼠也。其技有五："能飞不能过屋，能缘不能穷木，能游不能渡谷，能穴不能藏身，能走不能先人。"故又名五技鼠。以此辈自度，何其相似！故将此集颜之曰《鼫鼠迹》。

尚有赧颜者，乃因所收文字之写作时间，跨度有长达三四十年者。不同年代及各家书刊，当时自有其书法习惯要求。仅以引文注释规格为例，当日于国内学界通行者，与当今国家出版行政部门公布之统一规范要求，已颇有差距。此次为循新规，仅补齐一些注脚要素，已颇为繁难。加之时过境迁，环境殊异，笔者工作单位数有变动，又年迈体弱、目迟脑钝，原所引证之籍，已难一一觅获，不得不简单从便，版本优劣无从计矣。甚至出现有注为当时尚未出现之版本者。极个别之注，又不得不仍其旧状。均乞师友读者谅察，幸甚！

五桐斋主诸葛计从忠
2015 年元月 24 日于北京天通苑五桐斋，时年七十加六矣。

一

史苑趾迹

1. 对黄巢起义中流寇主义问题的研究

一

流寇主义在我国古代的农民战争中，并不是一种十分罕见的现象，而是带有一定普遍性的问题。"历史上存在过许多流寇主义的农民战争"。因此，流寇主义，应当成为农民战争史研究中一个值得重视的问题。

流寇主义性质的农民战争，在唐朝末年黄巢和明朝末年李自成领导的这两次农民战争中表现得最为突出。自从毛泽东同志为指导中国现代革命而总结历史的经验、教训，提出"应当认识，历史上黄巢、李闯式的流寇主义，已为今日的环境所不许可"之后，我国的史学研究者们，无不把黄巢、李自成领导的农民战争，当作流寇主义的典型。

"流寇"这一称法，最早始于何时，未去查考。但在我的印象中，至迟在明末农民起义中就已存在。当时的统治者们，把到处流动作战的农民起义军称为"流贼"①。如崇祯元年十二月，刑科给事中薛国观奏言："淳化、绥德等处，流贼千百为群。"② 崇祯二年春，延绥巡抚岳和声、陕西巡抚胡廷宴各报："略阳、淳化、绥德、宜川等处，流贼孔棘。"③ 明末清初人王夫之在其《读通鉴论》中，把"横行天下"的王仙芝、黄巢称为"流寇之雄"。清人修的《明史》便是将高迎祥、李自成、张献忠、刘宗敏、

①　"流贼"一词出现还要更早些。如明宪宗成化元年（1465）十月，兵科给事中袁恺奏："湖广荆襄等处，流贼聚众……深为民患。"（《宪宗成化实录》卷22，成化元年十月壬寅条，台湾"中央研究院历史语言研究所"整理，1966年影印本，第7页B）但这里所指的还是流民为"贼"的意思。真正在流动作战的意义上来使用"流贼"一词的是在明末。

②　清·吴伟业《绥寇纪略》卷1，王云五主编《丛书集成初编》本（以下版本同），第2页。

③　明·文秉《烈皇小识》卷2，《明季稗史初编》卷2，商务印书馆民国元年版，第4页B。

罗汝才等起义首领的事迹编入《流贼传》的。在该传的序文中说："惟武宗之世，流贼蔓延，几危宗社。"赵翼在其《二十二史札记》中，又不管是否横行流动，把凡是起来造反的农民，统称为"流贼"。他把自唐赛儿以下，直至徐鸿儒起义的所有起义事件，均置于《明代先后流贼》条下。

"流寇"的名称虽然出现颇早，但"流寇主义"一词，却似乎是由毛泽东同志首先在文章中提出和使用的，起码我目前所了解的是如此。在《毛泽东选集》一书中，集中谈到"流寇主义"的便有两处：一是在1929年12月写的《关于纠正党内的错误思想》一文中；二是1938年5月写的《抗日游击战争的战略问题》一文中。在前一篇文章里，他是这样说的：

> 由于红军中游民成分占了很大的数量和全国特别是南方各省有广大游民群众的存在，就在红军中产生了流寇主义的政治思想。这种思想表现在：一、不愿做艰苦工作建立根据地，建立人民群众的政权，并由此去扩大政治影响。只想用流动游击的方法，去扩大政治影响。二、扩大红军不走扩大地方赤卫队、地方红军到扩大主力红军的路线，而走"招兵买马"、"招降纳叛"的路线。三、不耐烦和群众在一块作艰苦的斗争，只希望跑到大城市去大吃大喝。凡此一切流寇思想的表现，极大地妨碍着红军去执行正确的任务。故肃清流寇思想，实为红军党内思想斗争的一个重要目标。应当认识，历史上黄巢李闯式的流寇主义，已为今日的环境所不许可。①

文中还指出了对流寇主义思想纠正的方法。

在《抗日游击战争的战略问题》一文的《建立根据地》一章中，他又说：

> 历史上存在过许多流寇主义的农民战争，都没有成功。在交通和技术进步的今天而企图用流寇主义获得胜利，更是毫无根据的幻想。然而流寇主义在今天的破产农民中还是存在的，他们的意识反映到游击战争的领导者们的头脑中，就成了不要或不重视根据地的思想。因

---

① 《毛泽东选集》合订本，人民出版社1966年版（以下版本同），第97页。

此，从游击战争的领导者们的头脑中驱除流寇主义，是确定建立根据
地的方针的前提。要或不要根据地、重视或不重视根据地的问题，换
句话说，根据地思想和流寇主义思想的斗争的问题，是任何游击战争
中都会发生的，抗日游击战争在某种程度上也不能是例外。因此，同
流寇主义作思想斗争，将是一个不可少的过程。只有彻底地克服了流
寇主义，提出并实行建立根据地的方针，才能有利于长期支持的游击
战争。①

此外，零星谈到的还有一些。如 1936 年 12 月写的《中国革命战争的
战略问题》一文中说："反对单纯军事观点和流寇主义，承认红军是中国
革命的宣传者和组织者"；1939 年 10 月写的《中国革命和中国共产党》一
文中，谈到流民时说："他们缺乏建设性，破坏有余而建设不足，在参加
革命以后，就成为革命队伍中流寇主义和无政府主义思想的来源。"②

从上引毛泽东同志的一系列论述中，我们可以归纳出以下几点：

1. 流寇主义思想是与根据地思想相对立的。流寇主义最主要的表现，
就是一味地东流西窜，只想用流动游击的方式去扩大影响，而不要或不重
视根据地的问题。

2. 游民（或称流民、流氓无产者），即失掉土地的农民或失去工作机
会的手工业者的存在，是产生流寇主义的阶级根源。

3. 流寇主义妨碍正确政治任务的完成，不可能将革命战争引向胜利，
在交通技术进步的现代，尤其如此。

今天，我们就是在上述意义上来使用"流寇主义"这个概念的。它系
指一种政治路线和军事路线而言，既不同于游击战、运动战，也不同于通
常所说的流动作战。后三者都只属于作战方式、方法问题。

在五六十年代的农民战争史研究中，曾出现过几篇研究流寇主义的文
章，对流寇主义的含义、流寇主义与流动作战的联系与区别、产生流寇主
义的根源以及它在农民战争中所起的不良影响等等方面，都进行了一定的
探讨，无疑是取得了不小成果的。但这些文章也存在一个共同的不足，这

---

① 《毛泽东选集》合订本，第 409—410 页。
② 同上书，第 441 页。

便是对黄巢、李闯等的流寇主义的表现、在战争中的影响，都缺乏更具体、更细致一些的分析。到底在这两次农民战争的一切阶段上，是否都存在流寇主义的问题？如果都存在，那么在各个不同的战略阶段上是如何表现的？它对各战略阶段任务的完成所产生的影响又当如何估价？如果不是在一切战略阶段上都存在，那么各自又是何时产生和严重起来的？这些都是值得作进一步研究的问题。

我们认为，在黄巢、李自成领导的唐末、明末两次农民战争中，流寇主义是严重的、典型的。但当我们这样说的时候，必须要有一个清醒的认识，即黄巢、李自成的流寇主义的性质，并不是从战争一开始就有的，也并不是表现在整个这两次战争的一切战略阶段上。如果我们对这个问题不加以比较细致的分析，只是笼而统之地说黄巢、李自成有流寇主义，那么就不管你如何一再声明不能把流寇主义与流动作战混为一谈，实际上仍然没有把两者区分开来，在这个问题上就不能分清什么是古代农民战争中的经验、教训，就可能把值得肯定和吸取的有益的东西，也连同"污水"一起泼了出去，或者是相反的做法。

在本文中，我们只先就黄巢领导的农民战争，试做一些具体的分析。至于李自成领导的明末农民战争中的流寇主义等，则只好留俟将来再作研讨。

二

黄巢领导的唐末农民战争，是我国农民革命运动史上的一次空前的壮举。从公元875年初王仙芝率众于濮阳起义，到公元884年六月黄巢牺牲于泰山狼虎谷而最后失败，前后持续了9年半的时间，横扫范围达到全国今天的十数个省区，严重地打击了唐王朝的封建统治秩序，在一定程度上调整了阻碍当时生产力发展的封建生产关系，对中国封建社会的发展起到了应有的推动作用。除了它的社会意义之外，仅就战争本身而言，它在中国军事史上的意义也是值得重视的。它在军事艺术方面所取得的成就，同样闪耀着彪炳史册的光芒。这次战争经历了防御、进攻、相持（转变）、退却等战略阶段，是一次十分完整而典型的农民革命战争。尤其是在遍及今十一个省（区）的辽阔范围内的流动作战，先以大踏步流动破袭，由黄河南岸逶迤穿插到南海之滨，创造了顽强的攻势防御的楷模；又以夹带缺点的长驱直入由岭南突击至关中，开辟了坚决的战略进攻的典范，为历史上一切帝王将相的"武功"所不敢望其项背，在军事上无不引为禁忌之处，创造了惊人的业绩。造成这种惊人业绩的因素，除了我国幅员广袤（这是重要的条件）和当时藩镇割据的分裂局面，以及当时全国正处于农民革命高潮时期等客观条件之外，革命性质的军队所特有的坚忍不拔的顽强战斗精神，不能不是一个重要的条件。农民起义军在高度流动之中创造了自己的伟业，但也正是在高度流动之中暴露了自己的阶级局限性——犯了流寇主义的错误，以致埋下了日后失败的部分根苗。那么，这种错误到底从何时，又是怎样产生的呢？

王夫之在其《读通鉴论》中，称王仙芝、黄巢是"流寇之雄"。他谈到黄巢"横行天下"，终无尺土一民为其所有的话，共有两处：其一是《富贵之徒情欲得而才亦穷》条云：

> 王仙芝、黄巢虽横行天下，流寇之雄耳。北自濮、曹，南迄岭、海，屠戮数千里，而无尺土一民为其所据。即至入关犯阙，走天子，僭大号，自关以东，自邠、岐以西，自剑阁以南，皆非巢有；将西收秦、陇，而纵酒渔于孤城，诚所谓游釜之鱼也。[1]

其二是《僖宗·七》云：

> 若黄巢，则陷广州旋弃之矣；蹂湖湘旋弃之矣；渡江淮旋弃之矣。申、蔡、汴、宋，无尺土为其土，无一民为其人，无粒粟为其馈饷。[2]

显然，王夫之是把黄巢自濮（州，治今山东省鄄城县）、曹（州，治今山东省曹县西南）到岭南和自岭南到关中的这两个阶段，都是视同一体的。在我们看来，黄巢领导的起义军从濮、曹到岭南，和从岭南而至关

---

[1] 船山全书编委会编《船山全书》，岳麓书社2011年版，第10册，第1040—1041页。
[2] 同上书，第1046页。

中，虽在作战风格和作战方式上颇为类似，但就其实质而言，是极不相同的。前者是大踏步流动破袭，带有流窜的性质，是与战略防御的性质和任务相适应的作战方式；而后者则是长驱直入地向前推进，已经进入战略进攻的范畴了。两者是绝不可以视同一体的。

战略防御的任务，是在敌强我弱的形势下，积蓄和壮大自己的力量，消耗和削弱敌人，逐步改变敌我力量的对比，为实现战略转变创造条件。大踏步流动破袭，正是在敌强我弱形势下的一种避实击虚的流动作战。它不攻坚，不固守，不寻求决战，以敌人防御空虚、薄弱之处作为自己的进军方向；在作战的主观指导上，基本上是视敌军兵力的部署状况为转移的。这种作战，以保存和壮大自己的力量为主，把消灭敌人的目的置于次要的位置上，避战的成分比较浓厚，只对各地分散和薄弱之敌，在确有把握的情况下，才相机地迅速实行或袭或歼。农民军于乾符三年（876）七、八月和乾符五年（878）三月，曾两度逼近唐朝的东都洛阳，但都未发动对这个政治、经济、军事中心的进攻。无论出自什么样的原因和什么样的考虑，这样的处置，无疑都是正确的。

而长驱直入则在许多方面与流动作战是相反的。这是一种在我强敌弱的力量对比形势下才采取的作战方式。因而它把消灭敌人的有生力量作为自己第一位的目标；把保存和壮大自己则放到了次要的地位。在一般情况下已不再实行避战，而是主动地寻求决战；在自己战略进攻的方向上实行必要的攻坚，要尽可能地拔除敌人盘踞的一切军事据点。这时在作战的主观指导上，虽然要受敌军兵力部署的客观形势的影响而决定自己的作战方向，但这已经是另一种意义上的影响了。它考虑的重点是如何才能尽可能多地消灭敌人，而不是主要考虑躲避敌人的阻击了。从岭南发起北伐之后，义军先后对潭州（今湖南省长沙市）、澧州（今湖南省澧县）、江陵、采石、泗州（今安徽省泗县）、洛阳、潼关等军事重镇和据点的攻克，都是势在必行的。至于到达江陵之后，为什么不径克荆门、襄州（今湖北省襄樊市）而直趋关中，那是另有原因的（下详）。黄巢领导的农民军从濮、曹到岭南和从岭南到关中，前后两个阶段在作战上其所以会有如此不同，那是由于两个阶段的战略任务和性质不同所决定的。前者属于战略防御的性质，而后者则是进入战略进攻的范畴了。如果真正从战略性质的差异上来考察各自的战略任务，是不能只看到它们在作战风格和作战方式上的某些类似，如都有极大的流动性等，便遽而断定它们都具有流寇主义性质的。

是的，流寇主义问题主要是在战略机动中产生的，但并不是因此而可以说，战略机动必然产生流寇主义。流寇主义主要是表现在对待和处理根据地和占领区与流动作战的矛盾上，也就是前面所说的要不要、或重视不重视根据地和占领区的问题。

根据地是革命队伍进行战争行动的战略依托地，是革命战争赖以执行自己的战略任务，达到保存和发展自己、打败和消灭敌人的战略基地。具体地说，在战略防御中，根据地是作为预备战场而存在的，使革命队伍依托着它，凭借着有利于己的民情、地理、地形等有利条件，在其内部或附近，进行自给自足的比较持久的防御作战，创造条件，改变总体力量对比，捕捉有利时机进行战略反攻；在战略进攻当中，根据地则是作为支持革命队伍的出征行动和保证其生存的供应处所，是人力、物力、财力的主要来源地。此外，根据地的建立和存在，对外可以扩大革命的政治影响，唤起贫苦农民群众的希望，树立他们的信仰，对敌占区的人民起着一种巨大的号召和鼓舞作用；给反动统治阶级造成诸种困难，动摇其统治基础并促进其内部分化瓦解；对内则给以战争的从事者（包括前方和后方）一种心理上的巨大支持，促进全国革命高潮的到来。总之，根据地的建立和存在，可以实现多种战略意图。当代杰出的战略家斯大林曾不止一次这样指出：

> 世界上任何一支军队没有稳固的后方是不能取得胜利的……在残酷的内战时期作战的军队，要获得胜利，就绝对需要它所赖以取得人力补充和物力支援的当地居民的团结一致，而这种团结可能是民族的，也可能是阶级的。没有这种团结就不可能有长期的军事胜利。[1]
>
> 后方对于前方极为重要，因为它，也只有它，不仅以各种给养支援前线，而且还以人力——战士、情绪和思想来支援前线。[2]

---

[1] 《关于南方的军事情况》，《斯大林全集》第 4 卷，人民出版社 1956 年版，第 253—255 页。

[2] 《协约国对俄国的新进攻》，《斯大林全集》第 4 卷，人民出版社 1956 年版，第 286 页。

革命根据地，无论是在战略防御抑或是在战略进攻阶段，都是革命军所依赖的后方，对于支持革命战争来说，其意义是绝对不应低估的。当然，要建立根据地，需要进行艰苦的斗争和大量的严密细致的群众工作，并且必须具备一定的主、客观条件，其中最主要的就是革命队伍，要有代表和反映群众利益的政策去发动群众和组织群众。此外，它与地理、民情、敌我力量的对比与配置态势、整个战争的发展形势等等，都有着直接的关系，并不是在任何情况下都可以随心所欲地去建立根据地的。

与流动作战有直接关系的另一个问题，是保持占领区的问题，保持一定的占领区，虽然不能等同于建立根据地，但它也有壮大本军的人力、物力、财力，保证革命战争逐步加强，并相应地削弱敌人，改变总体战力以及实现多种战略意图的作用，其意义也是不容忽视的。在古代农民战争中，由于农民阶级没有自己完整、独立的革命思想，不能建立完整、巩固的农民政权。因此，也就不能建成我们今天所理解那种意义上的根据地。在古代农民战争中，军事占领区和根据地是相去不远的，故我们在研究这个问题时，便可以将占领区和根据地并在一起进行讨论。

对于一支从事革命的队伍来说，建立根据地和保持一定的占领区是十分重要的。但要做到这一点，必须妥善地解决好与流动作战之间的矛盾。要建立根据地和保持一定的占领区，就一定要部分地停止大规模的军事行动和相应地分散兵力，用于进行必要的守备和管理，这样就要影响流动作战的程度和速度。如何合理地解决好这一矛盾，对于革命战争的领导者来说，实在是一门较高的政治艺术和军事艺术。在我国古代大规模的农民战争中，在战略思想上曾开出过不少大放异彩的革命独创的花朵，但也比较普遍地出现过陷入歧途的两种偏向：或者是局促一隅，死守革命初起时所占据的一山一寨，一小块地盘，在形势和任务都已发生重大变化时，仍拒绝作任何形式的向外流动，最后为反动统治阶级纠集的大军所绞杀；或者是陷入流寇主义的泥淖，完全丧失根据地和占领区的任何观念，在必要和有利的情况下，也不注意建立根据地和保持必要的占领区，只是一味地东流西窜，追求"吾等横行天下为快耳"①，结果在敌人大规模的军事进攻面前，身无立锥之地，终因失去任何依托而陷于失败。黄巢、李自成都属于

---

① 明末农民起义领袖之一罗汝才语，见清·吴伟业《绥寇纪略》卷9，第190页。

后一种类型。

　　要研究黄巢领导的唐末农民战争中流寇主义的产生及其具体表现，首先就要具体地分析它是如何解决根据地（包括占领区）与流动作战之间矛盾的。当然。这种分析，只是就当时已经发生的实际做法而言，并不是说农民领袖们当时就已经认识到要正确处理好这一矛盾。同样，本文在评论其他战略、战术上的优劣得失，也只是我们今天根据战争的实际进程去总结经验教训，绝不是说它已经是农民领袖们对战争规律有了深刻认识的自觉行动。相反，当时进行战争的农民群众及其领袖们只能在战争的某些环节上有一定的感性认识，而对战争的根本规律是不可能有深刻认识的。因此，在许多情况下，他们往往只是不自觉地顺应了战争客观规律的要求，取得了有时是他们自己也料想不到的胜利。

　　黄巢领导的农民军是如何解决这一矛盾的呢？在各个战略阶段上的处置方式，是否切合当时的情况和战略任务呢？兹就各战略阶段分别试析如下：

　　（一）战略防御前期不存在流寇主义的问题

　　从唐僖宗乾符二年（875）初，王仙芝率众于濮阳县起义始，至乾符三年（876 年）七月，义军离开沂州（治今山东省临沂县）附近向外线发起远征时为止，这一年半左右的时间是这次农民战争战略防御阶段的前期。

　　乾符二年初，王仙芝在尚君长、曹师雄等一批骨干分子的协助下，率众数千人举行起义后，即以"天补平均大将军兼海内诸豪都统"的名义发布檄文，指斥唐朝"（官）吏贪沓，赋重，赏罚不平"①。是年六月，义军接连攻下濮、曹两大州城，"俘丁壮万人"。管辖这个地区的天平节度使薛崇，从治所郓州（治今山东省郓城县）率部前来"进剿"②，为义军所败。七月，曹州冤句（今山东省菏泽县西）人黄巢募众数千人，加入王仙芝的起义队伍，各地贫苦农民亦纷纷响应。

----

① 《新唐书》卷 225 下，《黄巢传》，中华书局标点本，1975 年版（版本下同），第 6451 页；《资治通鉴》卷 252，《考异》引《续宝运录》，中华书局标点本（版本下同），1956 年版，第 8174 页。

② 《旧唐书·僖宗本纪》说这次来"进剿"的是"郑州节度使李種"。岑仲勉先生在《通鉴隋唐纪比事质疑》一书第 326 页中，谓郑州无节度使，"郑州"当是"郓州"之误。又"李種"，实应当为"李種"。——此处暂从《资治通鉴》

面对义军的日益壮大，唐僖宗李儇虽然诏命淮南（驻扬州）、忠武（驻陈州，治今河南省淮阳县）、宣武（驻汴州，治今河南开封市）、义成（驻滑州，治今河南滑县）、天平五节度使（后又加了平卢节度使——驻青州，治今山东省益都县）"亟加讨捕及招怀"。由于统治阶级内部矛盾重重，军事行动进行得十分迟缓，故义军未感到重大压力，仍可从容向外发展，直活动到沂州一带。十二月，唐诸道行营招讨使宋威，才率诸道兵在沂州附近完成集结。义军与战不利，队伍被打散，王仙芝、黄巢等亦不得不分散潜伏。沂州城下这一分散行动，虽然是吃了败仗之后不得已的做法，但在客观上却收到了诱敌撤围的效果。正当宋威遣散诸道兵，自回治所青州"告捷"，奏报"仙芝已死"时，义军又在沂州附近"攻剽如故"，唐廷不得不再次下诏发兵①。待敌军于乾符三年夏秋之际，在沂州附近重新完成结集时，义军仅与敌人稍作接触，便主动放弃曹、濮、沂州一带，打出外线，开始了战略防御后期的作战。

这个时期由于尚处起义的初期阶段，义军势力还不甚大，其活动地区还限于较小的范围之内，未曾引起统治阶级，尤其是唐朝中央的十分重视。因此，认真的大规模军事"围剿"的局面还未出现，起义军这时所对付的还只是实力比较薄弱的地方队伍。加之义军初期活动地区所处的特殊地理位置——黄河下游的黄泛区，土瘠民贫，水、旱、虫灾相仍，军阀混战连年，阶级矛盾尖锐，具备开展革命斗争的群众基础；地处唐廷与割据独立的河北三镇军事斗争的拉锯地区，可以暂时利用敌人的矛盾，不致引起唐廷一开始即下死力进行镇压等。因此，这个时期义军的活动还不需要远离曹、濮地区。曹、濮地区是作为义军初期作战的依托地，作为预备战场的军事根据地而存在的。

到这个阶段的后期，当宋威统率的河南诸镇军队重新完成集结，对义军形成包围之势时，王仙芝、黄巢等便毅然率部向河南中部的许州（治今河南许昌市）、汝州（治今河南临汝县）等地打去，开始了告别乡土的流动作战。我们认为，义军对曹、濮这块军事根据地，从开创、保持，到及时撤出的做法，都是恰当的、适时的。既不是从一开始就不要根据地，又不是在情况已经发生变化之后依然死守一隅。所以，这一阶段并不存在流

---

① 均见《资治通鉴》卷252，第8182页。

寇主义的问题。

（二）战略防御后期的大踏步流动破袭，也不是流寇主义

义军自乾符三年七月离开曹、濮地区之后，直到乾符六年（879）夏，攻克岭南重镇广州时为止，其间的两年又十个月左右的时间，是这次农民战争战略防御阶段的后期。

在整个战略防御后期，义军的作战是由两次大踏步流动破袭所组成的。乾符三年七月，义军由沂州附近发起进攻，直插河南中部的许、汝地区。先后攻克阳翟（今禹县）、郏城（今郏县）等，"不十日破八县"①。九月克汝州（治今河南临汝县）重镇，杀守将董汉勋、唐廷刑部侍郎刘承雍，活捉刺史王镣。数万人的义军队伍，在许、汝一带的军事行动，自然形成一个逼攻东都洛阳的军事态势。唐廷对此大为紧张，急忙调兵遣将环卫东都，并加强对关、陕的防御，对义军布下一个西守东攻的合围之势。此时义军并未贸然进攻洛阳，随着各路唐军渐集河南，包围之势近于完成之际，便决计跳出敌人的"围剿"中心，绕道向敌的隙地——江淮地区打去。故十月，又经豫西南的唐（州，治今唐县）、邓（州，治今邓县），进入湖北境内。十一月克郢（州，治今锺祥县）、复（州，治今沔阳县）、安（州，治今安陆县）、随（州，治今随县）等州，执随州刺史崔休徵。十二月，转攻豫南、鄂东、皖中一带，先后攻克申州（治今河南信阳）、光州（治今河南潢川县）、庐州（治今安徽合肥市）、寿州（治今安徽寿县）、舒州（治今安徽潜山县）、黄州（治今湖北省黄冈县）等处，严重地扫荡了唐廷财富倚重的江淮地区，给唐廷的经济命脉以重创。

义军在江淮地区的流动破袭，引起了唐廷的极大恐慌。它除了一方面催趣屯聚洛阳附近的唐军，迅速压向江淮地区外；另一方面，便是通过蕲州（治今湖北蕲春县）刺史裴偓和时在义军手中的俘虏、原汝州刺史王镣，施展招降的阴谋。十二月，王仙芝在敌人的诱降面前产生了动摇，准备接受唐廷的左神策军押牙兼监察御史的官职。但这一投降的企图，遭到了以黄巢为首的广大起义将领和战士的反对。敌人的这次招降阴谋虽然被挫败了，然而王仙芝的动摇，却造成了义军队伍的分裂。自此，王、黄两位主要农民起义领袖之间，便因政治上的分歧而不得不分道扬镳：王仙芝

---

① 《新唐书》卷225下，《黄巢传》，第6452页。

率本部继续活动于江汉平原一带;黄巢则看到唐军日集之势,毅然率师北返,打回濮、曹地区。随着黄巢北上的完成,第一次大踏步流动破袭亦告结束。

蕲州事件引起义军分裂之后,王仙芝威信大落,从此失去了最高统帅的地位。他所率的一部义军从乾符三年底起,直至乾符五年二月,于黄梅战败牺牲的一年多时间内,一直株守在东起黄梅、西至江陵的唐军包围之中。乾符四年春,由于活动于江浙沿海一带的反唐起义势力王郢部被镇压,接着唐中央与南诏地方少数民族地区政权(在今云南境内,首府设于大理)之间又达成和解,结束了二十来年不断的战争,这都使唐廷有可能把更大的军事力量,投入到镇压义军的战场上来。在这样的形势下,王仙芝依旧留恋于与唐廷的妥协。政治上无远大目标,因而在军事上亦不谋求积极发展,拒绝以发起新的流动破袭来打破敌人日益紧缩的包围。中间虽然取得过鄂州(治今湖北武昌县)、随州两个战役的胜利,一度出现了再次打破敌人包围的有利局面,但王仙芝白白地虚掷了良机。在胜利面前反而派出重要将领尚君长、蔡温球、楚彦威等到长安去议降,结果均遭到敌人杀害。更为可悲的是,王仙芝并未从这一惨痛的教训中真正醒悟过来,在政治、军事路线上来一个改弦更张,而是依然把自己置于被动挨打的地位,因而招致了一连串的失败:乾符四年十月一败于蕲、黄(州,治今湖北省黄冈县),被"斩首四千级"①;十一月再败于荆门的打援;五年正月三败于申州东,被"杀万人,投散者亦万人"②。二月,在与唐招讨副使曾元裕部在黄梅的决战中,王仙芝带领五万义军全军覆没,他本人亦于战斗中牺牲。经过四年多激战锻炼、拥有起义初期就参加革命战争的众多老战士的这支义军主力,终于为王仙芝的一再企图投降的错误所葬送。

黄巢于乾符三年十二月与王仙芝分裂之后,率部打回豫、鲁边境时,正值第一次流动破袭调动唐军之后,这里敌情相对缓和,义军得以依靠当地人民的大力支持,顺利地开展作战,整训并扩大了队伍。乾符四年二月克郓州,杀节度使薛崇;三月破沂州,队伍再度发展到数万人;七月一度

---

① 《资治通鉴》卷253,将蕲、黄之战记作黄巢部义军,其实应是王仙芝部。黄巢部其先一直活动于濮、曹一带,七月才一度围攻宋州(治今河南商丘),且十二月又连克匡城(今河南长垣县)、濮州。巢军纵善流动,亦断无远程来蕲、黄打此孤零零一仗,而又折回原地之理。

② 《资治通鉴》卷253,第8195页。

出攻宋州；十二月，连克濮州、匡城。王仙芝牺牲后，尚让率余部来归，推黄巢为主。黄巢义不容辞地担当了起义的主要领导责任，更高地举起了革命的大旗，自号冲天大将军，改元王霸，署置官属，建立了初步的军事政权。他利用敌人再度施展诱降阴谋以为掩护，将计就计，完成了发动第二次大踏步流动破袭的准备。

乾符五年三月，当镇压王仙芝后的唐军陆续北上时，黄巢又一次放弃了曹、濮地区，发起了比第一次更加雄伟得多的第二次大踏步流动破袭。这次大踏步流动破袭，按其战役节奏，可分为五个小段，即开展了五个大踏步。第一个大踏步由曹、濮地区发起，经滑州，掠宋、汴，乘虚挺进许、汝地区，先后克新郑、叶县、郏城、襄城、阳翟等处，第二次摆出威胁东都洛阳的态势。唐廷果然又以为黄巢"欲窥东都"，急忙换将调兵，把守险隘，拱卫洛阳。未等敌军部署完毕，黄巢又以第二个大踏步奔袭淮南。其年秋，义军由和州（治今安徽和县）渡过长江天堑，以第三个大踏步经皖南而进入两浙（时分浙东、浙西，合称两浙）。九月，以第四个大踏步由浙入闽，开山路七百里。十二月克福州及闽江流域的许多州县。不久，又以第五个大踏步直插岭南，于乾符六年五月，攻克岭南重镇广州。在第二次大踏步流动破袭中，义军以一年又两个月左右的时间，突破了敌人无数次的军事堵截，历尽了长途跋涉的万苦千辛，由黄河沿岸一直打到南海之滨。这不仅在古代农民战争史上是空前绝后的壮举，就是在近现代交通工具出现以前的一切战争史上，恐怕也是无与伦比的。

在整个战略防御后期的作战中，除了黄巢于乾符三年十二月与王仙芝分裂之后，率部打回豫、鲁边境，利用当地敌情比较缓和的条件，在曹、濮一带获得一年多的时间，进行休整和依托这个地区进行作战之外，其余的大部分时间，都是处于不停顿的大踏步流动作战当中。义军既没有开辟任何根据地，也没有保持任何占领区，对于所攻占的一切地方都是随走随丢，打到哪里便对那里的官府和地主进行剥夺，用以保证义军的补给，这是不是就犯了流寇主义的错误呢？我认为也还不能这样说。因为在整个这一时期，革命队伍还是劣势，仍然经常处于优势敌人的围剿、进剿和追剿之中。在这种情况下任何停止流动，都会招致更多不利条件下的被迫作战，使自己失去战役和战斗上的主动权。于此时企图保持和占领地方，势必更加分散兵力，增加自己的劣势。这除了给敌人以各个击破、分而歼之的便利外，自己是不可能达到保持占领地方目的的。这时，企图建立根据地和保持占领区的想法和做法，反而是不合时适的。

王仙芝在与黄巢分兵之后，企图株守被敌军四面围困的江汉平原，拒不实行大规模的流动作战（当然他也并不是建立根据地和保持占领区，而只是继续留在敌人包围地区内的小步子流动），最后落得个兵败身亡的结局，已经有力地证明了这一点。事实无情地告诉我们，在这样的情势下，只有寻找敌人的空虚、薄弱部位，实行高速度、大踏步的流动作战以调动和疲惫敌人，自己则利用大踏步流动的间隙，于所到之处实行必要的征调和整补，才能保持自己在战役和战斗上的主动权，壮大本军，削弱敌人，达到战略防御的目的。黄巢领导的这部分义军，正是这样做的，所以它不仅在敌军的围、追、堵、截下求得了自身的生存，而且完成了这次战争战略防御的任务，为战略进攻准备了条件。

在此有必要顺便说明一个问题，即我们为什么要把大起义爆发，到进入岭南之前，看作义军战略防御阶段的问题。什么是战略？按我对克劳塞维茨所界定的"战略就是为了达到战争目的而对战斗的运用"的理解，战略就是对战争全局的筹划和指导。它依据敌我双方军事、政治、经济、民情、地理等因素，经过综合的理性思维，预见战争的进程，从而规定对军事力量的部署和对战斗的运用及实施。从这个意义上来说，黄巢等在这个阶段还没有十分明确的战斗目标，未必有许多对战争全局的策划和指导，要把它称作一个战略阶段，似乎不甚适合。但在古代的农民战争中是不必过于拘泥的。如果从这个阶段在整个战争中所起的实际作用（它所完成的任务）而言，是可以把这个阶段作为战略防御阶段来看的。因为正是在这个阶段，农民起义军保存和积蓄了力量，消灭或消耗了敌人，改变了敌我力量的对比，为战略进攻准备了条件，也就是说完成了战略防御的任务。

（三）在第一次战略转变阶段，出现了流寇主义的错误

从乾符六年春夏之交，义军进入岭南，到是年十月由岭南发起北伐，其间有半年左右的时间，是由战略防御到战略进攻的战略转变阶段（为了与占领长安后那个由战略进攻到战略退却的转变阶段相区别，我们把它称为第一次战略转变阶段）。

义军在战略防御阶段的五年多艰苦奋战中，尤其是防御后期的大踏步流动破袭中，取得了显著的战略效果。正是这两次大踏步流动破袭调动了

敌人，使之为抢救中原和江淮流域的各据点，东奔西跑，筋疲力竭。同时也使唐朝大面积范围内的地方政权和财源都受到严重的破坏。因而，当义军进入边远的岭南地区时，唐廷已经无力组织大规模的"围剿"和"进剿"。乾符六年的四五月间，虽然加派宰相王铎为南面行营招讨都统兼荆南节度使（驻江陵），又以原泰宁节度使李系为行营副都统兼湖南观察使，并令其将精兵五万与当地土团五万余共十万余人屯守潭州（治今湖南长沙市），但给他的任务只是"塞岭北之路拒黄巢"①，完全采取战略守势了。颇能说明问题的是，一贯"迁延玩寇，无意剪除"②的镇海节度使（驻润州，今江苏镇江市）高骈此时竟提出一个进攻岭南义军的战略方案：

> 请以权舒州刺史郎幼复充留后，守浙西；遣都知兵马使张璘将兵五千于郴州（今湖南省郴县）守险；兵马留后王重任将兵八千于循（州，治今广东省惠阳县）、潮（州，治今广东省潮安县）二州邀遮；臣将万人自大庾岭趋广州击黄巢。巢闻臣往，必当遁逃。乞敕王铎以所部兵三万，于梧（州，治今广西梧州市）、桂（州，治今广西桂林市）、昭（州，治今广西平乐县）、永（州，治今湖南零陵县）四州守险。

对这个方案，唐僖宗竟来了个"诏不许"③。这或许是唐廷认为把高骈留在苏、浙一带，让他尽快地恢复江南被义军打乱了的封建秩序，保证自己的财富来源，巩固对其他地区的统治更为重要的缘故吧。

不批准高骈的进攻方案，并非唐廷就不想对岭南的义军实行进攻，实际是它已经力难从心了。因为义军的大踏步流动破袭，不但使唐政府的军事、经济力量受到相当严重的破坏，而且也促使统治阶级内部矛盾大大地加剧了：朝臣们各树自己的势力，为争夺镇压义军的行营都统、招讨使等职，实际上是为争夺军队的指挥权而争吵不休，把朝廷闹得乌烟瘴气。有的称疾隐退，有的请求罢事免职，有的互相诋毁，甚至当着皇帝的面就掀袂拂袖、恶言相诟，连起码的朝仪也顾不得了。在外领兵的将领们又与朝

---

① 《资治通鉴》卷253，第8214页。
② 《旧唐书》卷178，《郑畋传》。中华书局标点本，1975年版（版本下同），第4633页。
③ 均见《资治通鉴》卷253，第8216页。

臣们互通声气，钩心斗角，于战场上迟缓怠战、坐失良机、自惰士气。各地拥兵自重的藩镇们，看到农民起义军打击下的唐朝"天下大乱，朝廷号令不复行于四方"，俱抓住这"英雄立功名之秋"①，而大闹独立。他们的部属们也借着兵士乏饷噪变之机，"咸有啸聚邀功之志"②。于是，部将杀逐主帅以自立、兵士杀逐将领而喧哗的事件，便接二连三地发生。军队中的这些事变，有的属于统治阶级内部矛盾，有的则是下层兵士的反封建压迫、剥削的斗争。但无论何种性质的行动，都起了削弱统治阶级力量的作用。

凡此种种都说明，义军进入岭南地区时已经摆脱了敌人的军事压力，在这里取得了地区性的优势，赢得了相当充裕的时间，具备了将岭南地区建成根据地的有利时机和客观条件。当时岭南地区存在的革命主观条件——群众基础也是很好的。

岭南地处南疆边陲，开发的时间较晚，生产水平比较低下，生产关系中落后因素的残存比中原地区要严重得多，如卖人为奴的现象就相当普遍。唐廷政府所下的许多关于禁止贡献奴婢和卖人为奴的诏令，往往都是针对岭南而发的。唐宣宗大中九年（855）四月，还特地下了一道《禁岭南货卖男女敕》，其中有云：

> 如闻岭外诸州，居人……昼乏暮饥，迫于征税，则货卖男女。奸人乘之，倍讨其利。以齿之幼壮，定估之高下。窘迫求售，号泣逾时。为吏者谓南方之俗，服习为常，恬然不怪。因亦自利，遂使居人男女与犀象杂物，同为货财。③

地方官吏不但不为民兴利除弊，反而因了地处荒远，朝廷对他们的行为"难以覆验"而任意"肆其奸诈"④，苛酷贪猥。所谓"凡为南海者，靡不捆载而还"⑤。在这样残酷的榨取剥削下，人民生活痛苦之状可想而

---

① 《资治通鉴》卷253，第8195页。
② 《资治通鉴》卷253，《考异》，第8197页。
③ 《唐大诏令集》卷109，中华书局2008年版，第567页。
④ 《资治通鉴》卷253，第8098页。
⑤ 《旧唐书》卷177，《卢钧传》，第4591页。

知。唐朝后期对南诏连年用兵，岭南地处前线，人民又增多了一重战争和军旅的蹂躏，仅转输粮米军资的徭役，就把人民压得喘不过气来。这怎能不引起两个阶级之间的矛盾日益尖锐呢？

除了岭南本地各族人民的贫困破产之外，这里还存在为数不少的北来游民，有的是谪流者的子孙，有的是脱伍的戍卒。《旧唐书·卢钧传》谓："自贞元以来，衣冠得罪流放岭表者，因而物故，子孙贫悴，虽遇赦不能自还。"至于说到戍兵，他们从遥远的北方被派遣而来，由于被将官们克减衣粮，加之不服水土，因此，生活十分苦楚，往往被逼得"亡命为盗"，散落于各地。

无论是唐廷及其地方官吏的压迫、剥削下濒于破产的岭南各族人民，抑或是散落在各地的北来游民，当黄巢义军来到岭南时，都纷起响应。如桂州一带的瑶民，当黄巢部义军还活动在广州附近一带时，就举行了起义。史称："唐末黄巢寇岭南，溪洞蛮应之，逼桂州城。"起义者与唐桂州驻兵战于都狼山凡九十日，毙其守将于向，攻占桂州城。① 黄巢率兵北伐时，其部将鲁景仁因病留在连州（今广东省连县）。广明元年，他与连州戍将黄行存，轻而易举地就召集了"工、商四五千人，据连州"。在当地少数民族群众的支持下，这支义军队伍前后坚持了二十年之久②。由此可见，在当时的岭南地区，人民中酝藏着多么高涨的革命热情和深厚的革命力量。这说明从客观到主观方面，岭南地区都具备了建立根据地的良好条件。

再从义军的战略任务来说，当时已经有了一个"谓宝命之在我"，将要入关"以图大计"的目标，因而已经处在发动战略进攻的前夕。当时岭南地区所面临的任务，就是要支持一支数十万人的庞大队伍的出征。为了完成这一战略任务，就非将岭南建成比较稳固的根据地不可。无论从必要性还是从可能性上来说，黄巢起义军都应当毫不迟疑地来进行并完成这一战略任务。

然而，在实际上，农民起义军领导者们却没有这样做。虽然他们也下了很大气力来略定广州周围以及大部分岭南地区，而且牢牢地控扼住了岭

① 谢启昆修、胡虔纂《广西通志》卷96，《桂林府二·永宁州》"都狼岭"条引《方舆纪要》；卷256，《列传一》"于向"条。

② 《新唐书》卷10，《昭宗本纪》，第296页；同书卷186，《邓处纳传》，第5422页。

北唐军南来的一切交通要隘，造成了一个厉兵秣马，进行政治、军事组织上整顿的环境。但是，也仅仅停留在这种一般性的军事控制和占领上。起义者们并没有进一步来经营这个地区，既没有把自己制定的北伐宣言中所提出的政治、经济主张进一步具体化，并首先在这里付诸实施①，又没有撤换唐朝在这个地区的各级地方官吏，委派农民军的骨干去实行接管，形成自己的一套行政组织系统。在这样十分必要而又可能建立根据地的情况下，仍只采取这样一种处置办法，就是极端错误的了。这就是根本不要根据地的流寇主义的表现。随着北伐战争开始后，义军又将岭南地区弃置不顾，连作为军事占领区也未予以保持，就使这种错误更加严重和扩大了。根本不要根据地，竟发展到根本不要占领区的严重程度。这种错误所带来的危害，在下一阶段的战略进攻中，便立即明显地表现了出来。

（四）流寇主义错误在战略进攻阶段发展到了顶点

从乾符六年十月由岭南发起北伐，到广明元年（880）十二月底，攻下唐朝的都城长安止，其间的一年多时间，是这次战争的战略进攻阶段。建立相应的根据地和保持必要的占领区，对于这个阶段来说，已经成为必不可少的重要战略任务之一。这是因为：

首先，只有建立相应的根据地和保持必要的占领区，才能使本军在向战略进攻的纵深推进中，随时得到必需的人力、物力、财力的补充，以便调整自己的战略后备，保持自身在主攻方向上的优势，保证战略进攻得以巩固地发展，使自己立于不败之地。同时还应当考虑到，任何进攻都不可能保证每个战役或战斗都必胜，只有保持了必要的占领区和建立相应的根据地，才不致因一两次战斗和战役的失利而引起全线的溃败。即使偶尔出现战斗或战役失利，也完全可以通过自身战略后备的调整，稳住阵脚，并很快地重新组织新的进攻。

其次，占领区的获得、新根据地的建立，是战略进攻的重要胜利成果之一（当然，战略进攻的主要成果是消灭敌人的有生力量，但这不是唯一的），要保持和扩大进攻中所取得的成果，也就要保持必要的占领区，并不断地扩大根据地。

---

① 据《新唐书·黄巢传》载：黄巢在广州，曾以"义军都统"的名义发布檄文："告将入关，因诋宦竖柄朝，垢蠹纪纲，指诸臣与中人赂遗交构状，铨贡失才。禁刺史殖财产，县令犯赃者族。"这个檄文，可以看作是义军的一个"北伐宣言"。

其三，对于进行一次革命战争来说，战略进攻只是一种手段，其根本目的还在于消灭和打垮敌人的军事力量，推翻其反动统治，夺取全国的胜利。要考虑到夺取全国的胜利，必须在战略进攻阶段，就为下一步的收拾残局、统一全国，奠定一个十分有利的战略布局。为此目的，在战略进攻中所夺取的某些战略据点和枢纽地带，都是非下大力保持不可的。

其四，任何高明的常胜统帅和常胜军队，都不能不在战略进攻当中，就估计和考虑到将来可能出现的战略退却。根据地的建立和占领区的保持，既是目前战略进攻的主要支持点，同时又是将来可能需要的战略退却地带。没有这样的战略退却的预备地区，一旦战争形势发生逆转，需要实行战略退却时就会无所适从，没有一个归宿之处。

以上四点，说明在战略进攻当中，保持占领区和建立根据地是何等的重要。从另一方面来说，到了战略进攻阶段，革命队伍已经取得了战略上的强大优势，这种优势还会随着进攻中新胜利的取得而越来越加强。在这个时候，分出少量的兵力（因为此时的守备和管理，已经比战略防御阶段容易得多，所需的兵力也可以少些）对占领区和根据地进行必要的守备和管理，已经无损于战略主攻方向上的需要和部署。

作为战略进攻，在作战方式上有两种类型可供选择：一种是把整个战略全程区分为若干个战役纵深，在各个战役纵深间采取逐步推进、逐步巩固的稳扎稳打的战法。这种战法使战役间的间隙比较宽裕，战役节奏比较明显、规则。另一种是不明确区分战役纵深，实行长驱直入，在尽可能扩张上一战役成果的同时，便顺手牵羊地夺取下一战役的胜利，使战役之间相互绵联。仅在战略进攻的自然进程中，于不得已时才作简短的停顿。这种战法使战役间隙很不明显，战役节奏也不规则，呈现出混乱和急促的特征。

长驱直入的作战方式，一般来说有利有弊。其利是可以发挥高度的突然性和先制性，乘敌人于措手不及之际便打乱其部署，置敌于被动地位而消灭之；其弊则在于随着进攻纵深的推进，难以逐步补充自己的人力、物力和调整自己的战略后备，万一遇到意外情况，极容易遭挫败。具体到黄巢这次战略进攻的实际情况而言，以步兵为主的这支农民起义军（要注意它与其他军队有着一个十分重要的不同，农民们在投入起义队伍时，往往是全家人一起参加，因此他们行军中许多人都要拖家带口），行动于山岳起伏和江湖港汉交错的复杂地形之上，长驱直入的突然性和先制性，只可发挥于战役纵深之中，至多只能在特殊有利条件下的部分战略纵深之中。如乘暴水浮江而下飞袭潭州，又顺水推舟地夺取澧州和江陵。所以其利是十分有限的，而其害却很突出。这点我们将放在下节中一并进行讨论。

农民军当时正确的做法应当是采取第一种战法，实行稳扎稳打地逐步推进，充分利用战役之间的间隙巩固已经夺得的占领区，并力争建立相应的根据地。可惜黄巢等因袭了战略防御后期的大踏步流动破袭的经验，不自觉地采用了长驱直入的战法。单纯追求进攻速度，结果是欲速不达。更重要的是，义军的领导者们对建立根据地和保持占领区的必要性依然毫无认识，因此在战略指导上也完全因袭了战略防御后期的做法，对所攻占之地依然是随走随丢。早已出现的流寇主义，至此发展到了顶点。

数十万人的队伍由岭南发起远征时，没有建立稳固的岭南根据地以为依托，已是一种冒险的做法。而大军一起行，竟把岭南作为占领区也不加以保持，这更是十分错误而危险的行动。就实际情况而言，对于一支如此庞大的队伍，从岭南打到关中，要经历上万里的战略纵深，即使是建立并保持了岭南根据地，在后来的长途进军当中，也会出现远水近火的矛盾，还需要随着北伐的进程，建立新的根据地才相适应。如按第一个北伐方案，经潭州、江陵、荆州、襄阳、洛阳，直趋关中，则起码应当建立湖湘根据地和荆襄根据地；如按修正后实际所行的第二个北伐方案，则应当在保有湖湘根据地的基础上，再分别先后建立淮南、河南两个根据地，才能保证数千里战略纵深的供应。

义军在前后两次北伐中，不但未建立任何一个根据地，而是如王夫之所说的："陷广州旋弃之矣，蹂湖、湘旋弃之矣，渡江、淮旋弃之矣。"连沿途的许多极为重要的战略据点，如采石、泗州、洛阳等都没有据守，关中的东大门潼关也没有认真据守。这就必然对战略进攻本身，尤其是对以后的几个战略阶段，贻害无穷。

三

不要任何根据地，也不要任何占领区的流寇主义，如果说在前期还有它的客观需要的话，那么到第一次战略转变阶段以后，给战争带来的影响便主要是消极的了，而且这种消极影响是很大的。虽然不能像有的研究者所做的结论那样，把流寇主义说成是农民起义失败的决定性的原因，但它的确是促使农民战争走向迅速失败的一个很重要的因素。它在唐末农民战争各个战略阶段上所产生的消极影响是：

（一）对战略进攻的不良影响

在战略进攻阶段，流寇主义造成了第一次北伐战争（第一个北伐方案）的流产，推迟了夺取全国性胜利的到来。

这次农民战争的战略进攻，虽然由于唐朝统治阶级的腐朽和全国农民革命形势的高涨，促成了它的胜利。但这个胜利的获得是经历了极大的艰苦曲折的。本来，经过在岭南地区半年时间的休整和准备之后，乾符六年十月义军从岭南发起北伐时，其势是非常锐盛的。唐军防线的前哨重镇潭州，当时驻防的有唐朝南面行营副都统兼湖南观察使李系亲率的十万以上的大军（精兵、土团各五万余）。义军借助于天时地利，驾木筏乘暴水实行飞袭，仅一天就攻克潭州，全歼守敌十万余人，唐军的统帅李系"仅以身免"。接着，义军又接连轻取澧州、江陵等重镇，真可谓势如破竹。当时的力量对比，优势完全在义军一边。再从选择发起进攻的时机、进攻的目标、方向，以及所怀抱的直线北上，经荆襄、洛阳径取关中的战略意图等诸方面来看，也大体上都是恰当的。按理而论，这次北伐是应当进行得比较顺利的。但事实却不然。当义军前锋尚让部万余人由江陵北上进抵荆门以南四十里的团林驿时，不幸误中山南东道节度使刘巨容和江西招讨使曹全晸联军的埋伏，损失数千人。敌军乘势南逼，带领义军主力的黄巢也不得不于十二月初七日弃江陵而率师东下，终止了轰轰烈烈的第一次北伐。

借助反动军队内部的矛盾，义军得从容东下，在湖北境内袭鄂州陷其外廓后继续东进。自广明元年（880）初开始，先后攻克饶（州，治今江西省的波阳县）、信（州，治今江西省上饶市）、池（州，治今安徽省贵池县）、歙（州，治今安徽省歙县）、衢（州，治今浙江省衢县）、婺（州，治今浙江省金华县）、睦（州，治今浙江省建德县）等州城和许多县份，转战于今赣、浙、皖三省的广大地区，队伍又发展到二十万人。从乾符六年十二月至广明元年七月自采石渡江前的半年多时间，是插在两次北伐之间的义军战略后备调整阶段。这个阶段的出现，并不是战争的指导者在主观上有所认识而作出的决策，而是战争本身的客观规律在无情地施展它的威力。农民领袖们只是在遭到沉痛教训之后，才不自觉地服从于这个规律。

这次战略后备的调整，是在十分艰苦的条件下进行的。义军一进入江南地区就遇上了高骈这个劲敌。还在黄巢从岭南发起北伐时，高骈已由镇海节度使提升为检校司徒同平章事、扬州大都督府长史、充淮南节度副大使知节度事，并兼江淮盐铁转运使及江南行营招讨使等职。他先已在淮南"缮城完垒，招募军旅"，成了既有三吴之财富，又有淮、徐之劲卒的一支强大的军事力量。王铎在湖、湘阻击义军不力被免去都统职务后，高骈又当上了诸道兵马行营都统，传檄征天下兵，手下集有土、客兵七万人。黄巢义军一进入江南，高骈便派大将张璘过江进行迎击。义军在这里既受到强大敌军的阻截，又遭到疾疫流行的威胁，一度处境相当困难。直到广明元年五月信州决战，阵斩张璘、消灭高骈的主力后才扭转局势。六月连克睦、婺、宣（州，治今安徽省宣城县）三州，七月自采石渡江，开始了更加雄伟的第二次北伐（亦可视为"西征"）。十月渡淮，黄巢便于工作以"天补大将军"的名义向各地藩镇发出牒文，令他们"各宜守垒，勿犯吾锋。吾将入东都，即至京邑，自欲问罪，无预众人。"① 借以分化瓦解敌人。十一月十七日克洛阳，十二月初二日克潼关，初五日攻下唐廷的都城长安，第二次北伐胜利结束。

通过以上进军过程的极简单的叙述，可知农民起义军在战略进攻中的行军路线走了一条大曲线，行程略增一倍以上，时间也拉长了许多。造成不得不实行这样长途大迂回的原因，主要的便是流寇主义的错误。义军北伐之初，虽然比较容易地就夺得了潭州、江陵两个战役的胜利，但再要经荆门北上，则非补充兵员、给养不可。可是，因为义军北伐后，既未保持岭南占领区，又未按实际需要建立湖湘根据地，进行的完全是一种无战略后方以为依托的作战。这就潜伏了一种因意外情况而引起挫败、甚至溃败的危机。正因为自身存在如此严重的根本弱点，所以才在荆门以南一次偶然的中伏受挫之后，便无法调整自己的战略后备，重新发起进攻，甚至竟使自己站不稳脚跟，不得不避敌而东下，造成了第一次北伐的流产，大大

---

① 《资治通鉴》卷254，僖宗广明元年十一月，第8235页。

地推迟了夺取全国性胜利时刻的到来。

斯大林在谈到军事进攻中，巩固已占有的阵地对于调整自己的力量部署、保证扩大胜利成果，并把进攻顺利进行到底的重大意义时，曾经这样指出：

> 过去没有，而且也不会有任何顺利的进攻，可以不必在进攻进程中重新部署力量，可以不必巩固已经占领的阵地，可以不必利用后备力量来扩大胜利，并把进攻进行到底。如果一味前进，就是说不遵守这些条件，进攻就必然遭到挫折和失败。一味前进是置进攻于死地。我国国内战争的丰富经验说明了这一点。①

我体会，斯大林在这里是就战役进攻而言的。但是在战略进攻中更需要遵守这些原则。黄巢领导的义军，正是在战略上一味前进，不重视已经占有的阵地，所以给自己招致了一个长途的大迂回。

（二）在战略相持阶段的不良影响

从广明元年底义军进入长安，到中和三年（883）四月义军第二次退出长安，其间的两年又四、五个月的时间，是这次战争的战略相持阶段，也是由战略进攻到战略退却的转变阶段。我们把它称作第二次战略转变阶段。这个阶段的特点是国内两个政权并存，并处于尖锐的对立之中，表现在战争形式上便是双方的僵持拉锯。流寇主义的错误给这次战争带来的恶果，主要是在这个阶段表现出来的。

由于义军开始战略进攻后便放弃了岭南占领区，在第一次北伐中没有建立湖湘根据地，第二次北伐中又没有建立淮南和河南的根据地，也没有保持沿途的战略据点和枢纽地带。所以，最后虽然攻取了唐廷的首都长安，取得了战略进攻的辉煌胜利，但进入长安之后，终于只剩下了一个赤裸裸、孤零零的战略布局。这样一个战略布局，不仅阻碍了收拾残局、统一全国的战略目标的实现，而且还使义军在战略相持中处于极为不利的地位，并播下了迅速走向失败的种子。

---

① 《联共（布）中央委员会第十六次代表大会的政治报告》，《斯大林全集》第12卷，人民出版社1956年版，第272页。

随着战略进攻的胜利，义军不是包围和孤立了敌人，反而是将自己放进了敌人的战略包围之中。史称黄巢在长安，其号令"东、西不过岐、华，南北止及山河"①。这个概括大体上是近实的。这种处于敌人战略包围之中的僵持拉锯，无论从精神和物质的消耗上，都只能是有利于敌而不利于己。

从物质消耗上来说，当时最大的是长安城的粮食供应问题。9世纪时的长安，是当时国内最大的城市，也是世界少有的大城市之一。内中住着上百万的非农业人口，粮食几乎完全仰仗于关东的供给。唐朝前期，每年要从江淮等地漕运二百余万石粮食以供应关中。唐朝末年，由于藩镇割据造成漕运不继，就已经常出现"内无储积，而枵腹待哺于外"的紧张局面，至有"米已至陕，吾父子得生之喜"②的说法。黄巢带领的农民军，本来是从岭南经江淮财富之区和粮食供应地打到关中来的。但由于流寇主义的影响，入关之后便把从关东起，至于江淮、湖湘、岭南的广大地区统统丢给了敌人，断绝了关中的供应来源，正所谓"东南断绝无粮道③"。而关中自身的农业生产本来有限，又遭到处于包围地位的唐军的严重破坏和摧残。关于唐军的暴虐及其对社会生产的摧残破坏情况，韦庄在其《秦妇吟》中有如下的透露：

> 千间仓兮万斯箱，黄巢过后犹存半。
> 自从洛下屯师旅，日夜巡兵入村坞。
> 匣中秋水拔青蛇，旗下高风吹白虎。
> 入门下马若旋风，罄室倾囊如卷土。
> ……
> 一身苦兮何足嗟，山中更有千万家。
> 朝饥山草寻蓬子，夜宿霜中卧荻花。

民间的粮食和财产遭抢一空，人民被逼藏入深山，过着摘采度日的生

---

① 《旧唐书》卷164，《王铎传》，第4284页。

② 明·谢肇淛：《五杂俎》卷3，《地部》，中华书局1950年3月版，第64页。

③ 韦庄：《秦妇吟》，转引自张泽咸编《唐五代农民战争史料汇编》，中华书局1979年11月版，第529页。

活。地处关东的洛阳一带尚且如此,被密集的唐军反复蹂躏的关中,更是可想而知。据《秦妇吟》中说:长安"城外风烟如塞色","霸陵东望人烟绝","大道俱成棘子林","破落田园但有蒿"。在这样的情况下,人民如何还能进行生产?!

在本地生产遭到破坏,外来供应又被阻绝的情况下,长安城中的粮食恐慌日益加剧起来,出现了"一斗黄金一斗粟"、"尚让厨中食木皮"的严重局面。敌人便借此大造谣言,说义军购山砦百姓为粮,一人价至数十万,以此来败坏义军的声誉。黄巢面对这种情况,虽然任命干将张居言(后改名张全义)为水运使,企图解决粮食供应问题,但在敌人四面包围的军事形势下,任何人都已无能为力。仅是粮食一项,就成了义军难以支持战争的一个致命伤。

从精神及士气的消耗和影响上来说。由于战斗极频繁,物质生活又如是之艰苦,军队的士气不能不大受影响,往往出现军心动摇。一些经受不住艰苦生活和严峻战斗考验的人,便容易受敌人拉拢引诱,叛变投敌。军心动摇者,如黄巢于中和元年(881)四月第一次退出长安时,这本来只是诱敌深入的一次战术上的佯动表演,而义军的同州(治今陕西省大荔县)刺史王溥、华州(治今陕西省华县)刺史乔谦、商州(治今陕西省商县)刺史宋岩等,都在未接到任何指令,只是风闻黄巢退出了长安,便匆匆地弃守地而逃往邓州方向。结果,王溥、乔谦均被朱温所杀,宋岩则被释回商州。叛变投敌者则有朱温、成令瓌之例。

成令瓌,原奉黄巢之命据守潼关。中和二年四五月间,看到唐军再次紧缩对长安包围的形势而对革命丧失信心,擅自弃关率部向东流窜。在到达楚州(唐时州治今江苏淮安县。按,成令瓌弃潼关东逃,大不可能越过高骈的重军防地而远至江苏淮安,疑书写者沿用了旧西楚州之名。北齐时西楚州治安徽凤阳)地界时,被唐朝淮南节度使高骈诱胁而以"徒伴四万人,马军七千骑"投降,做了高骈的楚州守将。①

朱温参加起义队伍较早,是义军中一个相当重要的将领。攻入长安后,他率重兵担负着长安东北面防务的重责,兼任同州(治今陕西省大荔

---

① 崔致远代高骈《奏诱降黄巢下贼成令瓌状》,《桂苑笔耕集》卷5,海山仙馆丛书本,第2页B。

县）刺史。中和二年九月，在与唐河中节度使（驻蒲州，今山西省永济县）王重荣部相持中，由于黄巢对他支援不够及时而发生动摇。最后竟狠心地杀害义军监军严实及大将马恭，而以同州作进见礼，投降了王重荣，被封为唐朝的右金吾大将军、河中行营招讨使，赐名朱全忠，做了唐廷镇压农民起义军的一条走狗。

这两起投降事件的出现，不仅拆除了长安东面的两道屏障，从军事实力上削弱了义军，而且给全军的士气带来了极为不利的影响。朱温叛投之后，义军华州刺史李祥也产生了动摇。黄巢不得不乘他与敌议降之际把他杀掉，改派自己的弟弟黄思邺为华州刺史。

这样的战略布局对义军不利，对唐军却是有利的。义军在北伐途中给各地藩镇势力发出的牒文，对分化瓦解敌人，减小自己进军的阻力，夺取北伐战争的胜利是起了重要作用的。义军到达关中时，藩镇们虽然口中大叫"勤王"，但实际上多是故作姿态，"藩伯勤王，赴难者有声无实"①。有的还投降了义军，如原负责征讨沙陀族李克用父子势力的代北行营招讨副使、河阳节度使（驻河阳，今河南孟县）诸葛爽、河中节度使李都及马步军都虞侯（后被封为节度使）王重荣、忠武节度使周岌、邠州通塞镇将朱玫等，都一度归降过义军。当然，这些人的归降都是迫于形势，不得已而为之，对义军都是"貌奉而心图之"②。但如果义军战略和策略上正确，笼络住这些人以及争取其他更多藩镇势力的归附或中立，是完全可能的。可是由于流寇主义的影响，所得之地均不守，对各地的藩镇势力无法进行分割、控制，当然也就无法分别进行扫荡和招抚。更重要的是，义军所留下的这个战略布局，使藩镇们丝毫不感到威慑，甚至反而看出了义军的危机。所以，不久之后，这些投降过来的藩镇们又都先后反叛了过去，而且成为了直接威胁长安的最凶恶的力量。

根本不要根据地和占领区的流寇主义，在这时还表现为没有实行追歼穷寇、削平割据，只想传檄而定天下。义军的先头部队进入长安的当天凌晨，唐僖宗李儇才带着五百人的神策军和少数随从，离长安狼狈出逃。这些丧家之犬此时不但失去了任何战斗力，而且连逃跑也显得很低能。十二

---

① 《旧唐书》卷182 "史臣曰"，第4719 页。
② 《旧唐书》卷184，《杨复光传》，第4773 页。

月初五日晨发长安，当天只到成阳，至初九日才到骆谷壻水驿（在今佛坪县境内），平均每日行程只有五六十里。如果当时义军能派一支相当数量的骑兵疾行急追，是完全可以以手到擒来的。但义军领导者坐失了良机，使之得以安然逃往兴元（今陕西南郑县），又从容地从兴元逃到成都。此后，义军不仅未再有追击之举，而且对于在成都重建起来的小朝廷几乎是完全置之不理了，这就给了敌人以死灰复燃的机会。

幻想传檄而定天下，必然对各地的反动势力掉以轻心。远的且不去说，就连距长安近在咫尺的凤翔唐军，黄巢等也未予以妥善的解决。义军进入长安时，驻守在凤翔一带的是唐朝凤翔、陇右节度使郑畋。此人原做过唐廷的宰相兼礼部尚书，稍有影响，又阴险狡诈、诡计多端。唐僖宗西奔途中，他曾中道晋谒，请求留驾凤翔。唐僖宗以凤翔距离长安太近不敢驻跸，只当面交给郑畋一个"东捍贼锋，西抚诸蕃，纠合邻道，勉建大勋"的任务。郑畋得到"便宜从事"的权力后，便大肆"征兵以图收复"[1]，将流散在关中的数万禁军召集在自己的手下，举着拒巢图恢复的旗帜，成为当时反动势力勾结的一个中心。他与西北的泾源节度使（驻泾州，今甘肃省泾川县）程宗楚、秦州节度使（驻上邽，今甘肃省天水县）仇公遇、朔方节度使（驻灵州，今宁夏灵武县）唐弘夫等沆瀣一气，成为义军西北方面的一个劲敌，对四川的小朝廷起了一定屏障的作用。

对于这样一股顽固势力，义军在处置上是完全错误的。广明元年底，当郑畋的军事力量未集之时，义军只派遣使者持"赦书"去进行说降。狡猾的郑畋虚与委蛇，一面设宴招待义军的使者，并当即"草表署名以谢巢"；一面却在暗中加紧自己的反革命部署。次年正月，当义军将领王晖等再次持黄巢的诏书去招降时，他立即摆出了另一副面孔，将王晖等人杀掉。在两次招降都不成的情况下，黄巢才不得不改行军事解决。虽然派了尚让、王璠率军五万进攻凤翔，但已经丧失了战机。加之尚让等麻痹轻敌，在龙尾坡误中埋伏，结果，这次出征以损失二万余人大败而回。

龙尾坡之战，对于连遭失败的唐军来说，有如一针强心剂，成为他们从土崩瓦解中恢复过来的一个转机。接着，郑畋便以诸道行营都统的名义发布檄文，向各地反动势力号召"华戎合势，藩镇连横"，"永图社稷之

---

① 《资治通鉴》卷254，僖宗广明元年十二月，第8240—8242页。

功，以报君亲之德"①。这道檄文，对各地反动势力的勾结起到了不小的捏合作用。本来唐僖宗逃入四川之后，由于音驿阻绝，藩镇们都处于一种不知所措的状态之中。有的暂时投降了义军，有的则首鼠两端，坐待事态的进一步发展。郑畋的檄文发出后，他们觉得又有了一个比较有力的勾结中心，于是又在"勤王"的名义下纷纷蠢动起来。原先处于中立观望的鄜延节度使（驻鄜州，今陕西省洛川县西北旧鄜县）李孝昌、夏绥节度使（驻夏州，今陕西省米脂县西北）拓跋思恭、奉天（今陕西省乾县）镇使齐克让等，都立即归到了郑畋的军事集团。原先已降义军的几个节度使也反叛过去，投到了郑畋一边。这些势力经过重新组合之后，义军所处的包围圈便更加缩小了。

义军入关之后完全放弃了自己占据过的广大关东、江淮、岭南地区，其不利于己而有利于敌还表现在：这些地方的封建秩序又重新恢复了，不久反而又成为了成都小朝廷的财源供应地。唐僖宗逃到成都之初，虽然仰仗于封建正统观念的帮忙，作为封建剥削阶级的一个总代表，在政治上还有一点号召力，然而在军事和经济上则完全是一个空架子。但随着它对当地人民的搜刮，以及诸道和四夷源源而来的贡赋，如"江淮租赋溯峡江而上"②，不久居然也"府库充实，与京师无异"。借助于很快充实起来的府库，用以收买兵丁士卒，竟能"赏赐不乏，士卒欣悦"③。这样便逐渐恢复了力量，不仅镇压了当地阡能等的起义，而且还维持了他在蜀中四年多的统治。

在这样不利己而有利于敌的形势下相持两年多之后，当各地藩镇们相互勾结起来，并伙同李克用的沙陀兵反攻过来时，义军由于得不到长安以外任何一个地区人力、物力、财力的支持，终于无法在长安继续坚持下去，不得不撤退出来，开始转入战略退却。战略进攻阶段播下的孽种，果然在战略相持阶段结出了这么大的苦果！

（三）对战略退却的不良影响

从中和三年四月义军退出长安，至中和四年六月黄巢牺牲于泰山狼虎谷，其间的一年多时间，是这次战争的战略退却阶段。

---

① 《旧唐书》卷178，《郑畋传》，第4636页。
② 《资治通鉴》卷255，僖宗中和三年二月甲子条注文，第8289页。
③ 《资治通鉴》卷254，僖宗中和元年三月，第8248页。

一般说来，由于战争的性质、双方实力的对比，以及战局上的差异，实行战略退却的目的也就不同。无外有这样的几种考虑：（一）为了政治和外交上的需要，以实行战略退却，换取政治或外交上的主动，达到某种政治目的；（二）为了解脱自己在军事上的暂时被动处境，等待与国、同盟军或自己的后续部队的到来；（三）为了把战争引向自己的腹地，以便在地理、地形和民情条件都有利于己而不利于敌的地带进行作战；（四）为了造成和扩大敌人的内部矛盾，败坏敌人的士气，给自己创造战略反攻的有利条件；（五）为了暂时退出战争的旋涡，达到保存自己，积蓄力量，以便东山再起。

在上述诸种考虑中，除了第一种情况限于国与国之间的战争外，其余四种情况都是国内战争可以考虑的。对于黄巢领导的农民起义军来说，除了战争正在进行的长安地区之外，自己已别无根据地作为战略后方。因此，不可能别有部队来加强自己，也无所谓把战争引向自己腹地的问题，实际第二、三种考虑又可以排除。至于第四种考虑造成敌人的矛盾，败坏敌人的士气，在唐末那样藩镇林立的状态下，本来是可以利用的。但这里要有一个条件，便是自己全军上下必须有坚定的信心、高昂的士气和坚强的组织。这对于一般的战略退却者，是比较难于具备的。而黄巢起义军在战略相持中，已经大大地减杀了自己的优势，早已出现溃变倒戈的现象。何况这种退却也同样需要有适当的退却地区呢。如此看来，上述五种考虑中，起义军只能选择第五种了。当然，从敌人所必争的战争焦点地区跳脱出来，退避一隅，达到保存自己、积蓄力量，等待战争退潮的好转，或再一次农民运动高潮的到来，不能看作是完全被动的行动。执行得好，也可以出现再次战略转变的希望。

实行第五种性质和目的的战略退却，到底应当怎样来执行呢？不外有这样两种方式可供选择：第一种方式是，放弃唐朝都城所在的关中地区，跳出敌人的战略包围，接着发起大踏步的流动破袭，以这种方式再次实行全国性的战略防御；第二种方式是，跳出敌人的战略包围之后，以迅速的机动向敌人所不大注意的隐蔽区，采用逐日减灶的方式进发，然后在这个地区分散潜伏，尽量缩小目标，麻痹敌人，变全国性的战略防御为地区性的防御。就当时情势而言，第一种方式是农民军所长和习惯的，因为这次战争的战略防御后期，农民军已将这种方式运用到十分纯熟的地步，现在实行起来可谓驾轻就熟。但这种方式行之于先时则可以，用之于此时则不行。因为大踏步流动破袭的作战方式，只适宜于农民反封建剥削和压迫的群众运动高潮的形势，必须具备沸腾的群众基础和一呼百应的危急形势才行，否则这种作战方式便没有基础。此时农民战争出现退潮，除了战争指导者主观上的错误之外，其根本原因还在于，作为农民战争基础的农民群众运动的日趋消沉。既缺乏一呼百应那样沸腾的群众基础，那么，要以流动作战进行防御，就不能不是一种错误的、不切实际的幻想。因此，剩下来可供采用的就只有第二种方式了。

要实行后一种方式的退却，事先就得明确地选定适当的隐蔽地区作为自己的退却终点。只有事先选定的隐蔽区十分明确，才能以坚强的部署和决心、迅速的机动，采取突然的方式摆脱敌人重兵的跟追，并先机地越过敌人的截堵，为在隐蔽区站住脚跟，赢得充裕的时间，作好对付敌人到来的各种准备。作为隐蔽区，当然是要选择具备对敌人威胁小、能把全国性战争转变为地区性战争的区域。还有一个重要条件便是群众基础好和地形有利于己，便于实行隐蔽。

本来，农民军在战略进攻时已经转遍了整个关东地区及东南半壁，如果不是随走随丢的话，江淮、湖湘、福建、岭南等地，都是很好的隐蔽地区，可以作为退却的终点。可是，由于流寇主义的危害，当日既未把这些地方建成根据地，也未作为占领区而予以保持。以致现在，哪里也找不到一块适于自己立足之地。这种情况，就造成了起义军在选择荫蔽区时的举棋不定。义军从关中退出来时是毫无目的的，这可以从他们在河南境内的逗留缓进得到证明。一贯长于风驰电掣、避实击虚、大踏步流动作战的义军，这时一反常态，对陈州（今河南淮阳县）实行长围攻坚，屯兵于坚城之下几达三百日之久，去死啃一个没有多大军事价值的硬骨头。表面看来，似乎是黄巢为了要给在陈州牺牲的孟楷复仇而陷于因忿用兵。实际上却反映出他们退却目标不明确而无所适从。以后虽然似乎是选定了起义初期曾两度占领的曹、濮地区，作为自己的退却终点，但已经由于退却前期犹豫不决的贻误而失去战机。结果在自己未到达选定的退却终点之前，就被敌人将主力歼灭于退却途中。剩下的残部，则几乎是与敌人的追兵同时进入这个选定的地区，当然就谈不上在这里实现隐蔽了。最后，终于搞垮了这次战略退却，甚至整个这场农民革命战争（这场战争的失败，当然还有其他的原因，我们这里只是着眼于从战争的角度进行分析）。

从上面三个战略阶段的简单分析来看，流寇主义的危害的确是很大的。说流寇主义的错误是唐末农民战争失败的一个重要原因，并没有什么言过其实之处。

四

在前面已经指出，我国古代的农民战争中，曾普遍地出现过两种偏向：第一种是局促一隅，死守革命战争初起时所占据的小块地盘，即使是在战略任务和形势均已发生变化了，也依然拒绝作任何形式的向外流动，结果搞不出什么像样的局面来，便为敌人的武力"围剿"所绞杀；第二种是起义爆发之后便东流西窜，完全丧失根据地和占领区的任何观念，在必要和有利的情势下，也不注意建立根据地和保持占领区，陷入流寇主义的泥潭，结果虽历尽千辛万苦，东征西战，南讨北伐，轰动于一时，但仍然不能建立自己的统治，在敌人大规模军事进攻面前，身无立锥之地，终因没有任何依托地而落得失败的结局。

为什么在农民战争中会普遍出现这样两种偏向呢？社会存在决定社会意识，产生这两种偏向的根源，主要应当从封建社会农民阶级的特点、尤其是从这个阶级的局限性上去寻找。封建社会的农民是个体小生产者，世世代代都被束缚在小块的土地上从事耕作，一家一户就是一个自给自足的生产和消费的单位。这种生产和生活方式，决定了农民浓厚的闭塞性和严重的保守性。这种阶级的局限性就是上述两种错误倾向产生的主要根源。因为长期被束缚在小块土地上互相隔绝的生产和生活，形成了他们企望安稳、短视闭塞、安土重迁和迷恋乡土的性格。将这种"死徙无出乡"① 的性格带到农民战争当中来，便容易产生第一种偏向。大凡是由比较单纯的农民因饥饿一哄而起的起义，都以陷入这种偏向的居多。譬如较王仙芝、黄巢起义稍早十余年爆发于浙东的裘甫起义，就属于这种情况。

到处流窜的流寇主义在表现形式上与死守一隅虽然不同，但根子却是同一个，都是小生产者思想的两个极端的表现。古代企望安稳、安土重迁

---

① 《孟子·滕文公上》。

的农民，平常时期往往是"为良民穷饿时，持一升麦伏草间，小吏捽而笞其背"①，也默默地忍受着。只有在统治阶级的残酷压迫、剥削，逼到毫无生路的情况下，才被迫起而反抗，发动起义和进行革命战争。因此，他们在起义初期，往往只是自发地杀地主官僚、焚官府衙门，打击压在他们头上的直接统治者，发泄平日郁积在胸中的仇恨，解决目前的生活出路。此时，在避开敌人的军事镇压和因粮就食的双重因素影响下，又易于走上忽南倏北、东流西窜的道路。即使就在这时，眷恋乡土的思想也依然萦绕在他们的脑际。等到起义发展到相当规模，尤其是处在一种胜利的形势面前，敌人的军事"进剿"基本解除，也不再有饥饿威胁的时候，千百年来形成的那种"叶落归根"，"处处有个望乡山"，"金窝、银窝，不如自己的老窝"等意识，又会迅猛地抬头。恩格斯在《德国农民战争》中说，当战争取得胜利时，农民们就会傲慢起来，"把整个战争看作一种聚众劫掠的勾当"，"而且只要他们把口袋装满以后，就毫无阻拦地自行回家。"② 这里说的德国农民，与中国旧式农民战争的"饱掠思归"、有"富贵归故乡之心"的情况是颇为相似的。因而，他们在任何他乡都不愿作长驻久留之计。这也就是他们在任何地方都不愿意去努力经营地方（建立根据地和保持占领区）的主要原因。

同时，尽管农民们从无言地忍受到举行武装起义，已经是大大地进了一步，但"小生产者的局部保守性"，使"他们看问题仅从一局部出发，没有能力通观全局，不愿把今天的利益和明天的利益联结，把部分利益和全体利益相联结，捉住局部一时间的东西死也不放"，这就是"小生产者的近视"③。用这种近视的眼光当然就不能通观战略全局，难于知道建立根据地对于整个战争的重要意义，也不会在进行战争的前一阶段就想到为以后的阶段打下基础，铺平道路。

即便是当战争进行到一定阶段时，从自身的实际痛苦经历中，朦胧地感觉到建立根据地问题的必要，他们也无法建立真正经得起战争考验的根据地。这是因为，在封建社会里，农民虽然是社会生产的主要承担者，是当时生产力的主要代表者。但以分散、个体，小私有为特征的农民经济，

---

① 《绥寇纪略》卷1，第29页。
② 《马克思恩格斯全集》第7卷，第二版，人民出版社1959年版，第451页。
③ 《中国革命战争的战略问题》，《毛泽东选集》合订本，第206页。

并不是新生产力和新生产关系的代表者，而是在封建社会中处于依附地位的一种经济形态。这种社会经济地位决定了农民阶级在思想上的依附性。正如马克思和恩格斯所说的：

> 统治阶级的思想在每一个时代都是占统治地位的思想。这就是说，一个阶级是社会上占统治地位的物质力量，同时也是社会上占统治地位的精神力量。支配着物质生产资料的阶级，同时也是支配着精神生产的资料，因此，那些没有精神生产资料的人的思想，一般地是受统治阶级支配的。①

尽管农民在地主阶级残酷的经济剥削和政治压迫之下，有时也会爆发出一种要求财产"平均"和贵贱"平等"的反封建的革命思想。但从根本上来说，它却不可能创立一种新的生产方式，不可能有本阶级的一种独立、完整的思想。因此，在革命起义时也就不可能有一个完整的、明确的反封建的政治、经济纲领，这就决定了它不可能建成一个代表本阶级实行专政的比较稳固、比较完整的政权。

流寇主义主要表现在对待根据地的问题上，而政权建设恰是建立根据地的核心问题。农民战争中不可能建立自己完整、稳固的政权，所以也就不能建立比较巩固的根据地。这也就是农民战争中会出现不重视、最终建不成根据地的一个重要原因。

在这里，很自然地涉及一个问题，这便是唐末农民战争中所建立政权的性质问题。在我看来，黄巢在长安建立的大齐政权是农民的革命政权，这是没有问题的。只不过它是一个极不稳固、极不完整，具有暂时性特点的农民政权罢了。这种不稳固、不完整的政权并非黄巢在长安正式称帝时才开始，而是从起义不久便具有雏形了。因为在农民革命当中，不仅占领区和根据地需要建立这种政权，就是在大踏步流动破袭和长驱直入等流动性极大时，对地方也要实行一定的军事管制和征调。这种管制和征调已经是在行使政权的部分职能，具有了政权的雏形。不过这种政权带有浓厚的临时性质和军事性质罢了。这种性质的政权是可以单凭军事力量制造的，

① 《德意志意识形态》，《马克思恩格斯选集》第1卷，人民出版社1972年5月版，第50页。

它无须特定的经济基础与之相适应，所以从起义不久，这种临时性、军事性的政权便可以产生。到了进入长安，建立所谓比较健全的政权，也只不过是在形式上将机构进一步完善，设官分署，正式称号、改元而已。

黄巢在长安建立的大齐政权，仍然是一个极不完整的政权。因为，任何真正完整的政权都不但应当有一套行政机构，而且更重要的是要有一个与之相适应的坚实的经济基础，以及为维护它而推行的一套完整的政治、经济政策，以保障社会生产的正常进行，从而取得自身的经济供给。列宁在谈到提出切实可行的社会改革的具体纲领对于建立革命政权的重要意义时，是这样指出的：

> 重要的是在每次试图建立临时革命政府时必须提出基本要求，以便用简明扼要的形式向全体人民、甚至向一切落后的群众说明这个政府的目的和它的全民任务……我们的任务便是在于使人民不要相信那些响亮的但是荒谬的空喊的冒险主义（如什么立即实行"社会化"，其实说这种话的人自己都不知道这是什么意思），同时提出现实确实可以实现和巩固革命事业真正必需的那些改革……要善于向人民进行工作，不仅一般地号召他们进行斗争（这在组成革命政府以前时代是足够的），而且直接号召他们立刻实现最基本的民主改革，立刻主动地实行这些改革。[1]

黄巢领导的起义农民，虽然南北转战多年，最后并夺取了敌人的统治心脏。但是，他们提不出也没有一种切实明确的指导思想，没有一个正式明确的纲领。因此也就提不出符合当时社会实际的具体要求和政策，从而形成维持自己统治的经济基础。长安的大齐政权，是一个没有自己的经济基础的政权。这就是我们说它仍然是一个极不完整政权的原因所在。

可能有的研究者会这样诘难：推翻唐王朝的反动统治，不就是黄巢的纲领吗？平均主义不就是他们的指导思想么？怎么能说他们没有明确的思想和纲领呢？

---

[1] 列宁：《革命军队和革命政府》，《列宁全集》第 10 卷，人民出版社 1987 年版（版本下同），第 332—334 页。

不错，他们到达广州之后，的确有了一个打进长安向唐天子问罪，推翻唐廷统治的奋斗目标。但是，从严格的意义上来说，推翻唐廷统治只能说是一种手段，至多只能算作奋斗目标的一部分。到底推翻唐朝统治是为了什么？推翻唐朝统治之后又该怎么办？要建立一种什么样的社会？要实行怎样的一些社会改革？对于这些问题，农民领袖们是一点也不清楚的，而且也是不可能清楚的。同样，王仙芝首义时，就喊出了"天补平均"的口号，黄巢继承了这一口号，改称"均平"。可是，"平均"和"均平"的具体内容是什么？怎样才能实现"平均"、"均平"的主张？王、黄等农民领袖们也是不清楚的。他们自始至终也没有搞出、也搞不出一套贯彻"平均"主张的具体实施方案来。只是于义军所到之处对官僚、富户进行剥夺，而又在可能的范围之内对贫苦农民给予一些施舍、周济。甚至连各次农民起义中常见的那种"开仓赈济"的事，在这次农民战争的史料中也未见记载，事实完全如列宁所指出的那样：

> 追求新的社会生活方式的农民，是用很不自觉的、宗法式的、宗教狂的态度来对待下列问题的：这种社会生活应当是什么样子，要用什么样的斗争才能给自己争得自由……农民过去的全部生活教会他们憎恨老爷和官吏，但没有教会而且也不能教会他们到什么地方去寻找所有这些问题的答案。①

> 平均主义是小农的思想，是个体农民平分一切财产的心理，是原始农民的一种共产的心理。在封建大土地的压迫和掠夺下，农民当中产生这种思想是很自然的，是合理的，进步的，具有强烈的革命性。是农民"革命本能的简单的表现。②

农民领袖们在起义当中打出"平均"的旗号，正是代表了农民的这种心理，符合了千千万万户农民的要求，所以它有着极大的号召作用。在发动农民群众起来斗争，组成浩浩荡荡的革命大军去打败敌人的军事力量，推翻旧王朝的统治当中，曾经起过十分重大的作用。然而，这种平均主义

① 列宁：《列夫·托尔斯泰是俄国革命的镜子》，《列宁全集》第15卷，第186页。
② 恩格斯《反杜林论》，《马克思恩格斯全集》第20卷，人民出版社1971年版，第117页。

又具有空想的性质，它是超出当时的历史条件的。从根本上来说，只不过是一个明净洁白的水中之月，一束绚丽夺目的镜中之花，是一种无法实现的幻想。

恩格斯在分析了农民的财产平等（亦即平均主义）的思想是超越历史条件的之后，又这样地指出："如果这种超出不仅是超出现在，甚至是超出未来，那么这种超出只能是蛮干的超出，空想的超出，而在第一次实际试用之后就不得不退回到当时条件所许可的有限范围以内来。"①

在平均主义思想鼓动下发动起来的唐末农民战争，经过了五六年的"实际试用之后"，到进入长安时，便面临着这样两条道路的抉择了：或者是"退回到当时条件所许可的有限范围以内来"；或者是维持原来的"超出"，继续"蛮干"下去。要走第一条道路便是，在饱经破坏和调整的封建基础之上，实行一套稍经改革的封建政治、经济政策，施行一些轻徭薄赋的财税征调制度，建立一个新的封建政权。这就是前代的刘邦及后世朱元璋所走过的道路。要走这条道路，一般说来，事先得有一个蜕化变质的准备过程，即农民领袖们在起义的过程中，就注意搜罗一批具有"王佐之才"的地主阶级代表人物，拼凑一个帝王将相的班底；自己也从阶级属性上逐步地倒向他们一边，与他们联合起来，共同篡夺农民战争的领导权，把农民战争变质为封建的统一战争。等到夺取区域性或全国性的胜利时，新的封建政权便可以水到渠成地粉墨登场。唐末这次农民战争事先既缺乏那样一个准备过程，等到攻占长安夺取全国性的胜利之后，再想走这条路，已经为客观形势所不许可。即使是农民领袖们意识到要这么做，也已经为时太晚了。更何况农民领袖们到这时，也还没有这种意识。或者是他们虽意识到这种趋势的必然性，但却从根本上唾弃这种刘、朱式的叛变。

剩下来的第二条道路便是，根据个体小农对于政治平等和经济平均的憧憬，去勉强地建立农民革命政权，终因无法创造与之相适应的小农社会的经济基础而归于失败。这次农民战争中，黄巢等农民领袖看来是不自觉地选择了后者，所以就从根本上决定了这个政权只能是一个缺乏自己经济基础的不完整、不稳固的政权。当然失败也就在所难免了。

在寻找产生流寇主义的阶级根源时，还要看到游民阶层的人数大量参

---

① 《马克思恩格斯全集》第 7 卷，人民出版社 1959 年版，第 405 页。

加起义队伍所带来的思想影响。所谓游民，主要是指破产的农民和手工业者。他们在失去土地和工作机会之后，就成为既无定居又无定业的流浪者，如旧史书上所说的"流民"、"逃卒"、"叛兵"、"响马"、"盐枭"，等等。这些人由于生活所迫，不得不长期在城镇街巷、江河湖海和山林泽地之中四处流浪，形成一种与前面所说的朴质农民相反的性格，即冒险浪荡的性格。由于他们惯于穿州走府，较有见识，同时又勇敢好斗，所以一进入农民群众队伍当中，往往就成为较有影响的人物。游民将其冒险浪荡的性格带到农民起义队伍中，而且用以影响习惯于"跟着走"的淳朴农民群众，也易于产生随处流窜、不要根据地和占领区的流寇主义。黄巢起义中产生那样严重的流寇主义，是与大量"逃户"、"盐盗"、"戍卒"和"群盗"的参加，并由王仙芝、黄巢这样的私盐贩占据着领导地位密不可分的。

除了上述的阶级根源和历史根源之外，农民战争中出现这两种偏向，还有认识上的原因。封建时代的农民是分散、落后的小生产者，生产的水平造成了如前所述的"小生产者的近视"，局限了他们对社会历史内在规律性的认识，而对于战争规律的认识就更差，当然在进行农民战争当中，就难免出现背离战争规律的错误。

在黄巢领导的这场大规模农民战争中，它的参加者和领导者并非都是单纯的农民。在他们当中有长期从事武装反抗活动的私盐贩卖者，也有参加过庞勋起义的戍卒和"群盗"。这些人不像朴质的农民那样，对军事知识一无所知。他们的加入，对于义军战术水平的提高是有利的。这次战争中，义军最初在沂州城下的迅速分兵与合兵，打败宋威等唐军的军事"围剿"；第一次退出长安以佯动诱敌入瓮而歼之等具有很高军事艺术杰作的出现；在平日攻城略地、与敌军的交锋对垒中，所表现出来的战术上运用自如，可能便有这些人的部分功劳。但是，我们也应当看到，毕竟这些私盐贩卖者所具有的只是与小股巡军逻卒周旋的经验；戍卒队伍中参加起义的，都是普通的兵士和少数很下级的军官（从桂林发动兵变时，地位最高的庞勋只是一个粮料判官，许佶只是都虞侯——一说牙将。而且这些人在那次起义失败时也大部都已牺牲）。他们所具有的也只是一般的战术知识，而缺乏驾驭整个战争的水平。凭这点有限的军事常识，要在解决流动作战与建立根据地、保持占领区这一矛盾的重大战略决策中，作出正确的抉择，几乎是不可能的。更何况这个问题又大大超出了单纯的军事范围之外呢。

历史上的刘邦、朱元璋起义之所以能够较好地解决了根据地和占领区的问题，一个重要的因素是他们在起义中较早地注意搜罗了一批开明的地主阶级知识分子，并让这些人参与决策活动。刘邦和朱元璋，都是接受了这些人的建议，才着手解决根据地问题的。黄巢起义过程中，早期也曾招致过一些知识分子，但这些人在义军队伍中毕竟太少，而且不是进来过晚，就是一些庸碌之辈，包括最有名望的皮日休，也只不过是专心诗文的一介腐儒，而非真正具备远大政治抱负的有识之士。

在同样社会生产的基础之上，为什么农民群众当中不可能有根据地的战略思想，而地主阶级知识分子当中却有可能产生根据的战略思想呢？这便是一个文化素养上的差别问题。在封建社会中，农民受着残酷的经济剥削和政治压迫，他们被剥夺了受教育的权利。因此，"中国历来只是地主有文化，农民没有文化"①。地主阶级知识分子凭借手中掌握的文化知识，便可以学习和研究以往的历史，鉴古观今，吸取前人所总结的一切战争的战略经验，认识经济、政治对于军事的意义，认识根据地和占领区对于支持战争的意义，并学到建立根据地所必需的知识。而农民阶级则由于没有文化，不但不能从历史上统治阶级的战争中学习战略运用的经验，就是对自己的阶级先辈所进行过的农民革命战争也知之不多。所以尽管历史上每一次大规模的农民战争都以自身痛苦的经历获得过较丰富的革命战争的战略战术经验，但却不能传给自己的阶级后辈，反而往往被地主阶级从反面吸取、利用了去。而以后的每一次农民战争起来时，又往往是从头开始，依然是对战争规律茫然无知，或者知之甚少。于是，在农民战争中出现根本不要和不重视根据地建设的流寇主义，从认识上来看，也就在所难免了。

流寇主义是一个相当复杂的问题。它绝不仅仅是一个单纯的军事问题，与当前农民战争史研究中许多尚未解决的重要问题，如农民战争的思想纲领、农民政权、失败原因等，都有直接的关系。要在这些问题研究的基础上来对流寇主义作出全面的科学分析，实非一人一时所能办到。这里只是在前人研究成果的基础上，提出自己的一些看法，如能起到一块引玉

---

① 《毛泽东选集》合订本，第41页。

之砖的作用也就高兴了。我急切地希望得到师友们的指教与帮助。

　　作者附记：本文系采取我的导师白天（魏巍）将军的一些想法而写就的，有关情况在《唐末农民战争战略初探》一书的"后记"中已有说明。本杂志社庞朴和军事科学院吴如嵩同志等，曾对本文写作，给予过指导性的意见，特此申谢。

1980 年 6 月 11 日改定。

　　（原载中国农民战争史研究会编《中国农民战争研究辑刊》第三辑，上海人民出版社 1983 年版）

2. 对黄巢起义记事墨迹内容的质疑

关于王仙芝、黄巢起义的时间，史籍所载颇多歧异，且同一书中，亦互有抵牾者。《资治通鉴》卷二五二，将王仙芝起义系于唐僖宗乾符元年岁末（公元八七五年初），黄巢起义则系于次年的六月。但司马光自己在《资治通鉴考异》卷二三"王仙芝起长垣"条下却说：

> 《实录》：二年五月，仙芝反于长垣。按：《续宝运录》濮州贼王仙芝自称天补平均大将军、兼海内诸豪都统，传檄诸道。檄末称乾符一年正月三日。则仙芝起必在二年前，今置于岁末。[1]

可见他在当时已对史籍记载上存在的纷异感到无可奈何了。"今置于岁末"，也就是"姑置于岁末"，表示了他也不能肯定，只好按当时编年史书法的通例，暂系于此的意思。

史籍记载上的歧异，引起了后人的意见分歧，当今的学者对此问题，自然也就说法不一。已故的岑仲勉先生在其《隋唐史》下册第 483 页注四中说，将王仙芝起义"置于二年之初，较为稳当"[2]。而韩国磐先生在《黄巢起义事迹考》中[3]，认为王仙芝、黄巢起义都在乾符元年。多年来，这两种意见并存，近几年学术界亦不大去争论了。写书、编讲义和教学中，往往或按《资治通鉴》的处理办法，说王仙芝起于乾符元年底；或采岑仲勉先生之说，认为王仙芝起义爆发于乾符二年初。而对于黄巢起义的时

---

① 见《资治通鉴》卷 252，中华书局标点本 1956 年 6 月版（版本下同），第 8174 页。

② 本书写作时，参考岑仲勉先生的《隋唐史》，当时通行的仅有一个版本，故原只简注为"见《隋唐史》卷下，第 483 页注四"。其后中华书局 1982 年 5 月的新版，下册第 490 页中更明确地说："乾符二年正月三日，仙芝在濮州濮阳县起义。"

③ 载《厦门大学学报》1956 年第 5 期。

间，则都认为在王仙芝起义爆发之后。我个人向来都是比较倾向于岑说的，觉得起于元年说，存在不少的疑点。

1977年，故宫博物院书画组，在清理敦煌石室唐人卷子时，在一残片上，发现了一份唐人书写的有关黄巢起义的墨迹，其文曰：

> 僖宗皇帝乾符岁在甲午七月，黄巢于淮北起，称帝，以尚让为承（丞）相，天下沸腾。改元广明元年，岁在庚子矣。（标点为引者所加）

杨新先生于《文物》杂志上著文说，这件记载黄巢起义的唐人墨迹的发现，可以证实韩国磐先生关于王仙芝、黄巢起义于乾符元年的这个判断是正确的，"并纠正和补充了新、旧《唐书》到《资治通鉴》、《平巢事迹考》诸书的错误和不足，使我们确切地知道了黄巢起义较为具体的时间，是在乾符元年（甲午，公元八七四年）的七月。"[①]

韩国磐先生根据这项新发现的墨迹材料，进一步肯定了自己的看法。他在《隋唐五代史纲》1978年8月修订本第393页的一条附注中说：

> 最近，故宫博物院清理院藏敦煌石室唐人卷子时，发现了一件唐人写的黄巢起义记事墨迹，其中有这样一段话：（见前引，略）经专家鉴定，确为唐人手迹。乾符甲午岁就是乾符元年（公元八七四年）。黄巢起义在乾符元年七月，王仙芝起义就不会迟于此时。长期争论的问题，得此墨迹而解决了。

这个墨迹卷子，既经专家们鉴定，确定为唐人的手迹，大概是可信无疑的。但就这份卷子所写的内容而论，我认为仍然还有值得怀疑之处，据此而断定历来有争论的王仙芝、黄巢起义的时间问题，因"得此墨迹而解决了"，更是不敢立即首肯。今将自己的一些怀疑之点写在下面，就商于韩国磐和杨新两先生，同时也求教于其他的同志们。

其一，在唐末这次大起义正式爆发之前，王仙芝和黄巢，都是曹、濮

---

① 均见《文物》1978年第5期。

一带的私盐贩卖者的首领。"巢少与仙芝皆以贩私盐为事"①。为了对付"巡院"和官府兵丁的缉捕,当时的私盐贩卖者,早已是抱团结伙,"持弓矢"进行武装贩卖,与官兵进行了长期的周旋。王仙芝起义之前,已是濮州的"名贼"②。黄巢家世代鬻盐,富于资。他本人善骑射、尚任侠、喜养亡命,又稍通书记。曾屡举进士,是一个在曹州一带颇有影响的人物,与这些私盐贩卖者的武装集团,有着广泛的联系。从起义之前他们就已造出"金色虾蟆争努眼,翻却曹州天下反"等歌谣流传来看③,可见他们于事前是作了比较充分的酝酿准备的。所以王仙芝一起义时,就有数千人(一说三千人)。黄巢率众响应时,也是一开始就是数千人。这次起义,无论从组织规模和声势方面而言,较之稍前数年和十数年前爆发的庞勋起义和裘甫起义,其开始时的规模都要大得多。

如果王仙芝、黄巢起义都是在乾符元年七月及其以前,那么到乾符二年五月攻下濮、曹二州时,已有近一年时间④。如此巨大规模和声势的起义爆发后,竟能静处十个月之久而毫无动作,既不进攻敌人,亦未引起敌人的军事"进剿"或"招抚"的行动,这实在是一件使人很难想象的事情。裘甫开始起义时只有百余人,庞勋在桂林兵变时,也只有数百人,但唐廷都立即对他们进行了镇压或"抚慰",并且双方的活动均详载于史籍。可是,就今天所能见到的史籍来看,从乾符元年七月至乾符二年五月之间的时间内,绝未见有王仙芝、黄巢起义军的任何活动的记载(除《资治通鉴》将王仙芝初起的事,暂记于元年末一事外),也未见唐廷有任何对付义军的活动迹象。即使说,这时唐廷已经变得更加腐朽,上下欺蒙,掩盖了起义的真情,使唐朝中央政府还不甚了解情况(这种可能性也是极小的),或还来不及组织大规模的"围剿",那么,作为直接管辖这个地区的天平节度使,总不能装聋作哑达十个月之久而无动作。然而,现在从史籍中看到,唐军最早的活动材料,都在乾符二年五月,义军攻下濮、曹二州之后。《旧唐书·僖宗纪》二年五月下称:"郑州节度使李䄂出兵击之,为

---

① 《资治通鉴》卷252,僖宗乾符二年六月,第8180页。
② 《新唐书》卷225下,《黄巢传》,中华书局标点本1975年版,第6451页。
③ 《旧唐书》卷200下,《黄巢传》,中华书局标点本1975年版,第5391页。
④ 《旧唐书·僖宗纪》只讲到"陷濮州"。《黄巢传》则讲"陷曹、濮及郓州"。《新唐书·僖宗纪》及《通鉴》均说义军攻克曹、濮二州是在六月。

贼所败。"①《通鉴》二年六月下则说："天平节度使薛崇出兵击之，为仙芝所败。"

无论从义军或者从唐军方面的活动来看，黄巢起于元年七月说，均使人殊觉费解，此为疑点之一。

其二，这份卷子墨迹上面引的那段文字之前，开列了从高祖以下直至僖宗的唐朝各代皇帝的庙号（中缺代宗）。僖宗的庙号是在文德元年（公元888年）十月，他安葬之后才有的。墨迹上既有"僖宗皇帝"的庙号，说明这个卷子书写的时间上限，最早也不会早于文德元年十月（当然，卷子中没有昭宗和哀帝的庙号，说明它可能不迟于天祐二年——公元905年）。也就是说，距黄巢的最后失败，起码也有四年多的时间，距他们初起义的时间，则在十四五年以上了。从"黄巢起于淮北"一语，可知书写此墨迹的人，对于黄巢起义的事迹并不详知，尤其是对起义初期的活动，更是模模糊糊地只知个大概。因为，只要对黄巢起义初期稍知真情的人，都不会把爆发于濮、曹地区的起义，称作"起于淮北"的，这与统称为"起于山东"之类的说法，还有不同。

黄巢起义军攻占长安几乎达两年半之久。在这里建立了政权，大批地镇压了唐朝的宗室和反动的官僚（"杀唐宗室在长安者元遗类"，"尤憎官吏，得者皆杀之"②），进行了激烈的长安保卫战，又曾一度派兵西进（如龙尾坡之战等）。义军在关中一带的活动，使得"天下沸腾"，当然也引起了西北地区的极大震动。因而，在西北地区也一定流传着不少关于黄巢及起义军的各种传说。墨迹的内容，很可能就是书写者，根据这些传说而写成的。传说的东西是很难免发生某些错舛的。我们说，假如根据王仙芝发布的檄文，末署"乾符二年（《通鉴考异》引《续宝运录》作一年，误，详下）正月三日"而认为他正式起义于二年初的话，

那么他为"濮名贼"及起义前的许多酝酿准备等事，也必定要在元年内进行。正式起义后，人们说到王仙芝造反，把他在起义前，即在乾符元年内的种种表现加进去，传说他从元年起义，也是很自然的。又，王仙芝、黄巢起义后，便合而为一了。王仙芝牺牲之后，整个起义都是在黄巢

---

① 岑仲勉先生认为，郑州无节度使。"郑州"当系"郓州"之误，李种应作李稹——见《隋唐史》卷下，第484页注⑦。

② 《资治通鉴》卷254，僖宗广明元年十二月，第8240页。

领导下进行的。因此，在传说中把王仙芝的事，统统加在黄巢头上，甚至把整个起义的事，都说成是黄巢的事，也是未尝不可的。正如今天我们在谈话中，也经常用黄巢起义，来概括整个唐末农民起义一样。在辗转流传中，人们只记住了黄巢起义的月份是七月，而在年份上则把王仙芝当"名贼"和进行酝酿准备的年份，当成了黄巢起义的年份，也是完全可能的。因此，我怀疑这个卷子，就是根据这样的辗转误传而写成的。

其三，当时人所留下的记载当时事的墨迹，对于我们进行历史研究来说，无疑是十分宝贵的，我们应当珍视它，对它进行认真细致的分析研究。但是，也绝不能因为它是当时人记当时事而可以全信不疑。在历史研究的过程中，往往由于极简单一件文物的发现，而有助于解决一些长期无法解决的问题，这是一方面的情况。但另一种情况也不是绝无仅有的，那就是在一些很珍贵的文物和历史文献中，也夹杂着错误的成分。我们在实际工作中，遇到的恐怕也不乏其例吧。在此我只举一个与此很有关系又十分类似的例子。

英人斯坦因所集的敦煌写卷中，有一札（第二五八九号）是写于公元884年11月22日（唐僖宗中和四年十月丙午——十九日）的。其中有"贼黄巢被尚让煞（杀）却，于西川进头。皇帝回驾，取今年十月七日入长安"[①]之语。按理说，这是当年人写本年之事，其可信程度，应当是很高的吧？然查《旧唐书·僖宗纪》及《资治通鉴》都说，唐僖宗是光启元年（公元885年）正月己卯（二十三日）出发自成都，三月丁卯（十二日）至长安的。《新唐书·僖宗纪》虽未注明发自成都的日期，但也记载了"三月丁卯，至自成都"。如果两《唐书》及《通鉴》所载唐僖宗回长安的日期（三月十二日）属实的话，那么这份卷子中所谓的"今年十月七日入长安"就是错的。由此推想，这札写卷的书写者，大概也是根据传闻而写下来的，所以才在唐僖宗回长安的时间上，有如此明显的差错。以当年人写本年之事，而且长安、成都与以敦煌为中心的西北地区相距的途程还不算太远的情况下，尚且在传闻和事实上出现这么大的误差，那么以十数年甚至更长时间之后人，来追记空间距离又更远得多的地方发生的事情，其间出现一些这样那样的错误，又有什么不可理解的呢？

---

① 参见张荫麟译 Lioned Giles 著《秦妇吟之考证与校释》，载《燕京学报》1927年第一卷，第70页。

其四，从《通鉴考异》卷 23 中得知，《续宝运录》载有"濮州贼王仙芝自称天补平均大将军、兼海内诸豪都统，传檄诸道，檄末称乾符一年正月三日"一段文字。这里一年的"一"字，显系抄写时由"二"字笔误而成。证明有四：（一）古人纪年，只有元年、二年之说，无将元年称"一年"的习惯。（二）司马光的《考异》在引了这段文字之后，有这样一段推论和说明："则仙芝起必在二年前，今置岁末。"从语气上看，只有檄末署"二年正月三日"，才能作此推论。如果是"一年正月三日"，系于元年岁末就符合通行习惯、自然而然，无须推论了；要作推论，则只能认为王仙芝起事在元年（咸通十五年）。并且，如果认可的是檄末所称的"一年正月三日"，又来一个"今置于（元年）岁末"，岂不自相矛盾？（三）《考异》卷 24 又一次引述了《续宝运录》的话，其后说："其文（按：指所发牒文）与此略同，末云'愿垂听之，谨告。乾符二年正月三日'。"可证前的"一年"系抄误。（四）更重要的是，咸通十五年十一月庚辰（初五日）才改元乾符，在此之前尚无"乾符"之称（也就是说，乾符元年只有十一、十二两个月）。王仙芝绝不可能在十一个月前，就预知要改的年号，从而在自己的檄文中写上"乾符一年正月三日"。

根据这些，可知王仙芝檄末署的应以"乾符二年正月三日"为是。经过订正，末尾署有"乾符二年正月三日"的这份王仙芝的檄文及《续宝运录》的这段文字，对于我们研究唐末这次农民起义来说，是十分重要的。其中所载的王仙芝起义时的称号，是我们目前研究这次起义口号的主要依据之一。而所载的"檄末称乾符二年正月三日"，则是持起义爆发于二年初说这种意见的一条主要依据。

且先撇开过去两种意见之争不讲，仅就以新发现的唐人墨迹为主要根据的乾符元年七月说，和以乾符二年正月三日的檄文为主要依据的二年初说而论，到底哪一种意见立论的根据更经得起推敲而近于事实呢？我认为，还是二年初说比较合情理。如前所述，王仙芝、黄巢领导的这场起义，事前是作过比较充分的酝酿准备的。在最初的起义队伍中，不仅有王仙芝这位与统治者经过长期较量的"濮（州）名贼"为其首领，而且也有不少参加过庞勋起义、经过锻炼的老战士为其骨干（"黄巢之寇，本于徐方之余"①）。这样的一次起义爆发之后，立即发布一个檄文是完全可能

---

① 范祖禹《唐鉴》卷 10，《懿宗》，上海古籍出版社 1984 年版，第 5 页 A。

的。或许发布这份檄文本身，就是他们公开举行起义的一个信号。再说，乾符二年初举行起义说，与史籍所载敌我双方活动的情况也比较吻合。虽然从二年初起义，到五月才有攻下濮、曹的行动，才有郓州节度使李稹（或说天平军节度使薛崇）出兵进攻义军的事情，中间也有四五个月的时间是空白的。这段空白的出现，可能有这样三种情况：（一）或者是起义之初，义军还忙于内部准备，对外尚无大规模的攻城略地的活动。（二）唐朝地方与中央以及唐中央内部的矛盾与腐败，上下欺蒙，如《新唐书·黄巢传》所说："宰相耻之，僖宗不知也。"因此唐廷对义军的情况了解较晚，组织军事"围剿"比较迟缓。（三）因为义军直到二年五月才有攻下濮、曹二州的军事行动，所以有些史书便把起义与这些较大的军事行动连而书之。如《旧唐书·僖宗纪》乾符二年五月下云："濮州贼首王仙芝聚于长垣县，其众三千，剽掠闾井，进陷濮州。"即使这种解释还不能令人满意，对这段空白仍有怀疑，但比之元年七月说，空白时间毕竟是短得多了。

其五，韩先生凭这个新发现的敦煌墨迹作出的结论，使我尚存上述疑团，那么把这个墨迹的内容，与韩先生先年所举出的论据结合起来，是否就能使疑团冰消了呢？我觉得也还没有。韩先生在《黄巢起义事迹考》中，说王仙芝、黄巢起于乾符元年，举出的两条直接的根据，是《资治通鉴》和《平巢事迹考》中的。其所引《平巢事迹考》云："唐僖宗乾符元年，濮州人王仙芝作乱，聚众数千，起于长垣。"[①]这里把王仙芝起义的时间是很确定地说在乾符元年的。然而，此书乃是宋人从两《唐书》及《通鉴》中抄撮而成的，其中错误百出，岑仲勉先生曾详细地指出过。岑先生经过考证指出其大量错舛之后，结论云："总言之，此书不过抄撮旧文，对于黄巢事迹之研究，直无丝毫补助，自可束之高阁，是为定评。"[②] 它的乾符元年之说，可能就是抄自《通鉴》而来。韩先生引的《通鉴》一条已见前引。宋人范祖禹是参加《通鉴》编修而分掌唐纪部分的。他"尝于编次之余，稽成败之迹，挈其宏纲，系以论断"，编成《唐鉴》十二卷。在该书中，范氏是把王仙芝起义置于乾符二年下的，足见他对《通鉴》这种

---

① 《平巢事迹考》一书之末，韩先生未引者尚有"王仙芝自甲午起，至乙未，巢应之。甲辰伏诛，首尾凡十年"。

② 岑仲勉《隋唐史》卷下，原版第520页注131；中华书局1982年版，第544页。

系置于乾符元年岁末的处理法，也是不同意的。

基于这种情况，故韩先生在引证这两条材料之后也说："但《通鉴》及《平巢事迹考》都是宋人的著作，或者未必确凿可靠。"于是韩先生又举出了三条唐代的资料。从他文章的叙述来看，韩先生认为最有力的一条，是《唐大诏令集》卷72所载的乾符二年正月七日的《南郊赦书》，其中说"勿令无处营生，聚为草贼"。韩先生对这条材料的解释说："这里的'草贼'就是指王仙芝、黄巢的起义军……因此这篇赦文既在乾符二年正月七日发出，则王仙芝的起义必在二年以前，这是不容怀疑的。"

我认为，如果可以将赦书中的"勿令无处营生，聚为草贼"这句话，理解为已有一支"草贼"在活动，而又能证明"草贼"一词就专指王仙芝、黄巢起义军，而绝不指其他造反者的话，当然赦书可以有力地证明黄、王起义于二年以前。问题是，赦书的语气明明讲的是，要让老百姓有一线的生路，不要使他们"无处营生"，逼得他们结为"草贼"，是要防范于未然之意；绝得不出已有一支"草贼"在活动的意思来。退一步说，纵令赦书中能体会出当时确实已经有一支"草贼"在活动，也不能断定说"草贼"一词，就非指王仙芝、黄巢的义军不可。因为"草贼"一词也可以用来指其他的造反者，而且在王、黄起义之前很久就已有出现。早在宝应二年（公元763年），独孤及在《贺袁傪破贼表》中就说到"奸宄草窃"。同年，独孤及有《为江东节度使奏破余姚草贼龚厉捷书表》①。其后的唐僖宗咸通四年（公元863年）七月的制书中又有："其徐州银刀官健，其中先有逃窜者，累降敕旨，不令捕逐。其今年四月十八日，'草贼'头首已抵极法，其余徒党，各自奔逃，所在更勿捕逐。"②这些都是将各起的造反者称为"草贼"之例。"草贼"既非专指王仙芝、黄巢的义军，那么这个赦书在乾符二年正月七日发出，也就起不到证明"王仙芝的起义必在二年前，这是不容怀疑的"的作用。

韩先生另外还引证了两条唐人的材料，其一是《全唐文》卷819，张保和《抚州罗城记》说："洎先帝幼冲之始（指唐僖宗幼年即位之初），数丁九六，物极屯艰，长鲸吞噬以横流，大厉元黄而噎气，饥馑仍荐，兵戈

① 见《文苑英华》卷566。
② 《旧唐书》卷19上，《懿宗本纪》，第654页。

重复。"其二是《唐大诏令集》卷117，《宣抚东都官吏敕》："昨者草寇凭陵，王师讨伐，勤劳车甲，绵历星霜，巡环于十二郡间，涂炭于数千里内……王仙芝等纵胁生灵，联攻县邑。"对这两条资料，韩先生的解释是："既然是唐僖宗即位之始，王仙芝等就起义了，那么，这个时间不在咸通十四年七月懿宗死后的这半年，就在乾符元年，必不会在乾符二年。因为乾符二年已是僖宗即位的第三年，而不是'幼冲之始'了"。"这篇敕文是乾符三年九月发出的，假使起义发生于二年，其间不过距一年多，不得说是'绵历星霜'，一定有几年时间，才能这样说。"

我认为，这两条资料作为旁证，并不见得有力。《后汉书·冲帝纪》李贤注引《谥法》云："幼少在位曰冲"。凡年少在位皆可称"冲"。唐僖宗直到中和二年（公元882年），距他即位已经有九年的时间，还自称"冲人"可证。《资治通鉴》卷255，僖宗中和二年五月，载僖宗切责高骈的诏书有"朕虽冲人，安得轻侮"之语。"幼冲之始"、"绵历星霜"，都是泛指的时间概念，并不指确切的时限。唐僖宗共在位十五年，把他即位头三年称为"始"，也是未尝不可的。从乾符二年初起义，到三年九月，已有一年又九个月的时间，完全可以说是时间绵连，已历星霜了。

可见，唐宋时人对于王仙芝起于元年的说法都含混不清，只能让人推测，而不能作为直接的证据。相反，明确地说他起于二年的例子倒是不少：《新唐书·黄巢传》："乾符二年，濮名贼王仙芝乱于长垣"；《旧唐书·僖宗纪》："（乾符二年）五月，濮州贼首王仙芝聚于长垣县……"；《攻媿集·跋汪季路所藏书帖唐僖宗赐憘实敕书》："盖僖宗乾符二年乙未，黄巢大盗始起"；刘汾《大赦庵记》："乾符二年，黄巢起兵应王仙芝"；《新唐书·陆希声传》说，陆希声乾符初被召为右拾遗，"明年，王仙芝反，株蔓数十州，遂不制"。在这些材料得到合理解释之前，我认为起于二年初之说，比起于元年或元年以前说，似乎更有据些。

总之，我觉得新发现的这份唐人墨迹，还不能说把王仙芝、黄巢起义时间问题的争论解决了。

（原载中华书局《文史》第十二辑（1981年））

3. 关于庞勋起义两个问题的探讨

唐懿宗咸通九年（公元 868 年），两淮地区爆发了庞勋领导的一场具有相当规模的农民起义。这是唐代历史上的一个重大事件，值得历史研究者们重视，应当进行研究。关于这次起义，前人已经发表了一些文章，本文无力进行全面论述，谨就这次起义迅速失败的原因，及这次起义的历史意义，这两个问题作些探讨。不当之处，望读者批评指正。

一 关于这次起义迅速失败的原因

咸通九年七月，由于更代衍期，引起了以庞勋为首的桂州（今桂林）戍卒兵变。哗变的戍兵们，一起来就劫库兵而武装北归。至九月底便到达淮北的泗州境。庞勋等从桂州到淮北，沿途并未受到什么大的阻拦，队伍本身也变化不大。但一进入淮北，情况就大不相同了。咸通九年，正是淮河两岸，水、旱、蝗灾并临的一年。在封建政府赋役重压下，已经喘不过气来的广大贫苦农民，加上天灾的袭击，更是苦不堪言。如史所称："淮北大水，征赋不能办，人人思乱。"所以当庞勋等变兵队伍到来时，除了昔日流散逃匿在各地的，原徐州散卒们纷纷来归之外，更有大量的饥饿农民踊跃参加。"庞勋募人为兵，人利剽掠，争赴之。至父遣其子，妻勉其夫，皆断锄首而锐之，执以应募。"至十月初，庞勋等攻克宿州（治今安徽省宿县）。这时，他所领导的队伍已经由兵变，走上了农民起义的道路，所以在行动上亦大不相同。起义者在宿州开仓济贫，"悉取城中货财，令百姓来取之。"远近的贫苦农民，争相而来，"一日之内，四远云集"。庞勋在此募兵，一日之内就得数千人，"不旬日，其徒五万"[1]。义军攻克徐州

---

① 均见《资治通鉴》卷251，中华书局标点本1956年版（版本下同），第8125页。本文中凡未注出处者，均采自本书本卷。

重镇后，便以此为中心，派出队伍向四外发展。至十二月，义军势力所及，已经是南至江北的舒（州，治今安徽省潜山县）、庐（州，治今安徽省合肥市）、滁（州，治今安徽省滁县）、和（州，治今安徽省和县）等州；北至沂（州，治今山东省临沂市）、海（州，治今江苏省东海县）之地；西到曹（州，治今山东省曹县西北）、濮（州，治今山东省鄄城县）一带，囊括了今鲁南、皖北、苏北、豫东等广大地区。由于得到广大群众的积极支持，因此能屡败敌军，声威大震。

令人惋惜的是，这次起义并没有能坚持多久的时间，至次年九月，便在敌人的镇压下失败了，庞勋壮烈牺牲。由吴迥率领在濠州的余部，也只坚持了半年的时间。应当说，与其前十年爆发于浙东的裘甫起义相较而言，庞勋领导的这次两淮农民起义，是有其优越条件的。它有着比裘甫起义更好的群众基础，规模也大得多，一度发展到二十万人；起义后占领的地区比较广大，有广阔回旋余地，不像浙东起义那样局促一隅；它有七八百人的戍兵队伍为其骨干，不像裘甫起义那样，由单纯的饥饿农民一哄而起，等等。具有这样优越条件和如此巨大声势的一次起义，为什么只坚持了一年半的时间，便失败了呢？

在我看来，这次起义之所以失败得如此之快速，有客观原因，也有主观原因。客观原因就是，这次起义爆发在淮河两岸，主要活动在黄、淮之间，处于唐帝国政治统治中心——长安，与江、淮财富中心之间联结的生命线上，而且起义爆发不久，便控制了淮口、泗州（治今安徽省泗县），使得唐朝的"漕驿路绝"，迫使其不得不改道寿州（治今安徽省寿县），经由颖（州，治今安徽省寿阳县）、汴（州，治今河南省开封市）而北。不久，寿州也落入了义军的掌控之中，并且获得了大批的运往长安的贡献之物。义军对新、旧两条漕运路线的占领，这就无异于控扼了唐廷的咽喉，在经济上对唐廷的打击是致命的。因此，唐廷视这里为"所必救"之地，不惜下最大的死力来进行镇压。为了对付这次起义，唐廷几乎动员了整个中原和江淮地区，以及关中地区的部分兵力。单单康承训部的西路军，就集中了"十镇之兵"，还未把从西北地区调来的少数民族骑兵计算在内。义军所面对敌人的军事力量，是强大的，这是起义失败重要的客观原因。但这次起义迅速失败的主要原因，还在于主观方面。今试分析于下：

首先，起义是由兵变发展起来的，起义的主要领导者庞勋，原是唐廷军队的一个下级官吏（粮料判官），属于统治阶级的一员。因此，他对唐朝的腐败统治，所加给劳动人民的痛苦，是不会有很深刻体验的。他和参加哗变的戍卒们，当时感到的最大痛苦，就是久戍不能代归本州，与家人团聚。他本人参加兵变也是被戍卒们推拥出来的①。其最初的目的，只是争取返镇。他与唐廷之间的矛盾，并不像广大受剥削的穷苦农民群众，与唐朝政府之间的矛盾那样，具有真正的阶级对抗的性质。如果唐廷处理得当，他们之间的矛盾便可能调和，庞勋等仍然可以继续充当唐廷统治人民的工具，过上比普通劳动群众优裕得多的生活。正是因为如此，所以庞勋一直对唐廷存在幻想，希望政府能赦免他们离戍所擅归之罪，幻想着能"遵王侍中故事"②。最大的梦想就是握兵占据一隅，迫使唐廷承认他们的地位，甚至授予一方节钺。下面就让我们来看一看，这种幻想，是如何支配庞勋，在整个起义过程中的一系列表现的。

当庞勋率领"变兵"初到淮北时，驻徐州的武宁节度使崔彦曾，曾按照唐廷的授意，"遣使以赦意谕之，相望于道"。庞勋此时，"亦申状相继，辞礼甚恭"。或者向崔彦曾表曰："勋等远戍六年，实怀乡里"，申明自己并无真心造反之意，只是为了返乡还镇；或者提出："将士自负罪戾，各怀犹疑。今已及符离（今安徽宿县地），尚未释甲，盖以军将尹戡、杜璋、徐行俭等，狡诈多疑，必生衅隙。乞且停此三人职任，以安众心；仍乞戍还将士，别置二营，共为一将。"主动寻求缓和双方矛盾的办法。

崔彦曾没有理会庞勋等的表白，已经在调兵遣将，且"数勋之罪以令士众"，宣布他们"非惟涂炭平人，实亦污染将士"。双方已经激烈交战之时，庞勋才不得不募兵勒众，自称留后。即使就在此时，他对唐廷派来的高品敕使张敬思，也还是优礼有加，"以千缣赠敬思，遣骑送至汴之东境，纵使西归。"

由于广大穷苦群众的大量加入，队伍的成份已经有了很大的改变，运动的性质实际上已经由兵变而成为农民起义时，庞勋让周重代他草写向朝

---

① 《新唐书》卷114，《崔彦曾传》说，庞勋参加兵变是被"胁"的。

② 王智兴原为武宁节度副使，平时已在军中培植私人势力。唐穆宗长庆二年（公元822年）三月，他乘领兵讨伐王庭凑之乱回师之机，赶走节度使崔群，占据徐州，迫使唐廷承认他为武宁节度使。庞勋所谓的"王侍中即故中"即指此。——事见《资治通鉴》卷242，穆宗长庆二年三月。

廷的奏表中，仍然背着群众，向唐懿宗恳求"伏乞圣慈，复赐旌节"。并专派牙将张瑄送到长安。十一月，唐廷的另一高品敕使张道伟到达徐州，庞勋亲自郊迎三十里，并且"大陈甲兵，号令金鼓，响震山谷。城中丁壮，悉驱使乘城。宴道伟于毬场，使人诈为群盗降者数千人，诸寨告捷者数十辈"，大演了一场向唐廷既有施加压力又示好的假戏。又再次"作表求节钺，附道伟以闻。"为了得到唐廷的一道封令，可谓到了不择手段的地步。

有人向庞勋进言说：你既然不是真心造反，"止欲求节钺"，就应当"恭顺尽礼，以事天子"。他果然照办，在唐廷的"国忌日"，也学着其他地方官的样子，亲到寺观去"行香"；每飨士卒，必先西向拜谢。十一月十四日（癸卯），闻说唐廷又遣敕使到来，他便以为是来赐他节钺无疑。自己高兴异常，周围的人也向他"称贺"。结果，敕使带来的，只是贬责崔彦曾及监军张道谨官职的旨意，令"勋大失望"。直到此时，庞勋还不愿意丢掉幻想。十二月，义军与淮南节度使令狐绹部，正在泗州、都梁城（今江苏省盱眙县）一带，拼杀得难解难分之时，庞勋还遣人致书令狐绹，辞情逊顺地称："朝廷累有诏赦宥，但抗拒者三二人耳。且夕图去之，即束身请命。愿相公保任之。"[1] 令狐绹在与义军交战不利的情况下，假惺惺地派人，向庞勋表示愿意为他奏请节钺，他便立即息兵俟命，使令狐绹得以"收散卒"，"修守备"，获得了一个喘息的机会。

一直到咸通十年四月，康承训统率的十镇之师，已经屡败义军，并且残酷地屠杀义军群众，庞勋眼看自己"全臣节"已经完全无望了，才表示："勋始望国恩，庶全臣节；今日之事，前志已乖。自此，勋与诸君真反也。当扫境内之兵，戮力同心，转败为功耳。"这段话说明，在此之前，庞勋与起义群众，虽同在一个队伍里，但思想上的差异，是很大的。即使宣称"真反"了，许佶等共推他为天册将军、大会明王时，庞勋也只受"将军"，而不敢称王号。

从上述的分析中，可以看出，庞勋自始至终是以一种什么样的思想动机，来参加并领导起义的了。正因为他自始至终，都抱着个人的目的，对唐朝政府存在幻想，所以他在一年时间的斗争中，始终没有提出一个比较

---

[1]《旧唐书》卷172，《令狐绹传》，中华书局标点本1975年5月版，第4467页。

彻底的反唐口号。又由于他对劳动人民遭受唐廷的压迫、剥削的痛苦没有较深的体验，所以尽管在他的队伍中，有着大量的贫苦农民参加进来，可是始终没有、也不可能提出一个反映农民群众利益的，稍带纲领性的东西来。这就使得这场运动，在深度和广度上，大受影响，不能把更多的农民群众，吸引到自己队伍中来，把起义推向更大的规模，终于在敌人强大的军事进攻面前，只坚持了一年多一点的时间，便失败了。

其次，起义是以七八百人的戍兵为其骨干队伍的。这些戍卒，具有一定的军事知识和作战经验。这对农民起义是有利的方面。但是这些人都是旧军队的士兵，有的还是旧军中的骄兵悍卒。在唐代后期那种杀、逐主帅而自代、求节钺、邀赏爵成风的气氛下，他们对这套把戏，是十分热衷的，起码也是很熟悉的。所以，从戍兵发展成为农民起义之后，不但主要领导者庞勋有这种思想，就是多数的中下层领导人，甚至众多的戍兵当中也有这种思想。故当庞勋、许佶等说"遵王侍中故事，五十万赏钱可翘足而待"时，戍兵们"众皆呼跃称善"。这种思想在起义队伍里，互相影响、蔓延，甚至形成一种潮流，这就是庞勋迟迟不能抛却对唐廷的幻想，难以跳出这种思想泥淖的一个重要的原因。

同时，这种应募而投到旧军队中的人，多数是破产的农民和手工业者。长期的江湖浪荡，以及进入旧军队后的感染，使他们往往带有浓厚类似于后世的流氓无产者的特点：既有勇敢好斗的一面，又有强烈的破坏性的一面。这些特点，在庞勋以至一批中下层领导骨干们的身上，也是表现得很突出的。比如打了几个胜仗，便骄傲自满，或者矜功争权，不服管辖，甚至相互火并；或者盲目乐观，"日事游宴"，腐败起来。遇到形势不利和处境困难时，又丧失信心，甚至自谋出路，叛变投敌。

这些特点，在广大的普通戍卒们的身上，往往表现为在战争中的不受约束，乱抢乱杀，随意夺人财货、掠人妇女的做法。"与勋同举于桂州者尤骄暴，夺人资财，掠人妇女，勋不能制。由是境内之民，皆厌苦之。"这就势必要侵犯到比较殷实的农户，甚至普通农民群众的利益，因而失去他们的拥护与支持。起义初期，群众那种"归之如市"，"远近辐辏"，甚至"父遣其子，妻勉其夫，皆断鉏首锐之，执以应募"的热烈场面，到了中后期，就不多见了。甚至庞勋再点兵时，"应募者益少"，"民多穴地匿其中，勋遣人搜掘为兵，日不过二三十人。"最后，庞勋带领二万人的队伍，西进到宋、亳时，也没有见到群众热烈响应的场面。除了是处于起义的退潮期之外，与此不是没有关系的。

第三，起义军在战略上犯了严重的错误。

作为这次起义基本骨干的戍兵们，虽是受过一定训练的士兵，具有一定的军事知识和作战经验，但他们都只是一般的兵士和很下级的军官。地位最高的庞勋，也只是一个粮料判官（管军需的），许佶是都虞侯，其余便都是军校（士兵）。他们所具有的只是极普通的战术常识，而缺乏驾驭整个战争的战略水平。所以，他们在攻城略地、与敌军交锋对垒的战斗中，战术的运用上，可以十分自如。如宿州城放舟，计歼徐州主力元密部；都梁城歼徐州南面行营招讨使戴可师部之役；庞勋于丰县歼魏博军之役等，都表现了义军在战术范围内较高的水平。但到了咸通十年初，唐廷重新纠集诸道兵马，在康承训的率领下日益进逼，战略决战日渐临近，需要起义的领导者，从战略的高度来作出决策时，他们的弱点，便暴露了出来：先是对敌军新围攻的严重形势认识不足，没有认真进行反围攻的准备；继之是在战略上连犯错误。

就当时的形势来说，要打破敌军即将发动的新围攻，起义军起码应当进行两方面的准备工作：第一，是将兵力适当集中，加强徐州及其周围一些战略据点的防卫，准备对付敌人的进攻；第二，组成一支相当数量的兵力，向敌人后方的某些重要的战略部位打去。敌主力既是自宋州（今河南商丘市），沿汴水向徐州的西南进逼，义军的派出部队，最好是向河南中部的洛阳附近打去，沿途吸收各地起义的农民，给唐朝的东都造成威胁，迫使敌回师救援。只要其主力康承训部（西路敌军），返头西顾，留在徐州的义军主力，要消灭新拼凑起来南（天雄军节度使马士举为徐州南面行营招讨使）、北（泰宁节度使曹翔为徐州北面行营招讨使）两路唐军，是胜算很高的。只要南、北两路唐军被消灭或击溃，剩下康承训一部，处于徐州、洛阳两支义军的夹击之下，就会奔顾不暇了。可惜，当时庞勋等没有一个通盘的战略考虑，各部义军似仍沿袭前期作战的老办法，只是分散地各自保守自占的地盘，坐等敌人来进攻，实行各自为战。既未形成打击敌人的拳头，更说不上向敌人后方打去。

二月中旬，义军王弘立部 3 万人，曾向康承训部发动过一次反击。这是王弘立自矜淮口之捷而主动请战的，并非庞勋根据全局而作出的战略决策。对于王弘立的请战要求，庞勋既"许之"，但又未给该部以应有的加强，仅以 3 万之众，去进击七八万驻守之敌，当然是困难的。结果反为敌军所败，几乎全军覆没。

三月下旬，驻丰县的义军，被北路唐军包围吃紧，庞勋不得不亲率主力赴援，在这里打了一个漂亮仗，数日之内，溃敌 7 万之众。义军如能此时乘胜逐北，甩开西、南两路唐军，发起流动作战，或许还可打出一个新局面来。但庞勋这时，在战略上继续犯错误，决定集中义军五六万人，去西击康承训部，这实际是去寻求主力决战。康军驻屯宋州已有数月之久，以主军得地利以逸待劳，又有凶悍的沙陀等边境少数民族的骑兵相配合。加之庞勋的作战意图，又事先被俘虏的唐军所窃去，康承训得以"追还兵杖"，收紧拳头，设伏以待。在这种情况下，去寻求敌军进行决战，对义军当然是十分不利的。果然，五月末的宋州战役，义军前军中伏，后军不继而大败，主力损失殆尽。庞勋只得收残卒 3 千人回徐州。自此一蹶不振。

七月，身处围城之中的张实，曾向庞勋提出一个建议："今国兵（指康承训部）尽在（宿州）城下，西方必虚。将军（指庞勋）宜引兵出其不意，掠宋、亳之郊，彼必解围而西。将军设伏要害，迎击其前，实等出城中兵蹙其后，破之必矣。"张实这个战略方案，应该说是基本正确的，最后庞勋也接受并执行了这个方案，但已失之过晚。因为这时义军的主力已于宋州决战中受损失，剩下的兵力如果再作分兵，必然势单力薄，守者不足以长久抗拒唐军的强大进攻；攻者又会因兵力单薄而难以造成声势。而且选择宋、亳之郊，也非敌之所必救。唐军完全可以置一面于不顾，先集中力量吃掉一头，再回师对付另一头。九月中旬，庞勋所部的西行军，还未到达宋、亳之郊，宿州、符离两处战略要地，已因投机分子的出卖而失守。接着大本营徐州亦落入敌手。庞勋等刚到宋、亳之郊不久，康承训已经回师跟至。义军在回军途中，与敌相遇于蕲县（今安徽宿州西南）。一场混战，全军覆没，庞勋亦壮烈牺牲，起义遂告失败。

由于上述主客观原因，使得这次来势颇猛的农民起义，终于过早地失败了。

二 对这次起义作用与意义的评估

庞勋领导的这次由戍卒兵变而发展起来的两淮农民起义,虽然过早地失败了,但它的意义却是不可低估的。这次起义最重要的意义就在于,它正式揭开了波澜壮阔的唐末农民战争的序幕,敲响了唐帝国灭亡的丧钟。《新唐书》的作者说:庞勋等"倡戈横行,虽凶渠歼夷,兵连不解,唐遂以亡……唐亡于黄巢,而祸基于桂林。"① 这话是完全符合历史事实的。

首先,这次起义,给予了唐帝国相当沉重的打击。从经济方面来看:唐朝"国家用度,尽仰江淮;若阻绝不通,则上自九庙,下及十军,皆无以供给。"② 起义军不仅攻占了淮口,长时间围困泗州,而且后来漕运改道的寿州,也曾落入义军之手。整整有一年的时间,使唐廷生命所系的运河,"阻绝不通"。同时,作为财富中心区的两淮地区,落入义军之手,或为义军所袭扰,就使唐廷不仅当年,无法在这个地区征调租赋,而且往后若干年内的征收数额,也大为减少。咸通十年十月,唐懿宗李漼在《平徐州制》中,就不得不宣布:

> "其徐、宿、淮、泗等州,应合征收秋夏两税,及诸色差科杂役,一事以上,并从十年蠲放三年。州县所由,辄不得妄入乡村,搅扰百姓。待三年以后,量其事力,续议条流处分。余侧近州县,为贼劫烧处,令本道检勘,伤残甚处,分析闻奏,待奏到续议放免。"③

为了镇压这次农民起义,唐廷已经是"罄国帑以佐军"。起义被镇压下去之后,又得不到江淮租赋的补偿,可见起义对其经济打击之沉重。

从军事方面来看:为了镇压这次起义,唐廷先后调动了义成(驻滑州,今河南省滑县)、魏博(驻魏州,今河北省大名县)、鄜延(驻鄜州,今陕西省洛川县北)、义武(驻定州,今河北省定县)、凤翔(驻凤翔,今陕西省凤翔县)、横海(驻沧州,今河北省沧县东南)、泰宁(驻兖州,今

---

① 《新唐书》卷222中,《南蛮传》"赞语",中华书局标点本1975年版,第6295页。
② 《资治通鉴》卷250,咸通元年三月,第8081页。
③ 《唐大诏令集》卷125,中华书局2008年版,第673页。

山东省兖州县)、宣武(驻宋州,今河南省商丘市)、忠武(驻陈州,今河南省淮阳县)、天平(驻郓州,今山东省东平县)、淮南(驻扬州,今江苏省扬州市)、镇海(驻润州,今江苏省镇江市)等十数镇,以及沙陀、吐谷浑、鞑靼、契苾等少数民族部落之兵,进行镇压。在交战过程中,有的被歼灭,有的遭重创,唐廷的军事力量,受到很大的削弱。《旧唐书·懿宗纪》的"赞"中说:"徐寇虽殄,河南(唐时的"河南",比今之河南省范围大得多,包括了今江苏、安徽北部和山东、河南大部)几空。"这话既是指经济力量而言,同时也指军事力量而言。

再从政治方面来说:军队乃是唐帝国对人民实行压迫和统治的工具,是其统治赖以维持的支柱。但是,在"冤横无诉"的情况下,军队哗变了,并与饥饿的广大农民,结合起来,进行造反,反而宣布继续忠于唐帝国的军队为"国贼",而且声称要"挥戈曳戟,诣阙"问罪。这就把唐朝统治的危机,公开暴露在全国人民的面前,客观上鼓舞了人民起来推翻唐朝腐朽统治的斗志。起义者们所到之处,歼灭唐军,杀逐官吏,并且"敛富室商贾财","悉聚城中货财,令百姓来取之",沉重地打击了封建地主阶级,这又在一定程度上摧折了唐朝的统治基础。

其次,这次起义,还为王仙芝、黄巢领导的大规模唐末农民战争,提供了一定的主观准备。庞勋牺牲之后,作为一次农民起义是失败了,但统治阶级的残酷杀戮,并未把人民反抗的力量消灭殆尽。在往后的几年里,"徐贼余党,犹相聚闾里为群盗,散居兖、郓、青、齐之间"①的广大地区,搅得统治者不得安宁,甚至"州县不能禁"。不得不由唐懿宗,时而"诏徐州观察使夏侯瞳招谕之";时而又"敕兖、郓等道,出兵讨之"。②唐朝中央的大臣们,也为此伤透了脑筋,不断地埋怨康承训讨庞勋时,"不能尽其余党"。康也因此而遭一贬为蜀王傅,再贬为恩州司马。

这些散居在各地的战士们,后来的去向如何?曾参加修《资治通鉴》的范祖禹,在其所纂的《唐鉴》中说:"黄巢之寇,本于徐方之余。"可见,当王仙芝、黄巢领导的大起义爆发之后,他们当中有不少人参加了进去,有的更是参加了大起义的酝酿准备,成为最早参加的一批老战士。由

---

① 《资治通鉴》卷252,懿宗咸通十一年四月,第8158页。
② 同上书,第8172页。

于他们亲身参加过前次的起义，有着与统治阶级进行斗争的实践经验，这对于王仙芝、黄巢义军，吸取庞勋起义的经验、教训，是有帮助的。尤其是对于起义军战术水平的提高，有着直接的影响。

写成于 1974 年 8 月。

4. 张全义略论

在唐末农民战争史的研究当中，对王仙芝、黄巢、尚让、皮日休、朱温等参加起义的人物，过去均已有过专文论及，而对于张全义其人却迄今未见有专文，以致一般人对他都还只是似曾相识。其实，在研究唐末农民战争时，尤其是在考察唐末农民战争的历史作用时，张全义应不失为一个值得予以关注的人物。虽然在这次农民战争中，他在义军中的地位及声名的显赫上，均不及上述诸人，但就其一生在某些方面的历史作用而言，他又有超过上述一些人之处。

张全义，字国维，濮州临濮（今河南省濮阳县濮阳集）人，原名张居言（两《唐书》均作张言，今从《旧五代史》本传），祖璉，父诚，都是世代"业农"的贫苦农民。居言"少以田家子役于县，县令数困辱之"①。唐僖宗乾符二年（公元 875 年），黄巢于冤句率众响应王仙芝而起义时，不堪忍受统治阶级压迫和奴役的张居言，便毅然投身义军，随黄巢率领的农民起义队伍，转战多年。唐僖宗广明元年（公元 880 年）底，起义军攻下唐廷的都城长安，建立自己较为完整的军事政权时，张国维在农民军的大齐政权中，任吏部尚书兼水运使。中和三年（公元 883 年）春夏之交，农民军在敌人的军事压力下被迫退出长安。次年五月，起义领袖黄巢牺牲于今山东省泰山狼虎谷，整个唐末农民战争便告失败。

黄巢起义失败后，张国维归附了唐河阳节度使（驻河阳，今河南省孟县西）诸葛爽，被表举为泽州（治今山西省高平县）刺史。诸葛爽死后，河阳军内部分裂，部将李罕之投向了李克用，而张国维则以河阳节度使、河南尹的身份投归了朱温，做了朱温把持下的残唐政权的佑国军节度使、检校司徒同平章事，仍兼河南尹。唐昭宗即位后，赐他名为张全义，先后

---

① 《新五代史》卷45，《张全义传》，中华书局标点本1974年版，第489页。

任河阳节度使、侍中、中书令、天平军节度使、忠武军节度使,兼判六军诸卫事等职。公元 907 年,朱温杀死唐朝最后一个傀儡皇帝唐哀宗李柷,建立了朱氏的后梁政权。张全义在后梁被封为魏王,赐名张宗奭,仍领河南尹,先后兼中书令、西京(洛阳)留守、国计使等职。梁末帝贞明三年(公元 917 年)起,又任天下兵马副元帅。李存勖的后唐政权取代朱梁后,他复名张全义,改封为齐王,任太尉、中书令、河南尹,兼领河阳节度使。后唐庄宗同光四年(公元 926 年)春,落河南尹,授忠武军节度使,加检校太师、尚书令。是年三月卒于洛阳,享年七十有五。

张全义在一生中,先后仕唐、后梁、后唐三个王朝,屡历自唐僖宗李儇起,至后唐明宗李亶止,共八个皇帝。如果把黄巢领导的大齐政权一并计算在内,更是历四朝九帝之多。而且,除了在唐僖宗李儇时,不太知名外,在其余八代,都握重权、居高位,尽心竭力。一般说来,这样的人是要被视作朝秦暮楚、不忠无道的典型的。然而在实际上,他并未被看作反复无常的小人,在当时及以后人们的心目中,反而是一个名动殊俗、声震朝野的元老重臣,被史家称为"良玉"、"名臣",受到众口一词的称赞,是历史上一个颇有令誉的人物。这与他所起的实际历史作用,是分不开的。

清人赵翼在其《廿二史札记》中,把张全义与同时代曾事四姓十君的冯道相提并论,曾这样说:

> 二人皆可谓不知人间有羞耻事者矣。然当时万口同声,皆以二人为名臣,为元老……以朝秦暮楚之人而得此美誉,至身后尚系追思,外番亦知敬信,其何故哉?盖五代之乱,民命倒悬,而二人独能以救时拯物为念。[①]

"救时拯物",正是张全义对当时历史所作的重要贡献。

他"救时拯物"的第一个方面的表现,便是亲身参加了唐末农民战争,为打垮晚唐的腐朽统治、部分地调整当时的生产关系,作出了应有的

---

① 赵翼:《廿二史札记》卷 22,"张全义、冯道"条,商务印书馆 1958 年版,第 440—441 页。

贡献。当然，这是我们所理解的"救时拯物"。赵翼所说的"救时拯物"，
并不包括这个方面。在唐朝末年那样土地兼并日甚一日地恶性发展，农民
因失去土地而被迫沦入破产流亡的境地；政治腐败不堪，宦官把持朝政，
统治阶级内部矛盾重重；藩镇们进行着连年不断的混战，把劳动人民打入
血海深渊。统治阶级无厌的刮夺，使生产者无法生活下去，社会生产受到
严重破坏的情况下，张全义与王仙芝、黄巢等农民领袖们一道，毅然决然
地投入了反对唐王朝腐朽统治的斗争，在震撼中国中世纪的轰轰烈烈的农
民战争中，立下了不朽的功劳。现存的史书上虽未见张居言（张全义）在
前期的革命战争中，所作出贡献的具体记载，但从他后来能在大齐农民政
权中，担任吏部尚书、兼水运使这样重要的职务来看，可以知道他在前期
六七年的革命战争中，是有非同寻常贡献的。

吏部尚书在革命政权中的重要地位不必去说，仅就他所兼任的水运使
而言，这也是在长安的大齐农民政权经济命脉所系的一个重要职务。当时
的长安是国内最大的城市，也是国际上可数的几个有名的大都市之一。其
中住着上百万的非农业人口，粮食完全仰仗于关外的供给。农民大起义之
前，唐廷为了保证关中（主要是长安）的供应，经常都要有一个宰相作为
转运使主管江淮地区。但仍由于漕运梗阻，经常出现"内无储积，而枵腹
待哺于外"的紧张局面，至有"米已至陕，吾父子得生之喜"① 的说法。
农民军数十万人进入关中地区之后，当然更加剧了关中供应的紧张，更增
加了这一工作的重要性和艰巨性。

黄巢等在众多的农民起义将领中，专门选中张居言来做水运使，可见
他在实际斗争中是经过考验，被黄巢等最高领导人认为是信得过、有才干
的一个人物。这也证明了他在前期的战争中，是有贡献的。后来，虽然没
有解决好关中的粮食供应问题，终使长安出现了粮荒，并且日甚一日地加
剧起来，以至于"一斗黄金一斗粟"、"尚让厨中食木皮"② 的严重局面。
但这绝不是张居言个人的过失，或其能力之所不济，而是由整个战争形势
所造成的。义军于战争的前期（从广州开始北伐时起），就犯了流寇主义
的错误，采取随走随丢，不保持任何占领区和根据地的作战方式。正如明

---

① （明）谢肇淛：《五杂俎》卷3《地部》，中华书局1959年版，第64页。
② 韦庄：《秦妇吟》，转自 Lioned Giles《秦妇吟之考证与校释》，张荫麟译，载《燕京学报》
1927年第一卷，第70页。

人王夫之在《读通鉴论》中所言："若黄巢，则陷广州，旋弃之矣；蹂湖、湘，旋弃之矣；渡江淮，旋弃之矣。申、蔡、汴、宋，无尺地为其土，无一人为其民，无粒粟为其馈饷。"

因此，义军虽然攻下了长安，但留下来的是一个孤零零、赤裸裸的战略布局。这样一个战略布局不是包围了敌人，反而将自己置于了唐军和藩镇势力的战略包围之中，使农民军实际控制的地区，局限在"东西不过岐、华；南北止及山、河"。正如王夫之在《读通鉴论》中所说的："自关以东，自邠、岐以西北，自剑阁以南，皆非巢有"①。在敌人的四面包围之下，要根本解决长安及其附近的供应问题，即使能耐再大的人，也是无能为力的。在这样的形势下，义军居然在长安坚持了两年半左右之久，虽然不能说明张居言这位水运使，做出了多么大的贡献，但起码可以说明他是尽了力的。

如果说张全义在"救时拯物"这一方面的贡献，远不及王仙芝、黄巢、尚让，甚至也比不上朱温的话，那么在黄巢领导的起义失败之后，他在"救时拯物"另一方面的贡献，就具有特殊的意义了。

规模巨大的唐末农民战争，由于历史局限所造成的主观严重错误，和唐廷勾结沙陀族李克用参战等主、客观原因，使这次起义过早地失败了，没有完成推翻腐朽的唐王朝、铲除藩镇割据的任务。在镇压黄巢起义的过程中，一些新的军阀乘时而起，又出现了一批新的割据势力。唐僖宗光启中（公元 885—888 年）的情况大体是：李昌符据凤翔，王重荣据蒲、陕，诸葛爽据河阳、洛阳，孟方立据邢、洺，李克用据太原、上党，朱全忠（即朱温）据汴、滑，秦宗权据许、蔡，时溥据徐、泗，朱瑄据郓、齐、曹、濮，王敬武据淄、青，高骈据淮南，秦彦据宣、歙，刘汉宏据浙东。史称，当时"朝廷号令所行，惟河西、山南、剑南、岭南数十州而已"②。

新、旧军阀割据者们，或者为了争夺名存实亡的唐王朝的中央控制权，或者为了保持和扩大自己占据的地盘，依旧进行着激烈的攻战杀伐，使战场的广度甚至超过了农民大起义之前，把本来已经残破不堪的北部中国广大地区，弄得更加残破。如《资治通鉴》卷 256，中和四年十二月

---

① 船山全书编委会编：《船山全书》第 10 册，岳麓书社 2011 年版，第 1041 页。
② 《资治通鉴》卷 256，僖宗光启元年二月，中华书局标点本 1956 年版，第 8320 页。

下云：

> 时黄巢虽平，秦宗权复炽，命将出兵，寇掠邻道；陈彦侵淮南；秦贤侵江南；秦诰陷襄、唐、邓；孙儒陷东都、孟、陕、虢；张晊陷汝、郑；卢瑭攻汴、宋。所至屠翦焚荡，殆无孑遗。其残暴又甚于巢。军行未始转粮，车载盐尸以从。北至卫、滑，西及关辅，东尽青、齐，南出江、淮。州镇存者仅保一城。极目千里，无复烟火。

在军阀们连年混战，往往"掠人以食，驱缚屠割如羊豕"的情况下，广大无辜的人民，遭受的痛苦是难以诉说的。人们渴望相对和平安定地进行生产和生活的迫切要求，是可想而知的。在这样的社会环境里，张全义的历史功绩就在于，他能在自己所控制的洛阳附近一块不小的地盘之内，招抚流亡，组织生产，使饱受战乱和兵燹之苦的农民群众，获得了一个相对安定的生产环境，为在局部地区内恢复社会生产作出了贡献。张居言在诸葛爽手下任泽州刺史时，有什么惠民之政绩，由于史无明文已不可知。唐僖宗光启初（公元885年为光启元年）诸葛爽死后，其部将李罕之得到沙陀人李克用之助，逐走诸葛爽之子诸葛仲方，自领河阳之后，张全义便开始为河南尹、洛州刺史。自此以后，直到唐明宗天成元年（公元926年）三月去世为止，其间的四十余年之中，尽管他的官职、爵位一升再升，但他几乎一直没有脱离过所兼的河南尹这个职务。

洛阳是唐王朝的东都，是关东地区的一个政治、军事重镇。自安史之乱以来，便是藩镇们与唐廷争夺的重要目标之一。几经兵燹之后，洛阳及其附近地区，已经遭到了很大的破坏。黄巢起义中，洛阳一带又一直是唐军防卫的中心，因此军旅的摧残是极其严重的。韦庄在其《秦妇吟》中，描述唐军在这一带的暴虐时说：

> 千间仓兮万斯箱，黄巢过后犹存半。自从洛下屯师旅，日夜巡兵入城坞。
> 匣中秋水拔青蛇，旗下高风吹白虎。入门下马若旋风，罄室倾囊如卷土。
> 家财既尽骨肉离，今日垂年一身苦。一身苦兮何足嗟，山中更有

千万家。

　　朝饥山草寻蓬子，夜宿霜中卧荻花。

　　……

　　出门唯见乱枭鸣，更欲东奔何处所？仍闻汴洛舟车绝，又道彭门自相杀。

　　野色徒销战士魂，河津尽是冤人血。

　　黄巢起义失败后，新旧军阀们仍然互相争夺，继续不断地糟踢这一带地方。所谓"蔡贼孙儒、诸葛爽争据洛阳，迭相攻伐，七八年间，都城灰烬，满目荆榛。"① 经李罕之的抄掠残灭之后，更是"数百里无舍烟"②。张全义初到洛阳时的情形是："时洛下兵乱之余，县邑荒废，悉为榛莽，白骨蔽野，外绝居人。洛邑城中，悉遭焚毁……但遗余堵而已。"③

　　张全义就是在这样的基础之上来开始经营洛阳一带的。

　　为了恢复洛阳一带的生产，张全义的确是费了一番苦心的。史载他"初至洛，率麾下百余人，与州中所存者仅百户，共保中州一城，招怀完葺。"接着便派人到洛州所属的一十八县，进行招抚葺理。其具体做法，宋人张齐贤在《洛阳搢绅旧闻记·齐王张令公外传》中，有着十分详尽而生动的记述：

　　　　（齐）王始至洛，于麾下百人中，选可使者一十八人，令之曰屯将。每人给旗一口、榜一通，于旧十八县中，令招农户，令自耕种，流民渐归。王于百人中又选可使者十八人，命之曰屯副。民之来者绥抚之。除杀人者死，余但加杖而已。无重刑，无租税，流民归渐众。王又（于）麾下选书记一十八人，命之曰屯判官。不一二年，十八屯申：每屯户至数千……关市人赋，殆于无籍，刑宽事简，远近归之如市。五年之内，号为富庶。于是奏每县除令、薄主之。所谓乱后易治乎，王之得简易之道乎？

---

　　① 《旧五代史》卷63《张全义传》，中华书局标点本1976年版，第839页。
　　② 《新唐书》卷187《李罕之传》，中华书局标点本1975年版，第5444页。
　　③ 张齐贤：《洛阳搢绅旧闻记》卷2《齐王张令公外传》，载上海师范大学古籍整理研究所编《全宋笔记》第二编（二），大象出版社2003年版，第159页。

为了鼓励恢复和发展生产，张全义本人还经常巡视田间。史称他为河南尹，"尽心竭力，躬载酒食，劳民畎亩之间"①。对生产好的，总要亲自去看一看，当众给以奖励；对生产不好的，则要给以适当的责罚。这种做法，据说直到他已经领有河阳、泽州、洛州三镇，做了西京留守之后，还能坚持不懈：

> 朝廷即授王兼三镇，时以正西京留守之任，每喜民力耕织者。某家今年蚕麦善，去都城一舍之内，必马足及之，悉召其家老幼，亲慰劳之，赐以酒食茶采。丈夫遗之布裤，妇人裙衫。时民间上衣青，女人皆青绢为之。取其新麦新茧观之，对之喜动颜色……每观秋稼，见好田，田中无草者，必于田边下马，命宾客观之，召田主慰劳之，赐之衣物；若见禾中有草，地耕不熟，立召田主，集众决责。若苗荒地生，诘之。民诉以牛疲或缺人耕锄，则田边下马，立召其邻件（伍）责之曰："此人少牛，何不众助之？"邻件（伍）皆伏罪，即赦之。②

在那样的社会和生产情况下，张全义尽力举办屯田，奖励生产，轻刑罚，薄租税，提倡劳动互助，当然会收到较为明显的效果。所以，自他治洛州之后，"洛阳之民无远近，民之少牛者相率助之，少人者亦然。田夫田妇，相劝以力，耕桑为务。是以家有积蓄，水旱无饥民。"③"数年之间，京畿无闲田，编户五六万。乃筑垒于市，建置府署。"④ 原先残破不堪的洛阳城，也"渐复都城之壮观"。张全义因此也得到了群众的拥护与好评。当时民间都流传着这样的美谈：说齐王张全义身为王侯，见声妓、姬妾，"等闲不笑，唯见好蚕麦笑耳"⑤。这对一个封建官吏来说，的确是很高的评价了。在那军阀连年混战的年代里，张全义要在自己管辖的这个范围内，来恢复和发展生产，当然不是一件容易的事情。因为除了要实行一套鼓励生产的措施之外，还面临着如何保护一个相对安定的生产环境，使之

---

① 陈鳣：《续唐书》卷44《张全义传》，光绪四年士乡堂刻本，第10页A。
② 张齐贤《洛阳搢绅旧闻记》卷2《齐王张令公外传》，第161页。
③ 同上。
④ 《旧五代史》卷63《张全义传》，中华书局标点本1976年版，第839—840页。
⑤ 张齐贤：《洛阳搢绅旧闻记》卷2《齐王张令公外传》，第161页。

少受战争侵扰的问题。为了做到这一点，张全义不得不一方面含垢忍辱，低声下气地去搞好与有势力军阀的关系；另一方面，又要注意发展和壮大自己的武装力量，用以保卫自己这块地盘。他初为洛州刺史时，李罕之还占据着河阳。这个贪暴不法的家伙，每每轻蔑地称张全义为"田舍翁"，又经常飞书向他索取军食及缣帛，"要取无厌，动加凌轹"。对此，张全义先是"不得不奉之"，尽管部下有人反对，他还是坚持"与之，似若畏之者"。以后才寻找机会，将李罕之逐走。为了加强自己的军事力量，张全义还注意利用农闲时训练丁夫，"农隙，每选丁夫教以弓矢、枪、剑，为起坐进退之法。行之一二年……共得丁夫娴熟弓矢、枪、剑者二万余人。"在梁、晋两大军事势力的激烈对峙争夺中，张全义依附于朱梁，以供给其军资为条件，换取朱梁对他在军事上的保护，"全义托朱氏垂三十年"，"事朱梁以免兵革"。

张全义为了给洛阳一带的人民，赢得一个较为安定的生产环境、恢复和发展这一带的生产，真可谓是尽心竭力了。因而，他所作出的贡献，也是不可磨灭的。五代时著名诗人杨凝式有一首记张全义的诗说：

> 洛阳风景实堪哀，昔日曾为瓦子堆。
> 不是我公重葺理，至今犹是一堆灰。①

这虽然是文学著作，但写的却都是事实，没有什么失实之处。在肯定张全义劳徕安集、葺理洛阳这一点上，是未为过分的。

贫苦农民出身的张全义，在参加黄巢领导的农民战争失败后，不得不依附于统治阶级，而且自己也成为了封建统治阶级中的一员。但他始终没有忘尽"田舍翁"、"种田叟"的本色②，在他力所能及的范围内，一定程度上满足了农民的生产要求，使唐中叶以来，历遭破坏的社会生产得到了局部的恢复和发展。这不能不说，是唐末农民战争推动社会生产力发展的

---

① 王士祯：《五代诗话》卷二，丛书集成初编本，第18页。
② 陈鳣：《续唐书》卷44，《张全义传》说，后唐时，"洛阳监军尝得李德裕平泉醒酒石，全义求之。监军忿然曰：'自黄巢乱后，洛阳园宅，无复能守，岂独平泉一石哉？'全义尝在巢贼中，以为讥己，因大怒，奏笞杀监军者。"这段记载，说明张全义对黄巢起义军，是有很深感情的。直至起义失败数十年之后，他还不忘维护义军的声誉，不准别人随意污蔑起义军。这可作为他未忘尽自己阶级本色的一个佐证。

一个表现。因为，如果没有唐末这次大规模的农民战争，农民群众尽管有着希望和平安定进行生产的强烈要求，也是无法通过像张全义这样的"田家子"之手而获得满足的。正是这次大规模的农民革命战争，才使一批出身微贱、比较了解民间疾苦、同情人民的人，代替了唐朝极其腐朽的官吏和只知残民自肥的旧藩镇，成为了控制一方的实力人物。这些人虽然已经不是贫苦人民的代表，而是代表地主阶级利益的新的封建统治者，但他们毕竟比较了解人民的疾苦，对人民反抗斗争的巨大威力有所认识，因而在一定程度上，实行了一些有利于社会生产的措施，在客观上起了促进社会生产的恢复和发展的作用。

（原载于《史学月刊》1983 年第 4 期）

5. 南唐先主李昪行事述略

南唐立国仅三十九年，共历三主。先后三代君主当中，以文学成就而言，儿子都大大地超过了父亲，一代胜过一代。但是，如果从政治成就上来进行考察，则一代不如一代。先主李昪是南唐的创建者。他不仅从杨行密和徐温后人的手里篡代成功，创立了南唐政权，而且实施了一套有别于杨吴政权后期的、比较有利于社会发展和增强国力的措施和政策，使社会生产得到了较大的发展，奠定了这个封建割据小国相对强盛的规模和基础。

南唐先主李昪（公元888—943年），或云字正伦，小字彭奴，即位后始改今名。原为杨吴政权的权臣徐温（字端美）的养子，是在战争中掳来的一个孤儿。他生于兵火战乱的年月，自幼怙恃俱失，以髫稚之年便转徙民间，曾有一段十分痛苦的经历。这使他自幼便洞悉民间的疾苦，对于他日后的思想及行事都有很大的影响。所谓"先长丧乱，知人艰苦，故不以富贵自处，唯务节俭"①，以及"生长兵间，知民厌乱。在位七年，兵不妄动，境内赖以休息"②，便是证明。更由于在长期与政敌的争夺之中，使他直观地、部分地看到了人心的向背，对他帝业成败的重大影响。因此，李昪在一生中都比较重视生产，关心民瘼，实行了不少劝课农桑、轻徭薄赋、缓和阶级矛盾、有利于恢复和发展生产的政策。总的来说，在辅吴政时期，李昪的决策行事不能不受到徐温及杨溥等多方面的掣肘，因此，这些改革在广度和深度上都还受到局限，有些还只能在局部地区作为临时措施推行。直到公元937年南唐正式建国之后，他成了一国之主，才能更放手地来推行他的改革措施。李昪在位虽然仅有6年的时间，但这是他最有

---

① 刘承幹：《南唐书补注》，引徐铉《江南录》，《嘉业堂丛书》第87册卷一，第31页A。
② 陆游：《南唐书》（以下简称陆书）卷1，《烈祖本纪》，昪元七年条，丛书集成初编本（版本下同），第21页。

作为的时期，也是最值得称道的时期。

礼贤下士，广揽人才

李昇自为昇州刺史时起，即注意礼贤下士，搜罗人才。在别的那些武夫出身的州县守令们，只知"以兵戈为务"，专事赋敛和战守之时，他就"以文艺自好，招徕儒俊，共论治体。"① 他在个人生活上是很俭约的，但为了招延士大夫，他却轻财好施，"倾家资无所爱"②。而且不论出身门第高下，均能以礼相待。后来成为有名的奇谋之士的宋齐丘，以及李昇早期的一些股肱人物，都是这时"慕义"而来的。

宋齐丘其人，少好儒学，又习纵横之术，善机变，有谋略。迨其父宋诚死后，家资荡尽，落魄无依。李昇并没有因为他这副穷酸狼狈相而轻视他，反倒一见如故。宋齐丘为人狂狷不羁，往往因一语不合即拂衣而走，甚至多次提了衣笥要出秦淮门远走他去。每次都是李昇礼让"谢之"之后，才又留了下来③。李昇对宋齐丘，真可谓是礼遇之至，言听计从；宋齐丘对李昇的事业，也的确竭诚尽心，"颇有力焉"④。故时人把他们之间的关系，比作"刘穆之之佐宋高祖"。⑤

在辅吴政期间，李昇便公然于府署之内，立"迎宾亭"以招四方之士；又于关徼之地设司守使者，"物色北来衣冠，凡形状奇伟者，必使引见"。对于应召和被物色来的人物，或委之以官，"语有可采，随即升用"⑥；或待之以礼，"非意相干者，亦雍容遣之"。"搢绅之后，穷不能婚

① 钓矶闲客：《钓矶立谈》，上海师范大学古籍整理研究所编《全宋笔记》，第一编（四），大象出版社 2003 年版（版本下同），第 216 页。
② 《资治通鉴》卷 268，后梁太祖乾化二年五月，中华书局标点本 1956 年版（版本下同），第 8757 页。
③ 《资治通鉴》卷 279，后唐潞王清泰二年三月，第 9129 页。
④ 马令：《南唐书》（以下简称马书）卷 20，中国野史集成编委会编《中国野史集成》，巴蜀书社 1993 年版（版本下同），第五册第 69 页。
⑤ 陆书卷 4，《宋齐丘传》，第 80 页。
⑥ 均见钓矶闲客《钓矶立谈》，上海师范大学古籍整理研究所编《全宋笔记》，第一编（四），第 219 页。

葬者,皆与毕之"①。于政事之暇,他又亲自迎见士类,宴饮赋诗,咨访阙失,问民疾苦,博访艺能。对那些确能在政治上有所建树的人,更是优礼有加,让他们参与密议。如"每夜引(宋)齐丘于亭屏语,常至夜分。或居高堂,悉去屏障,独置大炉,相面坐,不言,以铁筋画灰为字,随即汤灭去之。故有所谋,人莫得知也。"②

李昇这套招贤方针的执行,果然收到了明显的效果。"时中原多故,名贤夙德,皆亡身归顺之……北土士人,向风而至者,迨数十人。"北朝不少有学问、有能力、有声望的各色人物,如韩熙载、史虚白、孙晟(亦名忌)、常梦锡等,就是这时投奔来的。因此,他一时间"翼羽大成,裨佐弥众。"③ 这些人当中的大多数,在他篡吴建唐当中,起了很大的作用;建立唐国后,又成为他和他儿子(中主李璟)的重要辅佐。不少人甚至在当时全中国范围之内,也称得上是"文武才业,忠节声华,炳耀一时"④的著名人物。

长兴二年(931年),李昇着学徐温那样出镇金陵,去着手组建自己的朝廷。由于这时更需要各方面的人才,所以他将招贤机构又搬到了那里,并进一步扩大,由迎宾亭改为招贤院,依然设在他的府院里。在招贤院中,除了备置各种琴、弈等消闲游戏之具外,还大量地收聚古籍图书、文物,让来投的"贤士"、"国士"们,在这里讲评古今,论议时事,研究各种问题。此时从北朝陆续来奔的较著名的人物又有江文蔚、卢文进、李金全等。南方闽国境内,也有建州土豪吴光率众近万人来奔⑤。吴国内的一些山岩隐逸之士,也纷纷应召而出,前来呈献治国治民之策。如建康处士汪台符,就是此时自"草间"来上书,"陈民间九患及利害十余条的。其内容涉及立国行政的一些根本政策。据说,南唐建国后的不少社会及经济

---

① 释文莹:《玉壶清话》卷9,《李先主传》,上海师范大学古籍整理研究所编《全宋笔记》,第一编(六),第166页。

② 《资治通鉴》卷270,后梁贞明四年七月,戊戌条,第8832—8833页。

③ 龙衮:《江南野史》卷1,上海师范大学古籍整理研究所编《全宋笔记》,第一编(三),第156页。

④ 赵世延:《南唐书序》,刘承幹《南唐书补注》,载《嘉业堂丛书》第87册,第1页。

⑤ 《资治通鉴》卷278,后唐明宗长兴四年七月,第9086页。

方面的措施，'皆用台符之言'"①。

南唐建国后的昇元中，依旧是：凡有"仗策献文，稍有可采录者，委平章事张延翰收试院，量才补用，皆得其职。"② 终李昇之世，执行这一政策，可谓历久不衰。直到他统治晚期的昇元六年（942 年）十月，他还唯恐各地"武人用事，不能宣流德化。其宿学巨儒察民之故者，嶙岩之下，往往有之。彼无路光亨，而进以拊伛为嫌，退以清宇为乐，则上下之情，将何以通，简易之政，将何议乎？"故再次下诏，要"三事大夫，其为朕举用儒者"③。

轻徭薄赋，劝课农桑

据《江南野史》和《玉壶清话》等书所载，李昇还在昇州时期，就能"勤恤民隐"。刚为昇州刺史不久，他就采纳了宋齐丘的建议，"颁布六条以率群吏"。其中包括"定民科制，劝课农桑，薄征轻赋，禁止非徭。"④ 这些措施的实行，曾使他所在的金陵一带"府库盈积，城隍完峻"⑤，"江淮之地，频岁丰稔，兵食既足，士乐为用"⑥，以致成为徐温要自镇金陵的诱因。据说李昇离开昇州到润州去时，"金陵之民，顾怀其惠，莫不心折气沮。但逼义祖（徐温）之威，而无敢建白者"⑦，感到十分惋惜。他到润州后，又将这些措施在润州推行，即所谓"政犹金陵"。

公元 918 年执吴政后，他更是"兴利除弊"，"悉反知训所为"，其具体做法是：

第一，蠲逋税，赈荒匮，养民力。徐知训辅吴时，人民所逋欠的租税，年年相因，任是丰年也难得喘一口气。李昇一执政，就"以吴王之

① 吴任臣：《十国春秋》卷 10，《汪台符传》，中华书局标点本（版本下同）1983 年版，第 142 页。
② 马书卷 14，《汪台符传》，第 96 页。
③ 陆书卷 1，丛书集成初编本，第 20 页。
④ 龙衮：《江南野史》卷 1，第 155 页。
⑤ 龙衮：《江南野史》卷 1，第 179 页。
⑥ 马书卷一，第 7 页。
⑦ 钓矶闲客：《钓矶立谈》，第 216 页。

命，悉蠲天祐十三年（916 年）以前逋税，余俟丰年乃输之。"① 又开放山泽，扩大人民谋取衣食的场所，实行"薄赋以养民力，山泽所产，公私同之。"② 还"常使人察视民间，有凶荒匮乏者赒给之。"③

第二，兴版簿，定租税，抬物价，除丁课。为了使赋税的征纳有定制，以免贪官猾吏从中苛索多征，李昪于公元 921 年起，便"差官兴版簿，定租税。"在核实民户占地的基础上，按土地的肥瘠高下纳税。规定"厥田上上者，每顷税钱二贯一百文；中田一顷税钱一贯八百；下田一顷千五百。皆足陌见钱。如见钱不足，许依市价折以金银。"针对农民难于得到现钱、金银，宋齐丘又提出准许农民以绸、绵、绢等折现钱，以抵租税，并且抬高时价。绢每匹由当时的市价五百文，抬至一千七百文；绸每匹由六百文抬至二千四百文；绵由每两十五文抬至四十文。他提出抬价的理由是："江淮之地，唐季以来，战争之所。今兵革乍息，黎甿始安。而必率以见钱，折以金银，此非耕作可得也，无兴贩以求之，是教民弃本逐末耳。"吴国原来有丁口课调，也是因为"钱重物轻"，所以"民甚苦之"。故宋齐丘建议蠲除不征。这项建议引起了朝议喧然，一些人纷纷反对，认为这样一来，州县就会大大地亏损官钱。对于这些议论与责难，宋齐丘大不以为然。他在给李昪的上书中力排众议，公开申辩："明公总百揆，理大国，督民见钱与金银，求国富强，所谓拥篲救火，挠水求清，欲水清火灭可得乎？"李昪得书，以为这是"劝农上策"，立即采行，抬高了吴国的农产品和手工业品的折钱价格，又蠲除了吴国境内的丁口课调。④

第三，禁止压良为贱，出库金为陷身于奴婢地位者赎身。陆游《南唐书》卷十五《萧俨传》说："烈祖辅吴，设法禁以良人为贱。"马令《南唐书》卷二二，也说"禁以良人为贱，卖奴婢者，通作官券"等等，都是"昇元之法"的内容。但内中也追述到"往者陛下出库金以赎民子，故天下归心，大宝自至。"可见此法在南唐建国前，他就行之已久，而且确实起到了收揽人心之效果。建国之后，东都判官冯延鲁曾上书，要求变革此

---

① 《资治通鉴》卷270，后梁贞明四年七月，第8831页。
② 释文莹《玉壶清话》卷9，第41页。
③ 马书卷1，《先主书》，第2页。
④ 均见洪迈《容斋续笔》卷16，《宋齐丘》，《笔记小说大观》，江苏广陵古籍刻印社重刊上海进步书局本，第2册，第253页。

法，主张"民贫不能给者，听鬻己子"。因这条建议，冯延鲁差点受到李
昪的严治。可见这一规定，直到昪元中还是在坚持。

南唐建国之后，社会经济方面的改革措施，又有了进一步的充实和扩
大，这便是：

第四，赈济灾荒，奖励农民开荒树艺。为了鼓励农民开荒树艺，李昪
于昪元三年（939 年）四月的南郊大赦诏书中规定："民三年艺桑及三千
本者，赐帛五十匹；每丁垦田及八十亩者，赐钱二万；皆五年勿收租
税。"①宋人宋敏求在《春明退朝录》中说："江南有国时，田每十亩，蠲
半亩以充瘠薄。"大概也是此时开始实行的。为了保证农民有较多的生产
时间，昪元四年二月，明令"罢营造力役，毋违农时"。六月，又"罢宣
州岁课木瓜、杂果"。除了不时赈匮乏、恤孤寡之外，每遇大的灾荒，都
要派专使进行赈济。如昪元五年夏，黄州大旱，便"遣使赈贷黄州旱伤户
口"。昪元六年六月，因有"大蝗自淮北蔽空而至"，遂"命州县捕蝗以瘗
之。"②

第五，遣使按行民田，再次均平赋税，制定昪元税法。李昪辅吴时，
曾实行过按土地多寡、等第定过一次租税。昪元中又一次按行民田、均平
赋税。史谓：他"自登位之后，遣使大行检校"③。"分遣使者按行民田，
以肥瘠定其税"④，或者叫做"均量民田，以奠科赋"⑤。据说经过这次大
"检校"之后，"民田高下肥硗皆获允当，人绝怨咨，输赋不稽"⑥，"民间
称其平允"⑦。从此之后，南唐的租赋征收遂有定制，"昪元中，限民田物
畜高下为三等，科其均输，以为定制"⑧。

这次"均量民田"，不仅按田的好坏制定了租税的税则，而且也为日
后的征调兵役、徭役及其他杂科赋敛提供了依据，"自是江淮调兵兴役及

① 陆书卷1，《烈祖本纪》，第15页。
② 同上书，第19—20页。
③ 龙衮：《江南野史》卷1，第157页。
④ 《资治通鉴》卷282，后晋高祖天福六年十一月，第9230页。
⑤ 马书卷5，《后主书》，第34页。
⑥ 龙衮：《江南野史》卷1，第157页。
⑦ 《资治通鉴》卷282，后晋高祖天福六年十一月，第9230页。
⑧ 马书卷14，《汪台符传》，第96页。

他赋敛，皆以税钱为率，至今用之。"① 以税钱多少为标准，进行调兵兴役，使贫下户的负担有所减轻。

第六，行"米盐"之法，除额外之说。南唐建国以后，针对时弊进行了盐法改革。史载："昇元初，括定民赋，每正苗一斛，别收三斗于官，廪受官盐二斤，谓之米盐。"这种"使民入米请盐"之法，直到中主李璟统治末期，才由于"淮甸盐场皆入于周，遂不支盐"②。

李昇辅吴时，商、杂税还未进行改革，直到昇元初还是"关司敛率尤繁"。经人建议后，也是在昇元中进行了改革。建此议者是优人申渐高："昇元初，案籍编括，渐高以善音律为部长。时关司敛率尤繁，商人苦之。属近甸亢旱。一日宴于北苑。烈祖谓侍臣曰：'畿甸雨，都城不雨，何也？得非狱市之间违天意欤？'渐高乘诙谐进曰：'雨惧抽税，不敢入京。'烈祖大笑，即下令除一切额外税。"③

第七，兴筑水利以溉农田。南唐时对地方官吏的考核，主要是"理亩籍，察庶狱，辟污莱，遏陂塘"④。把"遏陂塘"作为对地方官吏考察的一项主要内容，可见其时对水利事业之重视。李昇就曾每每下"条制"给地方官，要他们注意修葺陂塘，因此在南唐时修筑的水利工程不少。如句容县境的绛岩湖，原为三国时吴国所筑，唐大历中又修复之，溉田万顷，"南唐时修筑不废"⑤。又如丹阳县境内的练湖，"当为湖日，湖水放一寸，河水涨一尺，旱可引灌溉，潦不致奔冲，其利田几逾万顷。昔环湖而居，衣食于渔者几数百家。"昇元初，丹阳知县吕延正就是在"频承条制"的情况下，才聚财役工，着手修浚练湖的。其作斗门所需的楠木，曾承所司批获。但在修湖当中，曾遭到不少谤议，尤其那些"利废湖以丰己"的地主豪强们反对更烈。但吕延正"明知利害，独如弗闻"，坚持修筑不已。竣工后，"无灾者四县之地"。天旱时河水干枯，则可以"放湖水灌注，使商旅舟船往来，免役牛牵"。据说修浚后的当年，便使当县及邻县之民，

---

① 《资治通鉴》卷 282，后晋高祖天福六年十一月，第 9230 页。

② 马书卷 4，《嗣主书》，第 25 页。

③ 马书卷 25，《申渐高传》，第 156 页。

④ 徐铉：《宣州泾县文宣王庙记》，《徐公文集》卷 13，《四部备要·别集》（第 73 册），第 67 页。

⑤ 刘承幹：《南唐书补注》卷 6，引《江南通志》，《嘉业堂丛书》第 11 函。

受益不少。①

整肃吏治，行宽俭清廉之政

还在任昇州刺史时期，李昇就能在意延用儒雅，"独褒廉吏"，比较注意修明政教。他接受宋齐丘等人的建议，"黜陟奸否，进用公廉，修举废坠，制御奸雄。"故能兵士辑睦，人乐为用，"中外肃肃，咸有条理"。代徐知训辅吴政后，他更进一步整顿吴政，"修复政理"②。不过，这时他虽为政事仆射总吴庶政，但毕竟是年轻（始辅吴政时年仅三十一岁）新进，位望不隆。面对元勋重臣遍布的现实局面，他要进行整顿，就不得不十分讲究策略，或以吴主之令而作，或以其他巧妙方式缓缓而行。

他辅政后，首行的第一件事便是整饬军纪。李昇既要整饬军纪，又要"思借其力"，颇费踌躇，考虑出的一个主意是：敕泰兴、海盐等近畿之县，不得以鹰鹞供军，使军校纵禽游猎之风得以收煞。史谓"期月之间，禁校不复游墟落矣"。③

其次是肃整朝纲。从公元 927 年至 930 年，吴国朝廷中出现了两起轻蔑吴主、表明君臣纪纲废弛不振的事件：一件是柴再用戎服入见吴主；一件是徐温欲兵仗自随以入觐。李昇巧妙地利用这两件事开刀，在尊崇吴王的旗帜下，进一步树立了自己的威望。柴再用原是吴国的元老重臣，资格比徐温还老，李昇也曾是他的部属。他此时是吴国的马军都指挥使。在他眼里，杨溥和李昇等，均属于子侄之辈，因此很是倨傲跋扈。他戎服入见杨溥，遭到御史弹劾之后，还恃功不服，大吵大闹，毫无君臣之礼。李昇对他不便直接行罚，便采用自责以羞警之法。他自己故意触犯朝仪，于便殿误通起居，退而严以自劾，请求处罚。吴主杨溥虽一再优诏不问，但他还是自请不原，结果以夺俸一月为罚。此事使柴再用和其他大臣，都大为震动。徐温时以吴国大丞相、东海郡王、内外诸军都统，专吴大政，又是李昇的养父，朝野上下，无不仰其鼻息。李昇以吴主之命，坚阻其兵仗自

① 刘承幹：《南唐书补注》卷6，引《江南通志》，《嘉业堂丛书》第11函。
② 均见龙衮《江南野史》卷4，《宋齐丘传》，第179页。
③ 郑文宝：《南唐近事》卷2，上海师范大学古籍整理研究所编《全宋笔记》，第一编（二），大象出版社2003年版，第222页。

随以"入觐",理由是"节镇入觐,无兵仗自从之例"。经此两事之后,李昪的威望大高,重臣宿旧,莫不惕服,由是"中外肃然"。

南唐建国之后,李昪成了一国之主,这时他在整肃吏治方面,又有如下的一些措施和作为,使南唐建国初期,在政治上比较清明。这些做法便是:

第一,拒虚尊之号,排佞谄之人,不以外戚辅政,不准宦官专权,后宫不得预政事。南唐建国之初,就有不少人主张要给他上尊号。到他恢复姓名、追尊先祖之后,这种呼声就更高了。但每次李昪都加以拒绝。昪元三年(939年)四月,举行南郊之后,群臣又一次敦请。李昪更明诏以示之曰:"朕以眇躬,托于民上,常恐弗类,以羞高祖太宗遗业。群众卿士,顾欲举上尊号,朕甚不取,其勿复以闻。"①

与劝上尊号的同时,各地谄佞之辈,又纷纷上告符瑞,"州郡言符瑞者以十数"。李昪也认为,"遣告在天,聪明自民,鲁以麟削,莽以符亡。常谨天戒,犹恐或失之,符瑞何为哉!"皆抑而勿扬。② 有人主张把国内府寺州县名,凡称有"吴"、"阳"等字的,都要统统改掉。留守判司杨嗣更请自更姓为"羊"。徐玠以为:"陛下自应天顺人,事非逆取,而谄邪之人,专事更改,咸非急务,不可从也。"李昪深以为然,一概不从。③ 时又有人来献"毒酒方"者,李昪更认为:"犯法自有常刑,奚用此为",拒而不纳④。

鉴于唐代宦官专权及历史上外戚辅政为害之烈,和"妇人预政,乱之本也"⑤ 的认识,李昪建国之后,便规定不用外戚辅政,不准宦官预事,后宫也不得预政事,而且对这些规定,执行得颇为坚决。据说元敬皇后宋氏有侄名宋谔者,为参军,"以国戚而官不显"。其禁后宫预政之严,则由种氏之遭遇可见:

　　(种氏)既承恩宠,服御辄亚于后,而诸宫罕得进御。及生江王

---

① 陆书卷1,《烈祖本纪》,第14页。

② 马书卷1,《先主书》,第5页。

③《资治通鉴》卷281,后晋高祖天福三年六月,第9187页。

④ 吴任臣:《十国春秋》卷15,《烈祖本纪》,第190页。

⑤ 陈彭年:《江南别录》,上海师范大学古籍整理研究所编《全宋笔记》,第一编(三),大象出版社2003年10月版,第203页。

景遏，僭侈尤甚。一日，先主幸元子齐王宫，遇其亲理乐器，先主大怒，切责数日。种氏乘间言景遏才过齐王。先主作色曰："子之过，父戒之，常理也。国家大计，女子何预？"遂叱内臣捽庭下，去簪珥，幽于别宫。数月，命削发为尼。①

所以，《资治通鉴》卷二八二说：南唐"不以外戚辅政，宦官不得预事，皆他国所不及也"。

第二，提倡俭约，禁治贪污，不以仓吏呈献"羡余"为能事。李昪因为"少遭迍难，长罹兵革，民间疾苦，无细不知"②。故其当政之后，颇能惜念物力维艰，比较注意俭朴节约。他即位之后定都金陵，未见大兴土木，"但以旧衙署为之，唯加鸱尾、阑槛而已。其余女妓、音乐、苑囿、器玩之属，一无增加。故宋齐丘为其挽辞曰：'宫砌无新树，宫衣无组绣、宫乐尽尘埃。'皆其实也。"③ 甚至说他寝殿上，长期用着的烛灯台，竟是杨氏马厩里的旧物。陶穀在《清异录》中，将此事描绘得有声有色：

> 先主素俭，寝烛不用腊，灌以乌白子油，但呼乌舅。案上捧烛铁人，高五尺，云是杨氏马厩中物，呼金奴。一日黄昏，急呼烛，唤小黄门掇过我金奴来。左右窃相谓曰："乌白、金奴，正好作对也。"

据说这种俭约之风，到他晚年还能坚持不改。尽管财物山积，依旧不准滥用。"烈祖励以节俭，一金不妄用，其积如山。太子尝欲一杉木作版障，有司以闻。烈祖书奏后曰：'杉木不乏，但欲治战舰，以竹代可也。'"④

正因为李昪能比较念惜物力，所以他对贪污、盗窃之事也颇痛恨。还在辅吴政时，他就每每欲治官吏之贪猥不法者，皆因受阻于徐温而不果。故建国后，他对于贪残者，皆严惩不贷。海州刺史褚仁规，先时以干练称，为李昪所喜。"晚年，国家少事，仁规掊克不已，多入私门，刑罚滋

---

① 马书卷6，《女宪传·种氏》，第38页。
② 龙衮：《江南野史》卷1，第157页。
③ 佚名《五国故事》卷上，上海师范大学古籍整理研究所编《全宋笔记》，第一编（三），大象出版社2003年10月版，第240页。
④ 陆书卷15，《刘承勋传》，第340—341页。

暴，加以纵奢"。李昪先罢其职，后又"收付大理赐死，妻子徙和州"。①
昪元六年（942年），宋齐丘的亲吏夏昌图，盗官钱三千缗的事被揭发出
来，宋齐丘仍欲贷其死罪。李昪因是大怒，命立斩夏昌图。宋齐丘为此而
称疾请罢，李昪也在所不惜。② 自中唐以还，地方官皆以掊克为能，由贡
献"羡余"而升官者不计其数。长期以来，因循未改。南唐建国后遂力革
其弊。史载：尝有仓吏岁终献"羡余"万余石，李昪知之，不但不以为
能，反责之曰："出纳有数，苟非掊民克军，安得羡余耶?!"③

第三，慎刑狱，议死罪行三复三奏之法。经唐末以来长期战乱之后，
刑狱无常典，一任主事者恣意所为，往往酷滥残民。李昪当国后亦即行革
之。原鄂州节度使张萱，以边功自恃，强横不法，尝"置地室以鞠罪人。
罪无大小，入之则无全活。"昪元三年，鄂州炭市中发生殴斗，查其致斗
之由，原来是卖炭者所卖炭石不及斤数。张萱竟收卖炭者斩之，枭首、炭
于市。李昪闻知后，叹曰："小人衡斛为欺，古今皆然，萱置之太过。"于
是罢其鄂州节度使为蕲春团练副使，遂规定："凡决死刑，方用三复五奏
之法。"④（按：考之他书，当以三复三奏为是。）

第四，定《昪元格》，统一政令。昪元初，南唐境内既行吴令，又有
昪元令。为了统一全国政令，昪元三年七月，便"命有司作《昪元格》"
（主要是命法官及尚书删定旧令）。这项工作直到昪元六年九月，才告完
成，随即向全国公布实行。删定后的《昪元格》（或称《昪元条》）共三
十卷，其内容已无从详考，只见郑文宝《南唐近事》中载有："昪元格：
盗物值三缗者，处极法。"参以《资治通鉴》卷二八三，后晋高祖天福七
年八月载："唐主自为吴相，兴利除害，变更旧法甚多。及即位，命法官
及尚书删定《昪元条》三十卷。"可见它的内容包括了政治、经济、法律
等社会各方面的内容。《昪元格》在南唐全境的颁布和推行，对于加强国
内的政治、经济、军事、法律等方面的统一，是有作用的。这也是五代十
国时期，中国社会由极度分裂，逐步走向统一的一种反映。

---

① 马书卷19，《诛死传·褚仁规》，第124页。
② 《资治通鉴》卷283，后晋高祖天福七年二月，第9234页。
③ 《资治通鉴》卷282，后晋高祖天福五年六月，第9216页。
④ 释文莹：《玉壶清话》卷9，《李先主传》，第42页。

集坟典，办学校，提倡文化

李昪自青年时起，即"以文艺自好"。所以自他当政后，对于收集坟典、图籍，一直是很重视的：或悬重金以购买；或置书吏而借来写抄。当时人刘崇远在《金华子杂编》卷一中说：

> 天祐间，江表多故，洎及宁帖，人尚苟安。稽古之谈，几乎绝侣，横经之席，蔑尔无闻。及高皇帝（按：指李昪）初收金陵，首兴遗教，悬金为购坟典，职吏而写史籍。闻有藏书者，虽寒贱必优辞以假之。或有赍献者，虽浅近必丰厚以答之。时有以学王右军书一轴来献，因偿十余万，缯帛副焉。由是六经臻备，诸史条籍，古今名图，辐辏绛帷，俊杰通儒，不远千里，而家至户到。

当时因献书画、古物而获优偿者，除了上述的那位"以学王右军书一轴来献"者外，卢陵人鲁崇范也是一个典型的例子。据吴任臣《十国春秋》卷28《鲁崇范传》载：

> 鲁崇范，卢陵人也……九经子史，广贮一室，皆手自校定。会烈祖初建学校，典籍残缺，下诏旁求郡县。吉州刺史贾皓就取崇范本进之，以私缗偿其值。崇范笑曰："坟典，天下公器，世乱藏于家，世治藏于国，其实一也。吾非书市，何酬价为？"皓赴阙，与崇范俱至金陵，表荐之，授太子洗马。

李昪这一政策的实施，同样收到了良好的效果，对于收集和保护自唐末战乱以来大量流散的古籍、文物，起了重要的作用。史载：李昪节度金陵时，建有建业文房，藏书三千余卷，都有"金陵图书院印"。三千卷的数字，当然不能算多，但它却打下了日后南唐文化发展的基础。到南唐为宋所灭时，金陵藏书达十余万卷，"江南藏书为天下冠"①。且"其书多雠

---

① 《十国春秋》卷28，《徐锴传》，第404页。

校精审，编秩完具，与诸国本不类"①。区区的南唐国，竟然成为当时中国的"文物最盛处"，被称为"文献之地"②，"有元和之风"③，这与李昇的大力提倡是分不开的。

南唐建国之后，一方面由于战争鲜少，社会经济得到进一步的恢复和发展；另一方面，也考虑到要兴儒学教化，用以维护其政治统治。因而，办学兴教的现实可能性和必要性，都提到了李昇等人的面前。李昇于建国后的第二年（938 年），就首先创立了太学，"特置学宫滨秦淮，开国子监"④。后不久，又于庐山五老峰下的白鹿洞办了庐山国学。"建学馆于白鹿洞，置学田供给诸生，以李善道为洞主，掌其教，号曰'庐山国学'。"⑤在这两所国学中，学者大集，"其徒各不下数百"。南唐及宋初的不少名人学士，如刘洞、江为、伍齐、夏宝松、许坚、毛炳等，都曾游学于庐山，或肆业于白鹿洞。除了这两所国学之外，"所统州县，往往有学"⑥。在那"礼崩乐坏，文献俱亡"的纷乱时期，居然出现"儒衣书服盛于南唐"⑦，绝不是偶然的。李昇本人称不上是文人学者，但他在推动和促进中国文化发展上也是有所供献的。

安境睦邻，减少战争，安定人民的生活环境

李昇统治期间是比较注意克己睦邻、尽可能地减少战争扰攘的。史虚白在《钓矶立谈》中说，他"执吴之政，仅将一纪，才一拒越师，所谓不得已而用之。"这里所谓的一拒越师，指的是公元 917 年的越、吴无锡之战。这次战争是由越兵攻吴的常州而引起的。当时吴方的主帅是专吴政的徐温，李昇仅率一府兵而参战。《资治通鉴》卷 270 说，越兵大败之后，李昇曾请求自率兵二千，"易吴越旗帜铠仗，蹑败而东，袭取苏州。"结果徐温未允。从当时的情势来看，李昇提出追蹑败敌以袭取苏州一事，或许

① 马书卷 23，《朱弼传》，第 154 页。
② 马书卷 10，《列传第五》序，第 69 页。
③ 马书卷 13，《儒者列传》序，第 89 页。
④ 马书卷 23，《朱弼传》，第 153 页。
⑤ 吴任臣：《十国春秋》卷 15，第 197 页。
⑥ 马书卷 23，《朱弼传》，第 154 页。
⑦ 马书卷 13，《儒者列传》序，第 89 页。

有之。但这恐怕也是为了在徐温面前讨好才这样要求的。所谓"不得已而用之",是不是也包含有这方面的意思呢?自此之后,从吴到南唐,都再未与邻国发生大的战争。就是对"素为敌国"的吴越,李昇也能使两国关系处理得较好。"昇见天下乱久,常厌用兵。及将篡国,先与钱氏约和,归其所执将士。钱氏亦归吴败将,遂通好不绝。"①

南唐建国之后,尤其是李昇统治的晚期,由于"江淮间连年丰乐,兵食盈足",国力强盛。这时不少人都主张对外用兵,恢复疆土。这是此时南唐君臣们议论最多的一个课题。而每次议及,李昇总是主张克己睦邻,反对战争。如所谓:"知足不辱,道祖之至戒;革廓则裂,前哲之政龟。予嘉与一二士大夫共斯服箴。讨伐之议,愿勿复关白。"一次,冯延巳分析了越、闽、楚三国情形之后认为:"兴王之功,当先事于三国。"主张对外用兵。李昇则认为,"徒得尺寸之地而享天下之恶名,我不愿也。孰若悉舆税之人,君臣共为节俭,惟是不腆之圭币,以奉四邻之欢,结之以盟诅,要之以神明。四封之外,俾人自为守。是我之存三国,乃外以为蔽障者也。疆场之虞不警于外廷,则宽刑政乎得以施之于统内,男不失秉末,女无废机织……何以兵为哉?"②又说:"吾少长军旅,见干戈之为民患者甚矣,吾不忍复言兵革。使彼民安,则吾民亦安矣,又何求政!"③

昇元五年(941年),吴越国都城杭州大火,宫室、府库、甲兵焚毁殆尽,越主钱元瓘也"惊惧发狂疾"。这时南唐的一些将帅们,又主张乘其弊而攻其国。甚至连老谋深算的宋齐丘也沉不住气了,极力主张出兵伐越,提出"我师晨出而暮践其庭,愿勿失机,为后世忧。"但李昇还是坚持不允,"愀然久之曰:'疆域虽分,生齿一理。人各为主,其心未离。横生屠戮,朕所弗忍。且救灾睦邻,治古之道。朕誓以后世子孙付之天下,不愿以力营也。大司徒其勿复以为言。'于是特命行人厚遗之金帛、缯绮,盖车相望于道焉。"④

当时,南汉也派使臣来谋联南唐以伐楚,约以共"分其地",李昇同样不许。

---

① 《新五代史》卷62,《南唐世家》,中华书局标点本1974年版,第768页。
② 钓矶闲客:《钓矶立谈》,第227—228页。
③ 《资治通鉴》卷282,天福六年四月辛巳条,第9221页。
④ 马书卷1,《先主书》,第149页。

对于安边睦邻的这一政策，李昇是持之颇坚的。甚至因此而被人讥之为"田舍翁，安能成大事"，他也始终不悔①。直到他临死的时候，还特地在遗诏中，告诫即将继位的儿子李璟，要他"善交邻国，以保社稷"。正是这一政策的坚决执行，才使李昇统治时的南唐国，基本消除了战争的破坏和纷扰，"兵戈不动，境内赖以休息"。②

综上所述，李昇的所作所为，是顺应了历史发展潮流、符合时代进步需要的。他所实行的一系列政策，给他势力所及的范围内，带来了社会安定，创造了一个有利于生产的环境，促进了这个地区的社会生产的恢复和发展，使"江淮之地，比他国最为富饶，山泽之利，岁入不赀"③。在社会生产发展的基础上，文化也得到了相应的发展。李昇对中国历史的发展是有功劳的人物，应当予以充分的肯定。

当然，作为封建时代的一个历史人物，尤其是由社会的最底层而跻入了统治阶级上层、成为了封建君主的李昇，不可能不有着严重的时代和阶级的局限性。诸如他所实行的政策，从主观上来说，其根本目的，还是在于为了巩固自己的统治地位，以便在纷繁割据、争斗激烈的局面下站住脚跟。又如他性多猜忌，手段险毒，佞信佛道和方士之术，而不惜大量糜费社会财富，等等，都是不足取的。由于具体历史条件的限制，他不可能与汉祖、唐宗相比，甚至也不能与同处乱世的曹操相比，但与处在相同历史条件下的，同时期的各封建割据小国的许多君主相比较而言，他还是较为突出的，难能可贵的。

（原载《学术月刊》1983 年第 12 期）

---

① 《资治通鉴》卷 282，后晋天福六年四月，第 9221—9222 页。

② 冯延巳语，见陆游《南唐书》卷 11，丛书集成初编本，第 21 页。

③ 陆书卷 1，《烈祖本纪》。

6. 宋慈及其《洗冤集录》

今年的旧历三月初七日，是我国、也是世界历史上第一部法医学专著《洗冤集录》的作者——伟大的法医学家宋慈逝世七百三十周年纪念日。宋慈的这一部法医学著作，不仅比之世界各国这方面的专书要早半个世纪之久，而且内容相当丰富，在技术经验方面达到了较高的水平，直至今日，某些方面在法医学上仍有一定的参考价值。早在七百多年前，我国人民就在实践中积累了如此丰富的病理、解剖、药理、外科、骨科、检验学等方面的知识和经验，是足以自豪的。作为当时一个封建官吏的宋慈，能够如此认真地吸收、总结民间的实践经验，集成专门著作，用以指导法官的审刑理案，是十分难能可贵的。

一　关于宋慈其人

宋慈，字惠父，福建建阳人。生于南宋孝宗淳熙十二年（1185 年），卒于理宗淳祐九年（1249 年）①。关于其先世，宋人刘克庄的《后村先生大全集》卷 195《宋经略墓志铭》云："宋氏自唐文真公传四世，由邢（今河北邢台县西南）迁睦（今浙江建德），又三世孙世卿，丞建阳，卒官下，遂为邑人。曾大父（下当脱数字）安氏；大父讳华；父巩，以特科路广州节度使（疑脱'推官'二字），赠某官，母□氏，赠□人。"这段文字讹脱甚多，不过还是可以解决宋慈的乡贯及其家庭出身。其父官至广州节度推官，可见是一个中等级官僚家庭。

宋慈少年时受业于同邑"考亭高第"吴稚的门下，受朱熹的考亭学派

---

① 此处系按目前的成说，但我怀疑宋慈的生卒年都当推后两年，即生于淳熙十四年（1187年），卒于淳祐十一年（1251 年）——理由俟另文。

（又称闽学）影响很深。宋宁宗嘉定十年（丁丑，1217 年）中乙科进士，即除浙江鄞县尉。但未赴任而遭父丧，丁艰于家，直至宋理宗宝庆（1225—1227）中，才出任江西信丰县主簿，正式开始了他的仕宦生活。此后，他先后任过福建长汀知县、邵武军通判摄郡事、南剑州通判、司农丞知赣州、提点广东刑狱、知常州军事、除直秘阁提点湖南刑狱、进宝谟阁奉使四路（皆司臬事）、拔直焕阁知广州、广东经略安抚使等官职。

宋慈在他仕宦生活的 20 余年中，一方面，对于农民反对封建剥削和压迫的革命起义十分敌视，曾参加过镇压江西南安等地的农民起义，镇压过福建汀州、邵武、剑州等处农民起义和汀州城军士囚禁州守陈孝严的哗变；另一方面，他又有比较关心民瘼的一些表现。如他知长汀县时，由于这一带历来都食用闽盐，由福州经闽江溯流而上，途遥路艰，经常是"逾年始至，吏复减其斤数，民苦抑配"①，往往酿成"激变"，成为"致盗之源"。为维护封建统治秩序的安宁，他曾"请改运于潮，往返仅三月，又下其估出售，公私便之"②，减轻了人民的一些痛苦。又如他通判南剑州时，正值浙右饥，当地的强宗豪右，又趁天灾而囤积居奇，弄到"斗米万钱"的地步。他便代当道者谋之，实行"济粜"法，"析人户为五等，上者半济半粜；次粜而不济；次济粜俱免；次半受济；下者全济之，米从官给"③。又累乞蠲免半租，使"民无饥饿者"，得以渡过了灾荒。此外，他为官比较清廉，"禄万石，位方伯，家无钗泽，厩无驵骏，鱼羹饭敝，缊袍萧然终身。"④

尤其值得提出的是，他对待刑狱问题上的审慎态度和求实精神。在宋慈一生 20 余年的官宦生涯之中，有许多时间是与刑狱方面有关的。还在他提刑湖南作《洗冤集录·序》时就说，他已经"四叨臬寄"，四度任法官了。以后进直宝谟阁奉使四路，也是"皆司臬事"。他在听讼理刑当中，能比较实事求是，果断刚直，"以民命为重"的态度，是值得肯定的。

宋慈在《洗冤集录》的序文中，一开头就提出："狱事莫重于大辟，

① 刘克庄：《后村先生大全集》卷 159，《宋经略墓志铭》，四部丛刊本（版本下同），第 6 页 B。
② 同上。
③ 陆心源：《宋史翼》卷 22，《宋慈传》。
④ 刘克庄：《后村先生大全集》卷 159，《宋经略墓志铭》，第 9 页 A。

大辟莫重于初情，初情莫重于检验。盖死生出入之权舆，直枉屈伸之机括，于是乎决法中。所以通差令佐理掾者，谨之至也。"狱事中最严重的莫过于定大辟（杀头）之罪。定此大罪的根据，在于弄清初发的案情；要真正搞清楚初发的案情，最重要的又莫过于对被害者原尸的检验。因此，委派什么人来理刑办案，实在是一件需要慎之又慎的事情。对于当时许多官员的轻率不负责任的态度，以及一些州县，往往将关系到人命大事的案件，交付给一些新入选的、毫无实践经验的官员和一些武职官员去处理，宋慈都是反对的。他认为，这些人很容易受仵作和胥吏的欺蒙，弄得黑白颠倒、是非莫辨。他说："年来，州县悉以委之初官，付之右选，更历未深，骤然尝试，重以仵作之欺伪，吏胥之奸巧，虚幻变化，茫不可诘。纵有敏者，一心两目，亦无所用其智；而况遥望而弗亲，掩鼻而不屑者哉。"

宋慈本人，对于决狱理刑，一向都是十分认真的，从来不敢轻忽怠慢。对于下面所呈报给他审批的结案和判决呈文，如若发现有伪、错，他必定立即驳下重新审理。遇到一时疑信未决、是非难定的案情，他总是要反复深思，唯恐有什么错漏或疏忽之处。他从不在疑窦尚未解开之前就匆匆下结论，使死者蒙受不白之冤。他说自己四任法官，"他无寸长，独于狱案审之又审，不敢萌一毫慢易之心。若灼然知其为欺，即亟与驳下；或疑信未决，必反复深思，惟恐率然而行，死者虚被涝漉。"针对当时一些"应试之浅"，没有实际经验的司法官员往往造成错案、冤案的情况，宋慈采撷前人著作如《内恕录》、《折狱龟鉴》等书中的有关记载，参以自己的实际经验，编辑了《洗冤集录》一书，用以指导狱事的检验。他宣称自己辑撰此书的目的，就是"洗冤泽物"，如同医者是为了"起死回生"的目的一样。医者如能洞彻脉络表里，就能达到起死回生的目的；刑者只有通晓检验知识，才能收到洗冤泽物的效果。

当然，在封建社会中出现冤狱，不仅仅是如宋慈所说："狱情之失，多起于发端之差，定验之误"，而是还有着更深刻的阶级和社会的原因。这是他所不理解、也是无法改变的。但是，作为生在七百多年前的一个封建官吏，他能够要求自己对案件的审理严肃认真、一丝不苟，而且还希望帮助别人也如此办理，不能不说是很难得的。

正因为宋慈对狱事能够采取"审之又审"的严肃认真态度，能够平反一些冤、错案件，所以作为一个法官，他的名声一直是比较好的。据刘克庄说，宋慈按刑广右时，"循行部内，所至雪冤禁暴"，而且还能深入各地查访，"虽恶弱处所，辙迹必至"。他进直宝谟阁、奉使四路"司臬事"时，也是"听讼清明，决事刚果，抚良善甚恩，临豪猾甚威"。因而，他所奉使地区的官吏和豪强缙绅等人，不敢为非，"部属官吏，以至穷闾委巷、深山幽谷之民，咸若有一宋提刑之临其前"。关于宋慈平反冤狱和严肃细致审理案件的具体事例，史书上给我们留下的记载极少。现在我们所能看到的唯一的一条材料，仍然是刘后村撰写的《宋经略墓志铭》中保存下来的。这条材料说：宋慈奉命提点广东刑狱之前，那里的官吏"多不奉法，有留狱数年未详覆者"。他一到任，便"下条约，立期程。阅八月，决辟二百余。"一般说来，在那种时代难决疑狱的出现，主要的不外两个原因：一个是主管官员的昏庸糊涂和办事官吏的不负责任，没有去把案情弄清，天长日久，拖成疑狱；另一个便是地方豪猾的不法刁难，或讼狱的人凭借势力和某种"背景"，人为地制造疑似难明难断的案件。宋慈能在七八个月的时间里，便大刀阔斧地决辟囚二百余，解决了一大批疑案、积案，可见他办事严肃认真，而且是很有一点不畏豪猾权贵、决事果断精神的。

二　关于《洗冤集录》一书

宋慈因为为官比较清廉，尤其是长时期出任法官，在审理刑狱当中，能够严肃审慎，甚至揭暴锄奸，平反了一些错、冤狱案，因而在当时赢得了一定的好名声。而他撰集的《洗冤集录》一书，更为他在历史上赢得了一定的地位，使他成为了世界法医史上第一个留下系统著作的法医学专家。他的《洗冤集录》是我国古代长期积累的病理、解剖、药理学等方面知识的一个总结，也是宋代以前封建官府刑官检验知识和经验的一个汇总。

关于法医检验，我国有着悠久的历史，这方面的知识究竟最早萌发于何时，已不可详考。《礼记·月令》中已载有："孟秋之月……命理瞻伤、察创、视折、审断，决狱讼。""理"是周代以前治狱之官。汉人蔡邕对于《礼记》这段文字的解释是："皮曰伤，肉曰创，骨曰折，骨肉皆绝曰断。言民斗辨而不死者，当以伤、创、折、断、深浅、大小，正其罪之轻重。"[①] 所谓瞻、察、视、审，也就是后世所说的检验之法。可见早在周代

① 《玉烛宝典》卷7，《七月孟秋第七》。

就已经有了定期派出专门治狱之官，进行检验，而且对骨、肉、皮伤都有了比较严格的分辨。五代时，和凝（字成绩）及其子嵘（字显仁）首先将历代折狱事例，汇集成《疑狱集》一书，共四卷。进入宋代，类似的著作就更多起来。先有赵全的《疑狱集》、王暐的《续疑狱集》、元绛的《谳狱集》、无名氏的《内恕录》、《结案式》等，继之又有郑克的《折狱龟鉴》、桂万荣的《棠阴比事》等。可见，至宋时已经出现了不少关于治狱之书。这些书记述了历史上许多释析疑狱的故事，可以看作是各种类型的案例记录。这些案例记录，虽然对当时的刑官理刑、审案，有着重要的参考价值，因而为时所重，但还不是专门的检验著作。

再从宋时官府的检验要求和手续来看，也日趋严格和完备。宋孝宗淳熙元年（1174 年），浙西提点刑狱郑兴裔，因为当时州县官，往往将已有的检验成法视为闲慢，"不即差官，或所差官迟延起发，或因道里隔远，惮于寒暑，却作不堪检覆，或承检官不肯亲临，合干人等情弊百端，遂使冤枉不明，狱讼滋繁"。所以他绘制《检验格目》，并获准由刑部镂板颁之诸路提刑司，依例而行。宋宁宗嘉定中，湖广广西宪司刊印《正背人形检验格目》；嘉定四年（1211 年），江西提刑徐似道言于朝，将湖南提刑司的格式，"下诸路提刑司，体效施行。"至此，检验格目已蒸完备，对于用以指导检验的法医学专门著作的出现，已经成为了迫切的要求，而且有了相当的基础。淳祐中，官至湖南提刑的宋慈，便撰集了中国、也是世界的第一部法医检验专著——《洗冤集录》。

宋慈在该书的自序中说，他著此书是"博采近世所传诸书，自《内恕录》以下凡数家，会而粹之，厘而正之，增以己见，总为一编。"足见前面所述诸书，以及有宋一代历年所公布的条例、格目，都曾是他编著时取材的来源。又经过他的厘正、补充，吸收了当时民间流传的医、药学知识和官府刑狱检验的实际经验，编辑而成的。因此可以说，宋慈的《洗冤集录》是我国古代劳动人民，在与死伤疾病作斗争中所获得的医学知识和官府检验经验的一个比较全面的总结。

《洗冤集录》一经梓刻问世，立即被颁行全国，成为当时和后世审理案件官员案头必备之书。数百年来，对之整理，进行补、集、注、纂者，不下数十家。版本之多，难以计数。一般来说，愈到后来的本子内容愈充实，条理愈清楚，愈便于实用，因而也更为流行。然多已重新编排，又略有增损，已失宋慈原书面目。故今欲了解原书内容和概貌，还得以较原始的本子为据。

是书的最早版本，当是宋淳祐丁未（1247 年）宋慈于湖南宪治的自刻本。后奉旨颁行天下，定有重刻本，但俱已不传。今所存之最古者为元刻本，藏于北京大学图书馆善本书室，笔者未及见。今我所据者乃中国社会科学院历史研究所藏的《岱南阁丛书》本，即兰陵孙星衍元椠重刻本。孙氏精于校勘，所辑刊《平津馆丛书》、《岱南阁丛书》，世称善本。故此重刻本《洗冤集录》，与元刻本大致不会相去太远。现本五卷，目录下有"嘉庆丁卯（1807 年）山东督粮道孙星衍元刻本校刊，元和县学生员顾广圻复校，金陵刘文奎镌"等字样，书前有摹宋慈《洗冤集录序》手迹。全书分五卷五十三目。于卷首之前有《圣朝颁降新例》七项，皆是至元、大德、延祐所颁的条例，当是元刻时所增入。卷之一的《条令》目下，辑有宋代历年公布的条例共二十九则，都是对检验官员规定的纪律和注意事项。其余五十二目，排列分卷不甚有序，各目下的内容有穿插交叉，使人有混乱之感。但细加缕析，仍可见其内容大致分作三个方面，即检验官员应有的态度和原则；各种尸伤的检验和区分方法；保辜和各种救急处理。

关于检验官员应有的态度和原则方面，在《检覆总说》上下两目中，共列有十九条。其中有反对借检验而纵属下扰害民众者，如说："凡验官多是差厅子、虞侯，或以亲随作公人、家人，各自前去追集邻人、保伍，呼为先牌、打路、排保、打草、踏路、先驰、看尸之类，皆是骚扰乡众，此害最深，切需戒忌"。"凡行凶人，不得受地通吐，一例收入解送……恐手脚下人妄生事骚扰也"。有规定检验官员，必须身临现场，躬亲视检者，如说："需是躬亲诣尸首地头，监行人唱检，免致除脱重伤处"，"凡检覆需在专一，不可避臭恶"，"若是避臭秽不亲临，往往误事"。主张检验官员必须十分审谨，绝不可敷衍塞责，"临时审察，切勿轻易，差之毫厘，失之千里"。"一切不可凭一二人口说便以为信，及备三两纸状谓可塞责。况其不识字者，多出吏人代书。其邻证内，或又与凶身是亲故，及暗受买嘱符合者，不可不察"。"告状切不可信，须是详细检验，务要从实"。强调进行广泛的察访，进行多方面的调查研究，"若遇大段疑难，须更广布耳目以合之，庶几无误。如斗殴限内身死，痕损不明，若有病色，曾使医人、巫师救治之类，即多病患死。若不访问，则不知也。虽广布耳目，不可任一人，仍在善使之，不然适足自误"。要注意及时搜索犯罪佐证，"凡行凶器杖，索之少缓，则奸囚之藏匿移易，妆成疑狱……初受差委，先当急急收索。若早出官，又可参照痕伤大小、阔狭，定验无差"。他所规定的这些作为检验的一般原则，即在今日法官检验中，也仍需遵守。

在各种尸伤的检验区别当中，本书搜罗了许多丰富的实践经验，有的达到相当精细程度，具有一定的科学水平，这是该书中最精彩的部分。书中对许多处于疑似之间、真假难辨的伤、病、毒死，都列举了各种详细分辨的办法。如辨认刃痕的生前、死后伤时说："活人被刀杀伤者，其被刃处皮肉紧缩，有血廕四畔，若被支解者，筋骨、皮肉稠粘，受刃处皮肉露骨。死人被割截尸首，皮肉如旧，血不灌廕，被割处皮不紧缩，刃尽无血流，其色白，纵痕下有血，洗检挤捺，肉内无清血出。"① 分辨自缢、勒死与死后被假作自缢、勒死状，需知"其人已死，气血不行，虽被系缚，其痕不紫赤，有白痕可验。死后系缚者，无血廕，系缚痕虽深入皮，即无青紫赤色，但只是白痕。"② 这些都是从死者受刃、受绳勒时，其肌肉、血液是否还有生理机能上来判断的，它完全符合现代法医学上辨认生前、死后伤所依据的"生活反应"的原理。又如验骨伤说："骨伤损处痕迹未见，用糟醋泼罨尸首于露天，以新油绢或明油雨伞覆见处，迎日隔伞看，痕即见。"③ "将红油伞遮尸验。若骨上有被打处，即有红色路微廕，骨断处，其接续两头各有血晕色。再以有痕骨照日看，红活乃是生前被打分明。"④ 这是不自觉地运用了现代科学上的光学原理。因为不透明物在阳光下所显示的颜色，是有选择反射的。光线通过油绢或明油雨伞，都被吸收了部分影响观察的光线，因而易于看出。现代法医学上用紫外线光照射检验骨伤，用的还是同一原理。对骨质的生前、死后伤的辨别是看血廕，"骨有他故处骨青，骨折处带淤血"。骸骨"元被伤痕，血粘骨上，有干黑血为证"。"伤处不致骨损，则肉紧粘在骨上，用水冲激不去，指甲蹙之方脱。"⑤ 这些分辨方法都是正确的。又如分辨生前溺死与死后推尸入水、焚

---

① 《洗冤集录》二四，《杀伤》，罗时润、田一民《洗冤集录译释》，福建科学技术出版社1980年版（以下凡引此书，均为此版本），第143页。

② 《洗冤集录》二，《被打勒死假作自缢》，第116页。

③ 《洗冤集录》八，《验尸》，第56页。

④ 《洗冤集录》十八，《论沿身骨脉及要害去处》，第95页。

⑤ 同上书，第96页。

死与焚尸的区别说："若生前溺水尸首……各有泥沙，口鼻内有水沫及些小淡色血污，或有搵擦处"。"身死被人抛掉在水内，即口鼻无水沫，肚内无水，不胀。"① "凡生前被火烧死者，其尸口鼻内有烟灰，手脚皆拳缩；若死后烧者，其人手足虽拳缩，即口内无烟灰。若不烧着两肘骨及膝骨，手脚亦不拳缩。"② 这些虽是一般的常识问题，但列举出来，却可提醒检验人者从细微处注意。

书的第五二《救死法》目下，收集了自缢、水溺、中暑、冻死、杀伤及胎动等抢救办法及单方数十则，都是通过经验证明是行之有效的。如其中所举的救缢死方，与今日所行的人工呼吸法，几乎完全一致。此外，关于尸体的四时变动，书中所列的不同季节的不同气候条件下，尸体的逐步变化情况，也是与实际情况大体相符的。

书中多处提到了用糟（酒糟）、醋、白梅、五倍子等，作为伤痕局部的拥罨洗盖之用。如"多备葱、椒、盐、白梅，防其痕损不见处，借以拥罨"，"验尸并骨伤损处，痕迹未见，用糟、醋泼罨尸首"③。这是为了不使外界细菌感染，减轻伤口原有炎症，将伤口固定起来，也是符合现代科学原理的。直至现代法医学上，也还是用酸来沉淀和保护伤口的。

《洗冤集录》中，还提出了滴骨辨亲法："某甲是父或母，有骸骨在。某乙来认亲生男或女，何以试之？试令某乙就身刺一两滴血，滴骸骨上，是的亲生，则血入骨内，否则不入。"④ 这种滴血法在今天看来，并不十分科学，但它在七百多年前，就已经注意到了父母血型对子女血型的影响作用，因而其为后世血清检验法的原始萌芽，这比欧美各国有此记载，也要早得多。所以，现代有些医学家仍认为，"滴血法"是现代亲权鉴定血清学的先声。

书中具有一定科学水平、值得肯定的地方还有许多，不能一一介绍。当然，由于时代和当时认识水平的限制，书中也还夹杂有一些迷信和错误的地方。如认为人体的骨节数目是："人有三百六十五节，按一年三百六

① 《洗冤集录》二一，《溺死》，第 121 页。
② 《洗冤集录》二六，《火死》，第 149 页。
③ 《洗冤集录》八，《验尸》，第 55 页。
④ 《洗冤集录》十八，《论沿身骨脉及要害去处》，第 95 页。

十五日"①。这是受我国古代阴阳五行说的影响，认为人体是一个大宇宙的缩影，按周天三百六十五度，附会出人体的骨节是三百六十五的数目，这是与人体骨骼的实际构造不符的。又如，第四十一目《虎咬死》中说："虎咬人，月初咬颈，月中咬背，月尽咬两脚，猫儿咬鼠亦然"；第二十一目《溺死》中谓："若生前溺水，尸首，男仆女卧"；第十九目《自缢》中云："若真自缢，开掘所缢脚下穴三尺以来，究得火炭方是"等，都是没有科学根据的，甚至是荒诞无稽的。虽然《洗冤集录》书中还有这些落后的内容、迷信的内容，但仍然掩盖不了它成就的光辉。

由于《洗冤集录》一方面总结了当时劳动人民在同死伤疾病的实际斗争中，所获得的新经验，也继承了历史上法医学知识的优秀遗产；另一方面，它又突破了以前那种单纯的刑狱故事的记述，从中抽象出一整套的法医检验方法，成为有史以来的第一部类似于检验指南性质的专门著作。因此，它一问世便显示出了其不平凡的应用价值，并对后世产生了巨大的影响。在长期的封建社会中，《洗冤集录》一直被"官司检验奉为金科玉律"②，成为"士君子学古入官，听讼决狱，皆奉洗冤录为圭臬"。继宋慈的《洗冤集录》之后，宋、元、明、清各代都有不少类似的专书出现。

在《洗冤集录》之后不久而出现的同类著作颇多，惜大部分皆佚失。只有《平冤录》和《无冤录》两部得以流传下来。《平冤录》未署著作者姓名。据清季《枕碧楼丛书》本《无冤录》作者王与的自序中说，《平冤录》系赵逸斋所订。赵逸斋为何许人也，笔者尚无法查得。《无冤录》为元代王与所撰。《四库全书总目提要·子部·法家类》本条下谓："《永乐大典》载此书，题元王与撰。与不知何许人。卷中自称昔任盐官，检二孕妇事，盖尝官海盐县令。《永乐大典》载其自序一篇，题至大改元之岁，是武宗戊申年（1308 年）作也。所载多至元、元贞、大德间官牒条格。又多引《平冤录》、《洗冤录》之文，而稍为驳正。上卷皆官吏之章程，下卷皆尸伤之辨别。其论银钗试毒，非真银则触秽色必变。论自缢、勒死之分，皆发二录所未发，至今犹遵用之。"《平冤录》、《无冤录》二书，因多采《洗冤集录》之说，故不为世所重，传本亦稀。经清嘉庆十七年（1811

---

① 《洗冤集录》十七，《检骨》，第 87 页。
② 钱大昕：《十驾斋养新录》卷 14，"洗冤录"条。

年），全椒吴鼒（字山尊）将三《录》汇刻为一，称《宋元检验三方》，才得与宋录并存于世。

　　宋氏《洗冤集录》历来为世所重，研稽者亦众。仅有清一代，便有《洗冤录详义》、《辨正》①、《续辑》、《汇编》、《集证》、《集注》、《集说》、《全纂》、《笺释》、《补》、《校正》、《附记》、《附著》、《摭拾》、《补遗》、《备考》、《便览》、《解》、《补注》、《义证》、《歌诀》、《表》，等等，其名难尽悉数。康熙三十三年（1694 年），清国家律例馆曾组织人力修订《洗冤录》，参证古书达数十种之多，定本是为《律例馆校正洗冤录》，"钦颁"全国。是书虽已大失宋录的体例、面目，然内容则大加充实，且眉目清晰，条理井然，益于实用，实为佳本。道光年间，又有将王又槐的《集证》，李观澜所录蕲水令汪辄之的《补遗》，国拙斋的《备考》、《杂说》，以及世传的《宝鉴编》，合而为一的《补注洗冤录集证》行世。这就是我们目前所看到的最完整的本子。仅从后世整理人数和版本之多，就足以窥见其在中国影响之大。数百年来，它确实成了历代刑官实行检验的指南。

　　尤其应当说明的是，此书之影响决不只限于我国，而是及于世界许多国家。宋慈的《洗冤集录》不仅是中国法医史上的第一部专著，而且也是世界法医史上的第一部。当它刊刻问世及在中国社会广泛流传之时，世界各国的法医学均尚处于蒙昧时代。欧洲法医学最早的著作，是 1602 年由意大利人佛图纳图·菲德利（Fortunatus Fidelis）写出，但它已是《洗冤集录》问世三百五十多年以后的事了。截至本世纪五十年代中期的资料说明，《洗冤录》已在世界六七个国家有译本流行，历来为世界法医学界所重视。

　　我国法医学的著作流传、翻译到国外去，最早的是元人王与的《无冤录》。这是在《洗冤集录》的影响下，而且是直接增损《洗冤集录》而成的书。明英宗正统三年（1438 年），高丽使臣李朝成，将洪武十七年（1384 年）颁行本携带回国，翻译加注以《新注无冤录》为书名刊行。1796 年，朝鲜具允明氏又重纂刊刻。公元 1736 年，日本源尚久氏，将朝鲜刊行的《新注无冤录》翻译成日文出版，在日本广为流传。接着，欧洲一些国家也先后将《洗冤录》翻译出版。1779 年，法国巴黎《中国历史

---

　　① 自此以下（含）的书名，均应冠以"洗冤录"三字，此处皆系简称。

艺术科学杂志》首先节译刊出；1882 年，法国马丁医师（Dr. Ern. Martin）于《远东评论》发表《洗冤录》提要论文；1908 年便有法译单行本正式出版。1853 年 6 月，英国《亚洲文会会报》发表英国人海兰医生（W. A. Harland M. D.）的《洗冤录集证》论文；1875 年，英国剑桥大学东方文化教授盖尔斯（H. A. Giles）的译本，分期于《中国评论》刊出；1924 年，英国皇家医学会杂志又重刊全书，以后又有单行本行世。1863 年，荷兰人第吉列氏（Degrijs）译本于巴达维亚发表。1908 年，德国人霍夫曼（Hoffmann）氏由法译本转译出版。本世纪五十年代初，苏联曾发表过评介《洗冤录》的论文，称它是世界最古的法医名著。《洗冤录》在世界各地受到重视，广泛流传，是中国人民对世界文化的贡献，它的撰集者宋慈，有着不可磨灭的功劳。

（原载《历史研究》1979 年第 4 期）

　　附注：本文在写作过程中，曾得到历史研究所张政烺、朱家源、王曾瑜等先生的指点。文中关于《洗冤录》在世界各地流行的情况，是采用宋大仁先生《中国法医典籍版本考》一文中的材料，在此一并说明并致谢。

7. 宋慈生卒年份考辨

宋慈是七百多年前我国伟大的法医学家。他所撰集的《洗冤集录》一书，不仅是中国历史上、而且也是世界历史上第一部法医学专著。它比之世界其他国家出现这方面的专门著作早了三百五十多年。这部《洗冤集录》问世以来，先后被译成六七个国家的文字，在世界各地流传，受到世界各国法医学界的重视。宋慈不仅是对中国历史文化作出过贡献的人物，而且也是对世界文明作出过一定贡献的一个人物。

但是，过去我们对这位成就卓著的、杰出的科学家及其著作，实在是注意得太少了。因此，至今仍存在着不少值得研究的问题。譬如，宋慈的生卒年份就还是一个尚存疑义的问题。关于宋慈的生卒年份，目前我国一般都认为生于公元 1186 年，卒于 1249 年。这在法医学界和史学界，似乎已成定论。1979 年初，我在写作《宋慈及其〈洗冤集录〉》一文①时，对这个问题虽然暂时采用了这种说法，但在附注中提出了自己的商榷意见："此处系按目前的成说，但我怀疑宋慈的生卒年都当推后两年，即生于淳熙十五年（1188 年），卒于淳祐十一年（1251 年）——理由俟另文。"②当时由于篇幅的限制，未给予展开述说。文章发表之后，有的读者由于对目前的成说也有疑问，来信催促我把自己的看法写出来。现将我对这个问题的看法写出，以待教正。

过去对宋慈的生卒年份共有三种不同的说法，我认为都有值得怀疑之处。

（1）卒于淳祐六年说。

宋人刘克庄的《后村先生大全集》卷 159《宋经略墓志铭》，说他

---

① 载《历史研究》1979 年第 1 期。
② 原文的生年写作淳熙十四年（1187 年），这是推算错了，现予更正。

"以淳祐六年三月七日终于州治，年六十四。"清人陆心源在《宋史翼》卷二二《循吏五·宋慈列传》中也说："淳祐六年卒，年六十四。"如果以淳祐六年卒的说法为是，那么从宋理宗淳祐六年（1246 年）上溯六十四年，其生年则当是宋孝宗淳熙九年（1182 年）。

《宋经略墓志铭》虽是后人研究宋慈的最主要的资料根据①，但其中的"以淳祐六年三月七日终于州治"的说法，却显然是错误的（这个错误不应由刘后村负责，而应由后来的转抄者负责——下详）。证明它错误的最直接、最有力的证据便是《洗冤集录》的作者自序。现在我们比较容易见到的"嘉庆丁卯（1807 年）孙星衍依元刻本校刊"的《洗冤集录》②，书前摹有宋慈手迹的一篇序文。文末自署撰写的时间是"淳祐丁未嘉平节前十日。"查丁未，是淳祐七年。可见淳祐六年三月七日卒的说法是错误的。因为直到淳祐七年底以前，宋慈都还健在。这时他还是"朝散大人、新除直秘阁、湖南提刑、充大使行府参议官"。《洗冤集录》就是在这年的年底完稿，并作序，付梓于湖南宪治的。

《墓志铭》说他离开湖南之后，又曾"进直宝谟阁、奉使四路，皆司臬事"，之后才"拔直焕章阁、知广州、广东经略按（安）抚（使）"，最后卒于广东治所的。明弘治二年本（刻行于四年）《八闽通志》、嘉靖《建阳县志》等材料，无不说他是卒于"帅广东"之后。查道光《广东通志》卷十六《职官表七》载，宋慈是淳祐九年才任广州监军；清人吴廷燮在《南宋制抚年表》③ 中，也将宋慈任广东"抚制"，系于淳祐九年之下，并

---

① 宋慈先后仕宦二十余年，"以才业奋历中外，当事任，立功绩，名为世卿者垂二十年"（《墓志铭》语），最后官至"直焕章阁，知广州、广东经略安抚使"（《宋史翼》本传）。卒后赠朝议大夫，被宋理宗誉为"中外分忧之臣，有密赞阃画之寄"，并御笔亲书墓门以示旌表（嘉靖《建阳县志》卷 30，《人物列传·宋慈》）。但宋慈在《宋史》中却未立传。因此，目前我们所能见到记载宋慈一生活动较为完整的材料主要有三件：（一）《宋经略墓志铭》；（二）《宋史翼》本传；（三）同治《福建通志》卷 175《宋慈列传》。上述（二），是将（一）改写而来；（三）又全抄于（二）。此外，宋慈桑梓之地的建宁、建阳，以及他曾历任过的地方，如湖南、广东、江西的信丰、赣州，福建的邵武、长汀和江苏的武进（常州）等地方志书中，不是全无记载，就是记载得极为简略、零散。现存的《宋经略墓志铭》，虽然由于辗转传抄，错舛甚夥，但它是后来一切记载材料的主要来源，我们今天研究宋慈，也必须以它为主要根据。

② 宋淳祐丁未（1247 年），宋慈于湖南宪治的自刻本，以及奉旨颁行天下的宋刻本，均已不传。据说元刻本仅存一部，现藏于北京大学图书馆善本室，一般不易见到。孙星衍的元椠重刻本，载《岱南阁丛书》中。

③ 载《二十五史补编》。

附注文云："福建志：慈，字惠父，建阳人，除广东提刑、直焕章阁、帅广东，致仕卒。"虽然官职名称上略有差异，但他淳祐九年才到广东任职，是相同的。于此看来，宋慈卒年绝不会早于淳祐九年，这应是可以肯定无疑的。

（2）卒于淳祐九年说。

这种说法最早始于何时，刊于何书，由何人最先提出来，我至今尚未查到。自解放以来，所有介绍宋慈的文章，大小不下十篇之多，无不采用此说。从五十年代初的文章，到七十年代出版的《辞海·医药分册》，直至 1980 年出版的两本《洗冤集录》校译的书，除了个别不需标注生卒年份的以外，其余都无一例外地注为"1186—1249 年"。我国著名医史专家宋大仁教授的《伟大的法医学家宋慈》①，以及宋先生于五十年代为宋慈新墓所撰写的碑文，也是这样标注的。这种说法尽管沿用已久，又为多数人所接受，但我认为此论存在的疑点依仍颇多。

首先，卒于淳祐九年说者，没有提出有力的直接证据。据笔者现在所接触到的有关宋慈的原始材料中，没有一处是明说他卒于淳祐九年的。《南宋制抚年表》和《广东通志》都说，宋慈是淳祐九年到广东任职的。参照其他材料来看，这个初任此职的时间，可以确信无疑。正因为他到广州去任职是淳祐九年，加之《墓志铭》中又有"终于州治"四字，或许就是卒于淳祐九年说的来源了。但这仍未免经不起推敲。"终于州治"与他到任的淳祐九年之间，有什么必然的联系呢？可能持此论者会根据《广东通志》所载的赵汝暨已于淳祐十年接替宋慈任职和《南宋制抚年表》载淳祐九年已有陈垲接替宋慈任职为证。其实这些佐证也是力度不足的。我认为，这两则材料，只能说明宋慈于淳祐九年或淳祐十年，已经离去广东的任职，而不能作为他于是年亡故的根据。去职与亡故毕竟不是一回事。现存的材料，从弘治二年修成的《八闽通志》起，到《建宁府志》、《建阳县志》、何乔远《闽书》②、乾隆《福建通志》，直至民国十八年修的《建阳县志》等，均众口一词地说，宋慈是"帅广东，致仕卒"的。既然是"致仕卒"的，说明他亡故与离去广东任职之间，还有一段时间，而不是卒于

————————

① 载《医学史与保健组织》1957 年第二号。
② 北京图书馆善本室藏的《闽书》胶卷，因缺原书的前三卷，故未查得此书具体成于何时。但作者何乔远是万历进士，崇祯间官至南京工部侍郎，于此便可推知此书写作的大体时间。

任内。

其次，《墓志铭》写到宋慈在广东的宦绩和任职情况时说："拔直焕章阁、知广州、广东经略按（安）抚（使），持大体，宽小文，威爱相济。开阃属两（抄者按，此下当脱"年"或"月"字），忽感末疾，犹自力视事。学宫释菜，宾佐请委官摄献，毅然亲往，由此委顿……"陆心源的《宋史翼·宋慈列传》也说："果然进直焕章阁、知广州、为广东省经略安抚使，威爱相济，岭海晏然。"

宋慈于淳祐九年到广东赴任已无疑义。照《墓志铭》说他是三月七日卒的，我们可以设想，他即使是当年年初到达广东任所，至该年的三月七日，充其量最长的时间也不过三个月。又，学宫释菜之礼是要在仲春之月的上丁日举行的，也就是在二月上旬举行（经查是年二月癸酉朔，上丁为初五日）。既然在释菜之礼前，他就已经"感末疾"，那么他到广州后正常视事的时日就屈指可数了。在这仅有一个月的时间内，要使人们能看出他"持大体，宽小文，威爱相济"，恐怕是不大容易的。不管他有天大的本事，尽职尽责，要在这么一点点时间内，就使"岭海晏然"，更是没有可能。

而且，宋慈病之初起，是"忽感末疾"。据精通医学和医史的宋大仁先生说，"末疾"就是"头眩之疾"[1]。这种头眩之疾并非什么致命的急病，这可以从他得病之后，还能够"自力视事"，参加学宫释菜之礼，得到证明。正因为他抱病参加了释菜之礼，才使得身体"由此委顿"。"委顿"，用我们今天的话来说，就是疲惫不振。如果是在他"忽感末疾"之后不多时日，或在他抱病行释菜之礼后，不久就物故。刘后村在写《墓志铭》行文时，是不大可能用"由此委顿"的表述法的。既用"由此委顿"，说明他是很拖了一些时日才故去的。如果是九年三月七日去世，却不容许他有多少时间来拖挨。

其三，嘉靖《建阳县志》卷七《坟墓》目下的"朝请大夫宋公墓"下，明明白白地写着"在洛田里，地名昌茂。公讳慈，字惠父，仕宋，累官至朝请大夫，直焕章阁，致仕。淳祐十二年卒，葬于此，御书神道门"。持淳祐九年说的人，是难于解决与这条材料所著"十二年卒"之间的矛

---

① 见《伟大的法医学家宋慈传略》，载《医学史与保健组织》1957 年第二号。

盾的。

其四，宋大仁先生采用淳熙十三年（1186 年）生，淳祐九年（1249年）卒的说法，还编了一个《宋慈年表》，附在《伟大的法医学家宋慈传略》的后面，说明是摘于自编《宋慈年谱》。这份《年谱》未刊行，不知在确定宋慈的生卒年份时，是否举出了材料根据。《年表》内将宋慈"受业于同里吴稚"，系于庆元元年（1195 年）下。按这种生卒年份推算，这时宋慈已是十岁了。宋慈的父亲宋巩（字宜卿），官至广东节度推官①，也可算得是个不低的官宦之家了。就常理说，像宋慈这样出身的官宦子弟，开始"受业"竟会迟至十岁，看来可能性也是比较少的。

由于存在这些疑点，淳祐九年卒的说法，实在使人不敢轻易附同。

（3）卒于淳祐十二年说。

持此说者只有前引嘉靖《建阳县志》一书。这本县志修于嘉靖癸丑（嘉靖三十二年，1553 年），主修纂者是当时的建阳县令冯继科。据他在序文中说，"建邑昔多文献，有足征矣。"在这次修纂之前，又已经"获遍览载籍。"其中特别点明见到过景泰元年（1450 年）邑人黄璿所校编的旧《志》和弘治甲子（1504 年）区廷璋等增修的《志》。这样修出来的这部嘉靖《建阳县志》，取材上应当是有证据的，可信度也应当较高。然而，在宋慈的卒年问题上，还是出现了差错。这个差错完全是编纂者的粗心疏忽所造成，把宋慈的"旌葬"之年，当作了他的卒年。这样，淳祐十二年卒的说法，同样存在着一个与《墓志铭》所持六年说无法协调的矛盾。

作《墓志铭》的刘克庄，曾在建阳当过县令。他自称在建阳"获友其邑中豪杰，而尤所敬爱者曰宋公惠父"，与宋慈的交谊最深。绍定元年（1228），刘克庄曾赋《满江红·送宋惠父入江西幕》词一首。词中对宋慈以辛幼安、王宣子相期，并要他"到崆峒快寄凯歌来，宽别离！"② 友爱之深挚，溢于言表。《墓志铭》就是在宋慈殁后且十年，应他的后人之请求，以生前好友的身份而作的。对宋慈了解既深，又有宋慈"其孤"为之提供材料，这样写出来的《铭》文，在像生卒年（尤其是卒年）这样具体的问题上，应当可以说是确实无误的。后人的著作，如果与之产生歧义，在没

① 何乔远：《闽书》卷96《英旧》中作"判广州"。
② 原词载《后村先生大全集》卷189，四部丛刊本，第 2 页 A。

有提出充分的理由和证据之前，无论如何是不可轻易从信的。《建阳县志》未作任何说明，便径说他卒于淳祐十二年，我认为此说也是不可信的。

对上述三说提出如上的疑点之后，下面便来谈谈我对宋慈卒年的看法。我认为宋慈的卒年，既不是淳祐六年、九年，也不是十二年，而应当是淳祐十一年。《墓志铭》中六年的"六"字，当是将行书"十一"两字的误认。从影印的《后村先生大全集》中的《宋经略墓志铭》来看，其中由于辗转传抄过程中，出现文字上的误读而引起的错误，是非常严重的。其最明显者如：将"信丰簿"错成"信澧（没有水旁，以与繁体丰形近而误）簿"；"设覆诱之"，错成"投覆诱之"；"剑州"错成"敛州"；"析人户为五等"错成"折人户为五等"；"皆司臬事"错成"皆司某事"；"淳祐六年"错成"浮祐六年"，"喜收异书"错成"善收异书"；"又著其细行"错成"久著其细行"，等等。甚至连宋慈的"慈"字也错成了"普"字。故其中将"十一"两字的疾书，误为"六"字抄误，是不足为奇的，甚至是相当自然的。

十一年卒之说，不仅解决了《墓志铭》"六年三月七日终于州治"的矛盾，而且对嘉靖《建阳县志》中作十二年卒，也可以得到合理的解释。这只要与嘉靖《建宁府志》上的一段文字稍作比较，就可以了如指掌了。嘉靖二十年修成的《建宁府志》卷二十《丘墓》目下的宋慈墓条，有这样一段注文："淳祐十二年敕葬乐田里之昌茂，特赠朝议大夫、直焕章阁，御书神道门以旌。"比《建阳县志》早十二年修成的这部《建宁府志》中，只"敕葬"两字，就为我们解开了《县志》中所作十二年卒之谜。原来是编纂者们的粗心疏忽，而将宋慈受"敕葬"之年，当成了他亡故之年。

《墓志铭》中说，宋慈死后的"明年七月十五，葬于崇乐里（按：即乐田里）之张墓窠。"文中所谓的"葬"，指的就是宋理宗题墓门的这次"敕葬"。人死之后，先浮厝起来，等待适当的时机，再正式安葬这种风俗，在古代是颇为常见的。《汉书·地理志》中就有"五方杂厝，风俗不纯"的记载。这种风俗一直流传下来。在南方很多地方，直到解放前，甚至解放后也还能见到这种现象。宋慈以淳祐十一年三月七日卒于广东，载枢返回福建故里暂厝，得到皇帝旌表之后，便选择了次年（十二年）的阴历七月十五日这个传统的"鬼节"，正式举行安葬，这是符合情理的。纂修在前面的《府志》已经注意到了这个问题，作了恰当的表述。仅隔十二年之久而修的《县志》，反而把"敕葬"当成了其卒年，实在是不应有的疏忽。

以上是我的一些怀疑和看法，由于自己看书和所掌握材料都很有限，难免不贻管陋之讥，还恳识者不吝赐教解惑。

（原刊载于《社会科学战线丛刊》1980 年第二辑）

8. 从一篇碑文谈到明代农民的徭役负担
——读万历三十九年《无锡县均田碑》

1955 年 5 月，江苏省博物馆编辑、三联书店出版了《江苏省明清以来碑刻资料选集》一书。该书收集了上自 1588（万历十六年），下及 1949 年江苏省所存留的碑刻资料 370 篇，共 50 余万字。这是一本对研究明清史，尤其是研究中国资本主义萌芽问题有着很高史料价值的资料书。其中所载万历三十九年九月立的《无锡县均田碑》碑文，则是研究明代农民的徭役、赋税负担，进而了解当时土地兼并情况的一篇重要的历史文献资料。对此碑文进行一番研读，对搞清明代社会阶级关系的一个侧面，无疑是十分有益的。

明朝是我国历史上统一的中央集权的强盛王朝之一。王朝统治的二百七十多年里，我国各族劳动人民以各种不同的方式，进行了长期的、持续不断的生产斗争和阶级斗争。正是各族人民的这些艰苦卓绝的斗争，推动了明代社会经济的发展，使当时的社会生产力水平达到了一个新的高度。在此基础上出现的商品经济的发展，催生了资本主义因素的萌芽，使我国封建社会进入了它最后的一个历史发展时期。

但是，正如恩格斯在其《家庭、私有制和国家的起源》一书中所指出的："由于文明时代的基础是一个阶级对另一个阶级的剥削，所以它的全部发展都是在经常的矛盾中进行的。生产的每一进步，同时也就是被压迫阶级即大多数人的生活状况的一个退步。对一些人是好事的，对另一些人必然是坏事。"[1] 随着当时社会生产力的发展，社会财富日渐增多，在商品经济活跃和市场繁兴的刺激下，整个封建统治阶级也变得更加荒淫无耻和腐朽贪残。他们吮吸广大农民和手工业者膏血的毒喙也伸得更长。当时的

---

[1] 《马克思恩格斯选集》第 4 卷，人民出版社 1972 年版，第 173 页。

江南（尤其是以苏、杭为中心的东南地区），是全国经济最发达的地区。所以，统治阶级在这里也将血口张得特别的大。"国家二百年来，惟正之供，强半倚办东南，称为外府。"[①] 封建国家愈是把东南地区视作"外府"，说明他们在这里搜刮财富的数量愈是惊人，人民所遭受的痛苦愈是深重。连万历时中央专主财政的户部也不得不承认："东南财富之数，惟吴中居饶，徭役凋敝之嗟，惟吴中最剧。"

正因为明廷耗费的大量货财"强半倚办东南"，所以单只是将这些巨额的财物收集、仓储、解运到帝都北京，其所征敛的差役一项，就将当地人民（主要是农民）压得喘不过气来。碑文在这方面所提供的资料是十分生动而具体的。碑文云：

> 吴中之役，除一切里排等小役艰辛万状者毋论，至如收柜、收仓、解布、解绢，南北两运，有终岁拮据始得竣事者，有水宿风飧、皲皴（音军村，肌肉受冻而坼裂者谓之皲皴）道路、赀空产罄、流落他乡；甚至血杖琳漓公廷，疲曳查盘，逼迫狱底，□□三年五年，尚未得息肩者。

这段文字所说的，虽只是万历时吴中的事实。但这种徭役压榨而使人民破产流离，甚至惨死于统治阶级杖下、狱底的现象，则绝非万历一朝、吴中一地所仅有。它是有明一代徭役制度的必然产物，是一个带有普遍性的严重问题。只不过到了明朝中叶以后变得愈来愈严重罢了。

早在明初，营建两京宗庙、陵寝、宫殿、阙门、王邸，所征发的采木、陶甓、工匠造作，就以万万计。各地的筑城、浚陂等"百役"还未包括在内。明孝宗弘治（1488—1505）时，先后在湖广修造吉、兴、岐、雍四王府，在江西修造益、寿二王府，在山东修造衡王府，征用的役夫不下百万之众。当时的诸王"之国"，役夫供应亦四十万。[②] 明世宗嘉靖（1522—1566）时，营建就更繁了。他在位的前十五年名为"省汰"，而每年营建的经费仍在六七百万以上，其后便剧增至十数倍。明神宗万历三十

---

① 见《无锡县均田碑》，载《江苏省明清以来碑刻资料选集》，三联书店1955年版（版本下同）。以下凡引自该碑文者不再标注。

② 《明史》卷182，《马文升传》，中华书局标点本（版本下同），1974年版，第4842页。

四年（1606）黄河决堤后，一次治河就征役夫50万。这些役夫直敛派到远在江南的湖广、江西等处去了。因道远难赴，政府便规定采用折米的方式应役。① 万历（1537—1620）之后，除了营建、织造、开采，耗费大量人力，使"民不得少休"之外，以魏忠贤为首的宦官们还在各地建第、营坟，修建的功德、私祠几乎遍及全国各地。与前朝相比，是"公家之差役倍增，豪强之兼并无算，殆于昔日，更有甚焉。"如此浩繁的种种工程，需要征调多少人去替他们服役，是任何人也无法统计的。

被征调的劳动者，其服役时所遭受的痛苦也是无法细说的。如明宣宗宣德（1426—1435）时，河南、山东、直隶等地的军民，既要沿运河附近烧砖、制瓦，又要转运自江南采伐来的材木。他们无衣无食，拖着疲惫的身子，冒着酷暑严寒，替统治阶级服役，"自春及秋，无有已时"②。其中清河县"地广人稀，路当要冲，南北两京、直隶浙江等十布政司及诸番国运送官物俱经本县，发民挽舟，初无定数；部运之官，挟势多索，逼迫无厌，壮丁尽行，役及老幼；妨废生理，不得休息"③。嘉靖时，四川、湖广、贵州、江西、浙江、山西及真定诸府的人民，也因服采木之役而劳苦万状。应天、苏州、松江、常州、镇江等五府造砖之役，使人民负担不了，弄得窑户逃亡过半。广东的采珠重役，逼得执役者不得不起来进行集体反抗，以致发展到"攻劫会城"。当时有一个名叫郭弘化的御史，看到问题的严重性，上疏请求罢役。结果，役没能罢，反而罢了他的官④。万历时从二十五年起重修皇极、中极、建极三大殿，"伐木榷税，采石运礕，远者万里，近者亦数百里。小民竭膏血不足供费，绝筋骨不足任劳，鬻妻子不能偿贷"⑤。在四川、湖广、贵州等地采木的民夫，"饥渴瘴役，死者无论。乃一木初卧，千夫难移，遭脸跌伤，死尝百人"。就是这样千辛万苦，无数人流血丧身采伐、搬运出来的材木，往往因为搬运扛抬时碰撞弄出一些伤痕，统治者"辄谓不合式，依然重伐"⑥。当时湖广、四川人民

---

① 《国榷》卷80，万历三十四年四月条，中华书局1958年版（版本下同），第4795页。
② 《续文献通考》卷16，《职役二》，浙江古籍出版社2000年版（版本下同），第2941页。
③ 《明宣宗实录》卷41，宣德三年四月丙子条，台湾"中央研究院历史语言研究所"整理影印本（凡引《明实录》，以下版本同），第13页A。
④ 《明史》卷207，《郭弘化传》，第5473页。
⑤ 《明史》卷234，《刘纲传》，第6107页。
⑥ 《国榷》卷77，万历二十五年四月条，第4770—4794页。

“谈及采木，莫不哽咽”。四川民间曾流行“入山一千，出山五百”[①] 的说法，足见入山采伐之险苦。

越到明朝后期，派役的名目越多，越繁重。万历四十一年，仅仅是因为福王朱常洵“之国”一事，就用船一千一百七十二艘。其先在通湾集快船二百二十有奇，民船四百有奇。这些征来的船夫们“候久资竭，人多苦之”[②]。天启七年，瑞、惠、桂三王“之国”，单在顺天一府就“征车四千四百四十三辆，役八千四百九十六人”[③]。

以上所举的还只是一些全国性的大型工程和事件所佥派徭役的例子。至于常年征役，其不断新增名目和加大数量，给人民带来的沉重负担就更无法细加论列了。顾炎武在《天下郡国利病书》中，所引时人描绘徭役害民妨业之状是：“民当农时，方将举趾，朝为轿夫矣，日中为杠夫矣，暮为灯夫矣。三夫之候劳而未止，而又为纤夫矣。肩方息而提随之。稍失夫驭，而长鞭至焉。如此而民奔走之不暇，何暇耕乎？”[④] 天启时，吴中正役“独累贫丁，卖妻子以供追呼，有毙命箠楚者”[⑤]。无论是正役还是杂泛，执役者都不但要自备粮食、器具（如驿夫之马匹、鞍辔等），而且还要付出相当数量的各色名目的银两，以供官吏们的赇纳挥霍。因此，“即田连阡陌者充之，无不破家荡产；若中人之家，一经是役，丧身亡命，可立而待”[⑥]。为封建官府服劳役，实际上成了应役者的一种严重灾难。这种灾难又是以广大贫苦农民为主要的承担者。如碑文中所说，当时吴中的情况便是：

> 豪门子弟，倚势人奴，方且半拥良田美宅，歌童舞女，耳中曾不闻后之一字；而彼瓮牖贫民，鹑衣百结，豖食一餐，反出死力以代大户非常之劳……家温食厚者半花分而诡寄，衙门傍者户尽逃以差贫。巨奸为之窟穴其中，猾吏得以出入其手。革屋素封之辈，享数万亩，

---

① 《明史》卷226，《吕坤传》，第5939页。

② 《国榷》卷82，万历四十一年九月条，第5065页。

③ 《国榷》卷88，天启七年正月条，第5346页。

④ 顾炎武：《天下郡国利病书》卷33，《凤阳府志》载何仲炯《上太守李公书》，光绪五年桐华书屋刊本（版本下同），第28页A。

⑤ 《启祯野乘》卷3，《丁尚宝传》。

⑥ 万历三十八年八月，常熟县《购置义田分赡北运差役碑》，载《江苏省明清以来碑刻资料选集》，第548页。

而役事终身不闻；风餐水宿之夫，仅担石储，而繁费累岁不□（计按：此失者当系"歇"或"绝"字）。

这种徭役负担上的"偏枯"之状，也是无处不有，早已皆然了的。本来，明朝建立之初，其役法是"验田出夫"，规定"田一顷出丁夫一人，不及顷者以他田足之，名曰均功夫。"开始修建南京及中都凤阳时，大概就是由这样金派的丁夫，于"每岁农隙赴京供役三十日"①。这种役法未行多久，到明太祖洪武十四年编赋役黄册成，定为"以一百十户为一里，推丁粮多者十户为长，余百户为十甲，甲凡十人。岁役里长、甲首一人，董一里一甲之事，先后以粮多寡为序，凡十年一周，曰排年"②。按这种里甲排年制度值充里长、甲首之役，称为正办，主要是"催办钱粮，勾摄公事，答应卯酉"③，不但负责催征本里本甲的赋役，还要帮助政府控制人民。里长都是由"丁粮多者"的地主分子充任，因此里甲又具有基层政权的性质。这种徭役属于职役的一种。除了正办之外，"一岁中诸色杂目"，如充当粮长、解户、马船头、馆夫、祗候、弓兵、皂隶、门禁、厨斗等，统称为正役（这当中有职役，亦有劳役）。其中的劳役是每年轮以"现年"一甲的丁壮应充，其待轮的九甲称为"排年"。这种正役的金派法叫作"均徭"。

均徭从一开始便遇到了一个无法解决的实际问题，这就是封建官府所金派的正役往往数繁量多。仅此一项就几乎占去了现年里甲的全部劳力，使得一些"上命非时"的临时杂役，如各级官府的一些临时差办，便无人承担了。为了解决这一矛盾，所以均徭法行后不久，便又出现了"五岁均徭，十岁一更造"的役法，即在里甲之中，"以上、中、下户为三等，五岁均徭，十岁一更造。一岁中诸色杂目，应役者编第均之，银、力从所便，曰均徭。他杂役曰杂泛"。杂泛是在现年均徭之外，由排年人户的丁力供应的。这样，农民在十岁之中便要两次值役：一次是均徭，一次是杂泛。从此，正办（里甲）、均徭、杂泛三役并行，便成为有明一代最基本的徭役制度。此后，虽然几经变化，尤其是万历初年张居正执政时，实行

① 《明史·食货志二》，第 1904 页。
② 《明史·食货志一》，第 1878 页。
③ 顾炎武：《天下郡国利病书》卷 14，《应天府·前人粮里议》，第 17 页 B。

赋役制度的全面改革，把"一条鞭法"推广于全国。一条鞭法乃是"总括一州县之赋役，量地计丁，丁粮毕输于官。一岁之役，官为佥募。力差则计其工食之费，量为增减；银差则计其交纳之费，加以增耗"。本来，均徭、杂泛都已与田赋并为一条，"皆计亩征银，折办于官"。但实际上，除条鞭之外，农民的力役负担并未能废除。所谓"粮长、里长，名罢实存。诸役卒至，复佥农氓"①。不仅是"卒至"的"诸役"，而且征收钱粮的"收户"，解运钱粮的"解户"，水陆驿递供役的"马户"、"船户"等，都还仍然是常役。其佥派方法依然是里甲排年法。所以直至万历三十九年无锡县均田碑的碑文中述说：仍有"收柜、收仓、解布、解绢、南北两运"等役事，而且也都还是排在"里甲等小役"之外的。碑文中还提到了"五岁毕役，照法另编"。比这更后的崇祯时，河南"又有解京调阔布之役、胖袄盔甲之役，山西盐课之役，小滩八千石漕米之役，毛田、关阳打冰防河之役"②，等等。

这种里甲排年的征役方法，自它出现之日起，就被冠以"均役"、"均徭"的美称。一提到役事时，统治阶级也往往把"赋役法贵均平"挂在嘴上。但在封建制度下，它也和统治阶级口中的"均田"（实际上就是"均赋"）、"均产"一样，都只不过是一句欺人的美谈罢了。在徭役负担上，地主阶级与农民从来就不可能有什么"均平"可言，只能是贫苦农民"独受其困"③。因为，就在这套役法制度制定的前后，明太祖朱元璋同时也就下令给予大官僚优免的特权。如洪武十年的诏令说："食禄之家，与庶民贵贱有等。趋事执役以奉上者，庶民之事。若贤人君子，既贵其身而复役其家，则君子野人无所分别，非劝士待贤之道。自今百司现任官员之家，有土地者输租赋外，悉免其徭役。"甚至对一些非现任官员的乡绅等，亦规定"自今内外官致仕还乡者，复其家终身不与"④。以后历朝都有优免之例。开始时，这种优免的面似乎还不甚大。随着年深月久，制度混乱，统治阶级中那些"贤人君子"们，乘机作奸舞弊，使免役的田亩和丁口越来越多。一方面是一些本来不能免役的地主、官僚想方设法，不断从皇帝那

---

① 均见《明史·食货志二》，第1904—1905页。
② 郑廉：《豫变纪略》卷3，崇祯十三年三月，浙江古籍出版社1984年6月版，第59页。
③ 《明史》卷214，《葛守礼传》，第5667页。
④ 《明太祖实录》卷111，洪武十年正月丁卯条，第6页A。

里和朝廷获得优免权;另一方面是一些已经获得免役权的人,无限制地扩大其所占地的面积和丁口的数量。

一部分人获得免役权,另一部分人的徭役负担必然要加重。免役的丁、田越多,人民的负担就愈加重。"又有射利之徒,各家占籍以重免。由是无免之家,其役始重。役重而力不支,产必入于巨室,巨室得之复免,而小民之役愈重。"① 所以,自明朝中叶以后,徭役不均的现象就已经变得十分严重了。

如此恶性循环背后所隐藏的危机,使一些较为清醒的封建官僚也深感不安。为了使整个封建国家的赋役来源不致枯竭,也为了缓和农民因徭役极度不均而爆发出来的反抗,自弘治以来便不断有人出来呼吁,要求限制优免的面及其数额。如刑部主事刘乔就因"官员之家率得优免,遂至奸伪者多诡寄世家,而征科重累小民",而提出"乞定优免之额。其余丁、田,悉照民间均派"②。嘉靖二十四年(1545),明朝政府也的确重行颁布过一个新的《优免则侧》,以后还多次修改、重申。按照这个《优免则例》的规定,"京官一品,免粮三十石,人丁三十丁;二品免粮二十四石,人丁二十四丁;……九品免粮六石,人丁六丁。内官、内使亦如之。外官各减一半。教官、监生、举人、生员,各免粮二石,人丁二丁"③。

但是,官僚、绅衿们何尝受这些《则例》约束过?实际的情况往往是"漫无伦次"。他们不但自己本户的丁粮要优免,亲族、门生、故旧要"冒免",而且还恣意包揽其他地主的丁粮,使之也照样不纳赋服役。如"江南风俗,富民避徭,率多诡寄。官户若绅士,已得不足,则入其贿,为之优免"④。又如"某官例免得田千亩,而自有田万亩,或自无田而受诡寄田万亩,则散万亩于十甲,而岁免千亩,实则万亩皆不当差也"⑤。《明史·食货志》说:"以职役优免者,少者三丁,多者至十六丁。万历时有免至二三千者。"碑文里说当时吴中的情形便是:

---

① 顾炎武:《天下郡国利病书》卷53,《南阳府·田赋》,第1页B。
② 《明孝宗实录》卷200,弘治十六年六月乙巳条,第3页B。
③ 《明会典》卷20,《户口二·赋役》,上海古籍出版社影印本,第345页。
④ 《杨园先生全集》卷32,《见闻录》2,同治江南书局刊本,第7页A。
⑤ 顾炎武:《天下郡国利病书》卷23,《武进县·里徭》,第17页。

免役者田无限制，避役者计出多端。于是奸民每将户田假捏伪券，诡寄官甲。日积月累，官户之田益增，当□（按：此处所蚀，当系"差"或"役"字）之田愈减。至有仕宦已故，优免如常。一切差役，俱累小民当代。致使一二愚民，岁岁困于输挽，日日苦于追呼。家赀田产，不尽不休，行且邑无往役之人矣。

官僚、乡绅，甚至举人、生员们，根据皇帝的诏令和朝廷的《则例》规定，可以获得"合法"的免役特权。一些按规定得不到免役权的地主，也自有办法逃避差徭。仅据碑文所载，吴中地主们玩出的花样使有：

有倚官甲为避差之窟而诡寄者，有通钱神于猾吏之手而花分者；有寄庄而图优免者，有故宦而仍滥免者。相沿积习，牢不可破。而长民之吏，莫能究诘。

因为《则例》规定各级官吏、教官、监生、举人、生员都可以免役，所以有的地主便以捐纳的方式，买得一个空头官衔或出身，称为"纳粟义官"。照例地方官吏对这些"义官"也要以礼相待，"不许擅便差使"[1]；将自己的土地尽数诡寄在有免役权的官甲名下这种现象，是随着"先后以丁粮多寡"的金役原则一确定便产生了的。如还在洪武时就有"两浙富民畏避徭役，大率以田产寄他户，谓之铁脚诡寄"[2]。洪武十四年《赋役黄册》和二十年《鱼鳞图册》的编制，其目的之一就是为了核实丁粮实数，作为徭役征金的依据。尽管明朝政府规定每十年重编一次黄册，使之近于实际。但地主阶级正是在这一次又一次的重编之中玩弄飞洒、诡寄的勾当，使之与实际相去更远。"三吴官户不当役，于是有田之人尽寄官户，逃险负崛，而役之无所得者。其得者其贫弱也。"[3]"寄庄而图优免者"，就是置产他乡，将自己变成"流寓户"。万历时顺天府"流寓人户，多系富豪。名为寄庄，影射差役。甚至田亩数倍于土著之民，而差役分毫不

---

① 《明孝宗实录》卷61，弘治五年三月戊寅条，第8页B。
② 《明史·食货志一》第1881页。
③ 王恩任：《均徭全书·序》，转自顾炎武《天下郡国利病书》卷22，第43页。

与"①。"通钱神于猾吏之手而花分",就是对官吏行贿,使受贿的官吏在金派差役时"放大户而勾单小"②,"尽逃富以差贫",就是"以士绅应免(领)之差,分增于佃户"。有的地主还利用自己充当里长的机会,大量隐瞒自己的田产,少出甚至不出徭役,把自己应领的差径转嫁到贫苦无告的农民头上。还有的地主,甚至无须乎假借任何方式和名目进行逃避,干脆就是拒绝服役,地方官也莫可如何。如福州"郡多士大夫,其士大夫又多田产,民有产者无几耳。而徭则尽责之民。请分民半役,士大夫率不便"③。

不服役的丁产不断增多,农民因赋税、徭役之重而日益贫困,必然造成隐瞒的田产愈来愈多。因为"总一县之田止有此数,此增则被减。官户王田日增一日,则民户之田日减一日。减之又减,将来不至尽化为无役之田不止。"据碑文载,万历三十八年,吴中数县曾进行过一次土地着役情况的清查。在清查时已经最大限度地照顾了官僚、乡绅们的利益,"自甲科以至一命,谨遵照《会典》厚加优免,于乡绅大体似无不惬",但仍清出了大量的当差田。长洲县原当差田不过二十万亩,清出当差田共五十五万六千九百亩;华亭县旧充差役田仅十余万亩,清出当差田共三十四万五千亩;常熟县清出花分诡寄田十五万亩有奇;吴江县原编役田止二十万二千亩,清出差役田九十万亩有奇;无锡县原有额田一百二十八万九千余亩,但"以零星免者十之四,以官户免者十之二",实际应役的只有五十余万亩。其中吴江县的情况最为严重,实际着役田还不到应当服役田(这里已经除掉优免田)的百分之二十五。由此可见,地主、官僚们隐田避役数字之大。无锡县实役田也不到应当服役田的百分之四十。而在这百分之四十弱的田数中,"属民者十之一,属官户及监生小员杂职者十之四"。这些官户及监生小员杂职者,再于征役时玩弄一些诡害、飞洒的把戏,真正着役的当然就只剩下农民手中那点可怜的土地了。

地主阶级大量隐田避役,整个封建国家的徭役重负当然就"独累贫丁",完全压在贫苦农民的身上,造成"豪民巨室终身不一劳,下户单丁

---

① 《续文献通考·职役二》,考2918。
② 同上书,考2914。
③ 《明史》卷203,《欧阳铎传》,第5363页。

三年而两役"① 的现象。按照最初编定里甲时，鳏、寡、孤、独及无田的僧道等"畸零"户是不应役的。自明中叶以后，实际上畸零户也要应役了。嘉靖三十九年便正式规定："其带管畸零若干，均派于十里长名下，轮年应役。"② 一条鞭法实行时，也规定"有丁无粮"户，一样要负担丁粮。

还需要顺便说及的是，广大农民不仅要承担地主阶转嫁来的额外徭役负担，而且还要承担官僚、乡绅们私派的种种役事。这种情况在碑文中虽未得到反映，但官僚、乡绅们私派差役，随意强迫农民为他们进行无偿劳动的事，在明代是屡见不鲜的。如正德时，大宦官焦芳在家乡泌阳"居第宏丽，治作劳数郡"③；嘉靖时"松江钱尚书治第，多役乡人，砖甓亦取给于役者"④；四川临邛州"登科者建旗坊，虐使其乡……沿为绅例，里中苦之"⑤。从上述资料可以看出，农民除服"公役"之外，还要为官僚、乡绅、登科进士等治第宅、修坟墓、树牌坊出役，而且还要自带工料去。

公私重役的交迫，对于农民来说是无法承担和忍受的，它必然引起农民的强烈反抗。反抗的方式之一便是流移他处，变为逃户，躲避差徭。还在正统时，有的地方就已是"逃亡者居半"⑥。当时专门颁布了严惩逃户及窝藏逃亡者的条例，并且下令地方编造了《逃户周知册》，可见当时逃户的数量已不是很少的。这些逃亡者或进入城市成为佣工、乞丐，或进入山林成为矿徒，也有不得已而投靠于豪强之家的。但更多的人是流移到统治阶级控制力量比较薄弱的野岭荒山，去进行垦荒。成化时进入川、陕、豫、楚边界山区的流民，竟达一百五十万人以上。正德末年，许多州县便出现了里甲空虚的情况，"或里分，实在二三十户虚填一里；或排年，实在三、四，五户虚填一甲"⑦。穆宗隆庆五年，曾总括过一次顺天府属的人

① 顾炎武：《天下郡国利病书》卷37，《山东东阿县·均徭》，第20页。
② 《明世宗实录》卷489，嘉靖三十九年十月戊戌条，第4页A。
③ 《明史》卷306，《焦芳传》第7837页。
④ 赵翼：《二十二史札记》卷34，《明乡官虐民之害》条引《琅琊漫笔》，商务印书馆1958年7月版，第721页。
⑤ 《蜀碧》卷4，《刘道贞传》，王去五主编《丛书集成初编》，商务印书馆民国28年12月版，第69页。
⑥ 《明英宗实录》卷45，正统三年3月乙卯条，第2页A。
⑦ 《明世宗实录》卷3，正德十六年六月戊子条，第5页A。

丁实数。据弘治时修的《明会典》载，该府属的户口原是六十六万九千三百有奇，这次总括时，人丁只有十四万七千三百有奇。在八十年的时间里，抛开人口自然增殖不计，背井离乡的逃亡户口竟达四分之三以上！逃亡户之多，"盖因租庸正额之外更多杂派"①。

逃户的增加，流移开垦谋生，往往进而发展成为武装斗争。如正统时，就有"逃民聚居各处，殆四五万人，先入山抵汉中府深谷中潜住。又黄河北岸，亦有逃民数千百人团聚，间执兵器，肆行不法。"② 到成化时，流民集中的荆襄地区就爆发了刘千斤（名通）、石和尚（名龙）领导的流民起义。他们称号建元，建立了军事政权，发展到数万人，给明朝统治者以很大的震动。

明代后期，由于统治阶级的倒行逆施，土地兼并日益剧烈，农民的赋役负担的不断加重，迫使许多农民破产流亡，脱离土地，造成了社会的严重危机。终于爆发了李自成、张献忠领导的农民大起义，推翻了明王朝的反动统治。在明末农民大起义中，革命的农民喊出了"不当差"的口号。从本文的简略分析中，我们可以看出，"不当差"的口号，与农民军提出的"均田免粮"的纲领以及"剿兵安民"、"平买平卖"等口号一样，是具有深刻的社会根源和阶级内容的。

（原载《明清史国际学术讨论会论文集》，天津人民出版社 1982 年版。）

---

① 《续文献通考》卷 13，《户口二》，考 2895。
② 《明英宗实录》卷 28，正统二年三月戊午条，第 10 页 A。

9. 精于考证，勇于探索

——简评顾诚《明末农民战争史》

顾诚同志是目前国内研究明史颇有影响的一位中年专家，尤其是在明末农民战争史的研究中作出了很大的贡献。他多年来发表的数量众多的有关论文，已经在史学界的同行和广大的读者中留下了比较深刻的印象；他是一位治学态度严谨，学风端正、钻研勤苦、功力颇深的学者。1984 年 10 月由中国社会科学出版社出版的《明末农民战争史》，就是他多年来潜心研究的结晶，是我国史苑中开出的又一朵绚丽的奇葩。

明末农民战争是建国以来农民战争史研究领域中的一个重要的课题。三十多年来所出版的专著，论文和通俗读物，其数量之多，·在我国历次农民战争中，恐怕只有近代的太平天国革命才能与之匹比，在古代农民战争中则是首屈一指的了。在一个著述如林的选题上要获得新的进展，其难度是可想而知的。顾诚这部著作的难能可贵之处，正在于它于众多的同题著作中显示了其独有的特色。

本书的特色之一，就是勇于探索新问题，有自己独特的见解。

在明末农民战争史的研究中，固然还有一些问题是前人未及探讨过的，但大多数问题都是人们反复研究过的。在一些基本问题的认识和重要史实的见解上，不少的史学名家和有影响的人物都发表过很有权威性的意见，许多问题似乎都已经有了定论和成说，为大多数的研究工作者所采纳或沿用。顾诚在自己的著作中既充分尊重别人的研究成果，但又不简单地搬用和沿袭，而是采取实事求是的分析态度，以自己所掌握的史实去进行验证，从众多的原始资料的分析中，提出自己的见解和结论。在诸如李自成农民军的流寇主义、李岩其人、明末农民战争失败的原因等许多重大问题上，作者根据自己的研究所得，都提出了有别于流行说法的结论。如在以往的研究中，几乎都毫无异词地认为李自成领导的农民军存在着严重的流寇主义，他们只注意到处流动作战，打击统治阶级，而对于占领区和根据地的保守、地方政权的组建和巩固都是毫不重视的。李自成和唐末农民战争的领导者黄巢，都被当成了流寇主义的典型，甚至把流寇主义径称为"黄巢李闯式的流寇主义"。顾诚从具体考察大顺、大西军地方行政和军事组织的实际情况入手，说明农民起义军在可能的情况下还是注意了地方基层政权建设的。他们在自己的占领区内，不但有一套政治、军事机构，而且还有相应的一些经济、社会政策，这就是一方面取消明朝政府的横征暴敛，宣布"不催科"、"三年不征粮"等；另一方面又采取切实步骤恢复农业生产，为贫苦农民提供种籽、牛具，制定了保护耕牛的政策。同时，起义军本身也在比较稳固的占领区内实行屯田、进行生产。在大顺和大西军管辖地区之内，农民的生产和生活都得到了相对的稳定，与明廷统治区域形成了鲜明的对比。

又如在对明末农民起义军失败原因的探讨中，过去的研究者较多地注意了从两个方面来分析：一是认为满洲贵族军事集团是个新兴的军事力量，因而在战斗力上优于农民军；一是认为李自成领导的农民军攻入北京之后腐化了，削弱了自身的战斗力，这便是农民阶级局限性的表现。正是这两方面因素的共同作用，遂使大顺军无法挽回败局。顾诚在这个问题的研究上也力图另辟蹊径，认为清军的战斗力虽然较强，但毕竟受着统治区域小、人口少的限制。山海关之战后，农民军虽然受挫，但后方兵力尚多，活动余地仍然很大。因此，此时在清、顺争夺天下的抗衡中，具有关键意义的因素是广大地区内汉族地主阶级的动向。

李自成等农民军的领导者，由于受着时代的限制，在同官绅地主的斗争中不能够创造出新的体制，只能借用原有的政权形式，不能运用阶级分析的方法，把广大的贫苦农民组织起来，对本地区的官绅地主实行有效的专政。所以，当山海关之战农民军失利和北京陷落的消息一传出时，各地官绅地主便纷纷反叛。清军之所以能长驱直入地占领黄河流域，站住脚跟，并进而征服全国，李自成领导的农民军终于失去了扭转战局的可能，这是一个极其重要的原因。

本书的特色之二，是详明系统，精于考证。

明末农民战争是一场波澜壮阔的农民革命运动，历时达三十七年之久。本书由于体例的原因，虽然只写到李自成、张献忠牺牲为止，也有十六七年的时间跨度，包括十分丰富的内容。对这次起义的历史过程，书中叙述得十分详明系统，对所有比较重大的事件均力求寻本溯源，交代其来龙去脉。如对崇祯十年以前起义军的活动情况，由于初期的多头并起，互无统属的分散活动，史籍记载也详略有异、断续不联，因而显得头绪纷乱，线索不清，使初学者望而生畏。过去的一些著作中，于此也往往着力不多。顾诚在他的著作中下了很大的工夫来细心清理，终于梳理出了一个头绪，使之脉络比较清晰了，不仅为初学者，就是对研究工作者也提供了很大的便利。

在我看来，精于考证，可以说是本书的最大特点。作者把很大的精力放在对史事的考证方面，因而纠正了不少错误的流行说法和史籍的误载。如崇祯七年春义军误入险地（即所谓的车箱夹）到出围脱险的问题、崇祯十四年李自成在张献忠信阳之败后欲图杀张献忠的问题、崇祯十六年大顺军自山西向北京的战略部署及进军路线问题、宁武战役的战况问题、山海关之役双方的兵力及战场问题，等等，书中都在缜密考证的基础上提出了自己的看法，订正了一些旧史记载上的错误。对一些长期纷争难明的问题，作者也有理有据地摆出了自己的观点，有利于把问题的讨论进一步引向深入。

所谓的"荥阳大会"和"襄阳决策"，是明末农民战争研究中的两个热门问题，不少人著文都认为实有其事，还极力论证这两个事件的重大意义，认为前者是农民军由分散到集中的标志，后者则是盟军由战略防御到战略进攻转变关头的一次极其重要的决策会议，不但对战略进攻，而且对义军攻占北京后能否巩固胜利都有着重大的影响。史学界直到前几年还就所谓这次决策会议上，牛金星的直取北京、杨永裕的先下南京和顾君恩的先取陕西后取山西、河北再攻北京的三种进兵方略，各自的优劣得失，展开过专门的讨论。对于"荥阳大会"，顾诚列举了大量的材料，从史源上、所谓会议的背景上、会前会后双方军事实际活动与所谓会议决议内容的矛盾上，论证了这次会议纯系子虚乌有，从而也就推翻了很有影响的《绥寇纪略》和《明史》等关于这次大会的绘声绘色的记载。同样，旧史上对于所谓的襄阳决策，也有活灵活现的描述。顾诚认为，这些描述虽然颇能引人入胜，但却未必实有其事。当李自成部义军主力在襄阳的时候，明军"所有皆天下精兵良将"的孙传庭部，也正养锐于西安。李自成此时所以未发兵东追左良玉部，进而夺取江南财富之区，也没有直接北上进攻北京，都是因为受着孙传庭侧翼威胁之故，并不是因为什么"前者失之缓，后者失之急"。至于义军后来攻取了陕西，那是因为孙传庭在明廷的一再催促下被迫全师出关，义军才在河南集中主力给以迎头痛击。经过郏县战役歼敌主力之后，顺势夺取陕西已是瓜熟蒂落的自然之举了，并非就是采纳了顾君恩的先取关中之策才这样做的。类似这种考证性、辩驳性的文字，在书中多处可见，除了正文之外，还大量地存在于注释之中，例子是不胜枚举的。不可能要求读者都赞同作者的论辩和考证结论，但它却随时都能引起读者去进行思考。

明末这次农民武装斗争，保存下来的各种文献资料庞杂得很，发掘、整理和研究工作正处于方兴未艾的阶段，许多问题都还在探讨当中。作者并不认为他对所有的问题都已研究透彻。相反，书中也还留下不少难于下结论的问题。对此，作者总是采取十分审慎的态度，把各种不同的观点及所据材料都并行罗列，既说明自己研究所能达到的程度，又指出尚存问题及解决此问题的难点所在。

本书的特色之三，是资料丰富，立论坚实。

本书取材非常之广泛，除了有关的正史外，还搜集了大量的文集笔记、野史杂著，历史档案中的有关记载，并查阅了大量的地方志书（据作者说达一千多种），从中撷取了丰富的历史资料。

在对所谓流寇主义问题的探讨中，为了弄清起义军在自己的占领区域内所建立的地方行政和军事组织的情况，书中用了54页的篇幅，分别列了《大顺政权地方官员表》和《大西政权地方官员表》两个附表，有根有据、有名有姓、有具体职务，详细统计了大顺政权、大西政权前后所设的地方官员。据笔者粗略的统计，仅制一份《大顺政权地方官员表》，资料来源所含的书就达170种以上。又如在探讨大顺农民政权失败的根本原因时，为了弄清在清、顺激烈争夺的关键时刻，汉族地主阶级实际充当满洲贵族帮凶角色的情况，也以列表的方式，将山海关战役后三个月内，山东、河北、河南等地官绅地主的78起叛乱的时间、地点、为首者姓名、简况等，一一揭出。有了这样丰富的资料做基础，无疑将大大增强其论点的说服力。

这部著作尽管有它明显的优点和长处，但也不能说已经是尽善尽美，毫无欠缺的了。起码有这么两点是值得考虑的：

第一，毫无疑问，作为研究明末农民战争史的一部专著，全面而系统地记述战争的全过程，尽可能地使这场波澜壮阔的农民革命运动的场面再现于读者面前，是它的基本任务。在这方面，本书是比较成功的。但如何在历史过程的叙述中，随时提出一些较为概括性或某些带有一定理论色彩的问题来展开讨论却做得还不够。前几年，顾诚已经在这个领域里发表了不少的单篇论文，对某些问题的研究已经大大地推进了一步。可是在本书中，作者却没有尽可能地把这些研究成果容纳进来，因而使本书对问题的探讨深度和理论色彩都受到一定的影响。书中不少地方是采用寓论于述的方法，通过某些段落的叙述或大量的考证文字，本来可以自然而然地得出某个结论来，但作者却往往引而不发，使人觉得缺乏明快感。例如关于李自成农民军的流寇主义问题、李岩问题，本来可以设立专门的章节进一步鲜明地申述自己的观点，使本书的个性更加突出。可是现在的书中却只有很少的文字涉及。虽然列了很有说服力的详细表格，但却没有充分发挥这些表格的效用。

第二，这是一部战争史，但在军事问题的研究上却存在着严重的缺陷。战争这种与人类社会一定发展阶段相联系的特殊事物，有其自身的特有规律。战争的进程就是敌对双方军事实力的较量和军事艺术的比赛，是各自对战略战术运用的过程，其中的战略问题又是在整个战争中决定全局的东西。研究一场战争如果离开了对战略问题的研究，就不能揭示战争的规律性。

不妨以明末农民战争战略阶段的划分来进一步说明这个问题。明末长达 37 年之久的农民革命战争，比较自然地表现出四个大的阶段，即天启七年（1627 年）大起义爆发，到崇祯十一年（1638 年）冬李自成潼关南原之败为第一阶段；崇祯十三年（1640 年）秋李自成再起进入河南，到崇祯十七年（1644 年）三月进入北京为第二阶段；从山海关之战到李自成、张献忠牺牲为第三阶段；大顺、大西两支农民军的余部的抗清斗争为第四阶段。对于这四个阶段可以有各种不同的认识：一、可以把它们看成是一次战争有机构成的四个战略阶段；二、可以看成是两个战争体系，即将第一和第二阶段视为是一次国内革命战争的两个战略阶段，第三和第四阶段视为是一次国内民族战争的两个战略阶段。但如果我们真正地从战略学的角度来看问题，就会发现上述的四个阶段实际上是自成战略系统的四次战争，即两次国内革命战争和两次国内民族战争。第一和第二阶段其所以不能成为一次战争的两个战略阶段，是因为其间张、李为首的两支义军都退出了战争，使战争中断了。第二和第三阶段之间不能同属于一次战争更为明显，因为前者是国内革命战争，后者是国内民族战争。第三和第四阶段虽然同属于国内民族战争，但对于农民军来说也有性质上的不同，前者是反明抗清，后者是联明抗清。作了这样的阶段划分之后，我们再来看各次战争的战略特点就比较清楚了。第一次国内革命战争只有一个战略防御阶段，历史上很多见这种尚未达到战略转变就失败了的战争。第二次国内革命战争则有两个战略发展阶段，即从这次战争开始至河南境内的五大战役结束，这是战略防御阶段，自西安出师到攻占北京是战略进攻阶段。攻占西安到发起战略进攻中间，有一小段属战略转变时间。这第二次国内革命战争，仍然是一次没有打完的战争，因为满洲贵族的参战而使之中途发生了转变。如果没有这个意外的因素，按战争自身的规律，这个战略进攻阶段是还要持续下去的。第一次民族战争也是很奇特的，只在山海关进行一个防御战役之后，就开始了战略退却，也是一次只有一个战略阶段的战争。第二次国内民族战争因为情况比较复杂，且与本书的内容无涉，我们可以暂不谈它。由此可见，抓住了战略问题这根战争的主线，就可以使对问题的认识深化一步。读完顾著之后，我们不得不遗憾地指出，本书在这方面是存在较严重欠缺的。

在长期的战争实践中，农民领袖们的军事艺术水平得到了很大的提高，在中国这块大地上创造了一些很有声色的军事杰作，为丰富中国的军事宝库作出了贡献。在第二次国内革命战争的战略防御后期，李自成在河南进行的消灭明军主力的五大战役，不但战绩是辉煌的，其指挥艺术也是很高超的。同样，张献忠领导的大西军在与明廷的长期周旋中，也把流动的游击战术运用到十分娴熟的地步。可是，在本书中由于作者忽视了从军事战略和战术上去发掘和研究，因而使这场色彩斑斓的战争画面就稍显暗淡了。

在一次农民战争史年会上，笔者曾发表过这样的看法：从某种意义上来说，顾著在明末农民战争史的研究中，将是一部具有承前启后意义的作品，它将在今后相当的一段时间内，对这个专题的研究和教学，产生明显的影响。作者在书的《前言》中说:"如果拙著对于年轻一代治明末农民战争史的同志,能够成为攀登高峰途中的一块踏脚石,我就十分满意了。"这个要求不算低,但我相信它是一定能够起到这个作用的。

（原载《历史研究》1987 年第 5 期,收载于《图书评论辑》,中国社会科学出版社 1988 年版。）

二

志海遗踪

1. 纂修志书是"立言"的著述大业

1991 年 10 月 17 日，社会主义新方志修纂的倡导者胡乔木先生，在听取中国地方志指导小组秘书长的工作汇报时，曾经指出："搞地方志还是要靠学者"，"对于地方志我还是主张要由学者来管。从事地方志工作，还是要搞学问，要把它作为学术工作来抓"，"过去修志是一些很有学问的人去做的，它本身是一项学术性的工作。地方志写得好坏，还是应当由学者来鉴定"。胡乔木所讲的，的确是历史的实情。

在中国传统思想中，是上上立德，其次立言，下而立功。著述是立言，其社会价值远在具体的事功之上。应当指出的是，古往今来的不少学人，也是将纂修志书，视作为"立言"的著述大业的。乾隆二十九年（1764）冬，湖北天门知县胡翼聘请正在天门讲学的章镳纂辑《天门县志》。章镳受聘之后，由于当时他全身心地忙于天门书院学子进京以应秋闱的准备，无暇旁顾，修县志之事就交给了其子章学诚。所以这部《天门县志》实际上是章学诚编纂而成的。志书付刻之时，胡翼主张署章镳主纂，学诚署协纂之名。学诚以乃父既署主纂，力辞协纂之名而不就。胡氏主之甚坚，最后采用安陆知府觉罗敦福的建议，志书中收入由学诚写的序文一篇，算是酬其劳。学诚接受后，写了一篇《修志十议呈天门胡明府》，这就是志界所熟知的"修志十议"。与此同时，章学诚还写了与好友甄松年的《答甄秀才论修志第一书》、《答甄秀才论修志第二书》，以及《与甄秀才论〈文选〉义例书》等文章，较全面地概括了他早年对志事的见解。在《答甄秀才论修志第一书》中，章学诚提出了"丈夫生不为史臣，亦当从名公巨卿，执笔充书记，而因论列当世，以文章见用于时，如纂修志乘，亦其一事也"。可见他是把纂修志书看作著述大业的。

比章学诚早 600 多年前的北宋政和七年（1117），以个人之力撰成北宋著名的地理总志《舆地广记》的欧阳忞，在其书的自序中已说道，"地理之书，虽非有深远难见之事，然自历世以来，更张改作，先王之制，无一在者。自非专门名家而从事于此者，其孰能知之"。他认为自己的这部著作，"自昔史官之作，与夫山经地志，旁见杂出，莫不入于其中，庶几可以成一家之言，备职方之考"①。可见他是把自己所从事的撰述，看作和司马迁撰《史记》一样，是要成一家之言的。

进入南宋，淳熙二年（1175），罗愿纂了一部很有名的《新安志》。他也认为修志"必使涉于学者纂之"。《四库全书总目提要》评他所撰的《新安志》说：他这部书"叙述简括，引据亦极典核……《物产》一门，乃愿专门之学，引证尤为该备其所志贡物……皆史志所未载……赵不悔序称其博物洽闻，故论载甚广；而其序事简括不繁，又自得立言之法。愿自序亦以为儒者之书，具有微旨，不同钞取记簿，皆不愧也"②。这里讲的，也是将纂修志书，视为可以传诸后世的立言之举。

正是基于有这样的认识，故历来知名学人、社会名流，参加志书修纂的例子举不胜举。明嘉靖二十年（1541）刘大谟主修的《四川总志》80卷，就是由杨慎、王元正、杨名纂成的。杨慎主纂艺文，王元正主纂人物，杨名主纂舆地。这三位都是进士出身，又都是翰林院修撰，是当时很知名的大学者。其他如曾撰有《国榷》一书的大史学家谈迁，修纂过顺治《海昌外志》；乾隆八年（1743）修成的《大清一统志》，参修者有陈廷敬、方苞、万斯同、阎若璩、顾祖禹、胡渭等，都是一代硕儒。乾隆三十八年（1773），胡德琳主修，李文藻、周永年纂成山东《历城县志》，李、周皆是饱学博才、名重当时的学者。

如果说，学者之流将修志视作"立言"的著述大业，是理之当然的话，那么在地方上从政、治军的官员们，也能有这样的认识，就很难能可贵了。当然，这些人也大多是学者出身为官的。一些学人位至一方的封疆大吏，握有实权之后，也注意自己修志，或推动修志工作的开展。这方面最具有代表性的人物，在有清一代最著名的要算毕沅和阮元了。毕沅作为一名学者型的大员，具有"爱才下士"的优良品德，只要"闻有一技之

① 转引自张国淦编《中国古方志考》，中华书局1962年版，第103页。
② 纪昀总纂《四库全书总目提要》卷68，《史部·地理类一》，河北人民出版社2000年版，第1824页。

长，必持币聘请，惟恐其不来；来则厚资给之"。因此"一时名儒，多招致幕府"。为其识拔而知名者不下数十人之众，如章学诚、邵晋涵、洪亮吉、严长明、孙星衍、汪中、凌廷堪、钱坫、段玉裁、黄易、黄景仁、杨芳灿、钱泳、方博澍、吴泰来等，均出其幕下①。其为陕西巡抚后，不但于乾隆四十一年（1776），自己主纂成《关中胜迹图志》30 卷。在他的推动下，许多著名的学者都到陕西来应聘修纂志书。在此期间，陕西地区先后有严长明修成《西安府志》150 卷。洪亮吉纂成《长武县志》12 卷、《淳化县志》13 卷，孙星衍纂成《礼泉县志》14 卷、《直隶邠州志》25 卷、《三水县志》12 卷，洪、孙还合纂成《澄城县志》20 卷，钱坫纂成《朝邑县志》11 卷、《韩城县志》16 卷。

自古以来，知名的文人学者参加志书编纂，为方志事业的繁荣和发展作出了重大贡献者，黄苇等在其所著的《方志学》一书中开列了一长串的名单，谓"如袁康、陆机、挚虞、袁山松、何晏、谢灵运、刘义庆、盛弘之、任昉、萧绎、王褒、孔灵符、虞世基、元稹、陆羽、乐史、宋敏求、陆游、范成大、周必大、周密、方回、袁桷、黄溍、杨维桢、方孝孺、程敏政、祝允明、王九思、康海、何景明、冯惟敏、李先芳、田汝成、于慎行、陈继儒、袁宏道、冯梦龙、刘侗、施润章、孔尚任、杭世骏、袁枚、王昶、毕沅、姚鼐、李调元、章学诚、汪中、洪亮吉、阮元、邓显鹤、姚椿、刘绎、樊增祥、柳亚子等历代著名文人，均修有一种或数种志书。"②这里还未包括许多应举列而未举列者，如顾炎武、戴震、桂馥、陆心源、缪荃孙、李兆洛，等等。

还有一些地方的主政、治军者，自己虽非学者，但却有学者的卓识，也能把修志看作是"立言"的著述大业。所以他们主持修志，不以拉几个乡村陋儒来塞责、敷衍上级了事，而是"把它当学术工作来抓"，注意礼聘那些有真才实学的人，甚至知名的学者，来从事志书的撰纂工作。

嘉庆十五年（1810），阿克当阿主修成《重修扬州府志》72 卷。修纂之中，他曾组织了一个很庞大的修纂班子，而且入围者多为硕学鸿儒。主修者阿克当阿自己，是曾监钦定《全唐文》纂辑的知名学者；分纂者当

---

① 参见林正秋主编《中国地方志名家传》，黄山书社 1990 年版，第 147—149 页。
② 黄苇等著《方志学》，复旦大学出版社 1993 年版，第 322 页。

中，翰林院编修、庶吉士就有 7 人，为首者姚文田是国子监祭酒、知名学者；焦循时有"通儒"之称；江藩乃"经学大师"。《四库全书总目提要》称许这个班子，"此志纂修，人才极一时之盛"。

道光九年（1829）孙尔准等修《福建通志》时，除了由陈寿祺总纂外，任分纂者有高树然、冯登府、张绅、王捷南、陈善、沈学渊、汪晨、陈池养、林晨英、翁吉士、刘建韶、林彦芬、丁汝恭、赖其恭、张际亮、罗联棠、饶廷襄、何治运等 18 人，都是当时闽中有名的学士。

光绪时的王棻，是被称为与陆游、陈耆卿、章学诚、王国维齐名的大学者，其一生之中，就纂成志书达 9 种之多。张之洞、缪荃孙也是著名学者，就共同修纂过光绪《顺天府志》。

到了近代时期，这个传统依仍赓续不断。抗日战争时期，民国 28 年（1939），贵州曾修出了一部《遵义新志》，是在方志史上很有影响的一部志书。王永泰于《中国地方志》2005 年第 2 期发文，说到本志的编纂阵容时，有很长的一段文字，今转引于下：

　　《遵义新志》编撰力量之强，可以说前无古人，后无来者。直接参加编写人员中，主持人张其昀是中国人文地理学建立者；统稿叶良辅，主编有我国第一部区域地质专著《北京西山地质志》，引导学生建立了许多地质学的分支学科，自己也是我国地貌学的开创者。编纂者中，后来成为中国科学院资深院士的有：侯学煜，编绘《遵义附近土壤图》，他 1980 年当选为中国科学院学部委员，（是）著名（的）植物生态学家、植物学家；任美锷、与丁锡祉、杨怀仁共同编写了第三章《地形》（上），参与第七章《土地利用》的编写，是中国地理学会名誉理事长、中国海洋学会名誉理事长，1980 年当选中国科学院学部委员，中国科学院资深院士，其主要研究方向为自然地理和海洋地质；熊毅，编写第六章《土壤》，著名土壤学家，中国科学院学部委员，我国土壤胶体化学和土壤矿物学的奠基人，对黄淮平原的治理工作做出重大贡献；施雅风，编写了第四章《地形》（下）和第十章《区域地理》，另外参与编写了《土地利用》章，是我国冰川学奠基人，中国科学院学部委员，地学部主任，中国科学院资深院士，直接考察并领导编著了有关祁连山、天山、喜马拉雅山和喀喇昆仑山的冰川考察报告和中国冰川结合专著，奠定了中国冰川学基础；陈述彭，编写了第五章《相对地势》，与杨利普合作编写了第九章《聚落》，与《土地利用》章的编写，是地理学、地图学、遥感应用专家，中国科学院学部委员，中国科学院资深院士，中国科学院遥感应用研究所名誉所长、地理科学与资源研究所研究员。其他编者还有：杨怀仁，参与编写了第三章《地形》（上），杨教授在气候变化、海面变化等（研究）领域取得了丰硕的成果。束家鑫，与贺忠儒合作，编写第二章《气候》，他曾任上海市气象学会名誉理事长，编有《上海气象志》。贺忠儒是著名的地图学家。赵松乔参与编写第七章《土地利用》，他主要从事自然地理研究，是区域自然地理学领域的权威学者。丁锡祉与任美锷编写了第九章《聚落》，参与了编写第七章《土地利用》，他主要从事水资源、地理及地名学研究。刘之远，编写第一章《地质》。当时为教授，1941 年发现了遵义团溪锰铁矿，为重庆钢铁企业抗战时期冶炼特种钢提供了重要的原料。严德一编写了第八章《产业志旅游》，解放前为浙江大学教授。实际参与《遵义新志》编纂的远不止上述几位学者……这些参与者，后来成为中国科学院学部委员、中国科学院资深院士、中国工程院院士的（还）有毛汉礼、陈吉余、谭其骧、谢义炳与涂长望。如果将这些学者计算在其中，曾参与《遵义新志》编纂工作，后来成为中国科学院学部委员、中国科学院资深院士、中国工程院院士的便有 10 人之多，这还不包括张其昀和叶良辅两位大师。

抗战时期，西北联大也由黎锦熙主修纂成另一部有影响的志书——《城固县志》。参加纂修的也多为西北联大的教师、教授，甚至是名教授。如黄国璋分任"自然篇"和"经济篇"的"工商"、"交通"二志；何士骥、罗根泽、吴世昌等分任"文化篇"；殷祖英分任"气候志"；张遹骏分任"地质"、"地形"、"水文"三志；刘慎谔分任"生物志"；胡麻华任"农矿志"；谌亚达分任"人口志"；黎锦熙和罗根泽分任"方言风谣志"等。有些写成了很有影响的学术专著。

历史上，更多名宦高官、著名的学者，是用他们自己的行动，表明了对修纂志书的这种认识。

光绪十八年（1892），杨笃等纂成《山西通志》184卷、首1卷。是书开修之时，以王轩为总纂，杨笃、杨深秀为分纂。未久，王轩病故，杨深秀赴京任职。总纂之任便落在了杨笃一人之身。他担此任后，更感到纂成志书，比自己的生命还重要。曾说"一身之寿夭，命也。倘修志不成，三晋文献由我而断，罪不更大乎？"表现了一种强烈的历史责任感。

民国三十六年（1947年）霍士廉修，由云龙纂成云南《姚安县志》66卷，首、末各1卷。是书始修于民国二十八年。由云龙受命为县志局长兼总纂后，集合了一个百余人的修志队伍，其中不乏饱学之士。一个个均以"不死得参乡土志为幸事"。时值抗战的艰难时期，社会动荡不安，修志经费无着。修志者大多为无俸，仅尽义务。每人每月只从志局领得刀烟一包、草纸两刀。工作刚开始不久，志局即为步队占去，只得将资料抱回个人家中进行撰写。如此历四任县长，六易其稿，七阅寒暑，至民国三十六年（1947年）始得完稿。稿成之后，出版经费又无着，由县政府加收一季房租，又以储券兑现款加以补足。这时的志人，除了对志事传统的认识之外，又增进了修志为抗战作贡献的新思想，甚是难得。

从先贤者的认识和作为，可见他们都是将志书的纂修视为著述大业的。我们今天的方志工作者，又岂可妄自菲薄，轻看自己所从事工作的意义呢？

（原载于《江苏地方志》2008年第3期）

2. 历代皇帝与方志

一　皇帝下诏修志

地方志书是一种资料性的著述，其所保存的资料非常繁富。正如当代史学泰斗顾颉刚先生所归纳的，"纪地理则有沿革、疆域、面积、分野；纪政治则有建置、职官、兵备、大事记；纪经济则有户口、田赋、物产、关税；纪社会则有风俗、方言、寺观、祥异；纪文献则有人物、艺文、金石、古迹"① 等，对统治阶级实行统治大有裨益。故人们归纳地方志的重要功能之一便是"资治"，或曰"资政"。在讨论方志的性质时，有人就认为方志是"政书"，也就是"为政之书"。因而历来为统治阶级所重视。上自最高统治者皇帝，中及一方之封疆大吏，下至州县一级的主官佐贰，无不重视地方志书的编纂和运用。

在封建时代，皇帝是国家最高的决策者，他们对地方志的态度如何，直接关系到一代方志事业的兴衰起伏。历代皇帝就志事方面下的诏、旨，不胜枚举。或是命令地方层层修志，或是向地方征集志书，或是向全国颁发志书，或是命某位或某几位大臣主持某项志事，或是奖、惩修志和献志者，或是为志书钦定书名，或是为志书作序，或是亲自览读志书。有对志书中的人或事进行评论者，也有对某些志书进行封杀，或为某志书遭遇不公而平反者。

至今所知，最早下诏修志的是东汉的光武帝刘秀。《隋书·经籍志》"杂传类"的小序中，称："后汉光武，始诏南阳撰作风俗，故沛、三辅有

---

① 顾颉刚《中国地方志综录·序》，转引自李泽主编《朱士嘉方志文集》，北京燕山出版社1991年版，第17页。

耆旧、节士之序，鲁、庐江有名德、先贤之赞，郡县之书，由是而作"①。意思是说，光武帝刘秀最早诏命他的家乡南阳郡开始撰作风俗传一类的书。受其影响，所以沛、三辅等地便有耆旧传、节士传之作；鲁和庐江等地，则有名德传、先贤传之成。专以郡、县为记述范围的书（早期的方志）于是便出现了。

如果说，光武帝刘秀这道诏书还仅只对南阳一地而发的话，那么大业间（605—609），隋炀帝"普诏天下诸郡，条其风俗、物产、地图上于尚书"②，就是最早向全国发布的修志之诏了。方志界一致认为，这是中国历史上由皇帝下诏令，大规模组织官修志书之始。正是由于有这道诏书，故隋朝便有《诸郡物产土俗记》、《区宇图志》、《诸州图经集》等全国性总志的出现，也有大量地方志书的修成。唐大中九年（855），唐宣宗为赴任的镇将们了解地方的地理民情风俗，谓翰林学士韦澳曰："朕遣方镇刺史，欲各悉州郡风俗，卿为撰一书。"③ 于是韦澳承命撰成《诸道山河地名要略》（亦名《新集地理书》）9卷。这是一部有一统志性质的著述。

上述的两道诏书和唐宣宗给韦澳下达任务，都还只是提出修志要求，没有对修志作出具体的规定。到五代后唐明宗时的一道诏书就具体得多了。后唐长兴三年（932）五月二十三日，尚书吏部侍郎王权上了一道要求颁令全国修志和上报志书的奏折。明宗皇帝李亶批复的是："宜令诸州道府，据所管州县，先各进图经一本，并须点勘文字，无令差误。所有装写工价，并以州县杂罚钱充，不得配率人户。其间或有古今事迹、地理山川、土地所宜、风俗所尚，皆需备载，不得漏略，限至年终进纳。其画图候纸到，图经别敕处分。"④对于地方志书的内容和文字、图绘，以及修志的经费来源等，都有具体的规定。

到了有宋一代，皇帝就修志事下诏的次数便更多了。如开宝四年（971）正月戊午（二十一日），宋太祖"命知制诰卢多逊、扈蒙等重修天

---

① 令狐德棻、魏微、长孙无忌等撰《隋书》卷33，《经籍二》，中华书局1973年版，第982页。

② 王应麟《玉海》卷15，光绪九年浙江书局重锓本（版本下同），第18页B。

③ 欧阳修、宋祁《新唐书》卷169，《韦贯之附澳传》，中华书局标点本1975年版（版本下同），第5156页。

④ （宋）王溥《五代会要》卷15，《兵部·职方》，转引自吕志毅《方志学史》，河北大学出版社1993年版，第99页。

下图经"①，又诏"各路州府，对本地图经，编入古迹，补其缺略，然后上报"②；景德四年（1007）四月庚辰（十四日），真宗皇帝"诏诸路、州、府、军、监，以图经校勘，编入古迹。选文学之官纂修校正，补其阙略来上"③，同年七月戊子（二十五日），又诏命"翰林遣画工分诣诸路，画上山川形势、地理远近，纳枢密院。每发兵屯戍、移徙租赋，以备检阅"④，八月己酉（十六日），又命知制诰孙仅、龙图待制戚纶重修《十道图》⑤；元祐三年（1088）四月己卯（初三日），宋哲宗赵煦"诏诸路及州，各具图开析建立沿革、城壁、吏员、户口、贡赋、山川、地理，上职方"⑥。

明朝建立之初，朱元璋就曾下诏，"凡隶于职方者，咸令以其志上之，盖将纪远近，考古今，审沿革，校异同，以周知夫四方之政"⑦。洪武三年（1370）又诏令中书省："将天下城池、山川、地理、形胜，亦皆以成书，藏之内府，以垂永久"。又命儒士魏俊民、黄篪、刘俨、丁凤、郑思先、郑权等六人从事总志的编纂，故有明代第一部地理总志《大明志书》之成⑧。洪武十六年（1383）七月，"诏天下都司：凡所属卫所城池及境内道里远近、山川险易、关津亭堠、舟车漕运、仓库邮传、土地所产，悉绘图以献"⑨。洪武十七年（1384），诏令"朝觐官上土地、人民图"⑩。洪武二十七年（1394），朱元璋以"舆地之广，不可以无书以记之"，遂诏命翰林儒臣刘基，"以天下道里之数，编类为书"。于是有明代第一部交通总志《寰宇通衢书》之成⑪。明成祖朱棣永乐十六年（1418）四月，"诏令天下

①　王应麟：《玉海》卷14，第26页A。

②　金恩辉、胡述兆主编《中国地方志总目提要》，台北汉美图书有限公司1996年版（版本下同），19 - 2。

③　王应麟：《玉海》卷14，第31页B。

④　同上书，第30页A。

⑤　同上书，第29页B。

⑥　同上书，第37页A。

⑦　《明山先生存集》卷3，《任丘志序》，转引自张英聘《论〈大明志书〉的纂修》，载《史学史研究》2004年第4期。

⑧　《明太祖实录》卷59，洪武三年十二月辛酉条，台湾"中央研究院历史语言研究所"整理影印本（《明实录》版本同），第2页B。

⑨　《明太祖实录》卷155，洪武十六年七月丁未条，第3页B。

⑩　郑晓《今言》卷1，第51条，转引自张英聘《明代南直隶方志研究》，中国社会科学出版社2005年版，第22页。

⑪　《明太祖实录》卷234，洪武二十七年九月庚申条，第5页A。

郡、县、卫、所，皆修志书"；六月，乙酉（初六日）又诏"纂修《天下郡县志书》"，命"行在户部尚书夏元吉、翰林院学士兼右春坊右庶子杨荣、翰林院学士右春坊右谕德金幼孜总之。仍命礼部遣官遍诣郡县，博采事迹及旧志书"①，决心"必欲成书，贻谋子孙，以嘉惠天下后世"②。为此还专门颁降《纂修志书凡例》。除了面对全国要求普修之外，还有特诏修某地志书的，如明世宗嘉靖二十年（1541）就特诏修《兴都志》③。

清朝的康熙八年（1669），康熙帝玄烨诏谕天下各修志书。二十五年（1686）三月，成立一统志馆，诏命儒臣编纂《大清一统志》，还亲命大学士勒德洪、明珠、王熙、吴正治、宋德宜、户部尚书余国柱、左都御史陈廷敬为总裁官，内阁学士徐乾学等为副总裁官，翰林院侍读彭孙遹等20人为纂修官。在给总裁官勒德洪等人的谕旨中说："朕赞绍丕基，抚兹万方，恢我土宇，达于遐方。惟是疆域错纷，幅员辽阔。万里之远，念切堂阶。其间风气群分，民情类别，不有缀录，何以周知？……爰敕所司，肇开馆局，网罗文献，质订图经。将荟萃成书，以著一代之钜典，名曰《大清一统志》"④。雍正十一年（1733）十月，雍正帝胤禛专门下了一道《纂修八旗通志谕旨》，命鄂尔泰为《八旗通志》的总裁官。

皇帝下诏修志，总的来讲都是为了便于对全国的统治，但也有是为了某一特定需要而要求臣下修纂某些志书的。如唐元和时（806—820），元稹的《京西京北镇烽戍道路等图》，就是奉皇帝面谕而修的。先是元稹已画成《圣唐西极图》，正准备上呈而未行，就被宪宗召见于思政殿。皇帝说，"诸家所进河、陇图，勘验皆有差异，并捡寻近日烽镇城堡不得"，于是令元稹画一幅"稍须精详"的。他奉旨之后，于数日之间，画成上述地图。对此他颇为自信，认为做到了"纤毫必载，尺寸无遗。若边上奏报烟尘，陛下便可坐观其处所。若欲验臣此图与诸家所进何如，伏乞圣明于南衙及北军中，召取一久任边将者，或于中使内有经历过边上较熟者，宣示

① 《明太宗实录》卷201，永乐十六年六月乙酉条，第1页A。
② 《明英宗实录》卷327，天顺五年四月乙酉条，第4页A。
③ 《明世宗实录》卷246，嘉靖二十年二月戊寅条，第7页A。
④ 《清实录·圣祖仁皇帝实录》卷126，康熙二十五年五月庚寅条，中华书局1985年9月影印本（《清实录》版本下同），第342页。

其遣辨别精粗，即知臣一一皆有依凭，不敢妄加增减。"①

宋景德四年（1007）正月，宋真宗为了西行朝祖陵，而下诏命待讲学士吕祐之等"编集车驾所经地理古迹以闻"，先纂辑成《西京图经》。因嫌未备，次年八月，邢昺等又纂成《景德朝陵地理记》60卷②。大中祥符六年（1013），宋真宗为了要去汾阴举行祭祀，又命钱易等"修车驾所过图经，以备顾问"③。宋神宗于熙宁间（1068—1077）因与辽国进行外交需要而下诏，由集贤校理王瓘纂成《北道刊误志》。前面提到的明世宗特诏修《兴都志》，就是为了专门记述他父亲被封兴王，以及他本人由此而入继"大统"的湖北安陆的史事。原来，嘉靖帝朱厚熜并不是嫡出，乃是明宪宗的第四子朱祐杬之子。朱祐杬封兴王，置府安陆，死亦葬于安陆。朱厚熜自小亦生长于此。明宪宗死而无后，于是以厚熜嗣位。安陆可谓是他的"兴龙之地"，故他嗣位之后，安陆遂由州而升为承天府，府的附郭锺祥县就成了兴都。嘉靖二十年，承天知府上奏请修承天府志时，皇帝便下诏命他修《兴都志》④。

除了下诏修志之外，也有下诏要求地方进呈志书的。多数都是面对全国普遍要求的，也有对某些地方专门要求的。如康定元年（1040）十月，就特"诏陕西、河东、河北转运司，各上本路地图三本，一进，二送中书密院"⑤。

二　皇帝直接过问修志之事

历史上有的皇帝，对于修志，并不以下一道诏书为了事，还直接过问志书的修纂情况。据《大业拾遗记》和《隋书·崔赜传》等所载，隋炀帝在大业初，曾下诏由窦威等修《区宇图志》。窦威等30余人先修成200卷。炀帝"不之善"，改令虞世基、许善心等扩大为600卷；炀帝还是不

---

① 元稹《进〈西北图经〉状》，《元氏长庆集》卷35，转引自张国淦《中国古方志考》，中华书局1962年版，第150页。
② 王应麟：《玉海》卷15，第33页A。
③ 王应麟：《玉海》卷14，第33页A。
④ 金恩辉、胡述兆主编《中国地方志总目提要》17-42；彭为群《颜木——明代独树一帜的志家》，载《湖北方志》1993年第4期。
⑤ 王应麟：《玉海》卷14，第33页A。

满意，认为它"全失修志之意"，故又另命人最后修成1200卷①。这是最早记载皇帝直接过问修志的例子。其他具体过问志事的例子，还有为志书钦定书名的，如宋皇祐三年（1051），知制诰王洙、直集贤院掌禹锡修成《地理图》和《图绘要览》上呈，宋仁宗就诏赐名为《皇祐方舆图志》②。景祐五年（1038）司天少监杨惟德等修成的阴阳地理书，仁宗帝又赐名《嘉祐地理书》。清道光元年（1821），道光帝为松筠主修的《新疆识略》，赐书名为《钦定新疆识略》③（28）。有下诏刻志和向下颁赐志书的，如洪武二十八年（1395）《洪武京城图志》修成，就是由皇帝下诏刊行的。洪武十七年（1384），刘基受诏命编成《大明清类天文分野之书》，于南雍州刻成后，就是由皇帝颁赐给燕、晋、秦、周、楚、齐六王的。景泰七年（1456），景泰帝为《寰宇通志》写的志序中，也说要将此书"藏之秘府，而颁行天下。盖不独广朕一己之知，而使偏方下邑、荒服远夷，素无闻见之人，咸得悉睹而遍知焉。"④ 天顺五年（1461），《大明一统志》修成之后，亦曾遵旨颁行全国。清康熙十一年（1672），采纳保和殿大学士兼户部尚书卫周祚的建议，下旨将顺治《河南通志》颁发全国，以为各省修志之式（样版）。以皇帝的名义为志书作序的例子，可以举出：景泰七年（1456），明代宗朱祁钰为陈循等奉敕修成的明代总志《寰宇通志》作序；天顺五年（1461），明英宗朱祁镇为李贤等奉敕重纂的《寰宇通志》作序；清雍正四年（1726），雍正帝为盐运使段如蕙督修成的《长芦盐法志》和礼部右侍郎莽鹄立督修成的《山东盐法志》作序；乾隆四年（1739），乾隆帝为鄂尔泰等纂修的《八旗通志》作序；乾隆四十六年（1781），乾隆帝为和珅奉敕主修的《热河志》作序。

有的皇帝甚至于过问到志书的具体内容及如何写法，提出一些修志要求和原则。如雍正元年（1723），雍正帝在给大学士下的谕旨中就指出："史才古称难得，盖彰善瘅恶，传信去疑，苟非存心忠厚，学识淹通，未能定得失于一时，垂鉴于久远也。"他要求写史修志，必须"慎选儒臣，以任分修；再访山林绩学之士、忠厚淹通者，一同编辑，俾得各展所长，

---

① 《隋大业拾遗》，《太平御览》卷602，河北人民出版社1994年版，第737—738页。
② 王应麟《玉海》卷14，第36页B。
③ 金恩辉、胡述兆主编：《中国地方志总目提要》，29-8。
④ 《明英宗实录》卷266，景泰七年5月乙亥条，第3页A。

取舍折衷，归于尽善"。① 雍正六年（1728）十一月，他借着《大清一统志》总裁官蒋廷锡上言提出，要求地方在一年之内将地方相关的资料整理送馆的机会，所发的一道上谕中又说："朕惟志书与史传相表里。其登载一代名宦人物，较之山川风土，尤为紧要，必详细确查，慎重采录，至公至当。使伟绩懿行，逾久弥光，乃称不朽盛事。今若以一年为期，恐时日太促，或不免草率从事。即如李绂修《广西通志》，率意循情，瞻顾桑梓，将江西仕粤之人，不论优劣，概行滥入，远近之人，皆传为笑谈。如此之书，岂堪垂世？着各省督、抚，将本省通志重加修葺，务期考据详明，采摭精当，既无缺略，亦无冒滥，以成完善之书。"② 乾隆三十一年（1772）十月，乾隆帝弘历审读至志书中的《明珠传》时，发现所列郭琇纠参各项，"胪列不全，于核实记载之义未合"，"于据事直书之旨无当"，于是明令要求"全列郭琇参本，俾天下后世，得喻此事本末"，以"使定论昭然，永以示传而垂法戒"③。乾隆四十七年（1782），乾隆帝在审读一统志馆所进的稿志时，发现问题，又特颁了一道上谕："昨阅进呈《一统志》内，国朝松江人物，止载王顼年、王鸿绪诸人，而不载张照。其意或因张照从前办理贵州苗疆，曾经获罪。因而此次办一统志，竟将伊姓氏、里居，概行删削，殊属非是。"指出张照虽曾获罪，"而其文采风流，实不愧其乡贤董其昌。即董其昌亦纯正君子哉？使竟不登志乘，传示艺林，致一代文人学士，不数十年竟致灭没，可乎？""张照虽不得谓醇儒，而其资学明敏，书法精工，实为海内所共推重。瑕瑜不掩，公论自在。所有此次进呈之《一统志》，即将张照官秩出处、事迹，一并载入。其各省中有似此者，纂修诸臣皆宜查明奏闻补入，并谕中外知之。"④

皇帝重视志书的态度，还表现在他们对志事的赏罚上。对因修志有功，或向朝廷呈献志书（包括志书雏形的地情资料等），甚至只提建议者，而给以封赏之例如：

① 《清实录·世宗宪皇帝实录》卷9，雍正元年秋七月甲午条，第173页。
② 转引自谢启昆修、胡虔纂《广西通志》卷一，《训典一》，广西人民出版社1988年版，广西师大历史系中国历史文献研究室点校本，第一册，第47—48页。《清实录·世宗宪皇帝实录》卷75，雍正六年十一月甲戌（二十八日）条中，无"即如李绂修……岂堪垂世"、"或至有如李绂之徇情率意者"两句。
③ 《清实录·高宗纯皇帝实录》卷919，第327页。
④ 《清实录·高宗纯皇帝实录》卷1149，第405页。

东汉光武帝时,侍御史李恂"持节使幽州,慰抚北狄。所过皆图写山川、屯田、聚落百余卷,悉封奏上",皇帝就封拜他为兖州刺史①。隋文帝开皇十八年(598),循州总管樊子盖入朝,奏上《岭南地图》,朝廷赐以良马、杂物。大业六年(610),虞世基率秘书学士十八人修纂成全国总志《区宇图志》1200卷。隋炀帝很高兴,称"学士修书,颇得人意",对修书者"各赐帛二十段"②。

唐贞观十五年(641)正月,魏王李泰主持修成的唐代总志《括地志》555卷奏上,唐太宗认为此书"博采方志,得于旧闻;旁求故老,考之于传信。内殚九服,外极八荒,宪章是程,规条有序,兼包戎夏,无遗古今。简而能周,博而尤要,足以度越前载,垂之不朽。宜加褒锡,以申奖劝"。于是"可赐物一万段,其书宜付秘府"③。贞元十四年(798)十月,宰相贾耽修成《关中、陇右、山南九州图》及《别录》6卷、《吐蕃黄河录》4卷上奏。唐德宗"优诏褒异,赐马一匹,银器、锦采"等。至贞元十七年(801),贾耽再绘成《海内华夷图》、撰成《古今郡国县道四夷述》40卷上奏时,唐德宗再次"优诏答之,赐采二百匹,袍段六,锦帐二,银瓶、盘各一,银榼二,马一匹,进封魏国公"④。宋元祐二年(1087)八月,沈括纂成《天下郡县图》一书上奏,宋哲宗诏赐绢百匹。

明洪武三年(1370),儒士魏俊民、黄箎、刘俨、丁凤、郑思先、郑权等编成《大明志书》,类编了"天下州郡地理形势、降附始末"。朝廷对魏俊民等"皆授以官"⑤。景泰七年(1456)五月,陈循等奉敕纂修成《寰宇通志》119卷。陈循因修志而晋爵,由"少保、太子太傅、户部尚书、文渊阁大学士",加兼华盖殿大学士。参修者高谷、王文,都在原官爵基础上,加兼"谨身殿大学士"⑥。嘉靖四十五年(1566)三月,明世宗诏谕吏部,特恩给请修《承天大志》的岳添加官礼部右侍郎。前已述及,湖北安陆是嘉靖帝朱厚熜"潜龙之地",后升为承天府。于是岳添有修府志之请。志书由徐阶等奉旨修成。故至是皇帝特谕吏部,"请修之臣

① 王应麟:《玉海》卷14,第11页A。
② 《隋大业拾遗》,《太平御览》卷602,河北人民出版社1994年版,第737—738页。
③ 《唐大诏令集》卷40,中华书局2008年版,第189页。
④ 《旧唐书》卷138,《贾耽传》,中华书局1975年标点本,第3786页。
⑤ 《明太祖实录》卷59,洪武三年十二月辛酉条,第2页A。
⑥ 《明英宗实录》卷266,景泰七年五月丁丑条,第3页A。

岳添，注礼部右侍郎，盖特恩云。其纂修诸臣，以纪中误有脱简，第各赉银币有差，不复叙论。"①

至于因对修志态度不积极，或因所修志书"不称旨"等，因志事上受处罚的例子，则可举出隋《区宇图志》初修之时，先是敕命内史舍人窦威、赵盾，起居舍人崔祖浚以及龙川替治侯伟等三十余人修撰的。他们先撰成一部500余卷的稿子，炀帝览过之后，遣内史舍人柳㦤宣敕，责备豆卢威等，认为书稿中将江东吴会等地的人物、风俗，写成"东夷之人，度越义礼"，而且"著述之体，又无次序"，于是"各赐杖一顿"②。

三　重视使用志书治国的皇帝

正如康熙时人卫周祚在山西《长治县志》的序言中所言，方志可起到使"天子明目达聪之助，以扶大一统之治"。所以历来的封建统治者都重视方志，有的还很懂得注意利用方志，以维护其统治。如唐宪宗李纯和唐宣宗李忱就是其中的两位，做法也很典型。

宰相李吉甫于元和时（806—820）曾画纂成一部《河北险要图》。他画这幅图完全是为着现实的需要。这还得从中唐以后出现的藩镇割据的状况说起。原来唐朝中期，由于地方势力的发展，曾出现了一次历史上有名的"安史之乱"。这次以下犯上的叛乱虽然被平息了，但安、史余部并没有完全铲除，而是依仍承认他们为河北的节度使。田承嗣占据魏博，坐镇魏州，领有魏、博、贝、相、卫、磁、洺7州，称为魏博节度使；李宝臣坐镇恒州，领有恒、定、易、深、冀、赵6州，称为冀镇节度使（一名成德军）；李怀先坐镇幽州，领有幽、蓟、涿、莫、瀛、平、檀、妫、营9州，称卢龙节度使。他们被统称为河北三镇。这三镇名为唐朝的节度使，但实际上等于独立王国。朝廷当时主要精力都放在对付吐蕃的入侵，无暇顾及他们。他们便乘机扩展势力，凡事并不听命于朝廷。其他地方的节度使虽是朝廷所委派，实际也多不听命。作为有见识的宰相李吉甫自然知道，河北三镇是朝廷心腹之患，所以时时都给以关注，他的《河北险要

<hr/>

① 《明世宗实录》卷556，嘉靖四十五年三月壬子条，第3页B。
② 《隋大业拾遗》，转引自张国淦编《中国古方志考》，中华书局1962年版，第72页。

图》就是这样的产物。

经唐代宗、唐德宗两朝之后，到了唐宪宗时，由于朝廷与藩镇之间关系和力量对比的变化，于是朝廷决心裁抑藩镇。最先是田承嗣的后人田兴，以魏博六州归还给朝廷。田兴病得厉害，李吉甫建议以薛平节度义成军，并以重兵控扼邢、洺，并上他所绘的《河北险要图》于宪宗。宪宗十分重视，把他所上的图"张于浴堂门壁"，以便随时观览。他曾经对李吉甫说："朕日按图，信如卿料矣！"① 史称："宪宗经略诸镇，吉甫实赞成之。基于河北、淮西，悉上地形，可以坐览要害，逾定策画，图之助多也。"② 不仅河北如是，其他地方也同样有人来上图，如元和二年（807），岭南节度使赵昌就进有琼管儋、振、万、安等《六州六十二洞归降图》。田兴来归时，也进有《魏、博、相、卫、贝、澶六州图》。宪宗也同样给以了重视。

唐宣宗李忱命韦澳撰成的《诸道山河地名要略》，由于为的是让皇帝派遣的方镇刺史了解地情，便于治理，故书中不仅记述了地情民俗，而且还加注了不少的"处分语"。这些"处分语"就是根据不同的地情，提出对各地事情的处理方略，也就是提出策论。唐宣宗对此十分重视，常据此给所派遣的方镇刺史面授机宜。据说一次派薛弘宗为邓州刺史，薛弘宗赴任前入朝谢恩时，宣宗便特别"敕戒州事"，告诫了他应特别注意的事项，听到者无不惊服。薛弘宗于退朝之后对人说，皇上提出的这些切中时政的注意事项，很是让人信服，都是"处分语"中所讲到的③。

唐朝这种在朝堂壁上置舆地图的传统，一直延续至宋时。《玉海》卷91 载，北宋乾道元年（1165）七月癸丑（初六日），宋孝宗晚御选德殿。其后的金漆大屏上就有分画诸道的图，分监司守为两行，以黄裱纸书写姓名于其上。孝宗帝对洪适说，朕磨擦做成此屏，其背面还有华夷图，对于观览十分方便。你们在自己的堂上，也可以采取这种做法。

这里讲的都是皇帝在守成、巩固统治时重视地图（方志）的例子。也有皇帝在创业时重视地图（方志）的例子，如宋太祖赵匡胤就是一位。乾德二年（964）正月，宋朝已经建立，中原大部地区都已统一，面临的任

---

① 《新唐书》卷146，《李栖筠附吉甫传》，第4742页。
② 王应麟：《玉海》卷15，《元和郡县图》条，第28页B。
③ 《新唐书》卷169，《韦贯之附澳传》，第5157页。

务就是五代混乱时周边自立的小国了。这年他决定遣师伐蜀。主帅王全斌临行前，皇帝去送行，送给王全斌的就是《蜀中山川形势图》一编，并问他（王全斌）蜀中可取否？全斌对曰："仗天威，遵庙算，克日可定。"在旁的另一领军者史延德也奏曰："西川若在天上，固不可取；在地上，到即平矣。"宋帝在嘉许出征者士气的同时，还特别拿着地图，给另一将军刘光义有更具体的指示，大意是说：虽是水陆并进，溯江而上，但水师至此，不要急进；要先派陆上骑兵潜前，打乱敌人守军的阵脚，然后水陆夹击，胜利的把握就更大了。①

赵匡胤能够指示得如此具体，是他研究透了手中的《蜀中山川形势图》的缘故。这幅图是刚刚收降的蜀使赵彦韬等所绘制的，反映了蜀中最新的地情、民情及军事部署。先是后蜀王氏估计到宋将要出兵来攻打自己，于是事先就派出孙遇、赵彦韬、杨蠲等数人，带着腊丸绢书潜行去联络在宋北面太原的北汉。但他们路过宋都，已被宋人侦之。同行中有一位名为穆昭嗣者，是位医官，为人最精细，有科学头脑。宋帝很看重他，曾多次单独召见他，很仔细地向他问蜀中的地理风情。这位穆医官为宋帝分析说："现在处于江陵的荆南国已经拿下，入蜀可以水陆并进，是进兵的好时机。"孙遇、赵彦韬、杨蠲等大概也看清了全国统一是大势所趋，很快就接受了劝降，将蜡丸绢书等都献给了宋帝。宋帝得到这些蜡丸绢书等，是一个难得的口实，更坚定了立即伐蜀的决心。于是让孙遇等"指陈山川形势、戍守处所、道里远近"，并要他们画成了这幅《蜀中山川形势图》。很顺利地取得伐蜀成功之后，王全斌等班师回宋都，将新缴获的蜀中地图一并献上。宋帝又很仔细地看这些地图。当他看到图上有一个"浓洄镇"的地名时，问左右是什么意思。有人对答说，蜀人以浊为浓。宋帝随口而说，浓洄镇从此再不"浓"，以后就改"浓"为"清"了。据说自此之后，这里就叫清州了。

统一后蜀之后，宋太祖又把目光转向了南唐。这一次于对方的图志一类的资料，不是通过个人所得，而是采用强大的压力，迫使南唐呈送的。开宝六年（973）四月辛丑（十一日），宋廷派大臣卢多逊为江南生辰使，出使江南。一切礼数如仪后，卢多逊在返程途中，将船停在一个叫宣化口

---

① 王应麟《玉海》卷14，第25页A。

的地方,又派别人去对南唐后主说:"朝廷重修天下图经,史馆独缺江东诸州,愿各求一本以归。"话语虽似平和,但威慑之意自在其中。李后主出于无奈,只得命中书舍人徐锴等连夜抄校。直到南唐 19 州的图经都收齐,卢多逊才起航返宋。这样一来,南唐境内 19 州的屯戍远近、兵力部署、户口多寡,就尽让宋人知悉了①。这些图籍,在统一南唐过程中的作用,是不言自明的。

在封建时代,皇帝"金口玉牙",出言便是圣旨,他所"钦定"的事情,是不能更改的。但历史上也曾经有过,以志书为据进行谏争,而使皇帝收回成命的事例。这是从另一个侧面,说明皇帝看重并信任志书的例子。明朝天启初年(1621 年为元年),毕自严为天津巡抚。天启二年,天津三卫军夫提出原借调给北河的军夫撤回的要求。这一要求由天津巡抚毕自严咨会工部。工部接得此呈文后,借口北河工程紧急,要求"三卫官夫照旧立刻发工,其桩草等项钱粮,照旧出办,不许迟延时日",并行文给毕自严,认为三卫指挥(使)倪家荫"紊乱漕规",要"从重提参正法"。根据工部的建议,明熹宗朱由校已经下达"浅夫着照旧规行"的圣旨。这位毕自严也是够有胆量的,硬是从《天津三卫志》中,查到了原来的"旧规",并以志书所载资料为据,写了一封《河军向隅彼此聚讼疏》,以确凿事实驳难了工部的错误处置。疏奏上呈,明熹宗看他提出的依据确凿,也只好收回成命②。

(原载于《中国地方志》2010 年第 4 期)

---

① 毕沅编著:《续资治通鉴》卷 7,中华书局 1957 年标点本,第 170 页。
② 卞僧慧:《〈天津三卫志初探〉》,转自孙培基《漫谈胡文璧、彭国光修志》,载《天津史志》1987 年第 3 期。

3. 地方官与地方志

方志是一项事业。这项事业的重点是修纂志书和读、用志书，与此事关系密切的是地方各级官员。说到封建时代的地方官员对志书的态度，往往有举朱熹为例子者。说的是南宋淳熙六年（1179），著名哲学家、教育家、学者朱熹去江西南康（军）赴任，属下官员远远地迎于道旁。朱熹下车伊始，他皆不问，只问带图经（志书）来了没有？这个故事近千年来，一直在志界传为美谈。"下车问志"几乎成为方志界人所共知的一个成语了。

到一个地方当官，就要治理好这个地方，是为官者一种应有的正常心态。要治理好地方，首先就要了解当地的地情，故其职名就称为知府、知州、知县。要了解当地的地情，很重要的一条渠道就是览读当地的志书。这样的做法，并非始自朱熹。凡新官到任之时，或由下属主动送上，或来任官员向下属索要，甚至有人未到任而先求志书者。这在宋代，几乎已是一条不成文的惯例。只是可能因为朱熹的名气大，人们就记住了他，并借他而说事罢了。在其前、其后，这样的例子还有不少。

早在北宋初的名宰相寇准，晚年为人所诉，贬为雷州司户参军。他才到郡城，雷州的属吏们就将图经先行奉上，迎接于道。南宋孝宗淳熙二年（1175）三月之前，赵不悔将要出任新安州守，吏员们听说后，就先以图经进送①。宋理宗宝祐六年（1258）五月，胡太初由澄江转为临汀太守。亲朋们知道后，都纷言那是个僻远难治的地方。但调令已下，君命难违，硬着头皮也得去赴任。于是他在闽都福州，就多方访问曾在临汀任过职的人，并且千方百计地寻找当地的志书一观。可惜得来的竟是"纪载阙疏而

---

① 赵不悔：《新安志·序》，转引自张国淦《中国古方志考》，中华书局 1962 年版（版本下同），第 297 页。

不续"的一些零散记述,使他大失所望。所以他到任后不久,就决心纂修新的郡志①。

这样的惯例一直延续了下来。元大德七年(1303),冯福京由别处改为福建福清县判官,他也是一到任就首访图经。最后只从县的僧司(管理宗教的部门)找到一个抄本,已经是120多年前淳熙年间修的旧本了②。清乾隆年间,曾在山东、直隶当过多任地方官的黄六鸿,在总结自己当地方官的经验时,就有接任后必阅读该地志书一条。他认为"一邑之山川、人物、贡赋、土产、村庄、镇集、祠庙、桥梁等类,皆志书所必载",故"苟是邦一为披阅,则形胜之奥衍扼塞,租赋之多寡轻重,烟户之盛衰稀密,咸有所稽,而理政用是以取衷焉"③。马百龄在道光《仁寿县新志·序》中也说:"入境者先借图经、志书者,实知县之左券也。"乾隆三十一年(1766),大学士傅康安在一封请严禁私人修、印志书的奏疏中也说道:"臣查督抚、学臣、藩臬莅任,各府州县,未尝不有志书呈送"者④。

从宋时起,地方官新、旧交接时,其中一项内容便是交接图经。如熊良辅在嘉定《新昌县志·序》中所说:"旧令尹之告新令尹,则所谓图经者,取具临时誊写以相授"。说的就是,新、旧官交接时,如果没有新图经之成,就临时组织人突击也要抄写一部,才好交差。

新任地方官之看重图经(志书),就是要了解和研究当地的地情。只是有的人讲了出来,有的人则未明言罢了。如南宋吴机于嘉定时(1208—1224)兼知真州,他寻索志书,为的是"考其所以盛衰之故,而求之古之图志",就是为了要求考此地三百年间,由盛而衰,又由衰复盛之故。他对当时有人将这种变化的缘由归之于"数"(命运、天意)是不相信的。所以他要借助志书,考究其真正的原因⑤。淳祐间(1241—1252)项公泽来任昆山,也急于寻找图经。他在淳祐十二年修成的《玉峰志》的"跋语"中说:"昆山为吴壮邑,地险而俗劲,田多而赋重,凋弊积有年矣。故于稽古,载籍之事多缺焉。考之《吴郡志》,虽附书一二,其详不可得

---

① 胡太初纂:《[开庆]临汀志·序》,转引自《中国古方志考》,第430页。
② 冯福京:《乐清县志·序》,转引自《中国古方志考》,第408页。
③ 《福惠全书》卷3,"莅任部·览志书",转引自郭松义《清代地方志的修纂》,载《中国地方志通讯》1984年第2期。
④ 《皇清奏议》卷7,转引自傅贵九《清朝修志与文字狱》,载《方志研究》1990年第4期。
⑤ 吴机:《仪真新志·序》,转引自《中国古方志考》,第239页。

而闻"①。可见他找图经的目的，就是要追寻一下吴郡现存积弊的原因。

前面只讲到了地方官重视读志、用志的方面，那么他们对于修志的态度又是如何呢？这就要视官员的见识差别而论了。

一种是把修志看成与知悉地情一样重要，是自己为官应尽之责，也就是我们今天说的是官职、官责。这是一种有识见的官员。如南宋绍熙间（1190—1194）主修过《广陵志》的郑裔兴就说，像维扬（扬州）这样一个重镇，自唐五代以来的 230 余年间，"名邦掌故，终令沦亡，非守土牧民之责？"② 以一种反问之句式而加以了肯定。康熙四十年（1701），章曾印修，李炜、赵珣、田士璋等纂成《武清县志》一部。在这部书的序文中就说，修"邑志，令责也。令邑而问其户设几何，税赋几何，曰弗知；问其地之园林泽薮奚若，舟车夫役奚若，曰弗知；问其沿革建置、名区胜迹与此邦之贤士大夫前言往行又奚若，而概曰弗知。余耻之……种种诸务，皆与民社休戚相关，可不修志以记之？"③ 有这种认识的官员，当然在任内要主动将志书修成。

不少的官员在其离任前，都要争取将自己所任地方的志书修成，以修不成志书为一件憾事，甚至是终身耻辱的事。如南宋绍熙四年（1193），《云间志》的主修者杨潜在志序中称：其所治之华亭，历史上留下的志书，"仅得疆理大略，至于先贤胜概、户口、租税、里巷、物产之属则阙焉。前此邑人盖尝编类，失之疏略，续虽附见于《嘉禾志》，然缺遗尚多。余谬领是邑，虽曰困于簿书期会，而此心实拳拳。而今瓜代有期，不加讨论以昭来者，则鞅鞅不满，若将终身焉"④。景定元年（1260），身为江东安抚使兼建康（南京）知府的马光祖，曾经三任南京。他当时要修《建康志》，除了"图志三岁一上，法也"的成规外，还有就是因为"吾再至此，又及三年。将成此书而乞归焉"。用今天的话说，就是修成此书，在自己的官宦生涯中画上一个句号，就好乞老退休了。要赶在自己退休之前将志书修出来，其急迫的心情溢于言表。他所聘的纂辑者周应合受聘之后，曾提出"愿宽以岁月，广召局官与郡之士友而共成之"，他以时间太长，不

---

① 项公泽：《玉峰志·跋》，转引自《中国古方志考》，第 261 页。
② 郑裔兴：《郑忠肃奏议遗集》下，转引自《中国古方志考》，第 236 页。
③ 章曾印修：《武清县志·序》，转引自魏东波编著《天津地方志考略》，第 40 页。
④ 杨潜修：《云间志·序》，转引自《中国古方志考》，第 258 页。

许。当年的二月二十二日才双方谈妥合作，要周应合三月初三日就开局于
锺山阁下。明确地要求他"速为之，及吾未去以前成书可也"。本来，周
应合"于时有疾未俞，欲少俟调理"，但他"札命沓至矣"，频频加以催
促。硬是在他提出的三月初三日，开始了编纂①。咸淳五年（1269）主修
《星源图志》的洪从龙也说："婺源为邑，由唐迄今，五百有余年矣。因革
废置，不知其几，未有笔之书以传远者，邑一大缺典也。某承乏来此，首
尾四载，间尝摭一二叩左右，率莫能对，益知是书不可不作……"②。

再有如范成大为官成都，本来成都先已有北宋熙宁七年（1074）赵抃
纂修的《成都古今集记》30卷，后78年，即南宋绍兴三十年（1160），
又有王刚中纂修的《续成都古今记》22卷。范成大来成都任职时，距王修
的《续记》只有18年，"事之当记者，不至甚夥"。但他还是"恐自是日
月寖久，来者难考，乃搜集耳目所及者，继书之"，撰成一部10卷本的
《成都古今丙记》③。明万历时，身为临巩兵备道的荆州俊，就认为志书之
不修，"一则负清时，使后有不再之嗟，今有虚度之羞；一则负恩渥，使
国无久任之益，身有苟延之耻"④。

把修志看成是自己为官应尽之责的官员中，有一些忠于志事的表现是
很感人的。乾隆十九年（1754）舒成龙修，李华梦、陈荣杰纂成的《荆门
州志》36卷刻行。在这部志书修纂过程中，知州舒成龙开了一个为了修成
志书，遇迁升而两次恳求留任原官的先例。先是舒氏于乾隆八年（1734）
补为荆门知州。其一到任，即有州志"泯然无片纸"之叹。于乾隆十年就
开始着手修州志。由于种种原因，直至乾隆十五年，志书还未修成。此
时，因其政绩著称，被提升为广西平乐知府。为了完成正在修纂中的州
志，他接到朝命之后，除了上书申奏朝廷外，还亲自赴京城请求留任知
州。经吏部同意后，他于志事更为用心，亲自审稿，亲写总序和小序36
篇，于志稿不少地方亲加按语。至乾隆十八年，又一次被保举晋升知府。
他又两次申奏，请允留原任，以期最后完成州志。经过他十年的苦心，终

① 周应合：《景定修志始末》，转引自《中国古方志考》，第219—220页。
② 洪从龙：《星源图志·序》，转引自《中国古方志考》，第551页。
③ 范成大：《成都古今丙记·序》，转引自《中国古方志考》，第668页。
④ 荆州俊：《临洮府志·序》，转引自崔建英《日本见藏稀见中国地方志书录》，书目文献出版社1986年版，第19—20页。

于修出并刻成了一部248600字的州志，中间他放弃了两次升官的机会①。

时隔130多年后，又有一位因为修志而推迟升任新官的人，这就是光绪《南郑县志》的纂辑者孙万春。这位万春先生，于光绪十五年（1889）来南郑县任监税之职。在职的几年内，他踏遍了南郑的集镇乡村，注意其山川形势、政教、民俗。任满提升一级为凤县主簿。当时正值省檄各县修志。知县任自安为了本县修志，于是呈文上司，挽留孙氏迟赴新任一年。孙氏不以自己宦途为念，欣然接受了知县的挽留。于是以一人之力，独任其事。最后终于一年内，在王行俭乾隆《南郑县志》的基础上，纂成了一部质量甚佳的新县志。该书优点不少，尤其是不为时宪所限，敢于据事直书。如对同治二年（1863）太平军进军汉中，当时在汉官员和军将们，称他们可以保护百姓，故县民纷纷涌入城内避难。使县城内兵、民，一时增至130余万人。官兵名为保民，其实是为了掠民。先是向入城者搜刮金、银财物，继之是抢民粮食，最后竟致杀民以食。城破之后，仅存残病之民数千人。其后，《圣武记》、《东华录》等官修的权威书籍，都将罪行算在太平军头上。本志书则据实而记，还了历史以本来面目，很是难能可贵②。

类似的例子还有，虽没有这样典型。

乾隆二十八年（1763），谢圣纶撰成《滇黔志略》30卷。谢氏先后为官于黔地五载，为官于滇者九年。他于乾隆十三年（1748）开始撰辑本书，直至二十六年（1761）退休时基本纂成。"请养旋里后"，还继续"详加校正"。前后坚持十余载方成此书③。

道光二十六年（1846），谭瑀聘请黎成德纂修《重修略阳县志》时，志事未竟而奉命调知吴堡县。谭氏只好带着志稿赴新任。在新任内又经过一年的修改才致完成，然后将完成之稿寄回略阳。其视修志为己任者如此④。

民国十年（1921），知县郭燮熙纂修成云南《盐丰县志》11卷。这是民国6年始置的一个县。民国8年，郭氏来署此任后，即以"纂修志书乃

① 转引自顾恒敬《重视修志的州官——舒成龙》，载《河北地方志》1990年第9期。
② 转见陈显远《孙万春私纂的〈南郑县志〉为什么被淹没?》，载《陕西地方志通讯》1986年第2期。
③ 李小缘：《云南书目》，云南人民出版社1988年6月版，第187页。
④ 朱宝泉：《谭瑀重修〈略阳县志〉》，载《陕西方志》1991年第4期。

县知事应知之事"，而设立志局着手修县志。他不但自任总纂，亲拟"大纲十二条、子目百三条"，并聘60余人共同修志。他在总纂过程中，"公暇日必属稿千言，或数万言。仁与学交尽，苦与甘备尝"。当其完成志稿前9卷，尚有艺文、杂记两卷尚待完成之时，却"遭谤去位"。但在志局同仁及继任知县的挽请下，他不以个人去留介怀，忍辱负重，"感慨发愤，贾其余勇，更历一月而全书终成"①。至其古稀晚年，还为其家乡纂成《镇南州志》一部（惜今仅存残稿）。这种对志事的执着精神，不是很感人的吗？

更难能可贵的是，有些地方官员不但注重修志，而且还知道尊重知识、尊重人才、尊重修志规律，为纂辑者创造一种有利于志事的氛围，放手地让纂辑者充分地发挥积极性和创造性。如乾隆五十四年（1789）冬，亳州知州裴振聘请章学诚纂《亳州志》时，在这方面就做得很好。章学诚对自己所纂的这部志书很满意，在其后所写的《又与（周）永清论文》中说，"近日撰《亳州志》，颇有新得，视和州、永清之志，一半为土苴矣"。他总结原因之一是"主人雅相信任，不以一语旁参"，也就是说对于纂辑业务，不加干涉。

地方官员中对修志另一种态度，是要等上司催促才修志的。如陈秀实之父绍兴五年（1135）曾在西昌（江西泰和）县为官。后二十四年（当是绍兴二十九年——1159），秀实又来此为官。本来他也动过修志的念头，但因诸事迁延，总未动手。后来是在"太守直阁王公，以书抵秀实曰：天下郡国皆有志，而庐陵独阙，意者其有待乎？子盍有意成吾意，凡四封之内，一事一物，有可备实录者，咸采摭以告。秀实奉命惟谨……"才于淳熙二年（1175）修成《西昌志》10卷②。

还有一种官员，则只是为官混日子，不思做事的人，就不会考虑修志，甚至有上司催促也多方躲延而不修志的。以致上司不得不提出斥责，甚至给以处罚的警告。如民国十六年（1927），奉天省长公署发出的训令就称："其余各县照原请之限，已逾数月，既未将志书送到，复不呈请展

① 杜晋宏：《旧方志的魅力——写在〈楚雄自治州旧方志全书〉出版之际》，载《云南史志》2005年第5期。
② 陈秀实：《西昌志·序》，转引自《中国古方志考》，第578页。

限，任意迟延，殊属玩视要政，应予申斥。"① 次年热河省政府在民政厅的
报告批复中亦申明："各县于明年六月内不能将县志修竣呈送审核，定将
该县长撤差严惩。"②

（原载于《云南史志》2008 年第 4 期）

---

① 苏长春：《地方志与地方行政管理探微》，载《中国地方志》1994 年第 2 期。
② 辽宁省档案馆编：《编修地方志档案选编》，辽沈书社 1993 年版，第 40 页。

4. 志人的亮节与秽行

清康熙三十八年（1699），赵士吉纂成了一部 18 卷的《徽州府志》，这是一部由学生主修，老师纂成的志书。这位老师赵士吉，曾任会典馆纂修，一生治学严谨。他自少年时起就留心志乘，历经四五十年，曾经数次萌生修志的想法而不敢动笔，怕的就是"自蹈无知妄作之愆"。本志书是在他的学生、徽州太守丁廷楗的主持下，由他纂成的。志书纂成之后，他在总结自己的经验时觉得，纂辑志书，"不难于学、于才、于识，而难于勇"①。

这个"勇"，是相对于修志之"难"而提出来的。要修成一部志书，总会遇到各式各样的困难。作为志人，对于这些困难，首先就是要勇于面对。关于修志之难，许多志人结合自己的实际体验，作了种种的归纳，说法多多。明嘉靖二十九年（1500），程嗣功修，骆文盛纂成《武康县志》8卷。骆氏在志序中提出修志有"五患"，也就是他归纳出来的修志有五难，即"义例弗明，稽核弗审，去取弗当，论辨弗确，文采弗章"②。这五条之中，"明"义例（明确修志目的、用意），"审"稽核（运用资料的考证核实），"章"文采（使用文字优美、能传永），固然重要。但在我看来，最重要也是最难的，还在于"当"去取（取舍得当）和"确"论辨（立论准确）。因为正是在这两条上，要求志人要勇于严遵志规，恪守志德，坚持实事求是的态度，这才是最难的。

古往今来，多少志人因为能严遵志规，恪守志德，表现出来的高风亮节而光照史册；又有多少志人因惑乱志规，丧失志德而传为笑料，甚至留下骂名。今天，我们来回首一下这些正、反两方面的事例，对于今后修志

---

① 转引自刘道胜《略论清代徽州方志的发展》，载《中国地方志》2005 年第 7 期。
② 转引自邸富生《中国方志学史》，大连海运学院出版社 1990 年版，第 107 页。

队伍的建设，或许不是无益的。

光照方志史册的志人亮节

康熙六十年（1721），张楷纂修成《安庆府志》32 卷。他修志之前曾同参与者们立下誓言，誓词曰："窃照府志，攸关大典。本府捐俸重梓，所有山川、人物，不惮躬亲采核，与同事诸君矢公，丝毫不敢赡徇，俾垂之永久，以成一郡之信史。另期表扬潜德，采洽幽芳。勿以内举而引嫌，勿以亲知而滥及"①。读志细心的人不难发现，许多志书在其"凡例"的规定之中，都包含有类似誓词的意思。但立誓易而守誓难。历史上许多优秀的志人，正是严守其誓，或虽不曾有誓，而能以传统的志规志德自律，从而体现了他们的高风亮节，足以垂范后世。这些都应当成为我们当代志人的楷模。这些事例，有的记述了在修志当时，志人与妄图干扰者面对面的交锋；有的则是从志书修成后的遭遇，表明了他们纂志时坚持的严正态度。

明朝时，福建有一林氏家族，伯侄三人在百年之内，先后纂成三部《福州府志》的例子，这在志界是不可多见的。这个方志世家，受到志界的称许，不但由于他们修成志书数量之多，更在于他们敢于严守志德，不为时宪的束缚和来自各方杂七杂八的干扰所动。先是林庭㭮于正德十五年（1520），与张孟敬同纂成《福州府志》40 卷。这位林庭㭮，为人正直，曾谓"不要官，不要钱，不要命，则何事不可为？"被称为"三不要"之官。可能他在纂修志书中，也敢于坚持这种"三不要"的态度，所以他官声和修志的名声都很好。后来他被任为江西左参政。江西巡抚重其人品，请他修纂江西十三府之志，最后纂修成《江西通志》一部。在他于正德时修成一部《福州府志》59 年之后，其侄林燫于万历七年（1579）又纂成一部《福州府志》36 卷。再过 36 年，其另一侄林烃与谢肇淛又再纂修成《福州府志》76 卷。林庭（木旁加昂）正直的修志态度，也为其侄辈所继承。林燫在修第二部《福州府志》时，有些官员私下送来不少要求编入志

---

① 转引自刘尚恒编著《安徽方志考略》，吉林省地方志编委会办公室、吉林省图书馆 1985 年 3 月编印本，第 23 页。

书的材料。面对这些人的要求，他便坦诚地说，你们难道想把我当成陈寿吗？这些私下请托的材料，难道比官方考绩的档案还更可靠吗？对送来的材料，他一概"积箧不发"①，连看也不看一眼。

在方志史上，类似的因坚持修志原则、拒绝请托的，又岂止一例两例而已。还在明朝的嘉靖时，冯汝弼修，邓韨纂江苏《常熟县志》中，已经上演过这样的一幕。是书的主修者冯汝弼是位懂得方志的人，他修此志，严义例，重风教，尤重人物。纂者邓韨不但执行主修此意甚坚，而且严遵志规、志德，两人配合很是默契。在修纂过程中，有想将自己的需求掺入志中者，冯主修总是严词拒之，说"志书就是历史，天下是非都在这里面，我哪里敢私下允许呢？"当时有一位陈姓者，素来就与冯主修不睦，乘机挑起事端，进行围攻，一时弄得满城风雨。幸得当时的苏州巡抚欧阳铎、巡按御使吕光洵出面主持公道，风波才得以暂时平息。事后，不知是肇事者真实导演，还是故意编造了这样一段鬼话：说该志主纂者邓韨都九十多岁了，因为他纂志书时，在稿中删除了两"节妇"之名，故有一天外出，途中竟有两"缟衣妇人"，披麻戴孝跳出来，厉声质问这位九旬老人："你怎么知道我不贞？跟我到地下阎罗殿对质去！"并说这位老人就因此"惊悸而卒"②。

万历二十五年（1597），许一德、陈尚象纂成《贵州通志》24卷。这是"远事据经史，近事据见闻，不以臆断，内容审核，条理分明，叙事严谨，体例完备"的一部通志。在修志中，陈尚象坚持"一介不妄取"的态度。当时有一位名为安国享的"土酋"（少数民族头人），曾"夜持千金，欲有所关说"。陈氏面对重金的诱惑，不但不为所动，而且"厉色麾之"，把他赶了出去③。

万历三十二年（1604），管一德私修成《皇明常熟文献志》18卷。他抱定的修志宗旨是，自己的所作，"虽不敢曰狐史，庶几不为秽史"。所以他在修纂时，曾遇到有"故宦子孙有以金币赏余者"，有所请托。他笑着

① 转引自官桂铨《明代福州林氏三尚书修纂五部志书》，载《福建史志》1987年第1期。
② 转引自杨载江《常熟旧志中的官志与私志》，载《江苏地方志》1992年第2期。
③ 转引自张新民《贵州地方志论纲》，贵州省地方志编委会办公室1985年7月印行本（版本下同），第34页。

对送金者说："魏收求金，陈寿求米，千古谈之，犹为呕秽"①，拒绝不为。

康熙二十三年（1684），祁文郁修，李元仲纂成福建《宁化县志》7卷。是志历来在志界受到很高的评价。《福建通志》总纂陈衍在民国《宁化县志·序》中称，"宁化旧志成于李元仲先生，在县志中，直匹康对山之《武功志》，赫然名于著录"。今人厦门大学黄典诚教授在该志整理本出版序言中亦称，"论史而崇班马，言志而尚宁（化）武（功），良有以也"。更有人称其为"全国两部半"方志之一的。此志能得如此令誉，除了李元仲的卓识之外，更在于他严肃之修志态度，敢于严拒请托，不惧威胁利诱。其在修纂时，县内有一伍姓者，将其族谱送来，要求按其族谱所记，将伍姓十人入于志中。李元仲经研究分析之后，认为族谱所记"殊可疑"，多"误也"，不予采入。尽管吴姓之人一而再，再而三地请求，皆予拒绝，遂致对李怀恨不已。又有一名巫一侯者，亦送其族谱来，欲将其祖巫罗俊记为神策指挥使，不行；又欲记为刺史，又不行；再要求写为土知县，亦未获准。元仲向其解释说，依功而为，"岂非求荣，而反丧其真，愚以为万万不可也"。巫仍不肯罢休，又想通过关系强词夺理，强行载入。元仲亦强硬而针锋相对地表示，如果"一部邑志，尽是捣鬼，无一可信者，何苦驱染烟墨，供人唾骂哉?!"还有一叶姓者，因请托不得，屡屡写信进行恫吓，李亦不为所动，认为"叶书从去春来，累累千言。中有讽刺，当时不欲复之。若因彼人一言恫喝，遂使士庶毁家书，焚笔札，出语凛然，有周厉监谤之威，秦政腹诽之戮"，"任说冬月生瓜，亦唯信崇之矣，有是理乎？姑任其自喧自寂可也"。这位叶某人还替一赖姓者说情，同样遭到拒绝，甚至提出以与李绝交相威胁，李亦在所不辞，坚拒不为所动②。此真足光千古志坛也。

道光二十年（1840），平翰修，郑珍、莫友芝纂成贵州《遵义府志》48卷、首1卷。是书资料丰富，特点突出，尤其是其坚持秉笔实录的实事求是态度，为人所重，被推为"天下府志第一"。正是因为他坚持志德，不屈从于说情请托，致使这一部志书纂成之后，竟有"一二无赖扇之，诽

① 转引自邸富生《中国方志学史》，大连海运学院出版社1990年版，第103页。
② 转引自谌响才《李元仲与〈宁化县志〉》，载《福建地方志通讯》1985年第6期；福建省地方志编纂委员会办公室《福建方志事业概览》，载《福建史志》1999年第5期。

谤叠兴,余波未已","一则曰地方有蛮夷,最为大辱,书之者故为鄙视;一则曰祭祀婚丧之不中礼"。甚至群情嚣嚣,欲殴郑、莫二人。他们也不为所动,泰然处之,一任嚣然①。

道光二十八年(1848),徐继畬于总理各国事务衙门行走任内,曾撰成《瀛环志略》10卷刻行。这是一部中国人写的世界列国志,是当时中国人了解国外情况必读之书。又是一部外交指南,一些驻外公使往往随身而带。正是因为纂者在书中表明了自己的一些诚见卓识,讲了一些别人不敢说或说不出来的话。书成之后,竟遭到保守派的谤议,借书的按语中对西方国家的一些赞许之词,而诬称此书"张外夷之气焰,损中国之灵威","一意张泰西之声势,轻重失伦,尤伤国体"。徐氏除了被罢官之外,还险遭横祸②。

光绪六年(1880),周赟撰成《青阳县志刊误补遗》1卷。这是对乾隆时段中律所修《青阳县志》的刊补。其补遗部分增补了前志古迹、物产部分之遗;刊误部分,则对前志之体例、天文、舆地、年代、伪托等谬误,一一加以考订,有理有据,甚有资料和学术价值。但稿成之后,在县内引起了纷争。赞成者自不乏其人,而反对者则提出,"青邑向多名公钜卿,旧志传已百年,徵论无误;即有误,亦岂今人所得而刊哉?"坚持"不容增减一字"。周氏坚持己见,不予屈服。因争论而致迁延到光绪十八年方得以刊行③。

光绪八年(1882),湖南省发生了一起《湘军志》的毁板重修案件。事情的原委是这样的:先是曾国荃对捻军作战中落败,被迫称病辞官归乡。但于心未甘,遂欲修湘军志,以自颂功业,冀朝廷重新起用自己。乃聘请时负盛名的学人王闿运任纂辑之事。王闿运历尽艰辛,三易其稿,至是纂成。王氏所纂之稿,由于坚持不肯曲阿的纪实态度,未以曾国藩为湘军总统帅,歌颂其功业,而是也写了左宗棠在创立湘军上的功劳。书中对曾国藩也"不乏微词"。志稿甫出,曾国荃和一批湘军将领们,以志稿中

---

① 参引自张新民《贵州地方志论纲》,第16、35页。

② 见刘雪河《徐继畬及其〈瀛环志略〉》,载《沧桑》1997年第1期;刘纬毅《徐继畬〈瀛环志略〉和早期中美友谊》,载《沧桑》1999年第1期。

③ 转引自金恩辉、胡述兆主编《中国地方志总目提要》,台北汉美图书有限公司1996年版(版本下同),12-15。

有意贬抑了湘军之军功，无不愤愤然，甚至有人必欲置闿运于死地而后快。最后以开缺在籍的郭嵩焘出面，责令王氏将志板及所印之书，悉数交出，全行销毁，方为了事。原先曾允诺赞成王氏为思贤讲舍主讲的郭嵩焘，屈于压力，态度也为之一变，硬说王氏"讥贬宋学，放溢礼法之外"，"此席不宜相属"。其后，另属王定安再撰之《湘军记》，历 8 年而成。这部《湘军记》虽比王《志》内容丰富了许多，但志德上则有亏于前。有人评论说它可用"炫耀曲护"四个字来概括：炫耀曾氏兄弟之功烈，对湘军战争中的失利及将领中之钩心斗角等，都大加曲护①。

光绪二十三年（1897），吴恭亨私撰成湖南《慈利县图志》10 卷、首 1 卷刻行。这是一部内容丰富、翔实，体例精密严谨，门目清晰，考证广泛，繁简适当，文约事丰的志书。被柳亚子称为"辞旨简要，与武功、朝邑相颉颃"者。但由于"每篇必陈利害，寓褒贬"，"微文隐讽"，触犯时忌。故书出之后，县有武举邢铎等，以武科一条有讪谤，因而纠党将吴氏擒赴县衙，施以老拳。事情直闹到巡抚俞廉三处，最后落得个焚书毁板的结局②。

宣统二年（1910），张庭武修，杨景升纂成青海《丹噶尔厅志》8 卷印行。是志记述不只限于丹噶尔，而是兼及较之丹噶尔在经济、文化方面更为落后的邻近地区，内容相当丰富。由于书中真实地记述了青海盐池及盐业等情况。丹城一邦愚昧者王大、张曼巴及李旺等人，竟谓志书将本地利源外泄，夺去盐民生计，遂纠集 200 余名无知之徒，将杨氏住宅捣毁，以泄其愤③。

民国五年胡思敬纂成《盐乘》16 卷。胡氏在是志的编纂中，秉笔直书，严遵体例，拒绝请托之公正态度，曾得到人们的赞誉。其修志时，有县人名黎文学者，曾为其父立传一事相诘难。面对来者不善之诘难，胡思敬即以自己的曾祖亦被削裁为例，给以回信说，"《盐乘》定例之初，封赠只按品级，应得者登载，捐封赐封缺焉。通奉大夫系二品，只得上及祖父。凡上及高曾及本生父母者，非捐即赐。除尊家及邢、刘、蔡、巢外，即鄙人曾祖亦（在）裁削之列。原表俱在，可复按也。封赠体裁一定，合

① 转引自易孟醇《郭嵩焘与〈湘军志〉》，载《湖南地方志》2000 年第 2 期。
② 转引自何孝积《吴恭亨纂〈慈利县志〉》，载《湖南地方志》1984 年第 1 期。
③ 转引自金恩辉、胡述兆主编《中国地方志总目提要》，27 – 11。

邑皆同，未便更改。"①

类似的例子，还可以举出一些。这些志人，或在修志之时，或于志成之后，都曾遭遇到各式各样不公正的待遇，都是因他们遵志规，守志德，不愿屈从于有形无形的压力所致。这样的高风亮节，不正是在志界所应当倡导的吗？

前人修志中的秽行种种

前面讲到的都是修志中之正气，应当加以大力提倡的。但是，在方志史的长河中，相反的之例也不乏可举者。漆身起先生的《江西省地方志概说》（吉林省地方志编委会办公室、吉林省图书馆1985年3月编印本）第100至102页间，在评介瑞州府历代修志情况时，用了较大的篇幅，来介绍至今所存最早的一部正德十年（1515）、知府邝璠主修的《瑞州府志》。很关键的一大段有云：

> "邝璠还说他主修的府志'公是非而昭鉴戒'，而事实并非如此。例如田赋一目所载赋税，由于邝志的执笔者皆是高安人，他们便不顾事实，将新昌县元时的粮额二万七千九百八十七石一斗六升一合，改为三万七千九百八十七石七斗六升七合，而高安元时粮额六万七千二百一十八石五斗二升三合四勺，改为五万七千二百一十八石五斗二升三合四勺。新昌由二万增为三万，而高安却从六万减为五万，阴推粮一万石于新昌。连同上高粮额，正好与元至治二年瑞州官民粮一十二万五千七百四十三石二斗三升八合四勺相符……"

从这段所述来看，漆先生坐实这是一起修、纂勾结、上下其手、合伙作案的。如果此说能够成立，这在方志史上，应当是最恶劣的借修志以谋私的显例。不过从漆先生介绍的全文细推起来，内中似乎不无疑点。就邝璠的作风为人来看，他是一位颇有责任感的官员。他于正德六年一来瑞州任知府，就因"疆域远迩，土地肥硗，风俗庞漓，人物臧否，与夫贡赋、

---

① 见林正秋主编《中国地方志名家传》，黄山书社1990年版，第243页。

绍建、沿革、灾祥，俱无所于知。爰访旧志，仅得一二册于民家，又至治以前事也"。正是基于瑞州自元至治迄明正德，180余年间没有修志，感到"今之于后，犹昔之于今，失传之责，其何以辞？"认为修一部新的府志，是自己义不容辞的责任。于是他组织班子，聘请人员进行修志。在修志中，他又提出了要"公是非而昭鉴戒"。这样的一个官员，说他会与下面的纂辑者相勾结，合伙篡改元时的赋额，对其所属坦一县而损一县，似乎证据还有待进一步充分。但他在修志中，用人失察，对志稿又未加细审之责，是不可推卸的。他所聘用的主要秉笔者熊相，是高安人。参纂的郡司谏胡镇、节推傅朝，亦均是高安人。现存志书中，将高安的粮额一万石，阴推于新昌的事实，到底是撰稿者出于私心，运用手中的志笔，上下其手，中行其私，肆意篡改历史资料，嫁祸于人；还是出于疏忽大意，抄录有误？似乎也还难定。如果是有意阴推，为何仅推于新昌，同郡的上高县不是也可以推给一点吗？所推数额分散，比数额集中被人发现的概率要小得多，这是起码的常识。且所推的，不多不少，就只其中的一位数字？笔者无意来翻这个旧案，只是将读书中，在脑子里闪现过的零星想法，写在这里。这些都还可以留待后人去作进一步的考证。

无论出于何种原因，总是既成事实，且造成了危害。府志修成时，竟未被发现，或者未引起人们的重视（或者就是纂辑者有意掩盖）。直到清初按朝廷之令，汰减元末浮粮，恢复宋、元旧额时，引发了新昌、安高两县间的一场官司时，才被揭破。原来，元末陈友谅据有瑞州时，"协借饷米"，浮数一倍，于是有了"浮粮"的出现。有明一代，沿而未改。清顺治十一年（1654）汰减元末浮粮，恢复宋、元之旧时，当事者以这部邝志记载的原额为据，将新昌应减的一万石移入高安，引起新昌人"大哗"，都说"高安田地、山塘一万二千四百九十余顷，新昌仅四千八百七十余顷。同隶一郡之中，则壤固不相远。如依新昌起科，则高安当科粮九万七千二百有零，不应仅有五万余石。如依浮粮均减，则三县每石各应汰4斗有零。何上高相符不远，而高安、新昌轻重悬殊也？"而高安人则搬出这本正德《瑞州府志》为据，认为是"千秋定案"。历经涉讼，进一步查找依据时，才发现是修该志时出现的问题。这个例子说明，严守志规、志德，于史事进行实事求是的记述，对于一个志人来说，是何等的重要。

如果说，这部《瑞州府志》修纂中出现的问题，是否可算作修志中的秽行，尚可作进一步考实的话，那么历史上修志之中，有些明显的秽作丑行，则是确实存在的，不过表现方式各有不同罢了。

明正统间（1436—1449），浙江上虞县有一名郭南者，家居漕溪湖旁，欲据湖为己有，乃冒认唐人郭子兴为祖。他托言修志，尽更旧本，改漕溪为宅李，乃重价尽购旧志以焚之，并毁其板①。这位郭南，显然是抱着个人卑鄙目的来修志的。为了篡改历史，蒙蔽世人，达到个人目的，还开了一个毁灭前志的恶劣之例。

在封建时代，借修志以售其私的事例是屡见不鲜的。有的是借修志，为自己或自己的亲故树碑立传，乘机把自己亲近之人滥入于志书之中，以此抬高自家门第的声望。南宋嘉泰元年（1201），绍兴知府沈作宾修，郡通判施宿纂成《嘉泰会稽志》20卷。是书的人物部分，为陆游之子陆虞所撰，他严守志规，对于陆氏人物，除只收左丞陆佃一人外，其余一律不收。这样的做法，历来为人们所称颂。清人钱大昕为是书写的《跋》语中，论及此事时说："古人志乘，皆寓史法，不私其亲如此。近代士大夫，一入志局，必欲使其祖父族党，一一厕名卷中。于是儒林、文苑，车载斗量，徒为后人复瓿之用矣"②。在这里，他既赞颂了陆虞坚持史法，不私其亲的磊落态度，同时又批判了在志书中并非偶见的庸俗做法。像钱大昕所批判的这种现象，也确实存在。

清道光七年（1827），以王有庆、李国瑞、陈道坦、刘铬为总辑，陈世镕、曹懋坚、徐鸣珂、周庠、张福谦同纂，梁桂为监辑的江苏《泰州志》36卷、首1卷刻成。在本志修纂中，监辑梁桂等，因吞渔志局公款，又曲从于董志事、本州富室高銮之意，在人物一门中，将高氏"嫡亲十三人，并无科名实据，滥登十二人，又以銮母入孝妇，銮祖母入贤妇。阖邑志书，竟成高氏家乘"。营私舞弊，莫此为甚。因此志书一出，便遭訾议，引起阖邑舆论大哗。本州以任玉为首的部分绅士，共57人（一说75人）于明伦堂聚议，联名上书，禀官告发，历数其过，开列其错误与疏漏之处达187条之多。要求毁板焚书，设局重修。官司迁延3年之久，终无结果。任玉等只得采取仿毛西河（奇龄）《萧山县志刊误》之例，另纂成《泰州

---

① 见黄苇等著《方志学》，复旦大学出版社1993年版，第37页。
② 转引自张国淦《中国古方志考》，中华书局1962年版，第373页。

新志刊误》2 卷、首 1 卷刊行。书中共举出前志谬误、疏略者共 190 余处。此《刊误》确实起到了纠谬补缺的作用。可惜的是，此书也有以错易错的，态度也不十分公允，有小题大作，以泄私忿之处，同样也有各为其先人树碑立传的带私之嫌。引得参与纂者之一的夏荃大发感慨："重纂者诚无逃于訾议，吹毛索瘢，讦讼者又岂尽出公平！至今都人士谈及邑乘，辄动色相戒，视为畏途。将来纂志，更不知何时何人？"① 这当然是很典型的例子。

与此相类似的不是私其亲厚，而是借自己所修之志以扬个人之名。做法是，或厚颜地为自己写传，自吹自擂；或在志书中塞入自己所写的无谓的作品以自炫。如万历十年（1582），吴一鸾纂修的《蒙城县志》，在人物传中，为自己立有一传，标榜自己"一尘不染"，"彰善殚恶，革奸剔弊"，"皆为国民之计"。民国二十年（1931），郑希侨修，刘鸿逵纂了一部《庆云县志》。在这部志书中，除了为当时的权贵要人树碑立传外，还有"修志之人自为立传"②。这样的做法，自然只会落得个"遗人之讥"，成为反面教材。这方面的教训，在 20 世纪 80 年代的修志中，也曾出现过。某省的一部县级市志，总体质量是很不错的，但就因过多地收入了主编个人的作品，在全国性的评奖中，为人揭出，被从一等奖降为二等奖。这样的教训应当值得记取。

修志秽行的另一种表现，是贿赂公行，请托作传。光绪三年修成贵州《续修正安州志》10 卷，刘福田在志序中指出，在修志中有一种极坏的风气，便是贿赂公行，请托作传。"人无好名，平日荡榆偷闲，曾不思自居何等。迨地方有事于志，凡有财力与势者，无不百计夤缘，盗名欺世。采访者既非一端，秉笔者实繁有徒。议论嚣张，是非倒置。甚至树党植私，贿赂公行。彼则曰：'吾乡有某某者，忠厚传家。'我则曰：'吾乡有某某者，孝思维则。'彼又曰：'论廉让无过于吾乡某。'我亦曰：'论节操无过于吾乡某。'群蛙迭噪，吠犬争鸣。即有一二老成，出而争执，而一人之力又不足敌众口，以致滥厕其间者，半皆不忠不孝、不廉不节之徒；而所谓忠孝廉节，实有其人其事，或因财力之尽，时势之穷，而不得与于斯。

---

① 转引自徐复、季文通主编《江苏旧方志提要》，江苏古籍出版社 1993 年版，第 636 页。
② 见王桂云编著《山东方志汇要》，宁夏人民出版社 1989 年版，第 625 页。

以是为志,欲其厚风俗,正人心,得乎?"① 以钱神而通,视财势而定,自然笔不得不曲,理不得不谬。何得准确地情的记述?

还有一些地方官,则是借修志以苛索钱财。正如雍正九年(1731)卫廷璞修成的安徽《建平县志》中,载他在此为官时所下的一道《严禁胥吏借修邑志私派里民示》中所揭露的:"向来陋习,每因新较官书,辄云偕我士民,办一邑之公事,从而派之里粮,敛万姓金钱。剞氏所余竟用牛刀"。"假公济私,自此上行下效。猾吏从中染指,奸民乘机分肥"。甚至"假人物之权衡,作职官之生意。此忠彼孝,但考证于钱神;字里行间,亦薰蒸于铜臭。惟知彼孔甚方,那管此笔不直"②。这里所揭露的,是借修志而苛索民间钱财以自肥者。

在清代文字狱最盛时的乾隆五十年(1785),江西曾发生了一起《庐陵县志》案。此案先是由庐陵县生员郭榜呈控,说该县生员彭某经理修志之事,"藉端派累民间银两,又将不应入传之刘遇奇人志书",并将刘遇奇所作诗赋上呈。案子先由步军都统衙门接得而呈报上奏。乾隆帝阅后认为,"阅所告情节,似系挟嫌呈控。但该县重修志书,何至科派民间银至七千两之多。著交萨载会同舒常,提集犯证,秉公查讯,定拟具奏"。萨载和舒常二人受命之后,本只是要他们核查借修志科索民间银两一事,但他们还是,随即"委员起获《慎余堂集》板片,并《清风亭集》钞本一帙,逐加校核,其中实有狂谬字句,粘签进呈。并将刘遇奇之元孙刘员位,拿获审讯,从重办理"③。对于借修志以科索民间银两之事却没有了下文。如果"科派民间银至七千两"此事属实,则是借修志以虐民的又一例。

更有甚者,有的人竟借修志以掩藏自己的罪责。光绪二十七年唐炯、王文韶等修,汤寿铭、陈灿等纂成《续云南通志稿》194 卷、首 6 卷刊行。唐炯先为云南巡抚,后督办矿务。有人告发其贪污巨款。他为掩其罪,于是重开志局,自任总纂,聘一二文士,删削前志,成此 200 卷,寄稿至四

---

① 转引自张新民《贵州地方志论纲》,第 32 页。
② 转见金恩辉、胡述兆主编《中国地方志总目提要》12 - 49。
③ 《清实录·高宗纯皇帝实录》卷 1233,乾隆五十年六月癸卯条,中华书局 1985 年影印本,第 567 页;同书卷 1235,乾隆五十年七月庚午条,第 596—597 页。

川岳池觅工刻成，用以报称耗费银数万两以了案①。

　　这个唐炯，把别人修成的"前志"，稍加删削，就署为自己所修。除了为掩盖自己罪责的卑鄙目的外，还是盗窃别人修志成果的一恶例。不尊重别人的劳动成果，甚至有掠人之美以为己有，也是修志中不正之风的又一种表现。这里还可以康熙三十七年（1698），胡祚远、姚廷杰续补的《象山县志》为例。此志只在康熙二十一年（1682）李郁所纂县志的基础上，续补极少的内容，遂署为自己所修纂，对前纂者不着一字。正如道光时冯登府新修的县志中所说："胡志即李志原版，唯艺文、秩官诸卷，或改换数页，或校补数行而已。盖李志成于康熙二十一年，至康熙三十七年，相去仅十六年，其版完好无疑。乃姚广文竟于改头换面，名之曰修，是可怪也。"②

　　类似者还有乾隆四十九年（1784）郑澐修，邵晋涵纂《杭州府志》110卷、首6卷之刻行。是书成书过程中，曾出现了一段曲折的经历。其初修于乾隆四十三年，先是由汪沆主修，王增、邵晋涵等纂辑，稿本已经略具之时，当时的巡抚王亶望，为人贪黩，有王燧者觊觎杭州知府的职位，乃巴结王亶望，于是得为杭州知府。王燧得为知府后，聘用钱献之、王文治对邵志稍稍加以厘定，遂就刊刻。署为自己所辑，并不讲邵晋涵及助纂诸人姓名。而今所刻者乃是郑澐来任后，在邵晋涵原稿基础上续补修正之后，才重行刊刻的③。

　　物之不齐，物之情也。在整个方志史上，有许多高风亮节的志人，继承了中国方志的优良传统，才使志书的修纂得以沿着正确的轨道前进。同样也有一些蝇营狗苟的秽为、丑行。作为有志于志事者，就应当吸取精华，弃其糟粕，使未来的志事沿着健康的道路前进。

（原载于《广西地方志》2008年第4期）

---

①　见金恩辉、胡述兆主编《中国地方志总目提要》，23–14。
②　转引自金恩辉、胡述兆主编《中国地方志总目提要》，11–30。
③　同上书，11–12。

5. 地方志书之幸与不幸

志书遭遇（一）

历史上的方志之书，与其他古籍一样，也经历了种种不幸的磨难，所以许多的志书都已经丧失了，只留下一个书名，有的甚至连书名也没有留下。这种不幸包括：或因限于财力条件，或遭谗毁杆隔，致使志书稿撰成，久久而不能刊刻，甚至有从未得刊行者；有因兵、灾、水、火的无情浸害，而使已刊成之志书不能存世者；有因纂志者的子孙不肖或无知，不知珍惜、保护而丧失者；有个别别有用心之人，出于卑鄙目的，或十足的愚昧而毁书坏板者；还有近代以来帝国主义的掠夺，而使其不存于故国者。种种原因而致使多少志书湮没无闻，是难以悉数的。

南宋绍熙三年（1192），范成大（石湖）以个人之力而纂成《吴郡志》50 卷。以石湖老道之笔所纂成的，是一部条章严密，征引浩博，叙事简赅，为宋代方志中的一部上品名志。但是这部质量上乘，由名气很大的范石湖纂成的志稿，竟然在稿成之后的 38 年间未得刊印，使石湖老人在世时而不得见其成书。何以致此？据后来出版时为志书作序的赵汝适说，这部"条章粲然，成一郡巨典，辞与事相称"的书稿纂成之后，郡守将刻印的材木都已备齐，正准备刻印的时候，突然有人跳出来说，这不是石湖纂的稿子，致使郡守不敢下决心刊刻，只好把稿子存于学宫，留待后来者。跳出来说此话者何许人也？原不是无关之人，而是一位名为滕茂者。这个滕茂，原先是赞成石湖修撰此志的，而且对此事也给予了一些帮助。只是在志稿将成之时，他曾私下要求把自己的书置于志内，拟"搭顺风车"以扬其名。因为受到石湖老人的拒绝，所以态度才为之一变。借石湖老人物故之机，跳出来道四说三，散布流言谤语，延误了志稿的刻印。看来此公的人品甚不足道。所幸的是，到了绍定改元之年（1228）的冬天，有一位名为李寿朋者，以尚书郎出为吴郡守。其父先前曾在范石湖的幕下做过事，父子对石湖的为人都很了解、敬重。一次他到本郡的学宫视察，才了解到此中曲折，感到十分惊讶和惋惜。他经过一番调查，证实确是石湖手笔后，于是派了一位名为汪泰亨的人，经过一番增补整理，才使志稿得以正式刻行。

是书刻行之次年，罗叔韶修，常棠纂的《澉水志》，也是纂成近30年后才得以刊刻的。正如纂者自序所言："《元和郡县志》，丞相李吉甫所制也，后三百年，待制张公始刻于襄阳。今余所编《澉水志》，后二十七祀，权镇孙君即镂于时皋。则是书之遇知音，又不可大庆耶？"①何以稿成近30年，始得刻行，原因未明。

同样说明是因谣诼影响而延误刊刻的，还有万历时余之桢修、王时槐纂成的《吉安府志》。据是书36卷之末，所附的一《札》所言："新志伏蒙垂允，暂密藏勿印刷，甚幸。俟数年之后，罪我者之言稍息，或有平心者，必复取而观之，则老公祖今日之盛举，不终湮没，未可知也。盖此事既据理笔削，诚自尽其心，可无甚愧，至于传与不传，一付自然，初无意必即此。便是生辈今日学问功夫，若因人言，遂至内而摇惑，外而怨尤，则其违道已甚……"②

时隔128年，袁桷、王厚孙同纂的一部志书也经历了类似的遭遇。不同的只是，一是志稿，一是已刻成之书罢了。元仁宗延祐七年（1320），庆元路总管马泽修，袁桷、王厚孙纂成《延祐四明志》20卷。按照清人周中孚在《郑堂读书记》中所说，此书"每考各有小序，义理严谨，考证精审，而辞尚体要，绰有良史风裁。盖清容（袁桷字）早从王厚斋、舒舜侯、岳祥载诸遗老游，学有渊源，又博览典籍，练习词章，尤熟于乡邦掌故，宜其从事于地志，自非余子可及也"。《四库全书总目提要》也称袁桷"文章博赡，为一时台阁之冠……（本志）条理分明，最有体要……志中考核精审，不枝不滥，颇有良史之风。视至元嘉禾、至正无锡诸志，更为赅洽"。可见是一部不可多得的良志。就是这样一部志书，一旦袁桷死后，

---

① 转引自张国淦编著《中国古方志考》，中华书局1962年版（版本下同），第342页。
② 转引自崔建英《日本见藏稀见中国地方志书录》，书目文献出版社1986年版，第105页。

就有人向金宪沙木斯鼎进谗言，几乎要遭焚书毁板。后来还是纂者之一的王厚孙，上报到总管王元恭处，说袁桷是中朝名臣，书法高古，此书千万不能毁。太守持书以进，这位金宪沙木斯鼎才感到惊悔，准许与旧志并行①。这两则都是遭人谗毁之例。

在方志史上，类似的因坚持修志原则、拒绝请托而被中伤的遭遇者，又岂止一例两例而已。

乾隆五十八年（1793），还是在常熟，又演出了类似的一幕。那是王锦、杨继熊修，言如泗纂《常昭合志》时，因为人物收录问题而引起域内屈、周两姓的不满，都起而诬蔑志书不是官修，而是私纂。官司由常熟而打到苏州府。据说正因于此，常熟这个修志传统坚持最好的地方，竟致在这两部志书之后，都各有百余年无人敢来修志。这种说法是否正确，有待进一步研究，但从事实上来看，这两个百年之内，常熟的确没有出现官修的县志。在前一个百年内，只有管一德修的万历《常熟文献志》6 卷、姚宗仪的万历《常熟私志》28 卷、龚立本的崇祯《海虞别乘》24 卷之成。在后一个百年内，只有黄廷鉴的《琴川三志补记》、陈揆的《琴川志注草》、《琴川志续志草》和《琴川续志草补》等之作，全都是私纂。自然，私修志书有私人纂修的长处，这也算是不幸中之幸吧！②

除此而外，志书的遭遇还有形形色色的表现。清同治九年（1870）刘坤一主修，刘绎、李联琇、帅方蔚纂成《江西通志》185 卷，至光绪年间刻行。这是太平天国运动之后修成的一部通志，其意在于粉饰太平。书中虽对太平天国极尽诬蔑之能事，但其字里行间，仍可捡出不少有价值的资料。志书印行之后，原志板一直架存于南昌天宁寺内。但在新中国成立后的"十年动乱"期间，竟被抄出当废物处理，以至分给职工们，作为生煤球炉引火之用，至为可惜③。这是遭愚昧无知者妄行之一例吧。

光绪十八年（1892）九月，台湾布政使唐景崧主持，由蒋师辙、薛绍元纂的《台湾通志》开始进行，计划分为 38 卷。至二十一（1895）年三月，稿已纂成十之六七，因日寇入侵而中辍。参加修志书者为了保存此半

---

① 见张国淦编著《中国古方志考》，第 362 页。

② 此两条均转引自杨载江《常熟旧志中的官志与私志》，载《江苏地方志》1992 年第 2 期。

③ 转引自漆身起主编《江西省地方志概说》，吉林省地方志编委会、吉林省图书馆学会 1987 年编印本，第 7 页。

成品，密将志稿带回福建厦门。日本侵略者出于其侵略和占领台湾之需要，而千方百计地追寻志稿的下落。当侦知志稿存在厦门，最后竟派人至厦门，以重金行骗兼威逼将志稿劫夺而去。幸志稿滞留厦门期间，有人抄录了部分。至 1936 年才于福州林氏平治楼发现稿本 19 册，遂使是稿未致全失，然已非完璧矣①。这是遭遇帝国主义侵略者掠夺者之例。

民国二十一年（1932）2 月 1 日，猖狂于上海的数名日本浪人，潜入以庋藏方志著称的东方图书馆纵火，致使该馆 46 万册图书付之一炬。所藏志书 2641 种（其中有元本 2 种，明本 139 种），25682 册，亦悉数化为灰烬。这是日本侵略者对中国人民犯下的一桩罪行，亦是中国志书遭受侵略者糟蹋的又一显例。需要顺便说及的是，东方图书馆为了收集这些志书，馆长张元济先生可谓费尽心血。他不但借自己外出之机，到处跑旧书市，进行收集，而且在自己的寓所门口挂出"收购旧书"的牌子，并在报上刊登广告，征求旧书。每有送书来者，他都要亲自接待，仔细翻阅，甚至带回家中精心鉴别，查存目录，批定价格。此外还多方托友人到处代为求购。如 1927 年黄炎培因受国民党政府通缉，避走大连。张先生闻说大连藏有全国方志，遂托黄先生设法相找；1929 年丁文江先生赴西南地区调查地质，又托丁先生在所到之处进行收集；还将当时馆内已入藏的方志书目 200 余种，开列书目，寄给时在北京清史馆工作的金兆蕃先生，为之找到馆内无存的 62 种，请人抄录回馆②。

民国二十五年冬，绥远省通志馆修纂成《绥远通志稿》第一个稿本 120 册（共 160 卷）。是稿的特点是，对我国北方的少数民族的分合迁徙，梳理得较为清楚，记之颇详，为从牧业经济向农业经济的过渡，提供了典型的资料，可称为一部名志稿。书稿被从绥远带回北平，正由傅增湘组织人力进行修订时，因受日军发动的"卢沟桥事变"及其进一步扩大侵华战争的影响，工作不得不暂时中辍，稿存于北平。1937 年 10 月，绥、包两地相继失陷，成为沦陷区。日寇在绥远、察哈尔成立"蒙古自治"傀儡政权。"自治政府"的日人首席顾问官宇山，获知有这样一部志稿后，出于为其侵略之需要，便千方百计地对其下落进行了追寻。当得知志稿在傅增

① 见刘湘如《福建人与台湾地方志》，载《福建史志》1994 年第 3 期。
② 转引自张喜梅、杨杰《张元济·东方图书馆·地方志》，载《沧桑》2002 年第 3 期。

湘手时，又专门派人到北平，将经补订的第二稿并连同傅氏，一并劫持到
日伪"蒙古自治"政府。书稿经宇山等人审查删削之后，运送日本进行影
印。全书印装甫毕，已是太平洋战争后期。在一次美机轰炸中，书稿连同
印厂一并化为灰烬。这是日本侵略者欠下中国人民的又一笔罪债。抗战胜
利后，有关部门再派人去傅增湘处寻找时，只有原第一稿的 113 册，失却
7 册，其舆图及金石拓片更不知去向①。日本侵略者侵华期间，在中国掠夺
或毁坏的志书，其数量至今仍无法统计。

光绪十九年（1893），孙万世在乾隆王行俭《南郑县志》基础上新纂
成陕西《南郑县志》16 卷、首 1 卷。志书修成之后，当地一些无识的绅士
们，由于志中坚持直笔，对那些所谓的"尊者"、"长者"的一些劣迹亦不
为讳，竟遭以孙氏是外来人修本县志，是视我"汉上无人"，心存诬蔑。
以致群啄交攻，毁书板以泄其忿，遂致是书湮没无闻，许多方志书目都未
加著录。直到 20 世纪 80 年代修志中，其残本方幸为陈昆远氏获得，才不
致永远湮没②。这又是遭遇狭隘及无知者糟蹋之例。

民国三十三年（1944），鲁论（长卿）以个人之力，用 20 年时间，几
倾尽家产而纂成陕西《重续兴安府志》25 卷。这是废府数十年之后而修的
一部府志。稿成之日，长卿当即逝世。临终前犹手持志稿谓其子，要从商
积蓄，早日刊出。然限于穷困，其子不但未能刊行，而且将志稿亦出售。
幸为国家收得，现存于北京师范大学图书馆。

这样的例子，还可以举出一些。仅就列举者来看，有哪一件不使人鼻
酸而长叹呢？

方志遭遇（二）

中国的文化典籍，在历史上遭遇最大的劫难有三次：第一次是秦始皇
的"焚书"；第二次是清代康、雍、乾时期的文字狱；第三次是历史上最
愚昧无知的"文化大革命"。对于第一次劫难，由于史籍记载的简略，详

---

① 见张守和主编《内蒙古方志概考》，吉林省地方志编委会、吉林省图书馆学会编印本，第
31—33 页。
② 转引自陈昆远《孙万春私纂的〈南郑县志〉为什么被淹没?》，载《陕西地方志通讯》
1986 年第 2 期。

情已难说清。由于当时，志书尚处于"图"的发展阶段，故许多的"图"都遭到焚毁。如现在已知曾经有过的周以前的神农地形图、黄帝九州图、舜益地图、禹山川图、禹九州图；周有山川图、职方图、天下图、九州图；秦有秦地图。这些图，秦以后就再也不可得见，大概都是秦始皇这位皇帝老爷奉送给祝融君当了供品。第三次浩劫，虽然就发生在我们这一代人的眼面前，但由于资料的系统收集整理尚待做进一步的工作，到底有多少志书被毁而灭迹，也一时还难以说清。倒是对第二次劫难，已有一些历史学家的整理、研究，可以知道得较多一些了。地方志书在那一场洗劫中的遭遇，也是触目惊心的。

早在康熙二十六年（1687），有张进箓、屈大均修纂成的广东《永安县志》17 卷刻行。当时，由于乾隆帝曾有旨："金堡、屈大均则又遁迹缁流，均以不能死节，觍颜苟活。乃托名胜国，妄肆狂狺。其人实不足齿，其书岂可复存？自应逐细查明，概行毁弃，以励臣节，而正人心……又若累选各家诗文，内有钱谦益、屈大均所作，自当削去。"正因为此诏旨直接点了屈大均之名，屈氏虽是这部《永安县志》的实际纂作者，却不得列于是书撰者之列①。这是否就是大兴文字狱最早之诏旨，笔者不得而知，但这是地方志书最早的不幸遭遇。

据研究者称，清朝的文字狱盛行于康、雍、乾三朝。如果说在康、雍两朝，地方志书遭殃之事例还只是偶见的话，那么，到乾隆朝，史载的事例就几乎可称为连篇累牍了。因一些趋附或借以泄私者的举告而演成的案件，也随处发生。

最先发生的是乾隆二十六年（1761），江西武宁县民余豹明，首告革职原任刑部主事余腾蛟所修的县志书中，载入有"讥讪诗词"。虽经将志书查无实据，但江西巡抚胡宝瑔仍坚持余腾蛟"其人居官居家，素不安静。从前修志之时，该县知县邹应元，因余腾蛟曾荐举博学鸿词，该县进士又只一人，乃就近延入志局纂修。即经前藩司王兴吾驳斥，以余腾蛟缘事被革还家，不可膺修志之任，旋经另延修辑。其余豹明所指之诗，亦非现今志稿所载……臣复思余豹明不甚识字，所摘之句无显然讥讪之迹，犹可抵赖。而余腾蛟素以诗文自命，其家所藏，或有写刻别本。因将余腾蛟

① 见侯月祥《清代文字狱与广东志书》，载《广东史志》1991 年第 1 期。

监禁省城。臣即于本月十七日，带南昌知府李缙，星夜驰赴武宁，于十八日至余腾蛟所住之杨店村。夜半直抵其家，逐细搜查，别无悖逆字句"，方才作罢。这位胡巡抚，如此做法，其真正用意，到底是为了从鸡蛋里面找骨头，加罪于余腾蛟，还是为他作彻底的洗刷，无从推定。但也可见有的人，为了推行朝廷关于"文字狱"之令，是不遗余力的①。

就在同年，江西还有另一桩阎大镛因评论志书而获罪的案件。这是由江西总督高晋处理的。在他向上奏报文中，说明了事情原委和处理经过。据称，沛县监生阎大镛，曾刻有自己的一个集子，名为《俣俣集》，有诗有文。问题就出在一篇《沛县志论》中。高晋的奏文中说，"因该犯之母二十四岁守志，未经列入节孝之内，并有不应列入者反得滥觞，心中不平。文内讥刺不公，为刑书辛礼照呈送。经修志原任知县李棠，拘唤训饬，并将（《俣俣集》）书板追缴销毁"。因了集子中的一篇评志文章，而使整个文集都罹销毁之难，足见只顾救城门之火，哪管你池鱼无谓遭殃。

乾隆二十年（1755），江西德化知县高植纂辑成《德化县志》16 卷。当时的九江郡守董梅曾认为，该志"编纂最为严谨，无他志假借之失，列传尤称详确，远不遗，近不滥，得史氏法，可与康海《武功志》、陆清献《灵寿志》并称善本矣"。到乾隆四十四年（1779），朝廷明令"各省郡邑志书，如有登载应销各书名目及悖妄著书人诗文者，一律俱行铲削"之后，知县沈锡三奉命，立即对原书"悉行删改、重辑，用活字补刊"，连署名也改题为"沈锡三补辑，罗为孝补纂"，原书遂灭没无闻。

乾隆三十一年（1766）初，浙江巡抚熊学鹏上奏了一道《请严私修志书之例疏》，奏报朝廷。疏文中说："查各省所纂通志，俱经进呈，惟府县志多有地方官私自修辑刊布。在好名之地方官，明为捐资办理，暗中不无向绅士派费；而该地绅士借以行私。地方官徇其所嘱，任意编纂。其考核既不切实，且或别存爱憎，将鄙俚不经之谈，率行开载；将私心偏厚之人，谬加赞扬。至实应记载之事，转有挂漏。刊布日久，以讹传讹。所关于政治人心者甚大"。"臣查督抚、学臣、藩臬莅任，各府州县，未尝不有志书呈送。然一省之中，数十州县志书，加以各府志书卷帙浩繁，不过备

———

① 转引自傅贵九《清代修志与文字狱》，载《方志研究》1990 年第 4 期。本节文中所引资料，除特别注明者外，均转引自此文。

存查考。其实未能逐篇逐字细加核阅。夫事无专责，则彼此因循。在督抚、藩臬，办理地方政务尚多，惟学臣专司考核，事较简少。其按临各部，考案发后，或在公馆，或在舟次，就近将该处志书，与该地方官论办考核，临时办理。卷帙既不甚多，更属易办。臣请敕下各省学臣，于按临各郡时，即将该处旧存府州县志，与该地方官考核，所有开载不实不经之处，饬令地方官悉行删除。岁底将删除条目若干，咨明督府，会同奏闻。其地方府州县官，有因旧志漫漶，欲行改造重录；或旧无志书，欲行添造者，悉令预为详报。仍将所修之书，申送学臣，会同督府，核明具奏，俟旨发回，然后准其刊布，不许地方官任意私造"。文中还举出几部志书载事是非颠倒的例子。此疏到京后，大学士傅康安，于二月十八日，据此专门上了一道给皇上的《严禁私修志书疏》，拟出了对熊疏的批复意见①。

最后熊氏所上的疏文，得到皇上的旨复是："议准浙江《遂安县志》侈陈，毛一鹭《嘉兴府志》曲讳虞廷陛附党，又《萧山县志》极诋嘉靖间学道陈大绶贪酷种种，而大绶以清节著闻，所载悉属颠倒。查毛一鹭、虞廷陛，俱名骊阉党，载在钦定《明史》，人所共知。陈大绶名不著于史传，考国子监题名碑，大绶系明神宗乙未科进士，江西浮梁县人。该县志所称嘉靖时事。显系妄诞无稽，自当改正删除，以期核实。再，各省向例，于学臣莅任时，原有呈送志书之一事，尽令学政，不拘时日，悉心查核。遇有实在是非颠倒者，即令地方官删正。仍咨明督抚，会同办理。其现有在修辑之志书，亦令学政查核，再行刊刻。"这道复旨，显然对地方志系统内兴的"文字狱"，又加了一把火。

乾隆四十四年（1779）十一月，朝廷接到安徽巡抚闵鄂元的一封奏疏后，曾发了一道上谕，说"据闵鄂元奏，各省郡邑志书内，如有登载应销各书名目，及悖妄著书诗人诗文者，一概俱行铲削等语，所奏甚是。钱谦益、屈大均、金堡所撰诗文，久经禁饬，以稗世教而正人心。今各省郡邑志书，往往于名胜、古迹，编入伊等诗文，而人物、艺文内，并载其生平事实及所著书目，自应逐加删削，以杜妄谬……着传谕各督、抚，将省志及府、县志书，悉心查核。其中如有应禁诗文，而志内尚复采录，并及其人事实、书目者，均详悉查明，概予芟节，不得草率从事，致有疏漏。"

---

① 转引自瞿宣颖《方志考稿》，天春书社民国十九年刊本，第六编，第18页。

这道上谕一下，求要对所有志书都要复核，其恶波流及之面自然更广。有的查得还很认真。仅浙江巡抚觉罗琅上奏，其总共查缴过 24 次，计志书 538 种，13862 部①。上谕中特别点到的钱谦益、屈大均、金堡等人故里的查核，自然更要特别严格。江苏常熟县的情况是，"吾邑适为钱谦益原籍，从前志书内叙故事，欲便文理贯串，多有涉该员之语。既奉删除文告，即经两县（常熟时分为常熟、昭文两县）旧志板发回，凡有钱谦益诗文及事实、书目处，概行铲除。"故弄得该县"旧志内文词，遂多断续不接"②。乾隆二十五年（1760）刻印的一部《袁州府志》，本来是一部较好的志书，由于志中存有"干犯"清廷的字句，曾被当局把志板提去。经"铲去违碍等篇"，到领回的板中，已经是"凡铲去之前后首尾，零落舛错不一，所谓既非善本，更无完书矣"③。

此次上谕影响所及，除了对原已经修成刻行的志书要进行删改、重刻外，甚至影响到后来新修志书中，对前人文章中的语句，也进行芟删、篡改。如乾隆四十七年（1782）修的《泰安县志》的艺文中，凡"有碍摘禁"，皆"奉檄查削"，遂使志书难备一地之文献④。20 世纪 80 年代的修志中，崞县志办的有心人，曾将光绪时修的山西《崞县志》与乾隆二十二年的旧志进行过一番对照，发现改得最多的是有关"华夷之辨"方面的文字。今略摘录之以见一斑：如"达虏突入内地"，改为"北兵入"；"虏却去"，改为"敌却去"；"北虏犯顺"，改为"兵革之际"；"临虏"改为"临边"；"虏首扣和"，改为"和议既成"；"虏患"，改为"边患"；"匈奴"改为"塞马"；"绿眼胡儿"改为"摞甲壮士"；"匈奴天性偏好杀"，改为"军锋一过万家哭"；"胡人南牧空人屋"，改为"塞马南牧空人屋"；"嗤彼事仇臣虏者"，改为"嗤彼失身辱节者"；"沙场冻死小胡儿"，改为"八方陇亩一时滋"；"椎结毡裘遍云朔，胡风恶甚腥膻浮"，改成"磨盾摸槊遍云朔，戟剑森森杀气浮"；"一朝虏骑驱北去，怨拍胡笳已受污"，改

---

① 王桂云、鲁海编著：《山东地方史志纵横谈》，吉林省地方志编纂委员会、吉林省图书馆学会 1985 年内部印行本，第 19 页。

② 转引自邸富生《中国方志学史》，大连海运学院出版社 1990 年版，第 138 页。

③ 转引自漆身起主编《江西省地方志概说》，吉林省地方志编委会、吉林省图书馆学会 1987 年编印本，第 92 页。

④ 转引自金恩辉、胡述兆主编《中国地方志总目提要》，台北汉美图书有限公司 1996 年版，15－61。

成"一朝含羞过青冢,空负才华名已污"①。而今国家图书馆存有《合州志》一部,无序、跋、前言及题款,不明何时所修。书中存有这样的一些奇特的现象:关于蒙古建元之前合州之战的记述中,未用"鞑靼"、"胡骑"、"蒙古"等称谓,一律用"元",且有意未记蒙哥大汗伤死合州城下的事实,仅有"屡败元军"、"元军围城"等语。对清朝建立前的称谓,没有用"女真"、"满洲"等,而一律用"清"②,与此甚为相似。至于这部《合州志》是先修成而后经过删改,还是其后才修之书,则有待考证。

这种"查禁违碍"字句之风,不但中原地区盛行如此,就是边远少数民族地区,也未能幸免。如时任云南元谋知县的檀萃,在其所编纂的《华竹新编》中就说:"于时奉例查禁违碍书籍,因奉宪委,雠校滇南郡邑志书,签明删节,不一而足。"③此道上谕之后而出现的案件,几乎可以排列成一个长串。

乾隆四十六年(1781),福建发生了一场叶廷推《海澄县志》案。这是由该县县民周铿声挑起的。周铿声与知县叶廷推素有仇怨,久有报复之念。叶的曾祖父叶逢春在世时,因曾周济乡党,有惠乡里,为乡人所重。明季社会动荡,寇盗为乱。内中有知叶逢春之名者,相戒不入其乡。乡人感之,于顺治四年(1647)在县的大观山麓鳌峰庙中,立石刻碑以纪其事。碑文中有"鲁仲连排难解纷"之句。乾隆二十五年(1760),该县延请江西进士邓来祚来修县志,叶廷推亦预分纂。邓为叶逢春立传,称其"轻财重义,并曾赴贼船,金鼓相迎",有"受恩久不酬"等语。至是,官府出示查禁违碍图书,周铿声遂以此为叶家通贼实据,并举告县志不当载入此事。漳州知府黄彬不察,而向巡抚"禀称有海澄县民周铿声,控告在籍知县叶廷推纂辑县志,载入碑传诗句,语词狂悖"。福建巡抚得报,亦认为"志书原以传信。叶廷推身任分修,邓来祚为伊曾祖立传,摭入贼人'金鼓相迎'等语,已属无稽之谈,并将赠伊诗句混入志中。且查碑摩上载'皇清'二字,下书岁在丁亥,未书年号,尤当严究"。如果说"皇清"两字之下,只书干支纪年,不书清之年号,还可说成是失误的话,那么其

① 转引自李毓珍《读志杂感——过去后修的不一定比旧的可靠》,载《中国地方志》1982年第3期。
② 转引自唐唯目《刍议清初〈合州志〉稿本》,载《四川地方志通讯》1986年第1期。
③ 见杜晋宏《旧方志的魅力》,载《云南史志》2005年第5期。

他所列，纯系恶意罗织。

有的地方官，为了邀功，竟到了不择手段的地步。如紧接着第二年发生的湖南高浩清的《沧浪乡志》案，就是一例。乾隆五十年（1785）发生的《庐陵县志》案，也与《沧浪乡志》案颇类似。此案先是由庐陵县生员郭榜呈控，说该县生员彭某经理修志之事，"藉端派累民间银两，又将不应入传之刘遇奇入志书"，并将刘遇奇所作诗赋上呈。案子先由步军都统衙门接得呈报。乾隆帝阅后认为，"阅所告情节，似系挟嫌呈控。但该县重修志书，何至科派民间银至七千两之多。著交萨载会同舒常，提集犯证，秉公查讯，定拟具奏"。萨载和舒常二人受命，本只是要他们核查借修志科索民间银两一事，但他们还是，随即"委员起获《慎余堂集》板片，并《清风亭集》钞本一帙，逐加校核，其中实有狂谬字句，粘签进呈。并将刘遇奇之元孙刘员位，拿获审讯，从重办理"。此事虽最后得旨"停其查办"，但恶果已经酿成，当事人已经受到严重的伤害。

同年发生的还有《清凉山志》案。此案未讲涉及具体的人，但原书板被毁。借口是"晋省旧刻《清凉山志》内，采辑经典，多有纰缪之处，现在另行篡办。所有该省流传刻本，著传谕伊桑阿，饬属查明，将板片一并解交军机处。至清凉山原委，《五台县志》内，所载自当详悉。并著该抚查明县志，一并送京备查。"

乾隆一朝，因文字狱而遭毁的志书，罹难的志人到底有多少，已难以数计。仅据军机处的"奏准全毁书目"和"抽毁书目"所开列者，就有数十部之多。诚如时人所谓："自朝廷开四库馆，天下秘书稍稍出现，而书禁亦严。告讦频起。士民蔼慎，凡天文、地理、言兵、言数之书，有一于家，惟恐遭祸。无问禁与不禁，往往拉杂烧之"。可见除了官毁、官烧之外，民间怕因藏书获罪，自行烧毁者又不知凡几。（第三次浩劫的"文化大革命"中，因怕藏有"四旧"而被批斗，自行烧毁者，又岂在少数！）

在这样严密的文网之下，已经修成的志书自然是在劫难逃。有的当时刻板已成，正式印行时，为避文网，也不得不在原板基础上或剜或改字而印。如乾隆《黄州志》，原板于乾隆焚书前的乾隆十四年已刻成印行，其后重印时，只好剜板多处①。纵是未被烧全毁，即仅只经过官手铲削之后，

---

① 见金恩辉、胡述兆主编《中国地方志总目提要》17 - 27。

不少的书已经变得面目全非了。正如后人所谓："由此旧志内文词，遂多断续不接。"

更有甚者，一些地方经此番"文字狱"之后，数百年间遂使志事中断。如河南夏邑县，于乾隆二十二年之彭家屏之狱后，从康熙三十六年直至民国之前的二百余年间，都未有敢来续志者①。

即使对后世继续修志地方的事也不无影响。如乾隆四十八年（1783）程廷济修，凌汝绵纂的江西《浮梁县志》，在"修志条规"中，就特别规定："志内凡系庙讳、御名，俱宜恭避。其有违碍字样，均须加意检点，或应删改，或应剜削……诗文记载，其字句、文义，稍涉疑似闪烁之处，均宜严核删除"②。又如嘉庆三年（1798），彭人杰、范文安主修，由黄时沛纂成的广东《东莞县志》46卷。由于受当时文网所限，志书凡例中也说明："向查办违碍书籍时，府县志皆奉文铲版。今列传、选举中，删除净尽"，"人物细为增删，凡所厘正，悉依《明史》。"故在该志书中，凡涉及南明抗清人物及具有反清思想的著作收之甚少。志书公布之后，曾引起东莞士大夫强烈的不满，指责甚多，不得不于明年由原纂修者，续成2卷，一并刊行。所补者主要是人物和艺文二门③。

嘉庆时颇有识见者的谢启昆者流，在他修《广西通志》时，亦对许多有涉敏感之史事，也讳莫如深，不得不痛心割舍。该志《谪宦略》和《前事略》中都只写到明末。《金石录》则只录至元，皆不及于清。浙江、福建等地的一些志书，对于"迁海"一事，均不敢着一字。《辽东志》凡三修，内中因涉及建州旧事，致使《四库全书》亦不敢收入。

方志的幸遇

在讲过志书的遭遇之后，还要想来讲一讲志书的幸遇。人们在讲某件事物或在某一事件中的幸遇时，总是以一种兴奋喜悦的心情来讲的。我在这里要讲的方志的幸遇，却带有浓重的苦涩之味。地方志是地情著作，修

① 见黄苇等著《方志学》，复旦大学出版社1993年版，第231页。

② 转引自漆身起主编《江西省地方志概述》，吉林省地方志编委会、吉林省图书馆学会1987年编印本，第32页。

③ 见金恩辉、胡述兆主编《中国地方志总目提要》19-62。

成刊行之后,它就是天下之公器,应当是中华宝库中的一个部分,人人得而用之,人人亦当宝之。但这里所要讲到的一些志书,却没有享受到这样的待遇,而是遇到了种种的磨难。这里所讲志书的幸遇,都是它们经历过种种磨难之后,幸而为有识之士所挽救于濒危,只能算是不幸中之幸罢了。

十四年前的1994年秋的某一天,我刚到单位上班不久,尚在日坛路办公的中国地方志指导小组办公室,就来了一位肩背褡裢的老汉,我很客气地接待了他。此公姓孟,山东邹县人,与亚圣是同邑同宗,退休前是邹县地方志办公室的工作人员。基于心羡邹鲁之风而及其人,我们成为了朋友。他的此行,是为了请办公室,为他寻找一家收费相对较低的出版社出版志书的。原来,他退休之后,便与家住县城内的六位老头(当时6人合391岁),经多方努力,搜寻、点校、汇集成了《历代邹县志十种》,拟于出版。这里便包含了志书幸遇的两层意思。一层是,目前所能寻得的10种邹县志书中,有一种是清道光时董朴园纂的《邹县志稿》,其经历颇带有点戏剧性。参加《历代邹县志十种》集点的6老头之中,有一位姓王名轩者。早在50年代末的某日,他入街上的一家面铺买面条。称完之后,见老板顺手就从手边的架上撕一本有手抄文字的本子包面与他。时为县文物工作者的他,出于好奇,从架上拿来一看,原来是本县的一部旧县志稿。目录部分已经撕去,所幸的是还未伤及主体内容。经与老板交涉,只象征性地花了一点钱就赎了回来。当时亦未多经意就置入了书架上。80年代,县地方志办公室成立之后,曾先辑了一部《邹志旧志汇编》,当时以有两部(包括本志)已知名的志书,未得汇入而引为遗珠之憾,发出了"志书归来"的呼声。6位老先生议定汇集、标点本县县志之后,王先生方才忆起此事,从书堆中翻出来,经核校,原来正是前所缺两部县志之一。说这部志书之幸遇是,50年前,如果不是王先生去那家面铺买面条,或者是迟数日才去买面条,此书即使不全失,也就残得差不多了,此为其一幸。二层是,幸逢6位退休老者,如此重视乡邦文献的收集、整理。他们在集点《十种》时,一无单位过问;更无经费支持,工作的纸张、墨水,一应办公费用都是6位老人,从各自的退休费中凑集的。6先生就是因为如此执着的行为,曾被旁边的人谑称他们为"邹县六怪"。(后来因为我替他们联系到中国工人出版社低费出版,并为他们写了一篇序言,他们特许我也加人，成为"七怪"之一，我深感荣幸！序文曾刊发于山东《志与鉴》1996年第3期。）后来《历代邹县志十种》的出版费，也是他们儿时的同学，而今为邹县旅台联谊会会长的黄秉安先生，在台同乡中捐集才凑成的。如果没有第二个故事，这些旧志，尤其是那部手稿，又如何得以面世，今为较多的人可以使用呢？此为其二幸。

在方志史上，这种志书经历不幸中之幸事，当然不是仅此一例，就我平日读书中所见，还可以再举数端。

20世纪90年代晚期，广西富川县地方志办公室的编纂人员谢诚章，偶于古玩市场购得本县县志残本一册。虽已属残本，但内容却还相对完整。经研究，原来是明万历三十九年（1661）县令张文耀手抄的成化本县志10卷本的残本。此一所得，不但使未为人知的成化县志，得以重见天日，而且足以纠正本县志书始修于嘉靖三十八（1599）的传统说法。与此同时被购得的还有成化三年富川田赋册的手抄残本①。

清嘉庆十六年（1811），奚大壮知湖北应城县事时，曾延请姚觐修县志。历二年稿成，以经费不足，未能付梓。有邑蒲阳书院教谕吕庭栩者，曾参与志稿纂修，于道光二十四年（1844）告归乡里，将志稿携回，与熊汝弼对志稿重行采访补纂，前后共历30余年而定稿，仍未能刊行。后咸丰二年（1852）太平军初克湖北。三年，太平军西征，应城复被兵。在两次兵乱之中，幸得这位熊老先生，都携带在身，得以保存，今得以入藏于武汉大学图书馆②。如不得遇熊先生之精心保护，此书安得复存人间？不亦一幸事乎？

民国三十二年（1943），伊天民修，张星桥、常良伍等纂成安徽《颍上县志》7卷，约30万言。书中载洪武时"徙江南民14万户屯垦凤阳诸州县"，又记及欧战时，曾来本县"广招华工"、县人被招等情况，资料颇为稀见。稿成之后，未能付印，交由县志馆馆长许敬涵先生，保存于县红十字会。敬涵先生1951年冬物故时，未交妥人保管，致使其族人于1952年春，盗出卖与市人包物。幸为纂者之一的张星桥先生得见，深感痛惜，遂解囊将残稿赎回，交县文化馆收藏。星桥先生时有诗叹其事云："一生

---

① 见谢成章《富川发现明代县志抄本》，载《广西地方志》1999年第3期。
② 见金恩辉、胡述兆主编《中国地方志总目提要》17 – 25。

厌说伤心话，奈此斯文扫地何？一县春秋都毁灭，五年精力枉消磨。已成劫数人难挽，被摈简编市（事）太多。秦火未灭今又烈，抚时感事泪滂沱。"（资料承蒙安徽省志办宫为之先生提供，甚谢）

民国三十八年（1949），干人俊曾辑成江苏《睢宁县志》22 卷。是书经济内容略占太半。其"风俗"门内，记有民国以来新式的婚丧仪礼甚详，资料颇属珍贵。在"十年浩劫"中，红卫兵"破四旧"时被抄出，正欲焚烧，幸被县图书馆馆长李春明先生冒险抢出 2 册（卷 1～10），其余 2 册下落不明，不知尚存人世否也[①]。

1989 年 6 月，新修山西《寿阳县志》出版，这部书的主编为岳守荣先生。岳先生不但主编了本县社会主义时期本县的第一部县志，而且还冒险抢救了本县的两部旧县志。一部是光绪版《寿阳县志》。那是 1966 年夏天，"造反"的红卫兵冲进县文化馆，将馆藏的所谓"封、资、修"图书搬到院内付之一炬。时岳守荣本人的"右派"问题还未改正。但他不计个人得失，不顾安危，趁人们忙乱搬书之际，将这部光绪版的县志偷出，归家后藏于炕洞炉窠之中，保存至 1981 年才得以重新点校出版。另一部是乾隆版《寿阳县志》。那已是"文化大革命"将要结束之时，他受命到农村去清理"黄色书刊"。在向上"缴黄"时，他又将一部乾隆本的本县志悄悄地保留了下来[②]。人的一生中，为社会做出如此突出的三大贡献（包括主编新县志），人们应当为他感到自豪和满足。所有为这些志书于不幸之中，给以了些许幸运机会的人，他们的功劳都是历史性的。作为方志人，真该永远记住他们。

上面讲的，多是志书在第三次文化大劫难中幸遇的例子。在第二次文化大劫难中，也偶有这样的例子，今举一例。乾隆四十七年，正当第二次大劫难的高潮时，一位邀功心切的湖南巡抚李世杰，上了一道奏疏，说他查获辖区内龙阳监生高治清刻印了一部《沧浪乡志》，内中有"幕天席地"、"玉盏长明"、"弘开弘远"、"德洋恩溥，运际升平"等，语属悖妄。当即饬属查明住址，密往各家搜讯，将刊刻志书的高氏父子，斥革生监。作序的教授翁炯也解任质讯。此疏上至朝廷后，到了乾隆帝弘历之手。弘

---

① 转引自徐复、季文通主编《江苏旧方志提要》，江苏古籍出版社 1993 年版，第 213 页。
② 见拙编《中国方志五十年史事录》，方志出版社 2002 年版，第 291—292 页。

历看后，觉得疏文中所列事实，实在过于牵强。于是年三月十三日下了一道上谕："此事办理太过。外间刊刻书籍，如果有实在违悖不法语句，自应搜查严办。今阅李世杰所奏书内签出之处，如'幕天席地'，乃系刘伶《酒德颂》中成语。'玉盏长明'，系指佛灯而言，相沿引用，已非一日。何得目为悖妄？又，志中所称'曾王父'字样，亦不过泥古之过。其名字内有称'弘远'、'弘开'者，尤为乡愚无知，不足深责。若俱以违悖绳之，则如从前之赵弘恩、陈弘谋等，又将何说？至书中如'德泽恩溥，运际升平'等语，乃系颂扬之词，该府亦一例签出，是颂扬盛美，亦干例禁，有是理乎？书内如此等类，不一而足。各省查办禁书，若俱如此吹毛求疵，谬加指责，将使人何所措手足耶？此事总因李世杰文理不通，以致办理拘泥失当如此……所有此案《沧浪乡志》，竟无庸查办，其刻书作序，并案内干连人等，俱著加恩宽免，概予省释。并将此通行传谕各督府知之。"① 由严倡"文字狱"的皇帝，为其平反，虽属偶例，也可算作不幸之幸的一例吧。

（原载于《中国地方志》2008 年第 5、7 期）

---

① 《清实录·高祖纯皇帝实录》卷 1152，乾隆四十七年三月辛亥条，中华书局 1985 年影印本，第 438 页。

6. 纠正方志史中一个流行说法的错误
——兼答友人问

　　笔者于《中国地方志》2007 年第 9、11 期连续发表了《中国方志史上两件划时代意义的大事》一文。不久便接到一位志界朋友的来电,对于拙文中说,"北宋元丰初 (1078 年为元丰元年),李德刍、曾肇、王存等,为修《九域志》曾于秘书省设立九域图志局,被方志史家称为,是在朝廷里设立志局之始",提出异议。认为是诸葛不慎,将方志界一直沿袭的大观元年 (1107),朝廷创设九域图志局,这是国家设局修志之始的这种传统说法,轻易地加以否定,擅自将国家设立图志局的时间提前了近 30 年。这位朋友一下子就举出了好几部权威著作为证,批评是我搞错了。由于是多年很熟很要好的志界老友,在电话中无须客气,故其不依不饶地要我对自己的说法提出根据来,并且十分善意地提醒我,做学问应当老老实实,不要受时下恣意盛行的翻案风的浸润,老了老了给后辈们留下一个不好的印象。

　　接听此电话后,真有点诚惶诚恐,不得不放弃了两三天去街边下棋的机会,重新翻检了自己写作时的思考过程。当时,把"九域图志局"创设的时间定在元丰初,只是从逻辑推理而说的。既名为九域图志局,就当是修《九域图志》时的机构。而《九域志》成书于元丰三年,则其始修之时当在元丰初,或在更前。感谢老友的提醒,更感谢他的追问,使我重作一番清理,更坚信了自己的说法,认定多数权威著作所肯定的这个传统的说法,应当给以纠正。这次思绪清理的结果,得到了两点收获:一是可以进一步肯定,九域图志局之设立不是大观元年,而起码是在元丰三年以前;二是在朝廷设立修志机构,最早不是宋代,而起码应当是在隋代大业时。

　　(一) 在写那篇文章写到上述的那一段文字时,当时只把我已经完稿的《中国方志学二千年通鉴》中《元丰九域志》条"按语"的结论照搬了上去。至于这个说法与志界流行的"大观元年创设九域图志局，是朝廷创设修志机构之始"的说法，明知是不一致的，但以为没有必要去进行深究。更未细查志界多数人（尤其是权威人士）是怎么说的。现在逼着我不得不来细查一下。一查果如这位老朋友所言，不少权威著作确实都认定，朝廷的九域图志局是大观元年创设的。

如黄苇等的《方志学》第 856 页①、仓修良《方志学通论》第 271 页②、来新夏主编《方志学概论》第 60 页③、董一博为编委会主任编的《中国方志大辞典》第 465 页④、黄苇主编的《中国地方志辞典》第 689 页⑤、吕志毅《方志学史》第 125 页⑥、彭静中《中国方志简史》第 178 页⑦等，都说的大观元年设立九域图志局，是朝廷创设修志机构之始。傅振伦在《中国方志发展与前瞻》⑧ 中也说，"大观元年又创置九域图志局"。邸富生《中国方志学史》第 69 页⑨，虽未明言这个机构始设于大观元年，但说明了"特别是宋徽宗赵佶，在朝廷设置专门的中央修志机构——九域图志局，主管全国的修志事宜。这是我国最早由中央政权设立的专门修志机构"。单篇论文中持此说者更是不可胜数。

尽管如此，我还是坚持九域图志局之设，要早于大观元年，应当是将近三十年前的元丰三年以前，很可能始设自熙宁七年（1074）。据《四库全书总目提要》卷 68 载文可知，关于《元丰九域志》之修，先是宋真宗大中祥符中（1008—1016），李宗谔、王曾先后修成《九域图》。至熙宁八年，都官员外郎刘师旦，以州县名号有改易，奏乞重修。于是命馆阁校勘曾肇、光禄丞李德刍删定，而以（王）存总其事。以旧书名图而无绘事，请改曰志。迄元丰三年闰九月书成，有王存撰的序文。《玉海》卷 15《熙宁九域志》条载之更详：谓至熙宁八年，都官员外郎刘师旦上言："今九

①　黄苇等：《方志学》，复旦大学出版社 1993 年版。

②　仓修良：《方志通论》，齐鲁书社 1990 年版。

③　来新夏主编：《方志学概论》，福建人民出版社 1983 年版。

④　董一博主编：《中国方志大辞典》，浙江人民出版社 1983 年版。

⑤　黄苇主编：《中国地方志辞典》，黄山书社 1986 年版。

⑥　吕志毅：《方志学史》，河北大学出版社 1993 年版。

⑦　彭静中：《中国方志简史》，四川大学出版社 1989 年版。

⑧　傅振伦：《中国方志发展与前瞻》，《史学月刊》1985 年第 1 期，收入《傅振伦方志论著选》，浙江人民出版社 1992 年版，第 165 页。

⑨　邸富生：《中国方志学史》，大连海运出版 1990 年版。

域□（疑此佚者为"图"字），自大中祥符六年修订至今，涉六十余年，
州县有废置，名号有改易，等第有升降，所载古迹有出于俚俗不经者，乞
选有地理学者重修。"于是"乃命集贤校理赵彦若、馆阁校勘曾肇，充删
定官。彦若辞，复命光禄丞李德刍删定，而知制诰王存审其事。既而上
言，以旧书不绘地形，难以称图，更赐名《九域志》。"《玉海》同卷又引
《会要》文称：是稿"元丰三年闰九月，延和殿进呈；六年闰三月诏镂；
八年八日（疑为"月"之误）颁行十卷。"①

　　元丰八年（1085）三月，宋神宗死，其子赵煦嗣位，是为哲宗，改明
年为元祐元年。从书中个别补入和调整的内容来看，是书实际刻成于元祐
元年之后，故又有《元祐九域志》之称。也有称为《熙宁九域志》者，大
概是以其始修于熙宁时也。无论从其始修或修成，都与其后的大观年无
涉，那么九域图志局这个修志机构，怎么会迟至大观元年才创设呢？可见
此说难以成立。

　　持这种说法唯一的依据，是黄鼎《乾道四明图经·序》。这部《四明
图经》是由知明州兼主管沿海制置司张津等纂修的。黄序文云："自大观
元年，朝廷创置九域图志局，命所在州郡编修图经，于是明委郡从事李茂
诚等撰述。"乍一看来，似乎是确凿无疑的依据。但细玩以这段文字，是
经不起推敲的。《乾道四明图经》修成于乾道五年（1169），距大观元年已
有62年，以后一代人述前一代事，且不去说。就黄鼎序文的语意来看，其
本意说的是大观元年时，因当时朝廷创置有九域图志局，命所在州郡编纂
图经，故明郡从事李茂诚等着手来修图经。这个"自大观元年"，指的是
李茂诚等着手修《大观四明图经》始自大观元年，而非朝廷创九域图志局
之年。这个"创"字，应当理解为，大观元年时，朝廷已经创置有九域图
志局，并非九域图志局就创置于这一年。明郡从事李茂诚（或称李懋诚）
等从这一年（大观元年）起始事，（最后）终于修成了一部《大观四明图
经》（或《大观明州图经》）。黄鼎为之写的《乾道四明图经·序》，称这
部李志，"故地之远近，户口之主客，与夫物产之异宜，贡赋之所出，上
至于人物、古迹、释氏、道流，下至于山林、江湖、桥梁、坊陌，微而至
于羽毛、鳞介、花木、果蓏、药茗、器用之类，靡不毕备。"可惜的是，

①　王应麟《玉海》卷15，光绪九年浙江书局重刻本，第35—36页。

"书成未几，而不幸厄于兵火，遂致存者亡，全者毁。前日之所成者，泯然而不见。"①所以张津到任治明之第二年，遂修此志。人们之误就在于曲解了黄鼎的原意。

笔者到目前为止，只是认为不应将九域图志局之始设置系之于大观元年，应当向前推至《元丰九域志》纂修之时。因为这部志书的修纂时间，经历了熙宁末、元丰初，到底是哪一年，是熙宁时，还是元丰时，尚无法确定。笔者还注意到，苏长春在《中国地方志》1994 年第 2 期发表的《地方志与地方行政管理关系探微》一文，其中有"北宋时的《九域志》是神宗熙宁八年，'命赵彦若、曾肇就秘省置局删定'。"按理而论，这个说法是可以成立的。这样一来，朝廷设置中央修志机构，就比众口一词所咬定的大观元年说，提前了 32 年。可惜苏氏未注明资料出处。前引《玉海》卷 15 文只有：熙宁八年七月"乃命集贤校理赵彦若、馆阁校勘曾肇，充删定官"，而没有"就秘省置局删定"之语。

（二）实际上，朝廷里修志机构的出现，最早的不应当是宋代的九域图志局，而应当是在隋代将志书纳入官修之后，全国总志编修之时，朝廷里就有修志机构的出现。

据《隋书·经籍志》所载，大业中（609），隋炀帝曾："普诏天下诸郡，条其风俗、物产、地图，上于尚书"。这是历史上由皇帝下令，大规模组织官修志书之始，"故隋代有《诸郡物产土俗记》150 卷，《区宇图志》129 卷，《诸郡图经集》100 卷，其余记注甚众。"②据《大业拾遗记》所载，《区宇图志》最终修成有 1200 卷之多。其修纂过程，先是大业初，隋炀帝敕内史舍人豆卢威、赵盾，起居舍人崔祖浚及龙川替治侯伟等三十余人，撰《区宇图志》一部，五百余卷。《隋书·崔颐传》载：颐"受诏与诸儒撰《区宇图志》……帝不之善，更令虞世基、许善心，衍为六百卷……帝不悦，遣内使舍人柳逴宣敕，责威等……各赐杖一顿。即日，敕秘书学士十八人修十郡志，内史侍郎虞世基总检。于是世基先令学士各序一郡风俗拟奏。命虞绰序京兆郡风俗，陆德敬序河南郡风俗，袁郎序蜀郡风俗，杜宝序吴郡风俗。四人先成，世基奏闻。敕付世基择善用之。世基

---

① 转引自张国淦《中国古方志考》，中华书局 1962 年版，第 355 页。
② 令狐德棻、魏徵、长孙无忌等撰《隋书》卷 33，《经籍志二》，中华书局 1973 年版，第 988 页。

乃抄《吴郡序》以为体式。及图志第一副本，新成八百卷奏之，炀帝以卷帙太少，更遣重修成一千二百卷"。这样动辄百数卷甚至上千卷大型总志之纂修，当非一人所能为，故其参与者或十数人，或数十人。《区宇图志》之修，先是三十余人，后是十八学士。无论是三十余人也好，十八学士也好，不可能是一盘散沙，各行其是。必然是有组织的分工协作。这个"组织"就是朝廷里最早出现的修志机构。这个机构的领头人，明确虞世基为"总检"（也就是后世所称的主编）。虞世基作为总检的工作方式是，先分工由四人分头撰写一地的内容，然后经比较，选出最好的一种作为体式，要求其余地方的编写仿此而为（颇似后世所说的"选出范例"、"典型引路"的做法），最后总为八百卷①。有相当人数集合在一起同做一件事，有负责人组织分工，提出统一要求，而后将分工所得成果，进行总合成。无论从参与人数，还是从工作方式上来说，这都证明是一种有组织的行动。这个工作班子就是最先在朝廷里设置的修志机构。当然，开始时这个机构只是临时性的，书成班子（机构）亦散。要纂修新书时，另由皇帝指定大臣，重新组成班子。

同样，唐代朝廷所修的《十道图》等全国总志，也是有其修纂班子（机构）的，但史佚其名。魏王李泰所修的全国总志《括地志》，是由唐太宗特许魏王于其府中组成的文学馆组织修成的，其成员包括著作郎萧德言、秘书郎顾胤、记室蒋亚卿、功曹谢偃、苏勖等，由卫尉供帐，光禄给食②。可见这个工作班子里，除了从事业务工作的人员外，还有明确的后勤保障，是一套较为完整的修志机构了。当然，它只是魏王府里的一个修志机构，而不是朝廷里的修志机构。宋代有了史籍明确记载的朝廷里的图志局，元、明、清时期的一统志馆，就成为朝廷里的常设修志机构了。

（原载《中国地方志》2008 年第 8 期）

---

① 《太平御览》卷 602，河北人民出版社 1994 年版，第 737—738 页。
② 转引自张国淦《中国古方志考》，中华书局 1962 年版，第 75 页。

7. 从一篇《修志本末》看古人是如何修续志的
——读《景定建康志·修志本末》有得

马光祖修，周应合纂的《景定建康志》，是至今留传下来的宋元方志中的一部名志。《四库全书总目》评其"援据该洽，条理详明，凡所考证，俱见典核"。钱大昕称其"义例之善者"，孙星衍称其"体例最佳"。

这是一部在史正志纂修的《乾道建康志》和吴琚修、朱舜庸纂的《庆元建康续志》基础上续修的志书。而今能见到周应合写的《修志本末》及马光祖所写的志《序》和《进建康志表》①，都是不可多得的修志论文。尤其是周应合的《修志本末》，更是本志编纂经验的一个很好的总结，对我们现在正从事的第二轮修志，有着很直接的借鉴意义，值得我们仔细玩味。

从这篇《修志本末》中可知，景定二年二月甲寅（公元1261年二月二十二日），原荆湖制置使、江陵知府马光祖的旧日幕客周应合，刚从池阳返回建康，就受到旧主人、已任沿江制置大使、江东安抚使、建康知府马光祖的召见。原在江陵时，应合就纂有《江陵志》一书，很受马光祖的赏识②。此次会见，马光祖主要就是商谈请周出来主纂《建康志》的事。马的意思是：建康是一个大都会，但自庆元志修成之后，至今没有续者，实是莫大的缺典。庆元以前修成的志书，记载都过于简略，而且也有舛误。按照朝廷的规定，图志要三年一上。我再次回来此地任职已经又快三年。将此《建康志》修成，我也好请求休官回家了。请你来担任此书的主

① 均见张国淦《中国古方志考》，中华书局1962年版，第219—222页。

② 《江陵志》今已不存，无从见到相关的文字。故张国淦《中国古方志考》，对《江陵志》只著录有纂者周应合，而不及主修者之名。但据《宋史·马光祖传》，在任建康知府前，曾以端明殿学士，为荆湖制置使、知江陵府。在《景定建康志》的《修志本末》中，周自称为马光祖的"荆湖旧幕客"，并称是因为马光祖向朝廷的推荐，"充江东安抚使司干办公事"，才离开的。故他所纂《江陵志》的主修者，有可能是马光祖的前任，而不是马光祖。

纂者，希望不要推辞。周应合谦逊道：建康是留都，这么重要地方的大典，应当是请大手笔来担当。我本人浅学寡闻，实在难当此任。马说：你已经修过一部《江陵志》了，在那部志书中，图、辨、志、表齐全，而且伦序得体。修志对于你来说已是轻车熟路了，还推辞什么？我看就这么说定了吧。今年春禊（三月初三日在水边举行的一种祭礼）正好是甲子日，就选定这一天开始设立编书局。连地点都选好了，就在锺山阁下，也就是叶梦得编《石林燕语》的旧所。定下来就赶快动手吧，争取在我任职期满之前成书。周应合答应下来，但因身体原因，想稍作休息。但马的书札频频来催，便在马所定的甲子日正式开局。

从这个过程中，我们可以看出，这里体现了一条重要的经验：修成一部志书，尤其是要修成一部好的志书，先决的有两点至关重要。一是主修者，也就是地方主官要有识见，对修志的必要性有充分的认识，有强烈的使命感和紧迫感；二是志书主纂（编）者要选得其人。联系到我们上一轮修志中，一些地方的行政长官，只是上级"要我修"，而不是"我要修"，以及设立挂名主编，出现"主而不编"、"编而不主"和待志稿修成后再来确定由谁来挂主编之名的历史教训，真可谓是对症良方。

周应合承接主纂任务后，首先便要确定续志的原则。他向马光祖汇报时说：乾道志有280板，记事只到乾道年间；庆元志220板，记事止于庆元年间。自庆元至今60多年的史事，是我们修志应当要续记的。新事不当略，旧志也不当废，当如何把握呢？马氏指示说：前两志互有详略，以《六朝事迹》和《建康实录》与前两志进行核对，又多有不一致的地方。我们应当将它们合为一志。前志之缺者补之；舛误者是正之；庆元以后的新事续记之，这样才能成为一部全书。接着他又分析了前志的情况：一是散漫无统，也就是无序，没有统属；二是疆域部分没有地图；三是考时世没有列年表；四是古今不可泯灭的人物，他们对后人可以起劝诫作用的行事、值得后人发扬的诗文，往往缺载。现在应当用你前修《江陵志》的"凡例"，将前述诸项内容，汇为一篇，补上前志之所未备者。

这段文字，表明了马氏的续志主张，即应当修成一部新的通志，而非仅仅是补前志下限之后的断代志。对于这一点，我们今天有两种主张，我把它们归纳为，是修"续志"还是"续修"志。我个人认为，对此应根据实际情况而定，主要就是视前志基础而定。对前志的分析总结，是志书续修的最基础的一项前期工作，前面所说的补什么，纠什么，如何在前志基础上进行创新。对于像马光祖这样行政大员，能够指出上列的这几方面的问题，已经是难能可贵的了，说明他对修志已经有了较深入的考虑。对于我们今天的地方主要领导，工作千头万绪，有的则是刚面临修志工作，要他们对前志的问题抓得如此之准，是不现实的。这个总结分析研究前志的工作，主要还得由我们修志工作者来做。但必须要做，而且要做细做好。只有这样，你才能做到心中有数，成为确立续志原则，制定新志书凡例的首要前提，明白你的着力点之所在。

周应合赞成了马光祖对前志的分析，接受了他提出的基本原则，但他向马氏提出了不能急于求成。因为庆元志实际上有《金陵事类》为资料基础，而主纂者朱舜庸是本郡人，熟悉当地情况。尽管如此，尚且用了20余年的时间。何况我这个外郡人来做此项事，更是急不得。同时他还提出，要合前、后两志修成一部全书，除了要宽以岁月之外，还应当广招局官，与本郡人士一起合力来完成。对此马光祖因急于在自己的任期内成书，故没有答应周应合的请求。

周应合的要求与建议是实事求是的，是合理的。马氏有点强人所难。如果能依周应合之请，这部志的质量有可能更上层楼。当然，马氏未同意多设局官，以及吸引本郡之人士参与，可能有任人以专的考虑，可以避免出现人事上的诸多纠缠，也可以减少地方实力人物的干扰产生负面影响，使周应合这个外来者难以措手足的一面。我们今天修续志，应当在基本原则确定之后，放手地让纂修志者按修志规律办事。虽然地方领导也有定期换届的问题，但应当把修志这项地方基本文化建设工程，看成无论是前任还是继任者共同的事业。只要你在这件事情上出了力，在修成高质量志书上作出了贡献，无论是否在你任期内完成，后人都是不会忘记你的。应当相信历史是公正的。在成志的方式上，则应当处理好专家修志和众手成志的恰当掌握。但领导官员要少设，对主编任之以专，是一定要坚持的。对我们前届修志这方面的经验和教训，已经有不少文章作了总结，值得我们分析记取。

周应合其所以能修出这部名志，其个人品德也是重要原因之一。周应合为人正直，对皇帝也敢于犯颜极谏，对权相贾似道敢于忤其意而直斥其非。"自江东帅幕入为史馆检阅官。首言李檀以山东来归，急而求我，倘借援无功，彼败我辱，招衅之道。梁武在四十余年卒堕此计，陛下不宜复蹈前辙。又言所在买公田，皆择民上腴，低直以酬，又欲令卖田之主抱佃输租，岁或荒歉，田主当割它租以偿，它租既竭，归于耕夫，耕夫逃亡，归于乡役，可谓获近效而忘远虑。"正因忤了贾似道之意，而被贾"嗾言者劾去之"①。他的正直，除了他刚直不阿的政治品德之外，还表现在他关于修志的部分主张被马光祖否定之后，不以意气用事，很快就向马"条上四事"，实际上是提出了一个比较具体的修志方案。这对于我们当代的方志工作者来说，也是有借鉴意义的。没有敢于坚持原则、正直不阿，就难以在修志中坚持实事求是的态度；不能正确地处理好上下级之间和同事之间的人际关系，要想较好地按期完成修志任务，也是不可想象的。

他所条上的"四事"：其一是定凡例，也就是提出了一个全书的框架。他提出因地情的不同，《建康志》与他先前修的《江陵志》应有所不同。"《江陵志》为图二十，附之以辨。其次为表，为志、为传、为拾遗，所载犹不能备。建康非江陵之比也。自吴以来，国都于此，其事固多于江陵。若我朝建隆、开宝之平江南，天禧之为潜邸，建炎、绍兴之建行宫，显谟承烈，著在留都。凤阙龙章，固宜备录。然混于六朝之编，列于庶事之目，宫府杂载，君臣并纪，殊未安也。今欲先修《留都宫城录》，冠于书首，而建康地图、年表次之。十志又次之：一曰疆域，二曰山川，三曰城阙，四曰官守，五曰儒学，六曰文籍，七曰武备，八曰田赋，九曰风土，十曰祠祀。十传又次之：一曰正学，二曰孝悌，三曰节义，四曰忠勋，五曰直臣，六曰治行，七曰耆旧，八曰隐德，九曰儒雅，十曰贞女。传之后为拾遗，图之后为地名考。表之纬为四：曰时，年世甲子；曰地，疆土分合，都邑更改；曰人，牧守更代，官制因革；曰事，著成败得失之迹，以寓劝诫。志之中各著事迹，各为考证，而古今记咏，各附于所为作之下。图、表、志、传卷首，各为一序。而《留都录》之序，则请公命笔。"这已经是一个比较具体的篇目了。这个篇目相对于《江陵志》来说，是有因

①《江陵志》今已不存，无从见到相关的文字。故张国淦《中国古方志考》，对《江陵志》只著录有纂者周应合，而不及主修者之名。但据《宋史·马光祖传》，在任建康知府前，曾以端明殿学士，为荆湖制置使、知江陵府。在《景定建康志》的《修志本末》中，周自称为马光祖的"荆湖旧幕客"，并称是因为马光祖向朝廷的推荐，"充江东安抚使司干办公事"，才离开的。故他所纂《江陵志》的主修者，有可能是马光祖的前任，而不是马光祖。

有创的。《留都录》的设置并冠于全书之首，就是一个很大的创新。由于《江陵志》今已不存，我们无法作进一步的比较了。

他所上的第二事是"分事任"："庆元以前之未备者，庆元以后之未书者，皆欲增修无阙，岂一手两耳所能周遍。误承隆委，辞不获命，何敢自有其事？窃惟幕府环列，儒宗林立，所当博师三长，共成一书。金陵故家，文献所聚，耆旧英俊，尤宜周询。庶几凭借众力，早有成书之期。欲乞请官十员，招士友数人入局，同共商榷，分项修纂。"这里讲的是修志的力量组织问题。他提出的是要借助各方面的力量，颇有众手修志的意思。这一点没有得到马光祖的同意，依仍是要周应合一力完成。

他所上的第三事是"广采访"："纂修既欲其备，搜访不厌其详"，他提出资料来源的收集方式有二：一是"自幕府以至县镇等官，自寓公以至诸乡士友，自戎帅以至将校，欲从阃府转牒取会。凡自古及今，有一事一物，一诗一文，得于记闻，当入图经者，不以早晚，不以多寡，各随所得，批报本局，以凭类聚考订增修"。这是由府向属下各级官员行文，责成各官员注意收集并报送材料。二是"其有远近博物洽闻之士，能记古今事迹，有他人所不知者，并请具述，从学校及诸县缴申。其阀阅子孙，能收上世家传、行状、墓誌、神道碑及所著书文，与先世所得御札、敕书，名贤往来书牍，并请录副申缴。其山巅水涯，古今高人逸士，有卓行而不求闻达者，亦请冥搜详述，以报本局。其有闻见最博，考证最精者，当议优崇。诸吏民父老中，有能记忆旧闻，关于图志者，并许具述实封投柜。柜置府门，三日一开类呈。其条具最多而事迹皆实者，当行犒赏。"从官府到民间各类人士中的资料收集方法，都有规定，还包括付酬及奖励办法，都很周到、具体，可以说是相当详尽的了。马光祖对此完全赞同，并立即发牒行榜，照此办理。

他所上的第四事是"详参订"，实际是提出了一个请各方面人士帮助审阅志稿，广泛听取意见，直至最后定稿的做法。他说："窃惟诸司幕府，参佐宾僚，学富才宏，皆应合所愿求教。然望尊职重，非书局所能一一屈致者。容应合每卷修成初稿，各以紫袋封传诸幕，悉求是正。其未当者与未尽者，各请批注行间，以凭删修。次稿，再以紫袋传呈如初。俟定本纳呈钧览，仰求笔削，然后付之锓梓。"要做到广泛征求意见，并三审定稿，可谓是很周到的了。

此外，还提出了书局内部运转班子的人员组成："乞还差局吏两名，分管书局事务；书吏十名，誊类草稿，书写板样；客司虞候四名，以备关借文籍、传呈书稿等用。"工作进行一月之后，因时限过于紧迫，周又提出将自己长子及女婿，从各自任所告假前来协助修书。马氏都一一应允。经过他们"夜考古书，朝订今事"，每成一卷，都经马氏核准。于是"右分编稿，左付刻梓"，经过四个多月的努力，终于大体完成。

所成之书，与原先所订的框架基本一致。总为《留都录》4 卷，《地理图》及《地名辨》1 卷，《年表》10 卷，《官守志》4 卷，《儒学志》5 卷，《文籍志》5 卷，《武卫志》2 卷，《田赋志》2 卷，《古今人表传》3 卷，《拾遗》1 卷。这些都是乾道、庆元两志所没有，属于新创的编目。此外的《疆域志》3 卷，《山川志》3 卷，《城阙志》3 卷，《祠祀志》3 卷，虽篇目为前志所有，但内容上，因前志者只有十分之四，新增者达十分之六。

我认为，读一读这篇《修志本末》所总结出来的丰富经验，对于我们今天续修志书，确实是很有教益的。如果在第一轮修志时，能如乔木同志所指示的，将其印出来，让学员们学习，其效果是可以想象的。即使是现在来加以介绍，恐怕也不是多余的。

2004 年 6 月 5 日，去徐州讲课前一日
（原载于《河北地方志》2008 年第 4 期）

8. 稀见著录地方志书概说

——关于合力编纂《中国稀见著录方志提要》的建议

（一）概说

自从 1985 年初起，《中国地方志联合目录》出版问世以来的近十多年里，学者们在谈到我国国内现存地方志书时，大体都沿用该书所收录的八千二百余种为据，或略说曰八千余种 ①。笔者从 1994 年以后在全国各地的讲课或有关的文章中，就斗胆地提出了国内现存地方志书九千余种几近万种的一种新说法。这样说自有我的根据，绝不是随心所欲的信口雌黄。根据就来自本届修志中各地修志部门对自己家底的清查所得。

从七十年代末以来的本届编修地方志工作，是一次国情的大调查，其中也包括对自己文化家底的清查。为了本届修志工作的需要，各地都注意了清查梳理本地区地方志书的编修和存佚情况。不少地方都编出了地区性的旧方志目录，有好几个省、自治区还编纂出版了旧方志提要。在这个工作过程中，各地发现了不少连目前收录最全、最有权威性的由中国科学院北京天文台主编的《中国地方志联合目录》（以下简称《联目》）都未著录的志书。这些志书，有的是人们根本不知道历史上曾经修纂过，有的虽知是有人修成过，但以为是早已不存的了，故被视为已佚之书。笔者从八十年代后期从事方志工作以来，就注意了收集这方面的所得，将所能见到的比《联目》后出的方志书目、提要、简介、有关论著及出版信息等，随时与《联目》进行对重，凡该书未予著录的志书、志料等均一一抄录，做

---

① 陈国生、李廷勇在《中国旧方志序跋的文献价值》（载山西《史志研究》1999 年第 1 期）一文中说，现存旧方志 8500 余种，未说明所据。

成卡片。十数年来，所得竟有一千六七百种之多。

将这一千多个条目，与《联目》所著录的志目略加对照、分析，可以形成下述的几点印象：

一是《联目》编纂时，一些专记某地的地情（包括自然和人文历史），实属方志性质的书，人们也知道它的存在，属于并不鲜见，甚至是尽人皆知的，但却被视为笔记、杂著一类，而不以方志之书目之，故《联目》未予收录。明显者如唐代莫休符纂的《桂林风土记》，原书三卷，从现仅存的一卷来看，其所记包括古今事迹、山川、古迹、冢墓、庙观、人物等内容。又如宋代张敦颐撰的《六朝事迹类编》十四卷，专记南京地区从吴到东晋、宋、齐、梁、陈六朝的事迹，包括六朝兴废、建都、宫殿、郊社、郡国、保守、形势、城阙、楼台、江河、山冈、宅舍、谶记、灵异、神仙、寺院、庙宇、坟陵、碑刻等目。此外，还如清人陈文述的《秣陵集》、清顾禄撰的《清嘉录》等都属于这一类的书。仅徐复、季文通先生主编的《江苏旧方志提要》中，收录这一类的书就达十数种之多。

二是《联目》的编著凡例规定："收录范围包括通志、府志、州志、厅志、县志、乡土志、里镇志、卫志、所志、关志、岛屿志等。凡具有方志初稿性质的志料、采访册、调查记等均予收录；山、水、寺庙、名胜志等不收录。"编纂者在执行这条规定时，由于多数书都不可能直接寓目，由各地写来的条目稿子，所著录内容仅有书名、编纂者及收藏情况，没有内容提要，难以断定是属于哪一种类型的志书。故将一些按书名看，似属《联目》收录范围之外的专志、杂志，而实际内容却是在其当收录范围之内的区域综合小志等，排除在著录范围之外。笔者收集到的志目中，就有一些从书名上看，似属于"凡例"明确规定不当收的山、水志一类，但其内容实际上却是地区性的综合志书，是符合"凡例"规定，当收入的里镇志、岛屿志一类的志书。

以山志之名出现者，如明人顾世登、顾澹生辑的《（万历）毗陵高山志》，其类目共分13类，包括山境、土产、地里（内有里役、粮役、差役、兵防）、风俗、勋略、文章、才学、征辟、仙释、灾变、异事、志余等，前人就已指出"志高山者，志一乡也"①。又如清雍正时顾嘉誉撰的

_____

① 转引自徐复、季文通主编《江苏旧方志提要》，江苏古籍出版社1993年版，第233页。

《（雍正）横山志略》，从书名上看也是山志，但实际却是江苏吴县横山一地的一种小志，属于应当收录的里镇志一类，其所记包括水道、桥梁、村庄、土产、古迹、寺观、第宅、冢墓、人物、灾祥、杂记等，专门记山的一目也没有①。属于这一类的仅江苏一省之内就还有清许械等纂的无锡《重修马迹山志》、清林溥撰的《扬州西山小志》、清陈作霖撰的南京《（光绪）凤麓小志》、孙尔嘉撰的苏州《（道光）甲山志略》（又名《横山志略》）②、陈诏绂编纂的南京《（民国）石城山志》、秦长奎撰的吴县《（民国）东山杂录初编》等。

以水志之名出现者，如明沈敕纂的《（嘉靖）荆溪外纪》二十五卷，看似水志，实际是以荆溪作宜兴的别称。从内容看，是以艺文为主，人物次之的一部《宜兴志》，绝不当归于水志之中。又如夏仁虎纂的《（民国）玄武湖志》八卷，包括往迹、人物、艺文、名胜、物产等目，也是应当在其收录范围之内的，而不是一部单纯的水志。

三是一些或收入丛书之列，或纳于文集之中，或附刻于他书之内的，无论从书名到内容都明白无疑属方志一类的书，却被《联目》漏收了。收入丛书者，如明人叶绍袁纂的《湖隐外史》，即《吴江分湖志》，收入"国粹丛书"第三集。明宫伟、陆廷抡纂修的《（康熙）泰州志稿》六卷，收在《海陵丛刻》中。

收入文集者，如万历时李化龙主修、王守诚纂的《嵩志》二卷，就收在《周南太史王公遗集》中；广东的《（道光）连山厅志》是很有价值的一部志书，就是收入《且看山人文集》中。尤其值得注意的是，有一部是蒙古汗国时期李俊民纂的《泽州图记》。书未分门目，首记泽州和所属晋城、阳城、端氏（今沁水县东）、高平、陵川、沁水六县的建置沿革及州名来历，次述四至，次述户口，次述兵燹、市井等。是一部体例、篇目都比较完备的志书。查纂者李俊民的生活绝对年份是公元1176—1260年，是南宋孝宗淳熙三年至理宗景定元年间，实属一部至为可贵的南宋时期的志书。此书原收入李俊民的《庄靖先生遗集》中，后又收入山西省文献委员会辑的《山右丛书初编》。附刻于他书之后者，又有一部元人王思诚纂的

---

① 转引自徐复、季文通主编《江苏旧方志提要》，江苏古籍出版社1993年版，第326页。

② 参见李球嘉《一部鲜为人知的小志——道光〈甲山志略〉》，载《江苏地方志》1995年第3期。

《（至正）河津县总图记》。此书首记河津县建置沿革，以下依次为户口、风俗、里至、坊乡、交通、寺庙、古迹、山川、人物、赋税、土产、旌表等，体例和篇目比《泽州图记》更为完善。全文仅 1800 字，原单刻与否不得而知，今存者是附刻于《（光绪）河津县志》卷十一中的。这两部宋元志书，1990 年中华书局编辑重印的《宋元方志丛刊》中也未收入。此外，李高纂修的《（弘治）襄陵县志》（残本），也是附刻于《（隆庆）襄陵县志》卷十之后的①。

附刻于谱书之内者更是不乏其例，如明代周时复撰的《间史》、周其新撰的《顾山镇记》，都附刻于《顾山周氏宗谱》中。（清）缪敬持撰的《北漍志略》，则附刻于《东兴缪氏宗谱》中。这一类之中很值得注意的要数《（康熙）卯洞司志》，这是土家人自己修纂的一部土家族的地方志。清代的卯洞安抚司，是鄂西诸土司中很小的一个，境域只相当于现在的两三个乡的范围。该司自明初即"抚有此土"，到清康熙时已历 13 世，到改土归流时的末任卯洞安抚使是向舜。志书的修纂者是其胞叔、权司中军向子奇和其堂叔、庠生向从清。志书共分 6 卷 48 目，约 2 万字，是研究土司制度、土家族历史、土家族志书难得的资料。本次修志中就是从向氏后人向正彬纂修的《向氏族谱》中获得的②。

四是笔者掌握《联目》未著录的志书条目中，有一批是近 20 年来才从国外引回来的。新中国成立后，有计划地从国外引回流失的中国古籍（也包括大量的地方志书）方面，已经做了不少的工作。八十年代以前由中国科学院从日本摄制回来的那批志书 100 多种，均已著录于《联目》之中。自那以后，又先后由私人从国外引回一些。这之中，年代最早的志书，要算是福建的《（隆庆）惠安政书》了。这是隆庆时惠安知县叶春及纂就的一部"历史上少见的县长政治笔记"，是"一部体裁别具，很有特色的地方志书"。该书在国内早已不存，1981 年是厦门大学明清史专家傅衣凌教授，从日本东洋文库复印回国，1984 年已由惠安文化馆、图书馆与泉州历史学会合作重新印行③。

福建省由私人从国外引回还有另一部志书，是《（乾隆）鹭江志》

---

① 均详见梁锦秀《〈中国地方志联合目录〉山西篇补遗》，载《中国地方志》1998 年第 6 期。
② 见张兴文《康熙〈卯洞司志〉概览》，载《中国地方志》1989 年第 1 期。
③ 见蔡永哲《叶春及与〈惠安政书〉》，载《福建地方志通讯》1984 年第 3 期。

（非单纯水志，而是记述鹭岛史事的一部综合小志，属于《联目》收录范围）。这部刊行于乾隆三十四年（1769），由薛起凤、杨国春、黄名香合纂的志书，国内仅南京图书馆残存卷三的数页，故《联目》亦未予著录。而荷兰莱顿大学汉学研究院却藏有卷一、三、五三册。1996 年 11 月，厦门大学历史研究所林仁川教授应邀赴荷讲学时，从该院图书馆复印回国，已于 1997 年整理出版①。

八十年代开始修志之后，最先从国外引回志书，而且引回志书种数最多的，则是杭州大学的著名地理学家、方志专家陈桥驿教授。他先是于 1980 年从美国引回浙江的《（乾隆）越中杂识》。这部海内孤本志书，是陈桥驿先生出国访问时，通过美国友人、斯坦福大学施坚雅教授，从美国国会图书馆复印回归的，1983 年已由浙江人民出版社标点出版②。此后，陈教授又先后通过日本友人斯波义信教授，从日本宫内省图书寮、日本东京大学东洋文化研究所，引回《（康熙）常山县志》（抄本）的缩微胶卷③和《（光绪）新市镇再续志》④。1987 年底，陈教授又通过他在美学习的研究生乐祖谋先生，从美国斯坦福大学图书馆，将《（康熙）象山县志》复印回国⑤。

通过私人从国外引回的志书，除了上述福建和浙江的几部外，还有江苏、宁夏和广东各一部。江苏的是《（崇祯）江阴县志》。该志刻本共 8 卷，原藏于燕京大学。早在 1936 年，正在燕京大学就读的邑人王伊同遵从父命，重金觅工抄得一套副本，赠存于江阴民众教育馆，不幸于日本侵华时毁于战火。其原本于 1948 年移往美国，藏于哈佛大学燕京图书馆，遂成孤本。1987 年 6 月，侨眷章紫女士受江阴市志办之托，得到在美国任史学教授的王伊同先生及哈佛大学图书馆馆长吴文津先生的通力合作，复印后又由章紫女士带回国来。《（宣德）宁夏志》，是宁夏社科院副院长、方志学家吴忠礼先生，通过日本京都大学图书馆馆长、语言文学部主任、著名西夏学学者西田龙雄先生翻拍回国的。经吴先生作笺证后已由宁夏人民出

① 详见《厦门方志通讯》1986 年第 1 期；1996 年 12 月 5 日《社会科学报》。
② 详见陈桥驿《越中杂识·代前言》，浙江人民出版社 1983 年版。
③ 详见陈桥驿《从日本引回康熙〈常山县志〉纪略》，《陈桥驿方志论集》，杭州大学出版社 1997 年 1 月版，第 232 页。
④ 详见陈桥驿《〈新市镇志〉考录》，载《陈桥驿方志论集》第 226 页。
⑤ 详见《浙江省流落在海外的两种孤本方志》，载《浙江方志》1988 年第 4 期。

版社正式出版。广东的由陈应奎、赖存业纂修的《(嘉靖)程乡县志》八卷，也是通过私人从日本东洋文库引回，由中山图书馆王洁玉、林子雄和梅县剑桥图书馆程志远、谢维怀重新标点出版的。

除了个人行为之外，一些学术机构的努力也颇有收获。1987年，新疆社科院与日本学者的学术交流中，接受了日本学者片冈一忠先生赠给的《林出贤次郎携来新疆省乡土志三十种》一书。20世纪初，日本政府出于为其侵略政策服务，曾遣人员秘密进入我国西北等地进行"调查"。受遣者之一的林出贤次郎曾两次深入我国天山北路，达七个月之久，回国时携去了当时从新疆抄得的《乡土志》30种。八十年代中期，学者片冈一忠先生经过努力，将这30种新疆地方志中文原本编为一书，付梓刊行，使之得以面世。1987年，日本学者梅村坦先生访问新疆时，片冈一忠先生将此书亲笔题词，委托梅村坦先生转赠新疆社科院，使这批外流达七十年之久的地方志书，才得重新归来，体现了一位正直学者的良心与忠诚。这30种乡土志中，有4种是《联目》未予收录的①。广西的《(万历)殿粤要纂》，这是一部兵要地理图说，流落日本，国内无藏。五十年代，北京图书馆从日本复制得胶卷。1991年1月，广西通志馆资料室，通过时在广西社科院历史所实习的日本留学生菊池秀时，从日本内阁文库复印回来。

五是现在所收集到的这些志目，虽是《联目》漏收的，带有"编余"或只是"补缺"的性质，但其价值和珍贵程度却是不容忽视，不可低估的。原因是：

1. 这些志目中的志书不少是劫后余存者。中国的志书与其他的古籍、古物的遭遇一样，命途多舛，历经劫难。这些劫难，有的是无知或不屑者的随意糟踏；有些是长期保存中遇到的水火、虫蠹的侵蚀；有些是战争的破坏或兵燹、匪祸的毁坏；近代以来又有帝国主义侵略者的恣意掠夺；更可怕者还是有组织、大规模的政治性的浩劫，如清朝"文字狱"中的大量"焚书"和当代"文化大革命"中的"破四旧"。所以，从广义上来说，今天我们所能见到的这些存世的志书，都可以说是劫后的余存者。但我在这里用的"劫后余存"，不是就中国志书的总体命运而言，而指的是未入

---

① 见片冈一忠《〈林出贤次郎携来新疆省乡土志三十种〉解说》，章莹译载于《新疆地方志通讯》1988年第2期。诸葛按，原文说这30种之中，与中国现存的31种相对照，有8种是国内所没有的。经我与《中国地方志联合目录》对照，只有4种是《联目》未著录的。

《联目》某些志书的具体历险。下面的几例或许有助于加深人们对这一问题的具体认识。

山东邹城市有清人董纯主修、马星翼纂的《（道光）邹县志稿》十八卷（未刊的手抄本）。过去人们虽知曾修有此书，但已经是久觅不获。直到本届修志开始后，市志办的同志历尽艰辛，在全国各地所能见到的大小志书目录中均未查得，都以为该入于佚书之列了。后来由市文物局的王轩先生献出。它是王先生于五十年代末在一家饼铺中赎回来的。当王先生见到时，饼铺的主人正撕作包饼售人之用，封面、序文、目录及图版部分已经不存，所幸的是尚未毁及正文。现已纳入由该市六位退休老人标点自费出版的《历代邹县志十种》，重新印行面世①。与本志几乎完全相同经历的还有一部安徽的《（民国）颍上县志稿》。是稿于民国三十二年，由仇天民、张星桥、常良伍等纂修成后，交由志馆馆长许敬涵先生保存。1951年冬许先生病逝后，其族人某竟将志稿，全部盗出卖与市人包物。纂者之一的张星桥先生见到后，深感痛心，遂解囊将残余部分赎回，方未使其泯灭②。

江苏有一部干人俊辑的《（民国）睢宁新志稿》二十二卷。其书的特点在于经济史料居大半，在《风俗》门内，专记了民国以来的新式婚丧仪礼，至为珍贵。但在"文化大革命"中被"破四旧"的"红卫兵"抄出。正欲焚烧之际，经县图书馆馆长李明春先生冒险抢出二册（卷1～10），另外二册至今下落不明，不知尚存人世否也。河南省有一部《（民国）杞县志稿》，原存于本县。还是在那场史无前例的"文化大革命"中，也几遭焚毁。幸得县文化馆的文物保管员张保珠先生悄为收藏，才得以幸免于难。我相信，在所收的这分目录中，像这样逢历艰险，几遭毁佚而被抢救回来的志书，绝非仅此两部、三部，甚至也不止五部、八部。

安徽省有一部《（民国）嘉山县志稿》的经历，更是动人心魄，感人至深。这是清末老同盟会员汪雨相先生的手稿。为了写这部志稿，他曾亲骑毛驴到四县交界的边沿地区和县境的穷乡僻壤进行实地采访调查，在县内一些热心的有识之士协助下，历三年而成志稿18卷。时值抗日战争爆

---

① 详见诸葛计《六翁辑点〈历代邹县志十种〉序》，载山东《志与鉴》1996年第3期。
② 安徽省官为之先生提供资料，并已经写出此条提要。

发，他率全家奔赴延安，家产均弃，唯携此 18 卷志稿北上。行至西安，为轻装防意外，他忍痛舍弃亲骨肉，命儿子道涵（解放后曾任上海市长）将孙儿、孙女都送西安育婴堂，任人领养，自己却将这部志稿带到了延安。在此后战火纷飞的岁月里，手稿随他南征北战，1949 年又带进北京。直至1960 年，才将这部手稿送回到嘉山县人民政府保存。像这样经历的志书，我们称它们为劫后余存者，恐怕是不为过分的。

2. 大量民国时期存留的稿本尤足珍贵。中华民国时期，是中国方志发展的一个新时期，曾出现过一个修志的小高潮。民国时期到底给我们留下了多少地方志书，目前尚无一个确切的数字。就是根据《联目》所著录的进行统计，也有不同的说法。有人说是 1187 种①，有人说是 1571 种②，又有人说是 1705 种③。由于统计标准的不一致，出现这些不同的说法是不足为奇的，可以姑置不论。在这里我要说的只是，《联目》所收录的与实际相去还有不少的距离。仅据我按照《联目》"凡例"规定的标准所收到的志目进行粗略统计，民国时期该收而未收的条目共有 394 条之多，除了 7部省志及其他一些杂志外，正式的市县志书或志稿就达 137 部之多。属于陕西省的有 19 部，其次是山东的 14 部，浙江的 10 部。除了湖南、青海、藏西几个省、区尚未发现外，其余各省、区都有三部、五部不等。这一百多部市、县志当中，直到本届修志中重新整理出版之前，相当多数是未刊的稿本。

如前所述，民国时期是中国方志发展的一个新时期，修成了不少的志书。但民国也是政治和社会动乱的一个时期。前有军阀混战，中有日本侵略者的入侵和全民族的八年抗战，后又有三年之久的国内战争。在这样一个动乱环境之中，进行修志实属不易（有些志书就是在日本飞机的轰炸声中，在摇摇欲坠的办公屋内完稿的）。所以许多地方的志事不得不几起几落，或是半途中辍，或是稿成而不能出版。已经修成的志稿，在战乱中残缺或散失者又不知凡几。本来，在这样的环境中修成和存留下来的志书、志稿，已属珍贵，可是，在全国解放以后所进行的接收旧政权机构、镇压反革命、土地改革等运动中，由于我们自身的认识水平的限制和左的思想

---

① 仓修良：《方志学通论》，齐鲁书社 1990 年版，第 407 页。
② 黄燕生：《中国历代方志概述》，《中国地方志综览》，黄山书社 1988 年版，第 434 页。
③ 吕志毅：《方志学史》，河北大学出版社 1993 年版，第 381 页。

危害，又损坏了一批志书或志稿。尤其是十年"文化大革命"中，打着"破四旧"的旗号，对古代文化典籍的破坏，其所造成的损失更是难以数计。在国民政府留下的档案资料极其有限的今天，任何一个地方新发现一部未刊或未见著录的志书，哪怕只是一些残篇零稿，都被认为是对民国时期一地资料的重要补充，被视为是难得的档案库。这些仅存的任何一项硕果的出现，都会令学者们兴奋不已。更何况是数以百计的志书、志稿的重新面世呢？

3. 值得注意者还有一点，那就是这些稀见的志书或志稿，相当多的是存在基层的县文化馆、文管所、档案馆、博物馆，甚至于县政协、公安局、教育局、中学、水利局。还有不少是在本届修志中才从私人手中重新出现的。有的是由个人送到地方相关部门，如新疆《（民国）沙雅县志》（草稿），是李征先生1963年献给新疆自治区图书馆的；《（乾隆）建平县志》三卷，是安徽广德县苏村石学华和郎溪县姚村乡石凤英二人，献给郎溪市志办的；广西的《（民国）那马县志草略》（手稿），是原纂者林锦臣先生之子林世就老人于1980年献出的，现已标点整理出版。有的是修志工作者或图书工作者，根据一些蛛丝马迹，经过悉心寻访才得到的。如云南省有一部为梅花老人郭燮熙撰修的《（民国）镇南县志》，就是县志办和地名办的同志，先获一些信息后，找到民国时的县教育科长高狱先生，通过他又辗转找到当时任教育科科员的蔡长祜先生才访得的①；江苏《（民国）江浦县新志稿》，是1982年于一位江浦籍寓沪的先生处访得的；江西《（道光）永丰县志》，是从县民宋俊德家发现的；《（民国）睢宁县志稿》的原稿本，是从哈尔滨中国船舶工程学院姚明先生处得到的，转抄本是从睢宁教师进修学校郑建华先生处得到的；《（民国）大余县乡土志》，是在大余中学找到的；云南的《（道光）姚州志》，是从宜良县一位电工家中访得的，等等。据笔者目前所知，这个目录中尚存于个人之手者，起码不下20部。

古籍古物有其自身的运行规律：乱世藏于家，治世藏于国。中国的古籍，由于经历清末和民国的乱世，有的流散于国外，有的散落于私家。这样的命运，既是民族的悲哀，也是古籍的悲哀。流失于国外者自不必说，

---

① 详见《楚雄方志通讯》1984年第3期，第26页。

流散于私家，甚至存藏于基层者，都是极不利于保存传世的。对于这些人们不知其有存者的志书，加以收集整理，实是我们义不容辞的责任。

曾记得，1984 年，当陈桥驿先生从美国引回的孤本志书——乾隆本《越中杂识》在国内排印出版时，我国负责古籍整理领导工作的李一氓先生，曾以十分兴奋喜悦的心情说，这"对古籍整理是很大的贡献"①。从上述的情况不难看出，我国仅地方志这一类的古籍之中，有待于进行整理的就已经是很多很多的了，这便是我要提出下面倡议的原因，因为弄清这份家底，实是进行整理工作最首要的一步。

（二） 我的倡议

书乃天下之公器，是社会共有的财富。如何使这样大面积国土上散落着的泥里遗珠重新闪光放彩，成为社会公众可用之物，以发挥它的价值，是每一个知情者都会要思考的，也是我们旧志整理工作所必须要考虑的问题。

作为一个地方志专业刊物的编辑工作者，随着手头收集到这类条目的日渐增多，我便逐步萌发了一个想法：先组织人搞出一部这一类志书的提要来，目的就是让人们知道有这样一部书的存在及其价值的所在。这一工作从 1990 年夏着手。开始时想得比较简单，以为拟定一个"编写原则"附上两个"例条"，发下到藏书单位或个人手中去，提要稿便会很快返回；在来稿的基础上进行一番编辑加工，便可告成。但事实证明并不那么容易。自那开始至其后十多年内，时断时续，我们合作的几个合作者，都付出了不少的努力，搞出的提要条目还只有 300 个左右，约四十万字。

十多年来进展缓慢，原因主要有这么几个：

一是这一类志所存过于分散，任何个人或少数几个人都难以完成。甚至由我一人去与存书单位或个人普遍联系一次都做不到。只好采取每一个省、区找一两个人来负责撰写，或由他去组织人写。但就是这样的人选也是不好物色的，不是知根知底、确知能任此事的人不敢随便邀约，怕搞出来的稿子不合用，反而沾在手上不好处理。有些明知能够胜任的人，又或

① 见李一氓《三论古籍和古籍整理》，载 1984 年 5 月 10 日《文汇报》。

因手头工作忙等等原因而不愿或不能参加。

二是出版经费没有着落。现在出书困难是人所共知的，尤其是学术著作。一部四五十万字的书，给出版社的经费补贴，动辄以数万计。这对于我们这些工薪者来说，几近是天文数字。要了出版补贴，还不给稿费。请人家合作参加，连起码的劳务费都没有，谁还肯干？

三是工程量也实在太大。一千六七百部志书，就是经过严格筛选，要作提要的少说也有一千五百条。以每条 1000 字计算，全书就在 150 万字上下。这么大的一部书，工作量且暂不说，就是出版费补贴又将是多少呢？真是不敢想象。

就是这么一些因素的影响，使我不得不实行慢节奏，一个人慢慢做着，边做边等待机会，物色合作人选。困难虽然不少，但我还是如有些人所说的那样，咬定青山不放松。不管花多大的精力和时间，持之以恒地做下去，冀能找到志同道合的合作者。我想假以时日，持之以恒，总是可以完成的。故我在此再次倡议，大家合力来完成这项有意义的项目。也希望有条件的有识之士给予资助，使这一项有益于后人的大型文化工程得以实现。现将我 1991 年拟定的编写原则附录于下，以便有意、有条件的合作者考虑，联系有关合作事宜。

附录：《〈中国稀见著录方志提要〉编写原则》

一、编著宗旨：近年来各地在地方志普查中，均有所获，查到了一批连目前收录志书条目最多的《中国地方志联合目录》都未著录的志书。将这些较为少见的志书介绍给社会各界，俾发挥其社会效用，是本书编著的宗旨。

二、收录范围：凡《中国地方志联合目录》未著录的方志（含通志、府志、州志、厅志、城市志、县志、乡土志、里镇志、卫所志、关隘志、岛屿志及具初稿性质之志料、采访录、调查记等，不含山志、水志、寺庙志、名胜志等），均属"稀见著录"的志书，均在本书收录之列。

三、对一部志书提要内容的要求：

1. 书名——均以原书卷端所标书名为准，如有异名则另加注明；书名前一律加括号冠以成书时的年号，如："〔崇祯〕《吴江县志》"、"〔民国

《汉阴县志》"等；原无书名之稿本、抄本、残本，可另拟书名，但要说明如此拟名之由。

2. 纂修者介绍——包括姓名、字号、生卒年、乡贯籍里、简历、著述等；如系多人修纂，主要者详介，其余略介。

3. 版本——以所见该书刻印年月为准，其前后有相关刊本者均要附加说明；如后人有重要内容增补的本子，又属本书收录范围者，则可作另一条目介绍，注明某人某年增补本。

4. 志书内容简介——指明该书主要内容，着重介绍其有价值之资料；略述编纂经过；列其篇目。评介中如引用前人论语，要注明出处。

5. 原书著录、收藏及整理情况——包括在何种书目中曾著录过、被重新发现之经过情形，目前是否已经重新整理出版以及你的希望与建议。

四、体例及格式要求：

1. 一律采用条目体，每部书写一条"提要"；各条之末均要署明撰写者之姓名（如署笔名者，请将真实姓名及通讯地址详为注出），以示负责（出版后的稿费，亦以条目的实际字数奉付）。

2. 每条以1000—1500字为宜，个别特殊者可适当放宽，但也要限在2000字以内。

3. 行文一律用简化汉字，语体文。引文中有变体字、异体字、地方"土"字者，均要用通行字注明。

4. 一律以16K横行稿纸抄写，如有打字稿更佳。

五、联系办法：凡手头存有这一类志书的单位或个人，或能见到这一类志书又有意合作者，请先来函联系，并附寄书目，以便统一安排，避免出现重复劳动。来函联系后，当即另奉已经写出的例目两条，以供参考。

（原载《中国地方志》1999年第3期）

9. 志书中的"策论"之笔

"策论"是一种文体。它应当是来自古代试士的一种方式。最早是汉代取士,有发策以问者。应对者因所问而陈述其所见,这便是对策。以后的科举考试当中,专有以经义、政事设题试士的,用以考察应试者对所设问题的见解。应试者根据主试者所出之题,从经义出发,结合实际,对所出问题的论述,这便是策论的本义。随着社会士人思想开放,突破考试的樊篱,针对历史或现实的政治、经济、军事、文化等方面的政策、措施及其实施方式等重大问题,以及对某些具体事情的看法、主张,形诸笔墨,向朝廷、上司、朋友、同道等,献计献策的文字,就是"策论"的文字。在文章的体裁中,与记叙文并存的有议论文。议论文中的那些议论方略、提出建议的文字,便是策论之文。

地方志是记述地情之作,其文体基本都是记(叙)述体。但其中也不乏编纂者结合所记事物而发的一些议论。故而在志书中往往是在记述体之中就夹有论述的文字。这些议论性的文字,有些出现于纲目的小序之中;有些则置于一事物记述性文字之后,以"按"、"论曰"、"异史氏曰"、"柱下吏曰"等形式出现;有些则是在记述行文当中的夹叙夹议。编纂者所发的议论,有的是表明对事物的看法、评价,或是赞扬,或是抨击,或是感慨,或是加以考证、纠、释;有的则是提出策略性的建议,这就是志书中的策论之笔。这些策论,往往是修纂者在吃透地情基础之上的理性思维,是他们提出的战略主张。这些主张原于所记的资料,但又高于资料,对读志用志者具有较强的启发性,从而提高志书的档次,使志书更具实用价值。

从方志的历史来看,全部用策论体写成的志书是不多的,较多的是在相关的事类卷内专设"条议"之目。如海南胡端书修,杨士锦、吴鸣清纂的道光《万州志》和咸丰及民国的《文昌县志》的《海防志》内,都有专门的"条议"目。有的虽未以"条议"的名目出现，但实际上也是提出"条议"的主张，如明正德《琼台志》中的"抚黎"、"平黎"、"统黎"、"议黎"等目。康熙《琼台志》、乾隆《琼州府志》以及其后海南岛的不少县志中，都有类似的专目，都有策论的内容。①。

当然，更多的是记述中兼带策论，也就是前面讲到的在记述过程中的夹叙夹议，或者在一类事物记完之后，以"论"、"按"的形式提出。在社会主义第一轮（暂借用流行的称法，其实应当是第二轮）志书的修纂中，又创出了置于全志之首的策论式的概述。

据笔者目前所知，地志中提出策论最典型的志书，是唐大中九年（855）韦澳撰成的《诸道山川地名要略》（亦名《新集地理书》）9 卷。是书纂辑的目的十分明确，就是要为地方官治理地方出谋划策。它的出现是一个特殊时代的产物。先是唐于"安史之乱"后，政局不稳，藩镇割据，朝廷力所不及，河西、陇右遂没于吐蕃。直到唐宣宗大中五年（851），沙州首领张义潮才收复为吐蕃所占之河湟 11 州，归于朝廷，并携其地图、户籍上奏。失地收复，便要由朝廷派官置守。唐宣宗皇帝为使赴任的镇将，了解其地的地理民情风俗，于是谓翰林学士韦澳曰："朕遣方镇刺史，欲各悉州郡风俗，卿为撰一书。"韦澳受命，于是有此书之成。② 可见此书纯是为"用"而作的。是书最明显的特点是各有"处分语"一个特项，记注了唐宣宗及撰者韦澳对各地地情的看法和提出的处理方略。《旧唐书·韦贯之传附澳传》有云：澳为处士时，受宣宗皇帝之命后，"乃取十道四方志，手加紬次，题为处分语"。可见它是在原有《十道四方志》基础上，加上一条条的"处分语"，故最初撰成的书名就叫《处分语》，也就是治理方略。因这些"处分语"都是在原"十道四方志"所载地情资料的基础上提出来的，故正式成书时，便改名为《诸道山川地名要略》或《新集地理书》。据本传中所说，此书撰成后，果于朝廷施政大为有用。一次朝廷命薛弘宗为邓州刺史，薛赴任前入朝叩谢，宣宗皇帝当面"敕戒州事"，也就是指示他赴任后，施治中应注意的事项。皇上切合当地实际的见解和所下的敕语，令在场者无不惊服。原来他所指示的，"皆处分语中事也"，都

---

① 分见李默编著《广东方志要录》，广东省地方志编纂委员会办公室 1987 年印行本，第 477、459、436—442 等页。

② 转引自张国淦《中国古方志考》，中华书局 1962 年版，第 86 页。

是韦澳所撰本书中所指出的。可见志书中的"策论"之笔是何等的实用与重要。

后世的志书中，没有沿用"处分语"这一特例，但以志序，或卷、目之前的无题序言，以及卷、目之后的"按"、"论"、"异史氏曰"、"柱下吏曰"等形式，和在行文中夹叙夹议，提出兴利除弊的策论是比较常见的。这些策论有不同的层次，宏观的大到国家某方面的基本政策的制定或修改，军事方面的重大战略主张；较微观者则是对某一具体地方的发展方略，一些具体事项的处理办法。前者如隋大业二年（606）大臣裴矩撰成的《西域图记》。裴氏由于在较长时间内主持与西域诸蕃的"交市"，并先后三次出使突厥及铁勒汗国。所到之处，他都"寻讨书传，访采胡人"，得以与众多胡商及诸国使者接触交往，"由是富商大贾，周游经涉，故诸国之事，罔不尽知。"在朝内时，凡诸"胡"至者，辄令言其风俗、山川险易、君长姓族、物产服章，故有作是书的充分条件。书中记述了西域44国的地理及风土人情。正是由于他深谙西域诸国的详情，故他在是书的序言中，向隋炀帝提出了经营西域的策论方略："突厥、吐浑，分领羌胡诸国，为其拥遏，故朝贡不通。今因商人密送款诚，愿为臣妾……故皇华遣使，弗动兵车。诸蕃既从，浑、厥可灭。"炀帝对他所提出的建议，颇表赞成。"每日引矩至御座，亲问西方之事……四夷经略，咸以委之"。①

又如明嘉靖九年（1530），钟汪修、顾磐纂、林颖重修之《南通志》，就在各卷前有序，后有论。不少的议论中就提出了颇有见地的重要策论。在其《马政》目之下，就提出通州地濒海域，章木不生，不宜畜牧，应因地立法，免征田粮。其《漕运》目下提出，为解除海运常遇之意外，可实行傍海漕运，实行海运与河漕并行，为通州的海运提出可行的主张。② 嘉靖二十一年（1542），赵廷瑞修、马理、吕楠纂成的《陕西通志》。其中也有不少值得注意的策论之笔。如对西北边疆地区之经营，提出：鉴于"郡民十室九贫，有无产有家之民，有无家有身之民，丰岁沿边多缺食，稍值饥馑，则易于为乱"。基于有大量流民之存在，在此的封疆大臣，应当"诚请旨招募，并诸矿洞壮士，悉收蓄之，稍加训练，皆精兵也。夫然后

① 转引自吕育良《〈西域图记〉管窥》，载《新疆地方志》1998年第3期。
② 转引自徐复、季文通主编《江苏旧方志提要》，江苏古籍出版社1993年版，第446页。

授以妻室，以渐自南而北。按《周官》井田法，给以斯地，代为邑、为丘、为甸，悉如周制。但洫浍稍深广之，其庐舍为堡，久之食裕，仿西戎雕房之室为之可也。其始授田，给费半载；若种黍时授田，给以四月之费，可也。农暇则训以孝娣忠信之道，师律战阵之法。如是三年，可使有勇知方，十年则岐周之政可复，匈奴将喙息遁逃，又何侵犯之足虞哉?"为了巩固边防，应当首重人才，注重抗御。故在职官方面，"然以澄清为心，举直错枉，使人皆忠良而不至于奸回者，惟在抚、按二人而已"。①

万历二十七年（1599），戴耀修、苏濬纂成《广西通志》一部。在这部志书中，编纂者一方面既有对明王朝的腐败统治之不满；另一方面又不遗余力地为最高统治者出谋献策，希望达到兴利除弊，巩固边防，达到其维护长治久安的目的。如其《驭蛮》一目之中，提出应当处理好与西南少数民族的关系，以达到巩固边防的目的，并提出警告："西南土司与交州为邻。交人所以俛首顿脖不敢窥内地者，以土酋兵力之强足制其死命在旦夕也。若自弱其兵，自敝其障，恐中国之边患有甚于土司矣"。②

康熙五十六年（1717），周钟瑄修、陈梦林等纂成的台湾《诸罗县志》。其特点是"述论兼用"，各篇篇首皆有撮要，文中多有按语，时或有"论曰"，表明作者的见解。如其总论的末段中指出：台湾僻处海外，"荷兰据之，郑成功又据之，至于今日而列为郡县。当其始，若无人乎知有台湾者。及其既，乃无人乎不知有台湾者……今半线以北至淡水，水泉沃衍，诸港四达，犹玉之在璞也。流移开垦，舟楫往来，亦既知其为玉矣。而鸡笼（今基隆）为全台北门之锁钥，淡水为鸡笼以北之咽喉。大甲宾垅（今后龙）、竹堑（今新竹），水陆皆有险可据。乃狃目前之便安，不规久远之计，增置县邑防戍，委千里之边境于一营九百四十之官兵，一知县、典史、巡检之耳目，使山海之险弛而无备，将必俟羊亡而始补牢乎?"这一议论果为清政府所采纳，于是将诸罗县一分而为三县，加强了地方行政建设。③

乾隆五十七年（1792），循化厅同知龚景翰纂的青海《循化厅志稿》中，除了在记述清政府对伊斯兰新、老教派之间发生的冲突，处置失当，

---

① 见张世民《关西大师马理及其〈陕西通志〉》，载《陕西史志》1995 年第 2 期。
② 广西通志馆编《广西地方志提要》，广西人民出版社 1998 年版，第 12 页。
③ 参见刘湘如《福建与台湾地方志》，载《福建史志》1994 年第 3 期。

以致演成新教徒聚众反清，围攻兰州，而又错误地派兵大举镇压，殃及回众，给以谴责之外，还在《官师》目的"按"中，提出自己的见解和策论："循化地处极边，缺分清苦，番回多事。官此者视为畏途。大宪一视同仁，不欲一独受其苦，又或忽之为不足重轻之地。故数月辄一易其人。自二十七年（1762）以来，署任者皆不及一年。政任或有历二三年者，而广玉（？）则不及两月也。"因此为官者对"风土情形毫不熟悉，求其为斯土谋治安之策，亦难矣"。"国家设官之意，安边之略，官其可以数易哉？得其人而久任之，优以俸禄，假之以事权，使之无内顾之虑，则会城亦无西顾之忧。孰得孰失，当早计税矣。"①

民国十七年（1928）曹瑞荣撰成青海《玉树志略》一种，是一部策论性很强的志书。其志序就是一篇很好的策论文章，其中特别指出：对于玉树等地，"强邻虎视眈眈已非一日，我之所谓蛮夷边鄙不甚注意者，必有外人起而代为经营矣。我之所谓穷僻荒远不知留心者，必有他族出而强为干涉者矣。彼英、俄二国人士，游历探险于斯地者络绎不绝，其意果何居心？……宜趁此异族势力尚未深入之时，移民实边，改设行省，未雨绸缪……化瘠土为沃壤，变荒陬为重镇，弭外患而固吾国。岂特一时之功，亦为万世之事也"。②爱国之心，忧患之意，溢于言表。其后青海之设省，不正是这种主张之实现吗？

这些都是关乎国家大政或制度方面的策论。

至于后者，提出较微观的对具体事物的处理意见者，在志书中所见的就更多了。如万历十六年（1588），万民纪修、周汝登纂的《嵊县志》13卷，其中的《嵊志编目叙论》中，讲到成化八年（1472）原属会稽的二十五、六都、德政、东土两乡，因税民抗丞，乃割归嵊县，但要嵊县偿付上虞属东关驿的徭役费1700余两。编者认为极不合理，在志书中提出应当免除东关驿税的议论。在论牛、渠中，说到旧志县城中不载水井一项，历举嵊县历史上因兵事而遭渴的事例后，提出"城之荡荡，莫倚其疆，三日无

---

① 转引自陈超、刘玉清编著《青海地方志介绍》，吉林省地方志编委会、吉林省图书馆学会1985年6月印行本，第67页。

② 转引自金恩辉、胡述兆主编《中国地方志总目提要》，台北汉美图书有限公司1996年版，27－14。

水，十日无粮，是以知井之用大"，认为应当挖井掘水，以应急需。①

乾隆二十二年（1757），叶承立纂修成广西《富川县志》12 卷刻行。叶氏在志序中说："不习为吏，视已成书，志书是也。"意思是说，不会当官为吏者，就到已成之书中去学习，这种书就是地方志书。可见他把志书看作是为官为吏者的一种教科书的。在是志卷一《水利》篇的前言中，编纂者已经注意到了森林与水泉之关系，指出"所可虑者，山溪之水，全仗林木荫翳，蓄养泉源，滋泽乃长。近被山主招人，刀耕火种，烈泽禁林。雨下荡然流去。雨止即乾，无渗润入土，以致土燥石枯，水源短促。留心民瘼者，固宜尽力沟洫，尤当严禁焚林划土，以保源泉也"。② 这种忧患感和策论主张的提出，不是很值得重视的吗？

民国四年（1915）林传甲撰成《察哈尔乡土志》一种，是其所撰的"大中华地理志"丛书之一。林氏编纂这套丛书，是基于帝国主义对中国的侵略日益加深，目的在于唤醒民众，发展实业，挽救民族危亡。这种发展实业的策论主张，于书中随处可见。如在本书的《地质之盐碱》目下，就提出有这样的看法："若加以油质，制成胰皂，可获得利。吾愿口外商人，合资设立大胰皂厂公司，因天为之丰而推求自然之利，于民生裨益多矣。"③

民国五年（1916），贾恩绂纂成《盐山新志》30 卷。其《故实略·物产》中，据本地之地情，提出了发展当地经济的主张：1. 对盐业实行开禁政策，减少税收，以苏民困；2. 鱼、虾、蟹为本县大宗海产，采用加工罐头，输出境外，以有易无，增加收入；3. 修水利、尽地利，精农学，提倡多种谷、小麦，以足民食；4. 增植槐、柳，丰富薪材；增植梨、枣、薯类，借海运之便，包装出口；5. 收制野生药物，专业供销，化废为宝，等等。④

民国十八（1929）年县长陈文美监修，李繁滋主纂的广西《灵川县志》中，也有不少类似的策论之笔。既有较为宏观、提出警告的，如谓："灵，冲县也，贫瘠冠于他邑，赋税重于负担。顾自民元以来，荐罹兵饥"。在这样的情况下，"但使广教育以增其知识；巩金融以助其资源；减

① 转引自金恩辉、胡述兆主编：《中国地方志总目提要》，11–81。

② 见故宫博物院编《故宫珍本丛刊·广西府州县志》，海南出版社 2001 年版，第八册，第 34 页。

③ 转引自张守和主编《内蒙古方志概考》，吉林省地方志编委会、吉林省图书馆学会 1985 年 1 月印行本，第 85 页。

④ 转引自金紫衡《试析贾恩绂〈盐山新志〉》，载《河北地方志》1989 年第 6 期。

税捐以轻其成本；宏机厂以利其器用；辟航路以便于春期运输；慎法制以维其利益；厚储蓄以济其灾变；练陆海军以杜其侵凌；导之以孝弟忠信以正其德；联之以友助任恤以笃其情；静生人以纷嚣之竞争，纳之于一定之轨，则使依其范围尽其性能，为公平正当之发展，且不难大同于世界，执牛耳于全民……倘不务此，而削足适履，刳枝培根，别从事于揠苗助长之为，则是外本内末，争民施夺，必至农舍其耕，工旷其作，商停其运，其豆相争，蛇蝎互噬，俱伤两败，户口丁零，增县瞬为坵圩，黄胄沦而为沙虫，大好神州，转为他族殖民之地，本欲平均生产，和安民族，而结果适得其反。证之大道为公，万物并育之旨，夫岂其然！"微观之论更多。其《舆地》卷的《水利》目的前言中有谓："近日林政不修，毒鱼无禁，最为涸水坏堰之由。故讲求水利者，陂塘而外，尤宜培造森林。而毒鱼之禁，亦官厅团所并宜注意者也"。同卷《物产》目的前言中，讲到灵川的"箬笠之属销出于外县者颇伙"之后，接着就指出："苟能出巧法而加精，其销流当更广也"。讲到灵川"尚称富有者，而以矿产为最饶。铁矿尤富而质良，久经采铸。以无煤炼，又碍交通，不能扩充。此外，焦山岩之银矿，舟村之锑矿，汤家村之煤矿，中曾经开采，或仍旧封闭。大抵以山径险远，输出维艰。若由二段开一里道通桂林，则障碍除，而大利可兴矣。"其中一些策论主张还是借鉴别国经验而来激策本地之人民者。在本卷的《物产总论》中说："今世海通各国，日竞力于实业，既多设农、工、商、学校，以研究其生生之术于所本，有务扩而张之于所本……其生产之富，制造之精，固掩蔽全球，已而又重征进口，薄征出口，以限制他国之输入，推广本国之输出，以行其所谓保护政策焉。故其物产益富以新，益精以廉。轮航所至，使土产失其势力，卒乃淘汰以尽……"提出急需解决的，也是灵川之可惧者："夫灵川僻处岭峤，风气较迟，无耳目之濡染，无精神之激劝。一切农、工，顽然守旧，专恃天然。原产稍挽，利权外溢。然竹、木、桐、茶、油、糖、豆、蒜、松胶、白皮果、花生、天蚕，虽非少数，究以谷纸为大宗。近以百货腾贵，生度日高。正赖商运疏通本息，相若用资劝竞"。①

---

① 灵川县地方志办公室点校《［民国］灵川县志》，1992 年元月印行本，第 55、67、106、107 页。

民国二十年（1931），县长崔福坤主持纂修成的黑龙江《讷河县志》中，也多有策论之笔。如提出："讷邑本农为富饶而工业毫不进展，诚属一大漏卮"，"近来商人知识日开，对于商务进行之问题，能知悉心研究，故商务较前略有进步。益以本境之富庶，如妥为经营，其商业之发达正未有艾也"。由于以前"八旗人民以游牧为生，于林业漫不经心"，故"求所谓徂徕之松，新甫之柏，固未易数觏也"。"渔人为鱼利计，间有运出境外者。惜无远见，只知捕鱼而不留鱼秧。每见网房晾子卖大鱼于市，弃置鱼子于地。恐数年以后，捕者多而出为者少矣。"① 反映了一定的忧患意识。

民国二十六年（1937），向楚、龚春岩纂成之四川《巴县志》，主张应当突破以农为本的传统思想，提倡发展工商业以富强国家。在其概述中有云："由今论之重工商者，其国恒富以强，欧美诸邦是矣。而一味资国货外溢，利权尽丧，国事亦因以积弱不振，讵非工商业不竞所致哉？旧志不载工商业，以其委琐繁颐，载不胜载也……世运日进，百业日新，安朴野者不可以适时；悦纷华者不足以道古。一县虽小，入其商廛，观于工肆，则民生优绌，习俗勤惰，往往可知，何可忽也"。其《缫丝工业》一目内，敢于抨击时政，分析川丝不能与日本丝竞争，完全是由于政治原因，谓："迩年以来，欧美市场，尽为日本丝侵占，丝价低落，丝商折阅尽矣。盖以川丝与日本丝较，质未为劣，而国内税捐苛虐。既征其茧，复课其丝，成本高而技术弱，其不足与日本丝业相竞争，宁不以此？……失业男女工不下千人。他处准是。奢谋救济劳工者，未审何以为谋也！"②

同年，杨传松修、杨洪纂成的《松滋县志》也提出了类似的主张。它在记述本县情状的同时，又分析造成这种情状的原因："农业为本、工商为末之观念深入人心，固为吾县职业畸形发展之一大原因"，"吾县民性谨厚，风俗淳朴，有保守之才，乏进取之志"。针对这种情况，志书中提出首先就要改变人们之观念，树立"农以生物之质而增加物之量，工以变物之形而增加物之用，商以移物之位而增物之质（值），分工以尽其长，合作以补其短，执守虽异，生产则一。"其次是要使县民"悉趋于工商，与农业成三角形之发展"。为此就要兴修公路，疏理河道，发展交通运输业，

---

① 转引自杨淑荣、白宗林《评民国〈讷河县志〉》，载《黑龙江史志》1997 年第 1 期。
② 转引自赵子涓《承前启后的方志佳作——民国向楚〈巴县志〉读后》，载《巴蜀史志》2003 年第 6 期。

这是不得不为，不可不为者也。①

民国二十八年，著名地理学家张其昀主持之国立浙江大学史地研究所，在贵州遵义修成的《遵义新志》一书，是一部具有很高科学性和创新性的方志佳作。书中针对当地土地利用的情况，提出了提高生产的具体途径：一是增加灌溉面积；二是减少冬（闲）水田面积；三是各种耕田应种植适宜之作物。特别是提出了"防止山地过度垦殖"的警告。②

从以上这些事例可知，以记述地情为己任的志书中，提出治理和发展地方的主张和建议，实是其应尽之责。只有这样，志书才更具实用价值，更能发挥其资治功能。在我们社会主义第一轮志书的修纂中，一些方志工作者也注意到了此点。为增强志书的"资治"功能，一些志书中也注意了提出策论的主张。最明显的是在新志书的概述中，摸索出了一种策论体式的写法。例如山西《阳城县志》的《综说》，就是一篇颇有见地的策论。基于"阳城十年九旱，农业收成不稳；交通不便、电力不足，可利用的水资源低于全省平均水平，影响着经济的发展；日趋严重的环境污染，令人深为忧虑；人口素质不高，传统观念负荷较重，带来了变革的艰难"，以及有时一些当政者行事"只凭主观意愿，不顾客观规律"，"只顾眼前不顾长远的短期行为"，等等的现实，而提出他们的策论：地处黄土高原之端的阳城，凭借富有的矿藏和森林资源，曾创造过灿烂的农业文明。但随着工业文明的兴起，地理环境的优势必然要为科学技术的优势所取代。"历史悠久而科技落后，资源丰富而人才奇缺，是当今阳城存在着的尖锐矛盾，故振兴阳城之策在于发展教育和科技。倘能变短期行为为长久之计，变靠吃资源老本为靠智力进取，变粗放经营为集约经营，变简单加工为精细加工，变单一生产为综合利用，阳城将具有极其光辉的前景。"

据笔者所知，那轮修志中出现的策论型的概述是不少的，除了《阳城县志》之外，还可以举出陕西的《佛坪县志》、山西的《曲沃县志》、湖北的《长阳县志》、辽宁的《新民县志》、河北的《灵寿县志》、江苏的《扬州市志》等的概述，都是写得比较成功的策论型的。

山西省的《沁源县志》原先计划就不设概述，而径直写了一篇不足

---

① 转引自严肃《志书的生命力——读〈松滋县志〉（民国本）》，载《湖北方志通讯》1985年第2期。

② 见该书《土地利用》章，《中国地方志集成》本，第87页。

3600 字的《志策》。该《志策》分为两部分：前一部分以极简括之笔，交代沁源有四大资源优势：广阔的山川森林面积和牧坡草地；大量的煤铁矿藏；丰富的历史人文资源；颇具特色的物产。这些特色的资源优势，过去适应小农经济的需要，曾创造过历史的辉煌；后来适应计划经济和合作经济的需要而维持了现状；而今面对市场经济和外向型经济的迅猛发展，就因为不适应而显得滞后了。沁源人民正面临着市场经济的挑战。怎么办？《志策》的第二部分献上的计策为：在全国都向市场经济迅速推进，国内经济已经从资源导向转向市场的总形势下，沁源应当从开发资源的配置，转向发展经济的资源配置。用沁源人的话说，就是从"有甚吃甚"、"靠山吃山"的日子，转变为"要参栽参"、"要芪卖芪"的日子。要寻找适应市场需求的新机遇和资源优势，打开新局面。因此就要：第一，注意市场导向，面向大市场；第二，树立大资源观念，重新评价和合理利用资源优势，向社会文化层面延伸；第三，重塑市场经济机制，加快经济发展步伐；第四，再造新产业，提高产品档次。这本来是一篇很有实用价值、很好的策论文章。但正志书式出版时，这篇《志策》没有纳入志书。笔者认为很是可惜，故专门将其在《广西地方志》1997 年第 1 期将其加以介绍。

至于除概述之外，在专志记述行文中提出策论之笔的文字，反而显得少些，这不能不说是一个缺陷。

这种策论性的思想当然不是轻易可得的，它是志书编纂者对全面地情了然于胸之后的提炼与升华，从而寻找出推动地方社会和经济快速发展的关键，并将这些关键点提供给当政者，为他们抓住这些关键进行决策。多年前，我家乡的一位朋友、《灵川县志》主编廖江先生与我曾有过一次长谈。当谈到这种提炼与升华时，他有一个很形象的譬喻，略谓：志书全面地记述了一地的地情，让读者尤其是当地的主政者，对该地所面临的自然、社会环境及所拥有的资源和基础设施等等，虽有了较全面的了解，但如不思开拓进取，仅以书中所载前人的做法而依样画葫芦，常规而设治（行事），当地社会虽也会循序渐进地发展，但速度只会是鸭行鹅步式的，社会面貌及人民生活都不会有快速的发展和提高。犹如一户农家拥有了一批糯谷，打出江米，如果依传统的经验，仅用来煮成糯米饭，虽也能充饥果腹，但只是得以度日而已，生活难以提高。如若设法找到一点曲霉（俗称酒曲），将糯米酿成江米酒，则不但营养丰富，味道甘甜，且可以将节约下来的糯米投入市场，换回其他所需物品，是很划得来的事情。一部好的志书编纂者，就应该充当这种曲霉的发掘、发现者，而且形成文字纳入志书之中，使其所编的志书不仅是地情库，而且还是这种曲霉的蕴藏库。这个譬喻既形象又生动，我曾不止一次地在别处加以介绍。

目前，全国大多数地方都正在进行第二轮志书的编纂，将前人这方面的经验略作介绍，或许不是无益的。

（原载《广西地方志》2009 年第 2 期）

10. 志书凡例琐谈
——从《龙岩市志·凡例》说起

（一）

社会主义新方志第一轮编纂已经全面完成，第二轮编纂全面展开又有若干年了，目前已出版的两轮各类志书数量几近万种。毫无疑问，自上个世纪 70 年代末以来至今，出现了在中国方志史上最大的一次修志高潮。在这个高潮中所取得的成就，无论是修成出版志书数量之多，志书覆盖地域范围之广阔，志书种类之繁多，对促进社会文明建设的贡献，对方志理论的丰富和发展，对方志人才的培养和造就，都是历史上任何朝代无可与之伦比的。

对这个高潮中的方志理论收获进行总结和升华，是身处其间的方志理论家、方志史家，责无旁贷的历史责任。笔者称不上什么"家"，但作为曾参与其事近 20 年的一个方志工作者，也觉得应尽自己一份绵薄之力。关于对第一轮修志的总结，笔者也曾星点地发表过一些刍荛之见（见方志出版社 2002 年 12 月出版的《中国方志五十年史事录》、山西教育出版社出版的刘纬毅主编《中国方志史》的《社会主义新方志》一章及相关的论文），有待于志界同仁们的批评指教。在此，只想就自己此前未曾涉及的新志书的"凡例"，发表一点看法。这些想法是由拜读《龙岩市志》的《凡例》而引发的。

2006 年 12 月出版的福建省《龙岩市志》，是继 1992 年 10 月出版的《龙岩地区志》之后的一部断代续志。是一部吸收了全国第一轮修志的正、反两方面经验，也认真分析了前一轮志书普遍的优长与不足，又在志书续修方面进行了认真研究基础上，写成的一部新型续志。对续志的续、补、纠、创的四字原则，把握得比较准确、全面，运用适当、得体。据笔者所知，在《中国地方志》、《闽西史志》等刊物上已有多篇文章加以评介。但笔者觉得，该志比较有特色的一篇《凡例》似尚未有人道及，故愿步诸先生之后，略加评说。

说这部志书的《凡例》较有特色，特就特在它注意了具体地反映志书编纂者的一些方志思想，注意了地方特点的反映及处理说明。这是就它与其前已出版的许多新志书的凡例相比较而言的。读者们如果有机会翻阅一下前一轮志书的凡例，就会发现大多数（不是所有的）志书的凡例都有一个通病，即只有通例而没有特例，只有共性而没有个性。无论是分列为 8 条、10 条，甚至更多的条，大体都只有指导思想（多数表述的文字都几乎雷同）、记述地域范围、断限（包括限后处理）、体式编目（只说明编目层次的类分及全书分多少篇、章、节、目）、人物立传原则（只有生人是否入传，连传、传略如何划分、人物排序原则都少有说明）、称谓表述、纪年规定（文字也几乎雷同）、文体（数字）规范、资料来源（多数都说"不再注明出处"）、索引编制等项。当然，上述诸项都是一部志书的凡例必不可少的。能规范成上述的通例，也是这两轮修志中的一个收获。问题是，仅有这些项目的凡例，置诸甲志亦可，移至乙志也行，丙志、丁志等等若干志书，只要在数字上略加改动，纳入其中也可交差大吉。这种现象的出现，与修志者的方志素养有关，也就是人们常说的，这一轮修志是在理论准备不足的情况下开展起来的一个表现。甚至有些专门研究凡例写法的论著，开列的也只有这些项目。个别有识见的论者，在自己的论著之中，虽然加了"特例"、"特殊问题"一条，并说明了"凡例拟定既要注意写好那些通例，更要注意写好专例和特例……写好专例和特例就成为合格凡例的基本要求"。① "特殊问题是凡例中最能体现本志特色的内容，志书编纂者应把它作为凡例的重点，使凡例真正显现出自己的个性来"。② 但在实践中，这样有识见的主张，不但未引起多数志书修纂者的特别重视，甚至根本未加以注意。所以才出现了凡例写法这种模式化的倾向。志书凡例的内容，由驳杂而走向统一，进而到有一般共例的规范化，是我们这一代

① 韩章训：《方志编纂学》，方志出版社 2003 年版，第 144 页。

② 任根珠：《新志书"凡例"丛谈》，见《西樵志语》，方志出版社 2003 年版，第 35 页。

志书的一个进步，但多数志书只注意了共例而忽略个（特）例，以致出现模式化的倾向，则是不可忽视的一个缺憾。

《龙岩市志》的凡例其所以值得注意，因为它是整个修志大潮中出现的一朵引人瞩目的浪花，是它在注意共例不缺的前提下，还注意到了个（特）例这一点。该志的凡例共列为 19 条。除了一般志书共有的通例条目之外，还列有反映本地特色（含时代特点）和修纂者方志思想的"特例"若干条。如其中的第 5 条为"地理类设编，既继承传统志书的'地理'和首轮修志中采用的'自然'概念，又引入人类生态学观点，吸纳'大环境'理论，将环境、资源、人口等内容分别单独设编，将电力、交通、通信、水利建设等内容组成'基础设施'编，与'建置'、'城乡建设'编，共同组成作为可持续发展的基础，又突出时代特征"。其第 6 条为"龙岩地区曾是全国 18 个连片贫困地区之一，长汀、上杭、武平、连城 4 个县为国家重点扶持的贫困县。永定县为国家民政部和国家科委扶持的科技扶贫县……为此，特设'扶贫扶建与农村小康建设'编，记载这一具有划时代意义的创举"。第 8 条为"政治类……从 20 世纪 80 年代后社会主义民主政治建设的实际出发，新设'基层民主、依法治理'编，记述广大人民参与国家和社会事务管理的一个层面以及依法治国方略的实施"。第 9 条为"文化类，新设'道德建设和文明创建活动'编，与'教育科技'、'文化'等编并列，共同构成精神文明建设体系"。第 12 条为"随着时代的发展，龙岩市跨境的经济、政治、文化活动越来越多，并对社会经济社会发展带来深刻的影响，本志对跨境的经济合作、投资创业、对口支援等予以记述"。

它除了特例的专条之外，就是在通例的条目中，也注意略加细化，突出其特点。如其第 3 条讲的是体式和编目设置的，其中就有"对前志漏载的重要事物、事件，本志尽量设编、章、节补记；难以设立的，在相关部分记述。对前志未完整记述的'大跃进'、'文化大革命'，设《龙岩地区志》增补，予以完善。设勘误，以纠前志个别错误。设附录，以辑录地方文献。志末编制索引；设编纂始末，以叙本志纂修之脉络"。又如第 10 条是讲艺文的，其中就规定为"《龙岩地区志》未设艺文（著述）志。本志增设'著述'编，补、续一体，辑录龙岩市籍人士及在龙岩工作、生活过的人士有关龙岩历史人文的书目，并选录各种历史文献、诗文辞赋、民间文学部分作品，借以反映闽西历代文化的概貌，为探寻龙岩学术文化流变提供系统资料"。全编凡例占 2700 余字的篇幅，不能尽引，仅列举此数条，已可窥其全豹，足见其出手与众不同。

（二）

地方志书的凡例，就是修纂一部志书发凡起例之意，也就是该志书修纂中的体例及处理相关问题的原则规定。《现代汉语词典》中对"凡例"的解释是，"书前关于本书体例的说明"①。再看书的"体例"，则是"著作的编写格式；文章的组织形式"。这里讲的是对所有书籍凡例通行的泛解。书有不同的类型，具体到每一种类的著作，还应该结合其书的专业性质、特点和习惯，有更为具体的内容。志属史类。据唐人刘知几在《史通·序例》中说："夫史之有例，犹国之有法。国无法，则上下靡定；史无例，则是非莫准。昔夫子修经，始发凡例。"可见史书之有凡例，其来远矣。

那么，修志之有凡例起于何时？对此，志界尚有不同的看法。寿鹏飞在《方志学本义管窥》中说："古于方志，盖无所谓例也，知有义耳。惟无例可循，故乾隆以前诸志，当时牧令往往假手庸胥，杂取肤言以塞斯责。实斋章氏乃发明条例，以救其弊。二百年来，殆皆宗之。其间巨著名帙，先后相望，咸有仪轨，非俗子所敢率尔矣。是有例胜于无例也。"② 在他看来，方志之有例，始自章学诚。这种说法，显然失之太晚。刘光禄在《中国方志学概要》中则说："从现存的明代方志（主要是明后期）来看，不少志书已有'凡例'。"③ 仓修良在《方志学通论》中亦谓："与宋元两代相比，明代修志之中一个突出的变化便是许多方志开始订立凡例，以明著书的宗旨和编纂原则……是方志编纂体例上的一个新的贡献。"④ 他们都把志书凡例定于始自明代。我认为也还是偏晚了一些。

---

① 中国社会科学院语言研究所词典编辑室编《现代汉语词典》，商务印书馆 2005 年版，第 375 页。

② 寿鹏飞：《方志本义管窥》，《国学丛刊》第 14 期（1944 年）。

③ 刘光禄：《中国方志学概要》，展望出版社 1983 年版，第 35 页。

④ 仓修良：《方志学通论》，齐鲁书社 1990 年版，第 347 页。

在我看来，这里要区分两个方面来进行考察：第一是修志之有凡例与在志书中载入修志凡例；第二是修志通例的出现。关于第一个问题，修志之有凡例与在志书中载入修志凡例，两者不是一回事。就理而论，修志之有凡例应当早于志书中载入修志凡例。而今所见，修纂志书有凡例的最早记载，是南宋孝宗隆兴二年（1164）知县苏升修《续恩江志·序》中说的，"予因莅政之暇，按其凡例，撮其枢要"而修。"其"之所指者，就是"前宰陈侯纂修"的《永丰县志》（实名《恩江志》）。查前知县陈丰元修的《恩江志》，事在绍兴二十八年（1159）。事隔30年后的淳熙十六年（1189），纂辑《衡州图经》的廖行之的《宋故宁乡主簿廖公修职墓志铭》中有谓："郡守刘公清之，欲补图志之阙，公首为规创凡例。"① 可见此时修志书，首先就是"规创"凡例。嘉泰三年（1202），赵汝暮修《太和县志》时，由他自己"总其凡例而详订之"。② 嘉定十六年（1223），陈耆卿纂的《赤城志》，就以"凡例严辨，去取精确"③ 而著称。端平二年（1235），刘炳修，李以申纂了一部《新安续志》。李氏在志序中说："今纲目大体，多循其旧。"④ 所谓"旧"者，指的是此前60年罗愿纂的《新安志》也。此中没有言及罗《志》有否凡例，也未涉及本书的凡例。但元延祐六年（1319）洪焱祖纂的《新安后续志》，则说明了"其间凡例，悉依前志"。说明罗愿纂的《新安志》是有凡例的了。开庆元年（1259），胡太初修，赵与沐纂《开庆临汀志》时，"太初为定科条，订事实，剂雅俗，正讹谬。"⑤ 所谓"定科条"，也就是拟定凡例。到景定二年（1261）二月，周应合接受马光祖之聘而纂《景定建康志》之先，曾向马氏进了一个条陈。这个条陈共言四事，首一条就是定凡例。由此可见，至迟到南宋时，先定凡例已成为修志第一步的程序，或者说是修志的一条定规。到元代元贞二年（1296）十一月，为修全国的一统志，就颁发了第一个面向全国的《大一统志凡例》。⑥ 大德五年（1301）朝廷又向全国颁发了一个

---

① 转见张国淦《中国古方志考》，中华书局1962年版，第522页。
② 转见同上书第579页。
③ 转见同上书第386页。
④ 转见同上书第300页。
⑤ 转见同书第430页。
⑥ 《秘书监志》卷4，转引自刘纬毅《中国地方志》，新华出版社1991年版，第69页。

《四至八到坊郭凡例》。① 但凡例是否要载入志书之中，以上所列皆未明言。

具体到是哪一部志书最先将修志凡例载入志书之中，只见南宋淳熙十二年（1252），凌万顷、边实纂的《玉峰志》已载有凡例五则。由于古志大量亡佚，已难以考定这是否就是志书中载入凡例之最早者。距此书10年之后修成的《景定建康志》书中，未将其凡例单独列载作为一个独立的部分，但在周应合的《景定修志本末》中，实际已经载入了该志的凡例要点（见下）。又82年之后，元至正三年（1343）张弦纂《至正金陵新志》的《修志始末》中，同样也载了本书的凡例内容。另，从下面还要举到的一些例子，都可以说明，不但修志要先订凡例，就是将凡例载入志书之中，也远在章学诚之前很久就屡见不鲜了。

由于志书凡例之出现到定型，经历了一个过程，因而在名称上也有种种称法：有称"科条"者，如《开庆临汀志》，"太初为定科条"；有称叙例者，如徐颢修，杨钧、陈德文纂的《嘉靖临江府志》；有称义例者，如毛凤韶纂修的《嘉靖浦江志略》；有称法例者，如沈绍庆修，王家士纂的《嘉靖光山县志》；有称志引者，如余鍧纂修的《嘉靖宿州志》；有称"书例"者，如康熙三十三年（1694）梁碧海修，刘应祁纂的《宝庆府志》称为《修志书例》；有称"约言"（规定）者，如乾隆十六年（1751）顾锡鬯修，蔡正笏纂的《南昌县志》称《南昌志局约言》，嘉庆十五年（1810），刘揆之、易文基纂的《长沙县志》称《志约》；有称"条规"者，如乾隆四十八年（1783）程廷济修，凌汝绵纂的江西《浮梁县志》既有志引、条规，又有凡例。当然，总的称法，是越来越趋向于称为凡例者。

有的志书从它的篇目上看不到凡例的专项，这里有三种情况：一是有些修纂者不明志书凡例载入志书之必要，或因另有原因，故而不置。如万历十三年（1585）余之桢修，王时槐纂的《吉安府志》，就因为暂时不打算付刻而序、跋、凡例俱无。光绪元年（1875），黄心菊修，胡元士纂的湖南《东安志》，是正式刻行的，不但序、跋、凡例俱无，而且目录也没有。② 二是不置凡例以示谦的。三是有的将凡例的内容写在序文、小序或

---

① 转见彭静中《中国方志简史》，四川大学出版社1989年版，第270页。
② 见朱建亮、李如龙《湖南地方志论》，吉林省地方志编委会、吉林省图书馆学会1986年6月编印本，第158页。

后序之中了。如万历四十三年（1615），刘文英修成的《高平县志》，书虽已佚，但留下了李维贞、冯养志的两篇序言。李序实际是记下了该志的凡例，如谓："天文、分野，地方千里，不专一邑则不书；疆域、形胜、山川、古迹、丘墓，故志所遗，抑昔存而今废，则必书；赋有上供、有军兴、户口、庸调，榷税有登耗、有盈缩、有利弊、有因革，国计民生，务之重者也，则必详；名宦、乡贤，故所失收，抑在后进者，非舆论金谐则不登；艺文非雅驯及有稗风教则不录；生有封章，殁有谕祭，王言君命，非可他比，则特识之。"① 康熙二十六年（1687），刘士骥修的《清远县志》的序言有谓："县城衙署，别绘新图，记更置也；邑里四至，各著方名，正疆界也；学校必饬，崇文教也；兵数必核，严军实也；礼乐、田赋、典章由旧，尊王制也；乡试岁荐，得士即重，重举贤也；德行之事，可美可传，不过数辈，笔慎毋滥也；节烈之妇，未得其人，不敢轻举，宁阙毋误也；至于诗歌词赋，非能表胜山川、有关民事者，削而不录，崇实黜革也。"② 这实际也是志书的凡例。康熙三十八年（1699），赵吉士等纂成的《徽州府志》，共分9门54目，每目之前均有小序，说明皆目的编纂要领及方法，实际写成了小凡例。嘉庆二十年（1815）陈廷桂纂的《宜阳典录》，则将《例言》分散在各篇之前。③

　　讨论志书凡例，首先遇到的一个是"义"与"例"的关系问题。所谓志义，即方志所载之道，也就是修志者的主旨，就是修这部志书所希冀达到的目的，或称希望其起什么作用。任何撰述，都有撰作者之用意（主旨）。正如寿鹏飞在《方志本义管窥》中说的："史笔所关，春秋之作，迁固之书，其于为道，固无论矣。即如《资治通鉴》，如《天下郡国利病书》，安有一字非载道者。"他认为"方志体要，在正人心，厚风俗，明正谊，陈利弊，垂劝惩，诉疾苦，补救时政之阙失，研求民生之荣枯。"这就是修撰志书之主旨。如果把志书纂修成为"粉饰标榜、吟咏酬酢之工具"，则修志"本义之已亡矣"。全志有全志之主旨，就是各篇亦有各篇之

---

① 转引自仓修良《方志学通论》，齐鲁书社 1990 年版，第 532 页。
② 转见金恩辉、胡述兆主编《中国地方志总目提要》，台北汉美图书有限公司 1996 年版，19 – 16。
③ 见刘尚恒编《安徽方志考略》，吉林省地方志编委会、吉林省图书馆学会 1985 年内部编印本，第 107 页。

旨。正如正德《袁州府志》凡例所言："志以纪远示法。其录州土沿革、风俗、吏治、人才，要皆有微旨。"又如同治《饶州府志》凡例载的："增所宜增，省所宜省，均以昭作人之雅化焉。"①

在"义"与"例"这对矛盾之中，它们之间的关系是"例"以"义"而来，"例"由修志者所确定的"义"而起。章学诚在《修志十议呈天门胡知府》（也就是人们通常称的《修志十议》）中说："要皆例以义起"。在《与甄秀才论〈文选〉义例》中也说："例以义起。"② 寿鹏飞说："善言志例，不如揭橥志义，为足诏示方来。盖言例则随时地为转移，言义则亘古今而不易……今人每谓先定志例，而后从事志料之调查，此不然也。方志体例，既随时地为转移，亦因撰者之所见而互异。不宜先定若干条例，强文就题，故必先立志义。义之既明，例因以生。盖义法有定，而例必变通，不宜苟同也。"傅振伦也谓："义不先立，例无由起。"③ 他们都认为，修一地志书之例，既要视时代之不同、地域之差异，更要涵蕴修志者的立义，所以就不能只有一个固定的、一成不变的志书凡例。这就出现了一个通（共）例与特（个）的问题。

一个志书完整的凡例，是应当既包括通例，又包括特例的。光绪十一年（1885）周嘉楣修，张之洞、缪荃孙先后总纂的《顺天府志》，是一部名志。它的凡例是由张之洞手定的，既有通例 32 则，又有略例 27 则④。又如民国 18 年，葛延英修，卢衍庆纂的《重修泰安县志》中，也是有《分立门目则例》与《编纂凡例》两个部分。

（三）

在研读前人所修志书的凡例时，通例固然应当注意，但我认为，更应当注意它的特（个）例。因为"志犹史也，史有因时考义之殊，志有辨地

---

① 均见江西省省志编辑室编《江西地方志序跋凡例选录》，1986 年 6 月印行本，第 117、134 页。

② 见仓修良编《文史通义新编》，上海古籍出版社 1993 年版，第 728、720 页。

③ 傅振伦：《中国方志学通论》，北京燕山出版社 1988 年版，第 105 页。

④ 见张之洞、缪荃孙《顺天府志》，北京古籍出版社 1987 年版第 16 册，第 6862 页。

制宜之异"①。不同时代的志书会有不同的特例，不同地方的志书也会有不同的特例。正如寿鹏飞所说的："义以经世，例以救时，义则精神，例则形式也……志体随时会而变迁。承平时代，人民安居乐业，鲜疾苦之可陈。其时为志，虽宜有危明尤盛之言，尚可为击壤歌衢之体……；若夫据乱之世，上下酗嬉，事堕冥昧之中，患伏萧墙之内，有心人尤深虑远，宜有警世之辞……；用于衰末，倒悬之痛，水火之深，若无大声之呼，民将安诉？"在他看来，社会的发展是有盛世、乱世、末世交替出现的。在这不同的时期应当有不同的志义。由于志义的不同，故志例也当有变化。由于志义的这种变化而必然要有反映这种变化的特别例条。

对于治方志史者而言，重视这种特例的意义就在于：

第一，从这些特例之中，往往可以反映编纂者在志书体例探索方面的努力，看出其体例创变的情况。

康熙十一年（1672）赵弼修，赵培基纂的河北《平乡县志》，其凡例有："一、变体为编年，仿《滦志》焉，非敢创作。凡一统皆大书，分统则大书甲子而分书年号于其下；其甲子年号皆因事以书，无事者不书。即有事而无年号可考者，止书某朝某帝号，不敢妄书甲子……建置、田赋，邑之大事也，年下虽书大纲，仍别为一卷，以志详悉。"在本志序中，纂者赵培基表明了他的看法："志者何？曰即史也。古者列国各有史。秦汉而下，郡邑例得为志，以志时事。然志事矣，而不志年，非史也。而县（事）门类纷错，载记淆杂，是兔园册耳。"②从中可以看出，此书体例上比较特别，是一部编年体与纲目体相结合的志书。这样一种体例，既继承了明嘉靖二十一年（1548）陈士元纂修的《滦志》设《世编》的做法（这种做法又可源于嘉靖十八年，颜木以编年体纂的《随志》的出现有关），又加进了纂者赵培基对史志关系研究之所得。

乾隆五十九年（1794），在毕沅的主持下，章学诚纂成《湖北通志》稿一部。由于一些特殊的原因未能付印，稿亦散佚。今能见者只有由章氏汇成的《湖北通志检存稿》24卷、《湖北通志未成稿》1卷，其中1卷是《湖北通志凡例》。这个《凡例》的首条就揭出："今仿史裁而为《通志》，

① 同治江西《南城县志》凡例语，转见江西省省志编辑室编《江西地方志序跋凡例选录》，1986年6月印行本，第169页。
② 转见崔建英编《日本见藏稀见中国地方志书录》，书目文献出版社1986年版，第15页。

仿会典而为《掌故》，仿《文选》、《文粹》而为《文征》。截分三部之书，各立一家之学。"① 说明他的这部志稿是按通志、掌故、文征三大部分组成的，人们称它为"三书体"结构，这在方志史上是一个新的创体。这种体式的创立，是章学诚数十年艰苦摸索和积累的结晶。章氏自乾隆二十九年（1764）冬着手编纂《天门县志》始，至是《湖北通志》稿成之时，已历30 个春秋。在这 30 年间，他先后纂有《和州志》（乾隆三十七年成）、《永清县志》（乾隆四十二年成）、《亳州志》（乾隆五十五年成）。还参修了《国子监志》（乾隆三十年）、《顺天府志》（乾隆三十二年）。在这多部志书的纂修实践中，他不但积累了丰富的修志经验，而且还结合实际，对方志理论进行了认真的研究，写出了许多方志专论。这条关于三书体的凡例，就是他三十年来研究成果的一个总汇。

咸丰四年（1854）刻行，张瑛修，邹汉勋等纂的《兴义府志》凡例有："宋吕祖谦有《大事记》。周应合之《建康志》有年表，袁枢有《纪事本末》，《贵州通志》于大事亦立本末一门。今仿其例，于大事立编年、本末二门。编年则综括诸大事；本末则详载大事，互补罅漏。"② 其体例是将府之大事，分为编年体与记事本末体两种形式。

明弘治二年（1489），黄仲昭修纂的《八闽通志》凡例的第二条载："八郡事迹，虽各以其类纂辑，然亦略有次第。盖建置郡邑，疆界既定，然后山川、城郭、乡市之类有所寄，故以地理为首。地理既定，然后户口、土田、贡赋之类有所属，故食货次之。既有土有人矣，如是乎建官设属，而封爵、秩官、公署次焉，于是乎育材取士，而学校、选举又次焉。国之大事，在于祀神，故次以坛庙。政之所施，必先穷民，故次以恤政。若夫人物，则土地之所重，宫室、寺观、丘墓、古迹、祥异，则皆土地之所有，而词翰则又所以纪土地之风俗、形胜者也，故皆以次列之，而终之以拾遗云"。这就是他从思考诸种地情事项的相互关系，而形成的全书体式、篇目次第的框架结构。③

民国二十五年（1936），邱自芸修，邹荣治、郭选英纂的江西《南康

---

① 见仓修良编《文史通议新编》，上海古籍出版社 1993 年版，第 859 页。
② 见龙尚学选辑《贵州地方志序跋凡例选录》，贵州省地方志编纂委员会办公室印行本，第 94 页。
③ 见《八闽通志》，福建人民出版社 1990 年版，编首第 1 页。

县志》凡例首条是："《南康县志》创于明嘉靖三十二年（1553），至清同治十一年（1872）已修六次。迄今又六十四年，复有七次重修之举。惟民国鼎革，百度维新，旧志门类不能统括，爰仿《河南续通志》及续《武陟县志》例，自民国纪元起，新立门类，名曰《南康县志》第二篇。而旧志纪载止于清同治。今辑集史实，续至清末止，统名曰《南康县志》第一篇。"在这部志书的凡例中，特条还有许多，如"清末变法，所有新政于清政无所隶属者，则追叙于第二篇"；"旧志共十二册……而于全民状态记录寥寥。二篇力矫是弊，是详志人群演进之史实原委，他从略焉"；"位置及疆域添入经纬度，并附争界训令，以资参考"等①。这是将两个社会性质不同的两个时段，分作两篇，实际是由两部可以独立的志书合于一志之中的特殊体例。

第二，从这些凡例的特条中，可以看出志书中特殊篇目的创置、志书框架的变化，以及因地域、时代特色而特别加重或减省之内容等。

南宋景定二年（1261），马光祖聘周应合纂《景定建康志》时，提出"子其用《江陵志》凡例，汇而辑之"，要他就用《江陵志》的凡例来规划全志。周应合则提出了自己的看法，认为"应合修《江陵志》，为图二十，附以辨，其次为表、为志、为传、为拾遗，所载犹不能备。建康又非江陵比也。"因为"自吴以来，国都于此，其事固多于江陵。若我朝建隆、开宝之平江南，天禧之为潜邸，建炎、绍兴之建行宫。显谟承烈，著在留都，凤阙龙章，固宜备录。然混于六朝之编，列于庶事之目，宫府杂载，君臣并纪，殊未安也。"正是基于金陵的这一历史特点，故他提出"今欲先修《留都宫城录》冠于书首。"这是他根据地域的历史特点而创设的一个特别的篇目。在该志的凡例中，揭出设《留都宫城录》冠于书首的同时，还勾勒了全志的框架：在《留都宫城录》之后，"而建康地图、年表次之，十志又次之……十传又次之……传之后为拾遗，图之后为地名辨……凡图、表、志、传，卷首各为一序"。十志的顺序排列是："一曰疆域，二曰山川，三曰城阙，四曰官守，五曰儒学，六曰文籍，七曰武卫、八曰田赋，九曰风土，十曰祠祀"。十传的次序为："一曰正学，二曰孝悌，三曰节义，四曰忠烈，五曰直臣，六曰治行，七曰耆旧，八曰隐德，

---

① 见江西省省志编辑室编《江西地方志序跋凡例选录》，1986 年 6 月印行本，第 172—173 页。

九曰儒雅，十曰贞女”。“表之纬为四：曰时，年世甲子；曰地，疆土分合、都邑更改；曰人，牧守更代、官制因革；曰事，著成败得失之迹，以寓劝诫”。将全书的框架规划得如此细密，在其他志书的凡例中也是比较少见的。它之这一特别的做法，为元至正三年（1343），学古书院山长张弦纂的《至正金陵新志》所继承。在《至正金陵新志》的《修志本末》中所载本书的凡例，也勾勒了全书的结构：“今志略依景定辛酉周应合所修凡例，首为图考，以著山川郡邑、形势所存；次述通纪，以见历代因革，古今大要；中为表、志、谱、传，所述极天人之际，究典章文物之归；终以摭遗、论辨。所以综言行得失之微，以备一书之旨。文摭其实，事从其纲，总为一十五卷。卷各有类，类例繁者，析为上、中、下卷，具如后录。”①

康熙四十七年（1708）刘棨修，孔尚任等纂的《平阳府志》凡例中也说到了其创设《兵氛》一目的想法：“兵氛，各志俱无。河中用武之地，势在必争。自秦汉以来，据二十二史融会贯通，俱载全文附于祥异之后。闯贼、姜逆之变，为害最烈，州县之志有详有略，订明于后，以为考古者之鉴焉。”②

雍正七年（1729），罗复晋修，李茹旻等纂的《抚州府志》在凡例中说明了其设《封爵》一目的理由：“封建一条，诸志无有，以非本朝之制，故可缺也。但临川、巴山，古为藩国，今从通志及‘弘治志’采入，义存稽古，亦可为多识之一助。”③

雍正十年（1732），谢旻等修，陶成、恽鹤生纂的《江西通志》凡例有谓：“江西以朱子过化之地，名儒辈出，书院甲于他省，至鹿洞、鹅湖、豫章三所，规模宏远，圣祖仁皇帝亲洒宸翰，斋煌辉赫，照耀古今。故学校之外列书院一编，以著崇儒重道至意。”④ 说明了“书院”编特设之由。

乾隆三十九年（1774），李奉翰、顾学潮修，王金英纂的《永平府志》“例言”的第二条：“永平为盛京孔道，圣祖仁皇帝銮舆屡经，皇上圣驾亦

① 转见张国淦编《中国古方志考》，中华书局 1962 年 8 月版，第 226 页。

② 孔尚任总纂康熙《平阳府志 · 凡例》，山西省三晋文化研究会、运城地区三晋文化研究会点校，山西古籍出版社 1998 年版，第 5 页 B。

③ 江西省省志编辑室编《江西地方志序跋凡例选录》，1986 年 6 月印行本，第 125 页。

④ 同上书，第 105 页。

两度驻跸。恩赍沛如雨露，宸章昭如日星，敬备录冠之卷首，其原志首册
《世纪》一卷改为纪事，附于封域志之后。"① 说明了特设《巡幸恩赍》、
《天章》两篇冠志首之用意。

一地地情之特，有各种不同的表现，因而凡例的特条也随之而颇为多
样。南宋淳祐十二年（1252）项公泽修，凌万顷、边实纂的《玉峰志》的
凡例规定："凡事，旧在昆山，而今在嘉定者，以今不隶本邑，今皆不
载。"② 这就是因为昆山在境域上曾有划归于嘉定的特别情况而定的。明嘉
靖三十六年（1557）乔世宁修的陕西《耀州志》的凡例中，也有严格遵守
地域限制："凡旧属耀州而今不属者不书"，即使是山川也是只写境内者③。
清乾隆五年（1740），李廷友修，李绂纂的《临川县志》凡例有："临川县
始建于汉和帝永元八年（96），初名临汝，实辖今邑之地。吴升为临川郡，
辖入县则不止于今时一府之地。志名临川，则当日临川郡所隶之地、之事
皆当载入，不当止载今日临川所隶矣。至隋改临川郡为抚州，改临汝县为
临川县。县名既定，此后止志一县之事可也。隋大业三年，乃唐天宝元年
（原文如此），常复置临川郡，而为时未久，隶事无多，不必牵连旁及"④。
这些都是因为境域有盈缩之变动而特别规定的。

明弘治十四年吴杰修，张廷纲、吴祺纂的《永平府志》凡例之末条
有："政令之施，恩泽之布，有关本郡有切民生者，必详录之，示垂后也。
本郡京师北门，其兵制之详、防御之谨，可以捍外卫内，有益于兵民者，
皆附益之，不忘危也。"⑤ 这是作为京城屏卫之地而加重武卫内容之例。

前述的《兴义府志》凡例有："兴郡苗疆，苗语侏离，听讼者每茫然
不解。今特译载苗语、仲语于风土志中'方言'之后，以备考证。"⑥ 这是
少数民族聚居地区的特殊民情而规定的特殊内容处置法。

---

① 李奉翰、顾学潮修，王金英纂《［乾隆］永平府志》，董耀会主编《秦皇岛历代志书校
注》本，中国审计出版社 2001 年版，志首第 23 页。

② 转自仓修良《方志学通论》，第 347 页。

③ 转见巴兆祥《方志学新论》，学林出版社 2004 年版，第 95 页。

④ 见江西省省志编辑室编《江西地方志序跋凡例选录》，1986 年 6 月印行本，第 149 页。

⑤ 吴杰修，张廷纲、吴祺纂《［弘治］永平府志》，董耀会主编《秦皇岛历代志书校注》
本，中国审计出版社 2001 年版，志首第 15 页。

⑥ 见龙尚学选辑《贵州地方志序跋凡例选录》，贵州省地方志编纂委员会办公室印行本，第
95 页。

同治十二年（1837），李人境修，梅体萱纂的江西《南城县志》凡例有："县志专记县事。南城为附郭邑，古迹、名胜、坛庙、公廨隶于郡者，均县境所辖之地，记载易于牵涉。今唯列其名，著其址，俾可稽考。凡建设缘起、经理事宜、职官姓氏，概不登载，以别郡志。"① 这是说明附郭县的县志中，相关事物为避免与郡志重复的特别处理方法。

乾隆四十八年（1783）修的《浮梁县志》的《修志条规》中所规定的："志内凡系庙讳、御名，俱宜恭避。其有违碍字样，均须加意检点，或应删改，或应刬削……诗文记载，其字句、文义，稍涉疑似闪烁之处，均宜严核删除。"② 这是在乾隆四十四年（1779）十一月颁布"上谕"之后，全国大兴文字狱的形势下修的志书，这一条规就反映了其特殊的时代特色。

尤其值得注意的是，从仓修良编的《文史通义新编》中，尚可得见章学诚纂的《和州志》、《永清县志》、《亳州志》以及《湖北通志》等 4 部志书的概貌。除了《湖北通志》有《凡例》一篇外，其余的 3 部志书都没全书共同的凡例，而改为各篇的"序例"。也就是说没有通例，只有特（个）例。其中的《氏族志》、《阙访列传》、《前志列传》、《文征》、《掌故》等，都是他新创的篇目，也都是在各自的"序例"中加以说明的。

第三，一些凡例的特条内，勾勒了该地志书修纂的历史轮廓、存佚情况、略作评论而后说明本志对前志之因革、变异，实际上是探讨续志编纂中一些法则。

康熙五十六年（1717），李丕垣、李应绥纂修的云南《澄江府附郭河阳县志》凡例的首条就是："河邑旧志，元以前无考。明弘治甲寅（1494年）、隆庆戊辰（1568 年）虽两经修纂，俱散失无存，后不闻有续修之者。本朝举修《一统志》，知府联箕张公采辑于残篇断简中粗成六卷。其间沿革、山川、风俗、人物，下迨流寓等传，类多循名失实，事以久而传讹。时代易迁，文省繁而多漏，难乎其为信史矣。今远搜文献，近质遗老，合旧志细加详订，取阙略者增修之，期无疑信之。嫌涉舛谬者校正之，稍免亥豕之误。一遵《通志》条例，每则弁以数语，务在不没前规，

① 江西省省志编辑室编《江西地方志序跋凡例选录》，1986 年 6 月印行本，第 170 页。
② 转见漆身起主编《江西地方志概说》，吉林省地方志编委会办公室、吉林省图书馆学会 1985 年 3 月编印本，第 32 页。

亦不敢创生臆见，庶后起者踵事增华，或亦借此为嚆矢云。"① 与这条类似的内容，亦见两年后，他们二人纂的《澄江府志》的凡例中。

雍正十年（1732），谢旻等修，陶成、恽鹤生纂的《江西通志》凡例亦谓："江西省志古无征。前明嘉靖癸未年（1523）参政林廷（木旁加昂）实辑成书，是为'林志'；越百六十年，本朝康熙二十二年（1683）巡抚安世鼎修之，是为'安志'；康熙五十九年（1720）巡抚白潢增修，名之曰《江西志》，今所称'白志'是也。'林志'今已不存，仅见于'安志'、'白志'所引。其体例条目皆本而因之。'安志'颇多絓漏；'白志'加意订正，广搜博考，实有其长。今原跋具存，前人苦心不敢轻没，而其中沿袭传讹，时所间有，亦为校正。"②

同治十二年（1873），魏瀛修，鲁琪光、钟音鸿纂的《赣州府志》凡例，首条亦谓："《赣州府志》修于道光戊申年（1848）为'李志'。距今二十五年。其先有汤文正重刊谢诏本，及郡人孙麟贵、郭泰符续志，不可得见。所存者惟康熙间张大令尚瑗、乾隆间窦太守忻所修两志。'张志'征引博洽，'窦志'则李序谓其义例不精。且多舛误。经'李志'参酌考订，较称明善。此次距李修非远，其无所损益者悉仍其旧；至应增补者均于每条下注明；其有讹舛重复应删订，或存疑未决者，则附以按语。俱以'李志'为据，而参以'张志'、'窦志'及各邑志，细加斟酌。以求确当。"③ 其他志书中设类似条者尚多。

第四，这些凡例特条，从不同的侧面反映了编纂者的方志思想以及他在方志理论方面的探索。这方面的例子就更多了。

康熙三十年（1691），魏荩臣修、阚祯兆纂云南《通海县志》凡例第一条："邑志，说者曰志一邑耳，与一郡一省何与？不知政有因革，时有治乱。由京畿而各省，由省会而郡邑，溯源以穷流也。又有始于一邑播于一郡，风于通省，渐于京畿者，祸乱之发，不有大也。由斯以论，邑且与天下相关，况省与郡乎？兹志取滇省兵马钱粮之大要，与夫事之何以治，

① 见梁耀武主编"玉海地区旧志丛刊"《县志两种》，云南人民出版社 1995 年 12 月版第 22 页。

② 江西省省志编辑室编《江西地方志序跋凡例选录》，1986 年 6 月印行本，第 104 页。

③ 同上书，第 136 页。

何以乱，亦得撮而载之者，所以破拘隅之见也。"① 表明了纂修者对"越境不书"传统的理解与灵活运用。

有的条目还反映出修纂者做学问的风格。如康熙四十七年（1708），孔尚任等纂的《平阳府志》的凡例，则显示了考据派的特点。其凡例条数达27条之多。其中第24条关于陵墓条是这样写的："尧陵，在府东郭行里。《祀典》载：'东平州洪武初年版图未（?），遣祭帝王陵寝'。奉命者一时妄举，贻误至今。舜陵在安邑鸣条冈。《祠典》载'湖广九疑山，作俑于司马子长。'后人不信孟子，而信子长，岂非刺谬？《竹书》曰：'鸣条有苍山，舜崩遂葬焉。'可以破千古之惑矣。夏启以下，陵俱在县北夏王村。金泰和间建，朝元冠以奉香火。而《祀典》不载，亦洪武初地为王保保所据也。汤陵在荣河，载《祀典》。或曰在闻喜，或曰在偃师。风后陵在蒲州南风陵渡，《潼关志》谓即女娲陵，《陕西通志》因之。今赵城侯村里女娲陵地在《祀典》。凡此皆确加考辨，不使附会者参焉。至关龙逢墓在安邑阌乡亦有之。裴度墓在管城，赵鼎墓在衢州，本县亦有之，《通志》谓葬衣冠，是矣。又姜嫄墓在闻喜稷王山，本省凡数见。丹朱墓在府西北王曲村，又见翼城。段干木墓在安邑上段村，又见芮城。王通墓在太平万王村，又见曲沃、河津。诸如此类，开列于后，以待博考。近代缙绅之墓，《通志》稍滥，今惟敕建及名著者存之。"②

嘉庆六年（1801），谢启昆修、胡虔纂成的《广西通志》，是志界公认的一部名志。它的《叙例》长达近5000字的篇幅（含全书编目）。不但篇幅大，而且可以说条条皆是特例。特就特在每一条都有对方志理论的探索和各种类目历史的寻绎③。

清嘉庆二十二年（1817）景纶修，谢增纂的河南《密县志》有凡例28则。其中的一条有云："为志之道，不合史法则陋，全用史法则僭。史有纪、表、志、传，郡邑亦备其体，是僭也。顾炎武谓'非史官不宜为人立传'，论极详允。郡邑乘备史馆采择，志、表可也，传云乎哉？观宋濂

① 见梁耀武主编"玉海地区旧志丛刊"《［康熙］通海县志》，云南人民出版社1993年版，第1页。

② 孔尚任总纂康熙《平阳府志·凡例》，山西省三晋文化研究会、运城地区三晋文化研究会点校，山西古籍出版社1998年版，第5页B。

③ 详谢启昆修、胡虔纂《广西通志》卷首，《广西通志叙例》，见广西人民出版社1988年版，广西师大历史系中国历史文献研究室点校本，第6—14页。

《浦阳人物记》、康海《武功志》微意可知。今以图、表、志、录为四纲，而于人物、列女，概不名传，惧侵史职也。"① 所以本志中列有人物志、列女志，而不称为传。这就反映出了修纂者是如何理解史、志之别而确定全书体例的。

道光五年（1825），徐清选、李培绪修，毛辉凤纂的《丰城县志》有："河渠、民赋，为民生国计所关，纪载不嫌过详。"② 表明纂修者已经注意到应当重视经济内容的记述。

顺治十七年（1660），贾汉复修，沈荃纂的《河南通志》，是有清一代最先修成的一部通志，其体例虽承明嘉靖志，但又有改进。康熙间曾将此志颁诸全国以为省志之式，对后世影响甚大。其凡例 20 条，首先就说明："通志与一统志不同。一统志别有会典，故职官、选举、户口之数不载焉；古今之文，皆艺文也，故艺文不载焉。通志系一方典制，概不得遗，因分类三十"；"通志与诸史不同，史垂法戒，善恶并书；志以扶奖为主，故纪善不纪恶，要其指一也"；"通志最慎重者，尤在人物。中州名贤代出，自上古迄明初，旧志已有定论。其后续入，非勋绩、品望卓然表著者，不敢滥及也。孝义节烈，风化攸关，必确采舆情，用昭公道"③。这就表明了修纂者对方志性质、通志与一统志、通史异同的看法，由这些认识而规定不同的个例。

民国 25 年（1936），王连儒撰山东《肥城县续修县志序例草稿》38 则，其中提出"志宜续不宜修"，"信以传信为史家无上之科条"；"经济为万事之母"；"图、书相辅而行……图约而书博，二者不可偏废"；"在各目本文中，各依时代之先后"叙事等④，都表明了作者的方志思想。

有的还在凡例中专门讨论方志理论者，如民国 19 年（1930），胡履新、张孔修纂的湖南《永顺县志》中，列有旧志遗规和修志通例，从正名、审传、倒置、谬误、书法、简洁等 14 个方面，总结了古今方志之善否，对修志之体例、内容、手法、作者等方面，进行了系统的论述，就很

① 转见刘永之、耿瑞玲《河南地方志提要》上册，河南大学出版社 1990 年版，第 86 页。
② 江西省省志编辑室编《江西地方志序跋凡例选录》，1986 年 6 月印行本，第 158 页。
③ 转见彭静中《中国方志简史》，四川大学出版社 1989 年版，第 439—440 页。
④ 转见王桂云《山东方志汇要》，宁夏人民出版社 1989 年版，第 364 页。

有方志理论意义①。

第五，从一些凡例的特条中，反映纂修者科学思想前进的程度和步伐。

明正德十一年（1516），黄文鸑纂修的江西《新城县志》凡例有："仙佛诡异之说，惑民诬民，非儒者所当言也，今悉去不录。"表明其要坚持不语怪力乱神。同治《赣州府志》有一条凡例载："'李志'从张例，不绘星图，不立分野一目，不为无见。'张志'例言引夹漈郑氏云：天之所复者广，华夏占者牛女下十二国耳。牛女二星非江西、闽、广三省之所得居，况赣乃十三郡之一，敢谓其当何星？然占星纪地，征验符合，见之左氏传及历人史书，未必尽诬。诚以星宿光曜有下施之功，能为地下方隅人物禨祥之占应，非必如人家兄弟子姪，指定财产，一一分而据之也。虔南广袤千里，非蕞尔一邑可比。案牛女三星，江西全省并丽赣州且界闽、广，必谓牛女二宿竟为赣州所居，固无其理；若谓斗牛二宿，竟与赣州无涉，未免偏枯。兹从窦例，仍立分野。"② 宋人郑樵在《通志》中已批评史书设分野说之无谓，且其前人修本府志书已弃而不用，今又复其旧，可见其思想之不能与时俱进。至光绪《吉安府志》的凡例中，仍承此目，比《赣州府志》就更显陈旧了。

民国三十年（1941），李正谊等修，邹鹄纂的《吉安县志》凡例有："兹编除水旱灾祲，关系民生至巨，理合编入《大事志》外，其他妖异，未敢尽量搜罗。惟遇有事虽近怪，有实迹可征者，间录一二，以供科学家研究。""吾国史志，大率详于政府而略于闾阎，遂使数千年社会状况及变迁因果尽归淹没，良堪浩叹。兹特辟民事一门，刻意求详，俾我邑人民生活习惯、盛衰良苦情形，一一呈露楮上，为此后修民国史者基础。"③ 表明了纂修者一些独到的见解。

第六，从一些特例条中，可以看出修纂者对传统通例如何细化而加以运用，以及对特殊问题、难题的处理方法。

嘉泰三年（1202），赵汝暮修《太和县志》，亲自"总其凡例而详订之。剪剔繁芜，搜访遗逸；其义当两存者，不敢偏废，亦春秋传疑之意

---

① 转见金恩辉、胡述兆主编《中国地方志总目提要》，台北汉美图书有限公司1996年版，18－42。

② 江西省省志编辑室编《江西地方志序跋凡例选录》，1986年6月印行本，第136页。

③ 同上书，第177—178页。

云。"这是说的对同一事物存在两种或两种以上说法的资料的处理方法。

嘉定十六年（1223），陈耆卿纂《嘉定赤城志》是一部"凡例严辨，去取精确……莫可尚矣"的好志书。其做法是："凡意有未解者恃故老；故老所不能言者恃碑刻；碑刻所不能判者恃载籍；载籍之内有漫漶不白者，则断之以理，而折之于人情。事立之凡，卷授之引，微以存教化，识典章，非直为纪事设也。"① 这表明纂者资料考释、鉴别的方法和慎去取的严谨态度。

《至正金陵新志》的凡例规定："景定志五十卷，用史例编纂，事类粲然。今志用为准式，参以诸志异同之论，间附所闻，折衷其后。至于事文重泛，非关义例者，本志既已刊行，不复详载"；关于图的处理："古之学者，左图右书。况郡国舆地之书，非图何以审订？至是非曲直，初元郡士戚光纂修续志，屏去旧例，并去其图，览者病焉。今志一依旧例，以山川、城邑、官署、古迹，次第为图，冠于卷首，而考其沿革大要，各附图左，以便观览"；关于年表："修景定志者，用春秋笔法，述世、年二表，经以帝代，纬以时、地、人、事，开卷了然。与《建康实录》相表里，可谓良史。而戚氏讥其年世徒繁，封画鲜述，所作续志，悉芟去之。以论他郡可也，而非所以言建康。岂惟前代事迹漫无统纪，亦将使昭代之典，暗而不彰。今不敢从。述世、年表，悉依前例"；关于资料依据："今自至正丙子前，杂稽史传，归附后用戚氏续志，及路、州、司、县报至事迹，附以见闻可征者，辑为斯志，信以传信，疑以传疑……"；关于叙、论及人物的处理："除图、考外，表、志诸篇，各有叙，叙所以为作之意。人物析为民谱、列传，皆据前史，纂其名实，巨细兼该，善恶毕著。传末例有论、赞，不敢讲僭越"；关于艺文著作的处理："历代以来，碑铭、记颂、诗赋、论辩、乐府、叙赞诸作，已具周氏、戚氏二志，不复详载。今辑其篇第，志于古迹卷中。其关涉考证者，随事附见。自余文、记，郡、州、司、县采录未完，郡庠续为辑，附于志末"②。这是说前已有旧通志的情况下，再修通志时如何处理与前志的关系。

万历三十二年（1604），赵耀、董其纂的《莱州府志》凡例规定："名

---

① 转引自张国淦《中国古方志考》，中华书局1962年版，第383页。
② 转见同上书，第164页。

山大川，凡经见者悉书，而后以俗名皆收改"，"山川、寺庙、祠院碣碑诗文，唯名笔古雅可传者入之，近时鞠陋，俱削不录"，"艺文但涉于莱，佳者俱载，其有关世道风土及可考兴革、可寻往迹者，即文不雅驯，亦录"①。这是纂修者确定的山川、寺庙、祠院中的碑碣诗文以及艺文志的收录原则。

顺治十一年（1654），王羆修，朱胤哲等纂的《滑县志》凡例规定："人事不关滑邑不书；山川非隶滑、诗文非咏滑者概不书。纪年务存正统，非正统俱附书；官师现任者例不立传；名宦乡贤，俱照录旧志考录，不敢徇滥，其后有治绩卓然、舆评推重、宜光俎豆、未经举荐者，略连一二，以俟续入。"② 这反映了纂者在官守、人物收记上，严守越境不书、务存正统的原则。

康熙三十年（1691）何鼎纂修的《长葛县志》，其凡例规定人物分为两类："德行俱全"者入列传；以单方面卓著者为分传，分传下面又分类③。康熙三十三年（1694）梁碧海修，刘应祁纂的《宝庆府志》的凡例称为《纂修书例》，共6条。其中有："凡昔存今废，昔无今有者俱书；田亩、粮额等增减、繁省俱载之；事无明证不书，善无实据不书，恶非叛盗不书，仕宦与乡人尚在不书……非出自名贤者不书。"④ 这里讲到了记什么，不记什么，尤其是最为敏感的人物的处理原则和方法。

乾隆四十四年（1779），施诚修，童钰纂《河南府志》的凡例说："有分县而书之例，有分时代而书之例。如建置、职官、田赋、户口、古迹，以分县为例者也；如选举、人物、艺文、经籍，以时代为例者也。"⑤ 这说的是志书在编纂中对篇目的排列处理，可以纵横结合，宜横则横，宜纵则纵。

嘉庆二十三年（1818），朱棨、朱浩修，曹云湘纂的《九江府志》凡例有："志载艺文以备征考，必有关于此郡山川、风俗、利弊、因革者，然后载入。向来志书体例如此。即如匡庐为数郡镇山，题咏最夥。而九江

① 转见王桂云、鲁海《山东地方志纵横谈》，吉林省地方志编委会、吉林省图书馆学会编印本，第81页。
② 转见刘永之、耿瑞玲《河南地方志提要》上册，河南大学出版社1990年版，第502页。
③ 转见刘永之、耿瑞玲《河南地方志提要》下册，河南大学出版社1990年版，第28页。
④ 转见金恩辉、胡述兆主编《中国地方志总目提要》18-42。
⑤ 同上书，16-31。

止辖匡北,写匡南及泛写庐山者,自有《庐山志》在。兹较旧志略为删汰。其此外一切无关之文,俱不滥登,致乖体例。"①

前述《赣州府志》,其凡例第三条载:"学校新设礼乐、仪文、祭器、乐舞、章服,灿然美备。兹仿《宝庆府志》所载,增绘图式,以垂永久,俾学者知道统之所以重,礼乐之所由兴,习揖让之风,化嚣陵之俗,或庶几焉。此调不弹久矣,故文独繁而不杀云。"② 说明了它增绘古礼乐、祭器等图的做法。

综上所述,可以看出,一部志书仅有通例而没有特例是难以想象的。它或则表明这部志书从体例到内容都没有自己的特点;或则表明志书的体例和内容上虽有特点,但在凡例中没有反映出来。无论属于哪种情况,都不能算是一部完全成功志书的凡例。我之所以要推介《龙岩市志》的凡例,用意只在于说明它与时下许多新志书的凡例稍胜一筹,并不是对该志的总体评价,也无意说这部志书的凡例就是最佳的了,幸读者谅察焉。

(原刊于《闽西史志》2008 年第 1 期、《中国地方志》2009 年第 6 期)

---

① 引自江西省省志编辑室编《江西地方志序跋凡例选录》,1986 年 6 月印行本,第 131 页。
② 同上书,第 136 页。

11. 地方志与全面协调可持续发展①

"地方志应当干政"。初听起来，似乎有点骇人听闻。我却不这样认为。因为地方志所记只是关乎地方的事，它所要干的也并非是基本国策和国家的大政。它所要"干"和可能"干"的，只是地方党、政领导所施行关于地方事务之政。为地方党、政领导的施政出谋献策，品评得失，应当是方志工作者应尽之责。他们在这方面也是可以有所作为的。

地方志书是一个地方情势的载体。举凡该地的自然环境、社会人文的历史和现状，都是其应当加以记述的。编修地方志是中国的一项优良的历史传统，两千年来莫不代代赓续。在一些文化发达的地方，直到解放前存留下来的旧志，有多达 20 多代的。新中国成立后，党和国家领导人也一直重视这一传统的延续。自 20 世纪五六十年代以来至今，已经进行了三轮志书的编纂（第三轮尚在继续中）。尤其是 20 世纪 70 年代末开展以来的第二和其后的第三轮修志，其规模更是超过了历史上任何一代。直接参与此项工作的人员最多时超过 10 万之众，全国所有的县级以上的建置单位，没有开展修志者，是极为罕见的。早在 2002 年上半年第二轮修志接近基本完成之时，据中国地方志指导小组负责人称，当时所完成的省、市、县三级志书已达近 5000 部。笔者估计，至今已完成的志书总数当在万部以上。这还没有把各事业垂直系所修的志书以及县级以下的乡镇村、企事业单位编的小志加以统计。

应当说，在这一轮的修志高潮中，修成志书总量之多、复盖地域之广、志种之齐备、在方志理论和体例、撰写技法的探索中所取得的收获，以及修成的这些新志书，在为改革开放服务、推动地方社会发展、增强海

---

① 是文原以《地方志应当干政》为题写成，发表时接受朋友劝告，改为今题。

峡两岸交流、推动祖国统一步伐方面，都是历史上任何一轮修志不可比拟的。在修新志同时，对方志资源开发、利用方面的例子也不胜枚举。早在10年前，笔者就曾汇集了这方面的比较典型的实例500余则，达20余万字，《中国地方志》还专门为此出了一辑增刊。① 当然，这只不过是九牛一毛而已。

但也毋庸讳言，尽管如此，所修成的新志书发挥的社会作用，与那么大的修志规模和所修成的那么多志书相对而言，悬殊还是很大的。在笔者看来，出现这种悬殊原因有二：一是修志的相关部门在修志与用志上所放的力量搭配不称，用于修志者力众而集，用于志书资源开发利用者力少而散。有些地方的修志部门长期陷于"要我修"，而不是"我要修"。故志书修纂甫毕，便人去摊子散，一任出版的志书堆在库房或束之高阁，不再去问津了。二是所修志书本身也存在若干先天的欠缺。

如前所述，修志是中国文化史上的一项优良的传统，正是沿袭这一传统，代代续修，为我们保存了极其丰富的历史资源，弥补了外人所说的中国有"国史"而无"民史"的欠缺，功不可没。但这些地方志书，其自身也存在一个致命的偏颇，就是将"存史"和"教化"置于显性的地位，而于"资治"（为现实服务）则使之带有较浓重的隐性特点，需要用志者去进行二次开发。在新中国第二轮修中，时为中国社会科学院院长的胡绳同志曾明确地指出："现在的地方志与古人编的地方志所体现的精神也有所不同。如果说，古人编的地方志侧重在继往，那么现在的地方志则更重在开来。我们了解过去，是为了开展今天的事业。"② 笔者隐约地感到，胡先生似是针对上述偏颇而发的，有很强的针对性，对当今修志也有很强的指导性。

可惜的是，胡院长的这一呼吁，并未引起方志界足够的重视，使新修出来的多数志书依仍是"继往"有余而"开来"不足。最明显的就是多数地方的志书，写已经有的事实——新中国建立以来的成就较充分，处处莺歌燕舞，而对于怎样在现实基础上进一步持续发展则着墨很有限；写自己的优势、成绩、经验，重笔浓墨，写劣势、失误和教训，则蜻蜓点水、淡

---

① 参见诸葛计《新编地方志资源开发与利用集例》，载《中国地方志》2000年增刊。
② 胡绳《在中国地方志1993年度工作座谈会上的讲话》，载《中国地方志》1993年第2期。

写轻描。我理解，志书要着眼于未来的发展，并非是要志书去写许多未来的展望和规划，而是要体现出志书修纂者，对未来进一步发展有利和不利条件的一些起码的评估，提出他们的策论性的主张。这种策论性的主张，当然不是轻易可得的，它是志书编纂者对全面地情了然于胸之后的提炼与升华，从而寻找出推动地方社会和经济快速发展的关键，并将这些关键之点提供给当政者，为他们抓住这些关键进行决策。

还在 20 世纪 90 年代初，山西阳城县志主编刘伯伦先生就提出了一个重要的方志思想——方志工作者要有忧患意识。他在 1993 年的一篇文章中明确提出，"与其危机在后，孰若警钟在前？只有正视危机，才是克服危机的正确途径"，"只有具备忧患意识的知识分子，才配作方志工作者；只有深谋远虑、高瞻远瞩之人，才配作志书的主编。"①以这样的思想作指导，在他主编的《阳城县志》中就较好地体现了这种思想。相对于历史而言，解放以后阳城的发展不可谓不快，面貌变化不可谓不大。在他们所编的志书中，在充分书写阳城的成绩和优势的同时，也明确地指出："阳城十年九旱，农业收成不稳；交通不便、电力不足，可利用的水资源低于全省平均水平，影响着经济的发展；日趋严重的环境污染，令人深为忧虑；人口素质不高，传统观念负荷较重，带来了变革的艰难。"还有就是，地方领导有些决策"只凭主观意愿，不顾客观规律"，"只顾眼前不顾长远的短期行为"。阳城当前面临尖锐的矛盾，是"历史悠久而科技落后，资源丰富而人才奇缺"。面对这样的现实，于阳城未来的发展，他们在志书中献上了五策：这就是"变短期行为为长久之计，变靠吃资源老本为靠智力进取，变粗放经营为集约经营，变简单加工为精细加工，变单一生产为综合利用"。

依我看来，这样的志书就做到了既继往，又开来。对于阳城未来的发展虽只有粗线条的勾勒，但指出这样的努力方向是值得重视的。其所以值得重视，是因为它是志书修纂者在吃透地情的基础之上的理性思维。这些主张原于志书中所记述的资料，但又高于平铺直叙的资料，对读志用志者具有较强的启发性，从而提高志书的档次，使志书更具实用价值。正因如此，故这部志书出版之后，便在社会上获得如潮好评。

---

① 刘伯伦《方志新议》，海潮出版社 1994 年版，第 65 页。

可能有些主编者会说，各地地情不同，我们与他们那里的情况不一样，志书的写法不可以一辙而往。这话只讲对了一半。地情千差万别，志书的写法应当各显神通，这是对的。但要着眼于"开来"这个方向应当是一致的。又有的方志工作者可能会说，志书编纂的原则是"秉笔直书"、"述而不论"。在这样的编写原则面前，志书只能直笔记述已然的史事，编纂者虽有自己的一些宏观高见，在志书编纂中也无所施行，没有他们可用武之地。这话也是笔者不能完全苟同的。

首先从方志史来看，至今尚存的上万部旧志书中，绝大多数的都是记述体，也都坚持了"秉笔直书"、"述而不论"的原则。但其中也不乏编纂者结合所记事物而发的一些议论。这些议论性的文字，有些出现于志书纲目的小序之中；有些则置于记述性文字之后，以"按"、"论曰"、"异史氏曰"、"柱下史曰"等形式出现；有些则是在记述行文当中的夹叙夹议。编纂者在其中所发的议论，有的是表明对事物的看法、评价，或是赞扬，或是抨击，或是感慨，或是加以考证、纠、释；有的则是提出策论性的建议，设立专门的"条议"之目。如海南的道光《万州志》和咸丰及民国的《文昌县志》的《海防志》内，都有专门的"条议"之目。有的虽未以"条议"的名目出现，但实际上也是提出了"条议"的主张，如明正德《琼台志》中的"抚黎"、"平黎"、"统黎"、"议黎"等目。康熙《琼台志》以及其后海南岛的不少志书中都有类似的专题。①

更常见的是在记述过程中的夹叙夹议。多在一类事物记完之后，以"论"、"按"的形式提出。这些策论有不同的层次，宏观的大到朝廷某些方面基本政策的制定或修改，军事方面的重大战略主张；较微观者则是对某一具体地方的发展方略，一些具体事项的处置办法。方志史上此类典型之例，笔者在《志书中的"策论"之笔》一文（载于《广西地方志》2009年第2期）中，已略加载列，在此不赘。

从那里所列载的事例可知，以记述地情为己任的地方志书中，提出治理和发展地方的主张和建议，实是其应尽之责。只有这样，志书才更具实用价值，更能发挥其资治功能。可惜的是前代志人这些好的做法，在我们

---

① 详见李默编著《广东方志要录》，广东省地方志编纂委员会办公室1987年编印本，第435、437—486页。

当代志人中，继承的实在太少了。从笔者所寓目的 200 来部新志书或书稿中，较少发现那篇文章中所列类似的典型例子。

本来，在我们的第二轮修志中，将民国时志人创设的"概述"，大大地加以革新并提高了它的档次，纳入新志书中，使之成为正式的一"体"。这一体要求高屋建瓴地综述地情，为志人发表议论提供了更为广阔的场地。上述《阳城县志》中那些策论主张，就是在它的《综说》中提出来的。还有一些新志书也充分地利用了这块新创的场地，提出了很有见地的策论主张，诸如陕西的《佛坪县志》、山西的《曲沃县志》、湖北的《长阳县志》、辽宁的《新民县志》、河北的《灵寿县志》、江苏的《扬州市志》等的概述，都是写得比较成功的策论型的概述，均受到人们的首肯。

令人感到遗憾的是，对于这些好的做法，虽然有不少的人曾下力加以倡导（笔者当时主编的《中国地方志》就曾发表了不少这类的文章），但已经出版的大多数志书还是没能那样去做，因而使它们的功能发挥受到了局限。据我的观察，致使多数志书没能做到这点，有于下两方面的原因：从主观方面说，是有些方志工作者（尤其是主编），对修志的目的不是十分明确，以为将当地的地情记述清楚就完成了任务，至于如何用志则是别人的事。虽然也天天在向别人宣传地方志如何有用，但并没有很明确推动地方持续发展，就是志书义不容辞的责任。所以，他们对于较难的策论地方可持续发展的问题时，就采取了能绕着走就绕着走路的简单办法。这样做法的志书，在第二、三轮所修的志书中是比较多见的。

2007 年，笔者受邀参加安徽省 20 来部志书的评论中，对《马鞍山市志》的评论就指出，该志的《总述》采取浓缩式的写法，只将各部类的内容都拈来一点加以凑合，显得思想深度不够，尤其对这个城市未来发展前景缺乏起码的评估。虽于本书《总述》之末，有"一个开放型、多功能、经济繁荣、科技发达、环境优美、民风高尚，具有良好的经济效益、社会效益、生态效益的现代化城市必将展现在人们面前"这样一个长句，但只是一个程式化的口号，并不是对城发展前景的真正评估。

马鞍山是一个工业型的新兴城市，但这个城市之所以兴，完全是植根于此地蕴藏丰富铁矿，属于地下资源型的城市。矿藏资源属非再生资源，一个地方矿藏资源再丰富，它也是有限量的，总要有它竭尽之时。君不见，中外地下资源型城市"弹尽粮绝"的呼声已时有所闻。德国有名的鲁尔地区，由于地下矿藏丰富，曾是德国工业化的起步之地，它创造的产值，曾一度占到德国国内生产总值的三分之一，钢铁产量占到全国 70%，煤炭产量的比重达 80%，无疑是德国的一处宝地，是德国的经济支柱地区。但自上世纪 60 年代开始，随着煤炭产量逐年下降，成本上升，一些煤矿逐步关闭，钢铁工厂纷纷外迁，失业人口大量增加，环境质量下降，生态恶化，曾面临着严重危机。德国政府不得不下大力气为这个地区的未来发展另找出路。我国这一类"成也资源，败也资源"的城市也不在少数。曾闻名全国于一时的玉门市，到上世纪 80 年代末至 90 年初，由于石油资源的日渐枯竭，而出现了"管理局下山了，政府下迁了，有钱人买房向东了，没钱人死守空城了"，一座现代化的石油城，变得萧条起来。甘肃的白银市，曾有"中国铜城"之称，从 1964 年建成投产后，曾经连续 18 年铜产量居全国第一。同样到上世纪之末，面临资源危机。曾有"镍都"之称的甘肃金昌市，以及辽宁的阜新市、云南的东川市等，都面临着同样的问题。东川已经撤销地级市而改为昆明市的一个区了。①

　　马鞍山市与上述这些城市同属于地下资源型的城市，上述那些城市的命运遭遇，会不会有朝一日也会降临到马鞍山市的头上？是马鞍山人不得不考虑的问题，更是修《马鞍山市志》者，不得不考虑，在志书中不可不触及到的问题。当时笔者从该志书中，想要了解一下钢铁工业雄盛之时，带动其他产业的情况，其他产业的跟进情况，就是想看一看马鞍山一旦出现铁矿资源紧张之时，其他的产业能不能把这个工业城顶起来，继续发展下去，想一想其长远发展的前途问题。但是编纂者缺少了这方面的考虑，不能不说是这部志书的一个大的缺陷，这个缺陷的存在，就使志书的功能受到了局限。

　　以上讲的是修者主观方面存在的问题。多数志书未能这样做的原因，除了主观的原因之外，还有来自外在客观方面的影响。一些地方的志书编纂者，虽意识到了自己的历史责任，又由于他们吃透了地情，已经烂熟于胸，对当地的持续发展是会有一些宏观、独到见解的，但要将这些见解写入志书，却受到客观条件的制约。现代修志是党委领导，政府主持。志人的议论或者由于涉及地方的劣势，或者提出的主张与当政者的思想或现行的政策未尽吻合，不合领导者的口味，所以再具科学性的高明主张，也不能纳入志书之中的情况，也是有的。我可以举两个典型的例子。

---

　　① 参见《中国资源型城市弹尽粮绝》，载《北京科技报》2008 年 4 月 28 日。

例子之一，是 1997 年初，山西省《沁源县志》稿，原先写了一篇不足 3600 字的《志策》。该《志策》分为两部分：前一部分以极简括之笔，交代沁源有四大资源优势：广阔的山川森林和牧坡草地；大量的煤铁矿藏；丰富的历史人文资源；颇具特色的物产。并说明这些特色的资源优势，过去适应小农经济的需要，曾创造过历史的辉煌；后来适应计划经济和合作经济的需要而维持了现状；而今面对市场经济和外向型经济的迅猛发展，就因为不适应而显得滞后了。沁源人民正面临着市场经济的挑战。怎么办?《志策》的第二部分就献上了这样的"策论"：在全国都向市场经济迅速推进，国内经济已经从资源导向转向市场的总形势下，沁源应当从开发资源的配置，转向发展经济的资源配置。用沁源人的话说，就是从"有甚吃甚"、"靠山吃山"的日子，转变为"要参栽参"、"要苣卖苣"的日子。要寻找适应市场需求的新机遇和资源优势，打开新局面。因此就要：第一，注意市场导向，面向大市场；第二，树立大资源观念，重新评价和合理利用资源优势，向社会文化层面延伸；第三，重塑市场经济机制，加快经济发展步伐；第四，再造新产业，提高产品档次。这本来是一篇很有实用价值、很好的策论文章。但志书正式出版时，这篇《志策》却没有能纳入志书之中，而是代之以当时比较通行写法的一篇《概述》，具体原因不得而知。笔者认为很是可惜，故专门将其在《广西地方志》1997年第 1 期加以详细介绍。①

例子之二，是前两年，我去参加一部县志稿的评议会后，由一个县志办的同志将我送去毗邻的另一个市的志办。出发那个县森林茂密，覆盖率达 76.3%，山清水秀，鸟语花香，处处给人一种心旷神怡的感觉。车行进入要去的市境内，山上的树木就逐渐显得稀疏了，接近城市处，更是出现了大片大片刚经山火烧过的痕迹，给人一种惨不忍睹之感。问市里的同志，说都是一些傻子（神经不健全者）放火烧的。再进一步追问，才知道这些傻子是受一些健全人唆使干的，为的是让人们在火烧后的山上砍柴作薪，与傻子放火烧山一样，可以不受法律追究。

这是近一两年多才出现的现象。该市境内原来有一总储量 1.47 亿吨的煤矿，已有开采约 400 年的历史。1978 年产量 128.87 万吨，1985 年产量 108.48 万吨，1968—1985 年，共采煤 1184.28 万吨，完成产值 2.47 亿元，

---

① 参见诸葛计《志林集特》，载《广西地方志》1997 年第 1 期。

上交国家税利 2983.5 万元，是该省一个重点煤矿。至 2000 年时，开采从业者达 98000 余人之多。至 2000 年底，可利用储量仍有 7658 万吨。该处所产之煤矿质品位高，质量好，热卡达 6000 卡以上，灰分少，含硫低，为全国之最。其所产除了供本市工业用煤之外，还可供省内不少地方的用量，居民生活大多也已经用煤，不用上山砍柴了。但因 2006 年 8 月 7 日的一次矿难后，全市所有的煤矿巷口，就奉命一律关掉了。据说这一刀就砍掉了该市经济收入的 53%，给本市甚至全省的工业发展及人民生活都带来极大的消极影响。省内一些原由本市供煤的工厂企业，需要改从邻省进来，甚至从国外进口，生产成本无形中就提高了。对居民生活影响的直接后果，便唆使傻子放火烧山之后，便于砍柴。如果说，工业成本的提高，还有可能从其他方面找补的话，那么大片大片的树木被烧毁、被砍伐，造成对环境的破坏，就不是短时间内可以找补回来的了。

由此，笔者就建议他们在已将编纂完成的志书稿中，就此煤矿是采取断然关闭好，还是设法进行严格整顿之后继续开采好，发表一些看法。在我看来是后者要胜于前者的。同时，据说该市正在准备开发另一个较大的项目，方志人也可以帮助作一些进一步的论证，以便决策部门早下决心。我的这种想法，经与志书执笔者交流，我们竟然很兴奋就达成了共识。接着就连这部志书《概述》的框架，都取得了完全一致的意见。所以在他们举行的有上级领导和七八个兄弟市、县志办主任或主编参加的志稿评议会上，我结合本市这一实例，斗胆地提出了"地方志应当干政"的口号。当时在思想上甚至产生了回京之后，向上级有关部门的领导上书反映的想法。但令人遗憾的是，待我与该市志办同行再一次见面时，那位主纂者向我表示，不行，还是通不过，原因没有细说。现在我写下这些，以公开发表的方式进行呼吁，希望相关人士或部门给以关注，派人进行调查、论证。如能找到比目前这种"一刀切"更好的处理办法，宁非市人之幸耶？

写上这些，既是以此与修同行们，讨论尚待完成的志书的写法问题，同时也希望主持修志的领导部门以更积极的态度，鼓励和支持方志工作者献计献策，为地方发展作出他们更大的贡献。

2010 年 1 月 12 日完稿于昌平天通苑五桐斋

（原载《中国社会科学·内部文稿》2010 年第 5 期、《中国地方志》2011 年第 5 期）

12. 郭沫若对中国方志的使用与整理

——为纪念郭沫若诞辰一百周年而作

　　九月十五日得到周自强先生的口头通知，说要邀请我参加纪念郭老诞生一百周年学术讨论会。大概是因为我在《郭沫若与中国史学》论集中那篇文章之故吧。他并说要准备一篇论文。我提出，我现在从事的是地方志工作。如果要写，就写一篇《郭沫若与中国方志》的小文章。周先生一听极表赞成，说这是至今尚未有人论及的一个题目。但当我在电话中与一位搞地方志工作的朋友谈到这个设想时，他几乎未加思索就向我提出了这样的发问："这不牵强吗？——当然，如果真能用可靠的资料加以说明这种关系，这倒不失为另辟蹊径之举。"我在电话中，把郭老读方志，用方志，甚至还亲手整理过旧方志的情况略加说明之后，总算得到了这位朋友的首肯。

　　编修地方志，是中华民族一项优良的传统，千百年来赓续不断，给我们留下了数以万计的方志著作，是我国文化宝库中极具特色的一个重要组成部分。由于方志是详尽而全面地记述一方地情的著作，要求其起到使人"不入提封，而知其人民、城社、田租、土贡、风俗异同、户口多寡之差"① 的作用。更要为最高统治者准备"衽席之上，敬枕而郡邑可观；游幸之时，倚马而山川尽在"②，具备"万里山河，四方险阻，攻守利害，沿革根源，伸纸未穷，森然在目，不下堂而知五土，不出户而知万邦"③ 的功能，故它的内容涵盖面极为宽广、丰富。从自然景观到社会人文，从历史到现实的方方面面，可以说是无所不包，应有尽有，因而给后人留下了

---

　　① 元·杨维桢《［至正］昆山志·序》，转引自仓修良《方志学通论》，齐鲁书社 1990 年版，第 265 页。

　　② 唐·元稹《进西北边境图经状》，转引自仓修良《方志学通论》第 214 页。

　　③ 宋·乐史《上〈太平寰宇记〉表》，转引自仓修良《方志学通论》第 277 页。

大量具体而生动的可信资料。中国地方志是一座取之不尽，用之不竭的高品位的富矿，历来为中国历史、地理、区域经济、物产资源、民族、风土人情、自然灾害等研究者所重视。正如英国李约瑟博士所指出的："要研究人类文明，必须研究中国的地方志。"郭沫若这位从中华民族传统文化土壤之中产生的，又以中华民族传统文化为其研究重点的著名学者，自然与中国传统的方志也有难解之缘。

这种缘分可以说从郭沫若少年时代就开始结下了。他在《我的童年》一书中就有一段，述及他15岁时到乐山县城进入高等小学后的情况：在这个学校中有一位"最令人害怕的是绰号叫'老虎'的监学易曙辉先生，他教了我们一些乡土志。这是比较有趣味的一门功课。他把嘉定城附近的名胜沿革很详细地教授了我们，同时还引证了一些历代文人的吟咏作为教材。这虽然是一种变格的教法，但于我们，特别是我自己，却有很大的影响。"①这种影响，有的表现在他日后的创作上。如他的长篇自传之中，处处充满了浓郁的乡土之情。《我的童年》开头第一句便是："大渡河流入岷江（府河）处的西南岸，耸立着一座嘉定府城，那在乡土志上是号称为'海棠香国'的地方。"②但更多的还是表现在他的史学研究之中。中国方志，宋元以下始有存留。郭沫若在治上古史时引及不多，但凡唐宋而下的著作中就多所引证了。这样的例子是难尽枚举的。信手拈来的例子便如：在1940年12月的《续谈"戚继光斩子"》中，引证过《仙游县志》、《莆田县志》、《闽书》、《蓬莱县志》③；1942年7月的《钓鱼城访古》中，大量地引用了《民国新修合川县志》④；1961年5月在写《武则天生在广元的根据》时，就曾"仔细地翻阅过新、旧《广元县志》"⑤；1962年2月写《李德裕在海南岛上》一文，就是在校读光绪《崖州志》中引发出来的；1963年6月在《纪念番薯传入中国三百七十周年》中，引用了《电白县志》⑥；在1971年出版的《李白与杜甫》中，引用了《太平寰宇记》、

---

① 《沫若文集》卷6，人民出版社1957年3月版，第63页。
② 同上书，第3页。
③ 《续谈"戚继光斩子"》，载《郭沫若全集（历史编）》第3卷，人民出版社1984年版（版本下同），第350、351页。
④ 《郭沫若全集（历史编）》第3卷，第364页。
⑤ 同上书，第504页。
⑥ 同上书，第598页。

《庐山志》、《夔州图经》、《长安志》、《陕西省通志》、《华阳国志》、《益州谈资》①，等等。

郭老不但在史学研究中重视地方志，广泛地运用了方志资料为研究工作服务，而且还亲自动手整理过旧志。1962 年 1 月在海南岛崖县休假期间，有机会见到光绪《崖州志》。这是一部共有 22 卷，分订为 10 册，分量不小的志书（1983 年 4 月广东人民出版社出版的标点本是 17 万多字）。他初读之后，觉得"对地方掌故，获得不少知识"。尤其是该志"于疆土沿革，气候潮汐，风土人物，典制艺文，纂集颇详，颇有史料价值。在地方志书中当属佳制"。但是，该书从光绪辛丑（1901 年）冬由张隽、邢定纶、赵以谦修纂成书后，直至民国三年（1914）才由郑绍材、孟继渊等协力铅印成书，仅"印成一百套，分饷州人"。由于印数太少，加以海南潮湿，蠹鱼白蚁颇多，所以存者似已无几，是比较难得的书了。当时崖县县委拟欲加以重印，请郭老帮助点订。一种恐其流失、方便读者的责任感，使郭老"慨然应之"。忙里偷闲，仅以十日之功，便完成了点订整理工作。

郭老在整理中主要做了三方面的工作：一是进行标点。原书曾经阅者进行过旧式圈点，郭老觉得重新铅印，不宜仍用旧圈点，而一律改为新式标点。二是进行乙改。原书成于清末，故对清代称"国朝"，而对于有关朝廷及孔子的叙述，都分别抬头顶格、空格、缺笔，以示尊崇。虽是民国三年的印本，依然承袭旧式。郭老认为今日的重印，殊无必要，故一一加以乙改。三是加了按语 29 条②。

郭老在全书中所加的按语 29 条，按其内容可以分为如下六类：

一、注释性的 6 条，如《舆地志三》"蔬类·蓬生果"条下按云："案：此即今所谓木瓜。雄者断其颠或以竹片插入其近颠处之茎则结实，并不难得。"

二、说明性的 8 条，如《艺文志三》"七言律·珠崖杂兴"的诗题下按云："案：《琼州志》诗题作'寓琼台'。"

三、指明缺佚的 6 条，如《建置志·城池》门下"成化二十四年，千户王棨"句子下按云："案：当有缺文"。后经崖县《崖州志》整理工作组

---

① 《郭沫若全集（历史编）》第 4 卷，第 242、401、456、461、467 页。
② 《郭沫若全集（历史编）》第 3 卷，第 521—533 页。

的同志，从乾隆《崖州志》及光绪《琼州府志》查得，"千户王粲"下，果有"增筑马墙"四字。又如《艺文志一》收海瑞《平黎疏》文，于"弘治十四年征儋州昌化县"句下有案云："案：此处当有夺文，叙嘉靖二十年征黎州事，参看下文及郑廷鹄《平黎疏》自明。"对于这一条，郭老在《序重印〈崖州志〉》中，又作了进一步的说明：

> "原书卷十九'艺文一'，收有海瑞《平黎疏》，文中有云：'宏治十四年征儋州昌化黎，嘉靖二十九年征感恩县崖州黎，凡三大举矣。'仅举两事而言'三大举'，可知文有夺落。及读至下文，又有'臣尝以为，弘治十四年开道立县，可无嘉靖二十年大征。嘉靖二十年开道立县，可无二十九年大征'。从此可知上文所夺乃嘉靖二十年事。盖'嘉靖二十年'与'嘉靖二十九年'，只一字之差，排校忽略，故致跳夺。再读其次郑廷鹄《平黎疏》，言'嘉靖十九年黎叛，后军陷没，请兵讨之。明年大渡师徒，十二月直破其巢。崖州诸黎，无处不至'。所举正是此年事。此为'大举'，并有关崖州，而本志卷十三、十四'黎防'中却缺载，此则纂修者之疏忽也。"[①]

后经崖县《崖州志》整理工作组查证，果如郭老所言："考府城五公祠今藏之《海氏族谱》及吴晗《海瑞集》所收之海瑞《平黎疏》，文中有云：'弘治十四年征儋州昌化县黎，嘉靖二十年征陵水县崖州黎、嘉靖二十九年征感恩县崖州黎，凡三大举矣。'观此，则'案'中所指夺文为：'嘉靖二十年征陵水县崖州黎'无疑。"

四、补缺的 2 条，如《宦绩志二》"谪宦·李德裕"条下，开头只有"李德裕，字文饶，真定赞皇人。"不及生年。郭老案云："《北梦琐言》云：'德裕以六十三卒于崖州'。逆推，当生于德宗贞元二年（七八六），或其前一年德宗贞元元年（七八五）。"

五、纠谬匡正的 5 条，如《舆地志二》："山·大小洞天"条下，"宋知军周邝"字"其人"。郭老据摩崖验之，匡正作"周（康加挂耳）"，字"其义"。《艺文志一》"记·大小洞天记"文，郭老查对石刻，发现原志

① 《郭沫若全集（历史编）》第 3 卷，第 519 页。

文有所窜改，"悉依石刻改还"。由于文中只言及"小有洞天"，并无所谓"大洞天"的内容，题作"大小洞天记"，殊非其实，故改作"小洞天记"。其《建置志》"古迹·望阙亭"条，文云"望阙亭，在崖州城南二里许，李德裕为司户时建。"原志纂修者随即加按谓："黄《志》作在琼山县·张吴都·颜村，唐崖州址。兹从《大清一统志》。"修纂者仅抄出此段文字，对黄《志》的说法并未加以反驳。这实际是对李德裕的谪贬地，究竟是海南岛北部的琼山，还是南部的崖县这个历史悬案，采取了毫无定见的依违态度。郭老于此加了一条"案"云："卷二十'艺文二'有吉大文《上唐芷庵刺史书》，说从黄《志》，然亦无确证。仅举望阙亭故址在琼为说。凡古代名人遗迹，傅会者多。即使琼山县有亭址，何可尽信？德裕子弟留崖化黎。安能如吉说由琼山而远徙宁远耶？谬甚。"本志校毕后不阅月，郭老又专门写了《李德裕在海南岛上》的文章①，进一步驳斥了吉说之非。

在郭老纠谬的五条按语中，除征引他书校正本志外，还有以本志而纠正他志之误的一条。本志《艺文志三》"诗·七律"中，载钟芳《珠崖杂兴》诗一首云："汗漫波涛限一州，隆冬天气似清秋。岛云尽扫月平槛，羌笛一吹风满楼。山下小园收吉贝，屋边深处叫鞠䳚。青青草木经年秀，刚触愁人早白头。"诗亦见于《琼州志》，诗题作《寓台州》。诗中几处文字有异。郭老加案云："此首末句'触'字，《琼州志》作'足'。又'隆冬'作'浓冬'，'岛云'作'乌云'。应以此为正。"就是以本志之是，纠正了《琼州志》之非。

六、评述性的四条（由于原29条按语中，有三条兼有两项内容，故我将其类分为31条了），如《宦绩志二》"谪宦·曹泳"条下郭老按云："观此可知宋高宗实不满意秦桧。袁枚论秦桧有篡位之意，得之。"在"武功·陆凯"条下郭按云："聂友与陆凯事，颇类路博德与杨仆。观此，可知孙权亦自不凡。事足与诸葛武侯南征、魏武帝平定乌丸比美。"又如《杂志二》"李终南自云……"条下郭按曰："既言'李终南自云'足见为李妄言。此人殊可恶。"在"李德裕贬珠崖，既殁……"条下郭案云："案此条所言，与上《唐语林》言刘相邺上疏乞归葬矛盾，殊不足信。"

从这些按语中，可见郭老对这部志书的整理，不仅进行了点校、订

---

① 《郭沫若全集（历史编）》第3卷，第534页。

正，而且已经作了若干的研究。反映了他"治学精神之严谨，驭事且半丝不苟。"①

为了整理这部志书，郭老是付出了很大努力，费了不少辛苦的。关于他的工作情况，崖县《崖州志》重印领导小组，在该志的出版说明中有这样一段记述：

> "郭沫若同志不惮烦琐，抛却休假之时光，悉心于校订工作，循循标点，常为印证史实而广与各方联系，搜求佐证；甚至亲自踏查鳌山之滨，跳石摩崖，缘藤觅径，搜索七百多年前久经风化之《海山奇观》石勒，以勘正原书。"

1962 年时，郭老已经是七十高龄的老人了，而且还参加国家领导工作，公务之繁忙是可以想见的。但他仍不惮烦劳，亲自踏查，悉心校订，可见他对此项工作之重视。

郭老重视地方志，绝不是发怀古之幽情，而是觉得它有价值。在他看来，地方志之值得重视，是因为它保存了许多有价值的史料，甚至在有些地方还可以纠补正史、官书之隐讳、缺失。如还在 1942 年，去钓鱼城访古中读《民国新修合川县志》时，他加的一条按语就表示了这样的一种看法。原志中记开庆元年（1259）七月，元宪宗（蒙哥）"至温汤峡而殂"一条时，志书编纂者张森楷有一则按语说："旧志《钓鱼城记》言宪宗中炮风得疾殂。《重庆志》言其中飞石。《续通鉴》并不之信，谓因德臣中伤而误。"郭老在此加按语指出："汪德臣可中伤？宪宗亦兵临城下督战，又何尝不可中伤？特元人讳之而不肯言耳。我辈自当据地方史乘，毋庸为之隐讳。"可见地方志有时是可以纠正某些正史、官书之隐讳、缺失的。

在郭老看来，不仅在史实方面有这种情况，而且有些地方志的编纂者，在一些问题表现出来的史识（史观），也有比某些史家略胜一筹，值得重视之处。如宋四川制置副使、兼知重庆府事张珏，"年十八从军钓鱼山，以战功累官中军都统制，人号为四川虓将"。宋帝昺祥兴元年

---

① 崖县《崖州志》重印领导小组《重印说明》，光绪《崖州志》，广东人民出版社 1983 年 4 月版，卷前。

（1278），因钓鱼城破被执，始终不肯投降，最后自缢而死，是钓鱼城守将中最为光辉者之一。《宋史》将其与张世杰、陆秀夫同列入《忠义传》，乃天经地义的事。但清四川学政詹事府、南汇吴省钦，竟在《合州志·书后》，引万斯同"国宾诣阙诉冤，正以珏之降与其父同。世宗亦轻珏不尽忠于宋"的话后，发谬论说：张珏"惟是依违辗转，坐延岁月，而又无文山、叠山始终不渝之志节见信于人，以致二史矛盾，身丧而名卒裂焉。"对此，《民国合川县志》编者张森楷先生，在志书中"痛斥其非"，谓"珏求死不得，《忠义传》明明载之，省钦何以独不见信！其在元二年余犹不死者，非不欲也，势不能也。文山、叠山岂一见执即死者乎？《宋史》列之《忠义传》，与张世杰、陆秀夫同卷，固以全节予之矣，何身丧名裂之有？"郭老是很赞成张森楷先生在《合川县志》中这种驳斥的。他写道："张先生斥吴为'迂儒'，并谓省钦为不足道，盖深恶而痛绝之。但读吴文，觉吴识尚在万斯同之上。吴尚知《元史》载珏之降为'失实'，而万斯同直认其降，实在是厚诬古人了。万斯同和吴省钦辈的这些书呆子，倒十足表现着清朝所培养出来的顺民思想而已。"①

当然，对地方志也和其他古代史籍一样，不能尽信、盲从，应当采取批判继承的态度。关于这一点，郭老的态度是很明确的。在《序重印〈崖州志〉》中，他告诫人们对待古籍，要"从糟粕中吸取精华，从砂碛中淘取金屑，亦正我辈今日所应有事。如徒效蠹虫白蚁，于故纸堆中讨生活，则不仅不能生活，而使自己随之腐化而已。"在这篇序文中，他明确地提出了"地方志书，旧者应力加保存，而新者则有待于撰述"②。这是他的号召，也是他的期望。

在纪念郭老诞辰一百周年之际，我们可以告慰于他的英灵的是，中国的方志学界没有使他失望，他的这一号召正在付诸实施。进入八十年代以来，我国再一次地出现了一个新的修志高潮。自从 1980 年胡乔木同志在中国史学代表大会上提出，"要用新的观点，新的材料，新的方法和体例去编修地方志"以来，中央在国务院下面设立了中国地方志指导小组。除西藏自治区暂未成立修志机构外，其余各省、市、自治区均成立了地方志编

---

① 《郭沫若全集（历史编）》第 3 卷，第 370—371 页。
② 同上书，第 520 页。

纂委员会，形成了党委领导、政府主持、编纂委员会具体组织实施的省、市、县三级修志格局。从事此项工作的专、兼职人员达十余万之众。经过十多年的努力，已经取得了不少的成果。截至1991年底，全国已经完成950余部新志的编纂任务，正式出版的三级志书达600余部（有300余部已交出版社待出版）。如果加上各种专业志，总共在2000种以上。已有数百部的旧志重新整理出版，为人们的利用提供了方便。到本世纪末，将有几十亿字的新编志书问世。其中省级志书，每个省、自治区、直辖市各一部，合计2260多个分志，市级志书共1540多个分志，县级志书2234部，这是修志史上亘古未有的规模。

对于我国方志界获得的这些成果，郭老如若有知，定会含笑于九泉的。谨向与会各位通报上述情况，作为对郭老诞辰一百周年的纪念。

1992年10月22日完稿

（原载《中国地方志》1992年第6期，摘载于1993年1月19日《光明日报》，收载于《郭沫若百年诞辰纪念文集》——社会科学文献出版社1994年版、《郭沫若研究文献汇要》历史卷下——上海书店出版社1999年版）

13. 重温教导倍觉亲

——沉痛悼念本届修志的倡导者胡乔木同志

1992 年 9 月 28 日，噩耗传来，久经考验的忠诚共产主义战士、无产阶级革命家、杰出的马克思主义理论家、我党思想理论文化宣传战线的卓越领导人、中央顾问委员会常务委员、中共中央党史工作领导小组副组长、中国社会科学院名誉院长胡乔木同志逝世。这是我们党的一大损失，也使我们广大方志工作者失去了一位良师益友。

乔木同志自 30 年代初期投身革命行列以来，一直从事党的教育、理论、文化、宣传等方面的工作，作出了很大的贡献。全国解放以后，他是新中国新闻事业的开拓者，文化教育事业、文学艺术和社会科学研究的推动者，还是我国 80 年代以来，编纂新一代地方志这一大型文化建设工程的倡导者和指导者（他自谦说"曾经作过宣传员"）。我们本届修志工作，就是在他的直接倡导和关怀下，才正式开展起来的。

解放后的五六十年代，在中央有关领导的关怀和倡导下，曾经有相当多的地方开展了编纂新方志的工作，但很快就在"文化大革命"动乱的摧残下夭折了。中共十一届三中全会之后，党的工作重点转移到经济建设方面来，恢复了实事求是的思想路线。各地为了从实际出发安排建设工作，都要对地情进行全面系统的了解，因此，有的地方又呼吁、甚至重新开始了修志工作。虽然仅是零星的、偶发的状态，但它表明了一种社会的需求。

1980 年 4 月，中国史学代表大会在北京举行。身为中央政治局委员的乔木同志，以中国社会科学院院长的身份在会上发表讲话，正式提出了编写地方志的建议。他说："地方志要加强研究，地方志的资料要收集，要保存，要研究。过去，一个县有县志，一个府有府志，一个省有省志。我们国家有这个修地方志的历史传统。今天，我们要继承这个传统，这是一方面。另一方面，我们要用新的观点，新的材料，新的方法和体例去编写地方志，这是更重要的一个方面。可是，目前我国在这方面还处于停顿状态。我们要大声疾呼，予以提倡。要用新的观点，新的方法，新的材料，继续编写地方志。不要让将来的历史学家责备我们这一代的历史学家，说我们把中国历史学这样一个好传统割断了。应当说，历史系大学毕业生的出路是很多的。我们本来应当有很多工作需要大量的合格的大学毕业生去做。例如，编写地方志就是其中很重要的一项。"

这个讲话，反映了社会的需要，得到了与会者的热烈响应。不仅有代表提出了《关于成立中国地方史研究会的倡议书》，而且由大会主席团成员兼秘书长、中国社会科学院历史研究所副所长梁寒冰同志，委托天津、湖北等十省市代表座谈协商，着手筹备工作。经过当年十月于天津举行一次 17 省市代表参加的筹备会议，中国地方史志协会于 1981 年 7 月正式成立，全国的修志工作便逐步开展起来。

乔木同志不仅倡导和推动了编修新方志工作，而且一直非常关心此项工作的进展，多次提出了他的意见、建议和要求。

1981 年 7 月，中国社会科学院秘书长、党组书记梅益同志在去山西出席中国地方史志协会成立大会暨首届地方史志学术讨论会之前，乔木同志曾向他提出："新的地方志要比旧志增加科学性和现代性。如各项社会、经济、文教、政法状况和统计，地方大事年表，各项政策、法令、制度，新企业、新事业、新技术、新风尚，各项公共工程和福利的发展变化，人名录，各种图表等。这是我临时想到的一些题目，很不完整，须请科学院地理研究所参考各国地方志提出较系统的意见。""此事须邀请几位研究现代史、经济史、地理学（包括人文地理、自然地理）、社会学的学者，事前有准备地共同研究一下。"语言不多，却表现了他对地方志工作的深切关心。

1986 年 12 月，在全国地方志第一次工作会议期间，乔木同志听取了梁寒冰、高德、郦家驹同志关于地方志工作情况的汇报，并要求给他送去一部清代旧方志、一部民国时期所修书，两部八十年代出版的新方志。乔木同志在认真听取汇报和读了几部旧志之后，在第一次工作会议的闭幕会上，作了一次重要的讲话。这个只有 4000 字左右篇幅的讲话，包含的内容非常丰富，既有从国家思想文化工作领导者的角度，高屋建瓴的宏观指导、鼓励和要求，又有学者行家缜密严谨、博学深思的教诲，还有前辈长者语重心长的诱导与启发。讲话的中心是强调地方志的科学性。他认为，地方志应该是严肃的、科学的资料书，是"朴实的、严谨的、科学的资料汇集"，"尽管它不是一部科学的理论著作，但它究竟还是一部科学文献"。就是从这样的观点出发，他对地方志工作提出了若干基本要求。

首先是篇目设置要合理与科学。他指出，过去的地方志，"它们有着一个共同的缺点，就是在各门类之间看不出相互间的影响和逻辑关系，因此，旧的地方志作为一种资料书是有价值的，但它的科学性很差，这不足为怪。新的地方志应当在这方面有很大的改善。我们不仅要门类设置得比较合理，在门类的叙述上比较得当。而且要力求表现出多门类的相互关系。""地方志应当提供一种有系统的资料。这种有系统、有组织的资料应是一个有机的整体。"

其次是志书中要避免"政治化"的倾向。所谓"政治化"，就是不适当地表现出一种政治的色彩，一种宣传的色彩，这是会削弱著作的严谨性、科学性的。地方志要求的是客观记述历史，不需要在地方志里画蛇添足地加以评论。他认为，有的志书一打开，首先不是序言，也不是目录，而是一大批的题词，以及大批选得不适当的照片，使人感到一种强烈的宣传色彩，这是不符合地方志规范的。

最后，在行文方面要正确运用记述方法，繁简适当，杜绝任何空话，做到惜墨如金。他指出："地方志应当做到详细，同时应当做到简略。所谓详细，指它应讲到的地方都讲到了；所谓简略，就是指每个方面的说明要像打电报、编辞书那样地精炼，要惜墨如金。""应该要求地方志做到一句也不多，一句也不少。如果说不能做到后一点，至少要做到前一点。"

此外，他还提出了很多值得研究的问题，如市志跟它所辖的县的县志怎样分工，工作怎样衔接，体例上怎样协调？旧志中哪些门类没有必要再设，哪些门类过去没有而现在应当设？"社会"这个门类中，究竟要包括些什么内容，怎样写才比较适当等等体例方面的很多问题，"希望在座的各位同志，各位地方志工作的先锋，在这方面能够多多地考虑，多多地尝试。"

整个讲话是以一种十分科学的态度来讲地方志的科学性问题。如讲到门类和篇目设置问题时说："不可能一开始就把门类、篇目都设置得很完善，把应包括哪些内容，应该怎样分出各种题目，以及它们的先后，它们的要求等等都考虑得十分周全。也可能我们在当代认为编得比较好的地方志，经过二三十年以后，随着我们国家社会经济、科学文化的发展，又会感到它们还不够完善了。这种趋势是不可避免的。"这些话充满辩证法的精神。在提出提高地方志科学水平的要求时，强调指出要"逐步地提高"，"决不能勉强要求，只有在从事这一工作的各位同志掌握越来越多的科学武器之后，才能逐步做到。我们要求科学化，在不能做到高度科学化的时候，我们也可以要求一种比较低水平的科学化，至少要求整部地方志从头到尾都力求严谨，要保持一种科学的、客观的态度。"充满着实事求是的精神，体现了乔木同志对地方志工作的爱护与关怀。讲话自始至终有如促膝而叙，娓娓谈来，使人感到无比的亲切。

在修志工作中，志书的质量是个根本问题。乔木同志特别强调要保证志书的质量。1990 年元月，在听取上海市地方志编纂委员会主任钟民同志和市地方志办公室主任吴云溥同志的汇报时，乔木同志就着重指出："《上海市志》的编纂，是一件大事，是一项非常大的工程，会造成很大的影响，希望努力提高质量，严格要求，力争达到高水平。"同时还谈到了如何从体裁、索引、图表等方面进行优化处理，以期达到提高志书总体质量的目的。

1991 年 10 月 17 日，在听取中国地方志指导小组秘书长郦家驹同志的工作汇报时，乔木同志有很多的插话，主要也是谈志书的质量问题。他强调："编写新的地方志，一定要重视质量，不能只强调速度。""地方志一定要写好，如果搞得不好，宁可慢一些，不能赶任务。我是倡导修志的，但是我不赞成起哄。编写地方志必须具有严谨的学风，志书任何一个门类都是一门专门的学问，人物究竟应当怎么写，也是一门学问，决不可轻视。你们提出重视政治质量，要求不出政治性错误，这当然是对的，当然重要。但是一部志书，如果仅仅没有政治性错误，而这部志书整个质量很差，也是不行的，也还是一个大问题。"

要提高志书质量，关键在什么地方呢？乔木同志认为关键在于提高修志人员的素质。他说："我看了××县志，实在不怎么样。我还看过几部县志，有的简直看不下去。关键在于修志人员的素质。当然，这事很难，一时也解决不了。我们说要重视质量，关键是人选要合适，否则地方志不可能修好。""从事地方志工作，还是要搞学问，要把它作为学术工作来抓，本来不是行政性的事。""修地方志，应当是一个做学问的地方。过去修志是一些很有学问的人去做的，它本身是一项学术性的工作。""地方志写得好坏，还是应当由学者来鉴定。"

那么，怎样提高修志人员的素质呢？乔木同志认为要进行具体的帮助。"现在要想些办法，帮助编写地方志的人能真正得到提高。是不是可以考虑从旧方志中，选一些好的内容，选若干部分，选若干段，把它印出来，让参加修志的人看，让大家都知道，好的志书应该是什么样，怎样才能算得上是一部好的志书。地方志指导小组应当运用发通报的办法，哪一部志书写得好的，可以通报全国。写得不好的，就要对它加以详细的、具体的评论，这种评论也通报全国。你们办培训班、讲习班，可以用这种通报为教材，让大家都知道怎么算好的志书，怎么就是写得不好的志书。现在不能只是空泛地讲志书质量问题。"

乔木同志特别强调方志队伍的稳定和专业化。他说："地方志这项工作必须专业化，要培养一个真正有专业水平的队伍。要提高这支队伍的水平，不能只讲大道理，还要多讲小道理。每一门类究竟怎么才能写好，需要分门别类提出来，让大家都明白，怎么算好，怎么算坏。要用具体事例来说明，这样才能让从事地方志工作的人打开眼界。所谓把关，首先是要把好人选这一关。人选这一关把不好，没有合适的人选，那么这种地方的修志工作，难免徒然浪费时间。"

乔木同志的这些意见，具有极强的针对性和指导性，对于推动我们的修志工作是非常及时的。今天，我们重温乔木同志的教导，倍感亲切，更为这样一位领导者、良师益友的逝去而感到无比的惋惜和悲痛。

乔木同志虽然不幸病逝，但他倡导和指导本届修志之功是不可没的，我国方志界将永远铭记。我们要牢记他的教导，重视志书的质量，增强科学性，编写出高水平的一代新方志，用以告慰乔木同志的英灵。

（原载《中国地方志》1992 年第 5 期）

14. 新方志应着力加强对抗日战争的记述

——从新编《芷江县志》谈起①

一

1994 年 4 月 28 日，湖南省芷江侗族自治县县志办公室向国双主任，给我送来一本他们新编的《芷江县志》。接书在手，不待翻阅内容，只那护封就令人产生一种肃然起敬之感。护封的上半部是书名、编纂者和出版社的名称等，下半部是抗日战争受降牌坊的大幅彩照。绿树繁花环绕的一片开阔地上，巍峨雄浑的大牌坊耸立中央。

这是中国人民八年浴血奋战树立的历史丰碑，是中华民族民族精神的象征。在志首的图照部分，又有牌坊的特写。在《附录》的"碑记"目下，更详载了《芷江受降纪念坊记》及纪念坊正、背面的全部题联，并一一注明题联者的姓名，有蒋中正、李宗仁、何应钦、孙科、白崇禧、居正、王云五等。在《文化》卷的《牌坊》目下，又详载了牌坊的修建经过及其型制、质地等内容。志书修纂者抓住最能代表本县特有事物、又意义重大的这一内容，细录详载，表现了他们的卓识和强烈的民族意识。仅此一项，就已经奠定了本书在志林中的地位，具有了传世的价值。

当然，当年的中国政府电令日酋派代表于此洽降，这个地点的选定不是随意的，它包含了许多的因素，而该地区在抗日战争中所处的地位，无疑是重要的因素之一。志书中对此是给予了足够重视的。通过书中《大事

① 本文写出之后，原拟在《中国地方志》刊发，但当时一位办公室有影响的先生看了后，说对新方志应当肯定成绩为主。于是将内容前后顺序调整之后，以《新方志对抗日战争记述的成功与不足》先在《中国地方志》1995 年第 4 期刊发。为保持原面目，又以原题原貌刊于《广西地方志》1995 年第 5 期。此处所选者，为刊于《广西地方志》者。

记》以及《军事》、《文化》、《人物》等卷和《附录》等，从不同侧面体现出了本县在抗日战争中的战略地位。这里先是大后方，但并非世外桃源。时代的特点、全民族的脉搏，在本县都有直接的反映。1937年"七·七事变"后仅两个月，抗日后援会便在县内成立。接着，一些战区的学校迁入，难民收容所、难童保育会相继建立，各地难民大量涌入。继之是成为对敌作战的中国空军基地。在扩建芷江机场中，县人与附近11个县的民工出了大力。时值霍乱流行，每日死亡者数以千计，但最终还是以鲜血和生命筑成了机场，建成了国家航空委员会的飞机修理工厂。国家的空军及友邦苏联、美国的空军，均以此为基地，频频出击，屡创敌寇。中国的空军健儿，每每从这里起飞，或断敌的补给线，仅年1944月5日6日至是年8月底，即出动飞机达1500架次，击毁敌人大量的汽车、运输船只等；或突袭敌军机场，如1944年7月9日，我空军第五大队20余架飞机从这里出发，奇袭敌设在湖北监利的白螺机场，摧毁日机110余架，24日再次出发突袭，摧毁敌机20余架，28日三袭敌机场，摧毁敌机34架，自此我国空军便掌握了中南地区的制空权；又如1945年3月29日，空军第五大队17架飞机在分队长沈德昌、张昌国的率领下，远征南京，完成了对明故宫机场、教练机场以及新修之运输机场的攻击，摧毁日机15架；或配合陆军歼灭敌人，如1945年4月9日，敌纠集8万兵力，自宁乡、益阳、新宁分三路西犯，我空军配合陆军第四、第三方面军进行反击，即进行有名的"湘西会战"，共歼敌28320人，俘敌213人，自4月10日至5月23日的34日间，住芷江的空军第五大队共出动2500余架次，投弹100多万磅，发射机枪弹80余万发，毙敌超过万人。

友军驻芷空军亦多次从这里起飞进行战斗。在整个抗日战争中，芷江空军基地发挥了不可低估的作用。

最值得记述的是"芷江洽降"，这是在全国独一无二的特有历史事件。志书在《军事》卷的"现代战争"节下，详尽地记述了中国战区最高统帅蒋介石，电令日本侵华军总司令冈村宁次，派代表按指定日期，到芷江洽降，以及中日双方代表在芷江洽降的经过，随文还配有洽降实况的6帧照片，从而说清楚了受降纪念坊建立的缘由及所包含的内容与意义。这是近百年来，中国人民反对外来侵略者所取得胜利的光辉标志。每个中国人览阅至此，尤其是见到日本降使向我方代表呈交在华日军分布图及今井武夫在洽降备忘录上签字的珍贵历史照片时，谁能不感到扬眉吐气，豪气顿生？

志书还告诉人们，芷江不仅起了战略地位的作用，芷江人除了抢修机场、与驻地军人协同在县城大火中抢救抗战军用地图、捐献飞机、支前等方式支援抗战之外，自身还直接参与战事，做出了贡献。1938年冬，芷江人民从这里送走国民革命军牟廷芳师长率领的一二一师开赴湖北广济前线，阻击日军。1945年5月，芷江籍军人、国民革命军陆军第十一师师长杨伯涛，曾率部在雪峰山东麓的山门镇一带作战，先后歼灭日军上千人。在抗日战争中，数以千计的芷江子弟服役从军，与敌厮杀。《人物》卷的"抗日战争中芷江籍阵亡将士名录"告诉人们，抗日战争中，芷江籍阵亡将士数以千计，由于资料散失，已无法收齐。仅从中国第二历史档案馆保存的资料中，辑录出来的尚有115人。这些都是芷江人民为国家和民族做出的贡献，是县人可以引为骄傲与自豪的。

章学诚在论及"史志之书，有裨风教"时指出，方志的记述就应该"凛凛烈烈，有声有色，使百世之下，怯者勇生，贪者廉立"。我们今天修志的重要目的之一，就是向人们进行爱国主义教育。为此，对抗日战争的记述，一定要注意反映出该地的人们，对国家和民族做出的贡献与骄傲，要记得"凛凛烈烈，有声有色"，使后世之人读及此处，都会热血沸腾，怯者生勇，豪气倍增；也要通过具体的人、事的记述，无情地暴露和鞭挞那些民族败类、汉奸、卖国贼，使后来的人有所警戒：即使在任何情况下都不能失却民族气节。新编《芷江县志》在反映当地人民的贡献与骄傲，树立民族自豪感方面，是做出了努力的。

二

前面述及中华民族的民族精神，也就是民族性格问题。毛泽东主席在55年前写作的《中国革命和中国共产党》一文中，有这样一段话："中华民族不但以刻苦耐劳著称于世，同时又是酷爱自由、富于革命传统的民族……中华民族的各族人们都反对外来民族压迫，都要用反抗的手段解除这种压迫。"我个人认为，这就是对我们民族性格很重要一个方面的概括。这种民族性格尤其在近代以来得到了最充分的体现。近代以来，中国社会的变化，实际上就是经历了两个过程：一个是帝国主义和封建主义相结合，把中国一步步变为半殖民地和殖民地的过程；一个是中国人民反抗帝国主义及其走狗、争取独立和解放，最后走上有中国特色社会主义道路的过程。这两个过程的交织发展，就是近代直至现代中国历史发展的主线。其中包括许多的中心事件，如鸦片战争、太平天国运动、中法战争、中日战争、戊戌变法、义和团运动、辛亥革命、五四运动、五卅运动、北伐战争、土地革命战争、抗日战争、人民解放战争、中华人民共和国的建立、抗美援朝、从民主革命到社会主义革命的过渡、改革开放走上有中国特色社会主义道路，等等。应该说所有这些中心事件，都在我们本届志书的时限范围之内。为了把握时代的脉搏，反映时代特点，所有这些中心事件，都是我们应当予以重点记述的内容。

从 1937 年至 1945 年的八年抗日战争（东北地区是 1931 至 1945 年），对中华民族是一场血与火的考验。在这国脉不绝如缕的危急存亡关头，无数的中华优秀儿女站在前列，带领全民族人们用血肉之躯，筑成了一道新的长城，造成了人民战争的汪洋大海，终于把日寇这只闯入火阵的凶残野兽烧为灰烬。那时候，中国共产党首倡的全民族的抗日统一战线，将不同的党派、阶级、阶层联合起来。除了极少数的汉奸卖国贼外，举国上下，不分军民，不分地域，不分男女老幼，不分职业、信仰，人人均以恶寇之务除，各自以不同的方式，做出了程度不等的贡献，也付出了巨大的牺牲。

在这个艰难的过程中，一省、一市、一县是怎样走过来的，这里的人们都为抗日做了些什么？这是本届志书要回答的一个重要问题。无论是省志、市志、县志，都应当记述好该地人们为抗日作出的贡献，写出他们的自豪与骄傲，写出中华民族的民族精神在这里是如何体现的。

目前，全国县（市）志书正式出版已有近千种，达计划编修的近半数。在已出版的这些志书中，要说出对抗日战争这个问题记述上，处理得好和不太好的各占多少精确的比例，不但是困难的，甚至可以说是不可能的。笔者在近三四年来，曾先后翻阅过新出版的县（市）志书近百种之多。由于事先没有什么既定目标和计划，基本上是碰到什么就看什么，故带有很大的随意性。如果将这近百部志书当作是抽样调查，并因它的很大随意性而承认它有一定代表性的话，那么笔者在此就可以说，按照我心目中的标准而定，好的和比较好的比例，充其量也只有十之四五，而不能令人满意的竟有十之五六（请注意，这里是仅就抗日部分内容而言，并不是指已出版志书的整体质量）。

早在四年前的 1991 年夏，为了准备去中国人民大学历史系举办的方志培训班讲课，我就翻阅了四五十部新的县（市）志，当时觉得在政治内容方面存在比较突出的问题之一，就是对抗日战争内容的记述普遍薄弱。日寇未到达地区的有些志书，将自己的县（市）写成了世外桃源。整部志书中，感觉不到一点抗日战争的时代气息，甚至连"九·一八事变"、"七·七事变"、"西安事变"及 1945 年全国欢庆抗战胜利这样的大事件，在志书中竟然没有片言只语的反映，似乎他那里与整个国家毫无关系似。有些志书虽然涉及到了，但放在一种无足轻重的地位，给人闪烁其词的感觉。如有的在大事记中既未写本县人参军参战，做出什么贡献，又不见有什么抗日的事件在县内发生，突然就冒出个建立抗战纪念亭来，纪念什么人、什么时候的事，毫无所知，给人以突兀之感。

日寇铁蹄所至之地，本是敌对双方刀光剑影拼死厮杀的场所，应写出中国军民的顽强斗争精神。可是有的志书，对共产党领导的八路军、新四军在敌后开展的游击战争，记得十分零星分散，体现不出抗日游击战争的战略地位。有些对正面战场的记述，把中国军队写得一概腐败无能，一触即溃；战区人民对战争漠不关心，麻木不仁，没有一点民族感情；在行文上语言冷冰冰的，左一个"国民党军队"，右一个"国民党军"，连一个"中国军队"、"我国军队"都舍不得给。某志书记一个师为阻击敌军而连续作战，毙敌 400 余名后的退却，记作该师"守军全线溃退"。又一部志书记某师渡江进至某处，派一连兵力冲入城内激战一昼夜。拂晓时日军来援，"国民党军慌忙撤过江，第一次反攻匆匆收场"。至于普通群众，在残暴的民族敌人面前，看不出一点中国人民的民族性格。只记敌人的施暴，将其烧杀奸淫写得淋漓尽致，而人民的反抗则一点也没有，完全是任人侮辱、任人宰割的羔羊。让人读了之后，不仅觉得中国人可怜，而且觉得可悲。如果使子孙后代阅读志书时，不是觉得祖辈们的可敬可佩，而是感到羞愧，觉得遭受敌人如此凌辱，竟没有一点反抗意识。或许还会感到他们受苦受难真是活该的想法，这样的志书哪里还谈得上什么教育作用呢？

当然，这样极端的例子是少数，比较普遍的问题是写得不具体、不够、不深、不全，尤其对抗战人物的入志表现得普遍吝啬。在所查阅的四五十部志书中，列有"抗日阵亡将士名录"的志书不到1/4。抗日人物入传的就更少。有的战斗的指挥者或战斗英雄，行为轰轰烈烈，悲壮异常，事迹感人至深，为他一人立传，便可以记述清楚一个战斗群体，不但是给烈士们一个恰如其分的评价和历史地位，而且对后人也是极好的教育。可就是进不了人物传。当时我曾对四部志书所列的"抗日阵亡将士名录"进行了一个统计：A县志列53人，其中营长1人，连长3人，连副2人，排长5人；B县志列102人，其中营长1人，连长2人，连副3人，排长7人；C县志列485人，其中营长3人，连长8人，连副12人，排长18人；D县志列179人，其中团副2人，营长3人，营副1人，连长7人，连副8人，排长30人，中尉1人。

从这些名单中，可以看到，在抗日战争中，尽管蒋介石、国民党实行的是片面抗战的错误方针，也给非其嫡系的部队进行抗战设置了若干困难和障碍，但国民党系统部队中的一些将领，中下级军官及广大士兵，激于爱国义愤，在不同阶段、不同地区，都不同程度地投入了抗战，而且很多人为国捐躯。无论是最高当局的个别人实行片面抗战也罢，消极抗战也罢，这些烈士们血洒疆场，连性命都牺牲了，无论如何也得承认他们的抗战是积极的、真实的。可是上述四部志书中所列出的819名将士中，竟没一人入传。这些人中是不是都不够入传资格呢？我看起码有一位名叫韦斯爱的人，就完全应该入传。此人1937年加入军队，先后当过士兵、班长、排长，带领士兵冲锋陷阵，同日寇作战30余次，战功显赫。1943年夏，曾被中央政府在安徽合肥，授予战斗英雄称号，颁发奖章。1945年秋，在他的家乡又为之举行庆功会。当时的广西省主席黄旭初又代表省政府授予他家"勇士门第"的匾额，派人送至其家悬挂，一时传为佳话。这个人没能进入志书人物传，全志中没有一个抗日人物入传。相反，在该县志中，一个毫无政绩可言的县长，就因为他对人民有血债，竟为其立了一个传，实在叫人难以理解。

在读这四五十部志书时，深感有两个十分强烈的反差：

一是有个别革命老区的县（市）志，将党领导下的土地革命时期的斗争场面，写得轰轰烈烈，而将抗日战争写得冷冷清清，群众的情绪与土地革命时期判若两样。似乎群众最关心的只有阶级斗争，而不关心民族斗争。这就没有正确地反映历史。一般来说，有了党领导多年工作基础的地方，群众觉悟水平和组织程度都会更好。当民族敌人到来时，群众的反抗表现，只会比那些毫无工作基础的地方要更好一些，而不会是更差一些。当然，由于红军长征北上，地方的不少青壮年参加红军走了，对主观力量会有一定的影响，但决不至于像某些志书所记述的那样冷清。

二是在一些志书中，对历史上抗击匈奴、抗击安史乱军的南下、抗金、抗元、抗清斗争，都写得有声有色，而抗日战争反而写得相对黯然。有一部志书，抗金义士有 6 人入传，而抗日战争中竟无一人入传，显然是把内外关系给颠倒了，有悖于"兄弟阋于墙，外御其侮"的传统古训。有的志书中，把旧志书里的内容录入不少，给一些抗倭义士入了传，这当然是应该的，但却没有下工夫深挖抗日方面的史料，使之显得很单薄，这与详今略古的原则也是不符的。笔者对这种情况既不满意，又感到忧虑。故自 1991 年以来，曾先后在中国人民大学历史系、湖北省地方志办公室、华夏地方志研究所等举办的地方志培训班、研讨班以及一些县（市）志的评稿会、讨论会和全国省级以上刊物主编座谈会上，多次反复呼吁，要着力记述好抗日战争的内容，也曾得到不少学员和同行们赞同，有的回去后还以此为题写成文章在刊物上发表。近一两年来出版的新志书也确实有所改观。但不能令人满意的现象依然时有出现，看来还有必要再次呼吁，尤其希望有影响的人物出来说话，以期引起更多人的重视，以免更多地留下历史的遗憾。

三

对任何事物的评论，指出其不足固然是需要的，但还不是目的，目的应当着眼于找到补救的方向和方法。同样，我们在指出新编志书存在上述不足的同时，更需注意的是，在新志书中发掘对抗日战争记述得好或比较好的实例，从中归纳出若干可供借鉴的方面。现根据自己览读新志书受到的启发，初步归纳出下列 10 条，可以看作是先行者的经验，也是后来者记述抗日战争的内容需要注让出的地方。不过先要声明两点：第一，这 10 项未必就是记述抗日战争内容的全部，也不是每部志书都要全具这些内容。一部志书要记什么，记多少，都只能根据当地的历史实际而定。第二，由于笔者对新志书览读面的局限，所列举的例子不可能就是最典型、最恰当的。不准确和偏颇之处，敬请读者谅察。

这 10 条的内容是：

（一）抗日内容立意和立目的层次要高一些。现见到已出版的新志书，绝大多数将抗日战争的内容分散在《大事记》、《军事》、《人物》等卷，从不同的侧面进行记述。在《军事》卷中，设目的层次都比较低，多设在第三、四个层次上。对于内容不太多的县（市）来说，这样设置是可以的。但对于内容很丰富的地方，这样设置就会遇到脚大履小的麻烦。所以有的地方将其设在第二个层次上。目前见到的只有上海金山和宝山两部县志。《金山县志》在第一层次上设《外患编》，其下列《抗日战争》专章。《宝山县志》在第一层次上设《御侮志》，除"抗倭、抗英战争"一章外，专列有"一·二八淞沪抗日战争"和"八·一三淞沪抗日战争"两章。这样设目，可以包含很丰富的内容。他们在每次战争的记述上，都先设"抗战经过"一节，反映战争的全面概况，对战争的背景、经过、始末，先作交代。接着是"境内主要战斗"一节，对发生在县内几次主要战斗经过作详细的记述，然后揭露日寇的暴行，再记述人民对抗战的支持和对日寇的斗争。《宝山县志》在篇名的命定上，曾先后有《攘外志》、《外侮志》的考虑，最后选定为《御侮志》。我个人认为，《御侮志》比《攘外志》、《外侮志》都要好，比《金山县志》的《外患编》也要好。其所以好，就因为它正确地反映了中华民族的基本性格，这就是刻苦耐劳，酷爱自由，富于革命传统，反对外来侵略压迫。《宝山县志》在编写过程中所坚持的指导思想："既要写敌人入侵之无理，又要写国人抗日的决心；既要写战争的惨烈，又要写反映军队在艰苦条件下忠心报国的气概；既要写敌人的残暴，又要写中国人民不畏强暴，奋起反抗。不应记述成单纯受屈辱的灰色场面，而要写成吹响火红战斗号角的民族正气歌。"这是十分正确而又积极的，值得各地后来者借鉴。

（二）曾经沦陷敌手的一些地区的志书，应着力记述好共产党领导的八路军、新四军在敌后发动群众，开展抗日游击战争及建立抗日民主政权的史实。有的志书在中国共产党的篇章内，设有"建立抗日根据地"的专节、专目，详尽具体地记述了共产党人如何尽心竭力地为抗日做了从大到小的许多工作。详记了根据地的人民群众在艰苦复杂的斗争环境里，开展了一次次的爱国行动，创造了一件件的历史奇迹。如山东《栖霞县志》设立了"投降与反投降"、"'扫荡'与'反扫荡'"、"封锁与反封锁"以及"光复县城"等目，记述了敌人的凶残与县人机智勇敢打击敌人的种种事例。

除了设专节专目之外，在其他的章节内，也要注意反映这个时期的中心内容。河南省《安阳县志》在大事记的 1937 年 7 月条下记有，卢沟桥事变后不数日，中共党员便联合进步教师，秘密串联工人、农民、教师、开明绅士等 50 余人，集中长短枪 30 余条，建立起了青年抗日义勇军。动作之迅速和情绪之热烈，既说明县人深明大义和高昂的爱国热情，也说明了共产党人的工作态度与负责精神。接着记述在县境内发生的伪军"八七反正"事件，既说明广大将士不甘随上层的坏首领投敌事仇，具有赤心报国的正气，又表现了八路军陈赓旅长联合友军共同对敌的广阔胸怀。

利用小说、故事、戏剧、电影、电视等文艺形式，表现革命军队和敌后人民为抗日而做出艰苦卓绝贡献的已经不少，我们还要用志书的形式进行记述，让我们的后人不要以为那些只是艺术的典型，而是有数不清真人真事的。

（三）要站在民族立场的高度，以历史唯物主义的态度，记述好中国政府军队在正面战场上的作战业绩及国人对抗日军队的拥护与支持。做得好的例子如江西《德安县志》的《军事》卷中，以 2.8 万字的篇幅来写抗日，是目前见到的抗日内容分量最大的一部志书。除了中共领导的赣北游击队的抗日业绩，曾为政府重视，当时官方报纸多次报导外，还重点记述了政府军队进行的三次战役。仅对 1938 年下半年第九战区司令长官薛岳所部进行的"南浔线会战"的记述，就有近 2 万字，还配有战后遗址示意图。战役结束后，中共的《新华日报》专门刊发了《论南浔线的胜利》的社论，称之为"伟大的胜利"。新四军军长叶挺向薛岳致贺电称："南浔大捷，挽洪都于垂危，作汉江之保障，并平型关、台儿庄鼎足而三，盛名当垂不朽。"表现了国、共两党对取得对日作战胜利的共同欣慰态度。又如广东《南雄县志》的"大事记"中，有两条就写得客观，又很有民族感情：

　　1938 年 2 月 24 日，日机 12 架突袭南雄县城，投弹 20 余枚。驻雄中央空军二十大队起飞迎击，飞行员陈其伟在空战中中弹牺牲，飞机坠毁于迳口，县城军民隆重集会追悼。8月30日上午10时，日机17架袭击南雄机场，驻雄中央空军飞机9架起飞还击，空战30分钟，击落日机两架，大队长吴汝鎏座机中弹起火坠毁，吴汝鎏壮烈牺牲，南雄军民隆重举行追悼会，南雄机场命名为"汝鎏机场"。

有的志书写中国军队与日军的会战，记述了战争的悲壮，体现了中国军人的勇气与豪情。如湖北《随州志》记"随枣会战"中，中国军队虽付出了惨重的代价，"但全体官兵士气高昂，士兵据壕死守，甚至攀上敌坦克向内扔手榴弹。"在第二次会战中，"中国军队伤亡重大，日军被毙45000余人"。河南《南阳县志》记南阳保卫战中，黄樵松率领的143师受命固守之后，即修工事、屯粮秣、订计划、布兵力，进行动员，决心把南阳县变成中国的斯大林格勒。师长在其指挥所防空洞口书写了"黄樵松之墓"的大字，并下令后勤部置棺材一口，表示与南阳共存亡的决心。在敌人的进攻面前，该师官兵同仇敌忾，奋勇杀敌，多次打败敌人的进攻，直至逐街逐巷的争夺，坚持10昼夜后才奉命转移。这种写法确实很有感情，能给人以极大的鼓舞与激情，使怯者勇，勇者奋。

（四）应如实地记述国、共两党及各自统率的军队，在抗日统一战线中又联合又斗争，在战场上既有配合又有摩擦的复杂状况。在日寇的大规模军事进攻面前，抗日战争的成败，关系着中华民族的独立与生存，也关系着中国各民族、各阶级、各政党的安危。在这民族存亡的紧急关头，在中国共产党的努力下，国共两党各自调整政策，捐弃前嫌，携手共御外侮。但由于国民党内部阶层复杂，影响到其决策人态度之多变，使统一战线内部始终存在既联合又斗争，表现在战场上自然是军队之间的既配合又有摩擦的状况。除了战略上的配合之外，战役和战斗上的配合，也所在多有，有的志书注意了客观地记述。山西《代县志》记述八路军的雁门关伏击战、夜袭阳明堡机场等，有力地配合了友军进行的忻口战役。该机场是日军进攻忻口的后方基地和空中物资转运站。八路军的一个团轻装夜袭，毙伤日军近百人，毁伤敌机20余架，使之数日内不能对忻口、太原进行轰炸。为此，友军的空军将领，曾专程到八路军总部表示感谢。而湖北《应山县志》则记有1939年2月，自24至27日，国民党军队与日军激战数日，双方伤亡惨重。正当中方阵地失守，受到日军猛攻之时，新四军豫鄂独立游击大队冒雨前来参战，共同毙敌 300 余人。《随州志》所记的"小林店截击战"，则是国、共军队在战术上配合作战的例子。湖北《石首县志》所记的"国民党政府战斗机一架，在武汉上空与日机空战中受伤，在本县来家铺滑翔降落，石公华行委会（计注：共产党领导的三县行动委员会的简称）东山联乡办事处将飞行员护送走，飞机被日军抢走。"也是属于这种性质的联合。至于双方的摩擦也不乏其例，就不必去举了。既联合又斗争，既配合又摩擦，这就是当时统一战线中的实际情况。志书只有如实地加以记述，才能反映历史的实情，也才能体现出中国抗日战争的特点。

（五）要记述好人民群众对政府军队作战的支持与配合。在抗日战争中，不但共产党领导下的人民群众积极支持了八路军、新四军的作战，在政府军队战区内的人民群众，同样是深明大义、敌我分明的，志书中对此记述得好的也有例子。如江西《宜丰县志》的《军事》卷对"上高会战"是这样记述的："宜丰人民也挥起大刀、长矛，扛出鸟枪、长龙，积极配合正规军作战。同时还自愿组织战地服务队，救护伤员，运送弹药，侦察敌情，防范汉奸活动。在宜丰和上高、高安等县人民共同支援下，中国军队歼灭日军大贺师团官兵 2 万余人，从而一举粉碎了日军'鄱阳扫荡'计划"。"整个上高会战期间，宜丰人民共出民夫 19.3 万人次，抬运伤员上千名，运送军粮 8000 大包，贡献稻谷 15 万石。"浙江《江山县志》的军事篇"主要兵事"章内专设"抗击日本侵略军"一节，记述了零散的政府军人参加人民反侵略斗争的桩桩事例。在分条记述之后的结语云："据不完全统计，日军侵占江山 75 天内，江山人民与日军进行了大小战斗 92 次，其中围攻县城三次。毙敌 824 人，伤敌 298 人，俘敌 2 名，缴获日军机枪一挺，三八式步枪 21 支，指挥刀 4 把及大量弹药。"这就写出了江山人民为全国的抗日做出的贡献。与大的军事会战相较而言，这些胜利是微小的，但正是集全国千百个县的小胜而为大胜，造成了埋葬日寇这只野兽的汪洋大海。

（六）注意记述各种非正规部队、群众自发组织起来的自卫队、义勇队、游击队，甚至一些散兵游勇，以及人民群众分散的各种形式的反抗斗争，或阻击，或袭扰，或单个擒杀，或小股分歼日伪军，或处决汉奸。他们的事迹和做法，用正规军人的眼光看来，未免幼稚可笑，但那是历史的真实，也同样体现了中华民族不甘忍受外来侵略、与侵略者势不两立的情操。如广西《桂平县志》中详记了本县游击队、自卫队多次单独或配合政府军队对日作战的经过及战绩。河南《南阳县志》记该县一个回民村寨，在敌人的进攻面前，寨主马振武带领全体村民奋起反抗，先以"罐炮"、"榆木喷"、"老白龙"、步枪及刀矛作武器进行阻击，继之以 30 人的敢死队出寨反击，使敌败退。当晚，敌再次来，又以重炮轰击。值战斗的关键时刻，寨主又派人潜渡寨河，放火烧着寨外房屋，使敌无处藏身。乘敌混乱之机，寨内集中火力猛攻敌军，使之狼狈逃窜。

群众自发的抗暴杀敌事例，在日军所到之处几乎无处不有。有的志书对此进行了细心的搜集和记述，多者一县达数起、十数起。有潜入敌营窃其军马、武器，毁坏其通信设施者；有伪装顺从敌人实为我军递送情报者；有擒杀敌落伍军士者；有被敌拉作挑夫而将军用物资挑送至我国军队者；有带路行至悬崖而抱敌酋同坠山涧者。妇女们亦巾帼不让须眉，即使是势单力弱，面对敌人施暴，也要与之同归于尽。这样的记述，表明了中华民族的这一代子孙，没有忘却"天下兴亡，匹夫有责"的祖宗遗训。正是这些"匹夫匹妇"们的奋起，使侵略者处处碰壁，寸步难行。有些志书，为了记下敌人的罪恶和民族的仇恨，用人民的抗暴立目，比那些单以"敌军的暴行"立目的写法要积极得多。

（七）注意记述好处于大后方地区的人民为抗战而做出的贡献。反抗日寇侵略是全民族的事情，绝不仅仅是战区人民独有的义务。事实上，那时候为抗战尽力者真是"地无分南北，人无分老幼"，是全民的总动员，这种时代气息处处都有体现。当年地处大后方地区的志书，如果忽视了这一点，也不能算是合格的志书。1991 年夏，笔者在准备一次讲课时，见到《四川地方志》上刊载四川省社科院历史所贾大泉兄介绍民国《铜梁县志》的一篇文章。该文引述志书《兵役》中的一段话云："七七事变生，日兵入寇，国民政府发动全面抗战，号召民间有钱出钱，有力出力。我县奉命后，加以事属创举，规避贿纵、拉夫顶替之弊，不能谓其绝无，而出于爱国热情，志愿入营杀敌者实亦不在少数。故一经奉征，即如期限集，只有超额，无从缓欠。计自民国27 年至34 年，共送壮丁30557 名。"在其《人物志》中，列有民国二十六年七月七日至三十四年九月三日间抗日阵亡、忠于民族者654 人的人物表。贾氏以当时铜梁全县男女合计434345 人计，推算得在八年抗战中,全县有百分之七的人应征入伍,万分之十五的人为抗日而捐躯。读及于此,我深受感动,也想在我们现在所编的新志书中找到这样典型的材料,可惜实在很难得。这就是引发我要一再呼吁人们重视这个问题的原因。现在,在晚出的志书中,要找到这样内容的材料相对较容易些。如同属四川省的《崇庆县志》中,记述县人支持抗战的内容就比较充实。在《大事记》中,记了抗敌后援会崇庆分会的成立及其组织抗战周年纪念和公祭抗日阵亡将士及死难同胞大会(附有照片);欢送本县壮丁出征抗日;民众纷纷捐献寒衣和慰劳抗日将士;多次出民工修机场;举行抗战总动员及国民公约誓师大会;小学生捐献"儿童号"飞机款;塑汪逆(精卫)夫妇之跪像,供县人声讨唾骂;知识青年应征入青年军;举行火炬游行、放焰火,热烈庆祝抗战胜利等。《兵役》章的《征兵》节内,在记述民国时期役政混乱、征兵弊端百出的同时,也记了"事关民族危亡,广大百姓也深明大义,踊跃参军。抗日战争期间的 1938—1945 年(缺1944)七年间,全县征兵 24940 名,每年平均 3563 名。"地处西北边陲的新疆呼图壁县和阿克苏县,是远离抗日烽火的两个县。但两县志书的《大事记》等篇中,也注意写出了两县分别成立抗日后援会,进行抗日宣传和募捐活动。呼图壁县 1937 年共捐银票 33.32 万两,1939 年捐银票 7811.48 万两、大元宝 9 锭、银首饰 69.5 两、金戒指 2 枚,1941 年捐大洋 4602.75 元,1943 年各族民众购买抗日救国公债 24.5 万元(新省币),1944 年献"呼图壁(号)飞机"一架,又捐款 5.07 万元(新省币)。阿克苏县的抗日募捐中,1938 年一位维吾尔族妇女献出元宝 27 锭,传为爱国佳话。在 1944 年"一县一机"的献机运动中,阿克苏县献机 3 架,命名为"新疆阿克苏县第一、二、三号",同时还献马 74 匹。这里的各族人民,同样为抗日战争做出了自己的贡献。

(八)在人物志中应当给抗日英烈们以充分的位置。从现存的旧志书中不难发现,历史上凡经历一场战争或一个大的事变之后编出来的志书,其人物志中都载有大量的勇士、英烈、义夫、节妇的事迹。经历八年抗战之后新编的志书,毫无疑问应当给抗日英烈们以充分的位置。

首先让该入传的抗日人物立传。现在的新志书中,对那些高级军政人员是注意到了的,存在的问题是大量中下级军官、战士及普通群众中该立传的人物没有立传。在军队中,八年抗战的岁月里,出现了如前述韦斯爱那样的人物何止万千？普通群众中可歌可泣、令人肃然起敬的人物更是所在多有。1943 年 7 月中旬，日军攻陷湖南一个县后，有一位南岳庙主持，目睹日寇的罪行，暗将日军在该地设置的仓库、军营等设施，绘制成图册，秘送我军。我空军按图示目标轰炸，一次就炸死日军 200 余人，战马 9 匹，伤敌 100 余人，炸毁火药、粮食仓库各一座，炸沉敌海军铁船一艘。在我看来，意这位僧（道）人就应当为之立传。为那些率部英勇抗击日军的中下级军官立传，不但可以记清一次或几次战斗经过，而且还可记下一个为国而战的英雄群体。

这里要解决好一个人物传的写法问题。个别同人以为写人物传，非得面面俱到，一个人要从生写到死。其实这是一种误解。有的人物只抓住人物的一个段面、其一生中的一件或几件事写出来，反而显得更突出、集中，给读者留下的印象更深刻。在这方面，笔者见到 1985 年已内部印行，至今尚未正式出版的湖北《通城县志》，就写得很不错。它除为抗日战争中牺牲的中共干部、地下工作者刘青、黄金德，以及两位很有名望、很有民族气节的乡贤立传之外，还为 4 位在抗日中作出贡献的普通农民立传。这些传除一个较长，有 700 余字外，其余的均不长，最短的不足 120 字。

其次是要设立抗日阵亡将士名录。我所经见的新志书，列有这种名录的不到 50%。有表的所列内容详略不等。有的包括姓名、乡贯、所属部队、任职、阵亡时间、地点等。有的只列有其中的两三项，大部分的只有一个名字。表的名称亦不尽相同。绝大部分称《抗日阵亡将士名录》，也有的称《国民政府军队抗日阵亡官兵表》（《应山县志》）、《抗日（救国）殉难人员表》（湖南《会同县志》）。广西《昭平县志》同时列有《抗日阵亡官兵》及《在昭平县城抗日阵亡战士》二表。也有极个别的将抗日阵亡的"国民革命军"烈士与中国共产党的烈士同编于《烈士英名录》内的，如贵州《赤水县志》。湖北省通城县因参加上海"四行"保卫战的人数很多，故列有一个"八百壮士"中通城籍人名录。据笔者目触所及，以湖北《松滋县志》的表列得最好。其名称为《抗日志士表》，这就不仅把阵亡者列入，未阵亡者亦可列入。其表除了各志中所列的一些项目外，还有"简单事迹"一栏，内容就充实多了。表前的无题小序也写得很有感情，其略云：日寇"铁蹄所至，村里为墟，县人无不义愤填膺，同仇敌忾。大批忠勇之士，慷慨赴难。或舍身惩恶寇，或洒血卫家园，烈迹伟行，难以尽书。兹仅录其名传乡间，绩载档案者十数人入表，俾彰民族正气，以示来者。"

（九）要注意在不同的篇章节中，采用不形式，多角度、多侧面反映全民抗战的行动和思想感情。抗日战争是一个历史时期，它影响到社会的方方面面。因而要反映这一时代特色，仅在前述的军事、人物等卷篇中表现是不够的，必须注意撷取一切能体现这个时代气息和民族精神的资料入志。事实上，新志书的各个部类，绝大多数的卷、篇中都有这方面的内容需要记述。

如在文化卷中，应注意记述抗战时期的各种著（创）作。仅以文艺中的歌谣、对联、谜语等民间创作为例，就很能反映出当时的民族情绪。抗战时期四川一带流传着这样的一首歌谣："张打铁，李打铁，打把剪刀送姐姐。姐姐留歇我不歇，我要去打日本国。捉到日本兵，剥皮又抽筋；捉到日本官，划作两半边；捉到日本天皇，破他肚子挖他肠。一年打不走，十年八年不算久，杀尽日本鬼子才丢手。"八百壮士进行四行保卫战后，很快就有《中国不会亡》的歌曲，由东南传遍全国："中国不会亡，你看那民族英雄谢团长……你看那八百战士奋守东战场……宁愿死，不投降。宁愿死，不退让，八百壮士一条心，千万强敌不敢当。"远在大后方的嘉峪关一带，也流传这样一首买公债的歌："日本鬼子实在坏，欺侮中国太厉害。人人都说要救国，救国最好买公债……你节约来我节约，省下钱儿买军火。消灭鬼子享太平，买了公债钱还在。"当时抗战的对联更是到处张贴。湘乡县志办的《史志之友》1992 年第 3~4 期，刊载有该县博物馆王碧波收集的 39 个行业的门联，无一不充满抗敌救国的呼声，在此不妨略举数联。水果店："要食鲜果快取失地；欲尝美味克服沦区。"钟表店："月月年年誓雪中华奇耻；时时刻刻勿忘民族深仇。"打铁铺："百炼中华全民成铁汉；长期抗战大地是洪炉。"这些都是入志的极好资料。

许多新志书在古迹、园林记述中，注意了有教育意义的抗战碑、亭、墓、塔等的记述。仅据笔者所见，记述公园中尚有或曾有过铁铸汉奸汪精卫、陈璧君夫妇跪像供人唾骂的，就有四五部志书。

此外，在民政卷的支前、抚恤、赈济等章节，军事卷的兵役、民兵、防空等章节，都有许多抗战内容可以记述。在记述的时候，既要注意反映当时政府征兵、征税的种种黑幕以及抓壮丁给人民带来痛苦的一面；同时又要记述人民群众深明大义，积极出伕，爱国捐献，自动报名从军的场面。前引民国《铜梁县志·兵役》中的那段话，对我们还是很有借鉴意义的。

上所归纳的九项，并非记述抗日战争的全部内容，也非每一部志书都要全具这些内容。一部志书中要记什么，记多少，都需要根据当地的历史实际而定。由于笔者对新志书览读面有限，所举例子不可能都是最典型、最恰当的。不准确和偏颇之处，希读者谅察。值此中国人民抗日战争胜利五十周年之际，谨以此文权作纪念，并告慰于为抗日战争而献出生命的我二千万同胞之英灵。

定稿于"七·七"抗战爆发五十八周年纪念之际

（原载《中国地方志》1995 年第 4 期、《广西地方志》1995 年第 5 期）

15. 本届志书的一项特殊功效

——新编地方志促进海峡两岸交流小记

我国编修地方志的传统源远流长。仅现今存世的志书就超过万种，参加这些志书编纂者更是不知凡几。从历代方志者们留下大量的序跋信函之中，可以看出当时他们是各自怀着不同的目的和用意来修志的，因而在方志功能的理论探讨之中，古往今来也是仁者见仁，智者见智，说法不一。本届修志以来，经过一番讨论之后，较多的人都比较倾向于用"资治（政）、存史、教化（育）"六个字来表述。笔者也是同意的，认为这三句话、六个字，大体可以从大的方面概括方志的基本功能。但是，地方志有一个显著的特点，就是它的地域性和时代性都特别强。不同时代编修的志书，不仅使之具有浓重的时代色彩，而且往往具有特殊的功效。这种功效随着时代的不同而各异。发在民族矛盾上升时期修出来的志书，往往都能通过其所记的人和事，激发一种爱国的情绪，起到唤起人们同仇敌忾、共同对敌的作用。处在社会变革的大动荡年代修出来的志书，往往要么为新事物的产生和成长呐喊助威，要么为旧事物消亡而悲鸣抽泣。我们今天所处的是改革开放、建设有中国特色社会主义的时代，是海峡两岸经过四十年阻隔之后，面临着完成祖国统一大业的时代。在这样时代潮流面前编修的志书，也自然具有为改革开放和完成祖国统一大业服务的特殊功效。由于本届志书的编修者，主观上为改革开放和完成祖国统一大业服务的目的比较明确，所以这方面的特殊功效也更为突出。

截至1993年6月30日的统计，公开出版的新编省、市、县三级志书已达1379部，占整个这一届修志任务的22.78%。这些志书的公开出版发行，不仅为各地党政部门领导的决策提供了依据，在两个文明建设中发挥了作用，而且也为推动祖国统一，促进改革开放立下了功劳。新编志书是记述地情的专门著作，详明地记述一个地区近几十年来的发展变化，是本届志书的重点内容。因此，新编出来的志书一经出版发行，就成为外部世界了解新中国几十年来的历史和现状的重要窗口，也是港澳台同胞、海外侨胞、散居世界各地的炎黄子孙了解家乡，重温乡情，慰藉乡思的重要载体之一。随着新编志书的公开出版，流传到海外的日渐增多，它在促进海峡两岸相互了解、交流，推动祖国统一，增进海外侨胞与祖国联系，扩大我国对外开放等方面的作用，便日益显现出来。

这里列举的事例自然难免挂一而漏万。

四十年两岸隔离恨，一本新志慰乡思

有的志书中一个人物传记，甚至一条资料，就能激起许多游子思乡念（故）土之情。新编上海《崇明县志》为本籍人、中国第一位远洋船长陈干青立传后，散居世界各地的陈氏后裔、亲属21人，遂相率回来向崇明县政府表示感谢，并提供相关资料。浙江《嵊县志》中，把一位企业家的家史搞清楚了，此人非常高兴，特地邀请该县志办主任去香港作客。许多回乡探亲的人，都把得到的新编志书作为最珍贵的礼物，表示要带回去向乡友们介绍，让后辈了解家乡。上海川沙县一位加拿大华侨回来洽谈合作项目，临走时各方面送他许多土特产品，他只选择了一部新编《川沙县志》带走。

侨居美国的戴受恩先生，1992年4月回云南探亲，见到新编的《红河县志》，赞不绝口。他高兴地说："很好，很好！海外华侨只要看到这本志书，就知道解放四十多年来，人民生活的巨大变化。后代看到此书，了解到前辈出国谋生的艰辛史，就不会忘记自己的祖先是哪里人，不会忘记自己的祖国和家乡。"另一位侨居美国的罗小原先生，见到《红河县志》爱不释手。他一边买书一边说："我要带回美国，让我的儿女们看看家乡的变化，看看贵如油的迤萨巴是怎样饮上自来水的。"

1990年夏，原国民党一位将军吴先生，偕夫人回广西上林县来探亲，县政府送他一本新修的《上林县志》。他接过志书激动地说："这是最有意义的礼物。我虽然生在上林，但长年在外，对家乡的历史知之甚少。这本志书是我深入全面了解家乡的最好向导。我回台湾后，一定要向上林籍同乡宣传。"当他将县志带回台湾，在同乡会上传视时，乡友们欢呼雀跃。

人多书少，就选人们最急迫知道的章节来朗读。在同乡会聚会的几天里，这本书从一个人手里转到另一个人手里，甚至有人彻夜不眠，抢时间轮流来读。大家对家乡数十年来的巨大变化，赞叹不已。不少人表示要在有生之年，为家乡做点好事。现已有人捐资为家乡架设电线，修筑公路，建设学校。还有人回来投资建厂，推动家乡的建设。

不少旅居海外的人士，对于新志书中对民国时期的史事，甚至他们本人的行事，给以客观公正的记述，尤为感动。有些长期心存的疑虑者，就是看到新志书之后才得以解除的。川沙县台胞、原国民党的一位少将张先生，在台湾当局开放民众到大陆探亲后，很想回来看看。于是让其子先回来探探情况。其子见到新编《川沙县志》中，对其本人的事所记比较客观真实，他才放心回来的。毛森是浙江江山市人。新编《江山市志》写了他曾在上海屠杀大批共产党人的事。毛本人看了之后，毕恭毕敬地写信回来，说志书中写的都是事实，但是"各为其主"。"现在写我的这些事实，违反了你们自己的政策。中共的政策不是既往不咎吗，为什么还要写这些呢？"市里写了回信给他，告诉他志书讲究的是实事求是。"我们写的是事实，历史不能改变。你回来，我们欢迎，这是我们的政策。"前不久，他回来过一次，我们的省长还接见了他。他回到母校后给学校捐赠了500美元。

浙江省新编的《青田县志》，为民国以来的主要人物陈诚立了一个千余字的传，并配发照片一帧。传文比较客观地记述了陈氏的一生经历。对他于民国十六年（1927）在龙游、桐庐战役中击败孙传芳主力部队的功绩及卢沟桥事变后，国民党政府抗战之议未决时，他提出"与其不战而亡，孰若战而图存"的主张。虽只是直书其事，但褒贬之义已明。此外，该传还记述了陈氏于民国二十年（1931）捐资1万银圆，兴建小学校舍，数年后又每年提供办学经费1400银圆。民国三十五年（1946）又与人发起创办石门中学及赠送《古今图书集成》等书籍，还有出资刊印《括苍丛书》等事迹。比较恰当地表彰了他对乡邦文化教育事业所作出的贡献。这样的写法，不仅使许多青田旅外人士受到感动，也使不少陈氏僚属及国民党的党政军要人为之感激、动容。湖北《江陵县志》为在台知名人物张知本先生立传后，美国《侨报》1990年2月28日在《两岸情》专栏予以刊载，在台湾、海外产生了很大影响。广西上林籍人何福荣先生，解放前是国民政府总统府第六局中将局长，是李宗仁先生的挚友。1949 年以后一直在香港从事教育工作。当他看到新编《上林县志》中，有其胞兄何福桐的传略，他本人也被列入名人录，激动不已，对其赴港探亲的胞弟何福统（县政协原副主席、水电局长，现已退休）说："共产党真是博大胸怀，处事客观公正，合乎情理，令人钦佩。我哥哥都编入了志书，真是我想象不到的。我一定要在有生之年，为家乡做点力所能及的事。"他不顾 86 岁的高龄，依然到处宣传家乡。逢着朋友来，他便拿出志书赞叹说："我们的家乡 40 年来的变化真大，这就是证明。"

江西瑞昌县旅台同乡会总干事张迎安先生回家乡探亲，读到新编《瑞昌县志》后，感触很深地对自己的亲属说："我在台湾时，听说家乡新编县志，把不少去台人员录入了《名人录》，当时半信半疑，现在看到了县志，才知道确是实事。我们这些人没有给家乡作什么贡献，家乡政府还是没有忘记我们。回到台湾后，我要把这个消息如实告诉同乡。"有的人从县志中看到家乡的变化，感到无限慰藉。现任台当局设计委员会委员和淡江大学教授的朱垂镝先生，看过新编《瑞昌县志》后，很动情地说："过去我在江西省任政府委员时，也曾有帮助家乡发展的愿望，但由于基础太差，愿望终成泡影。没想到我去台湾四十年，家乡发展得这样快，由过去的三等小县而升级为市了，真不简单。盛世修志颂太平。看来中国的希望在大陆。"

1989 年春节，台胞徐先生回乡探亲时，将新编《武进县志》带到台湾，先在知己中传阅，后又邀集同乡 20 余人阅读，大家都对家乡 30 余年来的变化感到欣慰。一位原来对共产党采取敌对立场的老先生，看过县志后说："家乡变化这样快，所以大陆上说：'没有共产党，就没有新中国'。"一位原国民党中将朱先生，对县志中客观记述国民党及其军队，尤其表示满意。该年"五一"节，徐先生再次回来时，一次又购了 4 本志书带走。

有些地方的新志书尚未出版，海外人士就已翘首以待。浙江的奉化市，是蒋介石、蒋经国、蒋纬国和俞国华等人的故乡，在中国现代史上具有特殊的地位和影响。新编《奉化市志》坚持实事求是的原则，全面系统地记述了奉化设治以来 1000 余年的历史和现状，并尽可能地记载了奉化旅台、港、澳和海外人士的业绩，还首次将蒋氏父子在家乡的一些资料予以载录。1992 年 5 月，该市志交付中华书局出版的消息一经传出，立即在海外引起强烈反响。很快，便有美国、日本、马来西亚、新加坡、中国香港、中国台湾等国家和地区的侨胞和同胞来电、来信、来款订购。去年（1992）9 月，台湾的奉化同乡会人士来宁波时，表达了同胞们对这部新志的渴求心情，说许多人是将新志书视为治疗思乡病良药的。

有的将新修的志书，视为两岸同胞共同的文化财富，对新编志书给以了高度的评价。年已 88 岁高龄的台湾退役将官叶以新先生，曾任多届旅台青田同乡会理事长，并于 1983 年发起编纂《续修青田县志》，任编委会主任委员，至 1987 年成书。当其读到县台联赠送给他的新编《青田县志》后，特致函称："青田在民国元年大水后，青田文献委员会已不存在，当无文献可言。如今尚能有此包罗万象之吾青文献，成为一代之巨著，实属编委会诸公之努力贡献，至为感谢。""甚盼两岸早日畅通，本志重印时，把台湾所编县志人物部门之全部人物或其可采者，再予纳入，则甚善又甚美矣。"诚如其亲手书赠青田县台联一副寓意深远的楹联所云："政局每因时局藕断；人情却向乡情丝连"。

修志联两岸　　两岸同修志

编修地方志的传统，千百年来延绵不断，历来为华夏子孙之有识者所重视与继承。不受此疆彼界的空间间隔，可以说凡有华人群体之处，都可以见到这种传统的表现。海峡两岸，虽然隔离 40 余年，但对此项传统的继承都很重视。

据所知，台湾自 1945 年光复之后，修志工作即已恢复，40 余年来已经取得甚为可观的成就。不但官方重视修志，许多民间团体，甚至个人也很重视。台湾各地都有大陆各地区赴台人员的同乡会。为了联系乡谊，怀念桑梓，各同乡会都很注意乡邦文献资料的收集，不少同乡会或个人，还着手编纂或重印了故乡的志书和各类地情著作。如 1980 年台胞余烈先生，借钱自费印了一部《于潜县志》，分送各界。舒城同乡会编修了《舒城县志》，在序言中这样写道："吾侪远离乡关，久羁海曲，犹时以桑梓山川景物之清佳、衣冠名物之殷富、人才艺文之宏伟为念。"在这些志书及地情类著作的编纂之中，更激发了他们相互间的乡谊和对故土的怀念之情。

　　大陆自五十年代即开展了修志，后因"文革"动乱而中断。随着"文革"动乱的结束，从 1980 年起又开展了全国规模的修志活动。现在，全国除西藏自治区暂无区级修志机构外，其余各省、自治区、直辖市，均建立健全了修志机构，开展了省、市、县三级志书的全面编纂，从事此业者达 10 万人以上。前如所述，至今年 6 月底止，已经出版三级志书 1370 余部，如果加上各种专业志、工矿企业、学校、乡镇村、山水、寺庙等"小志"，以及年鉴等地情著作，总数已达七八千种以上。

　　可见，海峡两岸，对修志传统的继承和发扬，都是很重视的。但是，由于历史形成海峡两岸 40 年的间隔，互不往来，音闻不通，给双方的修志都带来了一些困难。台湾方面，无法看到大陆的档案及近 40 年的变化资料，修出的志书只能详远略近。如台湾青田同乡会编修的《续修青田县志》，断限始于光绪元年，下迄 1986 年。但实际上由于近期资料缺乏，许多篇章的下限不得不止于 1949 年。有的由于近期人文资料缺乏，只好编写成专志。如浏阳籍台胞谢碧云先生编著、1980 年出版的《浏阳县地理志》。大陆方面对去台人员的行事也缺乏了解。故都难免出现语焉不详，留下缺憾。无论是哪一方面，都需要得到对方的资料。

　　台湾方面同乡会编修的志书及乡邦文献，对于反映家乡近几十年来变化情况的资料，都特别重视，往往片言只语都被视为最珍贵的。如宁乡旅台同乡会编纂的《宁乡县志》，就是利用台湾当局放宽政策，允许回乡探亲的有利条件，才增入了不少新的资料。

　　大陆的修志部门，完全理解台胞的这种需要，往往主动为他们提供资料。有的是将县志部门收集来的资料，通过新闻媒体传播过去，如湖南南县志办就是这样做的。他们把县农业志的资料写成《洞庭湖里稻花香》一文，生动地展现了南县由"水乡泽国"，变为旱涝保收的"鱼米之乡"的巨变。将教育志的资料写成《故园桃李吐芬芳》，从南县第二小学入手，较详细地描述了全县教育事业发展的梗概，还介绍了南县去台人员在大陆亲属和学生，在各条战线所取得的成就。这些修志资料，通过媒体递送过去后，一位台胞来信说："听到家乡变化的报道，我们如临其境，倍感亲切。南县是我出生之地，我要为家乡建设尽绵薄之力。"另一位曾在台湾军界任过要职的台胞也给其弟来信说："我是喝着沅江水长大的，离开家乡虽已 40 余年，但家乡的一草一木仍历历在目，并常常思念不已。近期连续听到家乡变化的新闻，更激起我对家乡的思念。我决心在有生之年，为海峡两岸统一做点实事，以报桑梓养育之恩。"

古语云："儿行千里母担忧。"大陆的乡友们又何曾有片刻忘记这些远离故土的游子呢？尤其在本届修志当中，这种血浓于水的感情得到更充分的体现。各地的修志部门，都很注意对旅外人员资料的收集。或凭传主家乡亲属提供，或得之于港台有关书刊。最普遍的做法是从编辑《乡友通讯录》入手，进而达成互相联系交流，直至资料交换。如浙江省还在 1986 年就编成了《浙江在台人物录》，共收入浙江在台人物 380 余人，包括在世和去世的。陕西出版了《三秦游子录》，共收入徙居世界各地和台、港、澳地区的陕西籍人物 125 人。至于将旅外人士列入志书名人录的就更多了。

旅外人员也十分乐意为家乡修志尽力。有的利用回乡探亲的机会，与修志人员会面，题词作画，表示敬意与感谢。有的不畏艰辛曲折，将流向海外的书籍和资料弄回来，献给修志部门。瑞典籍华人田龙博士，以 81 岁高龄回乡探亲，饱览了家乡的建设和风景，心情异常激动，亲笔为当地正在编纂的《公安县志》，书写了"盛世修志，大业千秋"的题词。江陵县的中学教师黄文川，在给其台湾亲属写信中，谈到家乡正在修志的事后，其在台亲属即设法购得了台湾学生书局影印的乾隆《江陵县志》，连同旅台同乡会编撰的《乡贤人物小传》，辗转经由美国转寄香港，又由赴港探亲的另一位中学教师李国成带回来，献给了县政府。

《故乡——云和点滴》，是浙江云和籍台胞华寿南先生利用业余时间，遍访同乡搜集资料写成的。当其获知家乡准备修新县志时，立即将书托回乡探亲的台胞带给故乡，并附函说："在台乡亲为数不少……唯恐晚辈身为云和人，而对故乡情形一无所知，不无遗恨，因撰此稿，借以保留故乡史料，聊表绵薄，并借此表示游子对故乡想念之情。"

陕西安康籍台胞徐生杰先生，听说家乡修志需要资料，亲自到多家图书馆、档案馆帮助收集。又在台北购买、复印一批方志书籍，共百余万字献给家乡。1988 年回乡探亲，他对家乡几十年来的变化感到由衷的高兴。除了表示要广泛联系安康籍同胞，为家乡作贡献外，还愉快地承担了市志中有关去台人物志资料的收集整理与提供工作。1988 年 9 月下旬，浙江慈溪县县长谢建邦，向本籍港、澳、台胞及海外侨胞，发出征集县志资料的信函。10 月 25 日便收到港胞方伯诚先生寄来的信函和赠送的资料。信中说:"知已着手编纂《慈溪县志》,本人极表赞成。惟不能帮助,深表抱歉。本人保存有以前的香港宁波同乡会及台湾宁波同乡会会刊,内容有关乡里事情,兹将内里文章影印寄上作参考。"

更多的是通过走亲访友,互通信息,将自己的行事、经历写成资料稿件,寄回家乡。湖北蕲春籍的王中烈先生,毕业于台湾机械工程学院,后留学美国。1964 年获美国新泽西州大学拉特洛斯哲学博士学位。1979 年任加拿大里金纳大学数学系教授,曾发表《第二序线性双曲线方程的柯西衰退问题》的著名论文。得知家乡修志后,他给蕲春县教育志办公室来信说:"我能在海外生活成家并参与美国教育工作,实过去家乡培养所致,衷心铭感","家乡编纂《蕲春教育志》,这是一件意义重大、影响深远的工作","我将写信给台湾家兄,就他所知或转询亲友,以获取有用之资料"。

另一位蕲春籍的李继朝先生,个人正在台湾编修《蕲春县志》。听到家乡正在编修新县志的消息后,当时海峡两岸还未正式通邮,便通过在香港的蕲春乡友朱仿文先生,寄来两幅蕲春县图和一份黄侃先生事略的史料。地图很有利于了解解放前蕲春行政区划建置沿革情况。黄侃先生事略,详述了我国著名的语言文字学家、国学大师黄侃先生留学日本时,如何结识师事章太炎以及生活中的不少趣闻轶事,具有可贵的史料价值。

两岸分别同修一个县的志书,又互相为对方提供资料的事,在广东蕉岭县表现得最为突出。蕉岭旧称镇平县。由于自乾隆四十八年(1783)之后,200 余年来没有修过县志,本届修志过程中,遇到许多历史资料不全的问题。台北和高雄两地的同乡会得知后,遂将从美国复印归来珍藏的《蕉岭县志》,以及客家文献《石窟一征》、《蕉岭文献》、《蕉岭先达诗话》、台北和高雄两地同乡会会刊等,寄给《蕉岭县志》编辑部。其中有关重要立传人物丘逢甲、罗福星、谢晋元等人的传记、回忆录及珍贵遗墨,还有蕉岭民俗、蕉岭方言、蕉岭姓氏等宝贵资料,对新修《蕉岭县志》,都有重要的参考价值。同时,还将他们撰写的《蕉岭县建置沿革》、《镇平"教案"始末》等,也提供给新县志编修作参考。县志编辑部得知台北蕉岭同乡会正在编纂《镇平县志》,急需家乡近期资料时,便组织专人将工业生产、交通运输、水电建设、文化教育、民情风俗、姓氏渊源、方言谣谚、宗教信仰、地方掌故等有关资料,编成《蕉岭乡情录》、《蕉岭艺文录》两书稿，分寄香港、雅加达、台北同乡会及其他旅外乡亲。通过修志交流，两岸乡亲关系之密切已经日甚一日。旅台乡亲得知新编《蕉岭县志》已经付梓的消息时，订购异常踊跃，仅台北、高雄两市首批预订已达百册以上。浙江《江山县志》出版后，一位台胞一次就订购 200 余部之多。

海峡两岸同修家乡志书，除了资料上互通之外，还表现在财力、物力上的协作。广东梅县籍旅港同胞罗桂祥及侨胞钟奇可等多人，就大力资助了《梅县三乡乡志》的编辑出版。罗桂祥先生还为建设家乡、改变家乡面貌多方努力，乡亲们以"鼎成乡志，辉耀春秋"以为赠达。香港新亚洲文化基金会主席、出版社社长、企业机构董事长范止安先生，于去年 8 月回江苏如皋探亲访友，除了出资在本县中小学设立教学基金会外，还拿出相当于 60 万元人民币的港元资助，决心出好《如皋县志》。市长当即聘请他为《如皋县志》出版顾问。

坚冰已经打破，两岸已经通邮通航。随着"三通"的完全达成，两岸的交流会更加增强。两岸修志也将能够以多种方式进一步合作。叶以新先生所期望的"甚善甚美"的合璧志书，就会在我们这一代人手中出现，这是可以预期的。

作者附说：文中资料采自全国多家方志刊物及各地修志《简报》、《通讯》等，未能一一注明，敬希见谅。

又附：本文发表后，1993 年 9 月 10 日，中国社会科学院曾作详细摘录，以《要报》形式向上级报告。

（原载《中国地方志》1993 年第 6 期）

16. 与学术研究结合进行修志
——洛阳、江陵的修志模式

（一）

自两年多以前，我的书柜中就增加了两本颇为特别的书：一本是洛阳市地方志办公室编辑、1992 年 10 月由中州古籍出版社出版的《洛阳——丝绸之路的起点》；一本是江陵县地方志办公室集辑、1993 年 8 月由湖北教育出版社出版的《南国名都江陵——它的历史与文化》。说它们特别，不仅因为这两本书都是由地方的修志部门组织、集辑出版的，分别对中国的两个古都、两大文化渊源进行探讨的，专业性很强的学术著作，更因为这两本书的形成过程，共同展示了一种比较特殊的、注意与学术研究结合进行的修志模式。在笔者看来，这种模式虽然不可能适合于全国大多数地方，但对一些历史文化名城的修志工作，却有借鉴意义。

洛阳、江陵，在中国古都中的这两个，一南一北，分别是华夏文明两个源头的中心地区。随着江南大量历史文物的出土、楚文化研究的深入，中国历史研究中的一种新说已经牢固地确立起来。按照这种新说的描绘，中国传统文化的主体是华夏文化，而华夏文化实是由二元耦合而成的。这二元就是通常所说的北方文化与南方文化，或称之为黄河文化与长江文化，它们各自的核心就是河洛文化与荆楚文化。史家认为，自古以来，从黄帝和炎帝、龙与凤的图腾崇拜，到春秋战国以后的儒家与道家、《诗》与《骚》等处处的比肩并立，无不透露出这种二元耦合的遥远记忆。河洛文化的中心地是洛阳，荆楚文化的中心之地，即是历史上楚国的郢都，也就是今天的江陵。

正因为两地都有着深厚的历史文化内蕴，故给两地今天的修志工作，既增添了难度，同时也为修志工作者提供了勒缰驰骋的广阔天地。可喜的是，这两个地方的方志工作者，都没有辜负历史的赋予与期望，而是尽心尽力、殚精竭虑地从各自的实践中，不谋而合地摸索出了一条历史文化名城修志的路子，创造了本届修志中令人瞩目的、与学术研究结合进行的方志工作模式。

（二）

江陵县的修志工作始于 1980 年 6 月，以整整十年的时间，拿出了它的中心成果———一部 100 万言的《江陵县志》。此志书一经出版发行，立即在社会上引起了较大的反响，不仅在 1993 年全国新编地方志书评奖中荣获一等奖，而且更得到学界不少人的首肯，尤其称赞它在反映古都、楚文化风貌方面所获得的成功。一些权威的学者称，"由于县志编者资料收罗臻密，故能对江陵古都的建都历史给予详细的总结"①。"突出江陵古都之特色，实有别开生面之新意，而深得修志之要领。"②

这些评价并非虚誉，当然得来也并非偶然。为了准确地把握和反映古都和楚文化的特色，做到"资料收罗臻密"，县志的编纂者们不但付出了艰苦的努力，而且在将学术研究与修志结合方面，作了一些有益的尝试。

一是大胆地向学术界走去。

80 年代初，《江陵县志》着手编纂之时，正是我国粉碎"四人帮"的文化专制主义之后，一个新的科学春天开始之时，各种研究会、学会纷纷成立。中国古都学会亦于 1983 年成立了。县志办的同志获得这一消息之后，立即意识到，了解古都研究成果及状况，与《江陵县志》的编纂，关系非同一般。所以从 1984 年古都学会的第二届年会起，他们每次都派人参加。开初之时，江陵的古都地位并不为学界认可。但江陵县志办的人，基于江陵自公元前 698 年至公元 963 年的 1600 多年间，先后有六个朝代的 34 个帝王在此建都立国，历时约有 500 年的史实，觉得在中国古都的研究中，应当引起对江陵的重视。所以在 1985 年于洛阳召开的中国古都年会的开幕

---

① 史念海：《为古都江陵谱新篇》，载《湖北方志》1991 年第 5 期。
② 陈桥驿：《深得要领 后来居上》，载《湖北方志》1991 年第 5 期。

式上,他们向大会较全面地介绍了江陵建都的历史情况。1986 年在杭州举行的年会上,江陵县志办的副主任浦士培及江陵城建局的陶肃平,被正式接受为古都学会会员。1988 年 8 月的年会上,江陵又有 2 人被接纳为会员,浦士培被选为学会理事,1991 年 5 月被补选为副秘书长。该年 11 月在北京召开的第 8 届年会上,浦士培向大会提交了《江陵建都考》的论文。1994 年,江陵县副县长、江陵古都学会会长萧旭,被推选为中国古都学会副会长。

除了参加古都学会的学术活动之外,1986 年 5 月,县志办还派人参加了"3—9 世纪长江中下游经济发展研讨会",从会上收集到各地专家、教授论及江陵历史的论文 10 余篇带回来。同时,浦士培还受聘出任荆州师专"楚文化研究室的研究人员"。1990 年 3 月,县志办参与成立了荆州地方史志学会。5 月,县志办派人出席在贵州举行的中国屈原学会第 4 次年会,提交了《屈原籍贯考》的论文。会上,县志办有 3 人被接纳为该会会员。1991 年 10 月,县志办派人出席了全国第七次、湖北省第四次《三国演义》学术讨论会。

二是将学者专家从外面请进来。

江陵在开展方志工作过程中,除了多次零散地将一些有关的专家,邀请来进行指导外,还承办了两次规模不小的学术会议,把学者专家成批地邀请进来。一次是 1989 年 11 月承办中国古都学会第七次年会。这次年会有来自全国 26 个城市的 50 多位专家、学者及本地、县的 40 多人参加,共收到学术论文 83 篇,其中涉及江陵的有 13 篇。会上,许多学者对以江陵为中心的楚文化,给予了很高的评价。湖北省社科院原副院长、楚史专家、研究员张正明认为,可以说"江陵是东方的雅典,雅典是西方的江陵"①。一次是 1991 年 5 月,承办湖北省历史学会第二次年会暨江陵古都历史地位研讨会。来自省社科院及省内 9 所高校的教授、专家 71 人与会,收到论文 22 篇。会间,组织部分专家举行了江陵古都历史地位的专题讨论,并商定组织专家撰写出版专题论文集。会后,县志办承担了论文结集出版的任务。

这种大胆地向学术界走去,又将研究专家从外面请进来的做法,提起

---

① 浦士培、李天荣主编:《新编〈江陵县志〉文存》,中州古籍出版社 1994 年版,第 36 页。

了不少人对江陵古都和楚文化的研究兴趣，大大地推动了这方面的研究。1989 年，县志办还与县名城办、文物局、城环局，共同发起组织了江陵历史文化名城研究会、江陵古都学会，把分散的力量组织了起来。古都和楚文化研究的成果，为志书的统合古今，体现地方特色抓住了根本，使志书材料的组织有了归依；志书大量材料的收集和整理，又为历史专题的研究提供了更充分的系统根据，收到了相互促进之功效。故到《江陵县志》成书出版前后，一批科研成果也随之问世。除了本文开头提到的那本可以视作县志姊妹篇的《南国名都江陵——它的历史与文化》之外，仅江陵县志办同志们推出的成果就有《江汉楚都——江陵》、《古国名都——江陵》、《江陵古代稻作农业小考》、《江陵建都考》、《江陵古代僧人》、《屈原籍贯考》、《屈原生地论集》、《中国古都研究（七）》、《〈三国演义〉与荆州》等论著，有些颇引起不小的反响。

自 1984 年以来，江陵市志办在全国史学、考古学、历史地理学界反复宣传江陵，经过学者们的广泛研究，江陵在古都中的历史地位开始引起学界的重视。1989 年 11 月，中国古都研究会在江陵举行第七次年会时，我国著名的历史地理学家谭其骧先生，在给会议的信中就指出，研究中国古都，江陵当为重点之一，并指出过去学界对此重视不够。1992 年 11 月上海古籍出版社出版的复旦大学历史地理研究所赵永复教授所著的《中国十大古都》一书，终于将江陵列为十大古都之一。

（三）

由于历史的沧桑巨变，今天的江陵已经不再处于"东方雅典"、一国都城的显赫地位。至本届志书修纂时，它仅是我国行政建制中一个县的级别。因此，这里编修的也与其他各县一样，只有百十来万字的一卷本的综合县志。洛阳则不同，它今天仍是省属的一个中等城市。它的志书规模计划是 800 万字，由 18 个卷本组成，到目前已经出版的只有第 14 卷《洛阳市志·文物志》。从这部《文物志》的修纂过程来看，它与江陵同属于一个模式，走的是同一条路子，但在具体做法上又自有高招。概括来说，就是从学术研究入手，以一个《河洛史志》的刊物为基地，吸引一大批学者开展对洛阳历史的研究，为市志的编纂积累新的研究成果；在新的学术成果积累的基础上，才着手进行志书的编纂；志书修成出版之后，又及时地把它推向学术界，为学术研究服务，同时也接受学界的检验。从志书出版近一年的情况来看，效果不错，反映良好。

《河洛史志》是洛阳市志编委会办的一个修志刊物。在全国方志刊物之林中，它只是一个省辖市级的刊物，在规格（规模、级别、发行范围）上不可能与全国的、乃至任何一个省、直辖市级的修志刊物相比。但它却以自己"坚持学术性（排在首位）、资料性、知识性、指导性"的办刊方针，而在海内外学术界赢得了广泛的关注。仅从 1991 年至 1995 年底的五年之中，共发表各种文章 500 余篇，其中学术研究文章占了相当大的数量，并与国内外史志界 150 余位专家保持着联系，形成了自己的一个高层次的作者群。它不仅推动了对洛阳历史的研究，而且为洛阳市志的编纂积累了丰厚的学术研究的新成果。

洛阳市志办的同志们，在摸索自己的修志路子、打开局面的过程中，所付出的艰苦努力是令人钦佩的。刊物创办之初，还不为世人所重视。他们就采用以向各方面专家"请教洛阳地方史研究中的某些疑难或热门问题"，或登门拜访，或"不止一二次地写信求教"的方式约稿，在《河洛史志》刊物上开展专题讨论，直至形成专号。如 1991 年 9 月，首先办了"洛阳对外交往史研究"的专栏，刊发郑州大学高敏教授等五位学者的文章，开始造成影响。接着便组织"洛阳与丝绸之路研究"专号。结果收到全国各地学者的来稿竟达 50 余篇。根据所得稿件的数量、质量情况，从中精选 30 余篇，集成《洛阳——丝绸之路的起点》一书正式出版，紧跟着又举办了对该书的评论专号。这一书一刊（专号）的推出，居然在海内外掀起了一股不大不小的"洛阳丝路"热潮。学术界的一些权威人士也纷纷来信，肯定开展这个讨论的意义。如北京大学季羡林教授认为《起点》一书，"对于研究丝路这一门世界显学具有极高的参考价值，特别是丝绸之路不应以长安为起点，而应以洛阳为起点。"有的说"《起点》一书的出版，填补了丝绸之路研究中的一个重要空白，甚有学术价值。"全国各大报刊及中央和地方电台、电视台的相继报导，又吸引了更多的学者把注意力转到这个热点上来。

抓"洛阳对外交通"及"洛阳丝路"研究上取得的收获，促使他们更开阔了思路，要组织对洛阳史更广泛的研究。于是在 1993 年下半年开始，又着手与中华书局《文史知识》编辑部，合办了一期《河洛文化专号》。由于已有前两年的工作基础及与学术界的广泛联系，举办这期专号得到更多专家的响应。在所收到的 30 多篇稿件的作者之中，副教授以上的 24 名，其中教授 15 名。"专号"的推出，在国内外造成了更大的影响，不但有多家报刊以较大的版面予以报导，中共中央宣传部还于 1995 年 8 月下旬，在北京主持召开了"中国河洛文化研究座谈会"，会后成立了"中国河洛文化国际研究中心"筹委会，拟在适当时正式召开成立大会。

《河洛史志》从 1994 年第 4 期起，还开辟了"洛阳建都朝代研究"专栏。《洛阳市志·文物志》当中的洛阳为十三朝古都的论点，就是在这个专栏讨论之中积累资料而形成的。

地方志的编修，离不开资料的收集及对地情的研究。《洛阳市志·文物志》在编纂过程中，对地情研究用力可谓深矣。他们不但自己研究，而且吸引一大批学者来一起研究，所以成果的积累是厚实的，收获是巨大的。据悉，目前尚在编纂中的《洛阳市志·交通志》中，就充分利用这些科研成果的积累，专设了"丝绸之路"的专章，以 3 万字的篇幅予以充分记述。

志书的修成出版，只是修志工作的一项阶段性成果，绝不意味着修志工作的结束。让出版的志书走向社会，走到用志人手中，去为推动社会发展服务，为科学研究工作服务，是方志工作题中应有之义，是我们今天修志的根本目的。洛阳市志办的同志在这方面，也为我们摸索出了值得注意的经验。《洛阳市志·文物志》不但是从学者中来的，而且修成出版之后又注意让它走回到学者中去。

1995 年 4 月志书出版之后，他们以极快的速度送到全国有关文博、考古及相关的学者手中。其用意在于将几年来学界共同研究的成果，以志书的形式结集之后再反馈到学者中去，接受检验，听取批评。结果是大大超出原来所料，在短短的一个多月之内，便有 10 余家新闻单位及学术刊物予以报导、述评。有近百个学术单位及专家学者致函、电祝贺，或指点批评。据中国地方志指导小组办公室截至 1995 年 6 月底的统计，全国已出版的新方志达 2180 余种。笔者孤陋，尚未见到有哪一部志书出版之后，曾造成如此强烈的影响。志以地名，地以志传，洛阳这个历史古城，因《洛阳市志·文物志》的出版发行，又更扩大了它新的知名度，这对推动洛阳市的进一步改革开放、加快其社会主义建设的步伐，是可以预期的。

1994 年 10 月，中国地方志指导小组在重庆召开的方志理论工作座谈会上，有代表提出，目前地方志不但尚未确立自己的学术地位，且在学术界还没有起码的知名度。笔者不但颇有同感，而且认为这种知名度的获得，应当从下述四个方面去努力：

（一）省、市级，尤其是国家级的地方志领导部门，应当充分发挥自己的优势，组织力量在志书林中搞出一些"拳头产品"来；

（二）各级的地方志工作者，都应该争取到学界去亮相，到学术论坛上去发言；

（三）注意提高志书的质量，尤其要努力提高其学术水平；

（四）将地方志工作的情况及时向学术界宣传、通报。

正是出于这样的考虑，故当笔者了解到《江陵县志》和《洛阳市志·文物志》的编纂模式时，都感到由衷的喜悦。当我收读到《南国名都江陵——它的历史与文化》以及《江陵县志文存》之后，当即约请湖北省地方志办公室的赵慧先生撰写了《古都、楚文化及其它》（刊于《中国地方志》1994 年第二期）。去年收读到《洛阳——丝绸之路的起点》及《洛阳市志·文物志》，从《河洛史志》上了解到这两部书的编纂情况之后，立即又向洛阳市志办的来学斋先生约稿。他的来稿《学术、编纂、服务——吸收学术成果拓展服务领域的修志路子探索》，也已发表在《中国地方志》1996 年第 1 期。

江陵、洛阳模式未必有普遍意义，但它确实有借鉴价值。

1996 年 3 月 28 日完稿

（原载山西《史志研究》1996 年第 1 期）

17. 可贵的努力　可喜的成果
——本届修志推动学术研究之一瞥

本届修志从大规模开展到现在已有近 20 年。各地的方志工作者，在有限的条件下进行了艰苦的努力，取得了令人瞩目的成果。在评估这些成果时，人们较多的只是看到数以千计的新编三级志书和数以万计的方志论文，至多是再加上近万种的乡镇志、专业志、部门志等。而对于方志工作者在学术研究中取得的成果和推动学术研究进展方面的成绩，却还少人道及，还未引起人们的重视。

早在多年前地方志指导小组出面召开的一次理论讨论会上，就已有人指出，修志十余年，新志书及方志论著出版逾千，论文累万，但还未确立方志学的独立学科地位，原因是多方面的，其中之一就是新修志书的工作，于学界尚未获得起码的知名度，还未引起学界的广泛重视。笔者不但赞成这种说法，并认为要提高地方志的知名度，方志工作者除了做好修志工作之外，还要到学术界去争取发言权，用自己的研究成果到学术界去讲话。在以后的讲课中及相关的一些会议上，笔者就此进行过反复的申述，提出过呼吁①。

多年来，许多地方的方志工作者结合修志工作，对本地的历史和现状进行了多方面的研究，在加深对地情认识，在纠史之谬、补史之缺、释史之疑方面，都作出了不少的贡献。本文中所汇集的，只是方志工作推动学术研究进展的若干事例。作这样的汇集，目的是要看到方志工作者在从事学术研究方面也是可以有所作为的，从而树立我们的自信，并不断拓展我们的工作领域。

①　诸葛计：《在苏州市乡镇志研讨会上的讲话》，载《江苏地方志》1994 年第 4 期。

（一）龙口修志推动对徐福的研究。

徐福，又名徐市。旧史载他是琅琊方士，秦始皇时上书言海中有三神山，乃仙人所居之处，请斋戒童男童女往求。秦始皇从之，遣徐福领童男女数千，入海求仙。他是中日交通史上有名的人物。旧志中虽有"徐乡城以徐福求仙而为名"的记载，但并未说明他就是徐乡城人。龙口市在本届修志中，通过进一步发掘资料，重新开展了对徐福的研究。于1991、1992年先后召开了"徐福籍贯学术讨论会"、"徐福研讨会"。参加会议的中外学者通过讨论达成共识，确认徐福为黄县徐乡城人。会后出版了《徐福研究论文集》。龙口史志办有关徐福的两篇论文在台湾《历史学刊》发表，发行到世界48个国家和地区。日本的《读卖新闻》作了专题报道后，引得60多位日本学者、实业家到龙口进行实地考察。随之落成了徐福东渡雕像、徐福馆、徐福园。龙口史志办还参与建立了"中国国际徐福文化交流协会"。该协会至1996年成立的三年时间里，出版了《徐福研究》（论文集）、《徐福传说》等著作及《徐福文化交流》的刊物。1995年市志办还参与大型歌剧《徐福》的编剧，该剧曾荣获全国"文华奖"①。

与此相类似的，还有河北省盐山县在修志中，成立了"徐福千童研究会"，推动了该县"千童城"的建设。河南鲁山县在修志中，获得墨子故里是鲁山并其后人有改姓为黑的资料。在县志办的推动下，该县成立了"墨子研究会"。"中国墨子研究会"的筹备会也最先在鲁山建立。

（二）江陵修志推动对江陵古都地位和楚文化的研究。

（三）洛阳修志推动对"丝绸之路"、"洛阳建都"和"河洛文化"的研究。

（此两例资料，详见上文《与学术研究结合进行修志——洛阳、江陵的修志模式》——本书第278、280页）

（四）闽西修志引起"客家学"研究的第二个热潮。

海内外学者的"客家学"研究，从20世纪之初创建以来，在第二次世界大战之前，取得了可喜的进展，进入第一个高峰期。二战结束后，东南亚各国相继独立，特别是本世纪80年代以来，中国进入经济建设高速发

---

① 张守富：《方志是为现实服务的大舞台》，载《中国地方志》1996年第1期，1996年3月26日《光明日报》。

展时期，海内外客家学研究再度掀起高潮。其中，闽西客家祖居地的专家学者们的研究所得，尤其引起海内外学者和客属同胞的关注。当今活跃在学界的闽西籍客家学专家，有些就是从方志队伍中，随着修志工作的开展而成长起来的。他们的重要贡献之一，是寻找到了客家的祖居地、客家的母亲河。

其先是 80 年代初，宁化县修志开始时，在收集资料中发现一些有关客家人迁徙情况的历史记载。他们意识到，从这些资料中可能找到客家人祖居地的某些踪迹。于是花了一年多时间，足迹遍及全国 20 多个省、市、自治区及本县的城乡村镇，收集到 1000 多万字的资料。在这些资料整理的基础上，第一步是弄清了从东汉到明代，81 个姓氏从中原迁入宁化，大多数先聚居在宁化石壁一带休养生息，历经数百年之后，其后裔又陆续外迁邻县、闽西、湖广，以至东南亚、欧美各地。资料具体到各姓氏迁入的第一人，自何处迁来，定居何地，外迁时间，外迁第一人，迁往何处，且注明资料出处。其先是把一些零星的资料刊登在《宁化方志通讯》上。到 1987年，随着积累资料越来越多，宁化是客家人祖居地这种认识更趋明朗时，便将这些资料汇集成册，呈送县的各级领导，开始引起重视。在县内以县志办为主组成了"宁化客家研究会"。80 年代末，素有"客都"之称的广东梅县，三次组团到宁化石壁进行考察后，也赞成石壁是粤东客家的祖居地，是早期客家人的集散地。

1991 年上海华东师大举办第一届客家学研讨会时，"宁化客家研究会"被邀与会，除在会上发表论文提出宁化石壁是客家人的祖居地的观点之外，还散发了他们所办的《宁化客家研究》第一集。这是全国第一本县级客家学的刊物，在会内会外引起了很大反响。自那以后，他们的研究所得，先是国内各种传媒发表文章、照片、录像加以介绍；继之美国、菲律宾、新加坡、泰国等国家和中国香港、中国台湾等地区也发表了不少的论文、信息、照片、史料等，宁化石壁是客家摇篮、客家祖地的观点被广泛传播。1992 年香港中文大学和法国国家研究中心，在香港举行国际客家学研讨会，宁化客研究会应邀与会。其会长、县志办主任刘善群被聘为国际客家学研究会名誉顾问。其年秋，县志办建议并协助县政府举办了宁化首届客家民俗文化节暨学术讨论会。有国内外客家学研究专家、学者 300 多人参加。至 1994 年底，县志办先后编成有关客家学的书籍 10 部，约 80 万字，出版《宁化客家学研究》期刊 8 期，发向 10 多个国家和地区，研究成果得到普遍的认可。1995 年 11 月，在宁化举行了世界首届客属祭祖大典，国内外客属代表 6 万人参加。会中议定每年 10 月 16 日，为世界客属石壁客家公祠的"公祭日"，并开展"祭祖月"活动。现在，宁化县志办已经有充分的资料证实，中原南迁人中，曾在宁化落籍过的有 170 多个姓氏，海内外源于宁化石壁的客家姓氏有 128 个之多。今日宁化成为全世界5000 万客家人的圣地，县志办的研究功绩是不可没的①。

（五）金山县修志中推进了"旧瀚海塘"和"金山三岛"的研究。

过去在海塘史的研究中，对绍熙《云间志》所记载的"旧瀚海塘"的认识，一直众说纷纭，莫衷一是。有的学者据《宋史·丘崈传》中有"崈出知秀州，华亭县捍海塘堰，废且百年"之句，由乾道八年（1172）上推，只得出是指宋皇祐间所建海塘，而非指五代或唐开元间所建海塘的说法，并不能确指。此次《金山县志》的修纂中，编纂志者们找到郑獬《郧溪集》卷 21 所载《户部员外郎直昭文馆知桂州吴公墓志铭》的记载，确定北宋皇祐年间（1052—1054 年）吴及任华亭县令时，曾"缘海筑海堤百里"，这就是"旧瀚海塘"所指者。海河大学水利史研究室主任、查一民副教授指出，"这一史实，过去的地方志和海塘史家都没有发现，现在经编志诸君的研究考证，对于确定'旧瀚海塘'的存在与修建年代，提供了有力的证据"，"取得了若干前人所没有取得的新成果"②。

金山境内海上的三山，是濒海地区由于海洋地理运动而出现的沧海桑田之变。对于这一变化，绍熙《云间志》已记"山居大海中，咸水浸灌"。明清以来的《松江府志》、《华亭县志》、《金山县志》及《金山卫志》，都只记此三山"古与岸接"，但何时沦入海中，都没有说明。我国地理学大家谭其骧教授，在《上海市大陆部分的海陆变迁和开发过程》中，曾推断其沦海时间为南宋绍兴初年之后，即 12 世纪中叶。……（此次修志中，县志的编纂者）从元代至元《嘉禾志》中，找出许尚《华亭百咏》中，写到金山虽已呈危势，但尚未沦入海中。还从《四库全书总目提要》中找到

---

① 参见宁化县地方志编委会办公室《修志读志用志 事业方兴未艾》，载《福建史志》1994年第 6 期；黄金芳、张玉钟《甘于寂寞修志人》，载《福建史志》1997 年第 1 期；李小钿《宁化县志与客家祖地》，载《福建史志》1998 年第 2 期。

② 上海市金山县志办公室编：《金山县志论评》，上海社会科学院出版社 1992 年版，第 61 页。

"许尚诗作于淳熙年间（1174—1189）"的依据，加上一些其他资料论证，得出金山沦海在 12 世纪 80 年代后期的论点。这个结论的提出，得到了谭先生的认可。上海史志研究会副秘书长邬烈勋，认为这是"发旧志之所未发，提供翔实资料，提出新的论证"的"卓见"①。

（六）铅山县修志中为辛弃疾研究填补了空白。

辛弃疾，山东历城人，《宋史》中有传。他晚年曾长期定居于铅山的瓢泉。他现存的 600 余首词作中，有近 200 首写于铅山。铅山又是他老死葬身之地。其部分后裔也在铅山生育繁衍，可以说铅山是他的第二故乡。过去历代所修的《铅山县志》中，都为他立了传。但几乎都是只是照搬《宋史》的传文，对于他在铅山的活动未予涉及。

铅山县本届修志中，从《鹅南辛氏宗谱》中，找到了一篇极为罕见的《稼轩历仕始末》，除可填补辛氏生平事迹中不少空白外，还可订正至今为止，学术界在对这位词人生平研究中的一些含糊推测之词。些外，县志办还采访到辛氏 42 岁（1181 年）时，被迫退隐后卜居瓢泉，以及其与陈亮"鹅湖之会"的情况和他死后墓葬的历史和现状等等。新志书中一反过去旧史志传的写法，着重记述了他与瓢泉的关系，他举家迁居瓢泉的缘由、经过，他与陈亮"鹅湖之会"，尤其是他们两人的《贺新郎》词的形成经过等②。这些新资料的发掘出来，对这位词人研究的推动是不言而喻的。

（七）台州地区修志部门开展对地方文化研究取得新成果。

本届修志以来，台州地区的修志部门，利用占有大量资料的优势，积极参与和开展地域性文化研究。台州地区志办牵头，有天台、临海、黄岩等县志办参加的"天台山文化研究"、"王士性研究"，都被列为浙江省哲学社会科学"七五"、"八五"规划的重点课题。由南京博物院主办、推出以该地区修志部门研究成果为主的两期《东南文化·天台山文化专号》，在国内外公开发行后受到重视，第一期"专号"获台州地区首届优秀精神文化产品大奖。王士性研究也已出版专著两本。结合地区志的编修，地区志办还完成了《台州山河地势考》、《汤归堰考》、《楚门文旦起源考》等成果。临海市志办和地区志办所开展的郑虔研究，出版研究专著两部，早

---

① 上海市金山县志办公室编《金山县志论评》，上海社会科学院出版社 1992 年版，第54 页。
② 见舒薇《略评〈铅山县志·人物〉》，载《江西方志》1991 年第 2 期。

就引起了中国唐代文学会的关注，先后三次被邀参加中国唐代文学暨国际唐代文学学术研讨会。在市志办的推动下，市内已建成了郑文广纪念馆。

值得注意的是，提出这种区域文化研究成果的，在浙江还有多处，如《江东佛教文化》、《吴兴郡与吴兴大族的文化现象》、《六朝剡东文化》、《熟读浙江七千年》等，都是由方志工作者完成的，都有一定的学术价值①。

（八）修志在推动文学史的研究方面也作出了贡献。

我国古典文学名著《三国演义》和《水浒传》（与施耐庵合著）的著作者罗贯中的籍属，历来就有东平、钱塘、太原诸说。长期以来的研究，未见有突破性的进展，故依然是所主者各持己见，莫衷一是。这种固着状态直到80年代后期，才由山西省社科院副研究员孟繁仁和山西清徐县地方志办公室副主任郭维忠合力打破。他们最先是从清徐《罗氏家谱》中，考证得出罗贯中是清徐罗氏家族成员。这一研究所得以《太原罗氏家谱与罗贯中》为题，在《文学遗产》一发表，就引起了较大的反响。除了国内多家学术传媒予以转载、报道外，日本的《中国古典小说研究动态》也作了介绍。他们继续合作研究，到1989年4月，在山东聊城举行的"全国第五次《水浒》学术讨论会"上，又联合提出了两篇论文。其中心论点就是：罗贯中是清徐县（今属太原市）人，晚年化名许贯中，隐居于河南浚县（今属鹤壁市）的许家沟村。这一论点的提出，同样受到与会者的重视。认为他们的文章为解开罗贯中的籍贯、家世和生平行踪之谜，提供了全新的、有价值的材料。与会的许多名家都希望到鹤壁召开一次"罗贯中与许家沟"的学术讨论会。受此启发，鹤壁市的方志工作者姚仲杰，朝这个方向，继续努力，出版了《罗贯中新探》的专著，把这项研究又推进了一步②。

同样情况也出现在《红楼梦》研究中。天津市红桥区在修志中，通过对水西庄的研究，发现它是《红楼梦》中大观园的原型之一。对于这一发

---

① 见丁式贤《谈谈志后工作思路》，载《浙江方志》1995年第2期；梁方《浅议新方志的权威性和实用性》，载《中国地方志》1996年第6期；魏桥《总结经验，拓展思路，发展地方志事业》，载《中国地方志》1996年第3—4期。

② 参见古言、狄言《罗贯中研究取得重大进展》，载《山西地方志》1991年第6期；姚仲杰《罗贯中——许贯中和鹤壁市郊许家沟》，载《河南史志论丛》第2辑，河南人民出版社1990年版，第557—573页。

现，红学专家周汝昌先生称说这是红学研究的突破[①]。

（九）修水县修志中所发掘的黄龙宗资料，引起学术界、宗教界的重视。

在日本的佛教中，单只黄龙宗就有 15 个支派。但黄龙宗始创于何地，长期以来一直是个谜。本届修水县志办在修志中，挖掘出大量佛教五家七宗之一的黄龙宗的珍贵资料，从《黄龙宗恩禅院传灯谱》等史籍和遗址、遗迹的实地考察研究中，确认了黄龙宗发源于修水县的黄龙山黄龙寺。这些珍贵资料和研究所得，首次在 1991 年 10 月出版的《修水县志》中公布，在国内外学术界和宗教界引起了轰动。引得日本佛教界，曾多批次地到修水进行考察。我国佛教协会会长赵朴初先生，看了县志和有关的介绍文章后，认为极有研究价值，特批示中国佛教文化研究所，设立专门课题对原先被忽视了的黄龙宗进行重点研究[②]。

（十）修志推动自然科学研究方面也有例子。

重庆北碚区志办从 1983 年起，即编辑出版《北碚志资料》的刊物，旨在积累和抢救资料，也随时进行信息交流。在其第四期内刊载了《丰富的缙云山植物资源》一文，引起了教学和科研部门的重视。西南农业大学、西南师范大学，因此而多次组织师生到缙云山进行考察。植物学界的专家、学者也分批上山采集植物标本进行研究。通过对缙云山地理条件、土壤、气候、生态环境等方面的充分论证后，有关部门在缙云山的绍隆寺一带，建立起全省第一个"亚热带常绿阔叶植物标本培养基地"[③]。

类似的例子也出现在湖北的随县。人们大概都还记得，随县出土的战国曾侯乙墓曾一度在考古学界产生过重大影响。墓中出土的楠木用量达380 立方米之多。这么多的楠木是当地产的还是外地运来的，曾使研究者们很费琢磨。本届修志中，随县林业局为了修林业志，开展对本县宜林面积、森林覆盖率、经济林和稀有树种，均作了详细考察，写出的专题资料，引起了有关方面的注意。湖北省林业厅、华中师范大学生物系组织人员，专程来县与县林业局联合考察。在大洪山和七尖山发现了楠木、香果

---

① 郭凤岐《谈志书体例结构的创新》，载《中国地方志》1997 年第 1 期；韩吉辰《地方志总纂要注意时代性》，载《天津史志》1997 年第 6 期。

② 1993 年全国新方志优秀成果评奖推荐报告（内部存档）；方洲《江西修志十年为现实服务巡礼》，载《江西方志》1994 年第 1 期，第 45 页。

③ 吴利榕：《如何发挥新志书社会效益之我见》，载华夏地方志研究所编《市县志编纂经验》第 2 辑，中州古籍出版社 1992 年版。

树等十多个珍稀树种，除了对林业科学研究作出贡献外，也佐证了曾侯乙墓葬中，楠木无须从外地运来的科学设想①。

　　类似的例子还可以举出很多，限于篇幅只能就此打住。仅从所举的一些例子中，可以看出，方志工作者利用所拥有的资料优势，进行一些专题研究，无论是在推动学术工作，还是到学术界去发言，提高地方志的学术地位和知名度方面，都是大有可为的。完全没有必要妄自菲薄。这也算是本届修总结中值得注意的一点吧。

1998 年 7 月 16 日

（原载山西《史志研究》1998 年第 4 期）

---

① 祁绍文：《地方志办公室如何参与两个文明建设决策》，载《湖北方志》1986 年第 6 期。

18. 民国史研究中的"光复"之议

在民国史研究和新方志编纂中，几乎无一例外地将辛亥革命时期脱离清政府而站到革命方面来的举动，称作"光复"。这种情况在不少地方的新志书中都有出现，以东南诸省的新志书中更为多见。如江苏《扬州市志》的《大事记》：宣统三年九月十八日，正式宣布扬州光复……高邮光复；十九日，靖江光复；二十日，仪征光复；二十三日，宝应光复；二十六日，宣布泰州光复；二十九日，兴化宣布光复。浙江的《丽水地区志》：十一月二十五日，吕逢吉、赵舒等率光复军光复州城。《永康县志》：……仙居一带聚集队伍，投入光复行列，11月5日，杭州光复。上海市的《上海县志》：11月6日，上海光复。福建的《晋江市志》：11月7日，"革命军"贴出告示，宣布安海光复。11月中旬，福州、厦门相继光复，……晋江"和平"光复。安徽《歙县志》：宣统三年……属各县相继光复。他处者如，陕西《西安市志》第一卷：临潼……发动起义……光复县城。《岚皋县志》：新军第一标三营……参加光复省城战斗。甘肃《庆阳地区志》：九月四日，西安光复。云南《邱北县志》黎天才传中：江南第一大城南京宣告光复。广东《增城县志》：八月三十日，县城光复，等等。各种史志刊物中，这样的提法更是比比皆是。

个人认为，这是一个值得商榷的问题。虽然辛亥革命时期的革命党人是这样说的，当时报刊都是这样载的，其后的大量史书和研究著作中也是这样用的；但我认为，在当代的书刊中，不加引号地直用"光复"是不对的。

当时的革命者用"光复"这个提法，是从资产阶级民族主义立场出发的，它植根于"驱逐鞑虏，恢复中华"的资产阶级民主革命纲领。这个纲领的民族主义的思想核心，是大汉族主义。因此，它把满族当成外族，把以满族为主建立的清政权对全国实行统治，视为中华民族的"蒙尘"或

"沦陷"，故而在辛亥革命中，凡是脱离清廷统治、站到革命方面来的便称为"光复"。用我们今天的观点来看，中华民族是由56个兄弟民族组成的大家庭，满族也是其中的一员。开始是以满族为主，其后是有各民族人士大量加入的清朝政权，就是中华民族的政权。清朝对全国实行的统治，是满、汉（以及其他少数民族）地主队级对各族劳动群众实行的封建统治，而不是满族一族对汉族和其少数民族实行的民族统治。清朝政权的被推翻，与此前历史上那些朝代被推翻并没有什么两样。所不同的只是阶级性质的不同。此前的改朝换代，都是以一个新的封建集团代替原有的封建集团。辛亥革命则是以资产阶级取代封建地主阶级的统治。其所建立的民国政权，虽然它仍带有浓重的封建性质，以至于使中国停留在半殖民地半封建的性质上。但在民族性质上并没有改变，依然是中华民族的政权。

脱离清政权的统治，与摆脱异民族的奴役和统治是不同的。上个世纪前半期，日本帝国主义侵略中国，占领了中国的大片土地。在其占领地区实行民族统治和奴役。这些被占领的地区，才是沦陷区，才是中华民族的蒙尘。中国人民经过艰苦卓绝的斗争，赶走日本侵略者，恢复国土。这些地方从日本侵略者的铁蹄下解脱出来，才能称为光复。

其实，早在1956年，国务院就曾颁布过一个《关于今后在行文中和书报杂志里一律不用"满清"称谓的通知》。其中指出："'满清'这个名词是在清朝末年中国人民反对当时封建统治者这一段历史上留下来的称谓。在目前我国各族人民已经团结成为一个自由平等的民族大家庭的情况下，如果继续使用，可能使满族人民在情绪上引起不愉快的感觉。为了增进各民族间团结，今后各级国家机关、学校、企业、各民主党派、各人民团体，在各种文件、著作和报纸、刊物中，除了引用历史文献不便改动外，一律不用'满清'这个名称。"这也应当成为我们对待"光复"一词使用的指导思想。

对在新编志书中径直如此表述，笔者早有看法。早在1989年3月江苏《常熟市志》稿评会上，笔者就对该志稿中的写法提出议义，请主编者考虑。后来志书正式出版时，在庞树柏、宗仰、潘月樵等人物传中，还是直书"参加擘划上海光复"、"9月上海光复"、"促成上海光复"，都未另作处理。其《大事记》1911年的11月7日条中记为："辛亥革命爆发后，沪、苏相继宣告独立，昭文县令魁福弃职逃离，常、昭两县士绅集会，宣告'光复'。"这里对于"光复"一词，三处未加引号，一处加了引号。但这里加了引号和未加引号，都不正确。未加引号的不对，已如上述。《大事记》中引号这样加法，会使人理解为是"宣告所谓的光复"。

在那次评稿会上，本人提出在写辛亥革命那段历史中，如果要用光复一词，就得加上引号，表明是沿用当时的说法，或是从原始资料中引用过来的。但没有讲到引号如何加法才对。以后在相关的文章中，我进一步讲明了，考虑到将"光复"两字单独引出，可能产生有"所谓光复"的歧义。遇到行文中必须出现时，不妨多引两三个字，诸如"某月某日'宣布光复'"、"××（地名）'光复'"等。在上述《常熟市志》的四例中，如果前三例分别写作"参加擘划'上海光复'"；"9 月'上海光复'"；"促成'上海光复'"；第四例写作"……常、昭两县士绅集会，'宣告光复'"。表明四处出现的，都是从引文中来的，那就没有问题了。

对于光复一词不可直用，笔者在各地的讲课或会议的发言中，曾多次反复表明，但并未引起重视。笔者也曾将此意见，数次写在相关的文稿中。但到发表时，均被编辑们友善地给以删除。直到 2001 年才在《中国地方志》第一期正式刊出。由于该刊发行面有限，笔者在此再次提出，以期引起讨论，请师友们指正。

2001 年 4 月 5 日

1. 显地方之特点　收教化之功效
——《泉州历史人物传》试评

　　笔者近年来，由史学研究转而致力于地方志的工作，故对地方志及地方人物传记一类著作，均颇为关注。去年夏天，从一位泉州籍朋友处，偶见厦门鹭江出版社，于前年出版的一部由庄晏成、许再全两位先生任正、副主编的《泉州历史人物传》（以下简称《泉传》），借来细读一过，颇觉受益良多。

　　是书有三个最值得注意的显著特点：

　　其一，以新的乡贤标准筛选入传人物，写出了泉州人的骄傲与自豪。

　　编纂地方历史人物传集，在我国已有悠久的历史，它肇始于汉代。在司马迁的纪传体史学名著《史记》的影响下，刘向首先写出了独立的人物传记《列女传》、《烈士传》。东汉光武帝刘秀为了表彰自己的家乡，"始诏南阳撰作风俗，故沛、三辅有耆旧、节士之序；鲁、庐江有名德、先贤之赞。郡国之书，由是而作"。（《隋书·经籍志·杂传类小序》）专记一个地方的人物传记便盛行起来，如《襄阳耆旧传》、《会稽先贤传》、《汝南先贤传》等遂先后出现。魏晋南北朝时期有很多这类著作，这是与门阀制度盛行相适应的。以后，随着地方风俗、山川、物产等内容的加入，逐渐演变为"地记"，进而又演变成为后来的"地方志"。但单纯的地域性的人物传记集录，依然代不乏书。唐人刘知几在《史通·杂述》中评论这类著作，说它"矜其乡里，美其邦族，施于本国，颇得流行，置于他方，罕闻爱异"。从魏晋南北朝门阀制度盛行的历史过程中走过来，并曾为其服务的这类著作，带有这种毛病不足为怪。随着门阀制度成为历史的陈迹，地方人物传记便跳出了"矜其乡里，美其邦族"的窠臼，渐次地以表彰地方优秀人物为己任。这便成为地方史志传统的基本任务。《泉传》也是朝着这个方向努力的。

表彰地方优秀人物，虽是地方史志的传统，但不同的时代有不同的优秀人物标准。旧时代所有的地方人物传集中收录的乡贤人物，都是以封建的政治标准和旧的伦理道德观念为准则的。因而，除了有文治武功的显宦、清官廉吏之外，便是大量的以忠孝著称，节烈信义名世之士。新编《泉传》则坚持马克思主义的历史唯心主义的原则，确立了新的乡贤标准。在决定人物取舍时，从历史唯物主义的观点出发，以人物行事之是否有利于国家统一、独立，国内各民族之间的团结，是否有利于推动社会政治、经济、文化的发展，是否有裨益于人民大众，或造福于地方的行为为标准。根据这个标准，它共选录了自中唐至清末1200余年间，有突出贡献并曾在泉州活动过的100位历史人物入传。

这100位历史人物中，有政治家、军事家、思想家、著名诗人、学者、自然科学家、清官、廉吏，也有未曾显达，身居草莽，但志行高洁，才高识卓之士。他们之中，有的官居极品，位极人臣，但不谋求个人私利，"不为身，不为家，不为官，不为荫，一心为国为主"；有的胸怀大志，以天下为己任，锐意改革进取，推动了社会的发展；有的"苟利国家，斧钺不避"，敢于犯颜极谏，伸张了正义，申雪了冤屈；有的在国家、民族之间的交往中，不卑不亢，落落大方，维护了国家和民族的尊严；有的在民族矛盾上升、国家存亡危急关头，挺身而出，或陈振兴救国之策，或献抗敌御侮之方；有的是沿海抗击倭寇的名将，有的是从外国殖民主义者手中收复国家疆土的英雄；有的在明清之际坚持抗清斗争，表现了民族的气节；有的为实现国家统一大业建立了功勋；有的为官清正廉洁，执法严明，惩恶扬善，止讼息争，为地方做了好事；有的反对迷信，革除陋习，兴学重教，奖掖后学，为地方培养了人才；有的富于开拓精神，或为某一方面的"破天荒者"，或是反对传统守旧观念，提出了进步的思想主张；有的虽然出身贫寒，但不妄自菲薄，依然发奋苦读，终于成就，为后人树立了榜样；有的身居方外，仍以尘世人民疾苦为念，"无藉势位"，历尽艰辛，身体力行，造福地方。《泉传》一书，就是通过为历史上这些熠熠闪光的人物立传，描绘了一千多年间泉州一方的灿烂星空。通过这些人物行事、活动，具体说明了泉州这一方人士，在推进中华民族的发展与进步中所作出的贡献，写出了泉州人的骄傲与自豪。毫无疑问，这将大大地激发泉州人民的爱国爱乡的感情。这种感情必将转化为建设家乡、发展家乡不可估量的巨大力量。

其二，通过人物传，显示了泉州历史发展的轨迹。

人物传记是记述个人活动的。但任何个人所从事的都主要是社会性的活动，社会的事件都是由人的活动构成的。因此，一个国家，一个地区，政治制度的演变，社会经济、文化发展轨迹，是可以通过系列的人物传记反映出来的。《泉传》的一个成功之处，正是通过它收选的历史人物，比较充分地显示出泉州历史发展的过程与特点。

《泉传》所收入的人物，最早的只从中唐时期的秦系起，更早的就没有收的了。今天我们所能见到的乾隆《泉州府志》，所收人物的上限也止于中唐，并在其人物的前言中明言："唐以前，泉州人物远不可考。其可溯者，始于贞元年间。历宋而元而明，莫不彬彬辈出。"两书反映的都是同一种历史趋势，它说明泉州虽然是我国的历史文化名城，但它并非自来就处于全国的领先地位。相反，而是曾经经历了由相对后进、缓慢发展，到较快发展，才走向全国先进地区行列的。这种转变较明显的始于中唐，而完成于宋代。这与全国发展的总趋势是相吻合的。唐代以前，我国的政治、经济的重心还在北方的黄河流域。整个江南地区，包括早已是闽南政治、经济中心之一的泉州在内，总体说来还处于相对落后的水平。进入唐代以后，随着全国经济重心的逐渐南移，这些地区在全国的地位才日益显得重要起来。文化也随之有了迅速的发展，故有秦系、姜公辅这样的诗人、高士流寓泉州。其本土也才出现了"破天荒"的欧阳詹和志行高洁、功垂后世的许稷等名人。

本书所收录唐及五代的 14 位传主中，有 6 位都是外籍人。这不仅反映了一个基本的历史事实，即唐末五代时期，中原地区长期战乱，文化典籍四散，不少人士避地南来，流寓福建，将中原地区较高的生产技术和文化带入闽中，推动了该地区经济、文化的发展。而且反映了泉州当时人们观念上是比较开放的，他们能以积极欢迎的态度，对待从北方流入的先进文化与技术，与外来人士相互合作，共同推动了泉州的发展，使其不但跟上，进入宋代之后，就超过了北方。如果历史上的泉州本土人士，死死抱着狭隘的地方主义不放，盲目排斥中原先进文化和技术的传入，恐怕其落后状况就不可能很快改观。这样的历史启示是很值得后人重视的。

除了从入传人物的疏密度上反映泉州历史发展的大势之外，《泉传》中还通过不同历史阶段的人物类型，反映出各该时期泉州在全国所处的地位与作用。它通过汪大猷、真德秀等一批有眼光、有作为的地方官，都关心和鼓励泉州的对外贸易，成为执行宋朝开放贸易政策的典型人物；通过赵汝适（《诸蕃志》作者）、汪大渊（《岛夷志略》作者）等著名的航海旅行家和记述海外地情的作者；通过蒲寿庚、蒲寿宬等"土生蕃客"，用现代的说法就是"华籍外人"等三类人物，从不同的侧面，反映出泉州在宋代，不仅是我国最大的对外贸易港口，而且是当时世界最大贸易港口之一的地位。

它通过选择一大批学有成就的文人学者入传，反映出入宋以后的泉州，已是有着"海滨邹鲁"之誉的人文鼎盛之区。尤其有陈知柔、朱熹、蔡清、陈紫峰等理学名家，说明宋明时代这里曾是理学之乡。又由于商贸发达，五方之人杂处，故学术思想得以交流。正是在这个理学的大本营里，又产生了李卓吾这样的反道学的异端思想家，表明这个地区不但历史内容极为丰富，学术思想也十分活跃。

它通过与戚继光齐名的俞大猷、战功赫赫的邹应龙、邓城等抗倭名将，反映明代福建亦是抗倭前线，泉州人民曾为抗击倭寇作出过卓越的贡献。它通过何廷斌、王忠孝、杨景辰、陈永华、沈佺期、卢若腾等一大批有识有为之士，跟随郑成功驱逐荷兰殖民主义者，收复并经营台湾，反映了闽、台两省间的特殊关系，而泉州则处于大陆联系台澎等地的桥梁地位。这一批泉州儿女，在收复台湾和开发台澎当中立有特殊的功劳，台海两岸的血肉亲缘关系，就是这样形成和不断加强的。

它通过明清之际的一批坚持抗清的人物，说明泉州人民是富于正义感和民族气节的，同时也是深明大义的。通过施琅、万正色、李光地等人的传，说明当形势已经发生变化，完成祖国统一大业已经成为历史的要求之时，他们又能以坦荡的胸怀，公而舍私，毅然为完成国家的统一大业而奋斗。尤其是当西方侵略者发动鸦片战争之后，泉州这块土地上又出现了一大批反对外来侵略的爱国人物，如陈化成、陈庆镛、陈金城、黄宗汉、丁拱辰等，说明泉州又处在反对外国侵略者的前沿阵地。

从上简述，可见《泉传》通过它所收选的人物，确实较好地反映了泉州历史发展的过程和特点，反映了各个历史阶段上，它在全国所处的地位和所起的作用。

其三，强烈的教化意识，较强的史教作用。

教化，是地方志书和地方人物传集一类著作的基本功能之一。如前所述，自从跳出"矜其乡里，美其邦族"的窠臼之后，表彰地方优秀人物便成为了这类著作的基本任务。这种表彰，目的就在于教育后来之人，即所谓"举昔时牧守之贤，冀来者之相承也。前世人物之盛，冀后生之自力也。"（林虑《吴郡图经续记·后序》）"使为政者究风俗利病，师范先贤懿绩；而承晚生，览之可以辑睦而还旧俗；宦达名流，观之可以全高风而励名节。"（董弅《严州图经·序》）讲的都是这个意思。《泉传》的编撰者们宣称，编写本书是"为继先贤，激励后秀，陶冶情操，开拓创新"。

将自己的教化意识，巧妙地寓于选择历史人物及对入选人物传的撰写之中，是本书一个较为高明之处。泉州历史上在各种史籍中，保留有传的人物多达 3350 余人，《泉传》只将其中不及 1/30 的人物筛选出来另写新传。在这个选择之中，编撰者已经从最初的层次上贯彻了筛选者的教化意识。只要将其入选人物作一排列通观，就会发现它的教化价值取向，明显地表现在着意对下列几类人物的肯定与赞扬上面。

（1）锐意改革者。这类人物包括上自宋襄、曾公亮、吕惠卿等参与王安石变法的政治改革家，下及在地方革除陋习，兴利除弊的诸多地方官吏。一些历史人物一生经历十分丰富，其作为和表现也是多方面的，编撰者们注意了以新的是非标准，抓住他们的历史闪光点，予以阐扬，树立榜样，便于后人效法。史志书籍的教化作用，主要是表现在史志家对人物评价上。历史上有些人物，或因才智超群，或以德高事兴，尤其是锐意改革进取之士，往往会受到传统世俗或顽固保守势力的诬谤，甚至被罗织种种"莫须有"的罪名，沉冤莫申。马克思主义史志工作者的使命之一，就是要扫除历史的尘霾，敢于翻历史的旧案，还历史的本来面目。《泉传》的编撰者们正是力图这样做的。其对吕惠卿传的处理就是一例。

吕惠卿在官修的《宋史》中，被列入奸臣传，与秦桧、万俟卨、贾似道等人并列。可实际上，他是王安石变法的第二号人物，是变法的中坚之士，是一位锐于进取，很有建树、很有生气的改革家。编撰者们大胆地翻了这个历史的成案，肯定了这位改革家。虽然也承认他有缺点，有错误，但综其一生，成就是主要的，是促进历史进步的，应予以肯定。"他所蒙受的长期不白之冤，应予昭雪，对他的历史地位和作用，应予以公正的评价。"这正是我们今天的编史修志者应有的态度。

（2）思想先进与开放者。泉州自中唐时代起，对于黄河流域南来的先进科学文化、生产技术，就采取欢迎和吸收的态度，表明泉人思想是比较开放的。入宋以后，泉州成为世界性的经济贸易大港，更培育了大批的思想开放的人物。书中选择的这类人物是很多的。除了前面已经述及的汪大猷、真德秀、赵汝适、汪大渊、蒲寿庚、蒲寿晟等之外，还有出身于摩尼教世家的少数民族人士、为官不以宗教偏见，而能倡导修建伊斯兰教清净寺的契玉立；为反对外国侵略者，而肯于师用西洋技术与科学理论而制造火炮的自然科学家丁拱辰；敢于一反"重农抑末"的传统观念，而主张重商，将以商致富视为正途的李光缙，等等。

（3）以天下为己任的爱国爱乡者。

（4）不以个人出身微贱而妄自菲薄，努力上进，刻苦奋斗，终于学有所成，成为后人楷模者。

（5）"敷文兴教"，为地方培养了人才，推动了地方文化教育者。

对这些人物事迹的记述中，编撰者的教化导向有不同的表现形式。有的是由编撰者直接站出来说话。如林蕴传，表彰的是一个以自己的德行学识，为反对藩镇割据，维护国家统一而历尽艰辛，功勋卓著的人。林传写作的成功之处，就是撰写者站得高，从一个人物传中就写出了唐末的全国大势，与那些只将旧史籍简单翻译过来的做法，显然要高出一筹。编撰者通过对这个人物的介述、赞颂，最后以杜甫的两句诗而引出结论："只要为祖国的统一大业做过贡献的，人们是永远不会忘记他们的功绩的。"这样的结论，其教化之功能，又岂止于泉州一地？这就跳出了仅扬桑梓灵杰的狭隘圈子。

更多的是通过人物活动或史事的记述之中，给读者以潜移默化的教育。北宋中叶的曾公亮，是一位以天下为己任的改革家。历史上不乏这样的例子，当社会面临一种危机的时候，有正义感的人，都会萌生一种为解决危机而义不容辞的责任感。因为他们会意识到，如果任社会崩溃，造成对生产的严重破坏，这是历史的损失。有时为了力挽狂澜，克服一些人为的因素，他们要准备丢官，丢性命，甚至是明知不可也要为之。结局虽然不太乐观，但其态度是积极的，这正是他们的闪光点所在。曾公亮可说是几近这样的人。编撰者捉住这些闪光点，予以肯定，也正表明了他们自身一种积极的人生态度。

《泉传》之注意"裨助教化"，还表现在其非常注重表彰兴学重教，为地方培养了人才的人。除了为不少的教育知名人士立专传之外，还注意在相关的人物传中，表彰那些虽未立传，但对振兴泉州文教作出贡献的人。如在欧阳詹传中，就对唐代薛播、席相两位贤刺史及福建观察使常衮"敷文兴教"的历史功绩给予了充分的肯定。

中唐以前，泉州的文化教育还处于落后状态。自隋大业间开始创设科举，至唐贞元初的180年间，整个泉州地区无一人应试。后人形容历史上的这种状况是，"在汉如长夜，在晋如昧爽"。可是经过薛播、席相的积极倡导和努力培养，终于使欧阳詹成为泉州科举史上"破天荒"的第一人。欧阳詹本是一位聪明好学的青年，但无心科举，且认为福建"地分遐陋，进取必无远大"，没有信心。薛播为泉州刺史时很赏识他，并悉心加以培养，常引他到城西南九日山，与著名的南来"隐逸诗人"高士秦系交游，谈文论道，借以见重名流，播其名声。在欧阳詹中进士后，薛播再任泉州刺史时，又引他与被贬为泉州别驾而挂冠隐居的宰相姜公辅交游，结为忘年交。席相于贞元初接任刺史后，依然热情奖掖，举凡宴会或庆祝楼堂落成，都邀请欧阳詹参加，令其撰写诗文，以扩大其影响。常衮罢相后被贬为福建观察使。他也十分重视文教，鼓励生员读书，并亲自到学校讲学诱导，礼待生员。席相将欧阳詹推荐给常衮，常衮对欧阳也钟爱有加，"游娱燕飨，必召同席"，使其名闻"渐腾于江淮，且达于京师"，终于在贞元八年登上"龙虎榜"，成为泉州历史上第一个进士。贞元九年秋，泉州有8名学子赴京应试。为鼓励这些人为家乡争光，席相特在东门外举行欢送"贡士"应试的隆重宴会。还请出已中进士、回乡省亲的欧阳詹作陪，起到示范鼓励作用。这次宴会在泉州产生了很大的影响。经过薛、席、常等人身体力行的倡导，终于使泉州和整个福建"风移教行"，风气大变，士子"皆以为荣，竞劝于学"。

读及于此，当代不同的人定会有不同的感想。那些曾为考上大学的学子们披红挂彩、放炮送行、设置奖学金予以资助，或是在北京的饭馆里，见到本县籍研究生因为经济困难而来洗盘子，便立即回县召开县常委会，决定给以补助的县长、书记们，是会感到自豪和欣慰的。他们会从古贤们的身上吸取力量，更坚定地去做他们该做的一切。而那些将教育经费挪作他用，甚至任意挥霍，致使全县教师数月领不到工资，或不负责地为副教授上街卖大饼而喝彩的人，则会感到脸红。我们的史志之书，能够为人们树立榜样，使后来者有所慕而为善，有所惧而不敢为非，这不就是"不用而用，无功之功"了吗？其教化之效又岂小也哉！

（原载《福建史志》1993 年第 4—5 期）

（《泉州历史人物传》，主编庄晏成、副主编许在全，鹭江出版社 1991 年版）

2. 这种对作物记述的方法好

——《代县志》"蚕果"一节试析

无论是新、旧志书中，都有物产的专门章节。但过去的旧志书中，往往只由众多的物产名录堆砌而成，一无主次之分，二无价值评估，三无产（藏）量多少，四无具体分布情况，五无动态变化，读来不仅索然无味，形同嚼蜡，而且使人头昏眼花，难以卒读。近年来出版的新编地方志书，在这方面已经有了较大的变化。首先是一地的物产实行了纲属分类。其次是有了主次之分，主要物产还设有专目、专条，给以适当的记述。有的还升格列专章、专节，甚至有设专志的。其三是比较多的志书有了作物的具体分布情况及种植面积和产量的变化。但是也还有不少的志书还只有作物名称、地名加一连串的数字，读来还是颇为乏味和吃力的。

1988年6月由书目文献出版社出版的《代县志》是属于改进较大的。其种植业一章的"蚕果"一节，是写得比较成功的。这种记述法颇值得各地参考。这一节共记述了梨、苹果、桃、杏、葡萄、红枣、核桃、蚕桑等八种作物。每一种都记载了其引种、推广经过，现有品种，主要产区，种植面积及单产与总产等项。如"葡萄"一条就是这样记述的："葡萄栽培约有200余年的历史。1958年从保加利亚引进龙眼、玫瑰香、保尔加尔、无核四个品种，栽培于三宾村、任家庄、东若院、西若院、侯家沟、大敦索、赤土沟、西马村、赵村、沿村、黑山庄、花彪咀等122个村庄。至1982年底，共有面积174亩，6523架，年总产10万斤。"

又如"梨树"一条是这样记述的：

梨树栽培始于望台村，距今150年。据传由樊姓石匠从崞县同川引进。品种为黄梨、夏梨。民国二十四年（1935），县城东北街的张州，从北京引进鸭梨，院内栽培。1966年、1967年两年，县农业部门又从山西省果树研究所引进慈梨、锦丰、雪花梨等良种。1968 年从安徽砀山县引进酥梨。截至 1982 年，梨的主要品种有黄梨、鸭梨、慈梨、酥梨、博多梨等。以上品种中，以酥梨、雪花梨、鸭梨三种为最好。

梨树分布在平川、丘陵 10 个公社，164 个大队。重点梨区为枣林、胡峪、磨坊、城关、阳明堡、太和岭口等六个公社 43 个大队。至 1982 年底，面积共 1469 万亩，产量达 130 万斤。栽培数量较多的有西马村、鹿蹄涧、槐树院、任家庄、赤土沟、尧子头、崔庄、试刀石、殿上、沿村、口子、岗上、黑山庄、望台、赤岸、盆窑等村。

凡是读过这两段文字的，我们都可以得出这样一个结论：这是一种动态的写法。笔者认为，这样记述的好处起码有三：

一是对作物的引种及推广的记述，写出了该地生产力的发展过程及技术推广的历史及现状，这就抓住了生产力发展状况这个根本。从本节各条（我们只引了两条）的简单文字记述中，给读者展现了如下的事实：代县的梨，在 150 年中从无到有，1966—1968 年才大量引进。1982 年的年产量已达 130 万斤；苹果 1935 年始有少量引进，1965 年才大量引进，至 1982 年产量已达 40 万斤；桃，本地原有毛桃，价值不大。1962 年始引进外地良种，至 1982 年产量已达 30 万斤；葡萄原有 200 年栽种史，1958 年从国外引进良种，1982 年产量已达 10 万斤。紧接着下面的《名产》一节中，又作了这样的补充记述："梨主要产于西马村、鹿蹄涧、黑山庄、任家庄等地。1968 年从安徽砀山引进，外形美观，色泽金黄，果肉松脆，汁多味甜，含糖量高，耐贮藏。引进后经本县培育，具有早果、丰产、抗旱、抗风、抗病，连年结果等优点。梨形、味道均超过原产地的砀山'金盖酥'，为山西省水果名产的后起之秀。1976 年在全国梨鉴定会上被评为第一。1978 年销往澳门。……1982 年，东起胡峪，西至阳明堡的 10 个公社，150 个大队均有种植，栽植面积达 7000 余亩 10 万株，产果 90 万斤。"上述这些朴素直率的记述，不用铺垫，不用渲染，比用很多文字来叙述该地水果生产如何发展、果树栽培如何一步步推广，都更具说服力。

二是增强了新志书的社会功能，使其具有了直接推动生产力发展的作用。在对上面提到的八种作物的引种历史和推广过程的记述中，都包含了各自成功的范例。这种榜样的力量是可以转化成为生产力的。我国农村经过体制改革之后，有了极大生产主动性的农民群众，都在千方百计地寻求脱贫致富之路。新志书所提供的这些成功的范例，正是他们所寻求的。新《代县志》告诉人们：该县群众将砀山的"金盖酥"梨引进，培育成为本县的名优品种——酥梨，是在"北纬38～39度，海拔在700～1200米以内的多光高温半坡地带"栽培成功的。本省或其他省、县的群众读到这样的志书，只要自己所处的自然条件与代县相同或相近，他们就可以考虑试行引种，开辟出新的致富门路。即使自己所处的自然条件与代县的悬殊过大，不能引种同类作物，但也可以从代县人敢于摸索试验中受到启发，不妨也大胆地从外地、外国试行引进其他作物。志书所记述的这种范例，其作用可能不会小于农业推广部门口头或文字宣传，甚至还要大些也未可知。至于处于同一个地区、一个乡、一个县的领导部门来说，他们更可以根据自己的条件，组织科技人员进行引种试验，在成功的基础上实行推广。对于要领导群众脱贫致富的领导者来说，这样的志书在他们的决策当中，无疑是有一定参考价值的。这就是我们新编志书功能的一个重要方面。

三是这样的记述使志书具备了提供信息、促进经济交流的功能。对物产的品种、优缺点、产区、产量的详细记述，无异于是该地的一组物产广告，它告诉人们这里出产什么，产品有什么特点，产量有多大，产地的交通状况若何。这对商业采购部门和外贸部门都是极为重要的信息。凭借这些信息，有关部门可以初步判断有否作进一步联系的价值。这样，产、销两地之间便得以沟通和联系起来。这样的志书走向社会，就把该地区的大门对外敞开了，经济交流自然就活跃起来。

所以，我认为这种写法的好处是很多的，颇值得各地效仿。当然，这一节（甚至全书）中也还有缺点。最大的不足就是文字欠推敲，显得粗糙，个别标点和文字甚至有词不达意的现象；文中所记地名，时而是村庄名，时而又是公社或大队，自身未能一致起来，这些都是它的不足。

（原载《广西地方志》1990年第2期）

（《代县志》，黄培业、高开源主编，书目文献出版社1998年版）

3. 一部接近九十年代中期水平的新志书

——新编《临桂县志》略评

最近，笔者有幸拜读了 1996 年出版的若干部新志书，其中包括有该年 9 月出版的河北省的《辛集市志》，10 月出版的广西壮族自治区的《临桂县志》和 11 月出版的浙江省的《绍兴市志》。在拜读这些新志书的过程中，笔者的情绪经常都处在一种十分兴奋的状态之中，深深地觉得近两年来出版的许多新志书，确实在九十年代初水平的基础上，又上了一个新台阶，体现了九十年代中期的新水平。引起我得出这样看法的原因，是这些志书既充分地吸收了九十年代初出版志书的成功经验，发扬了那些志书的优长，又注意弥补了那些志书普遍存在的不足。

如果平心静气地以一种负责任的态度来看问题，我们都不得不承认，八十年代末九十年代初出版的新志书，普遍存在三个明显的缺点：一是对旧社会，尤其是对北洋军阀时期、国民党统治时期（包括日本侵略军占领地区）社会状况的记述过于简略，缺乏较为具体的资料；二是政治部类记述显得薄弱，于共产党地方组织的记述，往往只写了机构、人员、会议、日常工作，而对于党的核心领导、决策作用记述得很不够，对地方政府的政绩、人大和政协及民主党派的作用也未给以较充分的记述。这两点是在郑州举行的 1991 年度全国地方志工作会议中，代表们比较一致的看法（见《一九九一年全国地方志工作会议纪要》，载《中国地方志》1991 年第 3 期）。除此之外，笔者认为还有一点也是很明显的，这就是在纠正旧志重人文轻经济当中的矫枉过正，使志书中经济内容过于膨胀，人文内容受到严重的挤压，以致形成有人所说的"经济繁荣，人烟稀少"。对于这后一点，笔者当时曾著文进行过多次评说、呼吁。

令人欣喜的是，近一两年来出版的许多新志书，在这几方面已经有了较明显的改观。下面，我们仅对新编《临桂县志》（以下简称《临志》）

略加剖析，也会发现其与九十年代中期出版的其他许多志书一样，有着一些值得关注的特点。

一 借鉴先行者之经验，尽可能地优化自身

临桂县志办公室成立于 1988 年，修志工作起步于 1985 年，但由于种种原因的影响，正式开始志稿编写已经是 1991 年了，正值我们前面所说的九十年代初。当时，全国各地起步早的一些新修的志书已陆续出版，围绕已经出版的新志书评说优差得失，总结成败经验教训的文章，在志界的刊物中也已陆续出现。从现在出版的《临志》中可以看到，临桂县志办的同志们是比较注意从别人走过的道路当中去寻找借鉴的，下面的几个例子便可以说明：

例一，在图片设置上。八十年代至九十年代初出版的志书中所设置的彩照，不少都是以党委、政府、人大、政协四大机构的门楼打头的。但这种一律化设置法的志书一出来，便受到了批评。这种做法，近年来出版的志书已经很少见了。《临志》也是吸取了别人的教训，没有步先行者的这种旧辙，而是将"县城一角"的彩照领头，下面再置反映具体事象的照片，暗含以总领分的意思。

志书地图中的首图，多数用的都是行政区划图，域内标明辖内下属行政区划的状况，域外标示与邻近地区壤接情况。九十年代初以前出版的新志书中，在首图上标示本县、市在全国或全省位置的还只有少数。可是这些少数的做法却受到了志界的好评。《临志》师人之长，在自己的首图页上，也专门设置了"临桂县在广西的位置"的示意图，让人一览便知临桂县位于广西壮族自治区的东北部。有这个标示和没有这个标示，对于读者来说是大不一样的。全中国这么大，两千多个市、县，如果加上市辖区，则县级以上行政区域建制超过三千。对于这三千多个市、县、区，尤其是边远地区、少数民族地区、新改置地区的建制单位的地理位置，并不是任何人都很清楚的。笔者不怕见笑，前几年新拿到一部志书，觉得图片、印刷、装帧都不错，可就不知道是什么地方的志书。从卷前的地图上查不到，其《概述》的位置表述也只有东经多少度，北纬多少度，最后从《中华人民共和国行政区划简册》的地名索引中，总算查到了其所属的省份，

但为了找它在该省的具体位置，又去该省的地图中花了好一阵时间才找到。这说明在一本志书的首图中，标示其在国家或省的什么位置，是便利读者的好做法，很值得推广。

例二，"大事记"的写法。早期的志书中有用严格编年体的，有用纪事本末体的，也有用编年体杂以纪事本末体的。方志刊物中也展开过讨论。《临志》在前人探讨的基础上，择善而从，采用编年体为主，但在许多条目中又杂以纪事本末体的做法。如民国二十二年（1933）九月兴建秧塘机场条，就是从初建，写到民国二十八年（1939）六月、二十九年（1940）四月、三十年（1941）一月的几次扩修，民国三十二至三十三年（1943—1944）机场在抗日战争中发挥的作用，直至解放前夕为国民党破坏、弃用。又如民国二十七年（1938）十一月条，自该月周恩来从武汉带领干部来到县城，成立国民革命军第十八集团军驻桂林办事处（即八路军桂林办事处）写起，中间述及周恩来曾3次亲临部署工作，叶剑英曾作过抗日演讲，胡志明亦以办事处救亡室主任名义从事革命活动。皖南事变后，办事处于1941年1月撤离。这两种体式的灵活运用，颇便于表现一些特殊事物的过程、始末，不至于为严格的编年限制而割裂。

例三，互见法的运用。为了解决志书内容上的交叉重复，本届修志之初，有的学者便主张借鉴《史记》中的互见法。早期出版的志书也有个别用的。《临志》接受了这种主张，作了广泛的运用。如政党篇中国共产党地方组织章的"重大决策纪略"中，多数条目下都注有"详见某篇、某章、某节"的。在其他篇、章、节中也多有运用。这种互见法，在内容错综复杂的综合志书中，为体现内容的相互联系，既不遗漏，又不使之简单重复，做到此略彼详，掌握适度，实是可以提倡的。

例四，人口民族章下，设《民族来源》一节，代替有些志书中的"族源"节。在早期出版的一些志书中，尤其有少数民族集中居住地区的志书，在民族的篇（章）下往往都设有"族源"的章（节）。按照"族源"的要求，多数志书都用了较大的篇幅，去追述某个民族形成发展的历史。其实，一个民族居住范围较广，整个民族形成和发展的历史，不是一本县志甚至不是一本省志所要探求的任务。靠一部县志或一部省志也是记探求不清的。临桂县也是一个多民族聚居的县，其境内居住着人口较多的民族有壮、汉、瑶、回、苗等族。《临志》在其人口的民族章内，没有像有的志书那样设立"族源"节，而是别具匠心地设了"民族来源"一节。"民族来源"者，乃民族居民来源之谓也。按照这个要求，在这一节之内只要记述清楚各个民族的居民各自何时由何处迁徙入本境就够了，既与该节的节题要求相吻合，又不必花很大的篇幅去追述自己一时难以搞清的一个民族的形成和发展的历史。如本书这一节内的"壮族"一目是这样记的："境内壮族为土著民族。明景泰年间（1450—1458年），壮人韦朝威、秦万贤起义，占据古田县（今永福县地）。隆庆年间（1567—1572年）朝廷采取'以壮治壮'政策，由东兰、南丹等地调集大批壮族土兵'汇剿'古田，起义军被镇压后，朝廷将起义者的田地划给壮兵耕种，这些壮兵的一部分从此在临桂定居。"又如"苗族"一目只有一句话："境内苗族于清乾隆五十二年（1787）从湖南新化县石马三都，迁来义宁县宛田王能村定居。"本节内分别介绍了五个民族居民的来源，总共只用了不到1500字，但人们并不觉得它缺少了点什么。

二 充实民国时期的资料，反映 新桂系统治时期的历史面貌

本届志书是社会主义的第一代志书，是贯通古今的通志，而其重点则是记述近代以来的情况。多数志书把这个重点定在1840年鸦片战争以来，有的则是定在1911年辛亥革命以来。无论是哪一种划法，民国时期都应在本届志书记述的重点时限范围之内。但正如前面已经指出的那样，九十年代初以前出版的新志书，多数都把民国时期的社会情况记得过于简略，有的只有几句定性批判的话，缺乏具体资料，使人难以看到国民党统治时期的具体情况。《临志》则吸取先出志书的这个教训，下了较大的力量发掘民国时期的资料，使志书解放前的内容相当充实。不妨举几例加以说明：

大事记的民国二十三年载，本县"乡（镇）村（街）实行'三位一体'制，乡（镇）村（街）长兼民团后备队队长和国民基础学校校长"。对于新桂系在地方基层组织中实行的这种特殊做法，在军事篇的地方武装节内，对县一级作了更详细的记述：民国十九年新桂推行"寓兵于农"政策。20年桂林县（临桂县当时改名桂林县）设民团司令部，县长兼司令，办理18—45岁合格壮丁训练。全县有常备队4队，每队3个排9个班90

人枪。受训 4 个月退役转为预备队。当年受训 1055 人。22 年常备队受训 6 个月，受训退役转队 472 人。全县有预备队 60 队，团兵 4590 人，枪 506 支，刀矛 2462 把。接着又详记了这种制度在民国二十三年至二十五年的调整变化情况，并归纳统计从民国二十一年七月至二十五年十二月全县共训民团 6 期，共 27848 人。民国二十九年县民团改为国民兵团。民国三十三年，县建立自卫队。34 年 5 个大队，5 个直属中队和 1 个机炮连，官兵 1182 人，枪 700 支，重炮和迫击炮各 4 门。这种寓兵于农的办法，在广西各县都是实行得比较认真的。在当时各派军阀中，桂系其所以有较强的军事实力，敢于强硬地与蒋介石抗衡。尤其在抗日战争开始时，能很快地组织那么大的兵力投入抗日战场（以人口而论，当时广西属于小省，但在八年抗战中其所出的兵员之多，在全国却仅次于四川。按人口比例，全国第一。民国二十六年，桂林县就征兵 3056 名。在八年抗战中，全县共出兵 12914 名），与这种三位一体的做法是不无关系的。这种情况的提供，虽不能说就是抓住了了解新桂系武装力量基础的关键所在，但无论如何它是了解新桂系在广西实行统治情况的重要资料。当然在解放战争中，桂系也曾妄图凭借这种基础负隅顽抗，但战争的性质毕竟决定了其无可奈何的下场，这已经不是我们这篇文章所要讨论的问题了。

人们都知道"共产党会多，国民党税多"。在桂系统治下广西的情况是怎样的呢？在财税篇的税务章，对本县的情况作了详细的记述。对田赋、国税收入、省库收入、县税收入，还列表加以详述。如民国二十二年，实征田赋正赋 78016 元，而实征各种附加竟达 85817.6 元，大大地超过正供，这个数还未将征收串票费 975.32 元计算在内。民国二十六年，桂林征收正赋 76100 元，各种附加竟达 116847 元，附加是正赋的 1.54 倍。义宁县（今已并入临桂县）当年征收正赋 20800 元，各种附加达 34317 元，附加是正赋的 1.65 倍。另对契税、工商税等均作了详细的记述。在该章中，对解放后的 1951—1990 年的农业税收也表列出来。从表中人们可以看到，解放后 40 年中，历年的附加税都没有超过应征税额 15% 以上的，而且有 30 年还不同程度地减免了税额。这样实事求是地以具体材料进行排比，述而不论，让读者去比较思考，由自己作出结论。如果不记民国时的具体资料，只是说一句国民党时期如何税多，人民负担如何之重，是绝不会达到这种效果的。

民国时期，新桂系为了其自身利益的需要，在广西实行了不少有别于蒋介石直接统治地区的政策。这些政策的推行，首先当然是加强了新桂系对广西的统治，同时也对广西的社会产生了一定的影响，使广西各方面的效率相对较高，被称为全国的模范省。抗日时期，在桂林集中了一大批进步人士，开展了很有声势的抗日救亡运动。此时各派势力都在这里进行着激烈的角逐，使桂林成为很有影响的一个城市。笔者在参加《桂林市志》评稿会时，称抗日战争时期的桂林"俨然小陪都"的定位，颇得到不少人的首肯。新桂系最主要的两个首脑人物李宗仁、白崇禧都是临桂县人，桂林是他们仅次于南宁的重要统治中心，故而这里的政治、经济、军事、社会状况，及所实行的相关政策，最具有代表性。因此，《临志》解放前的历史部分，应该抓住这些最具历史特点和地方特色的事物进行记述。

从已出版的《临志》来看，可以说他们是注意了这样做的。除前已述及的外，在有关篇、章中，还较多地记述了新桂系的一些政策在临桂县实行的情况。如民国十四年各乡建立中心小学，实行民众识字教育。民国二十年开展的"肃清匪共，检验民枪，调查户口"为内容的清乡活动。民国二十一年按《广西各县甲、村、街、乡、镇、区编制大纲》规定，开展基层组织编制活动。民国二十六年办理土地呈报，开办农场。民国二十七年允许在桂林成立国民革命军第十八集团军驻桂林办事处。民国二十八年李宗仁夫人郭德洁兴办桂林儿童教养院，同年在两江成立抗战救国室，组织失学儿童边劳动边学习，举行抗日宣传时事报告会和座谈会。民国二十九年广西农业管理处邀请厦门儿童剧团，来县协助推行农村合行事业，并开展农村救亡运动。民国三十七年推行"减租限田"，临桂县被省政府指定为第一期"办理减租限田"县份之一。民国三十八年临桂县政府推行"实施一甲一兵一枪及五户联保"、"动员知识青年加强反共宣传"、"硬性催征"等10条"防共措施"，等等。

解放前的旧中国，表面是统一的，但不少省区，却为地方实力派所控制。他们除了有选择地实行蒋介石的中央政府的政策外，还有许多的地方政策，各有各的招数。笔者认为，我们这一届的新志书，只有把各地的这种实情记述清楚，才能真实地反映旧中国的情况。如果广西的志书把新桂系的政策和做法记述清楚，山西的志书把阎锡山的政策和做法记述清楚，其他各地的志书也把各地军阀（地方实力派）的政策和做法记述清楚了，那么旧中国的社会历史特点也就比较全面地反映了出来。

三　加强了政治部类内容的记述

1990 年前后，方志界曾就如何加强志书政治部类内容的记述，开展了一场讨论。尤其是全国地方志 1991 年度工作会议之后，这个问题更引起了广泛的注意，各地在编纂实践中都选用了多方的探索。所以进入九十年代中期出版的志书，在这方面已经有了明显的改观。《临志》在这方面表现出来的进步也是很突出的。该书政治部类各篇的内容都写得较充实，主要表现在：

第一，政党篇既抓住中共党委决策这个重点，也记述了国民党地方组织的主要活动。

全国解放以后，中国共产党处于执政党的地位，上至中央，下至乡村基层，从上到下的任何一级党组织，在该地的一切重大事务中，都处在举足轻重的地位。几十年的历史无一例外都证明，一个地区的党委是否能坚决贯彻中央的方针政策，根据当地的实际情况作出正确的部署和决策，是这个地区社会发展事业兴衰成败的关键，也与当地人民群众的切身利益息息相关。因此，要加强志书政治部类的记述，首先就要加强对中国共产党地方组织，尤其是党委决策的记述。《临志》在这方面是下了很大工夫的。其在《中国共产党地方组织》一章中，共设了 8 节。除了党的地下组织与活动、组织建设、代表大会、宣传教育、整党整风、纪律检查、统一战线等各地志书中大体都共有的一些节目外，还专门设置了《重大决策纪略》一节，以 1.2 万字左右的篇幅，记述了从 1947 年至 1990 年，当地党组织根据中央的部署，在每个关键时刻所作出的 18 项重大决策并付诸实施的情况。由于许多目下都运用了"详见某篇某章某节"的互见法，所以实际所含的字数大大地超过了 1.2 万字。

在这一节中，不但给以了充足的篇幅，更主要的是以实事求是的态度进行记述，提高了这些条目的质量。对成功的历史功绩不埋没，给以充分的肯定；对失误的决策及其所造成的危害，也决不护短。如"反右派斗争"一目，记述 1958 年 8 月，全县共划出所谓"右派"90 人。到 1979 年进行全面复查时，认定所有"右派"案件"纯属错案，全部给予改正"。

又如对"大跃进"的记述中，所列出的许多事实和数字（包括互见章节中的），完全可以使人得出不是什么"大跃进"，而实际是大倒退，是人为的大灾害。再如在进行经济体制改革中，农村实行联产承包责任制，开始时县委的决策是落后于群众实践的。群众开始搞包干到户时，县委是阻拦的，曾派工作组进行"纠正"，县委副书记亲自带队下乡以整党的形式"解决包产到户问题"，县委还发出《关于稳定生产队体制，坚决纠正包产到户、分田单干的决定》，并用布告形式全县张贴。直到1980年自治区党委召开会议之后，县委才转变态度，由阻拦到支持。值得顺便指出的是，该志书中记述党委决策的决不仅限于本节之内，在其他各节中也随时注意记述县委在各个不同层次上的一些决策，如《统一战线》节内就记述了党委的多项带政策性的决策。

对于国民党的地方组织，志书既记述了从民国5年国民党桂林县支部建立起，至民国三十八年该组织消亡止的30多年内组织、人事变动情况，更专设一节记述了它的主要活动。这些活动中，既有开展革命宣传的内容，也有它反共的活动，还有它自身的党务活动。

第二，政权、政协篇中，注意施政活动和政绩的记述，体现了不同政权的不同性质。

《临志》的这一篇中共分4章，前是人大，后是政协，中间两章是旧政府和人民政府。旧政府中又包括民国以前的县署和民国时期的县政府。无论是何代政府，记述机构沿革和人事变动，都是少不了的。本志于此之外，在旧政府章内，主要抓了对"重大政务"的记述。正是从这些政务活动的记述中，人们看到了新桂系时期所实行的一些有别于他处的政策，以及民国时期这个模范省的一些实况。人民政府章内，重点抓了《施政方式》、《政绩纪要》两节。人们将这两节的内容与前一章的"重大政务"一作比较，两种社会制度下两个不同政府的性质区别便昭然若揭了。

相对而言，人大和政协章（节）的编写，各地都普遍感到难度较大。因而不少志书尤其是早期的志书中，这两个章（节）除了机构、人员、会议和日常工作之外，其实际的重大政事活动都写得比较虚。有的甚至只把全国性"通典"，如宪法中的有关条文和全国人大所制定的地方各级人民代表大会的相关法规等，在文字上略加改写之后而载入。因而出现各志这些章（节）的面目都差不多，少有自己的特点。《临志》相对而言则写得比较充实。人大志中专设了《代表视察》、《议案办理》两节，政协志中特列了《政协工作举要》一节。除了记述提案、议案的数量及提出和处理的必要程序外，还注意了典型案例的记述，从提案的形成、提出、落实、处理到实施及其社会效益的发挥，做到有点有面。使人从中看到人大和政协，在当地政治生活中所起的实实在在的作用，看到在党委领导下，人大、政府、政协分工合作的社会主义的政治体制。决不是像有人所攻击的那样"县委掌权，政府有钱，人大举手，政协发言"，人大和政协是"橡皮图章"和"花瓶"。

《临志》政治部类的其他一些章节也写出了自己的特点。如社团篇的农民协会和工会，不但写了大革命时期和解放以后共产党领导下的农民协会和总工会，还写了30—40年代国民党县党部组建的农会和各业工会。又如妇女团体和青年团体，不但写了大革命时期及解放以后共产党领导下的妇女解放协会、妇女联合会、共产主义青年团、民主青年社、爱国民主青年社，也记了30—40年代国民党组织的妇女运动委员会和童子军。

四　对"重人文轻经济"矫枉过正的正确回归

旧志重人文轻经济的格局长期以来严重存在。对于这种弊端，民国时期的一些方志学家已经指出，并力图在编纂实践中加以改变。本届修志以来，要改变这种格局的呼声也一直很高。这一方面是对民国时期方志学家正确主张的继承和发展，另一方面还有今天的社会因素。本届修志是刚进入八十年代之初开始的，当时正是实行党的工作重心转移，要把力量集中放到经济建设方面来。修志工作为了为经济建设服务，强调要加强经济方面的内容。无论源于何种原因，这种主张无疑是正确的。但是，不少地方在纠正这种弊端当中却走过了头，矫枉过正了。从所出版的新志书来看，一般来说经济部类的篇幅占到全书的1/3左右是较合适的。可是不少志书却大大地超过了。经济过于膨胀，人文的内容必然受到挤压。有人曾在文章中举出一些很突出的例子：《益阳市志》84万字，经济部类50万字，占60%；《奉贤县志》157万字，经济部类122万字，占78%；《嘉峪关市志》全书52万字，经济部类41.88万字，占80.5%。这样的一种比例状况，人文方面的内容受到严重挤压是不言自明的了。当然这是一些比较特殊的例子，多数志书没有达到这么严重的程度。

面对志界不少人对"纠正旧志重人文轻经济弊端"这个口号的片面理解与极端做法，当时就有人提出了不同的看法。广东师范学院历史系陈乐素教授在一次接受某县方志办的同志采访时，就委婉地指出："你们的篇目，三十个专志，经济篇占了十五个，占一半。这样写成志书，会不会变成经济志书？一部县志，除了经济篇，此外还有政治篇、军事篇、文化篇、社会篇。各部门都有它的重要之处，也会争说自己的工作重要。"① 在方志界内部，也有不少人发表了类似的看法。

我们没有看到《临志》的编纂者们在什么地方发表过赞成这些意见的言论，但从他们的志书中，却看到他们将自己志书经济部类的字数控制在全书的32%以内。全书32篇中，以印刷页而言，超过40页的有6篇，即自然环境、人口·民族·言语、商业·粮油、政权·政协、教育、人物等，除自然环境和商业·粮油外，有4篇都是人文部类的。不但篇幅得到保证，更重要的是内容得到大大的充实。

例如，临桂历来就有"桂郡首邑"之称，在政治、经济及文化方面都处于较特殊的地位，以文化方面尤为突出。《临志》为了反映这种情况，在教育篇里给予了充分的记述。首设《学宫·书院·社学·义学·私塾》一章，记述了自唐代以来的旧式教育情况，并附载历代科举中进士者名录。通过本章及人物篇中几个本籍进士的传记，便向人们勾画出该县历史上曾有过的辉煌一页：自唐乾宁二年（895年）县人赵观文廷试第一，为广西夺得第一个状元起，至清末的1000余年间，广西共有9人中状元，其中5个是临桂人。宋代临桂有36人进士及第。明、清两代，广西中进士者达711人，临桂县竟占242人，高居各县之首。其中，陈宏谋的玄孙陈继昌，从嘉庆十八年至二十五年（1813—1820年）的8年间连中三元，成为有清一代仅有的两个三元及第者之一。在整个中国科举史上，三元及第者也只有13人。从光绪十五年至十八年（1889—1892年）科举共开三科，本县有张建勋、刘福姚两人中状元，其中壬辰（1892年）科，除了一名状元之外，还有7人同中进士。自那之后，在北京的临桂会馆的大门上，便挂出了"一县八进士，三科两状元"的楹联，一时成为佳话广为流传。中

---

① 陈占标：《陈乐素教授谈新编地方志》，载《广东地方志通讯》1985年第4期。

国科举史上的这一奇迹，确实是临桂县，甚至整个广西都足以引为骄傲的。这样的成绩，与中原地区的许多古县、大县相比，不但毫无愧色，而且还有过之。这就体现了该县"科举鼎盛，为广西之冠"的历史特点。

又如，临桂是个多民族聚居的县，这是它人文方面的又一特色。志书在《人口·民族·语言》篇内专设"民族"章，下辖4节，其中"民族关系"节，既载了民族压迫、民族反抗的大量历史资料，又记了解放后改善民族关系、相依共存、民族互助、民族通婚的许多事例。刚实行土改后不久，汉族群众手把手地教一直只习惯于从事小商贩的回族群众耕种；汉族村群众遇到生活困难，回族村民拿出存款和储备粮帮助渡过难关；双抢大忙时节，回族村派出拖拉机到汉族村来支援，使两个村都按时完成了双抢任务；在大家都缺水的情况下，居住渠道上游的回族村民将闸门打开，让水先灌汉族村的田；为了共同富裕，汉族村民将水稻栽培技术无保留地传授给壮族村民，善于种巨峰葡萄的壮族村民主动与汉族村民联合经营，都获得好收成；不同民族的各村群众，联合捐款，同出义务工，共修交通桥梁和电站，解决了生产、生活的共同困难。居住山区的瑶族群众经营、保护了26万亩茂密的水源林，给汉族地区的数万亩粮田带来巨大的好处，汉民则以自己生产的粮食弥补了山区粮食的不足。这些事例看似平常，将其载入志书，实则意义深远。

再如《文化》篇的一些章节中，载入大量各族的民间文化资料，既是对民族文化资料的保存，又增强了志书的可读性。

五 也还存在明显的不足

新编《临桂县志》有着许多的长处、特点，已如上述。但它也还存在一些明显的不足。在我看来起码有：

（一）阐幽抉潜的工作做得还不够，主要表现在两方面：一是有些资料排列之后，本应进行一些适当的归纳，体现某些规律或发展趋势，用以教育或警示世人的，可是没有这样做。如其"自然灾害"章涝灾一节，仅罗列解放前的48次，解放后的11次，旱灾节解放前的共罗列49次，解放后的18次，都没有进行归纳。前些年，笔者读到1990年10月出版的湖北省《枝江县志》，见其"自然灾害"章的无题小序中，对该县历史上的灾害进行了归纳，觉得很好，曾著文进行过介绍。其所归纳的一段文字是这样的："史料记载：干旱，从1426年到1840年的414年中，发生16次。平均26年一次。1841年到1949年的109年中，发生13次，平均8.4年一次。1950年到1985年的38年中，发生20次，平均1.8年一次。洪涝，从1498年到1840年的342年中，发生23次，平均15年一次。1841年到1949年的109年中，发生20次，平均5.4年一次。1950年到1985年的36年中，发生12次，平均3年一次……"很显然，这种归纳的结果，就体现了一种值得注意的规律和趋势，对于人们认识县情、预防灾害很有使用价值。

笔者在读《临志》时，也学着枝江的做法，对临桂县的涝、旱灾害进行了一番归纳，以每200年为一时段，其结果涝灾的情况是：公元1105年（北宋崇宁四年）至1305年发生3次，平均66.6年一次；1306年至1505年发生8次，平均25年一次；1506年至1705年发生19次，平均15.3年一次；1706年至1905年发生11次，平均18.1年一次；1906年至1949年发生6次平均7.16年一次；1950年至1990年发生11次，平均3.7年一次。旱灾的情况是：1117年（北宋政和七年）至1317年发生4次，平均50年一次；1318年至1517年发生8次，平均25年一次；1518年至1717年发生15次，平均13.3年一次；1718年至1917年发生17次，平均11.8年一次；1918年至1990年发生23次，平均8.7年一次。如果《临志》作了以上（或其他方式）的归纳，其效果就会比现在要好得多，可惜他们没有这样做。

其阐幽抉潜的工夫下得不足，还有另一方面的表现。本来现在这本志书中，不少地方都揭示了县情中的某些隐忧，如人口剧增，人均占有耕地量的急剧下降，农村大量剩余劳动力的出现而又没有作出有效的安排，农村劳动力中文盲的数量还比较多，自然环境的失衡，林木蓄积量的下降，水资源逐年减少，河流流量变小甚至断流，三条地下河有两条已污染得不能饮用，一条也已严重超标，农业产业结构调整的步子不大，严重地制约着生产的发展，社会政治生活中，某些与经济建设和精神文明建设不相适应的环节和现象存在，等等。这些问题的揭出，充实了相关篇章的内容，提高了这些篇章的质量。可是由于没有采取适当的方式，在适当的地方集中加以揭出，使这些极有资治价值的资料散在各处，晦而不显，影响了志书作用的发挥。

（二）全书的《概述》写得不理想：1. 有些部分详略失度，写得细的地方夺了专志的内容；2. 缺少综论全县大势的策论内容。

（三）全书没有索引，不便读者使用，降低了志书的学术水平。

（四）个别地方的文字有欠推敲，如第27页对"四清运动"的评价就很值得商榷。又如第9页嘉靖元年古田农民军攻克义宁县城，记作"攻陷"，留下了直接抄来的痕迹。

正是由于前述的诸多优长和特点，使《临志》在九十年代初出版志书的基础上，又上了一个新的台阶，可以进入九十年代中期出版的许多较好志书的行列，比肩于同一个档次。也正是由于我们所指出的那些不足的明显存在，使它与这个档次中那些很好的志书，还存在一定的差距。所以本文的题目称它是"一部接近九十年代中期水平的志书"，而不完全肯定它已经达到九十年代中期的高水平。

（原载《中国地方志》1997年第3期、《广西地方志》1997年第4期）

（《临桂县志》，李荣典主编，方志出版社1996年版）

4. 阐微掘幽　警世醒人

——评新编《临桂县志》后剩余的话

（一）

本届修志之初，志界曾对志书是否要探讨事物发展的规律进行过热烈的讨论。笔者涉足志界较晚，未赶上那场讨论。后来，通过学习那场讨论中所发表的文章，分析专家们的各种意见，我个人倾向于这样一种认识，即志书承担不了探讨规律的重任，也不应当把探讨规律的任务硬加给修志工作。但是，志书在资料的选择和纂辑排比之中要有科学性，要尽可能地体现事物所固有的一些规律。既说无须探讨规律，又说要尽可能地体现固有的规律，岂不是自相矛盾？我个人认为并不矛盾。按我的理解，"探讨"和"体现"的含义是不同的。"探讨"是去认识前人尚未认识的事物所固有的本质属性；而"体现"则是在记述某些事物时，将前人已经认识的该类事物的本质属性（也就是规律）显示出来，让人们清楚地看到。无论是探讨也好，体现也好，同样都要进行一番科学研究工作，只不过是层次不同而已。前者是高层次的，后者则是较低层次的。

为了在层次上加以区别，我认为可以用"阐微掘幽"这几个字来表述较低层次的研究工作。所谓阐微掘幽，就是将较细微幽深的事物及其所含的部分本质发掘出来，引起人们的注意，从而决定对其所应持的态度。阐微掘幽是资料性著作所追求的较高目标，在追求这个目标中所达到程度的高低，就反映出资料性著述科学性的强弱。志书是资料性著作（或称著述），它与一般资料汇编的区别就在于，志书有阐微掘幽的明确目的和强烈要求。而资料汇编则不那么明确和强烈。

用这个要求来衡量 1996 年 10 月由方志出版社出版的新编《临桂县

志》（以下简称《临志》），我认为该部志书在这方面是做了较大的努力的。
如果我们在读这部志书时，也注意来一个阐微抉幽，就会发现它在全面记
述本县县情时，除了反映从半殖民地半封建社会走上独立、自由的新民主
主义社会，又过渡到有中国特色社会主义社会的历史变迁过程，体现了中
国近现代社会历史发展的总规律，体现了中国共产党在这个历史变迁过程
中的领导作用，说明了没有共产党就没有新中国，只有社会主义才能救中
国，才能发展中国这一颠扑不破的真理之外，还发掘了本县县情中值得人
们高度重视的若干问题。这些问题的揭出，对全县人民尤其是这个县的领
导者们，有着重要的警醒作用。

记得山西《阳城县志》主编刘伯伦先生在全国地方志协会 1993 年的
学术年会上，曾提交了一篇题为《忧患意识与地方志编纂》的文章。在这
篇文章中，他明确地提出："只有具备忧患意识的知识分子，才配做修志
工作者；只有深思远虑、高瞻远瞩之人，才配做志书主编。"笔者很赞成
他的高论，并曾在多处宣传过他的这种看法。我认为这种思想是本届修志
当中新提出来的十分重要的方志思想，在方志发展史上具有重要意义，是
本届修志当中重大的理论收获之一。

（二）

临桂是我的家乡，我与临桂县志办的同志，尤其是主编李荣典、副主
编甘广秋先生，是很好的朋友。我虽未听到过他们对志书要体现忧患意识
的这种思想表示欣赏与赞成，但在他们主编的志书中却较多地体现了这种
思想，也就是注意做了我们前面所说的阐微掘幽的工作，尤其注意发掘那
些能唤起人们的忧患意识、催人警醒的资料。这些资料通过他们的匠心纂
辑，使其警世醒人作用又得到进一步加强。现在志书里，揭出县情中值得
人们特别注意的，起码有下面的几个方面：

一是资源匮乏和积蓄量的下降趋势。

志书在《自然环境》篇的"自然资源"章及《工业》篇中，以资料
显示临桂虽是个山区县，但矿产资源和能源都很贫乏。现已发现或探明的
金属矿、非金属矿虽有 20 余种，但藏量都很有限，尤其是金属矿，形不成
规模生产。解放后先后进行的 5 种矿产开采，到 1990 年已有铅锌矿、赤

铁、褐铁矿停办。尚在开采的重晶石、白云石和硫铁矿,规模都很小。硫铁矿年产矿石仅数万吨;白云石的开采,年获税利仅 3 万余元;规模最大的重晶石开采,一年的税利也只有 50 多万元。这种资源状况,制约着工业的发展。1990 年,全县工业总产值仅 5943 万元,比不上其他地方一个中等水平的乡镇。

临桂地处南岭南沿,境内 50% 以上的地区是山地和丘陵。作为山区县,其林业资源有一定优势。目前临桂是桂北林区重点县,广西杉木速生丰产林商品杉基地县,也是全国 21 个年产 100 万根毛竹的县之一。但是,县志《林业》篇的资料显示,其林业资源的变动趋势并不容乐观。根据这一篇的资料,我们可以列成下表:

	林地面积(万亩)		木材积蓄量(万立方米)		毛竹积蓄量(万根)	
	数量	比上个年份增减情况	数量	比上个年份增减情况	数量	比上个年份增减情况
解放初期	126. 39		325. 71		3721	
1960 年	113. 01	− 13. 38	297. 61	− 28. 13	1804	− 1917
1971 年	83. 76	− 29. 25	176. 31	− 121. 3	1384	− 420
1979 年	112. 26	28. 86	239. 85	63. 45	1076	− 308
1980 年	96. 77	− 15. 85	191. 76	− 48. 09	2160	1084
1980 年与解放初期相比		− 29. 62		− 133. 98		− 1561

从上表可见,该县的林地面积、木材蓄积量和毛竹蓄积量,基本都呈现出一种逐年下降的趋势。造成这种状况的主要原因是政策方面的问题。

二是自然环境状况的恶化和基础设施的退化。

林地面积和森林蓄积量的减少,造成水资源的逐年下降。《水利》、《环境保护》等篇所载 1985 年的调查资料显示,全县 46 条大小河流,有 11 条枯水季节断流,21 条流量减少一半,14 条流量减少 1/3。除了水量减少之外,水质也因受到污染而严重恶化。县城 3 条地下河,两条已被严重污染,不能饮用。另一条虽然尚可饮用,也已受到工业废水污染,锰含量超过国家规定的饮用水卫生标准的 1. 8 倍,镍含量也在增加。

解放前，全县有水利灌溉农田 9.12 万亩，占总田亩数的 15.32%。解放以后，党和政府领导人民大力兴修水利，全县有效灌溉面积达 35.16 万亩，旱涝保收面积 23.26 万亩。可是，由于水资源的减少和水利工程设施的老化，1990 年，全县水库蓄水量比 1980 年减少 126 万立方米。水利灌溉面积从 1983 年的 38.93 万亩下降到 35.16 万亩，保灌面积从 32.63 万亩下降到 29.26 万亩。如遇严重干旱，晚稻实际保灌面积还不到 25 万亩。如此记载，就把环境保护和水利设施维修的严峻任务摆到了人们的面前。

三是人口数量大增，而人口素质的提高却较慢。

志书《人口》章中所列表显示，1950 年到 1990 年的 50 年中，本县人口从 208200，增至 406156，几增一倍。人口密度 1950 年为 94.55 人/平方公里，1990 年增至 184.45 人/平方公里。人口数量的增加，使人均耕地面积逐年减少。1950 年人均耕地面积为 2.46 亩，1990 年降至 1.3 亩。1950 年全县粮食总产 6445.25 万公斤，人均占有粮食 309.57 公斤；1990 年粮食总产量虽增至 19015.21 万公斤，增加 195.03%，而人均占有粮食为 468.18 公斤，仅增加 51.24%。与此相关的是，城市待业人口增多，农村剩余劳动力的增多。1982 年市镇待业人口 599 人，1990 年增至 1024 人；1990 年，全县农业劳动力比 1950 年增长 2.03 倍。每个农业劳动力占有耕地由 1950 年的 5.86 亩减至 3.8 亩，减少 35.15%。按全国每个劳动力平均负担 4.3 亩耕地计算，尚有 5.5 万多个劳动力剩余。更值得注意的是，在全县农业劳动力中，未达到小学毕业文化的占 40.82%。这种文化素质状况，加上其他的一些原因，这些剩余的劳动力未能有效地转移到其他产业部门或组织劳务输出，只能处于闲散状态，创造不了价值。

四是产业结构调整步伐慢，生产效益欠佳

《临志》的农业篇前有一个无题概述。还在评稿会时，笔者就肯定了这个概述写得比较成功，并曾在《广西地方志》1994 年第 1 期先行发表过。概述先是指出临桂县为亚热带气候，农业生产的自然条件和其他条件都比较优越。据 1990 年的资料计算，以广西农业条件人均占有量为 100，临桂的耕地人均达 140.02，可养鱼水面人均占有达 240，水利设施有效灌溉人均面积达 152.46，有林地人均占有量达 129.03，森林覆盖率为 136.55。农业总产值人均数、农业人口人均产粮数，均高于全国平均数。但解放 40 多年来，临桂的粮食生产和农业总产值的发展速度却比较慢，甚至未达到广西的平均速度。造成这种发展速度缓慢的原因主有二：一是近几年来农业经济结构调整的步子不快；二是粮食生产效益低，又没有把剩余的劳动力及时转移到粮食生产以外的其他各业上去。文中在列举具体数字论证之后，明确指出："加快农业结构的调整，应当成为发展临桂农业经济的一项重要措施。"在志书这个篇的概述中，既肯定优长，又指出存在的问题，并指出解决问题之道，这种策论之笔是十分可贵的。

这里，我们只以举例的方式列举了上述四点，志书中当然不止这四点。但仅从这几点已可窥见编纂者的良苦用心。作为一县的当家人，如果能认真地研读一番这部志书，除了会感到自己肩负责任之重大外，不是还可以从中找出领导施政决策的若干依据来吗？临桂县人是不是会因志书所揭出的这些不利因素而影响信心呢？我看是不会的。因为上述所举诸项因素中，除了矿产资源贫乏一项是人力所无法改变的之外，其他诸项都或是政策失误，或是工作未到家而造成的暂时因素，完全可以通过人为的努力加以改变，这正是全县领导者和群众大可用武之处。更何况志书中还阐明了本县的许多优长和有利因素呢？

（三）

《临志》在相关的篇章中注意了阐微抉幽，在资料的编排中，随时揭出地情中的优势与劣势，提起人们的注意，这是本书的成功之处，已如上述。但如果以更高的要求来看，也正是在这一点上贯彻不够彻底而留下了不足。依我看来，主要表现在两方面：

第一，上面列举的诸点，都分散在相关的篇章里，缺乏必要的集中。没有在肩负统览全书的总概述之中，将这些分散的优长与劣势汇集起来，做出高屋建瓴的综论，做好总概述这篇宏文。

第二，还有一些篇章的资料排列之后，本也应再进行一些适当的归纳，使之体现某些规律或发展趋势，用以教育或警示世人的，可是没有这样做。

曾记得少年时在哪本书上读到过有这样两句话，大意是说："创作者要刻画入微，读书者（评论者）要体贴（会）入微。"在这篇小文将要结束的时候，我也想套用它而归纳一句：修志者要在资料中去发微抉幽，读志者则要从志书中去发微抉幽。这种发微抉幽，不是去追逐社会生活中无关紧要的细微末节，而是去发掘那些尚未完全显露的或处在较深层次的关键问题，使之成为主政者进行决策的重要参考，指明广大群众所应施力的处所。

（原载《广西地方志》1997 年第 4 期）

5. 考镜源流　成一省方志之总览
——《河南地方志提要》简评

　　去年夏天，一位在省地方志办公室工作的朋友，给我寄来厚厚的两册书。虽非他本人之作，但其厚情深谊却使我感到由衷的快慰与感激，因为这正是我当时很需要的。这就是河南省社科院刘永之、耿瑞玲合著的《河南地方志提要》上下册，一部近110万言的皇皇巨著。

　　未及细读的人一看书名，或许会产生这样的想法：书目提要，工具书罢了，不过尔尔，不可能搞出太多的名堂，值不得什么大惊小怪的。说实在的，刚收到书时，我免不了也有这种估计。其所以迫切地希望得到它，只不过是想从里面去找一些我所需的材料罢了。但事实却完全出乎我的意料，只一展读便立即被它吸引住了，而且愈往下读，受到的吸引力愈大，几乎到了不肯中歇放手的地步。古人有将读书称作"卧游"的，意思是躺在床上的旅游。我虽然也早有这种感觉，但感触之深却以此次为最。因为在这里每读一个条目，都能了解到新的情况，获得新的知识，开阔新的视野。直如乘坐在旅游的舟车之上，车船的每一次转弯，眼前都会展现出新的景致来一样，绝不会产生丝毫的倦怠枯漠之感。夜以继日地细细读完之后，我不仅觉得兴奋，觉得钦佩，而且感到惊奇。一部书目提要，由一老一青两位作者披沙沥金，居然铸就了科学性、学术性如是之强的一个大省旧方志的全览。作为河南省社科院"六五"规划的一个重点项目，完成得如此出色，是当之无愧的。它不仅是一部有多方面检索功能的工具书，也是一部考镜源流、体大思深的学术巨著。

一　有特色的"概述"

　　本书体例结构上一个显著的特点，就是以概述为纲，以提要为体，纲、体结合，考镜源流，辨章学术。

"概述"之设，当然不是本书撰作者刘、耿二位的新创，古代许多的目录学著作的部、类之中，往往都冠以序文，如《汉书·艺文志》、《隋书·经籍志》各"部"之前都冠以"部序"，每类之后殿以"小序"。仅《汉书·艺文志》的"六艺略"一目，就前、后各有"总序"，中间穿插小序，共达 11 篇之多。后世此类著作部、类间的"总序"、"概述"，就是由这类序文发展而来的。值得注意的是，本书的概述一是全，二是特。

所谓全，就是齐全，每一个修志的行政建制单位都有概述。本书内容包含今河南省存佚志书共 946 种，凡这些志书所属的每一府、州、厅、县，无一不有概述，加上河南省的概述，总共达 124 篇之多。所谓特，是每篇概述，都从地方志书有空间上的地域性和时间上的连续性这两大基本特征出发，简要地概述两方面的内容：一是建置沿革，二是志书沿革。建置沿革简述该行政区划在当今的地域方位、名称的由来及变更，不同历史时期区域的盈缩，把历史线索交代清楚。概述一地的建置沿革，对于了解该地区志书的历史状况，其意义是不言自明的。因为"志"是以"地"为依存的，区域时有变化，名称亦时有变易废兴。如明清时期的府、州之制，今已不存，相当一部分志书，已经在现实的行政区划中找不到对应的地名。如若不明地理沿革之大略，往往难得要领。在这一点上笔者是深有体会的。数年前，无意之中在一部书上见到一个《广州先贤传》的书名，可是从其前后文意来看，该"传"怎么也与今广州市或广东省联系不起来，曾一度犯难。后来还是从《中国古今地名大词典》中才查到，东魏时曾于今河南省境内一地置广州，治鲁阳县，总算得以初释此疑。今在本书的鲁阳县的概述中，就明明白白地交代清楚了："汉于此置鲁阳县，属南阳府……（北魏）永安二年改置广州，辖区甚大，相当清代汝州直隶州、南阳府、汝宁府等地。"接着在本则概述的修志沿革中又揭出："（鲁阳）县之有志，可远溯北魏刘芳之《广州先贤传》，此虽非指鲁阳一地而言，但作为治所，似应为书中之主要部分。"至此，思想上之疑窦才算最终解开。

本书各概述的另一部分是志书沿革。因为是地方志书提要，志书沿革自然是其概述的重点。大凡本行政区域内的志书，最早修于何朝何代何时，其后源流变化若何，先后共修多少次，所修各志的大体情况，存佚若何，等等，均有交代。当然不是平均使用笔墨，而是本着存略佚详、纠舛从细的原则。对于现存的志书，因为后面还要有专门的条目详述，故在概述中只点到为止。而对于已佚志书的考证，则做到概中有详。对于一些因循下来的舛误，尤其是一些权威书目著作，如《中国地方志联合目录》中的舛误，则不惜篇幅予以辩证。典型的可举新乡县的概述为例。新乡县的志书进入明代以后曾经五修，最早的是正德年间知县储珊修的《新乡县志》。因此志尚存，故在概述中只用"正德储志，书存"几个字就交代过去。而对于已佚的顺治志则作详述："顺治张缙彦志，书以人显，有两位大学士（刘宗正、魏裔介）、一位大名士（孙奇逢）为之作序。缙彦，字濂源，本县人，明崇祯四年（1631）进士，官至兵部尚书，受洪承畴招降后，授工部侍郎。后以罪论死，赦免，籍其家，流徙死。此志亦板毁书销，不复存于世。此人《清史稿》有传。"用字达 120 多字。《清史稿·艺文志补编》中著录有《新乡县志》一种，三十四卷，金茂和编，无年代，亦不著金茂和为何许人。自该《补编》问世以来，经过漫长的岁月，多种方志书目均著录作"雍正十三年刊本"。《中国地方志联合目录》照抄朱士嘉《中国地方志综录》。本《提要》作者认为谬传足以误人，此公案不可不辨，故不惜以 420 余字的篇幅，证得"所谓雍正十三年金茂和《新乡县志》，即乾隆十二年赵开元《新乡县志》之误"的结论。

本书的概述，以简括之笔，勾勒出一地的建置沿革，又有重点地概括了该地的修志简史，这就为作者自己下面要写的各条提要，也为读者去进一步的考镜源流，辨章学术，准备了较充分的基础。

二　兼顾全面突出重点的"提要"

通常所说的"方志书目提要"，如果给它一个严格的内容界定，是可以划分为"目录"和"提要"两个部分的。所谓目录，其较完整的内容应当包含书名、卷数、修纂者姓名、版本等；而提要则可以有详略、繁简之别。但基本的也应有主要修纂者简介、修纂缘起、卷目、内容特点与评价等。本书的各个条目，对上述目录和提要所含的各项内容，不仅一应俱全，而且在各个项上都按其需要，各有侧重地下了很深的工夫加以介绍。

1. 书名。一般来说，正规完整的志书，其卷端都是有书名的，将其著录出来是比较容易的事情。本书在方志书名上下的工夫，主要在于：（1）异名的考订说明；（2）对一些失去书名的残本，设法通过后跋和卷中的书口，以及后代志书的序言所提供的线索，找出其原名；（3）对于一些原缺书名的稿本、手抄本，则据其内容而拟定其名，系稿本则在所拟书名后加"稿"字；（4）对于许多书名前未冠年号者，尽量予以补齐。

2. 版本。旧志书中，在其版心中标明刻行年月者，是多见的。但也有不少是无版心可据者，因而造成一些目录著作中，在出版时间上往往有误。有些著作者只据序文的落款为准，其实序文落款时间与真正出版时间，有时可能会差上一年甚至数年。这是因为请人作序在前，付梓印行在后所致。也还有志书修成后隔代才刻印的情况。本《提要》的作者为了把刻印时间弄准，除了注意序、跋落款时间外，还注意参之该志内的职官、选举表及大事记的下限，考证其原刻及后补刻的时间。对于一些在原刻本不变的情况下，只在职官、选举等目中补上若干年内容者，都努力辨清是原刻、原刻重印，还是重刻及其时间，必要时还说明重印原因等。

3. 修纂者的核定及介绍。修、纂分离，有修者与纂者之别，这是任何其他古籍著作中都不如方志著作中普遍的现象。所谓修者，就是主持人，多由该时该地的行政长官担任，而只有纂者才是真正的执笔人。个别时候，主纂者也非执笔者。或因地方名硕，或者是在京、在外地任高官而又与桑梓有联系的头面人物，挂个主纂之名，其实并不亲自动手。也偶有真正的执笔者，或因名望不够等一些较特殊原因，反而不得列名于书。故各种方志书目录著作中，著录与事实有出入较多的也是修纂者这一项。针对于此，本《提要》作者下了很大的纠谬指误、求实正名的功夫。旧志中一般都有"修志姓氏"的记载，这当然是他们在提要中介绍给读者的主要依据。但决不仅限于此。凡缺佚不全者，他们都细心从序、跋、按语，或后修志书中予以搜寻揭出。尤其注意为那些未得列名于书的实际编纂者正名。对于主修者、实际主纂者的姓名、字号、年龄、经历、主要学术成就及著述等，都作出简介。为了准确和完备上述诸项内容，他们还查证了大量的正史、杂著、方志书中的职官、选举、人物等卷目，还有《明清进士碑传录》、《中州艺文录》等，收集了丰富的资料。对于一些外籍修纂人以古地名冠其籍里者，也不惮烦难，查出今地名予以注出，颇便读者。据作者称，他们在这个工作中，还得到了颇多的意外收获，其中一项就是整理出了一批明清以来河南知名文人的名单，尤其是一批修志专家、修志世家名单，如修纂《新蔡县志》的刘大恩、刘周南、刘华祖孙三代；修纂《安阳县志》的武亿、武穆淳父子等。

4. 修志缘起、纂修方式及经过。旧时一部志书之纂修缘起各不相同，因而纂修方式和经过都各有异趣。有的是出自朝廷"谕旨"的规定或上宪的要求，如为修一统志或省通志，都曾要求下属府、厅、州、县修志；有的是地方官莅任后，受地方乡绅敦请而修志；有的是地方行政长官，自以职责攸归而"肃币礼请"学人修志，或干脆自己动手修志；有的是地方儒学之士自发撰修，而后被纳入官家修志轨道的；有的则自始至终都是草野之人私自纂辑。修志缘起不同，纂修方式及过程的差异，往往直接影响到所修志书质量的状况。奉旨、奉命修志者出于被动，限于期程，往往敷衍塞责，数月突击而成，自然难免粗疏简陋。如康熙时巡抚阎兴邦曾"檄中州续修各志"，"稿呈者七十余部，合于体者仅一二而已"（《提要》下册第 28 页）。而出于主动修志者，往往选得其人，肯于投入人力物力，修者、纂者配合得当，且有较充裕的时日，有时一书甚至历数任方成。这样的志书修成之后，往往质量较高，有可观者。至于草莽私纂者，虽受客观条件的限制，难以求全责备，但也正因为与官家所涉无多，故能更多地体现编纂者的个人意志，往往在思想或体例方面有所独见独创。正因作者对这种关系了然于胸，故在《提要》中很注意对修志缘起和修纂过程交代清楚。

5. 内容介绍。如果说前已述及的书名、版本、修纂人、修志缘起等，都是志书提要中必不可少部分的话，那么志书内容的介绍，则是各条提要最重要的部分了。一部志书字数少者数千上万字，多者达数十万字，甚至近百万字，内容庞杂，方面殊多，到底要介绍些什么呢？本《提要》中注意揭示的是下列方面的内容：

一是志书的卷数与纲目。对于纲目，由于有的二级目或三级目数达上百个之多，如果全部录出，则占篇幅过大。作者采取的办法是，凡今存多部、易于得见的志书，仅列其纲或一级目，于二、三级目只记一个总数，说明细目若干而已。对于读者难以得见的孤、稀、善本，则无问纲目多少，均全部列出。对于志书有无序、跋、凡例、图、表等，都交代清楚。这种处理方法，既是必要，更可谓得体。

二是体例。首先说明一部志书的体式，是纲目体、诸目平列体、三宝体，还是别的什么体。继之是对表述体式的考察，看其图、表、考、录、传、记的运用和搭配是否得当，有什么特色，从中往往可以发现一部志书对于前志的继承、创新或发展。

三是修志宗旨和原则，主要是考察志书凡例的特点。

四是注意揭出特色和值得注意的资料。这一项在各条目中所占的篇幅最大，也是最能引起读志用志者兴趣的。大凡在记述自然现象、社会经济、阶级关系、特殊阶层、人民起义、土特物产、民情风俗等方面，有特殊意义者均予揭出，方式灵活多样。有的仅作一句话提点，有的予以简要说明，有的则作适当的摘引。尤其是后者，读来真使人有精彩纷呈之感。如万历《汝州志》的提要中，就摘有"庆历二年，民间讹传有诏选宫女，一郡处子嫁娶殆尽"。这表现了人民对皇家作为之恐惧与痛恨情绪。乾隆《鲁山县志》条下，介绍其"山菜"中有木耳一种，并专门摘引出"鲁民虽不逐末，但所借以完赋者不专在田，或恃木耳"。说明自然经济下的农民，还得要靠副业帮助方能完纳田赋。记述社会风俗方面的资料摘介的更多，如康熙《鹿邑县志》条下，摘"鹿邑在前代颇称淳良易治，至明嘉、隆间……士尚气节，民崇礼教，犹有三代遗风。不谓距今百余年而江河日下，殆不可问矣。虽土瘠民贫，习染如故，士大夫各立门户，比相倾轧。至今沿习，竟成牢不可破之局。苦夫里巷小民，健讼乐斗，连结多伙，武断乡曲，横恣通衢，浸淫滋漫，无所底止"。嘉靖《太康县志》条，摘其记服饰之变化有云："弘治间，妇女衣衫仅掩裙腰，富用罗缎纱绢，织金彩通袖，裙用金彩腰栏，又高寸有余。正德间衣衫渐大，裙褶渐多，衫用金彩补子，又渐高。嘉靖初，衣衫大至膝，裙短褶少，又高如官帽，皆铁丝胎，高六七寸，口周面尺二三寸余。"这两则风俗方面材料的意义，其一是形象地反映了社会风俗习尚的变化；其二是动态地记述了风俗，很值得我们编修新志之借鉴；其三是研究服饰史极可宝贵的资料。有的资料反映社会变化，已达到相当深刻的程度。如顺治《光州志》提要中所摘的："然而四方寓贾逐末者多，荷锸土著务本者少，民无半岁之积，士艰并日之餐，恐一旦饥馑，何以相安？"这既表明清初商品经济之活跃，又显示出了编纂志书的士大夫们的恐惧心理。既是社会现实的写照，又是社会意识形态的反映。这难道不是我们治明清史者踏破铁鞋所要觅求的资料吗？本书真可成为多方面的"引得"。

三　考镜源流　辨章学术

自从 1982 年 8 月，中国地方史志协会制定《中国地方志整理规划》（草案），将"中国地方志提要丛书"列为其中的一个重要项目以来，各省的史志工作者，都已经在这方面做了大量的工作，取得了不少的成果。截至目前，各省出版的地方志提要著作已有多种，仅笔者有幸寓目的就有五六种之多。初读一过，深感它们各有千秋，自具特色，令人获益匪浅。但相较而言，这部《河南地方志提要》似又更胜一筹。"胜"就胜在它于考镜源流、辨章学术方面下的工夫更深一些。

如前所述，本书于各行政建制单位都设一概述，概略交代该地的建置沿革和志书沿革，为在分条提要中去进一步考镜源流，辨章学术准备了基础。在地方志的诸多特性中，最重要的一条是它的连续性。千百年来，前后蝉联，赓续不断，直如历朝国史之编修一般，这是在它类著作中未曾有过的。在方志史上，几任地方官相继完成一部志书的例子并不鲜见。因而，不没前人的功劳，注意在继承的基础上去发展创新，是方志修纂中一个好的传统。也正因如此，所以在给任何一部志书作出评价时，都不能孤立地进行，而要把它放在纵向链条中一个环的位置上去进行考察，从思想观点、体例篇目到资料摄取上，看它对于前志所因、所革、所创是什么，对于后继者的影响又是什么。这正是作方志提要难以为它类著作提要之所在。

刘永之、耿瑞玲两位先生，在本书中正是这样做的。本来，这个课题开展之初，河南省社科院有 6 位先生参加，按河南省 10 个地区作大致分工，每人包干两个地区。又有 30 年代留下的《续修四库提要稿》中河南方志提要 207 篇作基础。如果要快捷省力，只要各人把负责区域内所缺的志书提要补齐，交由主编负责总辑亦可成书。可是在工作进行中，有 5 位先生写出近 40 个条目之后，便因事转向，更主要的是这种分片包干、查得一部志书写一条提要的方法，不能形成总体观念，难以考察方志的连续性和继承性，说不清哪是源，哪是流。在价值取向、评论重点、资料取舍、文字风格上，也会形成多人凑合的状况，势必影响全书的质量。于是面临着一个新的抉择。

面对于此，年逾古稀的刘永之先生和刚从大学毕业不久的小青年耿瑞玲，没有避难就易，而是迎难而上，决心不作部分的改补，而是全部囊括。对河南省所有旧志作整体的系统掌握，对每一部志书都搞清源流，准确地提示其继承与创新，作出科学的评价。为此，刘先生付出一生的最后6年心血，耿瑞玲耗费了11年的青春年华，行程上万公里，走访了北京、天津、上海、南京、杭州、宁波、武汉、西安及本省的郑州、开封等53个藏书单位，纠正了《中国方志综录》和《中国地方志联合目录》中上百处的错误，补充志书65种，终于将河南省现存的566种旧志提要全部作出（其中改写其他同志草就的39个条目）。又对历史上已经佚失的近400部各类志书，来了一个钩沉显晦，成就了这部近110万言的皇皇巨著。

无论是存是佚的志书，都将其系于该政区内志书纵向链条之"经"上，又置于相关府、县、横向联结之"纬"中。把每一部志书都放在特定的时空位置上进行具体考察，故能明其源流及每一种方志现象的因承变化。为了说明问题方便，我们不妨以许州志为例以试析之。

今存的许州志（包括民国时期两部许昌志）共是8部。由于在许州"概述"的建置沿革中，已经交代许州在隋时曾为颍川县（是颍川郡治所），故在其下首条出现的永乐《颍川郡志》，就不会使人感到突兀了。这部《颍川郡志》是本州（县）内始创之作，亦是明清以来河南现存500余部方志中最早的一部，故无论是体例还是内容，都有值得研究的价值。这是广东省东莞人陈琏于永乐元至三年在此任知州时所创修。书成未梓，琏即改知滁州，离去时将稿留缑山陈原礼处。永乐七年，沔阳人胡弦道来任，捐俸刊刻，于十一年工讫印行传世。今得见者虽为残本，但基本面貌仍具。提要除列其所设目而外，还作了分析评价。

今存的第二部是弘治《许州志》，为"二泉先生"邵宝纂修。他虽称"旧志出于前知州五羊陈公，今多因之；其分类七例，则宝窃用己意"，实际上大有改进。如在建置沿革中，将"乃若附望，以为雄夸，多以为侈"的"旧志之失，悉为删去"；里甲分原设、增设二类，"据籍实而录之"；土产以"许在豫州域内，所产同于他处尚多，故特志其少者"；风俗"善者既嘉奖而作成之……其未善者，亦弗敢文饰"等，加之全书文辞简明雅洁，故出来后受到很高的评价，"后志许者，皆以前志为宗，而置陈志于不顾，誉其与康海《武功志》为海内双璧"。

嘉靖《许州志》实际是弘治志的续编，对于弘治五年前之故事多录旧文，甚至连邵宝加的按语"二泉曰"，也照录辑入。但依然有很大的改进。首先是"旧志无统"，今则立纲分目，立 8 大目统 43 细目，使之井然有序；其次是在凡例、叙言、赞语之中，有一些很有见地的看法。如"郡邑有志，志郡邑也，非为有家私也。诏敕赠答之纪则家乘，今皆弗庸"。作者评之为"历代修志多为大家所把持，针砭时弊，此例应永为定制"；其三是终卷"杂述志"内增设"戌役"一目，甚为新奇，为方志中稀有之资料。

清代最早的是汪潜等纂修的顺治志。此志流落海外，现存日本，未得寓目，不作提要。但在"概述"中用近 170 字交代了其崖略。从后来的康熙《许州志》胡良弼序言中可见，这种交代是必要的。胡序云："访之仅得前汪公所纂志，以较素所耳闻，亦且挂一漏万，而所属四邑并未尝一语，怅然者久之。"由此可见，康熙志于顺治志中继承的东西可能不是很多的。康熙志也有自己的特点，其分大目为九，纲目井然，而辑录了许多至为可贵的资料。但此志最大的纰缪是艺文志冗滥芜杂，把一些根本与许无涉的"令"、"奏"、"疏"、"檄"、"述"等充塞其间，以至列目在十二以上，甚为荒唐。

甄汝舟修的乾隆《许州志》是一部奉命之作，仅数月而成。奉命之作也有佳者，但由于限期完成，使不少这类志书往往杂弊丛生。本志就属后者，而且有许多令人莫明其妙之举。如果说其篇目完全同于康熙志，无一字之改尚属允许的话，那么下列三点则几乎是不能容忍的了：其一，它从康熙志中删除者，恰是其精华，如删去"王租"一目；而所因袭者倒是不符志体、全无足取者，如《春秋许国世次》、《曹操劫迁汉愍帝始末》等。其二，它所承袭者明明是康熙志，为康熙志的续编至为明显，可是在其卷首却署为"明无锡邵宝修，甄汝舟续修"。中间间隔二百五十余年，已经多次修志，而且甄汝舟也绝未见到邵宝志，仅从崇祯时董嗣朴修的一部志书（今佚）中，读到邵宝志中的一小部分小序，便把它引入自己志中，这种做法和署名法，真是方志史中绝无仅有之例。

限于篇幅，尚有道光《许州志》、民国《许昌县志》、民国《许昌县志初稿》的提要，不能再作例析了。仅从上述 5 个提要中，已可见本书对考镜源流之重视了。除了从我们所说的从"经"（纵向）上考察之外，也还有从"纬"(横向)上的比较。如前述的康熙《许州志》的提要中,在开列其15卷9大目之后,接着便揭出"县志纂修于清初,但纲目井然,分类亦大体合理。较之康熙、雍正两朝所修之通志,动辄列目多至三四十条、一片混乱的情况,不能不对此拍手称赞"。又如嘉靖二十年《许州志》的提要中,将本志与嘉靖元年《彰德府志》作比较,提出"其不谙用'表',致官师诸目眉目不清。事隔20年,是编于官纪门以及沿革、选举下及卷末成将大小诸目,皆采用'表体',眉目十分清楚,亦可见事物都是在不断发展中的"。在其他州县的志书提要中,也同样揭出了《许州志》之短。如嘉靖《真阳县志》(属汝宁府)提要谓:"庄屯目,专载明崇祯王府在本县之领地,计有庄三,屯二十七处,后有(纂者何)麟曰:'此皆崇府之庄屯也,其领地均有千顷,真阳之封疆虽有百里,然庄屯皆在封略之内,则真阳地寡可知矣。地既寡,其民有不贫乎!'河南藩封遍全境,如此直言不讳者,在志乘中并不多见。如《许州志》仅记'王庄'×处,余则不载。"

这些是根据提要提供的基本素材,由读者可以自行在比较中归纳出来的。也有是由作者在一条提要之中,予以归纳揭出的。如乾隆《续河南通志》中就有这样做的:"河南省志自明成化《河南通志》以至雍正《河南通志》,皆不置纲领,目录各自分立,互不牵连,体例之混乱与前代图经无轩轾。是书总列十门,各领小目若干,提纲挈领,朗若列眉,与旧志相比,可见其史识,此其一。人物志、艺文志向为志书中之重要组成部分,但在河南志书中,此二志体例混乱,分量偏大,少有例外。雍正《河南通志》于人物之外,别立理学等六门,意若理学家等非属人物,即混乱一例。是编凡例云:'忠节、孝义、列女诸科皆人也,统以人物而类分焉。'此最合理,亦对前志之否定,则又一创新。雍正《河南通志》于艺文志中对旧志此目大加压缩,是一大改进;是书于艺文志中提出'崇实政'的选文标准,故所辑者以奏疏与记体为特详。多有关本省与府县之水利、赋役、土地、教育等方面的文章,深得志体,是改进中又一前进也,此其二。"

四 盈尺之璧 宁无微瑕

这部《河南地方志提要》值得肯定的地方还有很多,限于篇幅,只好不说了。下边想要说的是它也还存在一些不足之处。我认为最主要的就是，在兼顾"纬"时还偶有疏略。试举例以言之。

在邹守愚主修，李濂、朱睦㮮纂，嘉靖三十五年刊印的嘉靖《河南通志》的提要中，作者指出"此书之失，有两点予后世方志造成不良影响：一为设'帝王'目。历代帝王，本纪列于国史，不借方志而传。此例一开，不仅省志踵其后，其他方志亦纷纷效尤，陈、蔡、宋、郑、韩、魏、卫等古国有关地区，攀龙附凤，泛滥成灾，此皆可于该志中见之。有失志体，无过于此。再如人物之外，另置其他人物项目，如游寓、孝义等，实有乖史体。纪传体史书，除帝王外，所有人物均见于列传。志书有何必要标新立异，独树一帜？此例一开，后世方志亦纷纷效尤，十分混乱"。

在这里指出邹志这两点有乖志体的不良做法，实为有见地之笔，但谓此恶例由本志首开，则有失公允。笔者未及遍查他省方志有无先开此二例者，然仅从本《提要》中便可查得，在河南就有不少志书已先开此二例。关于设"帝王"目，起码有比邹志早 2 年刊印的两本志书已设有"帝王"目了，这就是刊于嘉靖三十三年的嘉靖《汜水县志》（见本书上册第 69页）和嘉靖《柘城县志》（见下册第 104 页）。更有比邹志早 29 年刊行的嘉靖六年《濮州志》，也在其卷四中首列"帝系志"。至于在人物之外另立其他人物项目的，在本书中找出早于邹志的例子就更多了。如比邹志早刊一年的嘉靖《巩县志》（上册第 121 页），早刊 28 年的嘉靖《辉县志》（第 350 页），早 41 年的正德《中牟县志》（第 91 页），早 46 年的正德《汝州志》（第 280 页），早 50 年的正德《新乡县志》（第 359 页），早 52年的弘治《偃师县志》等。

这种前后失顾的例子，还可举出现存河南省的旧志数及本书作提要的志书数为例。先是在《凡例》中，声称本书于河南志书实收 561 种，介绍佚志 401 种。可是在载于下册的《编著始末》第 702 页却说，所知道河南省现存各种志书 568 种，7567 卷，除今大陆不存的 5 种外，作提要的 563种，介绍佚志 383 种。如果说，因为《凡例》置于上册，付印于 1990 年12 月，而置于下册的《编著始末》撰于 1992 年年 1 月，由于上册付印后又有新发现而作增补，故使前后有异，尚可说得通的话，那么同在一篇《编著始末》中，也有两个不同的数字，就说不过去了。其 683 页说现存志书 566 种，7563 卷。第 690 页上也说现存 566 种。可是在第 702 页中，则说现存 568 种，7567 卷，有 2 种 4 卷对不上号，也是属于前后失顾的表现。

除此之外，由于上百万字的分量，而且到全书出版时刘先生已仙逝，后期工作仅由瑞玲同志一人负责，千头万绪，无比繁难，故使校对工作做得较粗，有不少比较明显的误字未能校正。如"天象"误作"大象"，"本书"误作"木书"，"柴薪"误作"紫薪"，"田赋"误作"田贼"，"负贩"误作"页贩"，"韭菜"误作"菲菜"，"附于郡志"误作"附子郡志"等。如果在一般通行的书刊中，出现一些错误，读者按常理便能知其为校对不精而出现的差错的话，那么在颇多夹杂（或引述）已经过时的文言、古语的著作中，不少的读者恐怕就难辨其正误了，这也正是作古书提要，更难以自行写作之处。当然，类似校对中的这些差错的存在，作为出版社的编辑也是有责任的。

作方志提要，看似容易，实则是一件大难事。早在民国十九年瞿宣颖的《方志考稿》出版时，余绍宋为之作的序言中，便指出了其难之所在。首先当然是数量多，庋藏分散，凭一人之力难得尽阅。除此之外，还有"即或凭其势位，足以得窥多数之志书，而一省之中，自通志逮于县志，一志之中自始修以迄于数修，纷纷然杂陈，难以悉数。欲事钩稽，甚费时日。成书匪易，得名实难，悖于恒情，谁乐为此？此不愿为之者也。"加之"近出之志，作者见存，措词直质，又虑贾怨，此不敢为之者也"。

刘、耿两位作者，基于对此项工作意义的认识，以强烈的社会责任感和不惮繁难的大无畏精神，硬是迎难而上，向着一般人"不敢为"和"不愿为"的课题进军。既要高屋建瓴地宏观把握，又要从细微的一点一滴做起。对每一部志书，都不但有重点又兼顾基本情况的介绍，更着力于考镜源流，辨章学术。以两人十有余年之合力，终于成就了覆盖一省 123 个府、州、厅、县上下五百余年，涉及存佚 860 余种志书的这部近 110 万字的巨著，无愧于前人和后世的一部高水平的学术著作。他们的思想境界、胆略、风格，还有他们从实际摸索中得来的经验，都是值得人们学习的。

（原载《中国地方志》1996 年第 2 期）

（《河南地方志提要》，刘永之、耿瑞玲编著，河南大学出版社 1990 年版）

6. 此间明月胜他州

——读《扬州市志》有感（上）

上面这个标题，是笔者曾写的一首打油诗中的一句。那是 1994 年 9 月，应邀参加《扬州市志》评稿会。会议结束时，适逢"94 年度中国扬州二十四桥金秋赏月会"开幕在即。但我当时却因公务急作他去，不获滞留。因有所感，故作打油诗一首留为祝贺。此诗曾刊于《扬州史志》1994 年第 4 期，今录于下：

> 一年三度远来游，每来总被月勾留。
> 世间何处无明月，此间明月胜他州。

天行本无私，凡是天覆地载之处，处处皆有日月，她们洒向人间的温暖和光辉都是一样的。世间各处，人人所见均是同一个月球，扬州的明月自然也与他处没有两样。那么为什么要说"此间明月胜他州"呢？难道扬州之月还有什么特殊之处吗？作为自然之月当然是一样的，只是由于历代的文人墨客赋予了扬州之月许许多多的文化内容，故在扬州看月，便会产生一种胜他州之感罢了。

扬州之月，文化韵味之浓无可比拟。扬州之月，入诗数量之多和水平之高，恐怕也是别处之月难以与其匹敌的。在这里真可以说是"地以月益名，月以地增辉"了。不是么，被称为"孤篇压全唐"的张若虚那首《春江花月夜》，全诗 36 句，出现"月"字的句子就达 15 句之多，如果加上暗写月的 9 句，总共就有 24 句，正好占全诗总句数的 2/3。这样的入诗率，有哪个地方的月、哪一首诗能够相比？至于"天下三分明月夜，二分无赖是扬州"、"二十四桥明月夜，玉人何处教吹箫"、"花发洞中春日永，明月衣上好风多"等名句，更是人所公认的千古之绝唱。吟唱这些诗句，就让人自然而然地想起扬州；说到扬州，就令人不由自主地吟唱这些诗句，想到扬州的明月。难道这还不可以说"此间明月胜他州"吗？

不过，我的这篇文章用这一句作题，主要还是想借扬州之月胜他州，来述说新出版的《扬州市志》（以下简称《扬志》），与其他志书相比，有更胜一筹之处。

（一）　体现经世致用的两级概述

经世致用，是中华文化著述中的一项优良的传统。在两千多年的方志史上，这一传统也得到不断的继承和发扬。在本届修志之初，方志工作者把志书的社会效用归纳为资治、教化、存史三个方面，尤其强调在本届修志中要注意为两个文明建设服务。已经出版的新志书都在这方面作出了较大的努力。当然做法上各有千秋，效果上也各有差异。我认为，《扬志》在这方面作出的努力，是很值得重视的。除了在志书的各篇、章中吸纳了大量准确反映地情的翔实资料，进行了科学合理的编排，便于社会各界使用之外，更值得注意的是志书的两级概述，写得非常有特色，其中许多的策论之笔，更大大地增强了志书经世致用之效。

《扬志》前有全书的"总述"。其下辖的 76 篇分志，加之未入篇序的"人物"部分，共有 77 篇"概述"。总述与概述，各处的地位不同，编纂者赋予它们的任务亦各异。总述的任务是高屋建瓴总其全书，把渗透于全书之中的扬州最突出的特点予以揭出，并从历史的简述之中，归纳出最值得重视的经验教训，为人们提供历史的鉴戒。从已出版志书的概述来看，全书的概述（或称总述）写法多样，各有特点。有人曾将其归纳为特点串联体、浓缩体、史纲体、策论体等诸种体式。

《扬志》的总述既吸收先行者上述各式的优长，又不单属上述诸式中的某一种，可以说是一种诸体综合式的总述。这篇总述，除前面一个简序之外，分为三大部分。第一部分下辖 5 目：一、襟江带淮的显要之地；二、几度兴衰的历代经济；三、底蕴丰厚的民族文化；四、代有传统的斗争精神；五、今昔对比的城乡变化。这五目都是围绕扬州的特点展开的，但它不同于仅将一地诸项特有事物平列摆出的特点串联式的写法，而是先从襟江带淮的自然环境入手，解连环扣式地逐一展开。首先，是展示地势坦荡、水秀土肥、资源丰盛、物产富饶的自然地理特点。正是这种环境的优势，使得这里早在7000多年前就有土著居民生息繁衍于斯。从3000多年前的西周时期起，这里便成为一方重要的政治中心，因而具有了区位显要、历史悠久的特点。自然环境的优越，为经济发展提供了有利的基础，但是政治中心的位置，却使得这里的经济受着政治浮沉的直接影响，于是形成了其经济的几度升降兴衰。由于经济、政治中心的长期孕育及南北文化的交融，在这里积淀了丰厚的文化沃土，所以它有着底蕴丰富的民族文化。在阶级社会里，政治、经济中心地位，固然有其优越的一面，但它往往又成为统治阶级搜刮的重点和不同势力、集团争夺的目标，以致沦入军事斗争的旋涡，给社会带来灾难，给人民带来痛苦。为了维护正常的生产和安定的生活，人民不得不时时起来反抗强暴，以致反对外来的侵略，所以使此地人民强烈的革命斗争精神成为一种传统，代代相承。

如果说前四目所反映的是偏重于深层历史特点的揭示，那么第五目则是运用今昔对比的写法，充分展示了扬州的现实面貌，也就是当今扬州的现实特点。

综观此五目，可以看出这种对地方特点的理解及其记述方法，比起那种仅抓住一地的几个特有的山川名胜、自然风物、历史事件、名优特产，就当作该地的地方特点，单个地予以"突出"的做法，显然是胜了一筹的。这五目之中，既有扬州特点的展示，又有扬州数千年历史的纵述，还有全志内容的浓缩。这就把全志内容浓缩、特点串联、历史纵述巧妙地织在了一起。

该总述的策论之笔是放在其第二、三部分。第二部分是扬州社会主义建设中，经验教训的总结。第三部分则是直陈扬州未来发展中所面临的历史机遇及严峻的挑战。重点展示了在充分认识自身优势及面临机遇的基础上，中共扬州市委、市人民政府确定的战略目标：在本世纪末到下世初，扬州市区将基本形成历史文化与现代文明交相辉映的现代化滨江工商业城市布局，进而进入长江经济带国际化城市群；全市城乡各地则将建成经济繁荣、科教发达、环境优美、法制健全、社会文明、人民生活富裕的地区。为达此目标，还确立了"科技兴市、三沿（沿长江、沿运河、沿国道）开发，梯度推进，全面发展"，及"逐步形成328国道沿线资金技术密集型产业带，长江沿岸港口经济、基础工业带，里下河腹地贸工农一体化、多种经营商品化的经济带，形成城乡产业整体发展、生产力多层次合理配置的新格局"的战略决策。

显然，这样一种综合型的概述，既是对先行者所创立的各体之长的继承，又在其基础上有所创新和发展。

《扬志》的二级概述，也就是各篇的概述，达 77 篇之多。最短的是《司法行政》篇，占 16 行，约 600 字；最长的是《纺织工业》篇，占 111 行，约 4000 字（《方言》篇之概述，占 217 行，约 8600 字，但从内容上来看，它实际写成了本卷的一个专章，故未把它视为篇级概述之最长者）。除《方言》、《人物》等少数篇概述写法较为特殊之外，多数篇都是从本篇所记内容之中提炼出来，述其历史，陈其现状，申其特点，议其得失，展其方向。在这 77 个篇的概述中，有策论内容的达 47 个之多，超过总数的2/3。这些策论之笔，少则十余二十字，多则百余字，都紧密地结合本篇内容，立足中观，指陈议论，因而具有很强的针对性和实用性，便于本行业或部门的领导者，作出推进工作的决策参考。就所论的内容可分为如下的6 类：

（1）指出有利因素与待开发潜力的，如《渔业》和《电子工业》篇；

（2）展示已有成绩和自身的优势，鼓励人们去继续发扬的，如《轻工业》、《机械工业》、《民主党派》等篇；

（3）揭出不利因素与存在隐忧的，如《自然地理》、《人口》、《种植业》、《建筑材料工业》、《教育》、《经济综情》、《水利》及《财政》等篇；

（4）有总结经验教训的，如《城乡建设》、《纺织工业》、《中国共产党》等篇；

（5）有阐明规律的，如《生产关系变革》篇；

（6）数量最多的是指出当前面临的任务，存在缺点、矛盾及薄弱环节。这类当中，有的指出了解决问题的努力方向和方法，如《化学工业》、《干部职工管理》等篇；有的则向社会发出呼吁，提请人们予以关注与支持，如《艺术》、《文学—哲学—社会科学》、《文物》、《体育》等篇；有的则只将问题揭出，留待人们去研究解决，如《桑业》、《工艺美术》、《人民代表大会》及《人民生活》等篇。

细读这些篇的概述，人们不难发现，有两个最鲜明的特点：一是这些概述中，论的虽是某一个部门或行业的事，却着眼于整个扬州经济文化的发展，如《交通运输》篇所论云："扬州的交通运输事业虽然取得了长足的进步，但现有的交通条件仍不能适应经济建设和对外开放的需要，在一定程度上制约了扬州经济的发展。因此，振兴扬州交通，加强和改善'水、陆、空、铁'运输基础设施建设，仍是本市当前和今后经济发展的战略重点之一。"有的还面向全国，甚至面向世界，立足于国际竞争。如《建筑业》篇中所云："面对竞争激烈的国际、国内建筑市场，扬州建筑业仍需加强自身建设，适度控制职工人数，提高企业素质；壮大工程技术人员队伍；加强和完善行业管理体系；开发第三产业，搞好多种经营等，以求进一步提高技术水平。"

特点之二是体现了一种很强的忧患意识。古今扬州在中国和世界的地位是尽人皆知的。扬州当今的发展和取得的成就也是令人瞩目的。但是扬州人绝不能以此就可以高枕无忧。在这一级的概述中，许多篇中都注意了指出面临的严峻局面和存在的隐忧。有的是带全局性的，如《自然地理》篇揭出的"辖区境内地形复杂，易旱易涝，加之地处江淮下游，常常受到江淮并涨的洪涝威胁"。《人口》篇指出的："人口总数不断增长，人均土地不断减少，到 1987 年，人均耕地面积仅有 0.98 亩，低于全国人均 1.5 亩的水平。扬州市正面临周期性生育高峰的到来，到本世纪末要实现全市总人口控制在 1000 万人以下的目标，任务相当艰巨。"《经济综情》篇指出："1987 年，全市经济发展中存在的突出问题是：粮食生产出现徘徊，生猪饲养量下降，农业投入不多，缺乏发展后劲；工业生产中企业拳头产品很少，产品质量也不稳定，企业应变能力不强，小纺织、小啤酒等项目重复建设、效益低下。"有的属于基础设施方面的，如《水利》篇所陈述的："80 年代，全市水利建设方面的问题仍较突出：江淮洪水威胁依然存在，淮河洪水出路尚未根本解决，抗洪标准较低；涝、旱、渍的危严重，改造低产田的任务仍很艰巨，尤其是老化的水利设施急待更新；工程管理普遍薄弱，严重影响工程效益的发挥。"有的则指出在现实基础和人们的观念中，都存在令人忧虑问题，如《教育》篇指出：扬州的教育事业面临的主要矛盾是"教育事业不断发展与经费拮据的困难同时存在；一幢幢新教学大楼与数十万平方米的教舍危房同时存在；高考成绩名列全省前茅与大面积教育质量尚待提高，以及还有相当多的流（失）生、留级生同时存在；片面追求升学率的倾向与'读书越多越吃亏'的观点同时存在，等等。努力解决这些矛盾，是扬州教育事业面临的新任务。"

从上面所引的几段文字，可见这级概述中的策论内容，不但是部门或行业领导者进行决策的重要依据，也是市级高层领导进行决策的重要参考。对于企业家、投资者来说，也有一种向导的作用。

（二） 抓住历史文化名城的特点，表现深厚的文化内蕴

扬州是工商业发展达到较高水平，目前又是一个地区性的工业基地这样一个城市。在要改变"旧志重人文轻经济"内容格局这种思想指导下进行修志，如何把既有深厚历史文化传统，又是现代工商业都市这两方面特点都兼顾，做到恰如其分地加以记述，把握其度，对于《扬志》来说是一个很重要的问题。90年代初以前出版的一些新志书，在贯彻上述指导思想时往往矫枉过正，把经济部类的内容弄得过于膨胀，使人文内容受到挤压，以致有人说这些志书是"经济发达，人烟稀少"，变成经济资料汇编了。如果《扬志》也照此办理，那么她就不是一部历史文化名城的志书了。

从现在这部志书来看，人文内容非常丰富，表现了扬州十分深厚的历史文化内涵。面对其书就觉得一股浓重的文化气息扑面而来。首先，选用黄瓦、白塔、绿树、碧水、蓝天交相辉映的瘦西湖巨照为护封，一开始就把人们带进一种园林文化的氛围之中。其次，开卷的彩照共分18组，反映文化方面的便有8组之多，这便是"园林风光"、"名胜古迹"、"文物精品"、"街巷深处"、"科教昌盛"、"人文荟萃"、"民俗宗教"、"县（市）名胜"。就是在其他各组中，也注意文化内容的吸纳。如"工业明星"组内有4幅工艺美术的照片，"建筑之光"组内，有仿古建筑两幅。总共224幅采照中，反映扬州历史文化内容的超过半数。这在一般工商业城市的志书当中，是很难见到的。不象有的志书的书前彩照，几乎变成了产品广告汇编或机关门面的展板。就志书文字内容比例来看，除综合类及索引共占26%之外，经济类占34%，人文部类占40%（其中政治类占15%，社会民情类占5%，人物类占5%，文化类占15%）。这样的比例，看来是与这个城市的特点相宜的。从篇目来看，文化的专篇有《名胜园林—旅游》、《艺术》、《文学—哲学—社会科学》（这个篇名似可商榷——在此不论）、《电影—群众文化》、《图书—档案—地方志》、《报刊—广播—电视》、《文

物》、《教育》、《科技》、《卫生》、《体育》、《宗教》等。在76个专志中占12个，也是15%左右的比例。还值得注意的是，一些属于工业部类的篇、章内，也记入了大量的历史文化内容，如《工艺美术工业》篇及《建筑业》篇中的"古代公共建筑"、"近代公共建筑"等。

远在先秦时期，吴国开邗沟，连通江淮水道，楚筑广陵城，西汉封吴国都广陵，就已奠定扬州作为一方的政治、经济、文化中心的地位。隋唐而下，由于大运河的开通、全国经济重心的逐步南移，扬州作为南部中国一个"富甲天下"，经济大都会的地位日益突出，其文化中心地位亦随之显著。随着历史的推移，在这里积淀了丰厚的文化土壤。除了产于此地的一些名句、名篇播扬全国之外，一些具有全国乃至世界影响的文化名人、名著、著名学派都先后在这里孕育成长。如中国《文选》学是由扬州人曹宪、李善开其先河的；中国第一部典章制度的专著《通典》，是杜佑在这里写成的；研究中国文字的《说文》学，是由扬州的徐铉、徐锴兄弟奠定其基础的；中国四大文学名著之一的《水浒传》，是由扬州兴化人施耐庵在本乡写成的。明清两代在这里出现的扬州学派、泰州学派、太谷学派以及"扬州八怪"画派，都在中国文化史上占有重要的地位。此外，雕版印书、藏书、书院教育等，都不但历史久远，而且形成传统，文学艺术丰富多彩。

《扬志》抓住其丰富的历史文化内容，予以了比较充分的记述，给人留下了深刻的印象。笔者在读这一部分时就有一点很直接的体验。记得上中学时，一个偶然的机会，曾读到一本文学刊物连载的一部扬州评话《武松》。当时对于我这个来自山区、见识极其有限的学生来说，真是大开眼界，曾感叹天地间居然还有这样的宝贝。昔时留下的印象，几十年后还是未能忘怀。拿到《扬志》时，便想急查一下，看看是否有关于这部评话情况的记述。一看真令我大喜过望。志中所记除了扬州评话的历史渊源及其流传演变、艺术特色之外，还记有评话艺人数十位，书目达四五十部之多，有的一部书就达四五百万字。原来我所见过的《武松》，只不过是较小的一部而已。

志书中并非是对扬州评话的偏爱才予以特详的记述，而是对其每一项文化内容都是如此。对每一事项都注意述其变化源流，做到溯古详今。单以戏剧演出场所为例，其记述就从清初较原始的草台、庙台、园林戏台，进而到清中叶的戏园、戏院、戏馆,直至今天的剧场、剧院。其图书出版,则从唐代的雕版印刷,进而记到清代的官刻、坊刻、寺院刻经,直至今天的江苏广陵古籍刻印社和江苏扬州人民出版社、扬州市人民出版社。对于崛起于此而又颇有影响的扬州学派、泰州学派、太谷学派,均设专节逐一记述其学派沿革、学术思想、学术风格、代表人物。三个学派的代表人物共介绍 34 人。对于清代中叶的"扬州八怪"画派,则着重记述了"八怪"画派的形成,"八怪"画风的创新,"八怪"画派的影响。其《文学—哲学—社会科学》篇的"艺文选辑"一章,选录了以扬州为题材的历代诗词 50 首,上起曹丕的《至广陵于马上作诗》(我疑题中不当有"诗"字),下至柯原 1985 年作的《古运河的涛声》;选录记述扬州的文、赋 10个名篇,始自西汉枚乘的《七发》,迄于 1984 年日本井上靖的《再访扬州》;还专设了《历代著述选目》一节,收录本籍人或外籍人在扬州写成的著作书目 960 余条,最早的是东汉陈琳的《陈记室集》,最末一条是1956 年才出生的作者——周梅森的《黑坟》。

为了反映扬州文化中园林文化的特色,还特设了《名胜园林——旅游》一篇,对这里的名胜景区和各式园林、花木、盆景,作了逼真细腻的记述,让人读来得到一种如临其境的享受。

《扬志》中文化部分记述的精彩之笔还有很多,不能尽述。但仅从上举的零星数例中,人们已可窥见这部志书所具有的,映扬州这一历史文化名城丰富文化内蕴的鲜明特色。再联系其反映经济内容的近 40 个专篇,就可看出这部志书内容的丰满全面,不像有的志书那样存在偏颇了。

(三) 抓住时代的中心内容,体现时代特色

本届修志中,多数志书都把 1840 年鸦片战争以来的一个半世纪,也就是中国的近、现代阶段,作为自己记述的时限重点。这个时代的中心内容是什么呢?就是前不久召开的中共十五大报告所指出的:"鸦片战争后,中国成为半殖民地半封建国家。中华民族面对着两大历史任务:一个是求得民族独立和人民解放;一个是实现国家繁荣富强和人民共同富裕。"中国人民为实现上述两大历史任务所进行的不屈不挠斗争,就是这个时代的主要内容。新志书要反映时代的主题,就应当记述本境域的人们,在实现

全民族的两大历史任务斗争中都做了些什么，是怎样走过来的，有些什么样的经验和教训。

目前已出版的新志书中，对于为实现国家繁荣富强和人民共同富裕，也就是中华人民共和国成立以来半个世纪的史事，记述是比较充分的；而对于为实现前一项历史任务，也就是为求得民族独立和人民解放而斗争的历史，记述却显得相对薄弱。所以，早在1991年全国地方志工作年会的会议纪要中就已指出：有些志书资料不足，尤其是"对北洋军阀时期、国民党统治时期（包括日本侵略军占领时期）社会状况的记述过于简略，缺乏较为具体的资料"，"这是当前影响志书政治质量的一个比较突出的问题，应当加以充实"①。当时笔者认为，就以对距我们很近的抗日战争情况的记述来看，就很令人失望，使人感到担忧。正基于此，所以曾在一些地方讲课或一些会议的发言中，不断申述自己的看法。在中国人民抗日战争胜利五十周年纪念到来之时，又曾以《新编地方志应着力记述好抗日战争的内容》为题，撰文进行呼吁："希望有影响的人出来说话，以期引起更多人的重视，以免留下历史的遗憾。"遗憾的是，这种忧虑没有得到更多同志的理解，故文章写出之后，在讨论时不止一个同志指出，应当首先肯定成绩，把存在的不足放作后一部分去说，标题也应当改一下。故使文章便成为了在《中国地方志》1995年第4期发出的那个样子，逼得作者不得不将原文放到《广西地方志》去再发一次。近年来，志书的总体质量都有了较大的提高，但对抗日战争的记述，令人感到很满意的却还不是很多。相对而言，《扬志》算是有了较大的改观，是目前我所见到的对抗日战争记述得较好、内容最充实的几部志书之一。除了《大事记》中有提要式的记述，《中国国民党及其他党团》、《社会团体》、《政府》、《艺术》、《文学—哲学—社会科学》等篇内，有相应的记述之外，军事篇的相关章节中，对这个时期与抗日有关的多方面军事情况，更有较详细的记述。在其《战事》章内还以近万字的篇幅，集中记了较大的16次战斗及日军的暴行。其中有中国空军对日的空战，有国民政府正规军对日军之战，有新四军对日伪军之战，也有国民党顽固派挑起、我新四军不得不给以反击和严惩之战。表现了这个时期三种军事力量、三方政权并存的错综复杂斗争的局面

---

① 《一九九一年全国地方志工作会议纪要》，载《中国地方志》1991年第5期。

和特点。

尤其是在其《民主革命斗争纪略》篇内，更详记了从"九·一八"事变后，扬州抗日救亡运动的兴起，各种抗日力量的集结及抗日活动的开展。有政治的方式，有军事武装的方式，也有文化思想动员的形式；有地方政府和群众团体组织的，有群众自发起来的，更有中国共产党领导的。内中分设"扬州抗日救亡运动的兴起"、"扬州各地相继沦陷"、"'七·七'事变后扬州地区的抗日救亡运动"、"'江文团'始末"、"陈毅三进泰州城"、"建立苏北桥头堡"、"新四军苏皖支队开辟敌后抗日根据地"、"黄桥抗日根据地的建立"、"创立高宝抗日'同情区'"、"苏中第三行政区群众包围日伪据点"、"扬州水网地区改造地形运动"等十一个专题，运用纪事本末体进行记述。既吸纳了丰富的珍贵资料，又增强了志书的可读性。从另一方面来看，如"东进序曲"、"陈毅三进泰州城"、"黄桥决战"等早已被写进唱词、小说，搬上舞台，进入银幕，几乎是家喻户晓、尽人皆知的精彩的故事，而今又以史体文字正式进入志书，更增强了它的真实性、权威性，成为进行爱国主义和革命传统教育的好教材。如果把人民群众自发的、分散的抗日活动的事例，也注意更多地搜集、记述，那就更好了。

《扬志》这部560万言的皇皇巨著，是市志办同仁11年心血的结晶。他们在完成扬州市的这项巨大文化建设工程当中，认真吃透扬州的地情，充分地吸收了先行者的经验教训，使自己的志书写得个性突出、特色鲜明，就是在90年代中期以后出版的志书之林中，也可以处于上乘的地位。这是值得赞赏的，我向他们表示衷心的祝贺。

（原载《江苏地方志》1998年第2期、《扬州史志》1998年第2期）

（《扬州市志》，薛庆仁、夏泽民总纂，江苏人民出版社1997年版）

7. 得失长短试说评
——读《扬州市志》有感（下）

这个标题也是套用我那次参加评稿会时，写给扬州市志办同仁一首"诗"中的一句。原诗为：

> 志稿成就费经营，得失长短任说评。
> 书尽维扬千古事，不赖诗家赖志人。

这里之所以要把"任说评"改成"试说评"，是因为下面我要说的对《扬志》的另一方面的意见，只不过是一己之私见，而且只是一些商榷性的试说而已。

要商榷者之一，是其《大事记》写法中的问题。
我认为这部志书的大事记写得有点芜杂，主要表现是：
（一）条目入选标准过宽，也就是通常说的"记的大事不大"，把一些只合在专志中记的内容，也提高档次放到《大事记》中来记了，抢了专志的内容。这方面的例子比较多，如一个路段、河段、一座桥梁的修成，一些工厂、学校的分分合合（1959年7月1日、1964年7月21日条等），某些实体名称的变来变去（1952年8月，警卫连改公安大队；1955年8月，公安大队改独立营；1962年4月，武警大队改公安大队；1965年5月，公安大队改公安支队等专条）。又如1951年4月8日，一个中学校长随赴朝慰问团前往朝鲜慰问；1953年7月3日，市各界代表集会，庆祝朝鲜停战协定签字。这类的事对扬州的历史进展并不产生多大的影响，算不了是很大的事。还有多次出现的某人任地委书记、专员等人事变动等，如果不是非常特殊的，似也不必作为大事来记。

（二）有的条目写得略显拖沓，如 1952 年 10 月，成立民主同盟扬州市直属小组一条，其下涉及 57、59、87、89 年四个时段的内容，恨不得把专志中所有的事都搬到大事记中来写，完全没有必要；又如 1960 年 5 月 25 日，省委第一书记江渭清批评、处分宝应县委书记条，用 280 多字，把"大跃进"中"五风"在宝应造成的危害，列出那么多数字写得那么具体，也不是大事记的写法。

（三）有些条目纯属硬添的蛇足，如 1951—1952 年末，关于捕获土匪的总结性的条目，完全没有单列的必要，只在该年此项事的末条中带上一笔就可以了。而且 1951 年末已记"结束了全地区境内的匪患"，而 52 年末又记全区先后捕获匪首 40 多人，缴获枪支、子弹多少，自相矛盾如此（附带说一句，这类自相矛盾的例子，最突出的莫过于 1958 年 9 月 10 日，全区第一个人民公社才成立，可是早在 1955 年末，就有了"泰县叶甸公社仓南大队"的名字）。

（四）总的来说，《扬志》大事记的体例、文字都不错，但也还偶有值得商榷者。如明嘉靖三十四年内所选的 4 条，先排月份无考的两事于前，再排四月抗倭之事，这就有违编年体的"日无考者系月，月无考者系季，季无考者系年"之通例。文字方面者如唐景福元年条，"八月，诏以杨行密为淮南节度使，同平章事"，五代南唐昇元六年条，"东都大火，焚烧数千家"，南唐保大十二年条，"东都大饥，民多疫死"。如将前一条改为"八月，唐廷诏以杨行密"云云，后两条径写作"扬州大火"、"扬州大饥"，就大大地淡化了从原始资料中直接抄来的痕迹。

宣统三年条中，连用了 7 个"光复"一词。我对这个词的用法一直有不同的看法。还在 1989 年 3 月的《常熟市志》评稿会上，我就曾提出过：辛亥革命时期凡是脱离清廷，站到起义方面来的地方均称"光复"，这在当时无一例外都是这样称法的。当时的革命者站在"驱除鞑虏，恢复中华"这个中国资产阶级旧民主主义革命的立场上这样提法，反映了他们的大汉族主义思想，把满族当作外族看待，把满族建立的清政权对全国行使统治，视为是中华民族的"蒙尘"或"沦陷"，所以凡是脱离清廷统治的地方便称为"光复"。用我们今天的民族观点来看，这是不对的。因为中华民族是由 56 个兄弟民族组成的大家庭，在这个大家庭中，都可以来当家长。满族也是其中一个成员。开始以满族人为主建立、后来其实各族人士都大量加入其中的清政权，就是全中华民族的政权。因此，清朝的被推翻，与历史上那些朝代的被推翻并没有什么两样。当然，清廷是被资产阶级推翻的，但这只是阶级性质上的不同，并没有民族性质上的不同。所以，在这里用"光复"一词是不科学的。考虑到当时的通称及留下大量的文献资料都是这么记的，我们可以作为专语运用，但用时一定要加引号。否则就会出现观点上的错误。基于现在几乎所有的志书中，都是未加引号运用的，故我在此再次提出来加以讨论，请同行们指教。

要商榷者之二，是"要事记略"应当一以贯之的问题。

本志中设有《民主革命斗争纪略》一篇，从"'五四'运动在扬州"到"渡江支前"，共写了28件大事。采用纪事本末体，使每一件事都首尾毕具，既保证了资料的完整性，又增强了志书的可读性。可以说，这一篇之设为全书增色不少。可惜的是，这样的做法在全书中没有一以贯之，没能把解放以后的大事也用这种体式写出来。从扬州解放至志书下限1987年的近50年间，扬州地面的许多重大事件，如肃清匪特、土地改革、三大改造、"三反""五反"运动、反右派斗争、"大跃进"和人民公社化运动、社会主义教育运动、"文化大革命"、农业学大寨、拨乱反正、改革开放等，都是很有内容可写的。可是，由于没有这样做，致使这些曾经在扬州大地产生过重大影响的大事，在志书中变得隐隐约约，支离破碎。

仅以土地改革为例，从本书《大事记》中粗线条的勾勒中可以看到，扬州的土地改革曾经历过两个阶段，即民国35年夏秋间进行的"五四"土改和全国解放以后的土改。解放后的土改，是1950年6月15日从泰兴县的试点开始的，8月底9月初整个地区全面展开。最初曾出现过群众发动不充分、对封建势力打击不力、工作草率、赶时间的问题，所以当年的11月9日，地委发通知要求纠正。其后还发生过斗争地主时发生骚动，地主被抢走、乡党支部书记被殴打的事件。大概是在贯彻地委坚决打击地主阶级破坏活动的通知精神中，有的地方又出现违反政策的现象，故又有1952年2月18日地委转发江都县委的《通告》，要求对干部加强政策教育，严禁乱抓、乱打、乱押的现象，以及3月17日转发兴化县委"违反政策事件的检查报告"。6月，开展土改复查后，又在泰县发生"不法地主反攻复辟问题"，故地委又转发泰兴县的报告，要求"各县严加重视"。直至

1952 年 3 月中旬,各县(市)颁发土地房产证书,全地区土改才告结束。

充满这么激烈的斗争、内容极其丰富的土地改革运动,在志书中本应有专门的节、目,将其记得有声有色,精彩纷呈。可是遍查全书却使人失望。在《生产关系变革》篇内,虽设有"土地所有制改革"一章,但无论是"'五四'土改",还是专记解放后的"全面结束土改"的目中,都只有中观的概括,除了领导的组织、部署另加一大堆数字之外,具体的进程和个例几乎一点都看不到,就像北京自然博物馆里的那具恐龙标本,只有骨架没有血肉了。如果能像《民主革命斗争纪略》篇中的做法一样,也列一专目展开记述,恐怕就不至于这样了。在已出版的志书中,土地改革部分写得好的更是不多。1990 年 12 月,河北《武安县志》出版后,是笔者见到对土地改革记述得最好的一部,曾撰文进行了介绍(《若干新志书中党的领导作用记述概说》,载《河北地方志》1993 年第 1 期)。至今能写到那种程度的,笔者几乎还没有见着。

同样的道理,从大事记中可以看出,在"五风"盛行的岁月里,干部中既有像高邮县委几位负责同志那样的坚持实事求是精神、敢于为民请命的好干部,也有一些没有克尽厥责,像被江渭清处分那样的同志,因而在社会上造成严重后果。如果设了"大跃进和人民公社化运动"纪略的专目,这些内容都可以展开写得更充实,给人们留下宝贵的经验、教训。同时,因为这些很具体的内容,都有了恰当的去处,大事记就不至于像现在这样不胜其负荷了。

要商榷者之三,是在《总述》中,还可以把反对外来侵略的爱国主义内容写得更集中些,把这面旗帜举得更高的问题。

《扬志》的总述中,专设有"代有传统的斗争精神"一目,概述了扬州人民代代相传反抗强暴的斗争精神,这是很有必要的。但在写法上还可以作些改进。现在的写法是把阶级之间、国内不同政权(势力)之间的斗争,与反对外来侵略的斗争,按时间顺序杂糅在一起来写的。我认为,不如把这些内容析开,分为前后两部分,先写国内阶级、不同政权之间的斗争,后写反对外来侵略的斗争。

虽然,从马克思主义观点来看,民族斗争说到底是个阶级斗争问题,但毕竟在层次上是有不同的。在阶级社会里,阶级之间的矛盾斗争总是存在的。但当着外敌入侵，处在民族存亡的危急时刻，阶级之间、国内不同党派、集团、势力之间的矛盾是可以暂时调和，一致对外的。在这样的严重时刻，除了极少数丧心病狂的汉奸、卖国贼之外，绝大多数人都会站到全民族的立场上，与侵略者作拼死的斗争。这就是中华民族的民族性，我们民族的特点。扬州的抗日战争史实，尤其是共产党领导的新四军，在这里执行的抗日民族统一战线政策及其表现，完全证实了这一点。抓住本区域内特有的史实加以记述，体现我们这种民族性格，发扬这种优良的民族传统，应当作为《扬志》怀抱的不移目标。

现在的《扬志》应该说在这方面已经做得比较好了，这在本文的前一部分已有论述。但是，如果在《总述》的这一目中，把现在文内已有的，从明代的抗倭起，直至抗日战争、抗美援朝，再加上扬州人民在对越自卫反击战中的贡献，加以集中，在适当的地方加上一两句点眼之论，似乎可以把志书的思想境界再往上提高一些，不知编者与读者以为然否？

要商榷者之四，是某些人物传的写法中存在的问题。

《扬志》的《人物》部分很有特点：一是入传人物多，共收传主489人。在笔者所见的省辖市级志书中，除了浙江的《绍兴市志》立传525人之外，超过《扬志》的还未见到第二本。二是实行分类排列，便于查找。我过去是不主张将入传人物分类的，但读完此志后，不仅认为将人物分类有必要，甚至觉得《扬志》的人物把类分得再细一些可能更好。三是文化方面及各种技艺人物占的比例高，既体现了历史文化名城的特点，又与《园林》、《艺术》以及文化、科技等专篇相表里，还给众多的普通劳动者以相应的地位。四是不搞传与传之间的文字均衡，有话则长，无话则短。长者如鉴真传、梅兰芳传，都在1800字左右；短者如江雨三传，连同标点只有86个字，王籽传连同标点只有65个字。五是多数的传文字精练，有的写得很生动，如汪明辰传写弹琴："夏日禅房炎热，听禅者难耐，他随手弹《碧天秋思》一曲，使满座听者顿生凉意。"（按：如改为"满座听者便感凉意顿生"似更好一些）。有的将民谚引入，既作群众评语，又增强了志文的可读性。如杨鸣玉传中引的"杨三已死无苏丑，李二先生（指李鸿章）是汉奸"，又如邢天锡传写"邢长兴"店的风味独特时引的"馋煞吕洞宾，乐煞邢长兴"等。六是除了人物传外，没有设人物简介及表、录等。总之，这部志书的人物部分是很有个性的。

但就在这个部分中，也有一个值得讨论的问题。这就是在一些当代军、政人物，如蔡美江、李世品、蒋国良、陈同生、李忠、王生明、严明、张义成、张少堂、蔡公杰、刘忠俊、何仁华、谢克西、姚从义、沙克、申光华、孙际洲、杨可夫、周兴等近二十人的传中，都另外各加了一段毫无实际内容的鉴定式的文字。短的如"蒋国良在抗日战争、解放战争中，为抗日民主政权的建设和人民解放事业作出了贡献。新中国成立后，为泰州、扬州及江苏省的社会主义革命和建设事业做了大量工作"。长的如申光华、谢克西传中，这类文字都在 160 字以上。这样充满"任劳任怨，尽职尽力，坚持原则，秉公执纪，廉洁奉公，生活俭朴，平易近人"（刘忠俊传），"努力学习，勇于负责，吃苦耐劳，常带病工作，保持和发扬了艰苦奋斗的光荣传统"（王生明传），"立场坚定，爱憎分明，机智勇敢，不怕牺牲，敢于探索，勇于实践，平易近人"（何仁华传）的整段文字，纯属赘文。放在传中，除了令人生厌之外，对表现传主的高尚品质无所补益。不但没有必要，而且应当作为写人物传的一大忌，必须努力加以戒除。

值得注意的是，这种画蛇添足式的浮文，并非这部《扬志》的人物传中所独有，已出版的相当数量的一些志书中都程度不同地存在着。更值得注意的是，这种现象不见于古代人物传中，不见于近、现、当代的烈士传中，也少见于科技、文化及实业人物传中；多半只出现在党、政、军干部，而且又集中在解放后故世的这类干部传中。上述本志中从蔡美江至周兴的 19 位，都是 1963—1993 年间故世的人物。在新志书人物志的评论中，不少人都曾提出过警告：不要把正面人物传写成了悼词式的，反面人物传写了判决书式的，"中性"人物传写成了履历表式的。所谓悼词式的写法，主要的就出现在这一类干部的传中。这种警告的提出，起码有十四五年的时间了。现在看来，在志书中如何写好这一类人物传的问题，还没有完全解决，需要人们去作进一步的研究。

1998 年 2 月 16 日完初稿

（原载《扬州史志》1998 年第 2 期）

8. 最是难得西流水
——评新编《桐梓县志》

（一）

少闻夜郎老来游，一关一垭护田畴。

最是难得西流水，诗人不用为客愁。

"夜郎自大"这个成语，可以说在我国是无人不知无人不晓的。我也是还在孩提时代，就已经知道历史上有个夜郎国，并有"夜郎自大"的说法了。但古夜郎国到底在今之何地，几十年来，都只留下是云贵某地的粗略印象，具体是不甚了了的，也从未去考究过。

1994 年 10 月，去遵义参加全国新编地区志第二次学术讨论会时，应桐梓县志办同仁的盛情邀请，到该县去参观学习时，才知道原来桐梓县就是古夜郎之地，所以感到特别的新奇和幸运。此前，通过"地无三尺平"的民谣，早就以为贵州遍省都是山地了。加之去的当日上午，从遵义出发，汽车一路逶迤爬上娄山关，又由关上盘旋而下，几十分钟的行程，更加深了我的这种认识。出乎意料的是，从半山腰向下看去，山下竟是一片平畴。桐梓县城就坐落在众山环抱的这片不小的平坝之中。从汽车里出来，适逢当日天高气爽，阳光明媚，令人顿生一种天宽地阔、心旷神怡的感觉。猛抬头一看，我们将要小憩之处竟是一座"西流水宾馆"。中国历来就有"世间无水不朝东"的说法，这里竟建有西流水宾馆，多么富有诗情的意境啊！上面这首小诗就是写的这种感觉。

小诗腹稿酿成尚未录出，不想，中午饭后，在休息厅内已是笔墨伺候。县志办的同志非要同行诸位留下墨迹不可。我因自己的毛笔字写得实在太过拙劣，不敢露丑，只好请本地书法家舒楚泉先生将小诗代为书写。小诗的第四句，原作"李白不用为客愁"，本意是将李白《闻王昌龄左迁龙标有此寄》的"我寄愁心与明月，随君直到夜郎西"，反其意而用之。但当舒先生书完第三句，我将第四句念出时，在场的一位先生提出，唐时人们概念中的夜郎所指范围甚广，李白所称的夜郎，不一定就是今之桐梓之地，过于坐实反为不好，不如将"李白"改作"诗人"为宜。这一点铁之笔，确实为这首小诗增色不少，令我心悦诚服。俗话有"一字师"的说法，今得二字，不亦更当师之者乎？我当时的感佩之情，确实是难以形容的。

而今，我这篇对新编《桐梓县志》（以下简称《桐志》）的评论文章，借用小诗"最是难得西流水"一句为题，并非自夸诗作，实旨在借以说明该志书，如同难得的"西流水"一样，确有诸多不同凡响之处罢了。

（二）

先从其《凡例》说起。在我看来，《桐志》的《凡例》中，与众不同的最明显者便有五则，表现了一种十分可贵的追求创新精神。

其一是声明，以"'详今略古，着重近现代，突出当代'为基本原则"，"对时代邈远、资料难征者，仅述其大略，不作繁琐考证"。

在本届修志中，志书在记述古今内容的掌握上，从一开始便沿用了志界传统的"详今略古"的一个口号。开始时提法还是比较全面的，如1980年，中国地方史志协会成立大会暨首届地方史志学术讨论会的会议纪要中是这样说的："编修新型地方史志，要坚持详今略古，古为今用的原则，把我们的工作重点放在1840年后的民主革命时期，特别是建国以来的30多年。"（见《中国地方史志通讯》1981年第5—6期）可是，1985年7月，中国地方志指导小组制定并颁行于全国的《新编地方志工作暂行规定》中，就变成了"新方志要详今略古，古为今用，着重记述现代历史和当前现状"。以后有的人的文章中就只提"详今略古"了。在实际运作中，由于不少地方对"详今略古"的理解存在偏颇，故在这个原则的掌握上曾一度失当，造成一些志书内容上不应有的缺憾。如像有的评论者所指出的那样，是"详今有余，略古太过"。甚至是"详今无古"、"详今虚古"了。

"详今略古"其所以会引起一些人在理解上走入误区而生成负面影响，

说明这种提法有其未尽准确和完善之处。正是基于这种原因，所以有人试图将这一原则换成另一种新的提法。如四川水利志副主编冯广宏和方志界的老前辈傅振伦先生都提出了"详今溯古"或"溯古详今"（冯广宏《力求志书含川味》，载《四川地方志》1989 年第 5 期；傅振伦《志坛一奇葩——评〈王庆坨镇志〉》，载《天津史志》1996 年第 6 期）来新夏先生提出"从古到今，详今略古"（《总结旧志，创编新志》，载陕西档案局编《编史修志参考资料》第 71 页）；黄苇先生提出了"统合古今，详今略古"（《论方志"统合古今"和"详今略古"》，载《上海修志向导》1991 年第 6 期）；《南京通志》修纂中提出了"在记述重点上要立足当代，突出近代，重视明清，上溯周秦"（江苏《全省地方志第三次工作作会议大会交流材料摘要》，载《江苏地方志》1997 年增刊第 67 页）；浙江的魏桥先生提出了"详今明古"（《八年修志回顾及今后设想——1989 年 12 月在浙江省第四次地方志工作会议上的讲话》，载《志苑十二年》第 189 页）。这些新的提法，都受到了人们的重视。尤其是"详今明古"已经得到越来越多人的赞同，如 1996 年全国农业志的一次经验交流会上，就"一致同意将'略古详今'改为'明古详今'。"（载该次会议纪要，见《兵团史志》1997 年第 2 期）据说北京市也把"详今明古"写进了《北京市志》的凡例之中。

　　我个人认为，从"详今略古"变为"详今明古"，是在本届修志中方志理论的一个发展，是方志思想的一项更新。这两个口号虽只一字之差，但在内涵上却是有很大不同的。"详今略古"包含的是"量"的要求，而"详今明古"则重在"度"的把握。对人类社会事象的记述，很难用多大的"量"来区分详与略，但却可在一定的"度"上加以把握。志书中对古代部分内容的记述，只要达到说清当时的情状，就可以认为是适得其度了。更为可喜的是，不少的方志工作者在"详今明古"的基础上又作了进一步的探索和发展。如四川大足县张划先生就提出："旧志没有的，新志应当有；旧志有的，只要有价值，新志也应当有"，"无论古代资料，现代资料，主要应看价值大小"（《方志理论建设与方志事业的继往开来》，载《中国地方志》1996 年第 5 期）。浙江《东阳县志》主编王庸华先生则更明确地提出："详略是相对的，辩证统一的，毋论古今，特色所在、重点所在、规律所在、价值所在就是'详'之所在。"（《文章千古事，得失寸心知》，载《中国地方志》1995 年第 3 期）与这种观点相近的是，有人提出了在有些专业志中应当古今俱详。所有这些，都应当视为是本届修志中方志思想的创新和发展。

《桐志》的《凡例》中所提出的："'详今略古，着重近现代，突出当代'为基本原则"，而且说明"对时代邈远、资料难征者，仅述其大略，不作繁琐考证"。这就不但规定了本书内容要兼顾古今，而且指出了如何兼顾，并指明了其重点与次重点之所在。比有些志书中仅有一句"详今略古"的简单提法更明确得多，可操作性也更强。毫无疑问，在推进上述问题探索的潮流中，《桐志》也是一朵无愧的、引人注目的浪花。

其二是声明，对"重大史事有歧说者，主记一说，附记其他，以待来者"，既表明了编纂者敢于断决的鲜明态度，又体现了不事武断、虚怀若谷的科学精神。

其三是规定"本志采用述、志、传、记、图、表、录、索引 8 种体裁"。将《索引》正式列为志书中的诸种体裁之一，与志、记、传、图、表、录等最基本的体裁并列，这在当今志界是仅见的。

本届早期出版的新志书，几乎都是没有编制索引的，这就大大地影响了读者对志书的运用，从而也降低了其学术水平。后来虽然经过陈桥驿等不少先生的极力倡导与呼吁，在志界已引起重视，在志书中编制索引的已日渐增多。有的志书的索引已经达到很高的水平，如 1996 年 11 月出版的《绍兴市志》的索引，就得到志界普遍的赞誉。但是把索引正式列为志书体裁的一种，并写入《凡例》之中，《桐志》却似是第一家。这反映了志界一种新的认识水平。

其四是公然主张，"本志记述原则为主著述，辅纂辑，述而略作，作必合道"。这既是将著述与纂辑两种体式作适当结合的尝试，又在突破"述而不作"的传统方面，作了勇敢的探索。

在方志发展史中，曾有过著述和纂辑两派主张，因而我们今天能看到的志书中也有著述与纂辑体之别。著述体，是将所拥有的各类资料融会贯通，进行深加工，以编者的口吻写出，其特点是"无一语不出于己"；而纂辑体，则是将所掌握的资料进行分门别类的纂辑，并一一注明出处，其特点是"无一语不出于人"。本届新出版的志书中，已有两体兼而用之的。如河北的《辛集市志》和安徽的《蚌埠市志》就是这种两体兼用的例子。

《辛集市志》在相关的编、章、节、目之后，共设有49个"附"，有十八九万字，几乎占到全书总字数的1/10。《蚌埠市志》中的"附录"也有31个。该两志所附的，主要是历史上形成的原始文献资料，也有少部分是本次修志中新获得的典型资料。这两部志书实际上已经是两体兼用了，但并没有明确的两体兼用的意识。如《辛集市志》的《凡例》中，只说到"在若干章节之后，设有附录，以补充正文，深化主题"。而今的《桐志》则在自己的《凡例》中，公然声明是"主著述，辅纂辑"，比上述那些志书就明确多了。同样，志书中是述而不作，还是可以述而有作，甚至像志界有的同仁所主张的那样，一定要又述又作，这是志界近年来有争论的又一个问题。各家主张的可行性到底如何，实践是检验理论的标准。《桐志》把自己的理论认识付诸实践，并写入《凡例》之中。这种主张与实践成功与否，自可由后人去评说。但他们那种旗帜鲜明的探索精神，无论如何都是令人佩服的。

其五是规定"对本境特有或突出之重大史事，以特殊形式记述。记述以实际需要而定，不平均着力，不强求平衡"。

形式服从内容，内容决定形式。一境之内特有或突出的重要史事，自然是该地的特殊之事，是该地志书应当着力记好的重点内容。对这种特殊之事的记述，找不到特殊的形式，是无可奈何。但如能找到更好表述这种特殊内容的特殊形式，便是求之不得的事。《桐志》怀抱这样的目标，进行这方面探索的初衷，是难能可贵的。

笔者在读一些志书或志稿的评论文章时，不时地总会看到一些评论者，指责人家的志书或志稿章节目之间失衡，说章节目之间、人物的传与传之间有畸轻畸重之感，云云。对于这种指责我历来是不以为然的。"物之不齐，物之情也。"世界上的事本来就是千差万别的，不可能是一个样子。那么反映这些事物的形式怎么可能是一个模式呢？古人的一些名著中是不大考虑搞文字上平衡的。《史记》是中国史学名著，它就不去追求字数的平衡。其中的孟尝君传长达3700多字，而孔子诸弟子的传，有的一传只有几个字。当今获得好评的一些新志书，也不去追求这种平衡。如1997年3月出版的《扬州市志》的人物传，长者如鉴真和梅兰芳传，都在1800字左右，短者如江雨三传，连同标点只有86个字，王籽传连同标点只有65个字。在去年全国评比中获一等奖的《绍兴市志》的人物传中，长者如蔡元培传达 2796 字，鲁迅传 2590 字，而短者如沈桐生和商景徽传，都只有 108 字，鲁莽传更是只有 86 个字。可见在志书内容上搞均衡是不可能的，也是没有必要的。《桐志》所规定的"以实际需要而定，不平均着力，不强求平衡"，既是按事物固有的规律办事，又解放了自己的手脚，便于操作，实在是一种高明的主张。

（三）

志书的凡例，是编纂者自己设定的规范和追求目标。对一部志书的评价，如同对一个人的评价一样，不能只看他的宣言，更要看他的行动（实践）。《桐志》在自己的《凡例》中，提出了那么多特殊的要求，他们在实践中又做得如何呢？这更是我们的评论文章中要着重考察的问题。限于篇幅，我们不可能把上述的五个方面都一一加以对照，只想就志书按上述第一和第五项要求所进行的努力，作一些简单的剖视。

其第一项声明"以'详今略古，着重近现代，突出当代'为基本原则"。从全国已出版的志书来看，因为是当代修志，所以在"详今"、"突出当代"方面，一般来说都是做到了而且是做得较好的，《桐志》自然也是如此。关键是"详今略古，着重近现代"做得如何。现在这部《桐志》中"略古"了，但不是无古。相反，让人读来有一种深厚的历史感。志书中记述了本境内两项远古的史事：一是"桐梓人"的遗址，一是马鞍山旧石器时代的文化遗址。前者是我国长江以南，除元谋人（距今 170 万年）之外，第一个发现直立人化石的地点，测定距今是 20.6 万—24 万年。它的发现，填补了中国考古史上 20 万—29 万年间，无人类化石发现的空白。后者是距今 1.8 万—2 万年前的旧石器时代晚期的文化遗址，它又填补了人类进化史上的另一项重要空白，即接上了 2 万年前的这个环节。

该志书的上限，原则是从本境正式设置县级行政建制的唐代为起始的，其下限至 1992 年底。这个时限内包括了古代、近代、现代和当代。志书虽"突出当代"，但对近现代及古代的史事还是给予了应有的重视。以《大事记》而言，全书共记大事 739 条（限外 1993—1997 年 5 月的"大事辑要" 35 条未计在内），1840 年以前的古代部分 68 条，约占总数的 9.2%；1840—1919 年的近代部分 46 条，约占总数的 6.23%；1919—1949

年的现代部分 106 条，约占 14.22%；1949 年 10 月至 1992 年底的当代部分 554 条，约占总条数的 75%。此外，民国部分之末，另有索引式地注明其间发生"甚巨"的水灾 11 次，大旱 6 次。顺便要说明的是，在《大事记》中这种索引式的归纳记述，也是《桐志》中所仅见的。这种记法，比起一些志书的《大事记》中，反复出现的"大水"、"大旱"的记法，似也略胜一筹。

《桐志》之所以给人以较深厚的历史感，除了《大事记》中的情况已如上述之外，在各专志的记述中，近现代的内容相当充实，可能是更为重要的一个记原因。专志中的各事项，都尽可能地从民国、清代甚至更早时写起，是其最明显的特点。如《民政》卷的"优抚"节中，无论是"政府优待"、"群众优待"，还是"军人牺牲、病故抚恤"、"伤残军人抚恤"等，每一目都从民国时写起。不但有当时的《条例》规定，也有具体的做法和数字，还有典型的人、事。在"群众优待"目下，更载有"民国二十八年，城区女小由校长刘焕云组织学生开展一碗米募捐活动，募来的米慰问失散红军和抗日军属"这样极其珍贵的资料。本人从懂事时起，只知道我们解放后的军、烈属，门上挂有光荣匾。从这部志书中才知道，原来民国时的军、烈属的大门上，也挂有木质红底黑字的"抗日阵亡××家属光荣牌"、"出征军人××家属光荣牌"。还有旱灾救济、雹灾救济等目下，也有民国时的一些相当具体的资料。

又如其《教育》卷的"德育"节内，追述了清光绪时以"忠君、尊孔、尚公、尚武、尚实"为学生思想品德教育宗旨。小学堂以"三纲五常"为中心内容，强调"忠孝节义"，"上报君恩，下立人品"。民国时，先以"注重道德教育，以实利教育、军国民教育辅之，更以美感教育定成其道德"，"扬国粹而图富强，宗奉圣贤以为师法，宜尊孔以端其基，尚孟以致其用"，"三民主义"等为教育宗旨。其后提倡"新生活运动"，把"礼、义、廉、耻"作为各级学校的"共同校训"，把"国民党党员守则12 条"作为"青年守则"，列为小学公民训练的具体内容。抗战时期增加了爱国主义和反侵略教育。抗战胜利后，又加进了反共的宣传和教育。这些，对于上了年纪的人，都或曾听到过，或曾经历过，但要在出版的许多新志书中，这么系统的记述，却比较难以找到。而在《桐志》中则有相当详细的记述。

抗日战争，是中华民族现代史上的一件大事，是中华民族经历的一场血与火的考验。毫无疑问，这是我们这一届志书应当记述的重要内容。可是，在已出版的一些志书中，尤其是九十年代以前出版的不少志书中，在这方面记述得很少很虚。一些日本侵略军没有去到的地区的志书，有的甚至把他那里写成了世外桃源，连"七·七"事变和全国抗战胜利这样的大事，在他那里也似乎没有一点反应。笔者认为，这是本届志书中存在的一个很大的不足，对于那些志书来说，已经留下了历史的遗憾。桐梓是日本侵略军没有到达的地区，但志书却写出了此时的时代气息，也写出了桐梓人民的爱国民族情绪。且看志书的记述中，所反映的这个大后方之地人们的表现吧：

抗日战争时期，县人成立"各界抗日后援会"。动员各阶层人士为抗日将士募捐款物。进步教师刘焕云、刘家瑞等组织城区女小师生扎花义卖。恰遇冯玉祥视察桐梓，冯用30块大洋买一朵。县长孔福民带头，邑人黄道彬、谭星阁、马空凡等人均购买义花支援前线。农村姑娘莫志娣读不起书，却把仅有的几个铜板也拿出捐献。县中师生利用周末到30多家旅社向旅客募捐。县境各乡、村，开展"一碗米"捐募活动。时住松坎川黔旅社的一对华侨夫妇，在募捐处取下金戒指捐献，签名是"祖国华侨"。银兆琼带领妇女做了100多件背心，支援前线。后援会将各种募捐款物交与总会解运前方。

1991年全国地方志工作年度会的会议纪要中，指出当时已出版的志书中存在的一个比较普遍的问题，是有些志书中资料不足，尤其是"对北洋军阀时期、国民党统治时期（包括日本侵略军占领时期）社会状况的记述过于简略，缺乏较为具体的资料"，"这是当前影响志书政治质量的一个比较突出的问题，应当加以充实"（载《中国地方志》1991年第3期）。自那之后编就的一些志书，都在这方面作了程度不同的努力，志书面貌有了一定的改观。通读《桐志》之后，我们可以说，该书是在这方面做得较好的一部。

无论从"大事记"还是从各专志的记述中，都可以看出，《桐志》对自己《凡例》中所规定的"详今略古，着重近现代，突出当代"这条原则，虽不能说已经是做得十全十美，但比起笔者所见到的许多志书来，可以说是稍胜一筹了。

（四）

《桐志》实施其《凡例》规定的"对本境特有或突出之重大史事，以特殊形式记述。记述以实际需要而定，不平均着力，不强求平衡"的明显例子，是专设了《桐梓系军政集团》卷和在《艺文》卷内设了"灯谜选"的专章等。

民国时期，桐梓县的特有之事是出现了一个以周西成为首领，以桐梓籍人为骨干的桐梓系军政集团。这个集团曾主黔政达 10 年之久，无论对桐梓还是对贵州的历史，都产生过明显的影响。也一度曾为国人所瞩目，当时曾有"南黔北晋，隆治并称"的说法。对这项本县"突出之重大史事"，《桐志》设立专卷，以 36 个印刷页，约 4.3 万字的篇幅，从这个集团的崛起，写到它的瓦解，尤其详记了他们的施政、政绩及其对贵州社会的影响。这样的做法，在已出版的新志书中似也是仅见的。

民国时期，中国社会一个突出的特点，便是政治上表面的统一，实际上的分裂，经常是一种军阀纷争的局面。正如继周西成之后，而为国民革命军第二十五军军长兼贵州省政府主席毛光翔，为周西成所撰的墓志铭中所云："自共和肇造，民国诞兴，十八年间，各省疆吏类皆割据一方，残民以逞。鲜有以民生为重，而从事抚绥者。"这些军政集团实际上是地方的割据者。他们有时表面服从蒋介石中央的领导，有时与中央又兵戎相见。为了拥兵自重，从各自的实际利益出发，他们有时实行中央统一的政策，在实行中选择有利于己的方面大事更张。更多的时候往往又实行一些自行制定的有别于中央的措施，其效果与对地方的影响，自然也就各自有别。要记述民国时期一地的社会历史，反映民国时期的面貌，对于这种情况是不能不加以注意的。

正是有基于此，所以笔者曾认为，新志书要真实地反映民国时期的历史面貌，就要注意对这些地方实力派的记述。如山西的志书、青海的志书、新疆的志书，都只有分别记述清楚了阎锡山集团、马氏集团、盛世才集团及其施行的政策和进行统治的情况，才能较全面地反映民国时期这些地区的社会面貌和历史特点。全国的志书如能把在本地产生过不同程度影响的大大小小的地方实力派，都记述清楚了，民国时期的政治面貌也就大体清楚了，民国时期政治上一个很重要的特点也就体现出来了。

几年前，在参加《桂林市志》和《临桂县志》的评稿会时，笔者都曾力主他们要下大力气，记述好桂系和新桂系在该地的所作所为。因为，新桂系的两位首脑人物李宗仁、白崇禧都是该市该县的人，而且桂林长时期又是新桂系的统治中心。现已出版的《临桂县志》和《桂林市志》，虽然在这方面作了不少的努力，但他们对新桂系李、白集团的记述，比起《桐志》对桐梓系军政集团的记述，就显得逊色多了。新桂系在广西实行的统治，无论是时间之长，规模之大，在全国造成影响之深远，都是桐梓系无法望其项背的。试作设想，当今或后人如果想要查找新桂系李、白等的有关资料，能不首先想到《临桂县志》和《桂林市志》吗？历史上的志书，往往就因为记述了某位历史人物或某一特殊史事的独家资料，从而就使这部志书有了独具的价值，确立了它在志林中的特有地位。这样的历史经验是值得我们重视的。《桐志》编纂者们的初衷未必就已虑及于此，他们可能更多的只是从探索运用特殊篇章反映本地特有事物的角度出发的。不过这也正说明了，地情内容决定记述形式的唯物主义道理。无疑，他们的探索方向也是对头的。

《桐志》在《艺文》卷内设有"灯谜选"的专章，也是从当地文化的实际出发的，很有特点。限于篇幅，在这里就不便展开细说了。

（五）

《桐志》编目合理，资料丰富，特点突出，文字典雅，富于创新精神，这些都是它的优长。正是因此而使它在九十年代中期以后出版的志书中，属于较优秀者也是当之无愧的。但是，并不是说它已全优到无可挑剔的程度。笔者通读之后，觉得也还有可以改进之处。

首先是在本地很有特色的，也是很值得自豪的桐梓精神、桐梓速度、桐梓形象的记述上。由于这是在邓小平同志 1992 年春天视察南方讲话的推动下，县委和县政府加大改革力度，出台"四大块"思路的结果。这个思路之正式形成和付诸实施，已是 1993 年的事了，这已是志书下限后的事。所以，不能作为志书记述的重点，只在农业基础强化、县城面貌改观、综合经济实力增强和精神文明建设发展的四个方面，作了概括性的说明，而主要的就是 1994 年与 1992 年的许多数字的比较。作为桐梓县的特殊情况，这样处理也未尝不可。这些数字确实表明了桐梓县 1993 年、1994 年的巨大变化。但是，要足以体现这就是"内陆的深圳速度，贵州山区出现的奇迹"，却还应当有一些横向比较的数字，如与遵义地区、与贵州全省，甚至与全国内陆其他地区的发展速度，作了比较之后才能说明问题。没有作这些比较之前，只是自作纵向比较之后，就号称什么桐梓精神、桐梓速度、桐梓形象，恐怕难免使人不想起讲到夜郎的那句成语。

其次是属于技术性的问题也还有一些，例如：

1. 《大事记》的"乾隆年间"条，置于"乾隆初年"、"乾隆二年"两条之间，这是有违编年体写法通例的。这种通例就是"日无考者系月，月无考者系季，季无考者系年"。按例，"乾隆年间"条当位置于"乾隆五十九年"之后为是。

2. 第 1213 页令狐荣生先生 75 岁寿庆中，寿堂正中的对联上下联反置了。把平声韵的下联当成了上联。有关于此，笔者到一些公园中常见有上下联颠倒的现象。一次与一位友人论及于此，友人谓当今的阅读习惯均是从左至右，故上联悬于门左及左柱上亦无不可。笔者只好无可奈何。今之改作横排，这样置法之误，恐怕是无法解释的了。

3. 第 1243 页所记的"羊磴上十里白果坪有白果树一棵，周围九抱，技叶坠地，若误拾之，必遭灾害，屡试屡验"。这种记法颇有几分迷信色彩。如若于"必遭灾害"之后，加上"故老传云"一句，就完满无缺了。

4. 《凡例》第 6 条谓："本志称谓，地名记述如常例"，此表述有欠清楚。不如改为"以事件发生时之地名以名之，与今名不同者另注今名"，更为明确。

5. 范书记序文中的"作为一个在桐执枢者"云，表现了一种官本位，易于令人产生厌世恶之感，不如从领导者责任的角度表述更好。

类似的例子还有一些，均属雕虫小技，不足为训，就不细举了。

就总体而言，《桐志》属于九十年代中期之后较优秀的一部志书，是没有疑问的。

1998 年 3 月 29 日完稿

（原载贵州《史志林》1998 年第 1 期）

（《桐梓县志》，胡大宇主编，方志出版社 1997 年版）

9. 崇尚民族气节　突出地方特点
——评新编《桂林市志》

受桂林市志办及主持修志工作的邱严明副市长等的坚请，我有幸参加了 1998 年 2 月 27 日的《桂林市志》（以下简称《桂志》）首发式。我在桂停留的几天里，新市志可以说是电视有影，广播有声，街巷有议。这部皇皇巨著一时成为了人们谈论的中心。受此感染，我写成了这么几句顺口溜：

喜今昭代有华章，逢人尽道此皇皇。桂郡豪杰多有载，林泉野老未曾忘。

市情益众成伟业，志料助民奔小康。发向天涯传后世，行行万里忆吾乡。

桂林是全国重点风景旅游城市，又是全国首批 24 座历史文化名城之一，有着悠久的历史和浓厚的文化内涵。新编《桂志》就是在这片文化沃壤之中孕育而成的。它的修成出版，又为这座历史文化名城增加了更新的文化内容，是当代桂林人，为桂林市历史文化做出的新贡献。作为一个方志工作者，又是桂林市乡友中的一员，我感到由衷的高兴。所以，读完这部志书之后，想说的话也特别多。

一　抓准了时代的主体内容

我们现在编修的当代新方志，毫无疑问应当反映我们这个时代的主体内容。《桂志》在自己的"凡例"中，虽称"本志记事时间，上限溯至事物发端"，但实际上多数的章节都是从清末写起，所以说它是以近代以来为记述重点，是不会违背编者们初衷的。

近代以来至今的这个时限内，时代的中心内容是什么呢？自我涉足方志界起，直至学习中共十五大文件之前，对于第一代新方志的时代内容，我都是本着毛泽东同志在《中国革命和中国共产党》中的一个基本思想，就是"帝国主义和中国封建主义相结合，把中国变为半殖民地和殖民地的过程，也就是中国人民反抗帝国主义及其走狗的过程"来认识的。根据这个基本思想，我把中国近代以来这一个半世纪的历史内容，具体化为两个过程：一个是帝国主义凭借它们的船坚炮利，以武装侵略的手段打开了古老中国的大门，而后与中国的封建势力相勾结，一步一步地把中国变成为半殖民地半封建社会的过程；一个是具有光荣革命传统的中国人民英勇不屈、前赴后继的反帝反封建的革命斗争，最后在中国共产党的领导下，终于获得了民族和民主革命的胜利，并通过社会主义革命和社会主义建设，一步一步地走上有中国特色社会主义道路的过程。

通过十五大文件的学习，我感觉到这样的表述大体脉络和趋势没有错，但不完整，尤其是没有抓住重点。十五大报告指出："鸦片战争后，中国成为半殖民地半封建国家。中华民族面对着两大历史任务：一个是求得民族独立和人民解放；一个是实现国家繁荣富强和人民共同富裕。"接着又指出自1900年起一个半世纪以来，中国经历了三次历史性的巨大变化，产生了三位站在时代前列的伟大人物：孙中山、毛泽东、邓小平。第一次巨变是辛亥革命，推翻君主专制制度；第二次巨变是中华人民共和国的成立和社会主义制度的建立；第三次巨变是改革开放，为实现社会主义现代化而奋斗。这就不仅抓住了时代的主流，而且突出了重点。我们的第一代社会主义新志书，就是要记述清楚自鸦片战争一个半世纪以来，中国人民如何一步一步地取得民族独立和人民的解放，并正在如何逐步实现国家的繁荣富强和人民共同富裕的。记述的重点则是中国社会出现过的上述三次巨变，在各地是如何具体实现的。

用上述的认识来衡量，我认为《桂志》是抓住了时代的主体内容的。在它各分志的大多数章节中，都记述了各项事业近百年来的变化。尤其是重点记述了桂林人民在中国共产党领导的新民主主义革命、社会主义革命、社会主义建设和改革开放当中，是如何一步一步走过来，并取得令人瞩目伟大成就的；一个经历了日本侵略者血火洗劫，几被夷为平地的桂林，如何一步步地恢复和发展成为国际知名的现代化旅游城市的。从这些发展和变化过程中，体现了没有共产党就没有新中国，只有共产党的正确领导，中国才能快速走上繁荣富强道路的真理。

二 崇尚正义，表彰了民族气节

志书的重要社会功能之一，是它的教育作用。章学诚在《答甄秀才论修志第一书》中，论及志书有裨风教时指出："史志之书，有裨风教者，原因传述忠孝节义，凛凛烈烈，有声有色，使百世而下，怯者勇生，贪者廉立。"当然，他说的"忠孝节义"是地道的封建道德标准。但如果以我们社会主义的道德标准，移对封建君主的愚忠而为忠于国家和民族，变妇为丈夫一人所守的小节而为国家民族的大节，对于这样的"忠"和"节"，我们的新志书中也是要加以"传述"的。为了使之能对人们进行爱国主义教育，对于历史上为国家和民族尽忠守节的人，对于他们为国家和民族所做出的贡献与值得骄傲的事迹，不但要记，而且要大记特记，要记得"凛凛烈烈，有声有色"，使后人读及于此都会热血沸腾，怯者生勇，豪气倍增。对于汉奸、卖国贼，则要予以无情的暴露和鞭挞，使不肖者有所惧，在任何情况下都不敢失却民族气节。

崇尚正义，表彰民族气节，是志书贯彻爱国主义精神的基本思想。这样一个基本思想，在本届志书中，应该有充分的体现。因为本届志书所要记述的，正是中华民族遭受帝国主义的侵略濒临民族危亡，而又通过斗争的手段，使民族重新崛起的历史。如前所述，中国近代历史的主要内容，就是中国人民为反对帝国主义侵略，争取民族独立和解放而奋斗的历史。这其中包括许多不同的阶段和中心事件，如鸦片战争、太平天国革命运动、中法战争、中日战争、戊戌变法、义和团运动、辛亥革命、五四运动、五卅运动、北伐战争、土地革命、抗日战争、人民解放战争、抗美援朝，等等。所有这些都是我们的志书需要注意记述的内容。其中的抗日战争，尤其是对中华民族的一场血与火的考验，更是我们需要记述好的一个重点。每一个省、市、县的志书，都应当用翔实的资料，充分地反映该地人民在这个历史过程中所做出的贡献，写出他们的骄傲与自豪，表彰他们的高尚情操和民族气节，弘扬爱国主义精神。

可惜的是，本届志书中，尤其是早期出版的一些志书中，不少在这方面做得很不够，实在令人难以满意，甚至可以说是留下了历史的遗憾。为此，笔者曾专门撰文进行呼吁：新志书应着力记述好抗日战争的内容，见（《中国地方志》1995 年第 4 期；《广西地方志》1995 年第 5 期）。近年来出版的一些志书，在这方面虽有所改善，但做得满意的依然不是很多。

令人欣慰的是，《桂志》在这方面有了明显的改观。对于抗日战争的记述，既记了中国共产党为推动抗日民族统一战线的形成和发展所做出的贡献，也记了当地各阶层、阶级、各界人士为抗日战争做出的努力。尤其难能可贵的是，志书中对正面战场国民政府军队（包括广西实力派新桂系的军队），以及美国、苏联援华空军部队等的抗战功绩，都给予了实事求是的肯定和赞扬。这一点是早期出版的不少志书，甚至近期出版的志书中比较普遍缺乏的。

《桂志》的许多篇章中，分别从不同的角度向人们所展示的，是一幅全民族协力抗战的画面。

一是记述了桂林各界人士逼蒋抗日的行动和全面高涨的抗日热情。这其中，有上层军政界的，如民国二十五年六月，李宗仁、白崇禧、黄旭初通电号召抗日，将第四集团军主力集结桂林地区，并将广西省政府和国民革命军第四集团军总部由南宁迁桂林的行动，民国二十六年一月的"一·二八"抗战纪念大会上，有广西各界 77 个团体的 600 余名代表通电全国，要求停止内战，停止对西安的军事行动，一致抗日等；有民间自发的爱国行动，如当时在桂林民间开展的"一元献机运动"，至民国三十年八月，"军党号"、"学生号"已经完成，"工人号"、"商业号"、"妇女号"、"儿童号"、"剧人号"尚在继续筹募之中；有民众自动募捐筹款后，购集毛巾、图书、纸烟等，并派人直送前线慰劳抗日将士的，也有在后方优待抗日将士家属的；有热血青年从军抗日的，如当时广西曾三次组织学生军，有的直赴鄂、豫、皖抗日前线，有的分赴广西各地从事抗日救亡工作。

二是记述了中共为推动民族统一战线所做的努力及中国共产党人为抗日所做出的贡献。志书在《中国共产党志》（按：此分志名称不确，留作另议）的"统一战线"章内，专设有"桂系工作"一节，重点记述了我党在当时根据桂系有拉拢知名人士，联络各党派，以巩固和扩大其地方势力的要求，派遣共产党员并引荐一批民主人士，参加桂系的"广西建设研究会"，在该会中开展抗日的文化活动，争取民主进步势力，孤立反动势力，扩大抗日民族统一战线的工作。特别还记有 1938 年 10 月，周恩来从武汉撤往长沙与白崇禧同行途中，双方对抗日有关问题所形成的共识，并获得白同意在桂林设立八路军办事处，以及这个办事处驻桂期间，为抗日所进行的大量工作。也记有张云逸与李宗仁、白崇禧会谈团结抗日、救亡图存问题，早在民国二十六年六月二十六日，便与桂系及四川三方代表达成联合抗日纲领草案 7 条等不为多人所知的内容。还记了桂林沦陷后，党领导的桂东北人民抗日游击纵队临阳联队在漓江两岸打击日军的事迹。

三是记述了政府军队和国际友军的抗战事迹。在民国三十三年九月日本侵略军的地面部队到达桂林之前，在此地战争主要是表现为空战形式。当时在桂林驻有美国援华志愿航空队（飞虎队）和第十四航空队。仅在志书的《大事记》中，就记述了 7 次空战。前 6 次共击落敌机 33 架，第 7 次又击落多架。民国三十三年十月下旬，侵略军从地面进攻桂林，壮烈的桂林保卫战开始，中国军人在这个小小的山城也谱写了壮丽的篇章。当时敌军进攻总兵力达 7 万人，配备有坦克、炮兵和航空兵。我方则只有 2.5 万人。在这样力量悬殊的情况下，中国军队虽没有完成固守 3 个月的任务，但在坚守 13 天的时间里，重创了敌军，在各个据点上都进行了拼死争夺。许多阵地上的将士都全部牺牲。在这次保卫战中，第三十一军少将参谋吕旃蒙阵亡，桂林城防司令部中将参谋长陈济桓和一三一师少将师长阚维雍，都力战后自杀报国。阵亡将士达 6488 人之多。

四是志书对政府军队的抗日功绩给予了充分的肯定。志书的《人物志》第一章是"英烈"，其下第一节烈士传略，第二节烈士表，第三节桂林籍抗日阵亡将士表。将抗日阵亡将士列入"英烈"之内，在已经出版的志书中较少见，是很难能可贵的。在这个"阵亡将士表"中，共列有 245人，有姓名、部队番号、机关名称、年龄、牺牲日期、牺牲地点。表中所列既有将、校级军官，也有普通兵士。

除了将抗日阵亡将士一节纳入"英烈"章内之外，对于抗日有功人物也为他们立传，并纳入第一节的"烈士传略"之中。这一节所收烈士传略共 11 个，其中就有为守卫桂林而殉国的国民革命军将领陈济桓等 3 人。将他们的壮烈事迹，与前表阵亡将士的牺牲地点遍布祖国 13 个省市，有的远至国外缅甸联系来看，可见为了保卫祖国的神圣领土，桂林健儿的鲜血几乎洒遍了小半个中国的土地。他们无愧是桂林人民的优秀儿女，值得桂林人民为他们骄傲。志书记下他们不朽的业绩，就弘扬了民族气节，成为爱国主义教育的好教材。

三　注意了反映地方和时代特点

反映地方和时代特点，是对一部志书的基本要求。《桂志》在这方面是作出了努力的。桂林市最明显的特点有如下诸端：一是全国风景重点旅游城和历史文化名城；二是曾为国民党桂系统治中心；三是抗日战争时期的文化城。

全国重点风景旅游城市和历史文化名城，这两者是相关联的。正是因为桂林山水的奇特秀丽，曾博得历代文人墨客和各界人士的垂青和光顾。他们的到来，不但带来了中原地区的先进文化，通过他们对山水风景的精心营造，尤其以各种文艺形式对桂林山水的品题描摹，更为这里的山山水水，增添了丰富的人文内容，形成了独具风韵的山水文化；而且也带动了桂林本地教育、文化事业的发展，使这里较早地成为了人文颇盛的文化之区。早在唐昭宗乾宁二年（公元895），就有桂林人赵观文为广西夺得第一个状元。自唐至清末，桂林中进士者达277名之多。历代科举考试中，广西共出9名状元，桂林就占了5名。整个科举史上全国出现的13个"三元及第"者之中，桂林就出了一个，这在全国都是足以引为骄傲的。

为了反映全国重点风景旅游城市和历史文化名城的特点，《桂志》可以说做到了不遗余力。除《总述》、《大事记》、《附录》之外，在全书的74个分志中，专设了《山水》、《园林》、《旅游》三个专志，从奇山、异洞、秀水、美石、山水品题的丰富旅游资源，到园林等方面的旅游设施，以及旅游事业的发展与管理等诸方面展开，予以充分记述。丰富的历史人文内涵，准确逼真的状物写景，加上书前、文中众多的风景、文物名胜的图照，让人览其书，思其地，构想"江作青罗带，山如碧玉簪"的佳境，无形中就沉入"愿做桂林人，不愿做神仙"的遐想，产生出"不到桂林终生憾"的感叹。

除了这三个专志之外，在其他分志中，也还或有专节、专目、专段，从不同的侧面体现这一地方特点。如在《大事记》的开头，首列"党和国家领导人与桂林市"的《特记》一篇。在《自然环境志》中专设"洞穴"

一章，从自然地理的角度对桂林的山洞给予科学的解释和介绍。在"气候"章之内，特设"旅游气候"一节，分春、夏、秋、冬介绍各种季节气候下，所形成的不同时令的旅游景观和特点。在《外事志》的"外事往来"章，特载了来访的各国元首和政府首脑34位，联合国秘书长2位，表列了各国高级官员来访者435人，各国友好人士来访者27人，几乎遍及世界所有的国家和地区。其《人物志》中，为了反映风景旅游文化名城的特色，采取了两个特殊的做法：一是专设"旅桂名人"一章，分国内名人和国外名人两节，共载录国内外各类人物564人；二是入传人物中，对外籍人物，特别注意表彰他们对桂林风景的开发与建设，以及在丰富桂林山水文化方面的功绩。其他专志的有关章、节中，类似的例子还有许多。可见，《桂志》为了体现自身的地方特点，不但注意了在篇目上的升格，还注意了全方位的体现。因为所谓的地方特点，绝不能简单地理解为一两项具体事物或一两处特有的面貌、景观，它应当是一种深层的特质，渗透于事物的各个方面。看来，《桂志》的编纂者们，对于单靠篇目升格来体现地方特点的局限性，是有比较充分认识的。

桂林，是国民党桂系两位首脑人物李宗仁、白崇禧的家乡。他们都是桂林市下属的临桂县人。新桂系这个在中国现代史上颇具影响的军政集团，可以说是从这里发迹崛起的。而后，他们所控制的广西省政府，又有很长的时间都设在这里。因此，把桂林称为新桂系统治中心，应该说是不成问题的。这也是桂林在现代历史中的一个重要的特点。这个特点又反映了蒋介石统治下的旧中国，政治、军事，以至经济、文化的表面中央集权统一，而实际上是各地地方实力派各占一方的格局。他们与蒋介石集团有一致的地方，也有矛盾的方面，所以他们可以表面上拥护蒋介石的中央政府，实际上各怀着自己的小九九。对于蒋氏中央的政策、法令，则从各自的实际利益出发，有选择地贯彻执行，中间又掺入大量为本集团需要的"土"政策和做法，从而形成政治、经济上都有较强独立性的特点。笔者在《临桂县志》和《桂林市志》的评稿会上，都曾反复申述：无论是县志还是市志，都应当着力记述好二十世纪三四十年代新桂系主政广西时的史事，并认为，如果全国的志书都注意记述好曾在该地产生过不同程度影响的大大小小的地方实力派，如山西的阎锡山集团，青海、宁夏的"诸马"集团，新疆的盛世才集团，广西的新桂系集团等，进行统治和施政的情况，民国时期社会面貌的大体轮廓也就出来了，那个时期政治上一个很重要的特点也就得到了体现。

《桂志》在这方面也是进行了一定努力的。新桂系在当时的各地实力派当中，是实力较强的一派，也是敢于不时地捋一捋蒋介石虎须的一派。如前述的民国二十六年李宗仁、白崇禧、黄旭初的通电号召抗日，就是企图趁机倒蒋。西安事变后，广西是比较早通电全国，主张停止内战，停止对西安军事行动，实行对日作战的。其他政治、经济、军事、文化上都有相对特殊的一些做法。如民国十九年推行的"寓兵于农"的做法；民国二十年八月，划定桂林等10县为第一训政区，试办乡村自治，同时实行民团制度；从民国二十三年七月起，又在"乡（镇）村（街）实行'三位一体'制"。桂系在抓军事方面是很下力气的，无论是兵员征集、军事训练、民团组织、优待出征军人家属、抚恤战死者遗属等方面，都实行过一些有别于他处的做法。对于这些，志书都有一定的记述。

当然，比起其对风景旅游城市特点的记述，就显得逊色了些。这方面的主要不足是资料少，星星点点，显得细碎、凌乱，令人难以形成一个比较完整、明晰的总体看法。例如抗日战争爆发时，广西很快就能组织庞大的兵力投入战场。以人口而论，当时广西是小省，但在八年抗战中所出兵员之多，在全国仅次于人口大省四川，按人口平均出兵数居全国第一。《李宗仁回忆》中所说的"我们平时寓兵于农的政策十分成功，广西于民国二十二年起实行征兵，新兵训练一年后退伍。所以'七·七'事变前，我们已经有四届有训练的士兵退伍在乡，各级干部也储备齐全。现在抗战爆发，我们拟立刻编成四十个团，开赴前线。一经号召，各县农民蜂拥前往县政府报到入伍，终因报到人数太多，政府还需以抽签方式决定取舍。不满一个月，便编成四个军，共四十个团，嗣后改编为三个集团军。开中国近代史上前所未有之先例。"（见广西文史资料研究委员会1980年版，第690页。）这种情况，在《桂志》中基本没有反映出来，这是很可惜的。

近读1997年10月出版的贵州《桐梓县志》，见其专设有《桐梓县军政集团》一章，述其从"崛起"到"瓦解"，并附有"政绩要览"。以周西成为首的这个集团，主贵州省政10年。时短势微，根本无法与新桂系相比。但《桐志》这一章的专设，却比较完整地记述了这个集团的全貌，反映了该县的一项特有事物，也体现了贵州这一时期的历史特点，因而受到不少评论者的首肯。如果《桂志》也能舍出一些篇幅，对新桂系作一相对集中的记述，其内容远比桐梓系的丰富，其影响也定比《桐志》要大得多，这是可以预期的。

如果说桂林这座历史文化名城，在自己的历史上曾经有过许多辉煌的话，那么最最值得桂林人自豪、值得国人为之骄傲的，恐怕要数抗日战争时期为全国闻名的"抗日文化城"那一段了。抗日战争时期，桂系集团为了自身的需要，对抗日表现了比较积极的态度。在共产党人的推动下，曾实行了一些比较开明的政策。1937 年 10 月，以李宗仁、白崇禧、黄旭初为正副会长的广西建设研究会在桂林成立。具体主持会务的是国民党民主人士李任仁、陈劭先。桂系成立该会的目的是为了拉拢知名人士，联络各党派，以巩固和扩大其地方势力。中国共产党则通过该会进行统战工作，先后引荐了一批共产党员和知名民主人士参加该会活动，扩大了抗日民族统一战线，把桂林变成为西南重要的抗战大后方，一座全国，甚至世界闻名的抗日文化城。在市志评稿会时，笔者称当时的桂林"俨然小陪都"，颇得到一些与会者的赞同。

为了反映这一段特殊的历史，《桂志》的《文化志》中专设了"抗战文化"一章，分八节以 2 万余字的篇幅进行了较充分的记述。在这一章里，向人们展示了上海、武汉、广州、香港等城市先后失守后，数以千计的作家和新闻、出版、戏剧、音乐、美术、社会科学界人士云集桂林，其中著名文化人士就达 200 余人。到 1944 年 9 月桂林疏散前的数年里，这些文化人士在这里尽心竭力，把这里的抗日文化活动开展得轰轰烈烈，有的还把宝贵的生命献给了桂林这一方土地（如著名的音乐家张曙，就是 1938 年 12 月日机轰炸桂林时牺牲于此的）。其中戏剧方面，记述了在桂活动的剧团就 90 个之多，上演大小剧目 370 个，达 950 场（次）的情况；记述了民国 33 年初举行的"西南第一届戏剧展览会"，参展剧团达 28 个，观光团队 3 个，人员达 895 人，总共演出 170 场，观众达 10 万人的盛况；记述了民国三十三年一月，举行戏剧工作者大会及所反映的抗战以来各地剧运情况；记述了欧阳予倩等指导桂剧改革的情况。音乐方面，记述了全国大批音乐工作者撤退到桂林后，与当地的音乐工作者共同组成专业和业余音乐团体 70 多个，举行了以抗日内容为主题的演出会 290 场的情况。美术方面，记述了全国多家美术团体迁桂后，推动桂林美术活动，共举办各类画展 200 多个。记述了一批名画家如徐悲鸿、关山月等一些名画产生于此的情况，还有何香凝在桂作画卖画支援抗日活动的情况。文学方面，记述了全国著名作家数十人集中桂林，在此期间创作和出版文艺著作 1000 多种、文艺丛书 50 套、文艺期刊 90 种的情况，记述了此间文艺研究的情况。儿童文艺活动方面，记述了新安旅行团、孩子剧团、厦门儿童剧团等在桂活动和演出的情况。新闻出版方面，记述了国际新闻社、中国青年记者学会桂林分会、中央社广西分社等三家新闻团体的活动，及此期间各党派、团体所办的 20 余种报纸的情况；记述了此期间在桂开设出版社、书店 220 余家，先后出版、发行各类图书数千种，各类杂志 240 余种的情况。

这一章之设，既反映了我国抗日战争的一个重要侧面，又突出了桂林历史中最为特殊、最为光彩的一段。这就使这部志书不但反映了自身的地方和历史特点，而且也具有了全国的意义。

除了上述各端之外，《桂志》在志书编纂方面，也进行了一些很有研究意义的探讨。限于篇幅的关系，只好留俟另文再作研究。

（原载《中国地方志》1998 年第 4 期）

（《桂林市志》，颜邦英主编，中华书局 1997 年版）

10. 从一部志书中提出值得探讨的若干问题

——读《桂林市志》杂感

1992 年 12 月出版的《桂林市志》，突出了以山水风景而著称的历史文化名城的特点，值得称道的地方很多。同时，从本志的编纂中对许多问题的处理上，也反映出了方志编纂中值得探讨的一些问题。在对《桂志》的评论中，结合对这些问题进行一番讨论，对于修志经验的总结是有意义的。本文仅就其所涉及的几个问题略陈管见，只可以算做是一些读后的杂感而已。

（一）关于"抗日阵亡将士名录"的问题

《桂志》将"抗日阵亡将士名录"列入"革命英烈"，对国民政府军队的抗日功绩给予了充分的肯定，是值得效法的。从已经出版新志书的"人物"部分来看，几乎所有的都列有"革命烈士表"或"烈士名录"，但将国民政府军为抗日而牺牲者列名的却不是很多。笔者曾将在手边的志书中任意抽查了 77 部，涉及 22 个省、直辖市、自治区的志书。列有"抗日阵亡将士名录（表）"的只有 31 部，仅占所查总数的 40%。就理而论，我们的这一届志书的时限重点是近、现代。这是中国人民通过艰苦奋斗，从帝国主义和封建主义压迫下解放出来，并走上有中国特色社会主义道路的时代。在这个斗争中，我国数以千万计的各阶级和阶层的人士，抛头颅、洒热血，谱写了一曲曲壮丽的乐章，浇铸了中华民族之魂。其中的抗日战争，尤其是对中华民族一场血与火的考验。在"中华民族到了最危险的时候"，国脉不绝如缕的情况下，无数的志士仁人，抛弃了阶级、政党、集团的私见，在中国共产党统一战线的旗帜下，"万众一心，冒着敌人的炮火前进！"他们可歌可泣的壮烈事迹，是我们这一届志书记述的一个重点之一。从上述抽视的情况来看，这一点是难以令人满意的。甚至可以说是留下了历史的遗憾。

从列有"抗日阵亡将士名录（表）"的31部志书来看，情况又各不相同：

（1）列于"烈士名录（表）"（或称"英名录"）之后作为"附录"的有6部，这就是湖北的《江陵县志》，广西的《天等县志》、《柳江县志》、《百色市志》，河北的《安国县志》和山东的《文登市志》。

（2）将"抗日阵亡将士名录"与"烈士名录"、"历代进士名录"、"劳动模范名录"、"科技名人录"等平列的有18部，如浙江的《安吉县志》、《东阳市志》、《文成县志》、《奉化市志》、《青田县志》，广西的《钟山县志》、《昭平县志》、贵州的《桐梓县志》，湖南的《江永县志》，安徽的《宿迁县志》，福建的《平和县志》，江西的《丰城县志》，四川的《富顺县志》，湖北的《通城县志》等。

（3）将"抗日阵亡将士名录"与"革命烈士名录"同列于"英烈名录"之内的，反倒是比较少的，只有6部，这就是四川的《大足县志》，贵州的《仁怀县志》，广西的《阳朔县志》、《平乐县志》、《恭城县志》、《龙胜县志》等。

我们现在所评论的这部《桂志》，也是属于这类较少者当中的一部。笔者是赞成最后这种做法的。因为它既更为科学合理，又从中表明了编纂者崇尚正义，表彰民族气节的编纂思想。北京天安门广场的人民英雄纪念碑上，有毛泽东主席于1949年9月30日起草、纪念碑落成时由周恩来同志书写的碑文："三年以来，在人民解放战争和人民革命中牺牲的人民英雄们永垂不朽！三十年以来，在人民解放战争和人民革命中牺牲的人民英雄们永垂不朽！由此上溯到一千八百四十年，从那时候起，为了反对内外敌人，争取民族独立和人民自由幸福，在历次斗争中牺牲的人民英雄们永垂不朽！"这里所说的一千八百四十年，是从1840年鸦片战争算起。可见，从那时以来的为了国家和民族的解放事业而奋斗牺牲的人，都属于人民英雄，可以毫不犹豫地视为革命英烈。《桂志》人物志第一章"英烈"，其下第一节烈士传略，第二节烈士表，第三节桂林籍抗日阵亡将士表。在这个"抗日阵亡将士表"中，共列245人，有姓名，部队番号、机关名称，年龄，牺牲日期，牺牲地点。表中所列既有将、校级军官，也有普通兵士。

除了将抗日阵亡将士表一节纳入《英烈》章之内外，对于抗日有功人物也为他们立传，并纳入第一节的"烈士传略"之中。这一节所收烈士传略共 11 个，其中就有为守卫桂林而殉国的国民革命军将领陈济桓等 3 人。将他们的壮烈事迹，与前表阵亡将士的牺牲地点遍布祖国 13 个省、市，有的远至国外缅甸联系来看，可见为了保卫祖国的神圣领土，桂林健儿的鲜血几乎洒遍了半个中国的土地。他们不愧是桂林人民的优秀儿女，值得桂林人民为他们骄傲。志书记下他们不朽的业绩，就弘扬了民族气节，成为爱国主义教育的好教材。

同时将"阵亡将士名录"置于"英烈名录"之内，做法又还各有差异。除了像《桂志》这样专作一节，列入"英烈"章而外，《龙胜县志》、《恭城县志》、《大足县志》都是采取混合编列的办法。《龙胜县志》"革命烈士英名录"，下分北伐战争、抗日战争、解放战争和中华人民共和国成立后四个时期。其中的抗日战争时期，所列的 27 名，全是国民革命军军人。《大足县志》的"英烈名录"之内，按时期和事件分为 11 类："抗日阵亡将士"列于"辛亥革命烈士"、"护国之役烈士"、"红军烈士"之后为第 4 类。其后还有解放战争时期烈士、抗美援朝烈士等 7 类。《恭城县志》的"恭城籍革命烈士"表内，按乡、镇排列，每一乡、镇不分是抗日阵亡将士，还是其他时期的革命烈士，都按牺牲时间先后混合排列。

还有值得讨论的一点，是"抗日阵亡将士"名录的表目问题，也就是对这些牺牲者的称谓问题。从列有名录的 31 部志书来看，有几种标法：（1）标为"抗日阵亡将士"，这是多数的标法。（2）标为"国民党部队抗日阵亡官兵名录"，如浙江《安吉县志》和河北《安国县志》；或标为"国民党政府军队……"，如福建的《平和县志》；也有就标"国民党抗日阵亡将士"的，如山西的《乡宁县志》。（3）标为"国民革命军抗日阵亡将士"的，如贵州《桐梓县志》。笔者认为，所有这些标法中，只有最后一种称谓最为科学和准确。可惜这种称法在有列表的 31 部志书中，只有一部。这的确是值得引起注意的一个问题。

（二）关于地名记述问题

《桂志》第 128 页载有宋代的一份城池图，原图乃咸淳年间（1265—1274 年）刻于境内之鹦鹉山。先是宝祐六年（1259）十二月，为抵御元军南下，广南制置使兼知静江府李曾伯受命增筑新府城。咸淳八年（1272）城成，遂于此山刻《静江府城池图》，高 3.2 米，宽 2.98 米（本书《文物志》作高 3.4 米，宽 3 米），至为珍贵。考本境汉至三国时属零陵郡，后改始安郡，隋时起属桂州，南宋绍兴三年（1133 年）属静江府。明洪武五年（1372 年）始属桂林府。此图刻于属静江府时，故章时发氏撰《修筑城池记》时，名之为《静江府城池图》，是对的，忠于史实的。《桂志》在用此图时，图题改为《宋代桂林城池图》就值得考虑了。因为此时之城是静江府城，还不是桂林府城，故城池图之名以仍称《静江府城池图》为是。为便今人阅读，哪怕记为《静江府（桂林）城池图》，也较《宋代桂林城池图》更准确。更何况再细嚼《静江府城池图》与《宋代桂林城池图》两个图题，后者明显地带有宋代以后之人，补绘（刻）前朝府城图之嫌。如果使人以为是府城筑成后若干代，甚至是现代人补绘的图，此图的存史价值不是大打折扣了吗？

同样值得讨论的问题，也出现在《人物志》人物籍属的表述上。《桂志》中凡是本籍人均标为"桂林市人"。志书中收入人物传的共 57 个本籍人，标法都无一例外。笔者认为，这里值得讨论的问题有二：一是全都用"桂林市人"这样称法是不对的。人物生活时代这里是什么地名，就应当说他是这个地方的人，如果古代地名与今地名有异时，可以注明今地名，如"夏云，字春农，甘泉（今邗江）人"，"丁凤山，名春荣，江都（今扬州）人"，而不能说成是后来才有的新地名的人。正如笔者见到刊物一篇文章所说的，将一位 1948 年就牺牲了的烈士，记成是某某公社某某大队人一样令人不可理解，尽管他的家乡就是今之某某公社某某大队。同样，本志中只有生活到桂林建市之后的人才可以称桂林市人。志书中所收唐代的曹邺、曹唐、赵观文等，直至宋绍兴三年之前就已去世的人，都只能称为"桂州（今桂林）人"。绍兴三年以后至明洪武五年之前，籍属于此的人，只能称为"静江府（今桂林）人"。明洪武五年之后，籍属于此的人，只能称"桂林府人"或"桂林人",都还不能称"桂林市人",因为这时"桂林"还没有成为"市"。只有民国二十九年设市以后,籍属于此的人,才可以称"桂林市人"。

值得讨论之二,是方志人物的籍属应尽可能详细的问题。《桂志》的初稿中,人物的籍贯是尽可能详细到了乡、镇的。如李宗仁传记其为"临桂县两江镇人",白崇禧传记其为"临村县会仙乡山尾村人",李天佑传记其为"临桂县六塘镇人"。当时,笔者曾以此为例向《临桂县志》的编者们说,桂林市志对临桂人物的籍贯都具体到乡、镇,《临桂县志》反而没有那么具体,很不应该。可是,《桂志》正式出版时,不知出于什么原因,乡、镇之名又通通去掉了,就只剩下"桂林市人"四个字。如果说省志和国史中人物的籍贯具体到县、市就可以了的话,市、县志中的人物就应当尽可能具体到乡、镇;乡、镇志中的人物,则应当详记至村(屯)才对。现在已经出版的志书,多数是这样做了的。有的甚至对古代人物也尽可能地写具体,如 1997 年 3 月出版的《扬州市志》,张士诚传记为"张士诚,小名九四,泰州白驹场(今属大丰县)人";1996 年 11 月出版的《绍兴市志》,杨维桢传记为"杨维桢,字廉夫,元诸暨枫桥人"。但也还有少数记得过于笼统,能够具体的没有具体。可以说,这也是一个不应有的缺点。

(三)关于入传人物的排序问题

入传人物的顺序排列,方志界历来就有各种不同的主张,所以志书中也有各种不同的排列法。有将人物分类的,有按历史顺序分段的,有以生年为序的,有以卒年为序的。分类者各类之内又以生年或卒年为序。在旧方志中,人物分类排列的比较多。多数志书中几乎都有名宦、选举、乡贤、流寓、隐逸、文苑、方技、孝义、仙释、节烈等类。有的多一两类,有的少一两类。新方志中人物的类别,大体是以人物所从事的职业来分的,如《扬州市志》的人物就分为 6 类:一是"政治、军事界人物",二是"革命烈士",三是"文化界人物",四是"经济、科技、技艺界人物",五是"卫生、教育、体育界人物",六是"民族宗教界人物"。笔者是不赞成将人物分类的,主要是因为有的人物一生行事多样,其身份往往是一身而数焉,难以做到分类准确。勉强分来,往往造成类与类之间,互相兼容，以致出现逻辑错误，违反常识，闹出笑话。

《桂志》的人物志，可以说是采取既分类又分段。第一个层次是把入传人物按类分为两章，第一章"英烈"，第二章"人物传"。这里首先就把革命英烈排除在"人物"之外，而且人物立"传"，而英烈却只写"传略"，这都是让人不大好接受的。它的毛病就是犯了一个把兼容的两件事物并列的逻辑错误。如果不勉强分类，就不会有这样的问题出现。在第二章的入传人物中，分为"古代人物"和"近现代人物"两节，每节内又将本籍人物与外籍人物分为前后两部分，每部分之内再按生年顺序排列。在笔者看来，这不是一种好的做法，既不科学，又自缚了手脚。一个人物的一生，在历史上不是单纯的一个点，而是一个过程。这个过程至少也有十几年二十年，长者可达七八十甚至上百年。这里面肯定就有一些人是跨越两个历史时期的。将这样的人物放在哪一个时期都不准确。如本志第3382页本籍人物中的唐仁、陈继昌、朱琦、龙启瑞、唐岳、王必达、周德润，以及第3396页外籍人物中的阮元、梁章钜、张祥河、郑献甫、秦焕、王拯、马丕瑶、张联桂等人，都出生于1840年鸦片战争之前，按历史时期的划分，应是属于近现代以前的"古代人物"，因为他们生于"古代"。现在的本志就是这样放置的。可是，这些人都活到了鸦片战争之后，在近代这个历史时期内生活了若干年。上述人物中，在近代生活最少的是陈继昌也有6年，其次是阮元、梁章钜，都是9年。长的达四五十年，如王必达40年，马丕瑶45年，周德润52年。就一个人一生而言，有作为、对社会产生较大影响的，一般都要到成年之后，多半是一生的中后期。相比较而言，以卒年为序排列，比以生年排列更为合适。这就是目前多数志书都是以卒年为序排列的原因。所以，笔者对这个问题的结论意见是，人物志中的人物排列，既不必分类，也不必分时期，以卒年排列最为便当，又较为科学。

（四） 关于市管县的市志记述范围问题

胡乔木同志在1986年全国地方志第一次工作会议上的讲话中，特别提出了实行市管县的地方，市志和县志怎样分工的问题。十几年来通过实践，形成了三种意见，故出版的志书也有三种模式：

一种是"大市志",即对市区、郊区和所管辖的属县均一视同仁地加以记述,如《扬州市志》的"记述地域范围为今扬州市所辖12县(市)、区,全面记述现行行政区的自然与社会的历史和现状"(该志《凡例》第一条);1997年7月出版的《三门峡市志》(第一卷)规定"全志区域范围以1990年底三门峡市的行政区划为准,包括湖滨区、陕县、义马市、渑池县、灵宝县、卢氏县。'现市辖各县(市)'、'全市',均指1990年底三门峡市的辖区,'三门峡市',1986年前指原三门峡市,1986年后指行政区调整后的三门峡市(包括四县一市一区"(该志《凡例》第六条)。

第二种是详市略县的"中市志",以记述市区和郊区为主,同时也适当兼顾属县。这种类型的比较多,如1993年12月出版的《镇江市志》就是,"记述范围,按现行行政区以市区为主,兼及丹阳、丹徒、句容、扬中四县;总述、自然环境、农业、水利、乡镇企业等卷,则记述全市情况"(其《凡例》第三条);1996年8月出版的《西安市志》(第一卷)就是,"记述的地域范围,以1990年底西安市行政区划为准,详记市区,略记属县。书中所称'全市',包括市辖各区、县。'市区'包括市辖各区;'城区'包括新城、碑林、莲湖区"(其《凡例》第六条)。

第三种是"小市志",即仅记市区和郊区,属县基本不予涉及,凡涉及者均专予注明。如1993年4月出版的《牡丹江市志》,就是"记述范围不包括辖县(市),包括辖县(市)时加注释"(见其《凡例》第三条);《广州市志》是"全志记述范围,以1990年底广州市行政区域的市区为主,若干统计数字包括属县均注明含县。市属区、县另修区、县志"(其《凡例》第三条);正陆续出版的《武汉市志》的"记述范围以市区为主(市属县加修县志),首卷设市辖县概况。记述中涉及各县的,注明含县"(其《凡例》第三条)。

对于上述三种模式,都还处在摸索之中,可以说是各有千秋,一时难分轩轾,可以暂不置评。在这里结合《桂志》想说的只是"遵例而行",还是可以"越例而书"的问题。《桂志》在其"凡例"的第四条中规定:"本志记事范围以市区(城区和郊区)为限。由于历史和统计的原因,部分事物、数字延及辖县或限于城区。凡包含城区、郊区、辖县者书为'全市'。"从这条凡例看来,本书是属于"小市志"一类无疑。但这条"凡例"规定得并不明确,而且自相矛盾。既已规定"以市区为限",又允许

"包含城区、郊区、辖县者书为'全市'",又声明"由于历史和统计的原因,部分事物、数字延及辖县"。正是"凡例"中的这种不严格性,所以在实际执行中表现了诸多的随意性,说得重一些可以说是"有例不依",起码也是"依例不严"。

还是来看一下志书中的实际情况吧。志书的绝大多数专志和章、节中,都是执行了"以市区为限"的,包括像"自然环境"这样以大范围才更好记述的专志中,都是只限于市区之内的。但另一方面我们也看到,有一些章节"越例而书"的情况也相当严重,以致出现了一些不应有的混乱情况。桂林是风景旅游城市,志书在写山水等旅游资源时,都是以大桂林旅游区为记述对象的。其中有些以"附"的形式出现,是可以的,不当受到行政区域的限制。但许多地方却不只是这种情况。如《山水志》中写其"秀水"时,就记了属县阳朔的兴坪和九马山。《旅游志》记其自然资源时,记到北至兴安、资源、龙胜县,南到阳朔、恭城县,东及灵川县,西达永福县,总面积7000平方公里,是桂林市区面积的12倍以上。其他专志章、节中,有的文字记述时限于市区和郊区,而一些图,如"桂林市风景名胜图"、"桂林市水系图"、"桂林市交通图"、"桂林市森林资源分布图"(还附有1988年临桂县滩头杉木林的照片)、"桂林市土地利用现状"等,都是把城区、郊区以及两个属县视为一体加以统计入表、入图的。《环境保护志》中记村镇规划时,记到了阳朔县的兴坪、高田、普益和临桂县的五通、两江、六塘、茶洞、庙坪。治理漓江支流时,记到了阳朔县的桂花沟。农业用电和农电覆盖面中,不但记了阳朔、临桂两属县,而且记到了不属于本市的灵川、永福、兴安、荔浦、平乐、恭城等8县,所举用电事故的五个典型例子中,有灵川三例,临桂一例,属于市郊区的只有一例。其《旅游志》的"涉外交通企业"中,有三个就是属于阳朔县的。记到旅游收入时,包括了属县,又注明其中市区收入之数,可见市区和属县并不是由于分不开才记在一起的。

如果说上述的诸例中,都因是为了反映大桂林旅游区的特点,或因有些统计数字不便分离的原因,而"延及辖县"(实际已经大大超出辖县范围)的话,那么有些与旅游并不十分相关,也颇便于离析的内容,是应当坚守"凡例",不使相混的。但还是有许多地方依然超出"以市区为限"的规定。如《建置·政区志》中专设了"辖县"一节。《政府志》中又专门记述了两个属县的"县人民政府",并列了两个县"人民政府领导人更迭表"。蓄水工程中的"青狮潭",引水工程中的"灵渠",古运河中的"兴安运河"等,都不属于本市。"桂柳运河"、"宛黄公路"、"太草公路"、"葡高公路"等,都只在辖县内而不在市区或郊区内,按"例"是没有必要记入的。

这种情况,在《文物志》和一些专志中涉及"人"的地方表现得更为突出。《文物志》中的"陈宏谋墓"、"李宗仁故居"、"徐悲鸿故居"等,都只在辖县临桂或阳朔境内,并不在市区和郊区。其《教育志》中记唐宋至清,桂林籍文科中式进士277名,武进士22名,制举18名。历代科举考试中,广西出状元9名,桂林占5名。这些数字,在早《桂志》一年前出版的《临桂县志》中,已有名有姓地列出自唐至清临桂的进士279名,特赐进士1名,武进士22名,制举中式18名,状元5名。两志所列,《桂志》仅进士数差2人及特赐进士1人之外,其他各项之数完全相同,可见临桂的所有中式者都已进入《桂志》之中。这里根本未分什么市区和属县。还值得注意的是,今已并入临桂的义宁县进士12名,以及1988年10月出版的《阳朔县志》所记其县自唐至清进士22人,都是未记入《桂志》的。但在人物传中,却又收入了阳朔籍的人物曹邺,并注明为"桂林市人",这又包括了属县的人物。收入辖县临桂籍的人物就更多了。古代者如陈宏谋、陈继昌、周位庚,近代者如曾以"临桂词派"著称的王鹏运、况周颐、刘福姚等,现代者如李任仁、李宗仁、白崇禧、李天佑等,都是临桂县人。

所有这些都说明,《桂志》并没有按其《凡例》"记事范围以市区(城区和郊区)为限",而是按其记述方便的需要,时而限于市区,不少时又包括辖县,有时甚至跨到市外去。与其如此,还不如将"本志记事范围以市区为限",改为"本志记事以市区为主,兼及所辖临桂、阳朔两县",也就是放弃"小市志"的初衷,改为"中市志"的模式更为恰当。

(本文以"余思章"笔名刊载于《广西地方志》1998年第4期)

11. 重行事　显特点　长豪气　增信心

——读《广西通志·政府志》有得

　　1998 年 10 月出版，由李荫先生任主编的《广西通志·政府志》（以下简称《政府志》），是我目前见到的几部省、自治区、直辖市一级的政府志中比较有特色的一部。如果用简明的几句话来归纳它与众不同之处，那就是：重行事，显特点，长豪气，增信心。

（一）　重行事

　　重行事是这部政府志最明显的一个特点。在省、市一级志书的各个分志中，编写政府志首先遇到的，是如何处理好机构和行事的关系问题。在读前些年的新志书评论文章时，往往都能看到说某志书的政治部类中，多见的是机构和人员名单，施政行事情况和政绩内容反而很薄弱，是本末倒置了。这在早期志书中的确是一种多发病。近些年来，为改变这种状况，各地都进行了多方的探索，情况有了较大的改变。我认为，广西的这部《政府志》在这方面的处理上是比较成功的。

　　为了改变早期志书中的通病，有些地方的政府志，在编写探索中，除了机构和人员名录之外，增加了政府管理职能方面的内容。如 1996 年 10 月出版的一部省级政权志，除综述之外就设两大篇：一是政权机关篇，二是政府管理篇。这比仅有机构加名录的做法，自然是进了一步，因为从事管理，的确是政权的一项重要的职能。但这样的改进并不能认为已经是到位的了，因为这个篇目格局，使政府的施政内容依然没有相应的位置。施政应当包括管理，但施政绝不仅仅只是管理。果然，这部政权志的内容，除了记述政权机构和少量的人员名录之外，就是管理篇中的机构编制管理、人事管理、行政监察、信访管理、审计、办公事务管理、档案管理七项了。每一项之中，大体都只记了相关的条例、制度、原则、职权、任务、程序、方式等。作为省一级政府的主要施政内容反而没有了。志书记一个省的政府（权），不当只记它如何管理，它应当做些什么，应当怎么样去做。我认为更重要的，也就是记述的重点，应当是记这个（届）政府（权），实实在在地做了些什么，有什么重大的举措，产生了什么样的社会效果。

通观全书，可以说《广西通志·政府志》是紧紧地抓住了这个重点的。全志设4篇24章，其中专记"施政纪略"的占15章，记部门工作的是3章，以机构命题的有6章。就是在以机构命题的6章中，有3章仍是以记施政为主的。其第一篇《晚清广西省政府及农民政权》的"农民政权"章内，共设太平天国、升平天国、大成国、延陵国等4节，每节都设有"政权建设"和"重大政务"两目。"重大政务"目，专记农民政权的施政情况。"政权建设"目，记的是农民政权的建立和建设状况，实际也是农民政权的施政内容。其第三篇《民主革命时期广西苏区政府》内分设两章，每章都是设两节，一节政府机构，一节施政纪略。实际每章的施政纪略节的篇幅，都在机构节的2倍以上。仅从这个编目结构和内容的布局上，就可以看出这部政府志，确实是一改了先行者那种以机构加名录为主的模式，也不同于只在机构、名录之外，再添加一些部门工作的做法，而是把主要力量放到了记述施政行事上来。这才是真正抓住了政府（权）志该当记述的重点。也只有通过对其施政行事的记述之中，才能体现该地社会历史发展、变迁的状况和特点。

这部广西通志的《政府志》中，不但重记行事（也就是重政府施政的记述），更为难能可贵的是，在记事之中能以历史唯物主义的态度对待之。本志所含时限是1801—1998年。在这近二百年中，包括了清、民国、新中国三个社会性质不同的历史时期。对于旧中国广西省政府及其官员，有益于社会进步的行事及其社会意义，对于新中国广西省级政府及领导干部，领导工作中的挫折和失误及其给社会造成的恶果，能不能以实事求是的态度，给予恰如其分的记述，是检验这部政府志是否坚持了历史唯物主义科学态度的重要标志。通读该志之后，我认为本志书是坚持了这一点的。记晚清广西省政府时，记述了它镇压农民起义、加强政治统治的同时，也记述了它组织抵抗法国侵略、推进改土归流、发展教育方面的内容。记旧桂系主政广西时期，既记了它助袁（世凯）镇压"二次革命"、抑孙（中山）护法与破坏护法运动的倒行逆施，同时也记了它曾经参加讨袁护国战争、发展地方经济、推进教育事业等顺应历史潮流的行为和效果。

以李、白、黄为首的新桂系主政广西后，逐步发展成为民国时期最大的一个地方实力派。从阶级实质而言，它与当时国内的其他军阀势力一样，与国民党、蒋介石集团，都是属于同一个营垒内的，没有什么本质的差别。在对待人民革命力量上，其凶狠程度有时更甚于其他军阀集团，如在"四一二"反革命政变中的表现就是如此。

但从为了能在军阀们的角逐之中站住脚跟，扩展自己实力的需要出发，他们在广西的施政内容与施政方式当中，又有不少具有进步意义，且与他处军阀实力派不同的地方。有的时候实行的一些社会经济政策，也确实在推动广西的经济和社会发展方面，起了不可低估的作用。对此，在这部《政府志》中，也是给予了比较充分的记述和恰如其分的肯定。譬如，民国十五年新桂系在南宁组建省政府后，便集中统一全省的民政大权，厉行兴革，对县长实行考任制度，整顿金融，统一税收，兴筑公路，发展交通，开办广西大学，在梧州首先施行市政建设等。民国二十三年，省政府公布了《广西建设纲领》，要求通过"发展国家资本，节制私人资本"的办法，振兴广西工业，使农工业互相促进，达到工业化的目的。在全省开展了较大规模的经济、文化建设。30 年代初，又提出了"建设广西，复兴中国"的口号，推行"三自三寓"政策。抗日战争时期，实行放领荒地，兴修水利工程，促进了农业的发展。此时不但工农业发展盛极一时，对外贸易也由入超变为出超，最高额达 400 万元。全省有公路 4000 多公里，各县几乎都通了电话。教育方面，几乎实现了每村一所国民基础学校，每乡一所中心国民基础学校，各县大都办有中学。民国十六年由省政府创办广西大学，到民国三十二年，已经发展成为理工、农、法商 3 个学院的综合性国立大学。还在全国延聘了一批著名的学者、教授到广西参加经济、文化建设工作。当然，就其所取得的成就，与解放后的新中国是无法比拟、不可同日而语的。但是，如果我们在对历史人物的评价时，遵循列宁的教导："判断历史的功绩，不是根据历史活动家没有提供现代所要求的东西，而是根据他们比他们的前辈提供了新的东西。"那么，对于新桂系统治时期，在推动广西社会发展方面的功绩，是应当给予肯定的。这部《政府志》正是这样做了。

本届所修的志书，能否把历史唯物主义贯彻始终的另一个表现，就是看它能不能正视、并如实记述解放后党的工作中受到的挫折和出现的失误。在这一点上，这部《政府志》同样是经得起检验的。在 1955 年的统购统销工作中，平乐、南宁两地委领导的官僚主义造成的恶果，志书不但记了"两地委的主要领导存在严重的官僚主义，不了解下情，没有适当减轻这些地区的粮食征购任务，事后未及时返销，结果造成 1956 年春，一些农民因缺粮而外流乞食，有的甚至出现饿死人现象。"而且还直言不讳地点了当时负有领导责任的省第一委书记、书记、副省长三人的名及中央对相关人员的处分情况。对农业合作化、手工业的社会主义改造、资本主义工商业的社会主义改造、"大跃进"、"社教"、农田基本建设、工业大会战等当中出现的问题及其危害，也都作了如实的记述。在这些记述中，这部志书没有出现某些志书中比较多见的直抄《中国共产党若干历史问题的决议》的做法，也不人云亦云，如不少志书对于三年经济困难的出现，都归之于"自然灾害"。而本志则记作："由于'大跃进'、人民公社运动和'反右倾'的严重错误，加上自然灾害的影响，从 1959 年至 1961 年，广西国民经济出现了严重困难。"可见其求实的态度非同一般。这比有些志书中那种"解放前一片漆黑，解放后遍地光明，改革开放一帆风顺"的套式写法，显然是大大地进了一步。

（二）显特点

地方志，记一地地情的历史和现状，应当能充分地反映该地的社会现状和历史的特点。那么，广西的社会现状和历史的主要特点是什么，本志中是否反映了这些特点呢？依我看来，本志的编著者们在这方面是下了功夫的，收获也是较丰的。从它对历代政府施政纪略的记述中，起码较好地体现了广西社会历史的四个主要特点：

第一个特点，是广西自古以来就是一个多民族聚居之地。

反映广西居民构成上的这一特点，应该是人口志的事。但这部政府志却从当政者的施政这个侧面给予了反映。长期以来，统治阶级在此虽然实行民族压迫和民族歧视政策，但各族人民之间却是世代和睦相处，共同开发和繁荣了这片国土。在共同的生产斗争和阶级斗争中，又更进一步加深了各民族人民之间的相互了解和联系。今天在中国共产党的领导下，顺应历史潮流，实行民族区域自治，使整个广西已经成为境内各民族完全平等、血肉相连的一个民族友爱和睦的大家庭。

从施政角度来说，历史上正是基于广西是多个少数民族错杂聚居的社会现实，所以历来的统治者都实行了一些有别于中原地区的特殊施政方法。作为一部政府志来说，它应当反映该地历任政府施政的特殊性，从施政的这些特殊性当中反映出地情的特殊性。本书的"概述"中向人们显示：从唐代起，就在今广西境内设置了大量的羁縻州、县。至唐末，全境92个州、205个县中，羁縻州占50个，羁縻县占51个；五代时期，先后设置的69州、166县当中，有羁縻州32、羁縻县31；宋代广西境内先后设置有85个羁縻州、80个羁縻县；元末全境设有60个土州、8个土县；明末有34个土州、6个土县、5个长官司。进入本书时限范围内的清代末期，境内还有25个土州、4个土县、3个长官司、10个土巡检司。

从上述的数字变化中，人们不难发现，自宋而下，羁縻州县和土州县的数目呈下降趋势。这种趋势表明了广西境内各民族之间的差距正在日渐缩小，是广西社会进步的表现。促成这种进步的原因来自两个方面：主要方面是各族人民在共同的生产和阶级斗争中，加深了相互了解与交流，在交流中不断互相学习，共同进步；还有另一方面的原因，与当政者施行的政策与方略也是分不开的。

应当说，自明代永乐十二年（1414）起始，一直代代相续，在西南各省逐步推行的改土归流政策，是一项革故鼎新的进步政策。但在不同省份、不同时期，主政者施政的不同力度的影响下，这项政策的收效和进程是不相同的。志书在晚清和中华民国广西省政府的施政纪略中，都设了"改土归流"的专目加以记述。如记述了同治九年（1870）废那马土巡检司置那马厅，光绪元年（1875）废田州土州置恩隆县，四年废阳万土州判置恩阳理苗州判。在"概述"中还特别肯定了光绪三十三年（1907），广西巡抚张鸣岐奏请，承袭南丹土州等20缺，停止承袭；已承袭而因犯案撤任的归德州等13员不准回任，更加快了改土归流的步伐。所以，到清末，广西尚余的土州、县、巡检司、长官司已由清初的57个降至42个。进入民国以后，政府和政局虽然有变，但"改土归流"的政策却坚持下来。旧桂系时的民国初至十年六月，有归德、果化、茗盈、全茗、龙英、思陵、结伦等17个土州及旧城、安定、都阳等6个土司和上林土县先后改流，设为11个县。新桂系时的民国十六—十七年，又先后将那地、万承、上下冻、下石西、下雷、太平、安平等7个土州，罗阳、忻城2个土县，迁隆峒、定罗、上龙、上金4个土司及永顺、永定长官司改流，合并为若干县，从而最终完成了全省的改土归流。

仅从这一方面施政内容的记述中，就体现出了广西地方政权施政当中的一项重要的内容，也就是一个重要的特点。这个特点正反映了广西居民构成上的特点及其政治历史变化状况。

第二个特点，是广西各族人民都具有反抗反动统治者的光荣革命斗争传统和辉煌的业绩。

由前述的第一个特点，决定了历代统治阶级统治政策的特殊性。虽然我们肯定他们所推行"改土归流"政策的积极意义，但各少数民族群众在这种政策的推行过程中，是付出了重大代价的。在中国共产党之前的历代统治者的政策，其本质都是以民族歧视和民族压迫为出发点的。所以，边疆各族群众所遭受的痛苦，历来比其他地区人民都要沉重得多。这些地区的群众，只有联合起来，不断反抗加在他们身上的压迫和残酷剥削，才能够维持起码的生存。代代相续的反抗斗争，培育了各族人民反抗反动统治的光荣传统。广西各族人民无论在旧民主主义革命时期，还是在新民主主义革命斗争中，都有过突出的表现，其中多次建立了人民革命政权。

广西的这部政府志，其在记述各时期的广西省政府的同时，对于人民革命斗争中建立的革命政权，也给予了一席之地，表明了编纂者们重视人民群众历史作用的历史唯物主义观点。更值得注意的是，这部政府志在反映这一特点时，从所记内容的特殊需要出发，兼用了按时段和按事物性质分篇设目的做法。

本届修志中，对于一地特点的反映，有两种不同的做法：一种是严格地依照事物归属的类序和历史进程的时序，来排列和制定篇目，予以记述；另一种是不受事物类序和时序的约束，将该地的特有物产、特有事物或特有的历史事件等，设专门的篇、章、节、目，作升格处理。为了叙述之便，如果将前一种做法称作常例，后一种做法称作变例的话，那么广西的这部《政府志》中，可以说是常例和变例的做法都兼而有之。

　　作为一部政府志,应当以严格按照历史时序进行记述为常例。广西的这部志书,从本地的历史实际出发,于篇章的划分上,在大体遵守时序排列的同时,又兼顾到事物性质的不同而有所突破。如该书第三篇《民主革命时期广西苏区政府》,这是 1929 年 12 月至 1932 年 12 月三年间的事。就时间范围而言,它应当归属于中华民国时期(1912—1949 年)这一篇之内。但考虑到苏区政权与民国广西政权(包括旧、新桂系时期),是两种性质完全不同的事物,所以特地从第二篇《中华民国广西省政府》中析出,另设一篇,与民国政府篇并列。而对于晚清广西省政权和这个时期出现的农民政权,则又合并立篇,其下专设《农民政权》一章,也不是完全按照常例办事的。这样一来,就较好地反映了近代广西社会矛盾比较突出,曾经数次爆发农民起义并建立农民政权,在新民主主义革命时期,又一度出现过苏维埃人民政权的历史特点。

　　就整部志书而言,基本上还是照常例办事的。所以其他的特点,都是通过对各该时期政权施政纪略的记述中体现出来的。

　　第三个特点,是 20 世纪的上半期,广西经历了旧、新桂系军阀 30 多年的统治。

　　任何一地的任何一个时期,都有相应的政治实力进行统治,这不成其为一地地情的特点。但 20 世纪上半叶,先后主政广西的两个军事实力集团,尤其是新桂系的崛起及其对广西 20 余年的统治,对广西以至对全国都产生了不可忽视的影响,构成了广西历史进程中的一个显著的特点。记述好这两个军事集团对广西的统治情况,对于人们了解整个民国时期的中国社会有着重要的意义。

　　1998 年初,贵州省《桐梓县志》出版后,笔者就其专设《桐梓系军政集团》一卷进行评论时,曾认为:

　　　　民国时期,中国社会一个突出的特点,便是政治上表面的统一,实际上的分裂,经常是一种军阀纷争的局面。正如继周西成之后,而为国民革命军第二十五军军长兼贵州省政府主席毛光翔,为周西成所撰的墓志铭中所云:"自共和肇造,民国诞兴,十八年间,各省疆吏类皆割据一方,残民以逞。鲜有以民生为重,而从事抚绥者。"这些军政集团实际上是地方的割据者。他们有时表面服从蒋介石中央的领导，有时与中央又兵戎相见。为了拥兵自重，从各自的实际利益出发，他们有时实行中央统一的政策，在实行中选择有利于己的方面大事更张。更多的时候往往又实行一些自行制定的有别于中央的措施，其效果与对地方的影响，自然也就各自有别。要记述民国时期一地的社会历史，反映民国时期的面貌，对于这种情况是不能不加以注意的。（载贵州《史志林》1998 年第 1 期）

正是有基于此，所以笔者曾认为，新志书要真实地反映民国时期的历史面貌，就要注意对这些地方实力派的记述。多年前，在参加《桂林市志》和《临桂县志》的评稿会时，笔者都曾力主他们要下大力气记述好桂系和新桂系在该地的所作所为。因为，新桂系的两位首脑人物李宗仁、白崇禧都是该市该县的人，而且桂林长时期都是新桂系的统治中心。从已出版的《临桂县志》和《桂林市志》来看，虽然在这方面作了不少的努力，但他们对新桂系李、白集团的记述，比起《桐梓县志》对桐梓系军政集团的记述，就显得逊色了。新桂系在广西实行的统治，无论是时间之长，规模之大，在全国造成影响之深远，都是桐梓系无法望其项背的。试作设想，当今或后人如果想要查找新桂系李、白等的有关资料，能不首先想到《临桂县志》和《桂林市志》吗？历史上的志书，往往就因为记述了某位历史人物或某一特殊史事的独家资料，从而就使这部志书有了独具特色的价值，确立了它在志林中的特有地位。这样的历史经验是值得我们重视的。

可喜的是，广西的这部《政府志》比前述各志，又大大地进了一步。对旧、新桂系两个军事集团的记述，都不但记了它们的崛起和没落，记了当时广西省政府的设治情况，尤其详记了他们的施政行事。如对旧桂系集团，一方面记了它推行"桂人治桂"，在推进"改土旧流"，"绥靖"地方，发展地方经济，推进教育事业，参加讨袁护国战争等顺应历史潮流的做法；另一方面，也记了它帮助袁世凯镇压"二次革命"，抑制孙中山护法与破坏护法运动等倒行逆施的行为。

对新桂系的记述更为详细。以李（宗仁）、黄（绍竑）、白（崇禧）为首的军事集团统一广西、结束全省的混乱状态后，实行了许多特殊的政策。这些政策有旨在推动广西经济、文化发展的，有专门对内加强统治的，有用来对付蒋介石的中央政府的，有对付日本侵略者的，也有对付中国共产党领导的革命力量的。而这些政策又都与全国的大形势紧密相连，随着大形势的变化而时有调整。如参加北伐战争取得胜利后，曾追随蒋介石清党反共，随即又与蒋介石兵戎相见，爆发蒋桂战争，后又与广东联合，发动了反蒋的"六一运动"。30 年代初，先是"围剿"左右江革命根据地，后又受蒋介石之命，阻击长征路过广西的红军，而实际上又不按蒋的命令行事，暗命自己的部队对红军"只能追击，不能堵击"，只向红军的后续部队发起进攻。在抗日战争中，一方面与中共合作，允许在桂林设立八路军办事处，允许许多共产党中的文化人和民主人士，在桂林开展抗战文化运动；另一方面又大肆破坏中共地方组织，屠杀共产党人。通过对这些施政行事的记述，就活脱脱地画出了一个军阀集团的面貌。

整个中华民国时期的政局，就是一个以蒋介石为首的中央政府，加上全国若干个大大小小的这一类的军政集团。所以，我们这一届志书，如果要想真实、具体地反映民国时期的政治历史面貌，就要注意加强对这些地方实力派的记述。如山西的志书、青海的志书、新疆的志书，都只有分别记述清楚了阎锡山集团、马氏集团、盛世才集团等的形成、演变及其施行的政策和进行统治的情况，才能较全面地反映民国时期这些地区的社会面貌和历史特点。全国的志书如能把在本地产生过不同程度影响的大大小小的地方实力派，都记述清楚了，民国时期的政治面貌也就大体清楚了，民国时期政治上一个很重要的特点也就体现出来了。这些地区的志书对这一特有事物记得如何，直接关系到一部志书内容的真实和完整的程度，关系到志书的质量高下。可以说，广西的这部《政府志》在这方面不仅是合格的，而且在笔者目前所见同类志书中，是属于很好的一部。

第四个特点，是地处祖国的边陲，是国家的南大门，许多时候都处于国防前线的特殊地位，所以广西各族人民，在保卫祖国斗争中作出的贡献特别显著。

由于广西所处边疆的特殊地位，所以历代省级政府，都把加强边防建设，反对外敌侵略，保卫祖国边疆，作为施政一项很主要的内容。仅以本书时限范围内而言，第二次鸦片战争之后，广西经历了反对法帝国主义侵略的斗争。民国时期，广西先是抗日战争的大后方，后又成为抗敌的前线。所以广西省政府，先是从事抗战后方的建设，组织人力物力支援前方抗战，征集民工修筑湘桂、黔桂铁路等；后又组织人民支持政府军队的桂南会战、桂柳会战和光复广西之战。全国解放之后，省会设于南宁，本身就有加强边防之意。先后是支援越南人民反抗法帝国主义统治和抗击美帝国主义侵略的前线，以后又是抗击地区霸权主义侵略的自卫还击战前线。这些在相关时期的政府施政纪略中都作了相应的记述（可惜解放后的记述得不集中，显得太弱）。广西历届政府和各族人民，在历次保卫祖中的斗争中，应该说都表现了中华民族英勇不屈的铮铮骨气。志书中记下这些可歌可泣的内容，真是"凛凛烈烈，有声有色，使百世之下，怯者勇生，贪者廉立"（章学诚《答甄秀才论修志第一书》）。

（三）长豪气　增信心

笔者就是广西籍人。虽生于斯，成年以前也长于斯，但长期以来，对广西的了解却是很肤浅的，总觉得她在全国各省中是一个相对落后的省份。矿产资源相对贫乏，现代工业基础薄弱，生产技术相对后进，对自然资源的开发利用仍处在较低的层次上。直至改革开放若干年以后，仍错误地觉得，除了两面针牙膏和"金嗓子喉宝"等少数轻工产品，在全国尚有一定知名度外，可以拿出来足以骄人的东西实在太少。

通过阅读这部广西《政府志》之后，从历代历届政府的施政纪略中透露出，原来广西也并非是自己想象中那样的落后，在各省中那么无足轻重。历史上广西各族人民为国家作出的贡献，令人值得自豪的地方还是不少的。解放四十多年来，尤其是改革开放以来，广西的进步更是惊人的。

前已提及，广西各族人民为保卫祖国作出的贡献。志书中所记的那些英勇事迹，让我们今天读来，仍然是那样热血沸腾，豪气倍增。在上个世纪末期的抗击法国侵略者的斗争中，刘永福率领的以广西子弟为主组成的黑旗军，十数年驻守边防或活动于越南境内，与侵略者进行了多次的较量。光绪九年（1883）四月，曾大败法军于河内纸桥，击毙其司令李威利。光绪十一年（1885）二月，广西帮办军务冯子材，率领由钦州子弟组成的萃军等清军，于镇南关关前隘一战大败法军，杀敌2000余人，缴获无数，将敌追出关外10公里。接着又乘胜追击，攻克谅山，重伤法军统帅提督尼格里，前锋直逼河内、海防，法军精锐尽歼，法国茹费理内阁也因此而倒台（见志书第104—105页）。

在八年的抗日战争中，广西军政领导集团，总的来说，态度是积极的，行动是果敢的，贡献是突出的。极大地振奋全国抗日情绪的台儿庄大战，就是李宗仁将军指挥的，有名的桂南会战就是白崇禧将军指挥的。广大各族群众的爱国热情更是空前高涨，在人力物力上都作出了突出的贡献，也付出了巨大的牺牲。八年抗日战争的时间里，广西共出兵 94.67 万人，人数仅次于人口大省四川；按人口比例出兵之多，居全国首位（志书第 123 页）。据《广西通志·人口志》所载广西的人口数字，1937 年是1404 万多人，1945 年是 1454 万多人。折中以 1425 万人计，当时广西的出兵率达到总人口的 6.6%，每 15 人当中就有 1 人当兵上了前线。八桂子弟开赴华东、华中前线，先后参加了全国有名的淞沪会战、徐州会战、武汉会战和枣宜会战，以及广西境内的桂南会战和桂柳会战。笔者年少时就曾听父辈说及，广西兵在前线埋地雷，来不及了往往就抱着地雷往敌人的坦克车下滚去，与敌车同归于尽。今志书中所记可证此言不虚。如第 202 页所载 1938 年 5 月，桂军与日军在津浦路南段的蒙城争夺一战中，双方激战一昼夜，浴血巷战。四十八军一七三师副师长周元率八桂子弟 2400 余人与蒙城共存亡，除 100 余人突围外，其余全部壮烈殉国。处于后方的广大各族群众抗日情绪之高涨，从志书第 200 页所载当时的三则报道，就可见一斑了。

志书所记的诸多事例，足以体现中华民族的脊梁精神，是先辈给我们留下极可宝贵的精神财富，值得广西人民永远引为骄傲与自豪。

志书从对新中国成立以来历届政府的施政纪略中，也体现出广西有着自身的特有优势，现实和发展前景都很令人鼓舞。新中国成立近五十年来，广西不但与全国一致的步伐，完成了民主改革，开展了有计划的经济、文化建设，经历新民主主义阶段而走上了有中国特色的社会主义道路。

在政治方面，广西从自己的实际出发，实现了民族区域自治，各族人民享有完全平等的民主权利，民族之间和睦相处，政通人和。

经济方面的进步，最明显的是表现在产业结构方面的变化。1997 年第二产业收入，比重已占到 33.25%。广西已经由解放前单一的农业省，变成有自身特色的工业体系，包括煤炭、电力、冶金、化学、建材、机械、纺织、轻工、医药、电子等 10 多个部门，并都已形成一定规模。其中的微型汽车产销量，1996 年到 1997 年，连续两年在全国同类产品中居第一；

中吨位卡车、工程装载机和中吨位车用柴油机产销量，均居全国前三位；水泥从 1995 年起连续三年产销量居全国同行业前列；1993 年起，食糖产量占全国产量的 1/3，连续 5 年居全国首位；1997 年起全区乡镇企业营业总收入在全国连续保持第 12 位；现已发现有色金属矿近百种，其中已探明的 67 种中，居全国前 10 位的有 53 种，有 14 种居全国首位，25 种居全国第二至第六位。建设西南地区出海道的目标正在逐步实现，广西是这个出海道当然的龙头。钦州湾"三沿"开发带的建设，使广西沿海、沿边、沿江地带与内地多层次开放格局的逐步形成，有力地促进了全区对外经济贸易持续、稳定的发展。对外贸易中，进出口总额已由全国中下水平跃居中上水平，1995 年排全国 14 位，其中出口额排 13 位；1996 年出口市场已发展到世界 118 个国家和地区，扩大远洋贸易的格局正在形成。外资利用规模日益扩大，1997 年利用外资的绝对值排全国的第 12 位。

文化教育与全国同步，有些更处于各省的前列，如体育方面，第三届全运会上，广西队获团体总分第六，进入全国先进行列，其中手球、乒乓球、跳水、举重等都处于全国领先地位；第八届全运会上，金牌总数居全国 12 位。1978 年经国家批准，广西电影制片厂已成为全国故事片厂。

改革开放以来，有计划的扶贫力度加大，效果显著。1992—1997 年，农村贫困人口由 811 万，减少到 368 万。政治、经济的发展和人民生活都呈现出欣欣向荣的景象。

志中记下所有这些，都使广西各族人民增长豪气，对前途充满信心。也使我们这些寓居于区外的广西游子们，受到鼓舞，增强凝聚力，更热爱我们的故乡——广西。

（四）几个值得讨论的相关问题

这部《政府志》除前已述及者外，值得肯定的地方还有不少，如注意历史经验、教训的记述也是其一。其记新桂系统治时，将植树造林、修路都作为对县长考绩内容之一，不是很值得重视吗？其记述清末政权时指出的，"全省官员由于承平日久，文恬武嬉，虚夸敷衍，恣意压榨，终于导致了农民起义的大爆发。"这样的历史教训，不也是发人深省的警世之言吗？

限于篇幅，其优长不再细说。今谨就几个相关的问题讨论于下：

其一，关于内容的详略问题。在第一篇《晚清广西省政府及农民政权》的"政府机构"章内，所记第一节是"省级机构"，第二节是"道级机构"，第三节是"府、直隶州、直隶厅级机构"；第二篇《中华民国省政府》的"政府机构"章内，所记的第一节是"省政府机构"，第二节是"省政府直属机构"，第三节是"省辖行政区机构"。这两篇内，所记都包括了省级和省直辖的下一级行政机构。但到第四篇《中华人民共和国广西省、广西壮族自治区人民政府》的"政府机构"章内，却只有"省、区人民政府组织机构"、"省、区人民政府工作机构"、"省、区人民政府派出机构"，而没有其所直辖的下一级行政机构，如南宁市、柳州市、桂林市、梧州市、北海市等省辖市的机构。这种做法，实际是古详于今，是否与本书"编辑说明"第一条规定的"详今明古"不一致了。以愚之见，第四篇内似应增设"省、区人民政府直辖行政区机构"一节，不知编者以为然否？

其二，关于序言、凡例问题。据笔者所见，现已出版的各省省志中，大体有如下几种情况：

（一）有整部志书的《总序》和共同的《凡例》者。如《青海省志》有廖汉生写的"青海省志·序"，是全志的总序，有《青海省志·凡例》15条，是全志的总凡例；《天津通志》有刘立昌写的《天津通志·序》和《凡例》16条，是全志共有的外，还有全志的总《概述》和《大事记》106页。

（二）没有总序但有共同《凡例》者。如《河南省志》、《吉林省志》都没有总序，但有全书的总《凡例》。《河南省志》的总《凡例》第8条还特别说明："各篇不再另设《凡例》。个别需要者，另加说明。"

（三）有总序而没有共同《凡例》者。如《新疆通志》有自治区地方志编委会的《总序》，没有共同的《凡例》。但各分志又自有序言、凡例。

（四）没有总序、总凡例，各分志自设《凡例》者。如《陕西省志》与《贵州省志》均属此类。从《贵州省志·地理志》来看，本分志由上、下两册组成，上册和下册还各有自己的《凡例》。上册含4篇，这一册的凡例共分为5个部分："建置沿革"部分7条；"现行政区"部分3条；"人口"部分3条；"城镇"部分3条，另加"图表"2条。

（五）既无总序、总凡例，亦无分志序和分志凡例，只有分志自己的《编纂说明》或《前言》者。如《湖北省志》只有各分志自己的《前言》；而《云南省志》、《湖南省志》、《四川省志》、《河北省志》，则都只有分志自己的《编辑说明》。《山西通志》是各分志有自己的《编辑说明》，又有自己分志的《绪言》。

（六）总序总凡例、分序分凡例及《编辑说明》和《绪言》一概没有者，如《安徽省志》、《黑龙江省志》等。

现在摆在我们面前的这部广西《政府志》，没有总的序言和总的凡例，分志也没有自己的序言和凡例，只有一个《编辑说明》共7条，故它属于上述的第五种。但它这7条说明的内容，包括指导思想、篇目结构、断限、职官收录范围、附录收录原则、资料来源、纪年等，实际是本志的一篇凡例，故也可以说它属于第四种。

对于上述的6种做法，笔者比较倾向于第一种，但又不认为它是完美无缺的。比较理想而又可行的办法，我认为设全书的总序和共同的凡例而外，另加一个分志的"编纂说明"为佳。所以，这部《政府志》的做法，我不认为是最好的选择。因为，它是《广西通志》的一个分志，是整部通志不可分割的一个组成部分。每一部省志（或通志）都是由一个编委会主持，按照统一的指导思想和共同的编纂原则规范，分工协作编纂出版的。任何一部分志，都是全志的一个组成部分，都是在同一个编委会的统一领导下，必须遵循共同的指导思想和共同的编纂原则，所以每一个分志都应当有全书总的序言和共同的凡例。但考虑到各分志还有其自身若干具体问题需要说明，故再加一个本志的"编辑说明"，就可以宏微兼具，共性和个性都照顾到了。

其三，关于断限问题。《广西通志》至今尚未出齐，就已经出版的各分志，我也并不都有。从我手头已有的26部分志来看，各志的《编辑说明》中，对各自上限的规定，有各种不同的表述：

一、有从古代写起的，如《教育志》"从古到今竖写，上限时间不作统一规定"；《大事记》"上限从秦始皇二十六年统一中国起"。

二、有不作统一规定，因事而异的，如《农业志》"本详今略古原则，上限因事而异"；《冶金工业志》"上限因事而异，其中黄金从唐宋时代起，锰矿从光绪三十四年起，钢铁从1957年起，治理'三废'及综合利用从70年代起"。

三、有以该项事物发端为上限的，如《民政志》"上限从光绪三十二年清王朝设立民政部时起"；《宗教志》"内容上溯各教及政府宗教事务管理在广西的发端"。此外，《检察志》"解放前是从宣统元年至1949年……"；《商检志》"上限为民国16年"；《物价志》"上限起于清同治八年"；《科学技术协会志》"上限溯至清光绪二十三年"；《工会志》"上限从19世纪末广西工人阶级诞生开始"等，也是属于起自事物发端的。

四、有始于清嘉庆六年（1801）的，如《军事志》"所记述的内容，上自1801年"。我们现在所评论的《政府志》上限也至自这一年。

上述的四种规定，细分析起来，实际只有两大类。前面三种都属于同一类，都是以事物发端为上限的。只有第四种是自成一类，是从事物发展当中的一个阶段切下来的。其所以作如此切分，《政府志》的《编辑说明》中提供了答案："本志上限自清嘉庆六年（1801），与谢启昆主编的《广西通志》衔接，……因记述衔接需要，相关事物相应前伸。"

这后一类的断限法，我认为是可议论的。第一，我们本届修志，是在全新的思想指导下的新修，修的是自古及今的通志。无论从任何意义上讲，都不是旧时代志书的续修。第二，就我们所见已经出版的《广西通志》各卷来看，绝大多数分志都是统合古今的通志，而不是断代的续志。在同一部志书中，各分志上限不应当有两种断限法。也就是说，不应当一部分是通志，而另一部是断代的续志。

其四，关于图、照问题。志书的首图就是"广西地理位置图"，这样安排很好，很有特色。这一点正是不少志书所缺的。照片的前11版所安排的，也是紧贴省、自治区政府的内容的。但自"广西林业"以下，大量反映各行各业面貌的照片，与经济方面的其他专业志所选的照片，就显不出什么区别了。另外，反映解放前广西省政府的照片，一张都没有，似也是一个不足。

其五，校对中存在的问题。本志出版校对总体而言是不错的，但也还有疏漏。如果说第165页右栏第6行的"娼寮"，错成"娼寨"，还可原谅的话，那么第419页右栏第13行的"首府南宁"，错成"首都南宁"，就太不应该了。

这部分所提出的一些个人一孔之见，实不敢必，只作讨论之一说而已。

1999年7月14日完稿

（原载《广西地方志》1999年第4期）

（《广西通志·政府志》，李荫主编，广西人民出版社1998年版）

12. 重视独家资料的集纳

——读天津市《河西区志》之一得

资料性是地方志书的一个显著的特点。资料之是否翔实、丰富，是衡量一部志书质量高下的重要标志之一。在总结本届修志经验时，不少的评论者都提到，本届所修志书的优点很多，成绩很大，但也存在不足。其中之一是在资料的选择上，共性的资料很多，有个性的资料偏少，尤其是反映地方特点或特有历史事件的独家资料，更是少见。

对于上述观点，笔者也颇有同感。所以在平日翻读志书时，凡遇到难得见到的特殊资料时，都要做出索引，存以备用。1997 年就全国地方志第二次评奖活动所写的一篇《侧记》中，在总结获奖志书成功经验时，就专列了一项"努力追求资料的全、真、特、新"，用了相当大的篇幅，来展示新志书所载独家资料方面的收获（见《中国地方志》1997 年第 6 期）。今天，有幸在阅读天津《河西区志》时，正是在这方面，又引起了我极大的兴趣，甚至可以说是获得了极大的享受。

《河西区志》，1998 年 6 月，由天津社会科学院出版社出版。全书 140 万字，图、照占 30 个印刷页，装帧精美，典雅大方。就其内容而言，来新夏先生在志书序言中，已有极简明的概括。他所列该志的"篇章结构，论述层次均能合乎志体"，"结构比较合理"，"分述天地人，政经文教，比重恰当"，"突出城市区志之特色"，"所设简述，辞意通达，文字简要"等，都是确评。

在此，笔者无力论及全志，只想仍就前述的独家资料问题，谈点个人的感受。

《河西区志》于卷末所设的《附录》，有杂记、碑记、信函三项。这三项集纳的都是河西区特有的资料，也就是独家资料。这些资料都是很可宝贵的。不过，同样都是独家资料，但就这些资料的社会意义而言，却又是有层次之别的。我认为，其"杂记"中的《德租界始末》、《五村反霸斗争纪实》和《往昔谦德庄》这三则，较之其他资料更具深刻的社会意义。

解放以前的旧中国，是半殖民地半封建的国家。帝国主义列强在中国强行设立的租界，是外国人直接统治的"国中之国"，是一切罪恶的渊薮，是流氓、无赖、冒险家的乐园。这种社会现实的存有，既是帝国主义对中国人民犯下的侵略罪行，也是中华民族的悲哀。牢记这种民族的耻辱和仇恨，是进行爱国主义教育，振奋民族精神必不可少的内容。但是，随着时间的推移，老一辈的许多人，在脑子里已经淡漠；中年以下的人们，当然更不知殖民地、租界等为何物。志书从德帝国主义曾在本区强设租界的事实出发，在收集大量资料的基础上，整理成《德租界始末》的资料一则，从租界侵占及其扩张经过、租界的行政机构设立、军火生意与经济掠夺的种种罪行，到租界的收回，加以详记，并附载 1895 年《德国租界设立合同》和 1901 年《德国推广租界合同》的历史原件两件。这则独有资料的纳入，就使志书不但具有了存史的价值，也提高了它的教育意义。

《往昔谦德庄》，记的是天津发展历史上的一个怪胎。此地直至民国初年，还是"沟渠纵横，臭坑相间，芦苇丛生，墓地片片，窝棚住户稀稀落落"的一片不毛之地。但由于地处市区边沿，便陆续有灾民来落脚和走江湖的人来"撂地谋生"，以至有钱人也渐来买地盖房，开设店铺。由于渐成聚落，有利可图，于是地方的恶霸、"混混儿"、帮会等恶势力也随之而至。他们勾结亡命，拉帮成伙，先是掠占土地，雇工填坑，盖房出租；继而便是设立赌场、烟馆、妓院，招赌宿娼。尤其是恶霸李珍斗败崇德堂收租人韩慕莲、韩相林父子，成立所谓的"保安公司"之后，更是无恶不作。把个谦德庄变成了一座地地道道的毁人炉，成为人吃人的旧社会的缩影。这种情况一直延续到天津解放。志书对这股黑势力的形成、演变，他们的罪恶勾当种种、连同它给人民群众造成的痛苦和给社会带来的危害，以及昔日谦德庄的社会面貌，都给予了如实的记述。这正好从一个侧面，弥补了许多新志书中最常见的缺陷，那就是对民国时期记述的不足，缺乏较为具体的资料，让人不明旧社会是个什么样子。还在 1991 年于郑州举行的一次全国地方志年度工作会议的《纪要》中，所列举"应引起普遍重视并加以认真解决"的、影响志书政治质量和科学水平的诸问题中，首先一项就指出"有些志书对北洋军阀时期、国民党统治时期（包括日本侵略军占领时期）社会状况的记述过于简略，缺乏较为具体的资料"。自那之后，许多后出版的志书，虽然力图在这方面有所改变，但做得理想的依然不是很多。从资料数量上说，解放前的资料是有所增加，但依然是共性的多，有个性的资料少。《河西区志》抓住谦德庄这个典型加以记述，对旧中国社会面貌的刻画可谓入木三分。如果以本则资料，与其《街道》篇第二章的"谦德庄街"一节对读，将更能体现出这则资料的社会价值，让人自然而然地得出一些不言自明的结论来。

如果说《往昔谦德庄》一则，还只是从较小的一个侧面反映旧中国社会面貌的话，那么《五村反霸斗争纪实》一则，则是从更宽的一个侧面上反映了旧中国的社会面貌和时代特点。

解放前的旧中国是个农业国。在这个国度里，封建势力统治下的广大农村是个什么样子？从孙中山到中国共产党为什么都要实行耕者有其田？临到中国共产党领导在全国实行土地改革之前，农村正在经历着什么？全国土地改革这场实现几千年来土地制度根本变化的革命是如何实现的？凡此种种，都是我们本届志书必须要回答的问题，也是应当记述的重点。但实际情况却是，本届志书中在这方面记得令人满意的实在太少。大多数的县（县级市）志中，记土地改革内容的文字，往往只有几百字（超千字者都不多），而且几乎都是一个共同的模式。那就是土改前的土地占有状况（有一些数字比例）；地主阶级凭借手中的土地，对佃户和长工实行剥削的有几种方式及剥削量；何年何月，人民政府派工作队进村实行土改，何时结束；土改后土地占有状况有什么变化（又有一些比例数字）。至于地主阶级对农民的种种残酷压迫、榨取，农民所进行的多种形式的反抗，土地改革中的诸种复杂的斗争，都少能看得见。把几千年来土地制度的这一极其深刻的根本变革，记成了风平浪静的和平土改。对此，笔者也早就曾著文进行评论并呼吁过。或者是由于人微言轻，或者还有其他的原因，总之是能让人觉得满意的依然不多。

笔者其所以说，读《河西区志》令人高兴，其中原因之一，就是《五村反霸斗争纪实》一则资料，比较具体地记述了封建王公贵族，如何凭借政权的力量剥夺自耕农，使其成为佃户；在清民鼎革之际，原先为王公贵族收租的"庄头"恶霸"李善人"，又如何企图夺佃，要把农民抛出土地之外，断绝他们的衣食之源；农民为着活命，如何为维护原来的永佃权而斗争；如何从初期自发分散斗争的每每失利，到在中国共产党领导下有组织的团结奋斗，终于挫败"李善人"的夺佃阴谋。这则资料，可以说是封建末期，中国农村社会基本矛盾运动的一个十分形象的缩影。文末所附录的《天津贺家口小滑庄东楼村西楼村小刘庄五村全体佃农哀告书》，更是一篇淋漓尽致揭露"李善人"企图夺佃的种种阴谋，"以哀动人"的策略，呼吁社会广泛同情的宣言书。在一部不承担记述土地改革内容的城市区志中，居然存下农村两个基本阶级如此生动、具体的阶级斗争的鲜活资料，实在是难能可贵的了。

中国方志史告诉我们，至今存世的数千种志书之中，有一些志书就只因为载入了反映该地特有人、事、物的独家资料而受到人们的重视，从而确立了它在方志林中的特有地位。这样的历史经验是值得重视的。希望我们的方志工作者，在实际工作中，对本地特有的乡邦文献、历史资料给予更多的重视，将它们更多地集纳到我们的志书中来。如果说社会主义首届志书已经修成出版，那么就在即将开始的续修志书中，补上这一课

1999 年 8 月完稿

（天津《河西区志》，王戈主编，天津社会科学院出版社 1998 年版）

13. 榜样的力量是无穷的

——试谈《芦台农场志》的示范意义

截至目前，各地修成正式出版的省、市、县三级志书已达四千余种，如果加上乡镇村志，山河湖志，学校、厂矿场站等企事业志在内，总数几近两万种。摆在我面前的《芦台农场志》（以下简称《场志》）只不过是本届修志中已经出现的上万部各类志书中的一部。但读完这部志书之后，却让我获得了不同于读过其他志书的另外一番感受。

地方志书是资料性的著述，并不担负理论探讨的责任。但芦台农场场长、党委书记刘进辉在为这部志书所写的序言中，赫然写有"农场修志，它的深远意义将随着时间的推移而日益显现"的这句话，却从一个侧面说中了方志事业和志书的一个特点，即志书不但有利今之效，更有长远的价值，它的意义将"随着时间的推移而日益显现"。这里就涉及方志学的一个基本理论问题。

毫无疑问，他们这部内容丰富、特色鲜明、印刷和装帧精美的《场志》，也定会"随着时间的推移而日益显现"其意义和作用。它的意义和作用肯定是多方面的，但我认为最值得注意的是它在现实和以后的示范意义和作用。当我们对这部志书进行评论时，绝不能低估了它这方面的意义和作用，而应当给以充分的估计。

（一）党政领导重视修志工作的示范意义

农场志并非国家要求统修的三级志书，而是由各单位自行决定可修可不修的志书。可是芦台农场的领导人刘进辉等，在全场职工都万众一心搞生产建设和经营管理十分繁忙的时候，尤其场志编修又有 1985 年和 1988 年两次起步、两次停顿教训的情况下，不但于 1990 年毅然决定抽调人力开展修志工作。作为农场第一把手的刘进辉同志还亲自担任志书编委会主任，在日常工作中分出精力给予了相应的关心和重视，而且在志稿出来之后还亲自参加审读志稿。

关于刘进辉场长亲自审读或修改志稿的认真细致情况，在我与本书主编者之一的刘文武同志仅有的一次不到半小时的见面交谈时间里，他就给我举了好几个很能令人信服的例子。其中一个说的是，志稿已经层层把关修改，将主编们的定稿送到刘场长手中后，他在审读中还发现了一些文字和史实，甚至思想观点上的问题，并提出了修改意见。原志稿中有一处记有对一位同志"的错误问题处理给以改正"（大意）。刘场长对此很明确地指出："记作'错误问题处理给以改正'，还是肯定了人家有问题，只不过是处理不当而已。这样表述不符合实际，应当改为'对某某的错误处理予以改正'，这是个政治原则问题。"仅从这一个例子中，就可见其对志稿审读的认真程度了。

如果对中国的修志传统和编修当代志书的意义和价值没有深刻的认识，是绝难做到这种程度的。这就是一个领导人十分难能可贵的远见卓识。这是从本志书修纂中所体现的党政领导干部重视修志工作的示范作用之一。

（二）艰苦创业的示范意义

这个农场是与当地的解放而同时诞生的。解放之前，这里先是日本侵略者掠占中国民地而建立的"高丽圈"，是侵华日军的军粮生产基地。日本投降后才由中国人民收回。由于种种原因，至农场开办时，"境内34里（居民点），除中央里存有断壁颓垣，安次里留有旧址外，其余32里已夷为平地。荒草丛生，满目疮痍。水利设施已破坏殆尽，扬水站仅余残基，桥梁一无所存。"

就是在这样的基础上，1949年7月，由华北荣校等单位抽调的47名工作人员和天津市收容来的152名乞丐，共同组成劳动大队进场。这第一代的芦台农场人，怀着建设社会主义新农场的坚定信念，以苦为荣，以苦为乐，披星戴月，风餐露宿，战风雨，斗蚊虫，防蛇蝎，吃窝头，啃咸菜，忍饥渴，住窝棚，顽强拼搏，披荆斩棘，改造盐碱荒滩，进行了艰苦卓绝的努力。农场就是在这样的基础上，以这样的艰苦顽强奋斗精神创立成长起来的。在 40 多年中，虽经历了风风雨雨的曲折历程，尤其是经历了两场"大地震"的考验（一是 1976 年 7 月的唐山大地震，一是长达十年之久的"文化大革命"），芦台农场人就在这 132 平方公里（开始时还不到这个面积）的小块土地上，不但站稳了脚跟，战胜了灾难，而且发展了事业，为国家作出了贡献。40 多年来共生产粮食 82 万余吨，生产牛奶 13 万多吨，以及大量的人民生活必需的工业品。上缴利税 670 多万元，积累固定资产近亿元。

这种艰苦创业的精神，不但新中国建立之初需要，今天需要，而且永远都是需要的。不但办农业需要，就是办工业、科技，以及其他一切事业都是不可或缺的。《场志》记下芦台农场人的艰苦创业事迹，既树立了这个典型，又弘扬了这种精神，其示范意义是显而易见的。

（三）从传统农业向现代化农业转变的示范意义

农场者，业农之场所也。中国传统的农业都是一家一户分散经营的手工耕作式的小农业。如何把这一家一户分散经营的手工式的小农业，改变为以现代科技指导的机械化大农业，把贫穷落后的广大农村，改变成为现代化的农村，并逐步向集镇化、城市化过渡，是我们这一代人所面临的历史任务。

为了探索适合发展我国特点农业的路子，解放以后，在农村进行了土地改革，实现了耕者有其田。接着又开展了农业合作化运动，从互助组、初级农业生产合作社、高级社、人民公社，直至而今的联产承包的经营方式等，都是这些探索的过程和内容。除了广大农村的这种通过从个体到集体、从较小的集体到较大的集体的这种逐步的方式而外，实行大规模的农业垦殖，开办国营农场，也是一种方式。全国解放以后，曾在不少地区实行屯垦，开办农场。这种屯垦和国营农场的开办，除了解决就业，增加农业的收入之外，其更重要的意义还在于扩大国营农业在整个农业中的比重，以国营农场为先导，探索大农业的经营管理、耕作方式、科学种田、引进新品种新技术、推广农业机械化的经验等。事实证明，各地的国营农场，在这方面都获得了十分可贵的经验。在向大农业和集约化经营转轨、科技兴农、人才培养、农工商结合等方面积累的经验都是十分有益的。

《场志》所记述的是一个仅有 130 多平方公里、3 万多人的一个袖珍型农场。但就从这里，它给人们树立了一个从传统手工农业，向现代化农业过渡的一个范例。如前所述，办场之初，第一代芦台农场人靠的是高挽裤脚，动手披荆斩棘，改造盐碱荒滩。而今已经是具有国内一流的先进机具设备的机械化农场。从单一的种植经济，发展成为今日的农、林、牧、副、渔、工、建、交、商、服务产业的综合经济结构，从秸秆和泥巴搭抹成的窝棚或帆布帐篷，透风漏雨、冬冷夏热的居住点，到今日的高楼大厦。仅从志书前的彩照中，人们就可见他们所获得的诸多优秀产品。如果说获国家奖的免淘米、中国黑白奶牛、芦花猪和浓缩奶粉等，还只是农业生产中的佼佼者的话，那么它的石油焦化厂、带钢厂、金属柜厂等国家二级企业，以及中外合资企业、向国外的技术出口等，就更令人瞩目。从其场部所在地的旅店、饭店、二星级宾馆、度假村、别墅楼群以及诸多的文化娱乐设施，谁还能看出它与城市有多少区别来？这里不就是从传统农业向现代农业过渡、从农村向城市迈进的一个典型吗？这样的典型示范意义又岂是可以低估的？！

（四）历史述论型概述的示范意义

笔者在别的文章中曾说过，目前已见的新志书的各式概述中，以有策论内容的概述最值得提倡。但这种概述要写好的难度很大。笔者曾不止一次地向人们介绍过四川《大足县志》的概述，认为它是目前所见的新志书概述中很值得肯定的一种。它名为《纵览》，实是一种历史述论型的概述。它除了开头部分以极少的文字，简括地介绍本县的区位和地理环境外，中心部分就是县史述略。在对县史的夹述夹议中，总结出了"安定则兴"、"宽恤则荣"、"唯实则成"三条历史经验教训，对人们很有教育意义。读过《芦台农场志》之后，我觉得这部《场志》的概述与《大足县志》的概述属于同一类型，在具体写法上又各有特点。

地方志书是记述一定地区内的历史和现状的。《场志》共分 6 编，分别从地理、经济、管理、政治、文化、人物等方方面面，条分缕析地详述了农场的历史和现状。其概述则站在总观全志的高度，宏观地总述了农场的过去和现在。其历史的追述又都是从总结经验教训的角度着手的。一开始除用三个自然段交代农场的基本情况之后，便进入历史的回顾。从这个回顾之中，它向人们展示的经验教训起码有：

1. 单一经营的模式不宜固守。农场开办之初，芦台农场人虽然作出了艰苦的努力，也得到了大地的回报。但由于沿袭传统单一经营的模式，实行的是单一种植，以农为本，加之缺乏经验，管理粗放，所以收获甚微。前3年共亏损98.8万元。从1952年起，总结了教训，实行"以农为主，农牧并举的方针"，才促进了农、牧、工三业良性循环，获得了良好的经济效益。1953年便扭亏为盈，实现利润24.2万元。事实告诉人们，千百年因循下来的农业单一经营的单打一的模式是不能固守不变的。

2. 违反科学规律办事定受惩罚。从1953年起到1957年，农场发展正常，势头不错。到了1958年由于受"大跃进"的影响，头脑发热，提出"一年干三年事"，农业上过分强调密植高产，"大放卫星"，把20亩水稻硬是移栽到一亩田里，结果"卫星"未能上天，"卫星田"却落得颗粒无收。全场粮食总产比1957年减产19.4%。1959年又盲目扩大畜禽，也由于检疫不严，饲草饲料不足，管理措施不当，造成畜禽病死、饿死，丢失严重，致使畜牧业元气大损。这就告诉人们，凡事都要尊重科学规律，违反科学规律是要受到惩罚的。

3. "欲速则不达"是不易的真理。在总结1958年、1959年教训的基础上，60年代初实行了调整，摆正了农牧结构比例，农牧生产又恢复良性循环。通过管理体制的调整，调动了基层经营管理的积极性。加之其他相应措施的实施，全场经济出现稳步发展的势头。1965年全场利润总额首次突破100万元大关。可是，这时也出现了违背规律的错误做法，就是在"一步跨入共产主义"的思想指导下，不顾客观条件，将马聪庄、小海北村等20个村的农民由农村集体所有制，改为全民所有制，生活上实行供给制，分配上实行工资制。由于盲目求快，超越了历史阶段，违背了客观规律，不仅增加了国家负担，而且挫伤了农民的生产积极性。致使1960年至1969年的10年间，20个村共欠农场253万元，农民人均收入只有百元左右。主观上想快些，其结果是欲速则不达。

4. 要有市场意识和科技头脑。进入70年代，贯彻"以粮为纲，多种经营，农、林、牧、副、渔全面发展的方针"，使农场的工副业得到较快的发展，办起了 10 多个小工厂。但由于思想认识还是没有到位，一是没有市场经济意识，仍强调工业是"副业"，局限于为自身生产、生活服务；二是未注重规模生产和产品技术含量，强调"土法上马，因陋就简"，使所建工厂多系作坊式企业；三是受"三就地"（就地取材、就地加工、就地销售）思想的影响，工业基础十分薄弱，难以上档次，产生不了更大的经济效益。这些都是没有市场观念和科学头脑的小农意识的表现。缺乏市场观念的小农意识，既办不了大工业，也办不了现代农业。

5. 不改革就没有出路。中共十一届三中全会后，由于把工作重点转移到经济建设上来，全场经济工作进一步上位，各业生产都有了较快的发展，净利润连续三年突破 500 万元，其中工业利润占到 50%。但是这种势头并未得以保持，很快又出现经济效益滑坡，出现利润下降，农业亏损。主要原因是面对全国以联产承包责任制为主要内容的农村改革，作为在计划经济体制下起示范作用的国营农场，感到无所适从，在等待观望中丧失了发展机遇。原有的"大锅饭"体制，使职工群众的积极性仍受到抑制。这种局面是通过思想解放，加大改革力度才得以打破的。从 1985 年开始兴办有芦台特色的职工家庭农场，实行双层经营，统分结合。家庭农场实行单独核算，自主经营，定额上交，自负盈亏。大锅饭的打破，职工积极性空前高涨，当年国营部分的粮食总产量比 1984 年增产 61.9%。由于解放思想，确立了"立足本场，依托京、津，面向全国，走向世界"的总体经济发展战略，制定了"稳定农业，巩固畜牧，发展工业，搞活流通"的经营方针，不断进行产业结构调整，创出了一批工业名牌产品，有的还打入了国际市场，使经济效益大为提高。事实进一步说明，只有改革才有出路，不改革就寸步难行。

6. 科技兴农是必由之路。芦台农场的 40 多年历程，是艰苦创业的历程，是生产体制不断改革的历程，也是不断进行科学实验，并将科学成果逐步推广转化成生产力的过程。50 年代，推广"水旱六区轮作"、"灌排网络布置"、"螺旋输谷器"等一批科技成果，使农牧业的机械化程度在全国处于领先地位。60 至 70 年代，本场创造了水稻机械化旱直播、杂交高粱繁育生产技术，培育了"芦花"、"芦白"猪，摸索出了生饲干喂饲养方式，向全国推广收到了良好的效益。中共十一届三中全会以后，党的知识分子政策进一步落实，调动了广大知识分子的积极性，全场有 80 多项科研成果获河北省农垦公司以上奖励。1986年奶牛胚胎移植成功，更是填补了国内空白，达到国际先进水平。这些就是推动农场发展的生产力的重要方面。当今中国的农业，单靠扩大耕地面积已经没有可能，只靠增加劳力的投入也不是方向。只有加大科技投入、实行科技兴农，才是中国农业的根本出路。

7. 不可以没有忧患意识。地方志编纂中应当体现一种忧患意识，这是山西《阳城县志》主编刘伯伦先生最先提出的。笔者对此十分赞赏，认为这是本届修志中对方志理论的一个贡献。《场志》的概述中除了述历史、除现状之外，更为难能可贵的是，写出了一种忧患意识，指出了农场进一步发展所面临的五个方面的问题：一是水资源匮乏；二是人口膨胀；三是管理体制还未理顺，政企合一，企业社会负担沉重；四是企业的许多项目还处于劳动密集型、内向型，规模小、技术含量低，在市场竞争中面临着严重的挑战。写出这些，不但使芦台农场人头脑清醒，而且大大地增强了志书的实用价值，为领导者的决策提供了更大的参考作用。

从这些方面来看，我们可以说这篇概述不仅是合格的，而且是属于比较好的。

本文仅从示范意义的角度说了《场志》的优长，当然不是说这部志书就没有缺点或不足了。相反，笔者认为读完本志后还有一些明显的令人感到不解渴的地方。如抗日战争时期，这里曾是日本侵略者掠占的地方，对于日寇在中国这片土地上对中国资源的掠夺和所犯下的其他罪行，涉及得很少；又如对建场初期芦台农场人那种艰苦创业情状的记述，所用的笔墨显然太淡，这就使我们前述的艰苦创业的示范意义又打了某些折扣。此外，也还有一些明显的硬伤，如在《概述》和第一章《场域》中关于本场位置的地理坐标表示，都是先"经"后"纬"，这就违反了地理学的基本常识。

不过，指出这些并不影响我们对本书的总体评价，不影响《场志》是一部成功的好志书。

（原载《河北地方志》1999年第2期）

（《芦台农场志》，董喜文、刘文武主编，海潮出版社1997年版）

14. 中华民族脊梁精神的体现
——读新编《阜平县志》印象记

（一）初读的印象

共和国成立五十周年大庆之前半个多月，河北省的一位志界朋友来电，约我给新编《阜平县志》写篇评论文章。说实在话，由于当时正面临全国新编地方志成果展览会举办在即，手头要做的事实在太多，开始时我真有点不太情愿，只是碍于友人面子，才不得不答应下来罢了。但当我把志书搬出来一读之后，书中所记述的晋察冀边区革命先烈们可歌可泣的英勇事迹，从他们身上所体现出来的那种中华民族脊梁精神，深深地打动了我，使我蕴藏心底的民族意识，又涌动起来。近年来读过的新志书也有不少，但能使我的民族意识如此涌动，热血如此沸腾者还不是很多的。正是这种强烈民族意识的焕发，令我顿觉有许多的话非说不可。这篇读后的议论，已经不是别人"约我写"，"要我写"，而完全变成是"我要写"，而且是欲罢不能了。

由县委书记周国庆为顾问、县长王秀文任编委会主任、高明乡主编的新编《阜平县志》（以下简称《阜志》），1999 年 5 月出版。全书 131.6 万字，印数 3000 册。前有彩照 16 个印刷页。阜平是河北与山西临界处太行山东麓的一个山区小县，全县 20 万人口，直至 70 年代末，才解决吃饭问题。全县年总产值，直到 1995 年还只有 6.14 亿元，在河北省经济排位居于末座，当年财政还需国家补贴 498 万元，是一个比较典型的贫困县。就是这样一个连年靠国家财政补贴的穷县，还是下决心组织了较大的人力、财力，编修了这么一部规模可观、质量上乘的新志书，足见该县领导者的远见卓识，是多么值得人们的钦佩。

志书的全幅护封，是蔚蓝色天空下，巍巍群山映衬着的县城彩照。色调和谐，使人觉得赏心悦目。县城倚山而建，又给人一种雄浑厚重的安全之感。护封的正面，镶嵌着的是城南庄革命纪念馆的特写照片。仅只照片上那块"晋察冀军区司令部旧址"的说明牌，以及两棵翠柏拱护下隐约可见的、正气凛然的一尊军人塑像，就能引生出无穷的历史回忆，让人萌发出一种肃然起敬之情。作为一个革命老区，曾是革命根据地中心地情和历史的特点，便体现了出来。

（二）篇目体例上有与众不同之处

《阜志》在篇目设置上，避免了许多志书那种千志一面的雷同，而是颇具特色。首先，是在未入篇序的卷首部分，除《概述》、《大事记》之外，专门设置了《毛泽东在阜平》的"特记"一则。其下列入篇序的28篇中，在第6篇《中共阜平县地方组织》之前，还设有《阜平县苏维埃纪事》和《晋察冀首府纪事》两篇。其实这两篇也是两个"特记"。这三个特记之设，是从当地的历史实际出发的。仅从这三个特记的标目中，就不但反映了阜平是个老区，而且在诸多老区中，其地位也处于十分特殊的位置。

其次，在政治部类中专设《党政重大活动》篇，颇便于增强党政决策和施政活动的记述。本届修志以来，八十年代中期以前修成的志书中，比较普遍地存在政治部类记述相对薄弱的通病。在政党部分中共地方组织的章、节中，多数只注意了党组织的建立和发展，组织机构及领导人的变更，党员状况，党的会议，党的部门工作情况等，而缺少党的领导作用的发挥及其在当地政治、经济及社会发展方面的重大决策，因而难以体现中国共产党在该地区的核心领导作用。在政权的篇章中，只记述了政府机构的设置、变化、人员的更迭，缺少政府施政与政绩方面的记述，因而难以体现不同时期、不同政府的本质区别。故到八十年代中期以后，许多地方都加强了这方面的探索。在中共地方组织中，有的设立了"党的中心工作"、"党的重要活动"、"党的重要会议"、"党委决策"、"重大政事纪略"，更多的是设了"重要政治运动"的专章（节）等。在政府篇内，也设置了"施政要略"、"政绩纪略"等章、节（或专目）。这样的篇目设置，尤其是"政治运动"的专设，又引起了不少的争论。不赞成专设者的意见主要是：一、"政治运动"这个概念的外延不清，故致使一些志书中，把一些经济活动也归入其中，如减租退押、土地改革、生产资料私有制的社会主义改造；二、解放后的政治运动中，不少的都曾出现过这样那样的问题。这样设目集中写，会使人觉得有"抹黑"之嫌；三由于长时期内的地方工作中都是党、政不分，许多大的事件或活动，都是由当地党和政府共同主持的，故把"政治运动"放在中国共产党的地方组织之下记述。将政府完全摘开了也不合适。所以到九十年代中叶以后所修的志书中，以"政治运动"设立专门章、节的已不多见。《阜志》也没有这样设目，而是专设了《党政重大活动》的一篇。这样独特的设篇法，就解决了上述三方面的矛盾。

《阜志》在篇目和体例上的第三个特别之处，是随文设"附图"、"附录"、"附"，以及重要的资料注明出处等，这是本志的又一特色。据笔者粗略统计，全志除书前的彩页外，随文附出的图、照共 60 幅（照片占多数），"附录"36 则，"附"15 则。其中有不少是十分难得的珍贵历史资料。这样处置，就大大地加强了志书的资料含量，自然就使志书的质量上了一个更高的台阶，具有了更大的存史和使用价值。

（三）志书内容上的特点

《阜志》在内容方面最大的特点，是政治部类的内容十分充实。如果将卷前的《概述》、《大事记》和《特记》也作为一篇看待的话，全书是 31 篇，政治部类的占了 10 篇。政治部类在志书中所占比重如此之大，在已出版的新志书中是比较少见的。因此，政治部类内容丰富、充实，是本志内容上的一大特色。如《特记》中，以约 11 万字的篇幅，记述了解放战争时期的 1948 年 4 月 10 日至 5 月 26 日，毛泽东主席在阜平的革命活动，尤其是解放战争时期许多政治、军事方面的重大战略决策，都是在这里完成的。如关于纠正土地改革中"左"的错误、确定"三大战役"的战略基础、关于粟裕暂不渡江的城南庄决策、提出召开新的全国政协会议、发出新中国成立的动员令等。特记就是特写。有些志书在人物传中，凡某个领导人物在当地有过活动，就为这个人物立个传。既作为一个传，就不能不记传主其他方面一些相关的事情，再加之在考虑传文的总体字数，使得与本地有关的事反而展不开了。本志中设"特记"，就比专设一个毛泽东传要好得多。既可以将毛泽东在这里的活动展开充分记述，又不必为毛泽东其他方面的基本内容而另占篇幅。

由于政治部类篇幅的增大，故许多内容都可以作更具体的记述，而不致只作一般性概况的交代。如在《党政重大活动》篇内，对"土地改革"，就详细地记述了：第一步，发动组织农民诉苦，揭露地主罪恶，找出斗争对象；第二步，批判斗争，没收地主土地、家财；第三步分配胜利果实。在这当中，情况是复杂的，有的农民怕变天，对分配得的胜利果实，明要暗不要，白天分到手的东西，晚上又偷偷地送还给地主。还特别记述了1947年"中央工委"刘少奇、邓颖超、黄华、周扬等搞土改试点，以及"五月复查"的过激做法和及时纠正，还有《中国土地法大纲》颁布后，在本地贯彻的详细过程。笔者在别的文章中曾说过，本届所修的志书中，有两个方面的内容明显不足：一是对抗日战争记述不足；二是对土地改革记述的不足。在许多志书中，对土地改革的记述，都只有土改前土地占有情况和地主剥削的情况：某年某月，派土改工作组进村，开始实行土改，第一步怎么做，第二步怎么做；土改后的复查是怎么做的；经过土改、复查后，有多少贫苦农民分得了土地，土地占有情况有什么变化等。把几千年中国封建土地制度的根本性变革，写得平平淡淡，没有斗争，没有曲折起伏，似乎是和和平平就完成了。而本志则真实地记出了这场斗争的尖锐复杂性。连同正文和附录，这部分共占有6000字的篇幅。这是笔者所见志书中篇幅最大的两部中的一部，也是记得最深刻、最好的两部中的一部。可以与本志比肩的另一部，就是河北的《武安县志》。对其评述，已见拙文《大胆的尝试，可贵的探索——若干志书中党的领导作用记述概说》（载《河北地方志》1993年第1期）。

同样，在对党政所领导开展的其他重大活动的记述中，也记得有血有肉有特色，即使是解放后在党中央统一领导部署下的政治运动，也绝不是与全国毫无二致的一样模式。如在合作化运动中，就记述了有些区、乡、村急于求成，出现卖驴入社、砍树入社等强迫入社的现象，以致酿成后来"拉驴退社"，其后又靠上纲上线，进行批判，逮捕一批"闹事"的人，才把风波平息下去。又如"大跃进"中，许多志书中都只记当时如何放"卫星"、"乘火箭",而本志则记述了当时阜平县委宁肯被排为"骑毛驴"、"骑蜗牛"、"扛黑旗"、居下游,甚至冒着被罢官、受处分,也不愿谎报成绩,从而受到群众拥护的情况。总之,对每一项运动的记述,都做到有当地的实情,而不落入公式化的套子里。本书中,不仅是政治部类如此,其他的部类也大都做到如此。这是十分难能可贵的。

(四) 体现了中华民族的民族脊梁精神

读书,尤其是读志书,有如识人交友。最初所见,当然是其人的衣着、面貌。如果以志书的护封、版式设计及装帧等,视作人的衣着的话,又以其篇目设置、体式安排等,视作人的五官、长相等的话,那么志书的内容是否充实,就是此人的体态是否丰满、魁梧了。但是对一个人的了解,并非只以识其面貌和体态为满足,更重要的还在于了解其人的出身、经历,尤其是品行、性格。志书及其所记述的境域,也有自己的出身、经历、品行、性格。对于阜平来说,太行山麓的一个穷县,就是其出身;曾经是中国北方第一个红色政权,华北第一个抗日民主根据地,晋察冀边区根据地的首府,就是它的经历了。所谓志书的性格,也就是它的品行、特点。志书的品行,就是它思想性的追求,它所体现的一种主导精神是否正确、高尚。如果这样的比喻,大体可以的话,那么我个人认为,《阜志》不仅是属于面貌姣好,个性鲜明,或者如我们通常所说,是很有个性的,而且品行也是优秀的。也就是说,这部志书的思想性也是鲜明、正确、高尚的。

《阜志》的思想性,最值得称道的是它准确地体现了中华民族民族性的一个十分重要的方面,即一种强烈的爱国主义精神。已故的毛泽东同志在 62 年前写就的、他的一部名著《中国革命和中国共产党》中,对中华民族民族性有这样一段表述:"中华民族不但以刻苦耐劳著称于世,同时又是酷爱自由、富于革命传统的民族……中华民族的各族人民都反对外来民族的压迫,都要用反抗的手段解除这种压迫。"这种民族的性格,在近一百多年来得到了最充分的体现。从 1840 年的鸦片战争起,帝国主义列强就不断侵略中国,今天开战,明天割地、开埠,后天又逼迫赔款。它们与中国封建势力相勾结,一步步地把中国变成它们的半殖民地和殖民地。但是，中华民族各族人民在帝国主义的侵略面前，从来就没有停止过反抗。近一百多年来，中国社会经历的就是两个过程：一个是帝国主义与封建主义相结合，一步一步地把中国变成半殖民地和殖民地的过程；一个是中国人民不屈不挠地反抗帝国主义及其走狗，争取民族的独立和解放，最后走上有中国特色社会主义道路的过程。这种反抗外来侵略的斗争，以 1931—1945 年日本帝国主义的大规模军事侵略与中国人民的抗日战争，达到最尖锐、激烈的程度，也是对中华民族最严峻的一场血与火的考验。

这场空前规模的侵略与反侵略的战争，是中华民族近代史上若干重大事件中最为重大，也是距我们最近的事件之一。对这一重大的历史事件记述得如何，可以说也是我们这一轮所修新志书质量的一个"试金石"。遗憾的是，就已经出版的新志书而言，不少志书在这方面的记述都不甚理想，对此，笔者在中国抗日战争胜利五十周年纪念时写的《新编地方志应当着力记述好抗日战争的内容——从新编〈芷江县志〉谈起》（载《广西地方志》1995 年第 5 期）一文中，已经道及。在该文中，笔者指出：已经出版的新志书中，对抗日战争的记述，一是对正面战场上中国军队的抗战活动记得不充分，甚至可以说是轻描淡写。究其原因可能是不敢记，怕人家说是美化了国民党军队；二是对共产党领导的敌后抗日游击战争记得不到位，体现不出这种游击战争的战略作用；三是对人民群众单个的自发斗争较少注意收集和记述，把人民群众写得变成了任人宰割的羔羊；四是日本侵略军不曾到达的地区，没有反映国难当头、全民族合力抗日的气息，把所记之地变成与抗日战争毫不相干的世外桃源。

《阜志》则完全不是这样，而是把共产党领导的敌后游击战争，记得凛凛冽冽，真正体现了它在抗日战争中的战略地位和作用。早在 1937 年 9 月，八路军就从延安挺进阜平，先是建立抗日"动员会"，接着便建立了华北第一个敌后抗日民主政权。本县的城南庄率先成立抗日义勇军，成为华北第一支人民抗日武装。1938 年初，这里便成为中国第一个敌后抗日根据地——晋察冀根据地——的首府，成为中国抗日战争的一个重要的支点。在整个抗日战争中，当时只有 9 万人的小县，就有 2 万人参军参战，其中有 5000 名优秀儿女捐躯沙场。由这里人群组成的两个"阜平营"和一个"青年支队"，都编入了抗日的正规军，随部队转战，立下了赫赫战功。在《抗日战争》章的"军队抗战"一节内表明，军区部队在阜平进行了上百次的战斗。其中，详记了 4 次较大的战斗或战役。在"人民抗战"节内，记述了各村的游击队与边区军队并肩作战或单独作战，前后打败敌人八次扫荡。在反"扫荡"和保卫边区首脑机关、公粮、弹药的斗争中，涌现了一大批像李勇、李瑞、刘海梅、耿奎等爆炸、杀敌英雄。当敌人从我牺牲的胡营长肚内挑出来的只有玉米粒和野菜时，在场的侵略者们，也都无不惊得目瞪口呆，半天说不出一句话来。为了增产粮食支援前方，全县深入开展了"胡顺义"、"安有成"活动，要把阜平变成米粮仓。抗日战争期间的阜平，是全边区唯一一个不曾被敌人长期占据的县，被誉为"每个村庄都是堡垒，每个人民都是战士，绝非轻易撼动"的模范县。日本侵略者这头狂肆的野牛，正是在这人民战争的汪洋大海之中，最后落得个没顶的悲惨下场。从我们的军队、我们的人民身上所体现出来的，是一种惊天地泣鬼神的民族脊梁精神。志书翔实地记下这些事实，是教育我们子孙后代勿忘国耻，勿忘先辈们壮怀激烈的爱国情操，让我们民族之光永远闪亮。我认为，《阜志》最值得肯定，也是它超越先行者之处，正在于此。

（五）也还存在不足

上面所述的是《阜志》值得肯定的地方，也就是它的成功之处。当然，不是说这部志书已经是尽善尽美，完美无缺的了。如果以更严格的眼光来审视，《阜志》不足之处也还是有的。有的是属于思想认识上的差距造成的，有些是属于技术处理欠妥的，有些则是由于文字把关或校对疏忽而造成的"硬伤"。例如：

第一，书前彩照的选择和说明中，有"山上林草郁葱葱"，"一桥飞架小村变通途"等，就让人觉得所选照片存史价值不是很高，说明也有欠朴实、准确。

第二，志书的"凡例"共设 13 条，略显冗杂。其中第 9—13 条，全系具体技术性的内容，完全可以归纳为一两条，以更简洁的文字加以表述。又其中的第 5 条，关于人物入志的处理原则，先是说明"对贡献大、影响深的革命烈士，已故英雄模范、知名人士及历史上的清官廉吏等，不分本籍、客籍，均予立传记载，以教育后人。"接着又说"学者名流、革命烈士等以表的形式入志。"这里所要表述的层次并未分明，且前面用

"知名人士",后面用"学者名流"。其实编纂者的本意只是想从人物的历史作用、知名度高低分出层次,从而决定是入人物传还是入人物表。但现在这样的表述(包括标点符号的运用),就让人觉得是把"学者名流"排除在"知名人士"之外,且规定了他们只能入表,不能入传。且把其置于"以教育后人"之后,又似乎"以表形式入志"的人物,就不存在对后人的教育作用了。

第三,"自然资源"章的"动物"节内,记述了老鼠、田鼠、地下害虫、果树害虫、森林害虫、粮食害虫、传染病害虫等,显然是犯了归类失当之忌。所谓"自然资源",自然是指自然界中存在的、能为人类开发利用以造福人类的那一类物资。上列的害兽、害虫,只会危害人类,起码时至今日,还不能为人类开发利用,所以不属于自然资源的范畴。如果将之置于《自然灾害》章内,单立一节,于理就顺了。

第四,校对不严而存在的差错还是比较多的。如第 81 页的"大石坊"、"小石坊"各自然村名的来历,在表上正好置反了;第 123 页的道光七年,当是公元 1827 年而错成 1878 年,同治十二年应是公元 1873 年而错成 1917 年了;第 376 页的第 13 行,"先是北路分进合击,旋即北路分进合击",可能就是重出而未校对出来,下面第 35 行的"热情潮湃",就是"热情澎湃"之误;第 809 页"赵云霄"传的行文中,也偶有错成"赵云宵"者。

这些存在的问题,与全志大节的成功相比,虽是次之又次的,但也是不可以忽视的小节,值得引为教训。

1999 年 12 月 12 日

(原载《中国地方志》2000 年第 1 期、《河北地方志》2000 年第 1 期)

(《阜平县志》,高明乡主编,方志出版社 1999 年版)

15. 从修志实践中对续断代志的探索

——评《三河市志》

2001 年 8 月，由金城、刘亚寰主编的《三河市志》（以下简称《市志》）正式出版，这是三河继 1988 年 12 月出版的《三河县志》（以下简称"县志"）之后的第二部社会主义时期的新志书，也是河北省新方志中的第一部续志。是书一出，即于 10 月河北省首届修志评奖中荣获特等奖。笔者由于既参加了该志稿的评审会，又参与了河北省首届志书评奖会，认为它获得这份殊荣，受到评委们的高度评价是当之无愧的。在全国志界还处在对续修志书如何进行开展探讨的时候，它的率先出版，其意义更不应低估。尤其值得注意的是，是志的修纂者们以自己的修志实践，回答了方志理论研究中提出的一些重要问题。近年来，方志界对于续志已经进行了不少的理论研讨，但在一些根本性的问题上依然是见仁见智，未能统一。《市志》的编纂者们，没有写专文阐述他们对续志这些根本问题的看法，但却在实践中交出了一份答卷，表明了他们的主张。

一　续志要修成一部什么样的志书？

这是续志开始最先遇到的一个问题。近年来的研究中，出现了两种不同的理解，可以归纳为：是"修'续志'"还是"'续'修志"的两种不同的理解。持前一种理解者认为，续志应当是修成一部断代志书，其时间上限为接续前届志书的下限，内容主要是记述上届志书下限后的史事。对于前届志书的内容，不再纳入，只是补其缺失，纠其错讹而已。2000 年 7 月在哈尔滨市举行的全国续志篇目设置理论研讨会上，提供出来的多数篇目，都体现了这种理解。持后一种理解者则认为，续志是继续修订志书。不但要续记上届志书下限后的史事，补其缺失，纠其错讹，也要融会前志的内容，另铸新辞，修成一部新的通志。在哈尔滨的会议上，中国地方志指导小组副组长、中国地方志协会会长王忍之先生持的就是这种看法。他提出新一轮修志的任务：一是"续"，把中国改革开放 20 年的变化记述清楚，是新一届修志工作的首要任务。二是"修"，就是对上届志书进行修正。对于前一届志书，好的保留，错的纠正，漏的补上，长的精简。如果这些工作做好了，再加上时间上把它延伸，新一轮的修志工作就完成得更全面。"不能只讲'续'，不讲'修'"。

《市志》的编纂者们没有参加这些论争，而是用修出的志书，表明了他们持的是"修续志"，也就是修断代志的理解。修续志，不外是在前志基础上的续、补、纠、创。"续"，就是续记前志下限后的史事；"补"，就是补前志当有而实缺了的内容；"纠"，就是纠正前志中的错讹；"创"，就是在前志基础上的创新。从上述四个方面进行检视，可以说《市志》编纂者们交出的是一份令人满意的答卷，堪称是一部断代续志的范本之作。市志称为《三河市志》，与其前的《三河县志》名称虽异，其实却是县志的续篇。在《三河市志》书名之下便赫然注明"1985—1996"，只是由于县改为市，境域名称有变，故志书名称亦异而已。志书中绝大部分的内容，都是续记《县志》下限后的事物。

二　关于续志篇目的详略问题

记述前志下限后的史事，是续志记述的重点。哪些当"续"，哪些可以不"续"，是首先遇到的问题。在前些年关于续志的讨论中，有一种相当普遍的主张，即认为续志记述的事物中，有"变"、"不变"、"半变半不变"三种情况。对于变的，要浓墨重彩加以记述，充分反映这些事物发展变化的全貌；对于半变半不变的，只要记好其可变的因素即可；对于不变的事物，续志不必再列专目进行记述。持这种主张的人，大多举出自然环境、民风民俗等，为短期内不变的事物，是续志中可以不再设专目进行记述的了。看来《市志》的编纂者们是不赞成这种说法的，他们以自己的实践结果，让人从他们志书中引出的结论是，前论者所举的这两个部类，绝不是"短时间内变化不大，无内容可补记"的，而是大有可记，而且记载下来是极有价值的。《市志》在其《自然环境》编的"气候"章内，不但续记了 1985—1996 这 12 年的连续数据，而且与《县志》时限内的气候进行了比照。从比照中显示的是：这 12 年内，三河的年平均日照时数，比有确切数据记载的 1964—1984 年的平均时数，减少了 321.1 小时；无霜期增多了 9.1 天；降水量增加了 58.4 毫米；风速减少了 1 米/秒。笔者认为，出现这种情况的原因，修志者可能一时还不一定解释得很清楚，但记下出这些确切的数据是非常有用的。如果全国不同经纬度的地方，在新一届续志书中，都提供出该地类似的数据，全国气候变化总的趋势不就出来了吗？

同样，在"风俗习惯"章内，其所记述的内容也表明，三河近年来的民情习俗不是无多变化，而是变化相当显著。诸如饮食方面，过去多数家庭都是有什么吃什么，基本上都是自炊自作；现在则是想吃什么就买什么。城镇居民中，买熟食、购餐者已为数不少。农民出远门自带干粮者已几乎绝迹。交际方面，称呼上过去通行的"同志"、"大哥"、"大嫂"，已多为"老板"、"老总"、"先生"、"小姐"、"女士"等所取代。提着点心远行登门探访者日渐减少，电话联络者日益增多。观念方面，过去浓重的安土重迁、重农轻商的观念，已变为远行谋业、经商发财致富为荣，等等。因此，他们并没有轻易地将"自然环境"和"民情习俗"的篇目省而不设。从全志的编目来看，除了个别极为特殊的事类之外，前志中绝大多数的类目都给予了保留。

三　如何补前志之缺遗

补前志之缺，是续志题中应有之义。"补前志当有而实缺的内容"，这句话看似简单，实际上可研究或值得探讨的问题也不少。《市志》主要是从以下三个方面进行的：一是补充前志未收集到的重要资料。如原《县志》的"教育"编内，记宝箴中学共用 168 字，只记了该校 1915 年创办，至"1939 年因洪水冲毁校舍，师生分别并入到县师范和牛栏山中学"，期间共培养毕业生 1000 余名等最基本的情况。《市志》则在《附录》内补了 1400 余字的一条《宝箴中学兴亡记》。在这个《兴亡记》中，除补记兴办经过及该校的办学效果的一些基本内容之外，特别值得注意的是，补记了有关学校解散情形的一大段文字：

"学校经历军阀混战、盗匪骚扰、洪水天灾。及至沦陷日伪政府统治之手,抗日活动如火如荼的民国二十九年农历正月二十日(1940年2月27日),时任校长的申框芝(又名申扩之)召开全校师生大会,宣读日伪河北省教育厅新集中学(宝蓟中学时改为河北省立第二十初级中学,俗称新集中学——引者注)停办令。接着,年近花甲的教务主任赵鼎勋饱含热泪讲话:'日本人对我们不放心,国破校亡,我们永远不能忘记今天。等到哪一天国土光复,母校重开,你们千万回来看看。如果我死了的话,请你们不管是谁,到我坟前大喊一声,宝蓟中学又开学了!那时我就合上眼了!记住我是滦县人!'片刻,寂静的校园充耳一片哭声。学校到此在悲愤哀泣声中夭亡了。随后,申框芝校长带走学生档案、课桌、课凳、教具和部分师生并入顺义县牛栏山中学。"

接着又补记了学校当时培养的学生中,有若干人成为解放后的中高级干部等情况。

这样一补,显然比原先《县志》的一般性记述,具有了更强的思想性,对后人的教育作用也更大。《市志》在相关的篇目下,随时予以补入的例子更多,如在"烈士英名录"下,即补入了3名,两名是《县志》下限后牺牲的,一名是《前志》断限内遗漏的。"地师级以上干部名录"节内,"经征集增补13人",其中有4人是属于前志应记而未收得者。

二是补记前志由于认识水平所限,对事物未记全或未记到位的。如原《县志》的"人民生活"章记农民的生活,有解放前后的对比。解放前部分,除记一般水平外,还特设了5个典型的专记,有点有面。解放后分记了农民收入、吃穿、住用,也附记了"新农村高各庄"这个典型。这在第一届志书中,是属于记得比较好的一部了。但与大多数的其他志书一样,也存在明显的缺陷,就是只有平均水平,没有层次区别。《市志》的"农民生活"节内,则专门增补了"收入差别"一目,分别记了乡镇之间、村街之间、户与户之间的差别。其中,记到《县志》下限的1985年,全县23个乡镇,农村居民人均收入548元。高于平均水平的乡镇14个,占60.9%;接近平均数的乡镇5个,占21.7%;504元以下的乡镇4个,占17.4%。最高的段甲庄镇人均收入高达1002元,最低的齐心庄乡人均只有

413.2元。1996年，全市395个村街，年人均纯收入3000—4000元的246个，占村街总数的62%；4000元以上的村街90个，占22%；最高的是装订专业村杨庄，人均8762元。3000元以下的村街59个，占总数的16%。最低的西八里沟为2006元，与最高村相差6756元。通过普通农民百户人均收入调查显示：从1985年至1996年，最高收入户与最低收入户的倍比逐步缩小，收入的绝对差额比则逐步扩大。1996年，作为民政部门扶贫对象的，人均收入在500元以下的困难户，全市尚有530户。这样的记述，既表明了编纂者的求实态度，更对当政者保持清醒的头脑，进行科学的决策具有重要的意义。

三是补前志体例篇目之未备者，如原《县志》的"人口"，只作为《社会》编中的一节，只有"人口变化"、"人口构成"、"姓氏"三目。在"人口构成"目下，只记了性别、文化程度、年龄、职业等项，内容显得很单薄。《市志》则扩充为一编，补记了许多内容。"农业非农业（人口）构成"一节的补入尤为重要。从中可以看到，1985年三河的非农业人口，占总人口的10.2%；到1996年已增至22%。作为一个市来说，列出这个构成比例，再与农业、非农业产值之比结合起来，就可见其城市化的程度。据美国著名经济学家英克尔斯提出的，城市化的标准是两项：一是非农业就业人口占总就业人口的70%以上；二是城市人口占总人口的50%以上。将三河的情况与这个标准作对照，可见其城市化的程度还是很低的。在《人口素质》章内，补入"技能"一节，也是许多志书所未见的。

有必要特别提到的是，主编者之一的金城先生，在自己主编的《县志》出版之后，就注意进行总结，寻找《县志》中存在的不足。当他意识到当时由于感情上不好接受，而将三河"老妈县"的问题，采取有意避开不写是一个缺陷之后，便以个人名义写了一篇《洵阳与老妈县析》的专文，附入《市志》志首的《三河历史概况》之后。这就为市志补了80年代初修《县志》时就已调查得来的，关于"老妈县"的一些具体资料和县人对这一称呼的感情与态度，补了《县志》重要的一缺。

四 怎样纠正往志之讹误

纠往志之讹误，包括两层意思：一是对于前志中属于"硬伤"性的一类明显的错误，予以直接的纠正；二是通过篇目或某些事物归属上的调整，使其更为合理，以增强志书的科学性。《市志》在这两方面做法都是恰当的。首先是在相应之处专门设立"匡正"的条目。如在"烈士英名录"下设"匡正"一目，记入："《三河县志》'烈士英名录'中所载尹希俭，大景庄人，按当时有关规定确认其于 1951 年 5 月在朝鲜战场牺牲。改革开放后，尹突从台湾回乡探亲，遂知尹在战场被俘后（被）遣送台湾。专此更正。"

通过篇目和归属调整者，在大编设置上，如前述的将"人口"从《县志》的《社会》编中析出，单列一个《人口》编，置于自然环境和经济部类的接合部，而下才依次是政治、军事、文化等部类。这就体现出了人的主体地位。人是立足在特定的自然环境基础之上，才创出社会诸项事业来的。又如《县志》在记述该地的自然资源时，在"动物"节内包括了并不属于资源的各种鼠类。《市志》则将鼠类从动物资源中剔除，移入"自然灾害"章内，单设"鼠害"一目。显然，这就比《县志》的归属更合理、更科学了。

五　在前志基础上的创新

在续修志书的续、补、纠、创四字之中，这个"创"字是最重要，也是最难的。古人修续志书也有创新之例，如清代阮元在监修《广东通志》时，也是续修前志。他特将续志断限以前广东境内所发生的大事，用编年体录出，编成《前事略》8 卷。这一"略"的设置就是个创新。但古人在理论上，没有明确把"创"列为续志所必需的一项。我们新一代的续修志书，所含时限，正是改革开放、由计划经济向市场经济转变的时期，新生事物层出不穷。为了反映这种变化，在记述方式、篇目、体例上都应当积极探索，努力创新。

就笔者的理解，这个"创"字的含义，包括有高、低两个层次，也就是高、低两级两等目标：高层次的目标，是放眼于整个中国方志史，也就是在继承传统的基础上，作出前人未有先例的创变。这种创新难度极大，有时是要一代人甚至几代人的实践或研究的积累，才能有所突破，取得开创性的新成果。低层次的目标，则只是与自己直接所续的前志相对而言。

是通过努力，提出新的思路，找到比前志更为合理和科学地反映本地地情的思想、体例、编目或记述方法等。这其中有的多数，虽然是别人别处摸索出来的，但把它运用到你的续志之中来，使之比前志上到更高的台阶，这也应当被理解为具有创意。高层次的目标，是我们一代志人共同奋斗的方向，不能以此去要求每一个修志的人和每一部志书。但低层次的目标，对于我们每一个方志工作者来说，则是人人皆当怀抱的，通过努力也是可以有较大作为的。

《市志》是在《县志》基础上续修的。原《县志》出版于 1988 年，在早期出版的志书中，还是属于质量上乘的一类。但既是早期志书，自然难免早期志书所共有的一些缺点。如其经济部类的内容，列为志书的第二大编。该编内含平列的 19 章，编前连一个简单的小序一类的文字都没有，19 章，颇类平摆在地上的 19 个马铃薯，互不相关，既看不出全县的经济总貌，也难以看出各业间的相互关系。晚于《县志》10 多年后再修成的《市志》中，则专设了《经济概览》和《经济综合管理》两编，分别置于经济部类之首、末，以统括之。《经济概览》编，记述了全市的经济发展、经济体制、经济结构、经济效益的总貌。《经济综合管理》编，则分别记述了经济方面的计划、统计、监督、审计、管理等。这就使经济里面的各业加强了相互之间的联系，使之成为一个整体。90 年代以后出版的志书中，设"经济综述"的已经不少，就全国方志界今天来看，已算不上是新创，但对于三河一地的前、后两部志书来说，后者比之前者就有了创新之义。

新的有特色篇目的设置，是从地情特点的发掘中获得的。改革开放时代，新事物不断涌现，为续修志书增添了新的内容。为了反映这些新情况，志书中就得要有新的篇目。《市志》中，除了新增的《经济概览》和《经济综合管理》之外，对从一个侧面反映三河改革开放带有典型意义的编目，还有《燕郊经济技术开发区》、《北城开发》和从《文化》编中析出新设的《浩然文艺绿化工程》等三编。

如果说与前两编类似的篇名，其他地方也可能有的话，那么，第三编则是全国仅有的了。知名作家浩然，1946 年参加革命工作，1948 年在三河加入中国共产党，从此便把三河作为他的第二故乡。1984 年以后，他曾多次长时间在三河体验生活，以至在三河任过多项职务。从 1990 年起，在当地政府的大力支持下，他开始实施其文艺绿化工程，旨在培养和扶持文学青年，弘扬时代主旋律，宣传真、善、美，用社会主义思想占领农村文化阵地。先后办起了"让苍生写，给苍生看，抒苍生情，立苍生传"的《苍生文学》刊物，推出了一大批文学青年，出版了"三河泥土文学丛书"，成立了市文联、美协、新（闻）协、音乐·舞蹈协、曲艺协、戏协等。至1995年，全市有17人获准为中国大众文学学会会员，31人成为廊坊市作协会员，4人成为河北省作协会员。这项工程，已将这片昔日被称为京东文化沙漠之地，搞得热气腾腾。其影响不但辐射全国许多省市，而且受到一些有全国影响作家的注意。如果说前届志书中的《林县志》，特设《红旗渠》一篇而受到志界重视的话，那么，《三河市志》所设的这一编，也定会受到方志界、学术界、文艺界的重视，这是可以预期的。

六　更新观念，重点记述改革开放的现实，弘扬时代的主旋律

志书要反映特点，作为一部综合性的志书，特别要注意反映地方特点和时代特点，这是方志界早已形成的共识。作为一部断代的续志，更要充分体现其断限内的时代精神，弘扬时代的主旋律。《市志》的断限是1985年至1996年。这12年正处于我国实行改革开放、从计划经济向市场经济变化的转型期，也是我国由传统的农业社会，向现代工业化社会的过渡期。对于如此鲜明的时代特点和时代内容，志书如果没有反映或反映不充分，显然就是修志的失败。在这一考验面前，《市志》的修编纂者们是做到了与时俱进，注意更新观念，把握住了时代主流，弘扬了时代主旋律的。打开他们的志书，一股浓郁的改革气息就扑面而来。

首先，在篇目上设置了反映改革开放的新篇目。三河在12年的改革开放中，最大的动作有三个：一是创立了一个燕郊经济技术开发区；二是进行了大规模的北城开发；三是启动了一个浩然文艺绿化工程。如前所述，对于影响全市全局的这三件大事，《市志》特设了三大编。除了这三大编之外，编下的章、节、目一级，新出现的节目更多，只要翻一下书前的目录便知，在此不细述。

其次，是在所有的篇目下，着重记述了改革开放的内容。从卷首的

《大事记》中，人们不难看出，记得多的都是上级领导如何推动开放改革，当地党政领导如何围绕改革开放进行决策、实施和取得的成绩，以及改革开放中新事物的出现。在《中国共产党》一编内（编名还可商榷），除了记述党务工作和领导方式的改革之外，更设有《重大决策》的专章，分7节着重详记了党委在7大方面的决策，即首富县建设、东水西调工程、浩然文艺绿化工程、农业结构调整、建立燕郊经济技术开发区、北城开发、发展教育等。在《政权政协》、《社会群众团体》、《综合政务》等编内，除了记述自身组织机构方面的改革之外，还大量地记述了如何群策群力围绕党委的决策，献计献策，推动改革开放的发展。在其他的专业部门，如公检法司、军事、教育科技、文化、卫生体育等编章中，也都记了为适应改革开放的总形势而进行的自身改革和为改革开放作出的贡献。

其三，是充分记述改革开放的成果。这些成果，除了在三个新设的特编中记述之外，还大量的在经济部类的编章中展开记述。无论是哪一个产业中，都有志书下限时与上限年的比较，还有与断限以前的比较。通过这些比较，都充分说明了改革开放所取得的成就，体现了三河改革开放以来所产生的巨大变化。这种变化，正如该志《概述》所归纳的有7大方面：一是综合实力和人民生活水平显著提高；二是农业和农村经济全面发展；三是工业的长足发展；四是商业贸易空前繁荣；五是对外开放的大量硕果，单就一个燕郊经济技术开发区，1996年就出口创汇328万元，财政收入2775万元，综合实力在河北省19个省级开发区中排名第四，位居全省县域开发区榜首，成为8个省级重点开发区之一；六是古城面貌焕然一新；七是各项社会文化教育事业的蓬勃发展。仅以经济结构中的"三次产业结构"来看，三河1996年第一产业从业人员比1985年下降31.8%；第二产业从业人员已占到41.9%，比1985年提高了16.5个百分点；第三产业从业人员增长20%，是增长最快的产业。1996年，在三资企业、私营企业及从事个体经营的从业人员，占全部从业人员的24.5%，比1985年提高8.2个百分点。

为了充分反映改革开放的成果，《市志》可以说是不惜笔墨的，不妨以其《农业》编为例。1985年，三河的农业产值占社会总产值的30.7%；1996年便降到16.8%，基本上是属于一个工业型的市了。即便如此，志书中对农业的记述还是很下工夫的。过去我读志书，最怕读就是工农业和财贸、金融等编，因为大多都只有一连串的数字和技术数据。如果说上届志书中有见物不见人的通病的话，我认为在这一类的编章中表现得更为突出。但读了《市志》之后，觉得这部志书的农业编，不但很有可读性，而且有很强的示范性。这一编中，既有必要的数据、各种作物种植管理的技术，更有各种典型代表，即各种"大王"的出现。粮绵油章内，设专节介绍了吨粮田建设、各种种植大户，如黄永林、陶德虎等"种粮大王"的出现；蔬菜章有蔬菜专业村的建设、棚菜企业化生产和大户的出现；养殖业中介绍了"养牛大王"李成福及其养牛集团公司、明慧养猪集团公司、"养鸡大王"杜道生及其养鸡场，渔业水产中有"养鱼大王"王振江，林果业中有"天慈庄园"与林业局花木公司、燕赵园林公司等，简直是一个令人目不暇接的大农业展览，读来爱不释手。

《市志》以三河12年发生巨变的事实，无可辩驳地证明了，改革开放是人民获得富裕、国家走向强盛的必由之路。改革开放就是我们这个时代最突出的特点，这个时代的主旋律。

七　一篇立意高远、切合实用的《概述》

"概述"之设，并成为志书诸体中不可或缺的正式一体，是上届修志中的一大收获。但是志书的概述到底应当如何写法，怎样才算是一篇好的概述，则至今仍在探讨之中。前届新志书中，写得精彩、令志界普遍首肯的概述固然不乏其例，但毋庸讳言，写得平平者也还不在少数。《市志》的概述，在充分吸收前届志书经验教训的基础之上，可以说是写得比较成功的一个。该概述全文约1万字，分为4个部分：一是写区位和资源优势；二是写改革开放18年来社会发展和进步状况；三是总结历史的经验教训——正确的思想路线和决策，是三河发展和进步的关键。从1978年和1982年两次思想大解放，导引出各种改革政策和措施的出台。以充分的事实，说明三河近20年来经济实力的空前壮大和社会各项事业的显著进步，其根本动力是来自马列主义、毛泽东思想实事求是思想路线的重新恢复和确立，来自以邓小平理论为指导的两次思想大解放，进而在实践中不失时机地加大改革开放力度，解放了生产力，促进了各项事业的兴旺繁荣。

最重要的是提出策论的第四部分。该部分指出，纵向相比，三河的辉煌成就是足以令今人引以自豪、荣耀的。然而作横向比较，则无沾沾自喜、骄傲自封的资本。以中共中央提出的可持续发展战略为镜，回顾已走过的路程和已取得的成果，在环境、资源、人口、经济、社会协调发展上，还存在诸多不尽如人意之处和引以为鉴的课题。环视四邻，望观燕赵，放眼华夏，远眺世界，要强市富民，再造辉煌，在全国进前位，在世界经济一体化中占据有利地位，下面这些问题都是不得不认真思考的。文中给当政者提出的建议和忠告共有 6 项：一是对环境的污染不可掉以轻心；二为实行以保护性的资源开发，防止掠夺的开发，是实施可持续发展的着眼点；三是实行计划生育的基本国策绝不可松懈，而且要做大量的工作，真正变强制为自觉；四是发展要有长远的科学规划，以科学行为代替自觉或不自觉的短期行为和政府（实际是长官意志）行为，防止"拍脑门"工程的出现；五是要加大科技投入，增加工农业生产和整个经济增长的科技含量，切实施行"科技兴国"的战略；六是要加强精神文明建设，从严治党，依法治国，以正压邪，反腐倡廉。

上述的六点，实际是指出了三河进一步发展存在的"隐忧"，是一份难得的清醒剂，体现了志书编纂者的一种难能可贵的"忧患意识"。本届修志中，最早提出志书要反映"忧患意识"的是山西阳城县志主编刘伯伦先生。1993 年在提交中国地方志协会年会的一篇论文《忧患意识与地方志编纂》中，他首次提出，地方志是一方基础信息之大会，忧患意识是人们对整体危机和隐患的忧思。修志者有无这种忧思，对地方志是否体现"非示观美，以求实用"的宗旨关系至大。有此忧思，便可有的放矢地提供足以醒世警人的地方信息，大大增强方志的"资治"功能；无此忧思，所写志书不过是漫不经心的烦琐罗列和如数家珍的津津乐道，属于于世无补的摆设而已。"只有具备忧患意识的知识分子，才配作修志工作者；只有深思远虑、高瞻远瞩之人，才配作志书主编"。笔者认为，这一思想的提出，是本届修志中方志理论的一大收获。《市志》中提出的六个"隐忧"的存在，对于在改革开放中已取得巨大成就的三河人，尤其是三河的主政者们更有重要的意义。这篇概述最大的价值亦在于此。

《三河市志》是一部成功的断代体续志。这个成功的获得，是该市志办全体同志共同努力的结果，尤其是主编者的金城和刘亚寰两先生。金城先生主编完首部县志之后，又认真总结前届志书的得失，以年高体弱之身，孜孜矻矻，殚精竭虑，筹划续志全局。刘亚寰先生除与金老共担主编重担之外，还要为志书编纂之外的出版等诸事宜操劳。据说志书的出版经费，还是他以自己的住房作抵押贷款才得以凑足的。这种敬业奉献精神是感人至深的，值得大大的倡导学习。

2000 年 11 月 6 日

（原载《中国地方志》2002 年第 4 期）

（《三河市志》，金城、刘亚寰主编，中国文史出版社 2001 年出版）

16. 名人手下出佳构
——《临汾市志》简评

一

从资料室的藏书中，得以见到装帧精美的《临汾市志》（以下简称《临志》）。首先吸引我的是护封上一座高大巍峨的华表及与之相匹配的古城图案。除了北京天安门有这样的华表与故宫的自然配合之外，临汾的志书何以也以此为标志？好奇之心促使我去探个究竟。

翻开编辑者名单中，一个熟悉的名字便跳入我的眼帘——总编李百玉。李百玉这个名字，对于方志界人士来说都是不陌生的，对于我来说就更熟悉了。早在1979年的5月，是他在全国拨乱反正的总形势下，第一个正式提出了在全国开展修志的倡议。该年的5月1日，他以《县志应当续订重修》为题，向中共中央宣传部、《光明日报》和人大五届二次会议大会秘书处投书，建议在全国开展修志工作，引起了领导的重视。7月9日，中共中央总书记胡耀邦就作出批示："大力支持全国开展修志工作"，并建议由人大常委会承担。后来，中央宣传部、中共中央书记处又将此事转到全国政协常委会。从70年代末开展起来的新中国第二个修志高潮便从此兴起。李百玉先生首倡之功是不可没的。

正是基于这样的认识和对百玉先生的敬意，我于1998年在山西太原参加《晋城市志》评稿会后，便请山西省方志研究所袁培纲所长陪同，专程到临汾夜访了百玉兄。可惜当日百玉兄回乡下的家去了，未能谋面，至今引以为憾。其后百玉兄专门给我寄来了他当年上书的手稿，并详述了他这个想法形成及上书的过程。这是中国当代方志史上一件重要的史料，是治中国当代方志史的人不可不了解的，所以我也一直很珍视它。

进而细读志书，果然觉得其不同凡响，称得上是名人百玉兄手下的一件佳构。

地方志书，最根本的一条，是要有特点，要体现时代特点、地方特点和志书的特点。《临志》最明显的长处，正是这些特点都体现得非常的鲜明、突出。时代特点，最主要的就在于其思想观点正确，能以我们这个时代的指导思想为指导，准确、全面地反映了临汾的现实面貌。这是整个我们这一代的新志书所共有的，《临志》也做到了这一点，用不着花更多的笔墨来细述。

<h2 style="text-align:center">二</h2>

说到地方特点则千差万别，各不相同，可说的话就多了。临汾的地方特点，以笔者所见，最突出的是三点。临汾是中华民族的发祥地之一，平阳（今之临汾）曾是古尧都所在，历史内涵十分丰厚，此为其一；在现代史上，临汾是中国共产党领导的抗日根据地之一，在这个根据地里，各种力量错综复杂，斗争之尖锐非其他根据地可比，此为其二；解放战争时期的临汾战役发生于此，这是我中国人民解放军首次开展的大规模攻坚战并取得胜利的一个大的战役，这次战役对中国人民的解放战争影响甚巨，此为其三。为了突出地体现这三个特点，志书从不同的方面都做了很大的努力。

首先，是坚持了因事设目的原则，设立了最能反映该地区地方特点的专目。全书共 34 编，属中编体结构。它除了一般志书都必须有的共性编目之外，根据当地的特点，特设了《尧文化》一个大编。编下设了作为尧都的《古迹 遗址》、《古籍文献》、《遗闻 传说》、《碑记 诗赋 楹联》、《资料辑录》、《研究开发》等 6 章。在本志之前出版的浙江《绍兴市志》特设《名家学术思想》卷、贵州《修文县志》特设《王阳明在龙场》卷和山西《运城地区志》设的《关公文化》卷，都被方志界称为是精神文化入志的一种创造。《临志》设的《尧文化》这个特编，自然也应属于这种探索创造者之列了。

《临志》"尧文化"编之设，除了体现地方历史特点的意义之外，个人认为还有探索方志编纂模式的意义。在这一届修志中，不少志书的编修，都是与学术研究相结合进行的。在志书修成的同时，相应的一批学术成果亦随之问世，并推动相关学科研究的进展。笔者根据《江陵县志》和《洛阳市志·文物志》编修中的经验，曾撰文称这种修志方法为"洛阳、江陵的修志模式"（载山西《史志研究》1996年第1期，见前《志说拾碎》），介绍了他们修志中推动学术研究的情况。这种推动是表现在多方面的，仅就推动中国古都学研究而言，就有安阳是通过修志推动研究，于1988年的古都学年会上被确定列为中国七大古都之一，被称为是"历史上年代最早，发现最晚的古都"；江陵通过修志推动研究，于1992年被确定为中国十大古都之一；新郑是通过修志推动研究，于1999年第15届古都学年会上，被确认为"中国最早的古都"。洛阳的古都地位，是历来为人们所认可的，但其为"十三朝古都"的论点，是通过本届修志推动研究之后才确立起来的。以上这些都是得到学术界认可了的。

《临志》在编修的过程中，也注意了与学术研究相结合而进行。总编者李百玉先生，就于修本志的同时，也兼任了"尧文化研究开发委员会副主任"，并与其他同志一道编辑出版了《尧都胜迹》、《帝尧与平阳》等著作。而今尧文化群的保护与研究已得到有关领导部门的重视。1990年9月，六届全国政协委员、副秘书长、国家文物局原局长孙轶青，率全国政协和山西省政协文物联合考察组考察后，就建议在此建立尧都博物馆。由于临汾市党政领导的重视与推动，近年来这方面的研究与宣传又更进了一步，为越来越多的国人所知。2000年11月，山西省人民政府正式批复，将原临汾市更名为大临汾市的尧都区。随着本志的出版和开发利用，研究的进一步深入，也一定会得到学界的认可，平阳列入中国古都行列是可以预期的。到那时，中国"最早的古都"就当数新郑和平阳，而非安阳了。

除了《尧文化》的专编之外，本志中还在《居民》编下设有《宗族》章；在《工业》编的《造纸》章下设有《贡纸》节；在《商业贸易》编的《商业网点》章下设有《在京商店》节；在《军事》编中特设《临汾战役》一章，在本编的《兵役》章《设施》节下还设有《临汾舰》一个附目。这些都是抓住地方特有的事物而因事设目，从编目上就体现出地方的特点。这种做法是很值得推介的。

其次，是志书中辑纳了丰富的反映临汾历史和地方特点的资料。除了《尧文化》编以55页的版面5万余字的篇幅，对古尧都从历史文献、遗迹遗址、遗闻传说、诗赋碑记楹联等方面作了记述之外，还在其他相关的编章中，也作了相应的记述，甚至对一些蛛丝马迹也作了梳理记入。在其他的编、章中，也没有受"详今略古"、"详近略远"之囿，而是坚持了"当详则详"的原则，很注意历史资料的辑纳。如在《建置》编末附有《部分地名来由》，分为"与帝尧相关地名"、"与历史名人相关地名"、"与历史传说相关地名"、"与历史遗址相关地名"、"与古代地震相关地名"等10类，仅从这众多的古地名中，就反映了这里历史之悠久和曾长时期是地方政治中心的之事实。《大事记》和《中共临汾地方组织》编的《重要活动纪略》所记的内容，则充分地反映了中国共产党人为了建立这块抗日根据地所作的种种努力，仅从《统一战线》一章中所记的许多生动具体事例，就足以反映出当时敌、我、友之间错综复杂的斗争。《军事》编的《临汾战役》一章，以1.3万字的篇幅，从战前态势、战前准备，到攻坚夺城、所获战果，并设有《战役文献》一节，辑录了有关的重要电文、信函、通令、命令、谈话等等，对这一重要战役作了全方位的完整记述，且体现了其重要的战略意义。《商业贸易》编的《在京商店》节，辑录了自"六必居"而下的商店71家，反映了清末民初晋商在中国经济舞台上之活跃。

除了在这些体现地方特点的编、章、节、目中专门资料的纳入之外，全书其他编、章的资料也是很充实丰富的。如其《建置》编，尽可能地追记了临汾不同历史时期的区乡建置情况：唐天宝间设30乡；明天顺至隆庆间为151里；万历时为5乡15都128里，城内为16坊，细列了16坊、5乡、15都、128里之名；康熙十二年（1673）的县城内划为2坊、城外12都65里，也一一列出；民国间的区、乡、村，抗日战争时期的区、乡、行政村，1956年时的乡、村，1958年公社化时的公社、生产大队，1984年时的乡、镇、村，1998年时的乡、镇、村及街道办事处都有记述，越到后来越详细。其他如《文化艺术》、《文物 旅游》、《民情风俗》等编，甚至像《体育》这样的现代事项的编、章中，纳入的资料也都很有历史的厚度。其《美术》中的《木版画》一节，从尧舜时记起，历汉、唐、宋、金、元、明、清、民国，直至当代都没有断线；《群众体育》中的"围棋"一目，直追记到"尧造围棋，丹朱善之"，并记述了汉魏之前至明代境内的多处围棋遗迹。

三

《临志》除了反映时代特点和地方特点突出之外，志书本身的特点也是很鲜明的。该志 2002 年 5 月出版，在这一届修志中算是晚期的成果了。正因为是晚期的作品，故它便能吸收前期志书的许多经验、教训，弥补了别的志书中存在的缺陷。

记得上届修志开展不久，就有专家针对一些志稿的篇目指出，以"自然地理"设编，其下包括了与"地理"不属同一学科的"地质"的内容；以"自然灾害"设目，其下所记并不都是灾害，而是包括并未成灾害的自然异象，都是名实不符的。本志则听取了这些正确的意见，将"自然地理"改为《自然环境》编；将"自然灾害"改为《自然灾异》章。当时，陈桥驿先生就反复强调，对地方物产（主要是动、植物）的记述应当用"二名法"，可是能这样做的志书并不多。本志中的物种记述则用了二名法（志书中在物种名目之下配注了英文说明。笔者因不懂得二名法，曾向陈桥驿先生请教，并以"白皮松"为例，连同其下的英文字读给陈先生听，陈先生告知这就是"二名法"）。许多志书在记"人民生活"时都只有平均数值，反映过于笼统；本志则从 1956 年起就开始分层记述。对于解放后的重要运动，既有政治方面的，也有非政治方面的，不少志书都归于"政治运动"之中，显然欠妥，本志则归于《重要活动纪略》中。不少志书对于"文化大革命"的记述都过于简略，本志中虽然将"文化大革命"置于"社会主义革命事略"节下还值得讨论（如改为"社会主义革命时期事略"更好），但其对"文化大革命"，不但记清了运动发展的全过程，而且也较详细地记述了破坏性最大的武斗及其恶果，这是很多志书都没有做到的。不少志书中都缺乏民性、民风的记述，本志中则设有《民风民性》章，作了专门记述。许多志书都缺了"艺文"的章、节，本志则设了《艺文》一篇，其所选录的文字，实可称为用文学笔法写出的临汾古今风情录（可惜该编中少了很重要的"著作目录"一项），等等。

讲到志书之特点，尤其值得特别提出的还有两点：其一是本志在图、照的运用上得体得当。它不像有些志书那样，仅把图、照当作活跃版面的陪衬，或成为产品的广告，而是紧紧地围绕体现地情特色、为着存史这一目的。除了上、中、下各册之前集中的图、照之外,还有为数不少随文而附的地图和黑白图、照。笔者在读该志过程中,曾将全书中的插图的图题全部依次抄出,发现仅将这些图及图下的简单说明排在一起,几乎就是一部很具特色的"临汾图志"。其中所收的绝大多数都有很高的存史价值。如"万历十九年临汾县境图"、"康熙五十七年临汾县疆域图"、"元至元十七年尧庙碑刻全景图"、"明嘉靖十八年尧陵碑刻全景图"、"金代平阳木板画《东方朔盗桃》"、"东羊村元代舞台壁画"、"50年代初王遐举现场描绘的宋代东亢戏台"、"临汾战役示意图"、"解放军华野一兵团23旅(临汾旅)临汾攻坚时五位首长"的照片等,都是极具存史价值的。

其二是正续合编的做法。当今的修志,由于地情内容的丰富,不像古人那样在三月五月、一年半载就能成书,而是要三五年、七八年甚至十年以上方能正式出版。这就使志书的内容的下限与出书之间存在了一段距离,而这段时间的内容又正是当今最现实、读志用志者最想知道的情况。为了弥补这一缺陷,不少志书都进行了补救,即把志书下限后的重要事项另立编、章,缀于志后。这就出现了由志书修纂者对自己的志书进行续、补的情况。笔者将这种做法视为是上一届修志中的一项创新,称之为"正续合编"。

据笔者所见,各志的做法和名称大体有五:一是设立"志补"、"志余"、"补记",如山西《襄汾县志》、《大宁县志》,浙江《台州地区志》,天津《静海县志》,河北《孟村回族自治县志》和河南《平西县志》等;二是设立"(志后)简况"、"(志后)大事纪要"、"限外纪要"、"(下限后)统计数据"、"(下限后)经济发展主要指标"、"(下限后)社会经济发展"等;三是设立"备稿"、"志存"者,如浙江《镇海县志》和江西《石城县志》等;四是不另立编、章,而是将本志的《概述》和《大事记》时限下延者,有的下延三五年、七八年,甚有下延至十数年者。这种做法者最多,无需列举;五是将新设的编、章径称为"续志"(如广西《凭祥市志》和江西《清江县志》)、"续篇"(如江西《丰城县志》和河南《登封县志》)、"续记"(如广东《龙川县志》和辽宁《锦西县志》)、"增篇(如郑州《二七区志》)"、"增记"(如河南新乡市《红旗区志》)等。

本《临汾市志》采用的是第五种做法,在全书34编和《附录》之后,设了一个占92页约10万字的《续志综鉴》。将志书下限1998年底至2001

年底三年内的地情，分建置区划、中共党务、政权 政协、政府工作、党派群团、政法 军事、领导视察、农业调产、城市建设、环境保护、商业贸易、工业、交通 邮电、财政、金融 保险、计划生育、人民生活、工资 劳务、经济指标 经济管理、教育、科学技术、医疗卫生、全民健身、文化艺术、文物旅游、友好往来、人物传录、重要文件辑录、领导讲话选汇、尧都题记、清明节祭尧文、钟记 碑记等32大目加以记述。仅从这个编目上，人们就不难看出，这已经是一部比较完整的续志了。在正续合编的探索中，比之此前出版的志书又向前跨进了一步。

《临志》值得称道的地方还不止这些，但仅从所述及的以上几点，已可见确实是出手不凡的了。

四

历时二十年的前一届修志，修的是新中国第一代社会主义新方志，这是前人没有遇到过的。全新的社会内容，要求有新的志体形式与之相适应。所以上一届修志是探索的一代。既是探索，创新的成绩容易取得，提出各式各样需要研究和讨论的问题也是自然的。笔者觉得，从读《临志》中同样可以提出若干值得进行讨论的问题。在此，提出几个与志界同行们共同探讨。

一是注意尽可能消除隐伤（或称"暗伤"）的问题。不少的志书中，在记述农民起义的史事时，往往沿用"攻陷"一词。本志的《大事记》至正十八年三月条下，也出现"农民起义军中路军……城被攻陷，杀总管杜赛因不花。"陷，有陷落、沦陷之意。将一座城池、一处地方被农民军攻下、占领称为"陷"，这是封建统治者认为城池、地方只能是属于他们的，凡从他们手中丢失便是失陷。这是包含了立场问题的说法。在我们的观点看来，封建统治者可以占有，农民起义军为什么不能占有？农民军占有为什么就算是"陷落"呢？故此处的"攻陷"应改用"攻克"或"攻下"为妥。同样，洪武元年十二月条，"傅友德、薛显克复平阳"也是。"克复"有收复之意。元和明都是中华民族的正统王朝，平阳之易手，只是"攻克"、"攻下"，不存在"克复"的问题。

与此相类似的还有记辛亥革命时期，用"光复"一词的问题，这在南方的新志书中比较多见。本志《军事》编的《战事》章内，设有"辛亥光复平阳"一目，行文中还数次出现"光复"的提法。笔者认为这样用法也是不妥的，理由见笔者的《续修志书中的"纠"字说》（载《中国地方志》2001 年第 1~2 期）

本志《中共临汾地方组织》编的《重要活动纪略》章内，提到"民国十年（1921）5 月，宣传中国共产党纲领的书刊传入境内"。当时距中国共产党的成立时间还有两个月，此时尚无中国共产党的组织，何来中国共产党的纲领及宣传这个纲领的书刊？此提法显然值得商榷。

二是尽量为读者提供方便的问题。本志《大事记》从天会五年（1127）起，到正大七年（1230）间，用金的年号；从蒙古窝阔台汗八年（1236）到至元三年（1266）间，用蒙古年号；从世祖至元二十八年（1291）起，改用元的年号。因为当时本地先后属金、蒙古和元，这样用法反映了历史的实际，是正确的。但鉴于全国的教科书和许多历史著作中，在南宋灭亡之前都还用南宋的年号，为了便于读者的习惯，我意以为，最好在括号内注公元纪年之前，加注南宋的年号，以方便读者为佳，不知是否妥当？

三是关于编目的顺序和归属问题。本志的《生态保护》编置于《人口》编之后，愚意以为还是放在《自然环境》与《人口》编之间更为合适。志书的《水利 水保》章置于《农业》编之内，这样的置法，显然是受"水利是农业的命脉"这一传统观念的影响。现在看来这一观念已经显得陈旧。水利不仅是农业的命脉，而且是整个国民经济的命脉，关系到人民的生计及各行各业的发展。早在 1981 年 11 月 30 日全国五届人大四次会议的《政府工作报告》中已经指出，"水是一种极为重要的资源，开发和利用情况如何，不仅直接关系到农业生产的发展，而且直接关系到国民经济的发展……必须同整个国土的整治结合起来，对全国的水资源进行全面的调查和勘察，作出合理利用的规划"。在 1985 年 1 月国家计委、经委、统计局和标准局制定的《国民经济行业分类和代码》中，已经将水利业与农、林、牧、渔、工、交通运输、邮电通讯、卫生、体育、教育文化、科学研究等各业处于并列的地位。另外，将小家鼠、大仓鼠、社鼠等都列入资源章内，将《烟草》置于《副食、饮食服务业》之下，都是属于有欠考虑的。因为这些害鼠起码至今尚未成为可开发利用的资源，烟草是与食品、饮料并列的，都属于制造业下的分项。

本志在《人物》编中，分为传、录、表三章，是按三个层次来划分的。但在内容的繁简上似有可议者。1. 在《人物录》内，"烈士英名录"下，只按乡、镇列一个名字，由于资料的原因，这是无可奈何的，可以理解。但"省地级领导干部"和"劳模及先进工作者"都有简介，而"高级职称名录"下只有一个名字。两者相较似有"重官轻民"之嫌。须知正高职称也是相当于地、师一级的。2. 放在第三个层次的人物表内，"本籍在市辖外部分高级知识分子名表"、"部分县团级干部名表"中，列的人都有籍贯、单位、职称（职务）的介绍，有的还有出生时间。而放在第二个层次的"高级职称名录"中的人，反而没有，又给人有"重外轻内"的感觉。

四是缺项的问题。本志设有《政权》、《政务》编。在《政权》编内有《权力机构》、《行政机构》、《司法机构》、《政协》等章。《政务》编下是分记政府下属各部门的工作。这两编中都没有记述政府施政和政绩的章、节。如果说早在八九十年代出版的志书，那时因为党政分开还不久，不好单独写政府的施政和政绩还情有可原的话，到2002年5月出版的志书还不单设章、节来写，似乎就给人缺了一大块的感觉。

以上所列四点，只凭个人感觉提出，供志界同仁讨论。

2003 年 4 月 8 日完稿

（原载《中国地方志》2003 年增刊《三晋文化专号》）

（《临汾市志》，李百玉总纂，海潮出版社 2002 年出版）

17. 好地方的好志书

——新编《大同市志》得失谈

承蒙大同市志办和《沧桑》编辑部同志的盛情,寄来新出版的新编《大同市志》三巨册,使我得以读到大同地区的新志书,得以了解我久就向往的大同的过去和现在,可以说是大慰平生的事。

是书于 2000 年 11 月由中华书局出版,乃从 80 年代开始的全国第一代社会主义新方志中出版较晚的一部。或许正是因为出版较晚,可以吸取前期出版诸多志书的经验教训,所以编得颇具特色。与大同历史上的旧志书相比,固不必说,就是与本届所修的志书相较而言,也有诸多值得肯定的特点。在此,笔者仅提出最突出的,也是给笔者印象最深的三点加以略介。

首先是《总述》编写得有特色。这个总述包括文、表两部分。打开志书正文,一开头就是总述的文字部分,是要子瑾同志饱含乡情而撰写的《代总述》——《大同是个好地方》。这是一个特点概括与策论相结合,以策论为主的总述。文章前半部分,从市情的略介中,一改人们的传统误会:认为雁门关外,便是一片飞沙走石、荒凉贫瘠,让人谈而色变的地方。从大同的地理位置、人文历史、资源产业等诸方面,勾勒出大同的市情特点,这就是:土地广阔,矿产丰富,能源基地,基础雄厚,边陲重镇,北方商埠,历史文化名城,旅游避暑胜地,晋、冀、蒙交通枢纽,各民族融合的摇篮。说明大同确实是个好地方。这样的勾勒,不但改变了人们对大同的印象,而且加深了人们对我国西部广大地区的认识,有助于增强人们对西部开发的信心和决心。

志书的《凡例》中规定:"'总述'不作浓缩全志的概述,而为纵观古今,横陈利弊的策论。"这个《代总述》确实是这样做的。其策论包括两大部分:策论之一是"沃土变成了荒原",大同由"绿遍山原白满川"、"一个好端端的锦绣大同",变为"一见萧条,终致成为'不毛之地'"的历史教训的总结,让人感到刻骨铭心的痛惜。将这种教训总结出来,对今人的警示作用,又岂止大同一地哉?!

策论之二,是提出大同人应当来一个观念的转变,把"土地贫瘠、地广人稀"的历史包袱,看作是自己的优长,是自己的宝贝。(一)一大笔"土地资源财富,为我们有比例地科学地发展农林牧,提供了其他城市无与伦比的条件。"面对这个资源条件,"应以退耕还林、种草种树为突破口,有计划地发展林业和畜牧业,大搞养殖业,开发画眉驴、马背猪、小尾寒羊等优良品种。加大小流域治理的力度,发展农业……不能小看农村经济的潜力,农业人口在大同市毕竟还占多数,农村这个广阔天地大有作为。"(二)大同的矿产资源丰富,煤炭还是骄傲的领头羊,大可不必为眼下煤炭市场的疲软而悲观,可以在煤炭深加工上做文章,活性碳、煤炼油前景十分广阔,世界经济一体化格局的形成,为大同人提供了契机。同时,不能把眼睛只盯在煤炭上,还要看到20多种其他的矿产资源,这其中有不少潜力巨大,前途无量。(三)工业基础十分雄厚,电力、冶金、建材、机械、化工、陶瓷、制药都有相当规模。这笔无形资产有待于重整雄风,唤回往日的风采。(四)晋、冀、蒙交通枢纽的地理位置,决定了大同有建成北方重要商埠的条件与可能。大同人应当走出去,让自己的地方特产去占领市场。(五)大同以"一山一佛一龙城"而骄傲,与周边城市有无与伦比的潜力最大的旅游资源。应当依托历史文化名城的效应,大力发展旅游业。但目前力度还不够,存在很大的差距。如城市整体形象欠佳,卫生状况甚差,主要景点的软件硬件设施都很不理想,全民的名城意识和文化素养亟待提高。总之,随着国家对大西北的开发,国内外投资中心逐步内移,环渤海经济带开始作为我国经济发展的第三引擎启动,地处环渤海带中的大同,是一个发展自己的极好机遇。大同未来发展经济的着眼点,应紧盯着东方,打好京、津、唐这张牌。应当在城市定位的基础上,制定规划,出台政策,凝聚人气,启用人才,团结280万大同人民,共同建设美好的家园。

览读全志之后,可以看出这个《代总述》中提出的策论是从大同的实际出发的,对于领导的决策是很有借鉴作用的。在本届修志中,全志总述(概述)的写法是讨论最多的重要问题之一。在讨论和编纂实践中,人们归纳出新志书的概述有全志内容浓缩式,地方特点串联式,史纲式,策论式和诸体综合式等。在这诸种体式中，策论式的最为有用，它是在对地情作了简述之后，重在提出推动地方发展的方略与建议。但这种体式的概述写作的难度也最大，故各地下工夫研究和摸索的也较深，写出了一些可以称得上是很好的概述，如1994年11月出版的山西《阳城县志》的《综说》和1997年3月出版《扬州市志》的《总说》等。

《大同市志》的《总述》，除了文字部分之外，还包括两个表：《大同市市情表》和《13个较大城市市情比较表》。前表中开列了大同市1985年末（志书下限之年）178项地情和事业的基本数据，让用志者不必到相关的章节中细加寻找，只于表中一查便知，全市面貌可以一览无余。后表则将大同市与1984年国务院批准的13个"较大城市"中的其他12个，1985年度基本情况的28个方面进行比较，使大同在13个城市中的位次、优劣展现出来。仅从此表中，便能体现出自己的差距和应努力的方向。前一个表，在此前出版的志书中，已有先行者；后一个表则似是本志才新设的，很有创意，也很有实用价值。总之，这个总述有气概，有文采，更有策论，站得高，看得深，抓地方特点准确，展自己家底充分，也不讳言失误与差距，具有重要的资政价值。

其次是图照选辑有特色。地图是传统志书中就有的，而照片则是近代以来志书才有。本届修志中，图、照都被大量运用，但却有运用得高下优差之别。有的注重存史和教育作用，有的则或偏重从美学的角度为艺术欣赏，或偏重地方产品的广告效应，大量介绍产品。从实践来看，本志的取向放在前者。其地图，志首有大同市地理位置图、地势图、矿产图、交通旅游图、城区图、市政图。这都是一部志书所必需的，突出了大同的矿产和旅游特点。尤其可贵的是，在《建置》之中附有清代大同城池图、清代大同县山图、清代大同县河图。其照片编得更有特点，不少地方都注意了今昔对比。如有小南街今昔、大西街今昔、大东街今昔、矿山新旧貌对比、大同站今昔、旧大同小南街铁器摊、大同六中今昔、旧时大同东关南园献神戏、旧时大同二混堂、旧时大同地蹿子戏，又有真武庙等已不存在的楼、庙5幅，旧时大同龙凤桥、旧时大同妇女捏莜面、旧时大同独龙杠。中册之首彩照的前后25幅，下册之首彩照之末的7幅等，都有很强的存史价值。这样的辑入，可谓是得编志之要义。

其三是人物传、表的写法和编排有特色。一是人物传中为冯太后、娄昭君、独孤伽罗、佘太君、王妙如、李桂林、杜玉梅、王玉芝、米芳等9

个女性人物立传。这么多的女性人物入传，在同级志书中是比较少见的。二是在处理本籍和外籍人物的关系上比较得当。对于外籍人物，只要其主要活动在本地，作出贡献，在本地产生了影响者，均为之立传。如仓夷是新加坡人，贺鸦春是华籍日人，都因他们为大同作出了贡献，而为之立了传，没有受"以本地人物为主"主张的影响。笔者认为，这种主张，在城市志中是难以实现的。三是写人物传不以政治阵营划线，功过不相掩，避免"马太效应"。如张树帜、于镇河都是旧军人，但他为地方做了好事，仍为其立传，写法上也不因他是反动营垒中的人物而一概骂倒；对革命人物也不掩其非，如贾全财，既写了他对革命做出的重大贡献，对他1947年夏擅自脱离革命队伍的行为也不回避。四是对革命烈士传，都写得有血有肉，重行事，不像有的志书那样，写成了履历表或追悼词。如李文魁、戴绍溥传就是如此。五是人物传中很少见到画蛇添足的评价性语言。以上诸点，本志这样掌握都是很得体的，可以说比不少志书都略胜一筹。

以上笔者只就读志中感觉最深的三点加以揭出，并不是说本书的长处只有这三点。同时，笔者在读该志中也觉得，从中可以提出若干可以进一步研究讨论的问题，现开列于下，以就教于编者及方家。

第一，本志地图的排列顺序是：大同市地理位置图、大同地势图、大同矿产图、大同市交通旅游图、大同市城区图、大同市政区图、卫星鸟瞰图。以上诸图对于一部志书来说，都是必要的。这样的排列次序，编者的用意大概是要突出大同市情（主要是物产资源）的特点。但我认为，政区图应上移到第二的位置为佳。因为只有先确定其地域范围，而后才好展示这个范围内的地情。

第二，《总述》的《大同市市情表》的"备考"栏中，一些比例数，如果将全国的同项比例数也附加列出，如将非农业人口占总人口的比例，大专以上人数占总人口的比例，高中以上人口占的比例，职工平均工资、三个产业的比例、各类企业的效益等与全国的比例数作对照，则更能使大同人站在本地，放眼全国，明白自己的优势与差距，明确当前和今后工作的重点。《13个较大城市市情比较表》中，开列基本市情共28项，这些都是有必要的，但没有城镇人口与乡村人口之比（只有非农业人口的数字，也没有占总人口的比例），似为一缺。因为作为城市志，城镇人口占总人口的比例，是一个地区城市化程度的标志。美国著名经济学家英克尔斯曾提出城市化的标准有两项：一是非农业人口占总人口的70%以上；二是城市人口占总人口的50%以上。如果说中国市管县的体制与外国的城市有所不同，不便用这个标准来衡量的话，但在中国的城市之间进行比照总是可以的。又表中已有各级学校数、各级学校在校学生数、按人口平均在校学生数，而没有市内各种文化程度占总人口的比例数，也是一个缺陷。在本志人口部分的"文化构成"章中，虽有建国后三次人口普查中，大同市民文化程度表，其中大专程度的，1953年占总人口的0.19%，1964年占0.68%，1982年占0.99%（在前一个表的"备考"中，注明1985年末是0.98%，比1982年还低，未知何故？），如果在表中列上这一项，并附上当年全国的比例数0.617%，则可见大同要高于全国平均数，还可见其在13个较大城市中的位次。这就使志书总述的策论中，除了提出"凝聚人气，启用人才"之外，考虑是否还要有加上"广招人才"这一条。

第三，"党派"一大类下分为三篇：第一篇"中国共产党"；第二篇"民主党派"；第三篇"中国国民党大同地方组织"。三篇标题标法不统一，前两篇的标法也不规范。如果都统一标为"中国共产党大同地方组织"和"民主党派大同地方组织"就对了。理由可参见笔者以"纪苹"笔名发表于《广西地方志》1998年第4期《从一部志书中提出值得探讨的若干问题——读〈桂林市志〉杂议》的文章。

第四，本书《凡例》规定"志书上限不限"。此话意思是随事物的发端远近可以不同，并非允许随意。但现在的具体做法则随意性太大，以致上限很不一致，甚至悬殊。如军事从汉代写起，教育从北魏记起，而政权政务则从宣统二年起，民政则从辛亥革命后写起。这恐怕不是"上限不限"的本意了。

第五，民情风俗的第一篇"人民生活"的"农民收入"一节，列有1979—1985年南郊区、新荣区农民纯收入一览表，要在反映农民收入上存在的差别，用意是好的。但下的工夫还不够，也就是层次划分不够。只有更深地反映现实存在的贫富差别，才可以使志书起到更大的"资治"作用。这方面2001年8月出版的河北省《三河市志》做得比较好，它在"农民生活"节内，专设了"收入差别"一目，分记了乡镇之间、村街之间、农户家庭之间收入的差别，最高户与最低户之间的差别，特别指出人均收入在500元以下的全市尚有530户（详《中国地方志》2002年第4期笔者《评〈三河市志〉》文）。

第六，《风俗习惯》篇是志书中人们喜欢览读的篇章，本志中文字不少，有的也写得相当细，这是好的一面，但有一个比较突出的不足，就是动态记述偏少，许多的项下看不出风俗习尚的演流变化。有的旧俗已不存在，有的带有浓重迷信色彩已经革除的，还是简单搬入，时下的新风俗写到的很少，与50年前写的风俗志没有多大区别。大同专门有一个矿区，这里的人来自四面八方，应当是个五方杂处之地，风俗习尚与周边淳朴的农村也未必相同，但志书几乎没有道及。1998年6月出版的天津市《南开区志》，就很注意这种风俗特点的反映。

第七，大同是1949年5月1日和平解放后才设市的，此前还没有"大同市"的名称。本志人物传中，有些人物生活的时代根本还没有大同市的名称，但他们的出生地却直书为大同市某地人。如赵革非（1906—1947）、李俊（1917），都写作"大同市人"，李文魁（1905—1942）写作"大同市南郊区西韩岭乡肥村人"。这与外地某县志将一位1947年牺牲的烈士，记作某某公社某某大队人一样不妥。李泽（1911—1942）写作新荣区新荣村人，似也值得考虑。

第八，全志未设艺文志的篇章，缺了历史上的著作目录，是一个不应有的遗憾。在《杂录》中虽有《修志始末》一篇，但只是略记了本志的编修简况，历史上大同及各县修志及志书的历史情况，均只字未有，似也应视为遗缺。

第九，人物表中，有大同烈士名录，全国"五一"劳动奖章获得者名录，全国劳动模范名录，全国先进工作者名录，进士、举人名录，硕士研究生、留学生名录，民国时期留日学生名录，这些都是无可厚非的。但就是没有市内科技、教育、卫生方面高级职称获得者名录，这与总述策论中提出的"出台政策，凝聚人气，启用人才"的思想似不太合拍。

第十，志中还有一些急就的痕迹，有个别需要进一步推敲的地方。最明显的莫如总述中说的"自家的好媳妇都没法嫁出去，诚可哀也"。现实生活中，只有闺女才是待嫁的。谁家娶来媳妇还准备再嫁出去?! 这里的"媳妇"应当是"闺女"的笔误。

以上几点，零零碎碎，纯属鸡蛋里面挑骨头，望编者和读者见谅。

2003年11月29日

（原载山西《沧桑》2003年第6期）

（《大同市志》，要子瑾、姚斌主编，中华书局2000年版）

18. 一部正续合体的新型志书
——读《商丘地区志·续卷》

2003 年末，突得杨子健先生的来电，说他们的《商丘地区志·续卷》（以下简称《续卷》）已经出版发行，要我为之作一番评论。我这个曾经陪同走过社会主义第一代志书修纂一大段路程，并想对中国当代方志史作些研究的过来人，其所以乐于接受杨君之遣，原因有二：其一是因为杨君我们，于 1994 年在遵义举行的全国地区志第二次研讨会上就已经结识，他在那次会上所作的发言，给我留下了很深的记忆，以致在电话中一听到杨子健这个名字时，我便能脱口说出他发言的内容来；其二是开始第二轮修志时，我已从方志战线上退休，但还想借此机会认真地读几部社会主义第二代的志书，通过对这些个例的学习，了解一些续志的情况。本此目的，此前我已较认真地读过作为《三河县志》续编的《三河市志》，以及《丰南县续志》等。不过，与杨君通话的电话刚一挂断，我便觉得有些后悔，因为我忘了请他连同前志一并寄来，以便前、续对照。不数日寄书的邮包到来，打开一看，俨然三巨册——《商丘地区志·上卷》一册、《商丘地区志·下卷》一册（以下统称为《前卷》）、《续卷》一册，前卷、续卷都有了，真是难得杨君想得如此周全。

（一）

通过览读《续卷》，笔者深感编纂者立足续志基础上力求创新的意图十分明显，而且进行了较大的努力，取得了可喜的收获。如何在前志基础上进行续志的编修，早在上世纪的 40 年代初，黎锦熙先生已经提出明三术，即续、补、创。其中的"补"还包含了纠正前志讹误的意思。故自那之后，续志应当包括续、补、纠、创，就成为志人的共识。《续卷》本此原则,续了前志下限后 1986—1997 年 12 年的史事,补了前志的不足,纠正了已经发现前卷之误,而且创有许多新的做法。

前志下限是 1985 年。当时商丘地区和全国一样,尚处于改革开放的初期,各方面的改革刚起步,虽已初见成效,但整个社会面貌变化还不是十分明显。其后的 12 年,商丘地区的改革则是大刀阔斧地进行。随着京九铁路干线的贯通,与原横贯境内的陇海大干线相交于商丘,加上原有 310 与 105 国道于此交汇,形成了"双十字"交汇的交通枢纽;"商丘综合改革试验区"的初步建成;1996 年被国务院命名为历史文化名城;新的能源基地的建成;平原绿化面貌的改观等等,使商丘的社会格局大为改观。《续卷》中除全面续记了这 12 年方方面面的地情外,特别抓住引起商丘变化的重要导因和具有标志性的事物,给予突出记述。在《总述》部分,特设了《"双十字"交汇的交通枢纽》、《特色鲜明的历史文化名城》、《迅速崛起的能源基地》、《闻名全国的平原绿化》、《初见成效的试验区建设》(后还有"试验区建设"专目)等目,加以重点记述。这就不仅坚持了"续"的要义,而且突出了重点,做法上又有所创新。

"补"是续志的第二"术"。《续卷》中虽没有专门标出"补"的条目,但却补入了许多前志当有而缺少了的内容。如仅在《总述》的《源远流长的商业贸易》、《声名远播的名酒之乡》两目中,对古代内容的追述,比前志所记的内容就丰富了许多,比前志大大地增加了历史的厚重感。其《潜力巨大的旅游产业》一目,则是深挖资源,从一个新的角度,补了前志没有旅游业内容的不足。《续卷》中还新增了"《商丘地区志》索引",实行前、续卷合编,也补了前卷无索引之重要一缺。有些补法还实行得相当巧妙,如前卷的《人口》篇的"姓氏"节,已有境内 636 个姓氏按音序加以排列,并略加说明。续卷中则从另一角度,设立了《起源于商丘的姓氏》一目,记述了 186 个起于商丘的姓氏,并注明所据资料的出处,显然比前志下的工夫更深,为国人的姓氏寻踪提供了重要的线索,从而使本志具有了全国性的使用价值。

《续卷》中为了纠正前卷之误,除以列表的形式制作了《〈商丘地区志〉勘误》之外,还在行文中随时加以纠正。前志出版之后,有些评论者除了肯定其不少优长之外,也曾经指出了若干的不足和"硬伤",《续卷》中注意了加以纠正。如前志中关于商丘地区地理坐标的标法,有的是先经度后纬度的,违反了地理学的通规。在续编中都一律改正为先纬度后经度的标法。

如果说"续"、"补"、"纠"都已有古人的成法，有先辙可依，做起来还比较容易的话，要"创"，即在前志基础上的出新，则是难度比较大的。笔者曾有一个看法，认为志书的创新有高低两个层次之分。高层次的目标是放眼于整个中国方志史，也就是在继承前人传统的基础上，作前人没有先例的创变。这种创变难度极大，有时是要一代人、甚是几代人的实践或研究的积累，才能有所突破，取得开创性的成果。低层次的目标，则是与自己直接所续的前志相对而言，通过自己的努力，提出新的思路，找到比前志更为合理和科学地反映本地地情的思想、体例、编目或记述方法。这其中有的多数，虽然是同时代人已经摸索出来的，但把它运用到你的续志中来，使之比前志上到一个更高的台阶，这也应当被理解为具有创意。高层次的目标，是我们当代志人共同奋斗的目标，不能以此去要求每一部续志的修纂者；而低次的创新目标，则是每部续志修纂者人人皆当怀之的，而且通过努力，也是可以有较大作为的。

《续编》的编纂者，可以说在创新方面下了很大的工夫，改变了前志的许多做法，使《续编》面貌为之一新。其一，是改前志的篇章体为条目体。因为续编所续的时限只有12年，在这样一个不太长的时限内，地情的变化是很不均匀的，有的变化显著（巨大），有的则变化甚少。如果仍沿前志的篇章体，在篇目设置上就会遇到一些难以解决的困难。一些变化很小的事物，如果不设相关的章、节、目，会被视为缺项；如果照设，可写的新内容又不多，甚至没有。运用条目体则可以避免此难题。如前志中专有《方言》一大篇，又有《地震》一节，由于可续的内容极少，就不再设此篇、目。评论者所指出的前志在章、节等方面存在的失衡情况，也可避免。

其二，是改前卷志首的《大事记》为《大事年表》，置于正文的最后，只起便查的作用。对一些在表中不便展开记述的大事，则另设《要事选载》一目，置于《总述》之内。这样做，实际上是在时限内纪事本末体的大事记与大事年表的结合运用，实行大事两分的记述法。

其三，是将"人物"由前卷最末一篇的位置，前移至紧接"人口与计划生育"之后，使总体的人口与个体的人物紧密结合，共同组成一个专门的"人"的部类，使自然环境、人和事业的结合更为和谐。

其四，是实行纂辑与撰述相结合。历史上志书的纂修办法，有撰述与纂辑派别之分。前者主张无一语不出于己；后者则主张纂辑别人文字，无一语不出于（他）人。在本《续卷》里除附录中附有文件、文章 6 篇，约 23000 字外，在志书的正文编写中，还视情况的需要，大胆地收入地委政研室编撰的《调查研究》文章 15 篇，共约 4 万字。这样的做法，在前届修志中已经有些志书开了先例，笔者曾称之为是撰述与纂辑的结合，可以视为是一个创新。

其五，是图文结合，既活跃了板面，更增强了志书的存史价值。除了卷前的彩照外，正文中还插入了大量的黑白照片。据笔者粗略统计，插入黑白照片达 141 幅之多。有的是文物古迹、有的是地方名产品、有的是重要的建筑物、有的是反映地方新貌。都与记述文字相结合，或作佐证，如《芒砀山汉梁王墓群发掘》目内，插有"柿园汉墓壁画"；或突显地方特色，如《县市概览》中，插入各县市最有特色的一幅：永城市是"陈四楼煤矿"；夏邑县是"孔子还乡神祠"；虞城县是"木兰祠大殿"；商丘县是"商丘古城"；柘城县是"三樱椒椒田"；宁陵县是"花生、白蜡条间作"；民权县是"民权葡萄"；睢县是"睢县城湖"等；或作文字记述的形象化补充，如"农村图书发行"、"社会文化活动"、"中国商丘国际武术城"、"体育竞赛"等目所插的图等。

其六，是在编纂中，体现出一种忧患意识，用以警示世人。有的地方采用阐、记结合，加以体现，如专设《人口与经济》一目，以数字加阐述的方式，说明从 1985 至 1997 年间，虽然耕地面积新增 20 余万亩，但由于人口增加，人均耕地面积却减少了 0.215 亩；人均淡水占有量减少了近 70 立方米；人均占有土地和淡水资源，都低于全国、全省人均水平。使国内生产总值与粮食占有量的提高也受到抑制。有的只记述事实，不加论述。如《刑事审判》目内记的两个地霸的头目；一个是副镇长，一个是交通局党委书记。以无言的方式体现党、政地方基层组织中存在的问题，以及加强民主、法制建设的紧迫性。

《续编》的长处当然不止这些，但从以上所列举的几点上，就可见其在前志的基础上，又进行了大胆的探索。这些探索对其他地方志书的续修应当是有借鉴意义的。

当然，我不是说《续编》已经是十全十美的了。"物之不齐，物之情也"。它也还存在若干可以进一步改进和补充的地方。如前志未设艺文的章节，没有收录历史上有关本地的著作书目。虽然有一个《府县旧志书目》，但它既不能代替前者，而且对这么历史悠久地方的地方志的修纂历史情况，也没作出应有的记述，不能不说是一个缺陷。其实，刘永之先生的《河南地方志提要》早在 1990 年已经出版，而且对商丘地区历史上的修志已经作了较详的介绍，在此基础上来补这样一目，并不是很困难的。又如前志的地图，只有一幅政区图，显然不足。但《续编》中竟连一幅地图都没有了。在我看来，单以新设的《潜力巨大的旅游产业》一目，就当设一幅旅游资源图；此外根据本地的特点，似乎交通图、矿藏图也当有。又《县市概览》内，如果在行文中，每县中都插一幅地图，可能效果会更佳。书前的彩照中，"椒乡人家"与"含饴弄孙"、"火车站广场夜景"三幅是与前志重出的，似无必要。人物部分，除实行分类，传、简介混编，以方框以别生死，以字数以分传、介等，还可商榷，当作别论外，前志有外籍在商丘的"高知名表"，而《续编》的"正高职称专家学者"中，未见有外籍在商丘的专家学者名录，不知是实情如此，还是别有原因？人物简介中有 6 位外籍专家学者，表中却无，不大好理解。另外，技术性的错误也还有一些，如第 38 页"经济林木"中间用顿号断开，显误。第 57 页"三樱椒椒田"，可能是"辣椒田"之误。第 91 页"某些法官接受被告吃请"，当是"请吃"之误。第 825 页，对一个案件记述中，一处作"五里党村"，一处作"五里堂村"，前后不一。这些虽属小疵，但点到一下，似也不算多余。

（二）

行文至此，评《商丘地区志·续卷》本可结束了。不过在此，笔者还想引申说一些多余的话。通过对这三册大书的览读，我很快便形成了一个看法：与其说这三册书是正、续两部志书，毋宁说是正续合一的一部特别之志。因为实际上，这是始修于 1982 年，至终成于 2003 年 10 月的一部特殊的地区之志。说它特殊就特殊在它是正、续合编的通志。如果如此看法能够成立，则它在中国方志史上更具重要创新的意义。

中国地方志书显著特点之一，是它的连续性。一部志书修成之后，过了一段时间便有续修志书的出现。后人刻书时，往往有将前志与续志汇刻在一起的，所以正、续合刻是有的。而正、续合编，历史上则未有过。正续合编的出现，是在 20 世纪后半期社会主义第一代志书的编纂中。当时由于第一代社会主义新志书内容丰富，篇幅都较大，出版周期长，故到志书正式编成出版时，距志书的内容下限已有相当一段时间，有的五六年、七八年，甚至有十年以上者。又由于当时正处在改革开放初起时期，地情变化很快，为了满足用志者对最近期间地情资料的需要，于是不少志书便或设立专门篇、章，或于附录中，有选择地补记了志书下限后地情的最重要者。所补记者，或径称为"续志"（如广西《凭祥市志》、江西《清江县志》等），或称为"增篇"（如河南《新乡市红旗区志》）、"志余辑要"（如浙江《台州地区志》）、"志补"（如天津《镇海县志》），或以"限外辑要"、限后"大事记"补录等等名目、形式出现。笔者在相关的文章或著作中，曾斗胆地称这种做法为正、续合编，并视为是当代修志中体例上的一项创新（参见拙著《中国方志五十年史事录》自序）。现在看来，那些只选续极少方面内容的志书，只能说是带有了正、续合编的性质，还不是完全意义上的正、续合编。笔者看到真正的创新、能完全符合此意者，则《商丘地区志》上、下、续三卷是也。

我说本志是完全意义上的正、续合编，是基于以下的原因：一是主编同为一人，都是杨子健先生。二是书中所表现的方志见解和编辑思想，前、续篇一以贯之。这在全书中随处可见，最突出者莫如关于人物的处理上。实行传、录、表不加区分地合而为一的做法，在前届志书中是颇为特别的，出版后很可能已引起人们的一些议论，但在《续篇》的编纂中不为所动，坚持了同前志一样的做法。人物实行先分类，类下人物以生年为序排列，已故与在世人物合编不加区别（也就是传、录不分）。三是志书的一些基本部件，实行前、续共一，如续编中不另设政区地图，而是与前编共用一图；索引也是前、续共编的。四是作者将后出的书称为"续卷"，而不称为"续志"。续卷者，前志中的一大篇也。

笔者所读的续志虽然有限，但可以预言，《商丘地区志》这种前、续合编的特殊做法，是一种大胆的探索，它将成为目前正在进行的志书续修中的一种特例，具有开创性的意义。笔者这样怪异的看法，可能完全有悖于修纂者的初衷。果真如此，则敬请谅之。

2004 年 2 月 10 日

（原载《河南史志》2004 年第 4 期，又载河南《历史文化研究》2004 年第 2 期）

（《商丘地区志·续卷》，杨子建主编，方志出版社 2003 年版）

19. 同中求异，共中出特

——《广西通志·旅游志·名人旅桂》篇推介

（一）

旅游者，旅行游览之谓也，指的是旅行的人躬行践履，目睹心赏所到之处的山水风物民情的一种行为。人类有旅行之行为，可以说是伴随人类而来，历史久远，世界各国各族无不皆然。但旅游成为一种产业，则要晚得多，在我国更是现代，尤其是改革开放以来才有的事。

从古人"愿借图经将入界，每逢佳处便开看"（韩愈）的诗句中，可以看出地方志书有指导旅行的功用。民国时的方志学家们，在讨论地方志的功用时，更有人明确提出地方志可以作为旅行指南。然而，专门的"旅游志"的编修，并将其正式纳入地方志书的系列，则是 20 世纪 80 年代的修志中才出现的事。可以说，旅游志是随着旅游成为一种产业之后，才在方志系列中出现的一种新的专业志种。从上个世纪 70 年代末以来编修的第一代社会主义新方志来看，大体各省的省志中，"旅游志"都成为不可或缺的一个专卷；市、县一级的志书中，也多列有旅游的篇、章。

笔者虽在志界混事多年，但对旅游志却关注甚少，偶有得遇，也只是随手翻翻，猎奇而已。真正通读过的省级旅游志，则只有这部《广西通志·旅游志》（以下简称"旅游志"）。

笔者之所以对这部《旅游志》加以详读，是因为对它情有独钟，读来觉得倍感亲切，因为书中所记的都是故乡的事。本人就出生在那"山水甲天下"的桂林，本书又将桂林作为记述的重点。少年时在桂林城里读书，当时旅游业尚未开展。虽于闲暇之日也曾结侣出游，但那时年少无知，"不解山水之乐"，对桂林的山水总是熟视无睹，不觉其有什么特别之处。

这可能就是"不识庐山真面目，只缘身在此山中"之故吧。成年后有机会遍游祖国各地名山后，才觉得一位桂林古人所写的"五岳归来成一笑，好山还是故乡多"那种感情的真切。自己也曾发出过"不是他乡风景劣，桂林人不应看山"之慨。老年后回去桂林重游，个人请不起导游，往往只能跟在别的旅行团队之后作旁听。有时因事被请回去，虽有主人陪伴，有专门的导游讲解，依然每次还是感到行色匆匆，很不过瘾。

关于旅游，古人除了行游之外，还有"卧游"之说。这个典故出自南朝宋时，有个名叫宗炳的人，青壮年时喜游山水。老病之后回到家乡江陵，叹息道："老病俱至，名山恐难遍睹，惟澄怀观道，卧以游之。"凡所游履，皆画之于室。此后有人便将读书称为卧游。行游与卧游，各有不同的兴味。行游者可以身临其境，目视足履，闻嗅俱得其真，但就是时间再充裕，也只能是走马看花，匆匆而过；而卧游者则不受时间和地点的限制，随时翻阅，反复揣摩，发挥想象，余味无穷。而今手头有了这部全区专门的《旅游志》，一架真正的卧游之具，加上自己原来已游过的地方，对故乡山水的情怀，才可以说稍释憾矣。

（二）

本《旅游志》全书共分 10 篇，卷首有概述，卷末有大事纪略。前 6 篇为旅游资源介绍，后 4 篇为旅游开展情况与旅游设施及管理等。从现已出版的旅游志来看，大体多难超出这两大部分的内容格局。从全书框架来看，本志与他省的旅游志有共同之处。修志之难在于同中出异，从共性中显出自己的个性来。在我看来，本志在同中"出特"方面是尽了努力的。尤其是特设了第 6 篇《名人旅桂》一篇。这一篇是笔者经见所有旅游志中所特有的，具有开创意义。全书的特点在本篇中也得到了较充分的体现。故本文只想专就此篇谈点个人的看法。

《名人旅桂》篇，将古今中外到广西游览过的人物分为 10 类，五类是属古代的：一是巡狩帝王、流亡君主，分封帝胄；二是朝廷命官宦游于此者；三是因战事需要，衔命而来任职的军将；四是来此驻地修行或行云野鹤式的云游僧道；五是遭贬斥而来的谪宦或因事远行的过境者（多数为文化人，也有专门的科学考察者）。属现当代的亦有五类：一是现、当代文化名人因工作而滞留或过境者；二是近、现代革命者履迹所至者；三是当代党和国家领导人因视察指导工作而至者；四是外籍华人之旅桂者；五是国外名人之参观访问及旅游者。可见这里所说的旅桂者，多数还不属现代意义的旅游者，但都是曾有足迹涉桂的人。

本篇值得注意的起码有以下几点：

第一，是弥补了一些旅游志只有现状没有历史的缺陷。本志的《大事纪略》是从 1950 年 1 月写起的，上限似嫌不足。但本篇与《大事纪略》，再加上书前《概述》中的相关内容，便构成为广西旅游自古及今的一部简史。地方志，是以特定体例，记述一定区域内自然界与人类社会的历史与现状之书。专业志则是以方志体例，记述该项事业的历史与现状之作。不少已经成书的旅游志，在现状的记述上是充分的，但缺少历史变化状况的记述，这就与志书的性质稍有偏离。本志这样处理，可算是庶少此遗憾了。

第二，从大的范围来说，本篇仍属旅游资源介绍，但介绍的方式却颇为特殊和别致。别致就别致在，它不像其他旅游志和本志前 5 篇那样，以志书编纂者直接站到前台来作广告式的宣传述说，而是以引述古今广西以外的名人、甚至外国人，对广西旅游资源的评价以及将许多足以骄人的民族瑰宝揭列的方式。从这些引述和揭列中，证明广西旅游历史悠久，旅游资源的丰富与特殊的价值。前 5 篇的介绍，采用的是述说式的；此篇则是举证式的。两者结合起来，既有正面的述说，又举出大量的史证和人证，自然比单一的述说方式，更能令人信服和引起人们渴求一游的欲望。

就自然山水风光和民情风情旅游而言，本篇中告诉人们，从传说时代，就有境外的名人涉足于桂。早在 1200 多年前，唐代人宋之问就评价"桂林风景异，秋似洛阳春"，说明这里四季如春，气候宜人。稍后一些的柳宗元描述此地风景之异，是"岭树重遮千里目，江流曲似九回肠"。宋时生于东吴，长成后"北抚幽、蓟，南宅交广，西使岷峨之下，三方皆走万里，所至无不登览"的范成大，可谓是见多识广的人。他将人所共知崇高雄伟的太行、常山、衡岳、卢阜，以及天下同称奇秀的九华、黄山、仙都、雁荡、巫峡等山与广西的山相比较后，认为"桂山之奇，诚当为天下第一"。同为宋人的李曾伯也说："经行三日，碧簪无数。绝胜江山，余行天下无如此者"。这样比较式的评说，绝非一般的旅行者所能言。王正功，更是吟出了"桂林山水甲天下，玉碧罗青意可参"的千古名句。刘克庄描绘桂林地形之特，是"桂林多洞府，疑是馆神仙。四野皆平地，千峰直上天"。到了明代，董传策更认为桂林的山"天壤间仙灵所栖，或未必胜此"，"前人所评，犹为不及"，嫌前人的评价还不够高。他认为不仅桂林如此，就整个广西而言，都是"粤西山水甲天下"。王士性则说"桂林无地非山，无山而不雁荡；无山非石，无石而不太湖；无处非水，无水而非严陵。"清人袁枚评价桂林的山为："奇山不入中原界，走入穷边才呈怪。桂林天小青山大，山山都立青天外。"说的是此地的奇山，远非中原之山可比。陈元龙更提出在这里，"看山如观画，游山如读史。桂州岩穴奇，石刻穷秘诡。岂惟考岁月，直可补载记。……中有元祐碑，所谓党人是。低徊驻游骖，循环读终始。起自温与潞，讫王化臣止。三百有九人，一一皆君子。宋史或未详，兹焉炳名氏。"不但自然风光奇特，而且人文内容也十分丰富，甚至可以补史载的不足。康有为完全赞同陈元龙的观点，所以他把自己在广西的半月水程游，总括为"问余半月行何事？日读天然画本来"。当代画家李可染称"万山重叠一江曲，漓江山水天下无"。类似的评语几乎全篇都是，难以枚举。

如果说李曾伯"余行天下"的天下还是指的中国，未曾到过国外的中国人说"桂林山水甲天下"，还有几分想象和比喻成分的话，那么许多有机会畅游全球各地的世界名人的评价，就不再带有这种成分了。到本志编纂时，已有世界80多个国家的首脑政要或名人游览过桂林和广西其他地方，对这里的山水风光无不交口称赞，给以高度评价。如柬埔寨国家元首西哈努克亲王说："我游览过世界各地名胜，无一处可与桂林相比"。丹麦王国首相保罗·哈特林说："漓江太美了，在世界上是独一无二的"。美国总统尼克松说："我和我的夫人有机会访问过世界上80多个国家100多个城市。我毫不保留地说，我们访问过的大小城市，没有一个比得上桂林美丽。"美国的另一位总统吉尔·卡特也说："还是孩提时就听说过桂林，曾见过桂林的山水画，可那时认为不过是艺术家们的想象而已。来到桂林以后，我明白了以前所见所闻都是真的。"新加坡总理李光耀游桂林时说："我走了60多个国家，如西欧、北欧，那里的风景区还可以，但也没有这样好。"美国前国务卿基辛格博士说："过去，我总以为中国山水画是画家们浪漫主义的构想，看了桂林山水才知道这是现实主义的写真。"巴基斯坦总统穆罕默德·齐亚·哈说："桂林山水像梦幻中的仙境一样。"孟加拉国总统侯赛因·穆罕默德·艾尔沙德说："生命是短暂的。真主让我们访问了美丽的桂林，可以说不虚此生了。"意大利总理朱利奥·安德烈奥蒂说："桂林山水应列为世界第八大奇迹"，"桂林山水是独一无二的。在我72年的生涯中，从未见过如此美丽的地方。过去没来，真是个错误。我希望能有机会重访桂林。"日本画家东山魁夷赞叹："桂林是风光明媚的世界上罕见的城市"，这又是艺术家眼里的桂林。

述说式与举证式介绍之别，就在于前者是长镜头鸟瞰式的，而本篇所介绍的则是选取一个个的特写镜头。有的在前4篇中只概略提到，在本篇中则给以展开。如桂林南溪公园的南溪山，在第二篇中提到此山有摩崖石刻近200件。到底有些什么具体内容，未加细说。本篇中则有多条给以详介。如《释怀信》、《觉求》条中，分别介绍了觉救是唐时的名僧佛陀多罗。他原是印度籍高僧，本名褫陆多罗。曾在洛阳白马寺译经阐教，是一位影响很大的名僧。元和十二年（817）九月，与释怀信、惟则、惟亮、无等、无业等云游桂林，游览了七星岩和芦笛岩，南溪山还有6人的题名。释怀信在七星岩口还有题诗："石古苔痕厚，岩深日影悠。参禅因久坐，老佛总无愁。"如果只有前面那种鸟瞰式的介绍，没有这一补充，游客到南溪山只见到一串名字，就难免不把它与许多旅游景点中常见的"某某到此一游"一类无聊的东西等量齐观。

第三，是大大地充实了旅游资源的人文内容。如果说前举诸人所称颂的大都还局限在自然的旅游资源的话，本篇中更多的还是介绍人文资源的。全篇按历史时期，分别介绍了国内外的名人旅迹涉桂（广西）的情况及其在相关地方所留下的历史遗迹、遗著、遗墨、遗惠、传说等，不少是属于我们民族仅存的珍宝。如"元祐党籍碑"、米芾和黄山谷自画像石刻、桂林鹦鹉山刻绘的《静江府城池图》等。

对这些人物载述的方式，是以一人一事，或一人数事为一则，共收入328则。一则之中从数十字到数百字不等，最长者也仅千言。多数都是蕴含在旅游景点背后的故事，可以说这是一篇《广西旅游资源的人文本事汇集》，是专从人文的角度介绍旅游资源的。诚然，广西首先是以山水闻名的，但如果只是单纯地从自然风光的角度介绍旅游资源，缺少景观的人文内容，山水景观就难免显得浮浅。这一篇里记述的都是边疆民族地区特有的风情和历史上的真人实事，且绝大多数有实物或文字佐证。凡所涉介的历史名人，都与某个旅游景区、景点有关。或因某名人的活动而成为值得后人瞻仰的去处，如秦代史禄所开凿的灵渠，构思之精巧，工程之浩大，对后世的影响之深远，直可与中华民族象征的万里长城相媲美；或因名人的一段趣事、留下的一些文字、遗迹而成为内涵丰富而著名的景点。如龙州上金乡的紫霞洞，外观看来不但"长河如带，远山如屏"，景色绝佳，而且在清嘉庆间还有一位明江知府周讳高弃官为僧于此，圆寂之后亦葬于此。有的虽仅有数字之刻，或只一个题名，也藏有丰富的历史内容。如此之类的内容，如果不为揭出，旅游者就不明景点的意义。篇中将这些深藏景点之后的内容揭列出来，就使景点增色，令旅游者回味无穷。这样一来，不仅大地增加了景点的人文内容，也增强了志书的学术品位。

第四，是力避一些志书中存在的政治化的通病。本届修成的志书中，不少存在"政治化"的倾向，令人读来生厌，本志则尽力加以避免。除了在《大事纪略》中，对一些政治上已消隐了的人物也予以记述，以存历史真实之外，在本篇中所选介的古今人物，一律以时间先后为序，不像一些志书那样，非把当代领导人放置前面，或者非要设立专门的"特载"不可。对所介绍的当代人物，也不简单地以其所抱的政治态度或所占的政治营垒来画线。就像在内战中曾任"剿总"副司令的杜聿明，因其在昆仑关战役中有历史性的功绩，篇中也饱含激情地大胆予以肯定，称他"指挥第五军在邕宾交界地区进行了抗战史上一次空前惨烈的攻坚作战……此役，第五军伤亡1万余人，日军12旅团旅团长中村正雄少将及其85%的军官和4000多士兵被击毙"。

第五，修志目的明确，十分注重修志为用。这又表现在三个方面：

一是为开发新的景点提供了丰富的历史素材。本篇中所介绍的人物史事，有的已经开发成为旅游景点，有的正在规划修复之中，还有不少是尚未为人们注意到的。这些资料的揭出，无论对哪一种情况，都有参考价值。尤其是可为新景区、景点开发的内容，更可以成为扩大旅游范围，促进全区本业的进一步发展。

二是充实了导游内容。俗话说对一件事情，会看看门道，不会看看热闹。旅游也是一样的。外人初到一个地方，往往有目不暇接之慨，不知从何看起。走过之后，只觉得这地方很好，但到底好在什么地方，什么是使自己印象最深的，却又难以讲出来。本篇中则选择景点中最精华之处给以点出。如《李友梅》条中，介绍崇左归龙塔就点出"据称此为世界为数不多的斜塔之一"。篇中选录大量的古诗词、游记之类的文字，就是前人留下的观感，说明他们如何欣赏景点的，从什么角度看，在什么时候看，重点看的什么。这无异就是一本古今人合著的导游之作，它告诉旅游者到一个景点如何看门道，不要只看热闹。如宋刘克庄的《簪带亭》诗就描述从高处看桂林的全景是："上到青林杪，凭栏尽桂州。千峰环野立，一水抱城流。沙际分鱼艇，烟中见寺楼。"明严震直看独秀峰是："爱此青青独秀峰，天开一朵玉芙蓉。四山并列俱相拱，永镇皇家帝子宫。"解缙眼中的龙州则是："波罗蜜树满城闉，铜鼓声喧夜赛神。黄帽葛衣圩市客，青裙锦带冶游人。"韩雍眼中广西的山更是："桂山何奇哉，峰峦起平地。星罗数百里，像物非一类。列柱擎空高，围屏障天翠。尖分笔格巧，棱削剑锋利。海螺争献新，玉笋并呈瑞。重岩垂万象，深洞容百骑。河变梁犹存，关陡门未閟。还多怪异状，物类无可譬。"清人张联桂说桂林至阳朔沿途的山是："桂林山势天下雄，阳朔一境多奇峰。天窗仰视皆突兀，壁立千仞摩苍穹。马驼狮象不一状，如瓶如塔如金钟。云鬟雾帔降神女，虬髯驼背疑仙翁。起伏倚立各呈态，或断或续江西东。"凭这些前人的观感，旅游者便可以参考体验，抓住重点，进行比较，得到自己的观感。

三是注意提高志书的史教作用。在相关景点或人物事迹的介绍中，特别注意发掘、汇集那些具有史教意义的资料。人们喜欢旅行游，无外是借山水景物愉悦心胸，陶怡情操，开阔眼界，受到教育。从这一篇中，人们不难看出，其所辑录的最具史教意义的资料，有三类比较为突出：

一类是卫国戍边、反对外来侵略，坚持民族气节，阐扬爱国主义精神的资料。如南宁白龙公园正在筹划恢复中的宋哲宗御书的"怀忠祠"（或称"苏忠勇祠"）景点，就在《苏缄》条中，较详细地介绍了熙宁八年（1075），大越国以 10 万之众向我南疆进犯，直深入到邕宁一带。身为"皇城使"的苏缄，仅以 2800 兵丁率同家人和城中百姓，誓死抗敌，直至城破阖家死难的经过。这本身就是在一般史书中难以见到的一段历史。从这一条的介绍中，人们可以见到苏缄及州通判唐子正等之令人崇敬和叛国附敌者之可悲可鄙。又如抗日战争期间，众多的文化名人在广西，尤其是在桂林所从事多种形式、轰轰烈烈的抗日救亡活动。篇中谓，当时聚集于桂林的文化人达 2000 余人，名家就达 200 多。他们在极艰苦的条件下，为全民族的抗日战争，作出了卓越的贡献，有的甚至献出了宝贵的生命。笔者在参加《桂林市志》评稿会时，曾因其在抗战中的特殊地位，称桂林俨然成了抗日战争时期的"小陪都"。其实，如果只就集中抗日文化人士的数量而论，桂林远在陪都重庆之上。还有一些是在国内民族之间的战争中，坚持民族气节的例子。如南宋末年马塈，以"总屯戍诸军，护经略司守城"，在桂林城守中，先后三次拒绝元将、已降元的宋朝皇帝及元帝派人来劝降，杀掉来使，决心与城共存亡。3个月衣不解带，虽经百余仗，城中军民死者相枕藉，但死守的决心不改。城破被杀时犹握拳挺立良久。余部250人又坚守月余，最后炸城自炸，悉数成仁。城中逃往西山的百姓700余人，也拒绝招降，皆自杀而死。类似的例子还有抗清斗争中的瞿式耜、张同敞。

二类是人民友好交往的资料。如所汇集的众多的国际友人来桂旅游观光，受到热情接待之后，所发表的大量热情友好的感言，表现了广西各族人民的热情好客。国外友人到广西来游览参观，是中国与世界友好交往的表现，通过这种交往又更进一步促进中国人民与世界人民的友情。广西地处国家沿边地区，又以山水风光闻名于世，是世所闻名的旅游区，自然也成为展示中国面貌的一个重要窗口。这两类资料的汇集在志书中展示出来，更足以使旅游者，尤其是国外的旅游者了解中国，从中感受到中华民族历来主张平等地友好交往，反暴力侵略的民族性格。

三类是大量事实和人物故事，阐明为人之道要刚介正直，为官之道要清正廉明。无论为民为官，都要坚守高尚的节操，都要为后人留下一些精神和物质的东西，才无愧于后人。篇中对于人物，多偏重于讲他们的节操、建树、政绩、政声。凡是能坚守节操的，都会受到后人的崇敬。凡不计个人利害，敢于为民请命，为民兴利除弊者，人民都不会忘记他们，调离时人民甚至"截桥塞巷"以攀留，去世后又立石建祠以纪念。本篇中所载的一物一事，一典一说，一祠一庙，一匾一额，一亭一桥，一洞一岩，一碑一刻，一台一塔，一章一句，无一不是先贤们遗惠后人的历史见证。这便是前人给我们留下宝贵的物质或精神财富。仅只汉代一个孟尝留下的"珠还合浦"和一个陆绩留下的"廉石"（又称"玉林石"）的典故，就可以使此后的为官者受教不浅，当然也会使当今那些"逢着金线带钩吞"的人愧煞！南朝时颜延之敢于蔑视权贵，对晋时的"竹林七贤"，他写了一首《五君咏》，只咏阮籍、嵇康、向秀、刘伶、阮咸五人，对成为权贵的山涛、王戎弃而不取。南宋时岩居之士的刘晞，敢于拒绝媚事秦桧的桂州安抚使吕愿中唱和之邀。都表明了他们的胆识和骨气。《五君咏》被后人刻于桂林龙隐岩流传至今,刘晞的诗也曾被刻于辰山。这表明了人们对他们为人态度的赞赏,对于当今某些专会媚事上司,只走上层路线,唯权是视的"官迷",不是很好的教训吗?宋代梅挚写的《五瘴说》,列述了官场的腐败之害,更盛于自然界的"瘴疠",难道不正如郭沫若所说的"梅公瘴说警人心"吗?甚至所录古人的一些怪异的行径,也有史教育意义。如介绍红水河蓬莱洲东悬崖上的一道碑刻"宋景定二年(1261)帅臣朱祀孙被命行边,城蓬莱,移象治,为广右中流柱"中,就说南宋时身为广右帅臣的朱祀孙,为抗御元军,竟然将自己的指挥所筑在红水河中的蓬莱洲上,看来似犯了孤岛筑城的兵家大忌,但却是他多年与蒙古骑兵周旋经验的运用。这就告诫人们,做任何事情都要从实际情况出发,不要犯本本主义的毛病。

第六,当然本篇也不是做到了无可挑剔。除了校对中还存在若干错字之外,内容上也还有可以增补的。如当代人物中,许德珩就应当增加进来。桂林花桥头有一高约二丈余的巨石,名为芙蓉石。其上有许氏表彰桂林抗日烈士的题词,笔者少年时曾见到过,只是题词的内容记不得了。古代者如晚明时的著名思想家方以智,曾携妇挈儿隐居于平乐。清兵攻下桂林、平乐后,方氏逃匿于仙回山南洞严伯玉家。清兵严拷严伯玉,方以智剃发披僧衣出现,被绑赴平乐法场,傲然趺坐,闭目等死。清帅马蛟麟置酒劝降,他大声笑吟道:"本为林薮客,自小耻公卿。抢笔知无命,封刀岂望生……"马蛟麟大吼一声,法场推出一战俘,马手起刀落,俘头落地。方见状又打一串哈哈,吟道:"安我俘人命,原看死如归……"马又左置袍帽,右置白刃,威逼道:"更服则生,不更则死!"方以智面不改色,急趋于右,引颈就戮,并大笑道:"百折不回横一剑,岂畏刀头重锻炼!"马惊起救之,知不可屈,遂派人送其至梧州云盖寺,听之为僧。类似的人和事可能还有。如更下些工夫,作进一步充实,搞成一部单行的《广西旅游人文本事》,相信更会受到来桂旅游者的欢迎。

2004 年 4 月 16 日完稿

(原载《广西地方志》2004 年第 4 期)

(《广西通志·旅游志》,陈听正、肖建刚主编,广西人民出版社 2003年版)

20. 继承创新 在显地情之特上下工夫

——南京《鼓楼区志》略评

（一）

《鼓楼区志》是南京市属一个区的志书。城市区志，是从上个世纪七八十年代开始以来的前一轮修志中，才出现的一个新志种。一种事物新品种的出现和形成，不是零星的偶发现象的出现就算成立，而是要经若干人的共同实践，并经过若干时间的探索，成为有一定规模的事物，才算它的形成。而且这种新品种出现之后，在不太长的时间内，便会有其代表性的典型出现。如宋代乡镇志出现之后，就有《澉水志》为其代表。同样，明代的边关志出现之后，便有《四镇三关志》、《山海关志》为其代表，卫所志出现之后，便有《天津卫志》、《宁远卫志》为其代表者。

自前轮修志中城市区志出现之后，经过广大区志修纂者（人数总可以千计）近20年的共同努力，至今出版的城市区志到底有多少种，笔者手头没有这方面的统计资料，但说其数量已达近百部，大概是不会错的。不但有数近百部的区志的出现，而且还形成了编纂城市区志的一套理论，仅这方面的专著就不止一种，相关的论文更是难以胜数。时至今日，说这个新志种已经出现和形成，是毫无疑义的了。

那么，这个新志种是否已经有了可以称得上其典型代表的志书了呢？我想是应当有了的，不过笔者现在还说不出来罢了。思想文化产品与一些具体的事物还有所不同，它的得失优劣，尤其是这种新产品的典型代表者，是要经过历史的检验，由后人放在历史的长河中去加以论定的。但这并不是说，当代人就不可以对这种新事物加以评论。而且我还认为，这种当代人的评论，也是探讨其是否可以成为这种新事物典型代表的重要组成部分。应该说，就已经出版的诸多城市区志而言，大多各具特点。就这些志书而出现的评论，也大多是实事求是，客观公正，言之有物的，对于推动这个新志种的形成也是功不可没的。

今天，笔者来对这部《鼓楼区志》进行评论，丝毫没有为其力争在方志史上地位之意，而旨只在和本界同志一起，来对之得失进行经验总结，共同推动城市区志这个新志种的成熟和发展而已。

（二）

《鼓楼区志》编纂者们在编纂过程中提出了全、特、精、省的四字原则，这是一个很高的要求，更是对志书编纂理论的重大丰富，在方志理论上是一个不小的贡献。对于在这四字原则指导下修纂而成的这部志书，姚金祥先生在书的《跋》语中作了全面总体的评估。认为是一部实事求是、资料翔实、特色鲜明、具有创意、处置有度、精雕细刻之作，是一部高质量的志书，堪称上乘之作，一流之作，给予了很高的评价。本人对志书读之不细，对于它的优长，一时还难于有一个全面的把握，作出全面的评价。在此只能谈一点读后的印象。读完这部《鼓楼区志》之后，得出一个较深的印象，就是它在继承传统和努力创新方面都下了较大的工夫，取得了多方面值得注意的成果。如果要用一句话来归纳，那就是在反映地情特点上下了较深的工夫。

编修地方志是中华民族的一项优良的传统，这是人所共知的不争事实。但这是就总体而言的，并不是说这种传统在全国各个地区的表现都是均衡的。正是基于这样的原因，所以才有"方志之乡"的这种说法。一些不称或者说称不上"方志之乡"的地区，并不是说中华民族这个共同的传统在它这里就没有表现，而只是它与"方志之乡"相比较而言，显得相对逊色一些而已。江、浙，尤其江苏是当之无愧的中国方志之乡。江苏地区历史以来，不但修成志书数量多、品种多，而且出现了很多在全国影响大的名志。《四库全书总目提要》中共收入明代以前"都会郡县志"之"尤雅者"是 24 种，江苏就有 6 种，占收录总数的 1/4。而且在这里还孕育出了在中国方志学史上影响深远的丰富的方志理论。南京历来就是江苏政治、经济、文化的中心地区，在方志学史上它也居于一个中心的地位。前述的 24 种"尤雅者"的志书,南京就有《景定建康志》和《至正金陵新志》两种。所以我斗胆地说,将南京称为中国"方志之都"也不是不可以的。

在这样一个"方志之都"的地方来新修志书,就面临着一个比其他地方更为严峻的,如何正确对待传统和创新的问题。既不能割断历史,不顾传统,又不能泥古不化,为传统束缚住手脚而不进行创新的探索。处在这个特殊地区的《鼓楼区志》(还有整个《南京市志》),在这个问题上处理得恰当与否,就是新修志书成败优劣的一个关键。读完这部《区志》,我认为他们对这个问题把握得是适度的。

鼓楼区不但是南京的属区,而且是南京城区文明的发祥地。南京建置历史悠久,曾是东吴、东晋、宋、齐、梁、陈、南唐、明初、太平天国、民国等 10 朝都城,城垣宫殿建筑宏伟;"虎踞龙蟠"的山川显要形势,是古代重要的军事要塞;名胜古迹众多,人文荟萃显赫等历史特点,在这个区内都有集中表现。当代的鼓楼区,又是全省政治、经济、文化中心,全国首批科普工作示范区、全国城市教育改革试点区、全国首批社区建设实验区和全国首批社区服务示范区,有着全国创建文明城市活动示范点和全国百城万店无假货示范点,等等。志书中不但抓住了这些特点,而且着力地反映了这些特点。

对于鼓楼区这些古今特色,书中可以说是采取了全方位的反映。具体来说,志书采取了四种形式的做法。

一是篇目设置上突出特点。志书的篇目设置应当有一个基本的格式要求,但又不能限于统一的模式。地方志书是反映地情的书,地情多样性及各自特点的存在,决定了它只能实行因事创例,例以义立。南宋时周淙修《乾道临安志》时,因为是时临安是南宋都城所在,为了区别于一般郡志,于是首设《行在所》一编,以记其宫阙、官署。周应合在修《景定建康志》时,也因"建康又非江陵比也,自吴以来,国都于此,其事固多于江陵。若我朝建隆、开宝之平江南,天禧之为潜邸,建炎、绍兴之建行宫,显谟承烈,著在留都,凤阙龙章,固宜备录。然混于六朝之编,列于庶事之目,宫府杂载,君臣并纪,殊未安也"。故"先修《留都宫城录》冠于书首"。(周应合《景定修志始末》,转自《中国古方志考》第 219 页)这都是因事创例、例以义立的典型例子。这一点对于当代《南京市志》和

《鼓楼区志》的编修是不无借鉴意义的。

《鼓楼区志》限于自己所记的仅是南京的一个区，只限于自己区内的特点，在志书的编一级上，特设了《经典民国建筑》、《湖南路文明街》两编，还有未入编序的《专记》一编。在章一级上，设有《江东新区开发与建设》、《工业园区建设》、《驻区政府机构与外国使馆》、《创建全国社区建设实验区》、《民国机关、政要名流旧址》,《古典式建筑》、《近代式建筑》、《别墅与庭院建筑》、《全国文明城市活动示范点》、《"全国百城万店无假货"活动示范街》等。这些编、章的特设，就方便了反映本区古今最突出的特点。至于其他特点，就放在其他编、章和具体记述中去体现。甚至在一些细微之处也没有放过。如在《人口构成》章内，设有"籍贯"一目，《人口控制》章内有"特殊人群管理"一目。前一目之设表现了城市区志与县志之不同；后一目则不但体现了城、县之不同，又体了新时期人口流动性加大的时代特点。

二是在写法上注意突出特点。是志采用中编体，入编序的 29 编，加上未入编序的《专记》、《丛录》，共 31 编。除了首编之外，其余的编、章都有无题序言。为了反映历史悠久这个特点，许多古代内容放在编、章的无题序中加以追述。如《人口》编和《科技》编的无题序中，都追述至五六千年前的新石器时代和商周时期的"湖熟文化"。

除了在编、章的序言中反映之外，对《教育》、《文化》、《文物古迹》等编都特别加重分量。笔者特别进行了一番统计，各编中篇幅最大的是《人物》编，占 132 页；其次是《城市建设与管理》，占 87 页；第三位的就是《教育》编了，占 78 页，如果将性质相近的《科技》编的 20 页计算在内，就是 98 页。为了反映本区形势之重要，历来为兵家必争之地这个特点，在《军事》编中的《军事设施》一节内，详记了从周显王时楚国在区境内首建金陵邑起，直记至民国时的军事工事。在《军事院校》一节内，以 3 目 19 个细目分记了历史以来设在这里的军事院校达 19 所之多。驻军一节内，对新中国成立以前的驻军，就分 5 目加以记述。在《重大战事》一节内，共记了历史上有名的 9 次大战，包括 1949 年中国人民解放军渡江解放南京之战。为了反映这里曾是国民政府首都中心区的特点，专设有《国民政府驻区机构》一节，分记了国民政府设在区内的行政院和 12 个部（局）。《外国使馆》一节分记了外国设在区内的大使馆 26 家、公使馆 11

家。在《城市建设与管理》编的《城市规划》节内，专门介绍了民国首都计划的部分内容。为了反映教育发达、人文荟萃这个特点，在《教育》编的《书院　学堂》一章内，分节记述了崇正书院和惜阴书院，还有受西方影响最早建立的江南水师学堂、江南陆师学堂、汇文书院。在《驻区大、专院校》一章内，除专门介绍了现在的南京大学、中国药科大学等 20 所大学之外，还补记了停办或外迁的大学 4 所。还有不少的文化知名人士的事迹，则放在《古迹》和旅游景点介绍中去介绍。这里还应当特别提到《专记》一编。本编中共设 11 目，将最能表现鼓区特色的事物，一一详细开列进行记述，将古今特点通过具体事物体现出来，可以说是鼓楼区特色荟萃之编。

三是在图照设置和运用上加以突出。图照入志，在上一轮修成的志书中已被广泛应用。入志图照之多、内容之广泛、之精美，都是此前的志书无法比拟的。这对于深化志书内容、直观地反映地情特点、美化版面、增强可读性等方面的作用，都是不应低估的。但是由于技术原因的限制，绝大多数志书的图照都只集中在书的卷首，与记述内容人为地拉开了距离，从而减弱了这些图照的存史意义。只有极少数的志书试行了图照随文而出的做法。如《绍兴市志》就是做得很好的一部，故其一经出版，立即受到了志界广泛的好评。《鼓楼区志》也是尽力克服技术上的难题，采取了这种做法，随文而出的图照有 25 幅。这些图照大多搭配得当，与记述文字自然结合，大大地增强了地方特点的突显。如文物介绍中"七孔石刀"条下，文字说明了这件新石器时代制品的质地、大小、形状、色泽、制作特点等。如果仅有这些文字说明，读者对此只能凭各自对记述文字的理解，去构想它的大概情状。至于它实际所达到设计之精美、制作技术之纯熟程度等，都还留有不小的想象空间。此处实物照片的插入，则令这个空间缩小至最低限度，让人们了解新石器时代的制品，其制作工艺已经达到叹为观止的程度。又如《专记》中"龙江宝船厂"条下，插入的龙江船厂图和四百料战座船图，也大大地增强了实感。人们对一项事物准确精细的描述刻画的文字，往往用"跃然纸上"来加以形容。如果说这一条的文字记述，已经达到使这个当时世界上最大的造船厂及其所制造的大船跃然纸上的话，那么这两幅古图的插入，则是真实地再现于纸上了，无须读者再费心思去加以构想。其在突显特点上的效果是不言自明的。《卫生》编中，建于 1892 年的基督医院住院部的照片，也很具存史价值。

四是有一篇写法特别的《总述》。关于这点，很值得多花一点文字展开来加以说明。

（三）

总述（或称概述），是在前一轮修成的志书中都必不可少的一个重要构成部分（除了早期修成的极少数几部没有外），这是对民国时期新创成果的继承和发扬。在那一轮修志中，各地的方志工作者对总述篇如何写法，进行了广泛的摸索探讨，形成了几种模式。有的论者归纳为五种，即浓缩式、特点串联式、史纲式、策论式、诸体综合式等（梁滨久归纳）。笔者则认为分为四种体型比较符合实际，即地情简介型（包括浓缩式和特点串联式）、历史述论型、兴利除弊策论型、诸体综合型。

现在《鼓楼区志》的《总述》，是笔者看到的比较特别的一篇。从大的类型来说，可以归入诸体综合型。说它特别主要就表现在写法上。综合一篇是鼓楼区的地情简介，但它不像多数这种概述那样，只从志书的各编章中抽取精华，搞成一份精华集萃的压缩饼干。从它的重点上来说，是在阐述鼓楼区的地情特点，将其归入特点串联型亦无不可。但它又不像多数特点串联型概述的写法，只将该地区的特点罗列而住手。从全文中可以看出，它指出了鼓楼区有于下诸多的显著特点：一是南京城区文明的摇篮——有距今五六千年的北阴阳营文化遗址、商周时期的"湖熟文化"遗存以及大量的文物古迹。二是南京古都历史上的军事戍区——从金陵邑算起，石头城作为军事要塞至少已有 1200 多年的历史。三是南京最重要的城市中心地区——历史上是十朝古都的中心地区，而今还是全省的政治中心——名副其实的省府大道和省行政中心走廊，文教中心——南京高校最为集中地区，新兴商业中心。四是近现代城市化进程的代表区域——民国时期出现的中国传统宫殿式建筑、西方古典式建筑、中西结合的新民族建筑、西方现代派建筑和日本和风式建筑等不同风格的杰作，使鼓楼区堪称"民国建筑博览馆"，是诸多社会显达名宦宅区的集中地。五是具有得天独厚的驻区资源优势，除了是名副其实的全省政治、军事中心之外，本区还具有高校和科研院所多，集中了大批优秀人才；文化机构和文化设施多；

大企业多；具有一流设施的高级宾馆多。这些优势的存在，都为鼓楼的今后发展提供了十分有利的条件。

说它特别，更特别在对于上述这些特点，它不是简单地罗列其存在的事实和表象，还注意去记述其历史演变过程，更悉心探讨这些特点形成的自然和人为的因素。关于自然因素对特点的形成，如说"在远古时代，临水的台地往往是文明的诞生地。鼓楼岗高爽的地势，孕育了南京城的市河金川河，同时孕育了南京城区最早的文明"，故有五六千年前新石器时代中期的"北阴阳营文化"和商周时期的"湖熟文化"。"区境这种丘陵起伏的地理形势，不仅使鼓楼区长期扮演着金陵古城西部滨江军戍和城北郊区的角色，而且为民国时期的国都新区建设提供了空间。"对于人为的因素而造成的地域特点，如说"民国定都南京，给南京留下一笔丰厚的历史遗产，这笔遗产的相当部分留在鼓楼区。有人这样评论说，'明清建筑看北京，民国建筑看南京，经典民国建筑看鼓楼'"。"由于区境在国都的特殊区位，众多重大历史事件发生在鼓楼地区"，仅一个湖南路10号大院就可称是民国历史的聚焦点。"1955年，地处长江之东、秦淮河的东江镇划归鼓楼区，伴随着南京新一轮城市建设高潮的到来，河西地区成为南京主城区向外扩张的热土，大规模的整体开发已使这一地区成为南京市现代化新城区的主要窗口"，等等。

总述的第五部分，写的是"区政方略"。如果说前述的诸多特点都属于历史范畴的话，那么这一部分则是鼓楼区在改革开放道路上形成了自己现实的新特点。这个特点就是在市政放权基础上出现的新体制形势下，鼓楼区委和区政府，带领全区人民，因地制宜地将本区打造成为"江苏首善、全国一流"的新城区。是鼓楼人在前面诸多特点丰富历史积淀基础上，创造出来的当代辉煌。这是鼓楼区的改革过程。第一轮修志中，对"改革开放"如何记述，一直是方志工作者努力探索的一个重点问题，第二轮修志起步之后，这个问题依仍还是探索的重点。《鼓楼区志》没有用多数志书那样设立专编的做法，就是在党、政编的《要事纪略》和《政事纪略》中，也没设立专目，但它对鼓楼区的改革开放还是写得很充分。不设专门编章，而是分在各行各业的编章中去写。其中的《总述》部分，对鼓楼区的改革开放的反映，可以说总得恰如其分。

总之，这篇《总述》是我所见新方志中比较有特色的一篇。它特就特在既综括了全志的主要内容和特点，但又不是志书内容的简单提炼汇总，而是将这些内容加以升发，写成了对鼓楼区情高水平的一篇宏论，来源于全书，又高出于全书。

（四）

《鼓楼区志》是一部质量上乘的志书。但是不是说这部区志就完美无缺，做到无可挑剔了，提不出任何可以改进，使之更上层楼的地方了呢？我认为还是有可以提出讨论或加以改进的一些地方。这些想法不专对《鼓楼区志》，也可作为其他地方志书修纂中进行讨论的。

第一是随文图照的插入，数量还是太少。既然有"经典民国建筑看鼓楼"之说，鼓楼区是"民国建筑博物馆"，在这里多出现一些典型建筑的图照应当是理所当然的，但却一幅也没有。教育发达是本区的一个突出的特点，也是一幅都没有。如果能找到崇正书院、惜阴书院、汇文书院或金陵大学的有关历史图照插入，效果就会大大的不同。《专记》中记了"全国之最"共52项，现在插入的图照也太少。如果在"金陵大学师生建造旗杆记"一条内，插入两幅图照（一幅北大楼的，一幅金陵大学在新旗杆下举行升旗的图照），将会让人无须读志文，仅观图照和说明，对先贤们崇敬之情，爱国情怀便会油然而生。《志》以地名，地以《志》传。或许一两幅特别有价值的历史图照的出现，便确立了你这部志书的历史地位。

或许有人会说，你提到应当有的图照，在志首已经有了，在此再出现就会有重出之嫌，这正是笔者要进一步建议的。以后出的志书，希望第一步做到凡是关涉地情某一部分的黑白图照，都应当放到随文部分去出现。第二步逐步做到关涉具体地情的彩色图照，也尽可能地分散到相关的条目中出现。做到志首和《总述》中的图照只收关涉全局的，涉具体地情的都插入志文中去。当然这样一来，志书的成本要提高。这个成本的提高，还不要加到读者头上，应由政府来承担。成本高恐怕也不致高到政府都无法承受的地步，现在不少的报刊都已做到了。那些类似行云的报刊都这样做，无非是招徕读者，难道永古流传的志书，不也有这个问题吗？现在一些地方建一些公益工程，还有的搞形象工程，动辄成十成百成千万的投入，一部志书的出版经费，充其量又能高到哪里去？这可是百年大计、千年大计啊！如果说全国多数市、县的财力还做不到这一点，像鼓楼区这样财力强家不可以一试吗？这样一来，《鼓楼区志》的创新之举中又会增加一项，何乐而不为呢？

第二个提出可以讨论的问题是，关于人物编入志名录的问题。区志的《革命烈士名录》收入鼓楼籍革命烈士 10 名。将遗属现在本区的烈士 100 名也收入，不少部队的干部病故于南京的，也入烈士名录。这在已经出版的志书中是一特别的做法。我不了解这方面的政策，是不是凡到一定级别的军人，病故之后都可称为烈士？是民政部门认可的吗？心存疑问。专列《寓居区内现代军政界知名人士录》一节，收入老红军、解放军高级将领 100 名，国民党高级官员 27 名。劳动模范、先进人物表，收入有国家级的，国家部委级的，有省级的，有市级的。对此笔者没有话说。但区属或寓居区内的只有一个"驻区单位两院院士表"，收入 36 人。其他有高级职称的各方面的专业人物，却找不到踪影。在人物录中没有，在志内相关编章中也找不到。教育、科技、卫生、文化等编中，除卫生编里有区属高级职称者 40 人的数字表外，（没有高职医务工作者的具体人名），其余各编中，高职称的教育工作者、高级职称的文化人、高级职称的科技人才等，都是既无表列数字，更没具体人名。与前面所列的表相对照，那些仅在此居留过，并未对此有何实绩的将军、高级官员、社会名人可以列表列名，而实实在在于此实际工作的高职人士，却既无表，更无名，难免不使人产生重官轻民之嫌。与那些市级劳动模范相比，又会产生重事轻文的联想。对于因"教育强区"、"科教兴区"，并在这方面总结出成功经验的地方，这样做法有点让人难于理解。

可以讨论的第三个，是比较具体的事物处理问题。举三点为例：一是在编一级的目中，各种社会事业、社会团体、党派，用的都是全称，而唯独中国共产党一编用"中共地方组织"的简称。如果说因字数太多而简省的话，一些民主党派的名称比中国共产党的名还要长，用的都是全称。行文中用"中共"云云，无可厚非，但在"编"的篇目中，我意还是应当用全称为宜。二是"建国"一词在书中的频繁出现。关于这一点，笔者已经在相关的文章中说明，作为口头用语，或简便的报刊宣传中用一下未尝不可，但作为担负存史使命、要永久流传的地方志书，不宜用这个不确切的提法。中国已经存在了数千年，1949 年建的是新中国，并不是建立中国。

在《民主党派与工商联》一章中，只在《中国农工民主党鼓楼地方组织》一节中，有"农工民主党南京地方组织与中共南京地方组织风雨同舟"一句，其他党派的记述中，虽列了这些党派的进步作用，但却没有类似的句子。这样的处理办法社会效果可能不太好。

此外，志书的校对也还有疏忽的地方。如第1206页"意在喝'元宝茶'、'屠苏酒'咬春饼"的"意"字错成"易"字；第1208页上，"既可以吃，又好玩好看做装饰物"一句中，将"既"错成"即"字未校对出来；同页的"午日午时"，联着重出，也没有校出来；第1213页内的"男娶女嫁"，错成"男娶妇嫁"（既已为"妇"，何又再嫁？即便有离婚再嫁的，也是少数，这里讲的不是这种情况）；同页的"五子登科"错成"五子登料"，也没有校出来；第1214页"满月酒"错成"满朋酒"。这样的例子还可以找出一些。

人们在评价一件事物时，往往会使用"瑕瑜互见"、"瑕不掩瑜"这两句话。在此我也只好用它一次，瑕不掩瑜，《鼓楼区志》仍不失为一部质量上乘的志书。我祝它出版之后，在推进鼓楼区的发展上发挥它应有的作用。

2000年12月20日于北京昌平天通苑五桐斋

（原载《中国地方志》2006年第4期）

（《鼓楼区志》，周国平主编，中华书局2006年出版）

21. 关于志书中对区域专门文化的记述
——从《侯马市志》谈起

山西省《侯马市志》已于 2005 年 12 月正式出版。笔者在它还是稿本的时候，就有幸得以先睹为快。而今重读正式出版的志书，更感亲切。对于这部志书的总体质量，志界自有公论，无须笔者置喙。在此只想就自己最感兴趣的一编谈点个人的看法。

《侯马市志》的基本篇目设置，与已经出版的众多志书略无大异。如果说它有什么自己的特点，就是专门设有《晋都新田文化》一个专编。笔者认为，这一编之设，足以反映其历史特点和地方特点，是很恰当，也是很必要的。

中国地域辽阔，历史悠久，在不同的历史时期，曾经历了统治政权分分合合的变迁，加之民族构成众多，各自都有自己的信仰、文化、风俗的代代传承。故无论是自然还是人文方面，都形成了众多不同的区域。随着历史的流变，在这些区域之中，就形成了不同的区域文化（或称地方文化）和专门文化，是很自然的。在修志中，对这些各具特色的区域文化和专门文化，是否应当加以记述，如何进行记述，这是在修志中须要进行探讨的一个问题。

对此，方志史上早已经有人注意到这个问题，并在他们所修纂的志书中进行了探索。不过在旧志书中这方面的例子还比较零星。如明崇祯六年（1633）刘万春纂修的《泰州志》，在其《人物志》中，就专设了"理学"一目，其中较详细地记述了泰州学派的师承渊源、学术成就、主要代表人物等情况，不但突出了地方特点，且开了学术派别入志的先河。到民国二十二年，裴希度、董作宾纂的《安阳县志》，在志末专门附设了两个专篇，其中一篇是甲骨文，全面记述了甲骨文出土的情况，收入甲骨拓片 160 余片，并编有《殷墟文字著作书目一览表》。到 20 世纪 80 年代开始的新中国第二轮（我将五六十年代的修志，视为新中国的第一轮修志）修志中，这一类的篇、章或专题出现的就多了，也都受到志界的好评，被认为是精神文化入志的一种创造。

据笔者所知，在这一轮修成的志书中，设专门编、章、节、目，专记地方特有文化的志书很是不少。如浙江《衢州市志》记述的"东南阙里"文化；贵州《遵义市志》记的"沙滩文化"；河南《渑池县志》记的"仰韶文化"；山西《襄汾县志》记的"丁村文化"；山东《章丘县志》记的"龙山文化"；山东淄博市《临淄区志》记的"大汶口文化"；浙江《余杭县志》记的"良渚文化"；福建《永定县志》记的"土楼文化"；浙江《新昌县志》记的"山林文化"；浙江《余姚县志》记的"河姆渡文化"和"姚江文化"；湖北《京山县志》记的"屈家岭文化"；云南《中甸县志》记的"东巴文化"；青海《湟中县志》记的"卡约文化"；湖北《江陵县志》记的"楚文化"；黑龙江省哈尔滨市《南岗区志》记的"金元文化"；安徽《桐城县志》记的"桐城文派"；贵州《大方县志》记的"古彝文化"；福建《福清县志》记的"佛教文化"；河北《吴桥县志》记的"杂技文化"；广东《增城县志》记的"荔枝文化"；新疆《库车县志》记的"龟兹乐"和"龟兹石窟艺术"；四川《德格县志》记的"印经院"和"藏传佛教"；云南《耿马县志》记的"傣族历"和"佤族历"；陕西《旬阳县志》记的"汉江水文石刻"；湖南《江永县志》记的"女书"；浙江《天台县志》记的"茶文化"；《浙江烟草志》记的"烟文化"；江苏《泗阳县志》记的"酒文化"等。此外还有河南《宝丰县志》记的"马街书会"；江苏《镇江市志》记的"京山画派"和"镇江锣鼓"；安徽《萧山县志》记的"龙城画派"；山西《太谷县志》记的"太谷秧歌"，等等。这一类的专门编、章、节、目之设，不仅反映了中华民族文化的多元耦合的历史，丰富多彩的特点，而且通过对志书这些编、章、节、目记述特点的研究，还可以总结出对地域性文化记述的经验，丰富方志理论的研究，这是很值得重视的。

在这些诸多设专卷记述区域文化和专门文化的志书中，以《敦煌市志》的"敦煌学"卷和《运城地区志》的"关公文化"卷，篇幅分量最大，也是很值得注意的两个专卷。《运城地区志》的"关公文化"卷，全卷计5万字，共分5章："关羽生平"章，含家世、生平、谥封3节；"关公纪念物"章，含解州关帝庙、常平关圣家庙、关氏祖陵及关陵、华夏关庙4节；"关公祀典"章，含官祀、民祀、关公崇拜3节；"关公文艺"章，含关公文学、关公戏曲、关公美术、关公文献4节；"关公文化开发"章，含关公文化研究成果、关公文化交流、关公庙会新貌3节。所记范围不只限于境内，如关庙所记及于北京、西藏、台湾，以至日本等地。关公崇拜的情况，载至香港、澳门以及印度尼西亚、马来西亚、菲律宾、新加坡等东南亚国家的华人、华侨社会。评论者认为，该专卷收集资料十分丰富，具有相当的学术深度和学术品位。

而今新出的《侯马市志》的"晋都新田文化"编，比诸"关公文化"卷，在篇幅上还略有超过。编下设有"晋都新田"、"晋都新田遗址"、"晋都新田文化研究"、"典故"等4章，分别记述了晋都新田13代君主时期的历史（有13君的秩谱），此一时期思想文化上的特点（主要是由奴隶制向封建制过渡时期的变化）；晋都新田时期的重大历史事件；晋都新田遗址的调查、发掘、现今的遗存情况（包括古城遗址、作坊遗址、祭祀遗址和墓葬遗址）；晋都新田文化研究状况；产生于晋都新田时期出现的成语典故等。仅从所列这些章、节目中，人们已经可以窥见此地十分丰富的历史内蕴和突出的地域历史特点。这些特点，不但对于侯马今天的现实有着重大的影响，而且具有全国意义。这不正是中华民族的共性特点寓于个性之中的实例吗？

在《典故》一章中，还开列了产生于晋都新田时期的成语典故达70余则之多，可见其对中国历史影响之大了。志书还专设一节，选介了每个中国人都耳熟能详的"祁奚举贤"、"居安思危"、"宾至如归"、"数典忘祖"、"天经地义"、"狼子野心"、"掩耳盗铃"、"如火如荼"、"前事不忘，后事之师"等9则历史典故，分别说明各自产生的时间和所包含的历史故事。既具知识性、学术性，又大大地增强了志书的可读性。

对中国方志史稍有了解的人都知道，一部志书，能做到思想观点、体例篇目、资料集纳、表现技巧俱佳的，自然可以成为志书的典范，但如果未能达到如此全面，而只在某一方面有其独到的地方，也就难能可贵的了。历史上有一些志书，往往只在某一方面具有独特的价值，这部志书也就具有了其不可替代的历史地位。有的甚至只有一条特有的资料，就使历史对它难以忘怀。今天这部《侯马市志》，全面质量姑且暂存勿论，仅此一个专编的置入，就确定了它在方志史上无以移易的地位。

2006 年 5 月 14 日

（原载《沧桑》2006 年第 4 期）

（《侯马市志》，赵建国主编，长城出版社 2005 年版）

22. 一部力度精深的纂辑体续志
——喜读吴小铁主编《南京莫愁湖志》

目前，中国方志界正在进行第二轮修志工作（实际上应当是新中国成立以来的第三轮修志）。因此，在前已修有志书的基础上，如何进行志书续修，是当前志界最热门的话题。除了在理论上的热烈讨论，提出各种主张、方案之外，各地也都在实践中进行探索。恰在此时，南京市志办吴小铁先生编纂的《南京莫愁湖志》，于2005年11月由中央文献出版社出版发行，是一件值得重视的事情。纂者谦称自己做的只是整理旧志的工作，实际上已经做成了一部纂辑体的《莫愁湖新志》。这部匠心独运的纂辑体续志的出版，与其他体式续志的出版，其意义又别具一层。

在中国方志史上，关于志书的编纂曾有纂辑派和著述派之别。清代乾嘉时，这两派曾产生过激烈的争论，历史上称之为新、旧派之争。所谓旧派，是以戴震、孙星衍、洪亮吉为代表的一派，亦称考据派、地理派、纂辑派。所谓新派，是以章学诚为代表的一派，亦称史学派、撰述派。这两派分歧的一个重要方面，是在志书编纂方法上的不同。旧派主张对收集来的资料，进行分类排比，注明出处，加以纂辑，以示"述而不作"之旨；新派则主张，对收集来的资料，加以融汇、锤炼，另铸成文。前者是"无一语不出于（他）人"；后者则是"无一语不出于己"。

将新出版的《南京莫愁湖志》，与上述两派主张相比照，显然它是属于纂辑体的志书。这类志书，在当代的修志中，已属稀见，在新中国成立以来由政府主持的前两轮修志中，几乎未见一例。这就是我说它意义别具一层的主要所在。

当然，不仅限于此。此书值得重视的还在于它用力之勤、深，集汇辑、整理、点校、纠误、考证、增补于一炉。全书内容分为：一是莫愁湖要籍汇编，包括对民国时据清嘉庆间马士图《莫愁湖志》增补而成的《金陵莫愁湖志》的点校;对清光绪间三山二水吟客撰的《添修莫愁湖志》;甘元焕编撰的《莫愁湖志》(手稿)、清同治间释恒峰等辑的《莫愁湖风雅集》、关赓麟编的《莫愁湖修禊诗》等四部旧志的整理集纳;二是对莫愁湖诗文的增补;三是新编的三表:《莫愁湖史事年表》、《南京莫愁湖志主要人物简表》、《莫愁湖研究资料一览表》,并附录有 2004 年 3 月 8 日《南京市人民政府关于莫愁湖公园总体规划的批复》。

从内容结构来看,前两项是其主体,都是对旧资料的集纳和整理,在篇幅上占了全书总量的 90%,这就是我们确定其属于纂辑体志书的依据。虽然其第三部分和附录,也是本书不可或缺的重要内容,但它毕竟只占全书总量的 10%。在此,编纂者没有限于"厚今薄古"之旧规,而是依据志书的特点详其所当详。

纂辑体志书的功力所在,主要是要在于汇辑、整理、点校、纠误、考证、增补上着力。它要求汇辑要全,整理得当,点校准确,纠误要正,考证精当,增补无遗。本书虽还不可以说已经完全达到上述的要求,但它所下的工夫也可以说是达到今日之顶峰了。

关于其点校、纠误上下的工夫,徐复先生在序文中,仅从编纂者对薛时雨的《莫愁湖志·序》点校中,撷出三例,已很能说明问题。如果没有这三条校正,人们对该序中的句子,就会或疑其不通,或者读不懂,或者会以讹传讹。全书中类似徐先生所举这一类的例子,可以说俯拾皆是,举不胜举。笔者注意到,书的前 96 页之中,几乎每页都有,多的达十二三条,少的也有一两条。多数是属纠误的,间或亦有注释者,个别的还加了拼音读法。纠谬采用了多种资料为据,个别自据文意改者,或明知有误而又不能迳改者,也加以说明。所纠之误,有的是比较容易知其为误者,如"图经"误为"国经"(见第 5 页)、"徙倚"误为"徒倚"(第 16 页)、"卢家妇"误为"卢家委"(第 25 页)、"麟阁"误为"麟阎"(第 46 页)等。也有一些是一般人不易发现、因而可能导致以讹流传的。这一类之中多的,是人的名姓出身者,如抱月楼中一副楹联的作者"沈鍠"误为"沈钟",又如第 12 页中的"余孟麟"误为"余梦麟"、第 17 页中的"王维"误为"生维"、第 24 页的"顾起元"误为"顾启元"、第 27 页中的"周竹恬"误为"周竹括"、"沈兰泉"误为"沈兰皋"等。

为了纠谬,就要在考证上下工夫,本书编者在这方面所下的工夫,可以两首律诗的作者考定为例子。华严庵释恒峰所辑的《莫愁风雅集》卷三中，集有王朝葵（锦庭）的七律四首中的二首零三句，还有一首另五句则不知去向，显然是有缺失。而同卷中又有杨庆琛（雪椒）的《乙未正月九日，重游莫愁湖，寄兰卿观察》七律二首，又有一首另五句，经编者考得，此一首另五句，正是王朝葵四首中所失的部分．从而回归原诗，合为完璧。杨庆琛诗中，亦有律诗二首，被误为绝句四首，植于联壁，也经纂者进行考证，予以更正。

编者下工夫之深，还表现在对旧有文献的正本清源，进行辨正和对亡佚文献的寻觅上。前者如《［乾隆］江宁府志》载有关于莫愁湖志一条，谓"《寰宇记》：昔有妓卢莫愁家此，故名。"一般来说，编纂中对于有疑的资料，加以照录，采用姑存有此一说，也算是实事求是的态度了。但本书纂者却能从多方面辨其为非，纠正了误传，并得出记载莫愁湖的史籍，最早始于明代，莫愁湖亦兴盛于明代的结论。后者如黄兴撰的《莫愁湖粤军死事碑记》，因原碑剥蚀漫漶，已难卒读。纂辑者硬是在拓片无存的情况下，费尽周折，为其寻得原文。

增补是本书内容的一个大头，占了全书分量的20%以上。为此，纂者自谓其历时三载，"探骊珠于诗海，取璧玉于书城"，亦足见其用心用力之良苦了。

书中新撰的分量不多，仅具工具的性质，但却为纂辑体志书的一项新创。

末了还要指出的是，本书采用纂辑体编纂，但便没有囿于"述而不论"和"无一语不出于（他）人"的牢笼。在其《代自序》、《莫愁湖诗文增补》的"增补小引"和《编纂后记》中，都尽力地抒展了编纂者忧患意识的见解，提出了建议，体现了志人的历史责任和胆略。具体的建议者如，仅存旧址的孙楚酒楼和"只剩下一块匾额"的华严庵重建的建议，认为"要是恢复主要建筑，就会有香火，公园不愁没有客源，带动酒楼生意。再恢复'春蔬七鲜'（挑菜会）、'水八鲜'等特色佳肴，还可以专门拿出几间临湖雅室，经常邀请文人墨客结社聚会，吟诗作画，既增加了历史风蕴和文化品位，也对游客更有吸引力，全盘皆活。"又如"建议公园请当代著名书法家将黄兴集中所收碑文重新书写、镌刻，镶嵌在墓后半月形宝城上，并加透明材料覆盖，以便长久保存和方便游客观瞻。"较宏观者则如提醒人们要注意旧城改造对莫愁湖带来的影响。

运用这种体式编纂续志,是耶? 非耶? 尚需方家论说,更要由历史考验。愿方志园中奇葩毵出,以无愧于我们这个时代。

2006 年 7 月 15 日于北京昌平天通苑五桐斋

(原载《江苏地方志》2006 年第 5 期)

(《南京莫愁湖志》,吴小铁主编,中央文献出版社 2005 年版)

23. 展现时代新风貌的好志书

——对《奉贤县续志》多余的话

本人自 2000 年退休之后，优游林下，见寡闻孤。经方志界友人之推荐，得以捧读 2007 年 11 月出版的新编《奉贤县续志》，感到极大的欣慰和鼓舞。这种欣慰和鼓舞来自两个方面：一是该志书展现了奉贤县自 1985 至 2001 年的 17 年间出现的新变化，充分体现出我国改革开放所取得的重大成果，它从奉贤的这一个点上，亦标示着中华这条潜龙已经成为一条跃龙，正舞动着他那矫健的身躯腾飞在即了，令我等华夏子孙倍感兴奋；二是在新一轮的修志中，出现了一部甚为难得的好志书，表明志界同仁们在探索志书续修方面，取得了令人瞩目的新成果，作为曾在志界混迹有年的人，自然难抑欣慰之情。

（一）

在览读奉贤这部续志中，触感多多，不能尽述，仅举数例，以概一斑。

首先，是全书内容充实，资料翔实资丰富，当记者应有尽有，取舍得当，不缺不滥，活托托地展现出了一个大城市郊县的真实面貌。虽还不能说它已经做到了应无尽无，但无用的闲废资料和多余的文字确实是不多的。

其次，是"志首"部分有个性，做到了志书传统的正确回归。按照中国的修志传统，志书开篇而未列入篇序的内容，统称为志首。主要的就是图照、凡例、序言、概述、大事记等。近二三十年来修成的新志书数以千计。笔者虽不能尽读，但翻览者也有一些。从翻览当中，经常会觉得志首部分，颇有一些值得研究的带共性的问题。一些志书的地图偏少，图例不全（如往往缺少该县、市在所属省、区的地理方位）。照片则往往以党政部门的高大门楼为引领，其余的则在存史价值和艺术性的偏重上有失偏颇。《凡例》多只有通例而缺少个性，有很浓的公化之嫌，编纂者的卓见和特殊作法很少反映。至于书序，"佛头着粪"（多序）的现象虽不严重，但也偶还有之。主要的就是，作志序者官员众而学者寡。许多志书为了保证长官的序，而只好舍弃专家学人之序和编纂者的自序。地方的修志工作由地方官来主持，志书修成之后，由他们来写序言本无可厚非。问题是做官和做学问毕竟是两回事。细看一些志书的序言，言不及义，不着边际者有之；打成擦边球、隔靴搔痒者有之；套用书序程式，写成任何一部著作都可通用者有之。挂名主持修志工作的都是地方主官，他们日理万机，难有多暇来顾及修志之事，更不用说较深地思考志书中的问题了（个别者也偶有）。现实往往是书已修成，"义不容辞"，只好硬着头皮来着笔。在这种情况下去要求志序的质量，作为评论者是绝不应当强人所难的。更多的情况是，志序由地方主官署名，由志书的主编或副主编来捉刀代笔。于是简述编纂过程，加几句感谢的话，就成为了不少志书序言的通式。更有甚者，间或主编一人，既要写书记的序，又要写市（县）长的序，还要写自己分内的"编纂始末"，分不开，扯不清。笔者在各地接触到一些主编，多有为此而叫苦不迭者。笔者认为，解决这个问题的办法，还是要按照社会主义新方志编纂的倡导者胡乔木同志的指示来办。乔木同志于1991年10月17日曾明确地指出："从事地方志工作，还是要搞学问，要把它作为学术工作来抓，本来不是行政性的事"。"过去修志是一些很有学问的人去做的，它本身是一项学术性的工作"。"地方志写得好坏，还是应当由学者来鉴定"。因此，我意以为志书的序言，最好也争取多由学者专家来写。在已出版的志书中，由学者专家来写的也有，但不是很多。凡是由学者来写的，多数都得到学界的首肯。

《奉贤县续志》的志首部分可贵之处，就是敢于打破近年流行之规，给人耳目一新的感觉。照片开头的虽也还是高楼大厦，但却不是官署衙门，而是展现奉贤这17年中，两个文明进步的一个个足迹的存真，每一帧都具有很强的存史价值。地图虽仍嫌偏少，但它的首图中，专门标示了奉贤县位于上海市南的杭州湾北岸。本志《凡例》共有16条之多，除了其中10条带有通例性质者外，其余6条，都是个例，反映了编纂者的方志思想和编纂意图以及特殊的做法。序言的位置，除了两位现任领导一个很简短的"出版致辞"之外，没有安排官员的序言。只有一篇由志书顾问姚金祥先生撰写的序言。姚先生原是前《奉贤县志》的主编。由于业绩突出，造诣较深由区而升任上海市地方志办公室副主任（研究员）。他熟悉地情，专志此业，又自始至终关心指导续志的修纂。这个序言由他来写是再合适不过的了。姚先生果然不负所望，写出了一篇纯正的、高水平的志序。

该序首先以对照的方式，概点了奉贤17年中的巨变；继之是总结了续志修纂的5条经验；最后是对该续志的评价。真可以说是得到了写志书序言的个中三昧。其所总结的经验中，有两条是总结其他地方的教训中得出来的。一条是领导重视修志要重视"得法"，主要就是创造合乎修志规律的学术氛围，只提出志书的质量要求而不硬性限定完成期限，给修志者留出对志稿进行打磨和精雕细刻充裕的时间。在前一轮修志中，不少地方的领导者，或限于换届，或因某个节庆到来而要求志书限期出版发行，使志书留下许多不应有的急就之痕，而引以为憾。一条是志书的主编既"主"又"编"，既是修志工程的组织和指挥者，同时又是实践者和战斗员。在前一轮修志中，有些地方实行的是挂名主编，或者长期不明确主编人选，只是由成书时的政府办公室主任或相关的人选挂主编之名（这也是造成限期修成的原因之一）。在志书修纂工作进行中，实际是主者不编或编者不主，与编纂业务相关的一些重要问题，无人拍板。甚至为一些无原则的鸡毛蒜皮的小事拉拉扯扯，把精力都浪费在内耗之中，既拖长了时间，又影响了志书质量。奉贤县这两条从别人的教训中得出来的经验，可以说对于今后修志具有很强的指导意义。

第三部分是本序言的重点，共开列了8条之多，条条都是点睛之笔，以简洁之笔开列了本续志的长处和特点。

当年诗仙李白登黄鹤楼时有两句诗："眼前有景道不得，崔颢题诗在上头"。说的意思是崔颢诗写得好，名气很大。李白，虽然也很会写诗，但已经有了崔颢在上头题的诗，所以觉得自己就没有什么好写的了。我等庸人不敢自比先贤，但感觉却是一样的。面对姚先生的序言，要对这部志书来进行评论，可说的话实在是无多了。在此，最多只能对姚先生序言中未予展开的地方，说些零碎的想法了，或许纯系一些多余的话。

其三，是新篇目的设置、新内容的摄取、安排和新写法的运用。"文章合为时而用，诗歌合为事而作"。地方志是记述地方地情的为人所用的书，应当充分反映地方具体的地域特点和时代特色。因此编目上的雷同，是修志中的一忌。凡能真实记述地情的志书，都必然有反映其地方特点和时代特色的不同于众的篇目。本志中正是抓住了其地 17 年中出现的新事物，在卷的一级设有《招商引资》、《经济园区》、《集团企业》、《对外和对港澳台经济　口岸管理》等新目，一般志书中的《人民生活》章也升格为卷。在章、节两级出现的新目就更多了。这些新目的出现，就是为了反映新地情的新事物。本志编纂者们的过人之识，不仅反映在这些新目的设置上，也表现在一些共有的篇、章、节、目内摄取取新的内容，做到人无我有、人浅我深。就是对大家都共有的内容，在分工安排上，也有稍胜一筹之举。关于相同篇目中新内容的摄取者，如其气候节内，不但记述了日照、气温、降水量、风速等的绝对数值，而且还特别记述了这些数值的变化情况，指明这 17 年间的平均日照时数，比 1959—1984 年间的平均日照时数均减少 31.6 小时；平均气温升高了 0.5℃（关于积温活动情况亦有比较）；平均降水量增加了 142.9 毫米，平均梅雨量增加了 100.2 毫米，初霜期推迟了 4 天。不经意者可能会认为，这些数据很自然而平常，但我却注意到，在已经出版的续志中，有这一类数据的并不是很多。早年间在对《三河市志》（《三河县志》的续志）的评论中，我曾经提出，如果多数地方的续志中，都注意加以揭出此类数据，对研究全国气候变化的总趋势，可能是大有裨益的。又如关于奉贤经济发展中，不但注意了与前志所记下限年份的对照，还特别设立了《位次》一节（第 393 页），列出其在全国百强县（市）、二百强县（市）、中国农村综合实力的位次，以及在上海所排的位次及变化。不但有纵向之比，可以看出历史的进步；同时也有横向的比较，让人能看出其与他处进步速度之比，也可以看出自身不同时段前进步伐的大小（招商引资中如果也来一个横向比，排一个在上海各县中的位次，甚至在全国大城市城郊区县中的位次，就更好了）。

　　一些共性的篇目，各志都是不能少的。基于全国是统一的，许多大的步调都是一致的，故各部志书都有不少共性的内容。但对共性内容的安排或区分、资料挖掘的深度和角度，甚至命题上也能分出优劣来。如全国都实行改革开放，对这一问题的记述是各有高招。本志的《经济体制改革》采取的是大集中，小分散的写法，这就能较好地反映出改革的广度和深度。又如中国共产党地方组织、人民政府两卷，对各自实绩的记述，一个用《重要决策》；一个用《县政府重要实施纪要》。从命题上就搭配得很好，体现了两者的领导与被领导的关系，一个是决策的，一个是实施的。"人民生活"是任何一部志书都少不了要记述的。本志在做法上也有其特点：一是提高档次，从一般志书通行的章的位次提高到卷的位次，体现了"以人为本"的基本思想。二是记述内容丰富深刻。全卷分列了3章之外，还另列了4个极为少见的调查《附记》。在前两章中就完全概括了其他志书"人民生活"章的全部内容，而且写得比其他志书都细致、深刻。至今为止，笔者所见的大多数新志书的"人民生活"，都只记了人们的经济收支的人均数及日常生活状况。在日常生活领域，只有衣食住行，另加很少的一点文化娱乐的内容。关于人们的经济收支情况，在前一轮所修的志书中，很普遍的一个欠缺，就是人们的收支都只有人一个城镇居民和农村人口的人均数，没有区域和层次的分析。在社会贫富差距逐渐拉大，已经进入"做蛋糕"与"分蛋糕"并重的时代，仅开列一个人均数是远不够的，其中包含了很重的虚假成分。本志中在人们的收支情况中，不仅有不同人群（农民、职工）的收支平均数，而且还专附了一个《城乡居民收支差异调查》，不但有城、乡居民的收支差异，这两类居民中，又分别列有城镇和农村高、低收入户，及消费水平和质量上的差距和比例（甚至有新、旧城市居民的收支层次）。这些与《民政》卷中所载的农村低保户数，住房贫困需由政府出钱维修、翻建者的户数，城镇困难户数和人数。这些数据，都是有社会责任感的官员，应当时时放在心头，作为他们决策和行事的依据。

关于日常生活领域，除了记人们的衣、食、住、行之外，还专写了《学生消费支出》和《农民大病住院支出》两节。人们的文化生活中，除《生活时尚》章记述人们精神生活丰富和质量提高之外，还将《民间集藏》提出列为专章，以5节、1.3万余字版面的图文篇幅，加以记述。此外还有反映城市社区和城市外来农民工生活的两个专题调查。可以说，许多内容都是在新志书中独见或首见的。

其四，是深谙续志之义，"补遗"形式的创新。续志是在前志基础上的接续修志，有两种方式可以采行。笔者曾将这两种方式区分为是"修'续志'"，还是"续'修志'"。"修'续志'"，就是修成前志断限之后的断代续志；"续'修志'"，就是熔铸前志内容，接续其下限后的内容，修成新的通志。无论何种方式的续修，续、补、纠、创都是其题中应有之义。奉贤修的是一部断代续志，其所以获得成功，原因是编纂者们深谙了续志之义，在续、补、纠、创上都是做得相当到位而恰当的。

本书凡例规定"上限为1985年，衔接前志下限"，故关于这个"续"字毋庸多说。关键是对后三个字的运用上。其"纠"，采用的是集中的做法，在《附录》中列有《前志勘误》表1份，以误、正对照的方式，共纠正已经发现前志的错误32处。本书之所"补"者有声明了的，也有未声明的。声明了的采用集中和分散两种做法。集中的有两处：一是"鉴于奉贤尚无专门地名志书和前志宗教内容过于简略，特设《地名》卷和《宗教》卷"（《凡例》语）；二是在《附录》中设有《前志拾遗》一目，补记了《五七干校》、《知识青年上山下乡》、《韩琨事件始末》三件大事。其余则分散在行文之中加以补入，如第50页《野生中草药》中的，"1985年前，尚有铁扫帚、白花蛇舌草、仙鹤草、葱白、桑叶、土大黄、马蹄金、臭梧桐、杜瓜籽等未入前志"。还有如《城乡基本建设》卷第七章第八节中的《古树名木》等。

在对前一轮所修志书进行评估时，方志界几乎众口一词都说道，多数志书部门志的痕迹过于浓重，不属于部门专管的一些社会问题则未予注意加以记述。本志则在《人民生活》卷中，纳入了4个社会调查资料：《城乡居民收支差异调查》、《社区生活》调查、《外来农民工生活》调查和《奉贤县南桥地区部分学生补课和特色费用情况表》。农民进城务工，随着改革开放的开展，早在1985年前已经出现，在奉贤也同样出现了"农民工"的这一群体。在前志中虽在相关的章节内偶有点及，但并未把它当作一个社会群体来加以记述。在本续志中则不但多处加以了较多的记述，而且专门摄入了这个群体的专门调查报告。虽然记述的也是1985年以后的情况，在记述内容上属于"续"而不属于"补"，但在事类上则带有"补遗"的性质。其余的几个社会调查资料的纳入，也具有同样的意义。

本志中的优长还可以举出许多，不能一一道及。

（二）

向我推荐此书的朋友，特别告诫我，如果要对此书进行评介，可千万别犯志界的流行病，即在评论文章中，动辄轻易地加以"佳作"、"良志"的称号，只说长不道短，要注意两点论。我十分赞成她的见解，故在我以往所写的志书评论中，都是尽量做到既说长又道短的，成了我自定的公式。

要对奉贤这部续志道其短缺，难度确实不小。为了不违自定的这条原则，只好在"但"字后面来做文章，在鸡蛋里面试挑一些碎骨了（有些根本算不上是骨头，只是提出一些可以讨论的问题）。也分几点来讲：

一是关于归类方面的问题。前面已经讲到的，本书的《中国共产党地方组织》和《地方人民政府》两卷中，对党务和政务分设为《重要决策》和《县政府重要施政纪要》，恰当地体现了一个是决策的，一个是施行的，这样设目很得体。但在具体写法上却还有可议者。仅从篇幅上来看，"中共"卷占45页，政府卷却仅占23页。做任何一件事，决策都是高层次的，固然重要，但具体实施起来难度要大得多，更应加以重视，应当以较多的编幅写细、写实、写具体。现在这样的篇幅安排，似有值得考虑的地方。细读其内容就可发现，具体内容的分割上，也有不尽合理之处。党的决策部分，把一些属于实施的内容也未尽恰当地放在这里来写了。如第208页《地方志编纂》一节，放在党的工作里来写既有违实际，也不符有关的政策法令。近二三十年来，全国性的地方志编纂工作，实行的都是"党委领导，政府主持"的格局，我想奉贤也不会例外。2006年5月18日温家宝总理签发的《中华人民共和国国务院令》公布的《地方志工作条例》，是国家的正式法规。其中明确规定："县级以上地方人民政府负责地方志工作的机构，主管本行政区域的地方志工作"。也就是说地方志是由政府主持实施的。如果以"党委领导"为由来理解，全国有哪一项工作不是党委领，难道都可以放在这一卷来写？显然不可以。顺便说一句，《地方人民代表大会》、《地方人民政府》，两个卷目内的"地方"两字，似都应当删除为宜。如若视此加上"地方"为宜，其余的民主党派、司法、军事、民政、人事、经济发展、经济结构、经济体制改革、经济行政管理、财政、税务也都应当加上。类似的归类上可以商榷的地方还有。如果说《海塘工程》从《水利建设》中分出来是采用"升格"处理，尚可说得通的话，那么第115页的《古树名木》一节，放在《绿化建设》章下就难找理由了（似置于植物资源中更好些）。如果硬要说属于"绿化建设"的话，那是自然的建设，是古人的建设，与本章"绿化建设"的含义不符。又如第52

页"蛇虫类"的动物中，如果说所开列的多数都可称为"资源"的话，也还有些如蝗虫、瓢虫、稻象甲等若干种，起码时至今日，人们还不知道它们的利用价值所在，将它们归入"资源"之中，是否为时尚早？

二是体例统一方面的问题。志书内记述事物顺序的排列，都应当有一定之规，避免随意性，尤其是较敏感的问题更应当加以注意。譬如本书的《民主党派　工商联　人民团体》卷内，读来就让我有一点随意性的感觉。这卷第一章中节序排列，民革排第一，民盟排第二，民建排第三，农工党排第四，致公党排第五，九三学社排第六。这样排法是否有懈可击？就各民主党派在县内出现的时间顺序是：民盟在前（1989 年 9 月 15 日），以下依次是九三学社（1989 年 12 月 27 日），致公党（1995 年 5 月 22 日），民建（1998 年 3 月 28 日），农工党（2000 年 9 月 11 日）。在各民主党派于县内出现之前，县工商联早已存在，1984 年 12 月，就举行了其第四届代表大会。以至 2001 年底时的成员数来看：民盟 71 人，九三学社 50 人，民建 15 人，致公党 14 人，农工党 9 人，民革 8 人。从所写的内容文字量（也可看作其工作内容）来看：工商联一节的字数数倍于其他各民主党派，民盟的文字两倍于民革。现在为什么要把民革放在前面第一节？我意民主党派，无分大小，地位一律平等。现在这样的次序排法缺少依据。

三是具体记述和资料辑纳方面。本志书除了重要的彩照集中于卷首之外，还纳入大量黑白照片和图形随文插入，既使图、照、文紧密结合，增强表现力度，又美化了版面，如第 296 页中的产业结构图的插入，就十分清晰，十分得当。但现在的做法，似也还有些许可议者。如第 167 页，县的 5 任书记与首任区委书记，有大头像的出现；第 232 页有五位县长的大头像，却无首任区长的头像。与之相平列的四大领导班子中的历任人大主任和政协主席也应当有而没有。又如动植资源的名录中，都只列有地方"土名"，没有运用二名法标示。换了一个地方的人就可能读不懂。实在一时做不到全部运用二名法，哪怕先在珍稀物种的名目中加以注出也是好的。

四是全书框架结构方面。现在，《江海遗址考古发现》、《前志拾遗》、《前志勘误》都置于《附录》之中，无形中就降低了其档次。"勘误"、"拾遗"，本是续志中应有之义，似以入于正文为宜。《江海遗址考古发现》，连同前面的 4 个专记，也应进入卷次之中。附录中的《前志摘要》，放在志首部分是不是更好些？也是可以讨论的问题。《区情要览》，实际是本志的"志后纪要"放在附录是恰如其分的，但这样的标目却语意不清，令人不明所云。《编后记》理当置于全书之末，但这个"编后记"写得缺乏起码的深度，只有一些豆腐账。如果再下些工夫，写出一些思想和理论深度来，与前面的序言相呼应，就更好了。

提出以上这些很零碎的问题，仅供讨论。如果太过笑话，敬请指出。

中国奥运年 2 月 29 日于北京天通西苑五桐斋

（原载《中国地方志》2008 年第 4 期）

（《奉贤县续志》，丁惠义主编，方志出版社 2007 年版）

24. 值得肯定的探索精神

——《马鞍山市》试评

一　安徽省志办的做法是明智之举

在全国第二轮修志的关键时刻，安徽省地方志办公室深谙"磨刀不误砍柴工"之道，敢于拿出极其宝贵的时间，组织人力开展对全省 10 部志书的评论（包括首、二轮志书），实是难得的明智之举。他们的用意十分明确，就是"为总结全省首轮志书的编纂经验，检阅目前二轮已出版志书编纂质量，推进全省志书的编修工作，保证二轮市、县（市区）志书编纂质量，为三轮志书编纂奠定基础"。这确实是一种有历史责任感的具远见卓识的做法。

历来志书续修，都离不开对前志的分析、总结。古人在这方面提供了许多好的典型例子。宋代马光祖修，周应合纂成的《景定建康志》，是一部名志。它就是在乾道、庆元两部旧志，以及《六朝事迹》、《建康实录》等四部志书的基础上续修的。在正式续志之先，修纂者认真分析了前四部志书得出的看法是："乾道、庆元二志互有详略，而《六朝事迹》、《建康实录》参之二志又多不合，当会为一书。前志之缺者补之，舛者正之；庆元以后未书者续之，方为全书。况前志散漫而无统，无地图以考疆域，无年表以考时世，古今人物不可泯者，行事之可戒者，诗文之可发扬者，求之皆缺如也。"（周应合《景定建康修志本末》，转见张国淦《中国古方志考》第 146 页）清同治八年（1869），李世椿修，郑献甫纂成广西《象州志》一书。这是在乾隆志的基础上而修的。在分析旧志后而多所改进，全书分纪地、纪官、纪人、纪政四纲。鉴于乾隆旧志"职官无表，科举亦无表，尊卑顺序前后倒置，竟似县役花名卯册"，"疆域有总图，各里无分图，所列村圩、山水、关梁，各条名目虽具，脉络不清"，故本志中增入了秩官表和科举表，使历朝职官中举者一目了然；增设了各里图，使各里之方位、四邻及山水、路桥、坝、村寨、圩市、寺观、塘、司的位置一目了然。于秩官表前有一段无题文字，简述唐至清本州职官之设置、旧志纪官之不足和本志职官表收录之原则；于科举表前之一段无题文字，简述了唐至清的科举制度和本表的编列原则；均围绕本纲内容，或作概述，或作说明，亦偶有议论者。诸图之后设有图说，简述总图和各里图之主要内容，各里与民生有关之地情，如江河通航情况及灌溉之利便等。（均转见《广西地方志》2004 年第 1 期《广西名人郑献甫同治〈象州志〉研究专辑》）光绪九年，直隶总督李鸿章修，黄彭年纂《畿辅通志》300 卷、首 1卷，这是在康熙志和雍正志之后而修的。被志林称之为"畿辅有志以来之所仅见，在各省通志中，亦且推为巨擘也。"据其卷末的叙录所言，也是在分析其前的志书而后纂成的。在修纂之先，他们从分析中，就明了"康熙旧志，数月成书；雍正志所增，仍多缺漏"，所以他们的做法很有针对性：故今为增目，如漕运、海防诸表之类；旧志杂采文史，臆增牵附者为之订正，如人物中的仓颉、廉范为渔阳太守之类；旧志引书不尽原文，义乖阙如，语多失实，则为之刊削，如名宦不纪实政，但空加赞词之类；旧志沿袭旧制，如图不开方，本末未详，名实未副者，为之综核，如州县有图，水道详源流，艺文列载书目等。"（转见瞿宣颖《方志考稿》，民国十九年十二月版第一编第 1 页）民国二十三年刘爽编著的《吉林新志》，体例、篇目都很新颖，取材广泛，尤以人文内容丰富，颇具特色。他在修纂之前也特别注意分析、总结此前相关之志书。认为："《吉林通志》体例旧而卷帙浩繁，非短时间所能卒读，且其叙事止于光绪十七年。魏氏声和《吉林地理纪要》，偏于旧闻而略于今事。林传甲《大中华吉林地理志》，体例适而文失于略。吾师白眉初《中华民国省区全书吉林篇》，体例适而略于民众生活。"于是决计"自行编述"。（转见邸富生《中国方志学史》，大连海运学院出版社 1990 年 4 月版第 182 页）

早在第一轮志书将全面告竣之时，中国地方志指导小组就曾向全国行文，要求各地要集中力量，对第一轮修志进行总结，为第二轮修志作好准备。1998 年 1 月，地方志指导小组二届五次会议，确定 1998 年工作要点中就指出："当前，各省、自治区、直辖市地方志办公室，要认真组织已经完成本届修志任务的单位，对已出志书进行全面的总结，分析其成败得失和经验教训，并提出今后改进的意见和建议。各级地方志主编、总纂，要亲自动手，撰写有关总结和续修理论探讨的文章……中国地方志指导小组办公室要组织召开小型座谈会，对总结上一届修志和续修下一届志书的问题进行研究。"以后的历次会议中都强调了这一点。各地也有不少的修志实际工作者，做了这方面的工作，出现了不少有心得、有体会、有真知卓见的有分量的总结文章。

时为《中国地方志》主编的在下，十分赞成领导上的这一正确的决策，不但在刊物中加重了这方面内容的分量，加以大力倡导，而且自己也注意着手试着来做这方面的准备工作。后来出版的《中国方志五十年史事录》，就是本此用意而编成的。对于指导小组的这一要求，各级地方志机构地也做了一些工作，可惜并不普遍。不但全国性的总结，没有单位认真牵头组织，就是以省为单位组织较系统总结的也仅有可数的几家。这当中有的省是做得比较认真的。如河北省，不但注意了对本省已出版志书的分析，而且还注意收集和介绍全国所修志书中好的经验，并将一些志书中若干特别好的节、目，选作范文，向全省加以通报。全国第二轮修志起动之后，一些方志专家和相关的人士，也都特别强调了要把分析本地的前一部志书和总结第一轮修志工作的经验，作为开展续志工作的第一步，在这样的基础上来考虑新一轮志书的结构、篇目、写法，等等。

1999年10月，安徽省全省三级志书编纂出版完成之后，以及新一轮修志开始之时，也以不同的方式，开展了对第一轮修志和志书的总结。而今，在这个全省志书续修的关键时刻，又不惜花大力气，邀请省内外一些专家，来对本省的10部不同类型的志书，进行评论。不但着眼于服务目前正在进行的第二轮志书的编纂，而且还考虑到"为三轮修志编纂奠定理论基础"。这是到目前为止，安徽省在做法上有别于其他省份的地方。我认为更加难能可贵，更加值得肯定和提倡。

二　《马鞍山市志》的探索精神

此次安徽省选出10部各种类型的志书，邀请省内外专家进行评论，颇有集思广益，解剖若干典型以概一般之意。在一时难以做到对全省第一轮修志进行全面总结的情况下，这样的做法也是可行的。在下忝于被邀之列，倍感荣幸，也乐于敬陪末座。我觉得，此次对自己分得的这部志书进行评论，与过去写志书的评论文章应有不同的侧重点。过去在一部志书出版之后所写的志评，重点在于对所评之书，向社会进行推介，肯定成绩，宣传的成分要多一些。而此次对选出之书进行评论，重点不是在于推介、宣传，而是要结合它连同同类型的志书，对前一轮修志经验、教训的总结。在此我也将本此意进行，无论是述说成功或不足，都不仅局限于所评这一本书，试图扩大一些视野。

此次我分到的是与陆克亮先生以及淮南市志办的先生们，一起来对《马鞍山市志》进行评论。事前我们之间没有进行沟通，所讲的如果与他们意见不一致的地方，请以他们的高见为准，在下的意见，仅供参考。

《马鞍山市志》始编于 1982 年 4 月，成书出版于 1992 年 9 月，花了修纂者们整整 10 年的心血。至本志出版时，安徽省以及全国已经出版志书是多少，对此笔者无法说详。但我手头有一份至 1994 年 6 月 30 日以前全国已出志书的数字。从这份数字中可以看出，本志无论从其修纂时间还是出版时段来说，都还处在第一轮修志的早期阶段。这一阶段修成出版的志书，一个带共性的特点，就是具有明显的探索性。在修志工作一度短暂中断之后，尤其是在中国的社制度经过根本的变革，地情面貌发生重大变化的前提下，加之成熟的修志人才奇缺的情况下，如何编纂出一种社会主义的新型志书，大家都只能在摸索之中进行，需要的是一种勇于探索的态度和精神。值得注意的是，《马鞍山市志》的编纂者们，在这方面所表现出更为勇敢和大胆，因而使自己编出的志书，带有早期志书的这一特点，较之其他地方的志书更为明显。这是十分难能可贵的。

而今的马鞍山市所辖的地区，地理条件优越，地下矿藏丰富，尤其在冶铁方面具有较长的历史。但长期以来，并没有形成规模，在推动这一地区经济发展上的作用并不十分明显。马鞍山长期以来，都只是原当涂县属下的一个只有几十户人家的小村庄，直到 20 世纪的 50 年代中期以后，才迅速崛起成为一个新兴的钢铁工业城市。从设市（1956 年 10 月）到志书下限（1987 年底）时，还只有 31 年的时间。该市的人文历史、地理位置、资源构成和产业特点都十分鲜明、突出。志书在探讨一般志书编纂的同时，尤其是对产业特点十分明显的新兴工业城市志书的编纂方面，进行了不少探索性的做法，而且，在不少方面所取得的成果，我认为对其他地方志书的编纂是借有鉴意义的。

首先是在编目上，将钢铁工业从工业中独立出来，升格为"编"，这就抓住了马鞍山市最根本的特点。因为这个市辖区域内的铁矿藏十分丰富，冶铁历史悠久。早在秦汉时期，这一带便以盛产铁而著称。三国时期，这里就有了冶铁以铸兵器的记载。往后这一产业在这里一直延绵不断。到了民国时期，不但有官、商公司纷纷开采铁矿，而且开始有小型熔矿炉的出现，可以说是中国钢铁工业的重要源头之一。这在当时中国境内是少有的。全国解放以后，正式建立钢铁厂，后又建立钢铁公司，很快就发展成为华东地区最大的钢铁基地，全国七大铁矿区之一。1960 年跨入全国重点钢铁企业的行列。到志书下限的 1987 年底，其钢产量、生铁产量、工业总产值以及销售收入等，在全国十大钢铁企业中，都仅次于重钢和太钢，位居全国第三；钢铁工业的产值占到全市生产总值的 62.12%，其他工业也是在钢铁工业的带动下兴起来的。可谓马鞍山是因钢铁而兴地，因钢铁而立市。

为了反映地方特点或特有事物，采取突破事物的统辖系统，实行升格处理的做法，在方志编纂中古已有之。最明显的例子就是南宋范成大编纂的《吴郡志》中，将"虎丘"独立成卷，与"山"平列。往后的方志中，这样做法者也时而偶有之。在我们的第一轮修志中，专家们对此种做法也给予了介绍。开始时，由于一些人对地方特点的片面理解，以为地方特点就是指地方具体的特有事物。为了突出地方特点，一时间曾经出现了一阵小小的"升格风"，把一些不应当升格的事物也加以了升格，在评论中被视为不是好的做法，这些批评是对的。但《马鞍山市志》中将钢铁工业升格则不属于这种情况，它的做法是恰如其分的，合理的，值得肯定。

其次，在记述范围上，实行"以现行市区为主"（见本志《凡例》）。当时实行市管县的市志编修中，在志界曾经为是写成"大"市志，还是写成"小"市志而产生了热烈的争论。他们毅然地采用了"详市略县"的方案，将其所辖的当涂县仅置于《县区纪略》的一章。在实行市管县的地方，所管的县已经独立修了县志，其市志实行详市略县，实是理之当然。

最后，全志中加重了关于"江"的记述。其编下的节、目中，《水文》章内 4 节，其中的 3 节都与"江"有关；在《市政建设》编内，又专门设了《江河堤防》一章。这与长江的这一段对马鞍山市影响至大有关，它与黄河沿岸地方的一些省、市、县志中，专设"河政"、"河防"的专目一样，都是合理的。

除了编目上的努力探索之外，这部志书在资料的摄取和表现手法方面，也作了相应的努力，也取得了一些可为人借鉴的好做法。譬如在志首彩照的选择上，一反当时出版的一些志书中大多以党和政府的高大门楼为先导的做法。本书则大胆地摒弃了这种令人生厌的做法，而是以相关领导关怀马钢建设和马钢建筑和设施场景为主。全书所有的39幅彩照中，关于马钢的占了16幅，可谓重点突出。大事记的现代以前部分，突破了传统的"国之大事，在祀与戎"的局限，不像有些志书的这个部分，把重点仅放在建置沿革、战事、灾害和名人往来上，而是加重了经济方面（主要是矿藏开发、公司出现及演变）的内容，体现了城市发展中的特点。抗日战争时期的内容也写得较细，有新四军，还有日、蒋、汪几方面的活动，体现了抗战时期这个地区斗争复杂的局面。民国三十六年九月条，记物价一日四涨很具体，很有资料价值。在专志的编写中，"按'事以类聚，类为一志'的原则，不受行政管理系统的限制，相同事物不论其隶属何部门，一般均编入同一编、章"（《凡例》）。这是值得称道的力避把一部综合志书写成部门志凑合的做法。（在总结前一轮所修出的志书时，不少专家都指出这一轮志书，一个共性的缺点，是部门志痕迹过于浓重）在人物编中，立传人物的选择上，冶炼工程技术人员也占多数，有在旧中国兴办钢铁工业方面的实业家、新中国成立后兴办马钢的领导干部、冶金方面的工程技术人员、技术革新能手、冶炼战线上的劳动模范等，数量上占了入传人数的一半以上。在人物传略的具体写法上，做到了直书事实和表现，极少空洞的考评类的评价语言。

在志书序言的安排上，只有曾任市长、志下限时的市委副书记周德玉的序文一篇。不像当时和后来有的志书那样，市（县）的书记来一篇，市（县）长来一篇，与当地有关的老同志或社会名流来一篇，有的还要加上志书的编纂者们的一篇。序言一多，弄得各序之间分不开，扯不清。或者言不及义，隔靴搔痒，离题万里，不知所云；或者都是大体雷同的贺词、赞语，甚是无谓。

全志通篇文字都比较简明、严谨，几乎没有什么多余的话。校对也很细慎。笔者发现，除了第 21 页中"亩"和"公亩"，同时出现，未换算统一，以及第 995 页中，提到部队"休整"，错成"修整"外，再未发现更多的"硬伤"。

个人认为，这些都是《马鞍山市志》值得肯定的地方。

三　可以从中提出探讨的一些问题

还是先从编目上讲起。翻开《马鞍山市志》的志首部分，从其编目中可以看出，这个编目有 6 个值得注意之点：一是将钢铁工业从工业中独立出来，升格为与工业平列的一编；二是在市管县的体制下，志书实行详市略县，将其所管的当涂县只作为《县区纪略》中的一章；三是在编目中，没有人民生活和民情风俗、地区方言等内容的位置；四是没有艺文编；五是未列经济综述编（现有的综合经济管理不能代替经济总体情况）；六是在章、节中有较多关于"江"的节目。对于这样一个编目，人们可能会有各自不同的评价。不过在笔者看来，只可以说是得失参半。其中的一、二、六项，处理得恰如其分，能较充分地反映地情特点，是其成功之处，已如前述；其余三项则似是不应有的缺失。

我的想法是这样的：地方志记地情。地情中最活跃的因素是人（包括群体和个体的人）。因此，志书的记述中理应包括活动于其内的人的民情，也就是活动于其内的人的生活状况及情性风俗、语言习惯等。或许有人会说，一个只有 30 年历史的新兴的重工业城市，其成员来自四面八方，难以形成统一的风俗。这种说法恐怕难以成立。试看天津市在它兴起之时，开始集合起来的人群，也大多都是防戍的卫、所军人及其眷属，人员也是来自四面八方，可谓是五方杂处。但这些外来的人们很快便与当地居民融为一体，形成了既有当地传统的民俗，又加上了外来风俗成分的独特的民风民俗。新修的天津核心区的《南开区志》，就专设了一编《厢风卫俗》，写得津味十足，活脱脱地把天津的人文历史和城风民俗集中体现了出来，受到志界的好评。至于人民生活的状况，更是任何一部志书都不应当缺少的。

经济综合编（有的称经济综述），是前一轮修志中新创的一个篇目。它的任务是给人一个该地经济的概貌，解决各经济门类都是一个个独立的马铃薯而无所统摄的缺陷，使读者明了该地的经济总貌、各经济门类之间的相互关系及起伏消长的变化情况。笔者在写本文时，为了查阅一下其钢铁工业在不同时期的发展及其与其他经济门类的关系，具体说就是想找出钢铁工业如何带动了其他工类门类的发展变动情况。因为缺少了这一编的内容，结果就无从找到，颇为失望。至于艺文编，是志书一个传统的篇目，是一地人文历史的结晶。现在的本志中，虽然在附录里，设了《诗文辑录》一项，这与艺文编应记述的内容并不是一回事。出现编目设置上这样一种长短参半的现象，这在初期志书探索中是很自然的，不必专责于《马鞍山市志》一家。但作为经验教训加以总结而提出来讨论，似乎并不是多余的。

其次再来讨论各种体裁的运用和和写法上的一些问题。

一、关于图体的运用。按照大家比较认同的看法，中国方志来源于古代的图经，或者说图经曾是中国方志经历过的一个发展阶段。在图经阶段，是"图则作绘之名，经则载言之别"（李宗谔《祥符州县图经序》语），说明了志书中文字记述与图相互配合的关系。本志书中亦注意到此点，而且载有一些较为珍贵的历史对照图，如《水文》章内的明嘉靖年间、乾隆二十三年、民国二十三年、1984 年等的长江河段示意图，都颇为珍贵。但也还存在一些问题。就地图而言，一是数量偏少，书前的彩色地图只有政区图和城区图两幅。在这里最起码的全市地形图、交通图、资源分布图等都没有。被冠以地形图名称的有一幅，是黑白的，插于《地貌》章内（第 80 页），但效果很差。虽标注了山、河、江、湖等要素，但看不出各地高低的比差情况，实际还是一幅平面图，与地形图名实不符，位置也不如置于志首为当。如果像同时期出版的其他志书一样，制成彩图置之于志首，效果就会好得多。如果在志首另设一幅资源分布图和一幅 1956 年和志书下限 1987 年的市区面貌对照图，可能就更好。现在的《自然资源》章内讲到各种矿藏和矿产资源以及土地资源的土壤分布等，用了不少的文字叙述，但读来还是难免让人一头露水。这样两幅图之设，未必就能一定起到"一图胜千言"的效果，但起码有一个明确的地理概念，可省掉行文中大量的叙述文字。二是在政区这幅首图中，要素不全，缺少一个马鞍山在安徽省乃至在全国什么位置的示意图。三是在行文中，能与文字配合的纪实性的图、照完全没有，较之同期出版的一些好的志书明显存在差距。

其次是关于写法上的问题。

一是全书从头到尾都是平铺直叙，朴则朴实矣，但缺少了可读性。

二是全书的《总述》采取浓缩式的写法，只将各部类的内容都拈来一点加以凑合，显得思想深度不够，尤其对这个城市未来发展前景缺乏起码的评估（或曰预测）。虽于本总述之末有"一个开放型、多功能、经济繁荣、科技发达、环境优美、民风高尚，具有良好的经济效益、社会效益、生态效益的现代化城市必将展现在人们面前"这样一个长句，但只是一个程式化的口号，并不是对城市发展前景的真正评估。

马鞍山是一个工业型的新兴城市，但这个城市之所以兴，完全是植根于此地蕴藏丰富铁矿之上的，属于地下资源型的城市。矿藏资源属非再生资源，一个地方矿藏资源再丰富，它也是有限量的，总有它竭尽之时。君不见，中外地下资源型城市"弹尽粮绝"的呼声已时有所闻。德国有名的鲁尔地区，由于地下矿藏丰富，曾是德国工业化的起步之地，它创造的产值，曾一度占到德国国内生产总值的三分之一，钢铁产量占到全国70%，煤炭产量的比重达80%，无疑是德国的一处宝地，是德国的经济支柱地区。但自上世纪60年代开始，随着煤炭产量逐年下降，成本上升，一些煤矿逐步关闭，钢铁工厂纷纷外迁，失业人口大量增加，环境质量下降，生态恶化，曾面临着严重危机。德国政府不得不下大力气为这个地区的未来发展另找出路。我国这一类"成也资源，败也资源"的城市也不在少数。曾闻名全国于一时的玉门市，到上世纪80年代末至90年代初，由于石油资源的日渐枯竭，而出现了"管理局下山了，政府下迁了，有钱人买房向东了，没钱人死守空城了"，一座现代化的石油城，变得萧条起来。甘肃的白银市，曾有"中国铜城"之称，从1964年建成投产后，曾经连续18年铜产量居全国第一。同样到上世纪之末，面临资源危机。曾有"镍都"之称的甘肃金昌市，以及辽宁的阜新市、云南的东川市等，都面临着同样的问题。东川已经撤销地级市而改为昆明市的一个区。（参见2008年4月28日《北京科技报》）

马鞍山市与上述这些城市同属于地下资源型的城市，这些城市的命运遭遇会不会有朝一日也降临到马鞍山市的头上？是马鞍山人不得不考虑的问题。笔者在前面提到，要想了解一下钢铁工业带动其他产业的情况，其他产业的跟进情况，就是想看一看马鞍山一旦出现铁矿资源紧张之时，其他的产业能不能把这个工业城顶起来，继续发展下去，想一想其长远发展的前途问题。现在作为记述马鞍山地情的志书，缺少了这方面的考虑，不能不说是一个大的缺陷，这个缺陷的存在，就使志书的功能受到了局限。

对此，在前一轮的修志中，不少地方都开始注意到了，并提出了地方志要反映忧患意识的见解。在这方面最先明确提出来的是山西省《阳城县志》主编刘伯伦先生。他于 1993 年的一篇文章中最先提出："与其危机在后，孰若警钟在前？只有正视危机，才是克服危机的正确途径"，"只有具备忧患意识的知识分子，才配做方志工作者；只有深谋远虑、高瞻远瞩之人，才配作志书的主编。"（其所著《方志新议》第 65 页）他所主编的《阳城县志》在这方面进行了大胆的探索。他把该志的《综说》写成了一个反映忧患意识的策论型的概述。在用一定的篇幅，述说阳城的地情优势的同时，也开列了阳城县目前面临的劣势："阳城十年九旱农业收成不稳；交通不便、电力不足，可利用的水资源低于全省平均水平，影响着经济的发展；日趋严重的环境污染，令人深为忧虑；人口素质不高，传统观念负荷较重，带来变革的艰难。"还有当地曾有一些当政者，只凭主观意愿（办事），不顾客观规律；只顾眼前不顾长远的短期行为等。面对所临的优劣之势及存在的隐忧，提出他们的策论主张：地处黄土高原之端的阳城，凭借富有的矿藏和森林资源，曾创造过灿烂的农业文明。但随着工业文明的兴起，地理环境的优势必然要为科学技术的优势所取代。"历史悠久而科技落后，资源丰富而人才奇缺，是当今阳城存在着的尖锐矛盾，故振兴阳城之策在于发展教育和科技。倘能变短期行为为长久之计，变靠吃资源老本为靠智力进取，变粗放经营为集约经营，变简单加工为精细加工，变单一生产为综合利用，阳城将具有极其光辉的前景。"

具有相类似思想及做法的当然不止一个阳城县，譬如《沁源县志》在初稿时也曾写了一篇《志策》，拟用以代替全书"概述"，这也是一篇很有见地的策论文章。但志书正式出版时，这篇《志策》没有纳入志书，未知何故。笔者认为很是可惜，故专门将其在《广西地方志》1997 年第 1 期加以介绍。

个人认为，现在的《马鞍山市志》的《总述》中，缺少了这么重要的内容，不能不说是一个遗憾。

三是人物编中，《人物传略》只从近代人物写起，而将《古代人物简

介》作为本编的附录，也值得商榷。市志写的是一部通志，各专志的断限
上，"上限依事物的发端和掌握的资料而定"（《凡例》），何以人物传上限
又断在从近代呢起？所附的"古代人物简介"，不就是你所掌握的资料吗？
这样做法就给人一个有例不依的感觉。

此外，在一些文字表述和基本常识方面，也还有一些不尽如人意之
处。如对地理位置的表述，采取先经后纬，违反了先纬后经的地理常识。
《大事记》中华民国十六年三月十七日条，出现"这是北伐军东征途中光
复南京前夕所进行的一次重要战斗"的句子。"光复"一词也是极不恰当
的。

这后一部分中提到的这些问题，本不应对一部探索中形成的志书如此
苛刻，但从总结经验的角度，又不得不提出来加以讨论，请该书的编者和
读者们谅之。

2009 年 4 月 24 日改定于北京昌平五桐斋

（《马鞍山市志》，李昌志主编，黄山书社 1992 年版）

25. 抓准地情民情特点，打造志书特色
——再读《洪洞县志》感想点滴谈

一

　　地方志书是记述地方情势之作。考察一部志书的质量，古往今来，人们提出了诸多的标准，有的甚至是以官方文件的形式加以规定。但在我看来，除了思想观点正确、体例得当这两个根本之条外，最重要的还要看它资料是否丰富，是否全面、系统、准确地反映了当地的实际地情。这个地情包括自然之情和人类活动之情。而对自然和人文之情的记述中，又重在看它是否抓住了地情中的特点。普天之下，地情之中带共性的东西是大量的。一部志书如果仅记述了这些共性的东西，虽然也是一部地志，但它只能是一部依样画葫芦的填充之作，必然千志一面，难以分出轩轾来。要做到出类拔萃，关键还在于突出一个"特"字，也就是要抓住自然和人文之情中与众不同的带特点的东西，并以特别的技法加以重点记述，这样才能显出志书的特点，或者说是个性来。

二

　　由于工作的关系，在社会主义第一轮（暂按通行的说法，实际应是第二轮，20世纪五六十年代的修志才是第一轮）修志中，我有幸参加了数十部志书的稿评会，有几部是使我至今难以忘怀的。2005年10月由山西电子出版社出版的山西《洪洞县志》便是其中的一部。这部志稿给我留下印象最深的，是它抓住地情、民情特点，打造志书特色的做法。

　　在审读《洪洞县志稿》时，我便觉得书稿比较准确地抓住了洪洞县地

情三个很突出的特点，对这些体现特点方面的事物记述得比较充分：一是因地理位置和地形的特殊性而形成优越的自然环境。正是凭借这种得天独厚的优越的自然条件，曾使这里在历史上创造出了较高的农业文明，故而其人文资源积淀相当丰厚。二是抗日战争时期的革命根据地。在这里，中国共产党领导当地人民进行了艰苦卓绝的斗争，尤其是共产党人以牺盟会的特殊形式，与国民党人建立的统一战线，推动了军民合力抗战。从这一个点上，可以看出在中华民族国脉不绝如缕的关键时刻，全民族的合力抵抗，较充分地体现了中华民族不屈不挠抵御外侮的民族性格。三是鲜明独特的地域文化。这里的大槐树，因明代的洪武、永乐间，朝廷曾于此置官设署，是山西十八次大规模向外移民的集散地，在华夏子孙心目中有"根"的象征意义。

尤其是对后两个特点，编纂者下工夫较深，写得是比较到位的，这可从与其他地方志书的比较中显现出来。

在前一轮志书完成若干年后的今天，来作一番总体的回顾，我们就会看到，成绩多多，有目共睹。但毋庸讳言，不足也还是存在的。仅就多数志书的记事而言，最明显的是两个方面的不足：一是清末及民国间资料普遍薄弱，反映不了中国历史在这个时段内的剧烈变化；二是进入现代以来，一些重大的历史事件记得不全、不到位，有的甚至出现重大的空缺。就我个人看来，对抗日战争、土地改革、"大跃进"、三年经济困难时期、"文化大革命"等的记述上，显得最为突出。如土地改革，这是中国两千年来土地制度的一次根本性的深刻变化，其中经历了多少流血和不流血的艰难曲折才得以完成的。但多数志书都记得十分简略，只有一个一成不变的公式：土改前土地占有的不合理，农民受残酷的剥削；共产党领导下公布文件，工作组进村，没收地主土地分给农民；土改后土地占有情况的变化。许多志书都只是在这个公式内，填上不同的数量和日期，做成了一份填充式的答卷。

对抗日战争，记述的欠缺更为明显，差距更大。早在十五年前纪念中国人民抗日战争胜利五十周年之际，笔者就曾写有较长的文章，先后刊载在《中国地方志》和《广西地方志》上。指出当时已经出版的新志书，不少的对抗日战争的记述存在严重的不足，主要表现有四种情况：一是日本侵略者的魔爪未曾到达的地方，一些志书把自己那里写成了全国抗战的世外桃源，没有一点时代气息，甚至连"九·一八"事变、"七·七"卢沟桥事变、"西安事变"以及 1945 年全国抗战胜利这样的大事，竟然在志书中没有点滴反映。二是日本侵略军所到之处，本是敌我双方刀光剑影拼死厮杀的场所，但对八路军、新四军在敌后开展的抗日游击战争，却写得零星分散，体现不出游击战争的战略地位。三是对正面战场，将政府军队写得一概腐败无能，一触即败，一溃千里。感情冷漠，左一个国民党军队，右一个国民党军，连一个"我军"、"中国军队"都取舍不得给。四是写沦陷区，对敌人的施暴写得淋漓尽致，是应该的，但对人民群众分散、自发的反抗斗争的事例则缺少发掘，将那里的人们写成了毫无反抗意识、任人宰割的羔羊。当时在文章中还特别写明，我个人的再次呼吁是为了要人们引起重视，"尤其希望有影响人物出来说话，以期引起更多人的重视，以免留下历史的遗憾"。或许因为人微言轻，并没有引起人们足够的重视，也没有哪一位身居其位的"有影响的人物"出来说话，故其后改观并不大，确实留下了历史的遗憾。在此要顺便说到的是，在目前正在进行的新一轮志书修纂中，仍很少有在这方面作"补遗"的。随着故老的日渐凋零，此时不抓紧时间补此之遗缺，下一代人就更难弥补了。

再回到本题上来。我说《洪洞县志》在这个问题上下工夫较深，写得比较到位的看法，是从对本志的实际考察，与其他地方的志书的比较中得出来的。

洪洞县与相邻的赵城县（今已合并入洪洞县），在抗日战争时期，是我党在山西创立的一个革命根据地。1936 年 3 月，中国工农红军东渡黄河，进入山西的洪（洞）、赵（城）地区的罗荣桓领导的红一军团，首先在这里重新组建中共河东工委、创建河东抗日游击队。继之，罗瑞卿、萧克、张国华、朱德、林彪、韦国清、左权、杨尚昆等，都在这里留下了革命的足迹。八路军总部也曾一度驻此。是我太岳抗日根据的重要组成部分。当时的革命根据地领导，坚决执行中国共产党中央的统一战线政策，充分地利用了牺盟会这种特殊的统一战线形式，将抗日活动开展得轰轰烈烈。在志书相关章节中抓住这个特点，既写了党开创这块根据地的艰难过程，更写了县人踊跃参加八路军，以及组成抗日游击队，协同八路军的正规部队和武工队，以各种形式粉碎日寇规模不等的各次扫荡和进攻，给敌人以重创。还注意了反映在统一战线中，那种曲折、复杂的斗争局面，体现了中国抗日战争的一个重要的特点。如在其《军事》卷《重大战事》章中，共记述大小战斗 20 次，就不但记述了八路军及游击队单独对日的多次战斗，也有与伪、顽及土匪队伍的战斗，还有国民革命军队伍里中下级军官及士兵激于民族义愤起而抗敌的战斗。尤其难得的是，还注意记述了人民群众不惜以鲜血和生命保护抗日军人和干部，或起而助战，或手无寸铁亦与敌寇拼搏的事例。

在这些战斗中，又特别加重笔墨，详述了抢运"赵城金藏"的那一次。因为这是一次十分特殊的战斗形式，是在太岳军区领导下，根据地党、政、军、民、学、爱国僧人共同参与的一次总体战，硬是从距日军据点仅有 2 公里之眼皮子底下，将堪称国宝、世界仅存的一部卷帙最多（4700 余卷）的善本汉文《大藏经》，抢运出来转移到安全地方，解放后才转入藏北京图书馆。如果说，敌人占领了土地，我们可以再夺回来，敌人毁坏了我们的建筑设施，我们可以重建的话，而这份国宝如果为敌人夺去，那么将是永远无法弥补的历史性的重大损失。现在这部《赵城金藏》已安全地置于国家图书馆，成为与《永乐大典》、《四库全书》、《敦煌遗书》并称为四大镇馆之宝。据国家图书馆前馆长任继愈先生说："《赵城金藏》是北宋'开宝藏'覆刻本，装帧、版式保有'开宝藏'的特点，在'开宝藏'散失殆尽的情况下，不论是在版本方面、校勘方面，它都有无可比拟的价值。"

仅以这部志书记述中所反映的史实，就从一个很小的点上，不但体现了中华民族永不屈服外来侵略、都要用斗争的手段捍卫自己民族尊严的坚强性格；也体现了毛泽东主席所指出的，游击战争在整个抗日战争中的战略地位。

为了反映第二个历史特点，志书在《人口》卷之后，专设了《大槐树移民》一个特卷。以 5 章、185 个页面的篇幅（在全书中所占的篇幅仅次于《人物》卷），详述了明代出现大规模移民的社会历史原因、大移民的经过（集中的次数和移民数量）、移民的去向及地理分布、大槐树移民的历史地位等，都下了较深的考证梳理功夫。尤其对响遍华夏大地、甚至流传海外的"问我祖先来何处？山西洪洞大槐树；祖先故居叫什么？大槐树下老鹳窝"这首民谣历史内涵的追寻，围绕"大槐树"三个字做足了文章。挖掘之深、之广，用力之勤，都在各卷之上。其收集资料之富，仅从

《大槐树移民姓氏》一目，就整理开列出 875 个姓氏；《大槐树移民家乘提要》一章，汇聚家（族）谱达 106 部之多，就可见一斑。讲到移民分布，涉及的族（家）谱更多。国内外各地对这个"根"的认同，则以历代以来，前来祭祖盛况的记述加以表现。最后还专门设有《洪洞大槐树移民文辑》、《咏大槐树移民诗歌辑》两章，俨然一部大槐树的艺文集，集中了人们先后的调查和研究成果。总的来看，这一卷可以说是一部既有知识性、学术性，又有很强可读性，具有很高水平的地域文化研究专著。

前一轮所修成出版的志书中，出现了许多记述地区专门文化（地域文化）这一类的卷、篇、章或专题，都受到志界的好评，被认为是精神文化入志的一种创新。本志中的《大槐树移民》卷，实际就是一种"根"的文化。这种"根"的文化，它与其他诸多的地域文化，有同又有不同。其相异之处就在于，它既是地域性的，又是全国性的，甚至影响及于海外。遍及世界的华裔子孙，那种强烈的向心力，"落叶归根"的意识，无不是这种"根"的影响。这个专卷，就文字篇幅而言，属于大型篇幅之列；就质量言，可与其他记有"专门文化"的若干部志同属上驷；就覆盖和影响面而言，则只有《运城地区志》的《关公文化》卷可以与之比肩。

80 年前，瞿宣颖在其《方志考稿》第五篇中，评价金世传修的雍正《洪洞县志》时说："今河北各县民，询其祖贯，多云自洪洞迁来，故洪洞移民为近代社会史一大案……（但这本雍正志）不能征询父老而详记之，为可惜矣"。这个历史的遗憾，直到我们这部志书才得以弥补，其功之伟，又岂可小觑哉！

以上所述，是仅就抓住地方特点，打造志书特色这一点而言。其实，本志其他方面的优长还有不少，如全书资料很是丰富（如《建置》的"村"，写了 474 个村名的由来及所辖自然村，不少古村名直追述至春秋战国时期）。《概述》写作手法比较特别，文字优美畅达。在编目上，有许多比别处志书显得高明之处，诸如将"气候"设为《气候资源》，就比不少志书仅设《气候》；第二卷第二章设为《矿藏资源》，比别处设为《矿产资源》；将"环境保护"放在"自然环境"中，比有些放在"城乡建设"中；将"水利"单独立卷，置于"基础设施"部类，比不少志书置于农业编中；"人民生活"置于"经济综述"中；"能源"从"工业"中分离出来，置于"工业"之前；专设有"艺文"卷；"民情风俗"中，专设有

"习性"一节，等等，略加琢磨就会发现，都比别处不少志书显得略胜一筹。

仅以中共卷的卷目设为"中国共产党洪洞县地方组织"，卷内专设《重大决策》一章，就比那些设为"中国共产党某某县委员会"，不设"决策"章的要科学得多。"县委员会"只是县委一级组织。这样设法，这就给自己设下了一个两难的选择：对于其下的基层组织（如乡、镇、街道、较大企事业单位等），如果不写，则党组织变得有头无足，事实上党的工作，大量是基层组织完成的；要写到这些，又为"县委会"的章题所不辖。一些地方的志书的中共卷内，只写了许多党内的部门工作，而不设党面对全社会的重大决策，实际就是忘记了建党是为了推动社会前进的根本目标，降低到为建党而建党了。

三

粗略而言，就可以举出如许的优长，是不是说这部志书已经做到十全十美了呢？当然不是，作为对县情无所不包的 220 余万言的一部大书，要求完美无缺，没有一点疵瑕也是不现实的。如果用高水平对它作严格审视，可以发现其中也还有不少瑕瑜互见的例子。

如志前的彩照部分，其中所选的根据地时期的 19 幅历史照片别具价值。但安排上，开头就是三大班子（少政协的）的门楼及其办公楼，给人一种未能脱俗之感。又如卷二第二章用了"矿产资源"，直到其第三节才正确用上"矿藏资源"，就是对错混用（只有已经开发、为当今人们服务者方可称为"矿产"；如果包含尚未开发者，只可统称为"矿藏"）。这一卷第八章中的"动、植物资源"中，只有中文一名法，而未能采用更科学的二名法。起码一些珍稀动、植物或有多个名称并存的物种，都是应当用上二名记述，才可防止混乱的。现在的"动物资源"中，列入了一些如蟑螂、瓢虫等也令人不解。且不说现在人们都视之为害虫，起码时至今日，人们还没有找到对它们的开发利用价值，怎么就成了"资源"了呢？将"人民生活"置于"经济综述"中是好的，但在记述中，只有城、乡居民收入的平均数，没有层次区分。在贫富分化已经日显突出的当时，不说是编纂者有意掩盖，起码也显得过于迟钝了。在《大槐树移民家乘提要》一节，所列布于全国 18 省的家乘，未注明今所属省（区），也给查阅者留下了查考的麻烦。如第 207 页编号 002 的"清源北营村王氏家谱"。历史上有山西的清源县，又有福建的清源县，需查了福建的清源县宋以后已废，才可确知此是山西的清源县。又如编号 012 的"茄园王氏族谱"，地名大辞典也查不到是何省何地的"茄园"。又如编号 025 的"怀州马营杜氏族谱"，注明是 1996 年续修的。笔者遍查今无怀州之称者，要通过《中国古今地名辞典》，才查得所指的原来是今的河南沁阳县。

一些技术性的疏漏也还有，如在《大槐树祭祖园碑记》中，录有碑文 15 方，只有民国九年以后的才有时间，其前的都没有。《文辑和诗歌》中所辑的诗文，也没有注明作者的时代。第 388 页《民国洪洞县治图》，没有资料出处，不知是旧图还是今人所绘。《概述》第 9 页的"政治部副主任罗瑞卿"，错成"政治部主任副罗瑞卿"，第 164 页还有"笔者"云云的出现。这些都是美中的不足，都是在下一轮修志中不可不注意改正的。

2010 年 1 月 8 日完稿于天通苑五桐斋

（以余思章之笔名刊发于《中国地方志》2010 年第 8 期）

（《洪洞县志》，张青主编，山西省电子音像出版社 2005 年版）

26. 续补创新，规正昭来

——读《邗江县志（1988—2000）》有感

　　一本厚逾 2 寸、重达 3 公斤、印制精美的《邗江县志（1988—2000）》（以下简称《邗志》）摆在案头。经友人介绍，这是全国和江苏省地方志指导和领导部门二轮修志试点单位的成果之一，也是其中出版较前的一部。我虽退休林下，观棋耕园十有余年，但多年工作经历中留下难舍难弃的地方志情结，还是促使我以浓厚的兴趣如饥似渴地来览读这部新志书。

　　粗读一过，觉得这部《邗志》果然出手不凡，没有辜负人们的期望。令人印象最深的是编纂者们的努力探索和大胆创新精神以及本志的垂范意义。

　　本志的探索创新，无论是从编目设置和表现技法上，都获得了较为值得重视的成果。打开志书目录，首先映入人们眼帘的就有一些其他地方的志书中未见或少见的编、章、节、目。"编"一级的如《历史文化遗产》、《精神文明创建》等。前者是笔者所见志书中仅见的一个编名，这正是抓住了邗江是历史文化名城——扬州附郭县的历史和地域特点，说明当今邗江的文化风貌渊源有自。至今所见到许多甚至是历史文化名城的志书，都没有设立专编去对文化加以寻本溯源的。后者则是当代人们精神思想入志的新篇。牙刷和衬衣，在当今人们的生活用品中只不过极其微小的部件，在产业中可能要排到第四个层次上才有它们的地位。本志却大胆地将此二者设为一个专编，突升三格。初看起来实在大违常规，但读其内容之后了解到，从它们在县的总产值中所占的地位（牙刷业年产值 16 亿元，几与全县农业总产值 17.17 亿元比肩；衬衣业年产值 11 亿元。此二业就占了工业总产值的近 1/6），就会觉得这样的升格不但是允许的，而且是应当的、必要的。经济体制改革和经济发展，是当代任何一部政区志书中都不可缺少的项目。但多数志书都是将所有体制方方面面改革写完之后，再另设编记述经济的发展。而本志的第七编则设为《经济改革与发展》，从而就将"经济体制改革"与改革带来的实效紧密地结合起来，做到了发展有源，改革有果，比前面那些的做法于理要顺当得多。又如将《水利》列为"编"纳入基础设施部类中，也一改了所见许多志书将水利纳入"农业"编内的陈旧做法。旧的做法只记住了"水是农业的命脉"，而没有正视水是整个社会一切行业的命脉。

章一级的新目就更多了，如第一编第二章的《治所变迁》，是笔者从所未见的专章。这一章之设，其义在于反映本县多时以来与扬州同城而治之后的变迁历史。类似这种历史渊源及变化情况的地方，全国不在少数。笔者就曾看到也是一个历史文化名城的附郭县，其先本是这个城市的母体，自上世纪 30 年代末设市之后，直到 50 年代中期，长时间与市同城而治。直至上世纪 50 年代中期县治才从市区迁出，而后曾一度迁回、又再次迁出，每到一处都花大力气建了自己的新县城。可是其所修的县志书中，仅在《县城》目下简单的几笔勾勒。相形之下，《邗志》就显得比之要高出一筹。又如一改许多志书中作为附录的《驻县单位》，升格为一章，也做得恰如其分。其《附录》中所附的《邗江人民革命斗争史略》、《邗江县插队知识青年专记》、《邗江区域史溯源》、《地域变迁考证文选》以及《前志勘误》等，也都是相当于章一级的地位。这些章目的出现，首先是抓住了续修志书中续、补、纠、创四字要义中的"补"和"纠"，而又突破了传统续志中仅有的零零碎碎的"补遗"、"续补"、"补注"、"再补"、"校补"、"补证"、"补正"、"攻错"、"证误"等名目，而是对重大史事揭纲列目加以大补。在人物传略中，补收断限前的人物 19 人，占全部所收人物 51 人的 1/3 以上。都是作为续志应尽之责，而且经过探索，另觅新路，尽责有法。

所有这些，都是对传统志规中"例以义立"的遵循与具体运用上的创变。

再从表现技法上来看，也创出了许多与他志不同的做法。

第一，图照的运用，做到了"非示观美而求其实用"。在图照的选用上，严格遵循艺术的观赏性服从于存史价值的取向。尤其是做到了大多数图照随文而行，使两者结合得更紧密。这是自上一轮修志起就为大多数人一直反复呼吁的，但能行者毕竟不多。

第二，典型企业和场所作为专节入于正文，做到了点与面、典型与一般自然结合，不像多数志书那样，放作附录，降低了典型的地位。

第三，人物编中，只设传略、表、录，对一些贡献突出的在世典型人物事迹，放在相关的章、节中去作专门介绍，是对以事系人的又一创新。在人物表中，对于那些辛劳在平凡岗位上的厨师、理发师、民间医生、各种工匠、演技人员、种田养殖能手等等的平头百姓，在旧志书中是不可能有地位的人，就是在许多新志书中也还注意不够的，本志不但设立《能工巧匠》的专表，使之与革命烈士、高级专业技术人员、乡贤（主要是官员、名企业家、专家学者）并列，而且对各人的"主要事迹"的记述，都远详于其他各表，充分体现了新志书的人民性。

第四，在志文的记述中，点面结合较为恰当，尽量做到既有全貌的概括，又收有大量的实例。譬如《人大代表建议与政协委员提案办理》、人民政府的《为民办实事》和《信访工作》等节，就写得相当到位。前两节中都列有专表，对重大案例和事项作了具体的说明。接待和处理人民群众的来信、来访，是党和政府联系群众的重要纽带。但笔者见到不少的志书中，往往只有接待和收到信函的数量、不同时段内各类内容所占比例等。本志则除了这些共性的内容之外，还列举了不少真名实姓所反映的具体问题和最后处理结果。

第五，从编目到具体行文中，经过细心打磨，大都做到了严谨、准确。在不少的章、节目中，虽仅只几个字的略为更改，无形中就纠正了不少志书中的一些常见病和多发症，有的甚至是带原则性的，故而使本书于正在进行的修志中，具有了昭来的垂范意义。不耻下顾鄙文的师友们，不妨信手翻一下手边的新志书，看一看它们的政党、政府、人大、共青团、工会、妇联等的编目，有几家不是用"中国共产党某某县委员会"、"某某县人民政府"、"县人大常务委员会"、"共青团某某县委员会"、"县总工会"、"县妇联"的？对于这样的设目，有些人可能已经熟视无睹、视为当然。其实是不然的！而且是大大的不然！！

"中国共产党某某县委员会"的设置法，固然比"某某省中国共产党志"改进了一大步。笔者还深刻地记得，在上一轮修志中举行第二次全国志书评奖中，一个省推荐了该省的《某某省志·中国共产党志》。在评论中评委们都一致认为总体质量很不错，但志书书目的不准确，最终影响了它应得的名次。理由是中国共产党全国就是一个，各省、直辖市、自治区以及其下的市、县，都只是中国共产党的地方组织。这省省志的立目法，就有违于这一基本常识。自那以后，笔者在各地讲课或参加评稿会中，都多次提到应当引以为训。某一两次也曾遇到不同意见的辩驳，但当我提请对辩的同仁去看一看省、市、县直至基层党委门前所挂的牌子和所盖的公章时，争论也就自然平息了。

现在"某地中国共产党志"的不确提法是没有了，但《中国共产党某某县委员会》的立目法却是大量地存在。在笔者看来，这样的设目，不带原则性的问题，但却有一个包容不全的技术性问题。党的组织从中央以下省、市、县直至基层党支部，是一套完整的组织系统。上级对下级是一个领导与被领导的关系，而不是包容与被包容关系。现在这样的设目法，只对县委一级是准确的，它包容不了乡、镇党委，更不用说乡、镇以下的基层党委和党支部了。但志书中写党的领导与党的工作，怎么能只写县委一级呢？县委所开展的工作，是要靠乡、镇和基层党组织去贯彻、开展的。按这样的设目去写就出现了两难：要么只写县委，把党的工作写得有头无脚；要么就突破了章题所规定的记述范围。本志设为《中共地方组织》就解决了这个问题。

同样道理，《某某县人民政府》、《县人大常务委员会》、《共青团某某县委员会》、《县总工会》、《县妇联》等也是如此。政府章内，既要写县级政府，也要写乡、镇一级政府。共青团既要写团县委，也要写乡、镇及其以下的团组织。工会更是如此，县总工会与基层工会无论其与广大职工的关系程度，还是工作量来说，孰轻孰重都是一目了然的。只有像本志这样设为"人民政府"、"人大"（或"人民代表大会"）、"共青团"、"工会组织"、"妇联"，才是准确的。当然这样设法也会遇到另一些具体技术问题，如用"人民代表大会"为编或章题，其内容是包括了所实行一种政治制度与具体组织及其活动的。这个标题与县、乡举行的每次人民代表大会（会议）也要加以区分，可用"县级历次人民代表大会"，或"人民代表大会（议）"的表述法。现在本志中用"历届人民代表大会"的标法，似也尚可考虑。

另外，全志中严格把关，没有出现一处用"建国"一词来代表新中国建立的。对于这点，我历来主张严格把住，而且把它看得很重。中国的建立已有数千年的历史，不能把新中国的建立混淆于中国的建国，绝不能把我们自己放到自外于中国历史的尴尬地位。不要以为媒体的反复出现，就可以引入志书中来。时时都应当记住，我们修的志书是传世之作，是要让千年万代后的子孙们去读去用的。

作为试点单位修出的一部志书，总体来说是成功的，对后来者起了很好的垂范带头的作用。惟其是试点单位的成品，大家的期望值都很高，都希望它至臻完美。但要做到这样绝不是一蹴而就的，必要有一个反复摸索、逐步完善的过程。在现在这样好的基础之上，用更苛刻一些的眼光进行一番吹毛求疵，提出一些问题进行讨论，应当是允许的，也是必要的。正是本此精神，笔者对本志提出以下几个问题进行讨论：

第一，《中共地方组织》一编是不是略显单薄了些？这里所谓的单薄不是指其所含的章节和文字数量不够，而是说其还存在一些稍微的偏颇。中国共产党是领导我们一切事业的核心力量，中国共产党的主要使命是指引和推动中国社会向前发展。地方党组织指导和推进的主要作用就是根据中央总的方针政策，结合地方的具体情况作出发展地方相应的决策。这些决策是在相应的时段内，对当地社会发展方向和步伐产生着根本性重大影响的。因此，党的重大决策是不能不加以突显的。其实，现在第七编第二章《经济发展战略》所写的四节就是党的四大战略的确定，就是四大战略决策（第195—198页）。如果如前所说，将改革与发展结合在一起来写，可以更好地彰明因果的话，那么在党的地方组织编内是不应该不讲到的。可以采取略此详彼的处理方法。现在这一编中没有，起码在章节目中体现不出来。所列的八章标题，都只有自己的党务工作。这样写法让人有点觉得是为建党而建党了。

第二，第二十六编《社会工作》。首先在标目上"社会工作"的外延过宽，人们面临所有的工作都可归入其中。其次从编下所列的工作来看，实际就是民政部门的工作。民政是县政府领导下的一个工作部门，是否可以归到政府的属下去写？

第三，第二十七编《社会生活》篇的写法是不是过于同众。记居民收入只有全县的平均数字，没有体现不同地方、不同行业的收入差别，掩盖了现在流行说的"被提高"那部分人的真实情况。其实，地方党、政领导者确切地了解和处理好这部分人的工作，对于可持续发展和稳定大局都是十分重要的。

第四，个别记述中用语的准确性似也还存在一些问题。现在《资源》编中，有《矿产资源》一节，是不是用"矿藏资源"或"矿物资源"更好些？已经开采出来能为人所利用的才可称为"矿产"；埋藏地下尚未开发的似乎只好称为"矿藏"或"矿物"。又，《人物传略》"潘月樵"传中有一个"上海光复"的提法。我认为不要这样提法为好。这里指的是辛亥革命中的事。虽然时至今日，在民国史研究和许多新方志编纂中，几乎都将当时脱离清政府而站到革命方面来的举动称作"光复"。个人则认为，这是一个值得商榷的问题。辛亥革命时革命者用"光复"的这个提法，是从资产阶级民族主义立场出发的，它植根于"驱逐鞑虏，恢复中华"的资产阶级民主革命纲领。这个纲领的民族主义的思想核心，是大汉族主义。因此，它把满族当成外族，把以满族为主建立的清政权对全国实行统治，视为是中华民族的"蒙尘"或"沦陷"，故而在辛亥革命中，凡是脱离清廷统治、站到革命方面来的便称为"光复"。用我们今天的观点来看，中华民族是由56个兄弟民族组成的大家庭，满族也是其中的一员。清王朝开始是以满族上层为主，其后是有各民族人士大量加入的清朝政权，就是中华民族的政权。清朝对全国实行的统治，是满、汉（以及有其他少数民族）地主队级对各族劳动群众实行的封建统治，而不是满族一族对汉族和其少数民族实行的民族统治。清朝政权的被推翻，与此前历史上那些朝代被推翻并没有什么两样。所不同的只是阶级性质的不同。此前的改朝换代，都是以一个新的封建集团代替原有的封建集团。辛亥革命则是以资产阶级取代封建地主阶级的统治。其所建立的民国政权，虽然它带有浓重的封建性质，以至于使中国长时间停留在半殖民地半封建的性质上。但民族性质上并没有改变，依然是中华民族的政权。

脱离清政权的统治，与摆脱异民族的奴役和统治是不同的。20世纪前半期，日本帝国主义侵略中国，占领了中国的大片土地。在其占领地区实行民族统治和奴役。这些被占领的地区，才是沦陷区，才是中华民族部分的蒙尘。中国人民经过艰苦卓绝的斗争，赶走了日本侵略者，恢复了国土。这些地方从日本侵略者的铁蹄下解脱出来，才能称为"光复"。早在1956年，国务院就曾颁布过一个《关于今后在行文中和书报杂志里一律不用"满清"称谓的通知》。其中指出："'满清'这个名词是在清朝末年中国人民反对当时封建统治者这一段历史上留下来的称谓。在目前我国各族人民已经团结成为一个自由平等的民族大家庭的情况下，如果继续使用，可能使满族人民在情绪上引起不愉快的感觉。为了增进各民族间团结，今后各级国家机关、学校、企业、各民主党派、各人民团体在各种文件、著作和报纸、刊物中，除了引用历史文献不便改动外，一律不用'满清'这个名称。"这也应当成为我们对待"光复"一词使用的指导思想。

第五，若干技术性的处理问题：（1）动植物没用二名法记述，似是一缺。（2）第三编第一章第三节《生物资源》中，列有蝇、跳蚤、臭虫、人虱、蟑螂、白蚁、棉红蜘蛛、松毛虫等似也欠妥。自然界中可被人们开发利用者方可称为资源。至少是时至今日，人们还不知道上述这些虫类如何开发利用。且在本志其后的第 221 页中，是将它们列为农作物主要害虫的。（3）第 59 页的"水文"部分的记法，能显示出动态变化，这是好的做法。如果气候节所列的诸多数据，能与前志中的数据稍作对照，不是更能反映气候变化状况吗？（4）全志照片多，且图随文出，都是很好的。如果能有一两张土地证、房产证之类的就更好了。照片注释的要素中缺摄影者，是不是也为一缺呢？吹毛是为了求疵，求疵是为了除疵，是为了今后的志书更臻完美，别无他意。幸我志界同仁、尤其是付出了极大艰辛的《邗志》的编纂者们谅察焉，是盼。

2010 年 4 月 25 日，时年七十又一

（原载《中国地方志》2010 年第 8 期）

（《邗江县志（1988—2000）》，戴光明主编，方志出版社 2009 年版）

27. 承继和发扬中国修志传统之举

——写在《新方志纠错百例》出版之际

2003 年 9 月，中国地方志指导小组办公室编辑了《新方志纠错百例》一书，正式出版发行，这是一件值得重视和喜人的事情。说它值得重视，是因为此举表明了中国当代志人，对我国修志优良传统的继承和发扬。

古语有云："世有千载不刊之书，而无百年不葺之志。"（牛若麟《［崇祯］吴县志》序）中国地方志书与其他类书籍的重要区别之一，就是它的连续性。具有连续性是地方志书的重要特点之一。凡建置较久的地方，志书都是一次一次地连续修纂的，续修七八次、十几次的地方所在多有，有的更是连续纂修达 20 次以上者。如人们所熟知的江苏常熟市，历史上留下的志书，仅在《中国地方志联合目录》著录的，就有 22 种之多。正如中国地方志指导小组组长李铁映同志所指出的，方志事业是，"伴民族，随历史，代代相济，永不断章"的。

中国方志历史又表明，正是因为连续性这一特点，故凡是后代的志书，无论是续修还是重修，都是在前志基础之上进行的。从今天留下的志书序言或《修志始末》一类的文字中可以看出，每次的重修或续修，都是在认真研究前志、总结前人修志经验、教训的基础上进行的。也就是说，都是对前志内容、体例、技法的扬弃，扬其所长，避其所短。许多志书序言中都常有的"增其新，正其讹，补其阙"，"新者续之，正者仍之，讹者是之，阙者补之"等等，说的都是同一个意思。

目前，全国方志界正在进行社会主义新方志的第二轮纂修。这同样离不开对前志，尤其是对社会主义第一代志书修纂的总结。所要总结的，也不外是经验和教训两个方面。正是有基于此，故第二届指导小组副组长王忍之先生，在第一轮修志基本结束，第二轮修志刚起步之时，就于 2000 年 10 月的一次全国性的会议上，提出总结前一轮修志，包括肯定成绩和发现错误。对于后者，他特别提出，如果能"找出志书中 100 条错误，就算很有成绩"了。

受王忍之副组长讲话的启示，中国地方志指导小组办公室的一些同志，下了很大的工夫，查阅了所能找到的方志刊物和评论文集，将新志书评论文章中所指出的缺点错误，加以收集类分，总数达 765 条之多，比王忍之所希望的超出了许多。并汇集成《新方志纠错百例》，交由出版社正式出版。此举既是对修志历史传统的继承，同时又是发展。如所周知，过去的总结，大多都是就一个地方的一部或几部志书而言的，都是由少数人来做的，而且都只是为纂修当地的一部志书服务的。而现在的此举，则是面对近 20 年来全国所修成的数千部志书而言，汇集了全国上百人，甚至更多人的发现和见解，它是要为新一轮全国志书的续修服务的。从这一点来讲，是做了我们的前人所没有这样做过的，可以说是中国方志史上的创例。

此书编辑者们的用意十分明确，纠前人之错不是目的，而是着眼于为后来者之鉴。正如古人所说的：纠正前人之错误，是为了消除可为"志书之累"者。清代大学问家钱大昕在《二十二史考异·序》中指出："史非一家之书，实千载之书。祛其疑，乃能坚其信；指其瑕，益以见其美。拾遗规过，匪为龂龂前人，实以开导后学。"本书的编辑正是本此而为的。它将集得的资料，分类汇编，按体例、资料、凡例、概述、大事记、经济部类、政治部类、文化部类、人物、附录、硬伤、语言文字、图片等分为 13 个大类，有的类下又分有目，条理比较清楚，使用起来颇为方便。从所列举的事例而言，除了极个别的属于看法上的不同、可以讨论者外，大多数都是言之凿凿，可为新一轮修志者之鉴的东西。

我们前一轮修社会主义第一代新方志，与以前的修志有许多不同的做法，可以说有许多特点，其中之一就是实行修评结合，边修边评。不少的志书一经出版，就有人公开发表文章进行评论。评论者通过对志书的认真研读，既充分肯定其成功之处，同时也直言不讳地指出其存在的缺点和错误。这种评论文章，在前一轮修志中就已经发挥了指导作用。进入 90 年代中期以后出版的志书，质量比 80 年代出版的志书普遍有了较大的提高，避免了前期志书中比较常见的缺点和错误，就是证明。历史告诉人们，志书的纂修和评论，是方志事业发展的双翼，缺一不可。这些研究和评论者，与修纂者一样，对方志事业的贡献，同样功不可没。

对人家的志书进行评论不是一件容易的事情，尤其是提出已成志书的错误，更非智者不能为。正如顾炎武所指出的：只有通历史，才能辨古今；懂地理，才能别东西；知文字，才能不致句读不通。（转自《江苏地方志》1991 年第 2 期第 47 页）所以历史上许多类似的文章或专书，都是由一些知名度很高的学问家做出来的。许多的大学问家也都很注意做这方面的工作，把它当作自己著述大业的一个组成部分，而且做得特别的认真细致，可以垂范于后世。如清康熙时著名学者毛西河（奇龄），就著有《杭志三诘三误辨》1 卷，《萧山县志刊误》3 卷，辨误 80 余则。他写这些著作的目的，就是要"后之修志者，知其所戒哉。"（《郑堂读书补遗》卷13）明清之际的顾炎武在《日知录》中，就专门指出了《大明一统志》的许多错误，而且每指出一条，都要发一通感慨。如谓《汉书·地理志》：朝鲜为乐浪郡 25 县之一，而《一统志》作朝鲜城在永平府境内，箕子受封之地，似乎箕子封于今永平矣。说"当日儒臣稍知今古者为之，何至于此，为之太息"。又如《一统志》登州府名宦条下云：汉高祖之孙刘兴居，因诛诸吕有功封东牟侯，惠泽于邦人，至今庙祀不绝。考之《史记》、《汉书》，刘兴居到国与否尚不可知，安得有惠泽及人之事、历二千年而思之不绝者乎？"甚矣，修志者之妄也！"（《日知录》卷 31）清末著名学者越缦老人李慈铭，就专门作有《乾隆绍兴府志校记》1 卷，辨误颇多；《嘉庆山阴县志校勘记》1 卷，指出原志错误 100 余条。（《浙江方志》1987 年第 4 期第 28 页）这样的例子不胜枚举。

后来的志书修纂也十分注意纠正前志中存在的错误，几乎大部分的续志中，都专门列有"辨证"、"辨误"、"辨疑"、"考正"、"补正"、"是正"、"辨讹"、"证讹"、"刊讹"、"攻错录"、"旧志考证"、"前志校勘记"等门目。如冯梦龙作《寿宁待志》时，就先认真分析了旧志有四误：一是失于核实；二是失于遗漏；三是失于笔误；四是失于表授（也就是因谐音造成的错误）。在他修的《待志》中，专列了"旧志考误"一栏。民国时修的《平阳县志》也专门设有"考异"2 卷，不但补正本邑旧志之误，而且连一统志、省志和其他史籍中的错误也随条加以辨明。此志印行之后，周干、萧耘春在《读〈平阳县志〉札记》中，又指出其仍存错误很多（《浙江方志》1988 年第 2 期第 36 页）。可见，正是后人一代代地补正前志中的缺误，才使后来的志书，更一步一步地走向更准确、真实地反映当地的地情。

修志是一项巨大的文化建设工程，它包括历史长，涉及面广，要想不出现一点差错几乎是不可能的。我们前一轮修的社会主义第一代新方志，纵括的历史更长，包含的地情内容更丰富，加之历史资料的残缺，又是在较短时间内由众手所成，出现这样那样的缺点错误自然更是难免的。这就给我们新一轮修志留下了义不容辞的是正前志的责任。《新方志纠错百例》在此时出版，可以说是正逢其时。它以实例的方式告诫续志的修纂者们，这些都是前车之鉴，千万别再步入这些误区，重蹈前人的覆辙。同时，对他们来纠前志之误，也有启发作用。此书的编辑出版，其意义正在于此。故此书是值得推荐给读者的。

我认为此书值得推荐给读者，当然不是说此书的编辑者们已经做得十全十美。由于本书是面对全国的新志书，量多面广，所要服务的也是全国的修志者，而不是某一个地方的一部志书，由于又是在较短的时间内，由众手辑成。所以，它所表录的也多偏重在通例方面。而对于志书中具体的史实方面的错误，录的较少。这后一方面的错误，是要靠熟悉当地地情的人才能做的。这不能算作本书的缺点。本书的缺点主要在于急就的痕迹过于明显，表现在体例上缺乏较好的规范，分类不尽合理，收录有欠广泛，还有一些重要的缺漏，同一条内容的资料重出的现象不少。仅以缺漏而言，据笔者所知就还有一些比较重要例子没有收入。譬如笔者的一些文章中曾经指出的，少数志书地理方位表述时犯了先经后纬的错误；一些志书经济部类占的分量过大，人文部类的内容受到挤压，有"经济繁荣，人烟稀少"的现象；志书行文中官本位的表现；记述辛亥革命时误用"光复"一词；记述农民起义时误用"起义军陷某地"、"某地陷落"等；一些志书中设立"中国共产党志"的名目；不少志书对土地改革和抗日战争记述过于简略，缺少"抗日阵亡将士名录"；一些志书中的"革命烈士表"中未收国民革命军中的抗日烈士名录；有些志书中将港澳台胞置于"华侨"篇、章之内；一些违反民族政策的记述，将少数民族语言归入汉语"方言"中的；一些大事记中，记述与中原政权并存的政权（如辽、金）范围内的事，不标或仅标当地的实际纪年号；对引文标点方面的错误，甚至楹联的上下联也有倒置的等。笔者认为，这些都是比较重要的、不应重犯的错误。如果有可能的话，希望编辑者们进一步收集资料，规范体例，剔除重复，作更科学的分类编排，重新再版。不但更便于读者使用，而且可以与这一代志书并存，传之后世。

但无论如何，本书的出版都是一件值得重视和可喜的事。说它可喜，是就中国地方志指导小组办公室的工作而言的。中国地方志指导小组办公室已历五届。在这五个时段中，前三段由于主、客观的原因，在编纂对全国指导性的资料书籍方面，均无所作为。笔者作为第二段的负责人，虽想有所作为，曾提出过编纂《中国稀见著录方志提要》、《中国家谱目录》、《中国方志专题资料汇编》等的倡议。也曾向我的后任者正式提出编辑《全国获奖志书提要》的建议。并说明作为这个办公室，有责任积累那一届修志的相关资料，为后人作中国当代方志史的研究提供一些方便，但都一无所成。在第四段或第五段，则正式起动了《中国方志通鉴》等的编纂工作。第五段的头两年内，就编成出版了《中国地方志年鉴》和《新方志纠错百例》。它说明这个办公室已经逐渐走向健全，工作效率也有了很大的提高。这是在中国地方志指导小组办公室工作者之幸，也是全国新一代方志工作者之幸，更是中国方志事业之幸，难道不是吗?!

2004 年 1 月 26 日完稿

（原载《江苏地方志》2004 年第 8 期）

（《新方志纠错百例》，中国地方志指导小组办公室编，方志出版社2003 年版）

28. 检阅成果　总结经验教训

——全国地方志第二次评奖活动侧记

一　这些志书受到奖励和表彰是当之无愧的

继 1993 年的第一次评奖之后，1997 年方志界又举行了全国地方志优秀成果第二次评奖活动。随着 8 月 20—23 日在浙江宁波市举行的颁奖大会落下帷幕，整个这次评奖活动就圆满地结束了。8 月 20 日下午，中共中央政治局委员、国务委员、中国地方志指导小组组长李铁映，国务院副秘书长刘奇葆，文化部副部长艾青春，新闻出版署副署长桂晓风，中央电视台副台长刘宝胜，中国地方志指导小组常务副组长郁文，中国社会科学院党委书记、副院长、中国地方志指导小组副组长王忍之，以及浙江省和宁波市的领导同志等，分别给全国优秀志书的编纂者颁发奖品和获奖证书，将这次评奖活动推到了高潮。在颁奖会期间，李铁映同志发表了重要讲话，王忍之同志代表中国地方志指导小组作了题为《树立榜样，总结经验，提高量，乘胜前进》的评奖工作总结报告，14 个省、直辖市、自治区的代表交流了修志经验，郁文同志作了会议总结。

本次评奖活动是遵照铁映同志的指示精神，在铁映同志的直接关怀指导下进行的，是全国地方志第二次工作会议后，落实会议精神的一项重要举措。1996 年 5 月在北京举行的全国地方志第二次工作会议上，铁映同志在他所作的重要讲话中，明确地提出，会议之后主要是抓紧做好三件事，其中第一件就是"要开一次志书评奖会，奖励一批优秀志书的撰稿人，把志书的质量和学术品位提高到一个新水平"。自那以后，铁映同志还多次过问和关心评奖工作的进展情况，及时指示了应当注意的问题。

遵照铁映同志的指示精神，全国二次工作会议结束之后，中国地方志指导小组立即投入了评奖的各项准备工作，其中重要的一项就是组织人力着手起草《全国地方志评奖实施办法》。这个实施办法在制定过程中，广泛听取了各地同志的意见，并于 1996 年 11 月在广西南宁举行的，有各省（市）、自治区志办主任参加的全国方志理论高级研讨班暨方志工作经验交流会议上，征求了与会者的意见。1997 年 5 月，中国地方志指导小组又专门开会讨论通过，然后才下发到各省（市）、自治区的。

早在 1996 年 12 月底，中国地方志指导小组办公室就已发出通知，要求各地着手评奖的准备工作。很多省（市）、区地方志部门都以不同的方式，进行了本地区的志书评奖工作，为全国的评奖奠定了基础。《全国地方志评奖实施办法》下发之后，依据这个办法，各省（市）、自治区志办的同志，又做了大量细致的工作。先是认真核实、统计 1993 年 7 月 1 日以后至 1996 年底出版的三级志书数量，继而又组织有社会各方面专家参与的评审机构，从这个时限内出版的志书中，进行了好中选优，优中选精的认真评选。各省（市）、自治区共选出 180 部（其中省志 58 部、地市志 42 部、县志 78 部）质量上乘的志书，向指导小组推荐，参加全国评奖。在这个基础上，指导小组又分别对参评志书组织进行了两级评审：1997 年 7 月 7 日至 13 日，在山东威海市进行由各省（市）、自治区志办主任及高等院校、中国地方志指导小组、中国地方志协会、全国军事志指导小组办公室等有关人员共 43 人组成的初评委员会进行初评，共评出获荣誉奖志书 119 部，评出向指导小组推荐作优秀奖的 61 部；根据初评委员会评定和推荐的书目名单，在广泛听取各学科专家评审意见的基础上，1997 年 7 月 28 日至 8 月 1 日在北京举行了终评会议，最后评出一等奖志书 51 部，核准二等奖志书 127 部，就是这次在宁波会议上奖励和表彰的共 178 部志书。在上述时限范围内，全国共出版三级志书 1718 部，获奖志书为出版总数的 10% 强。

所评出来的这些志书，受到奖励和表彰是当之无愧的。这 178 部志书和全国所有的三级志书一样，每一部都是集数百人甚至更多人，经数年甚至十数年的艰苦努力才得以成功的。这些志书比较全面系统地记述了本地区的地情，在各地两个文明建设中已发挥了初步的作用。可以预期，随着用志活动的进一步开展，这些志书还将会发挥更大的作用，作出更大的贡献。

二 检阅了成绩，总结出了值得重视的经验

从上述的评奖过程来看，自下而上、自始至终的每一个环节都是严格按照《全国地方志评奖实施办法》的要求，做得十分认真细致的。其所以要进行得如此认真细致，是因为这次评奖的指导思想十分明确，那就是要通过评奖，检阅成绩，真正地评出精品来，达到表彰先进，总结经验，树立样板，推动方志工作的进一步发展，为下一世纪的新方志工作打下更坚实的基础。现在看来，可以说是达到了预期目的的。

总结经验是此次评奖工作的核心。如果说1996年的全国地方志第二次工作会议，是偏重于地方志的工作方面的经验总结的话，那么这次评奖，则主要是从保证和提高志书质量方面进行总结的。从这次参评的志书可以看出这样一种趋势，即进入九十年代中期以来出版志书的质量，在80年代末90年代初水平的基础上，又上了一个台阶，达到了一个新的水平。其主要表现就是弥补了前期那些志书比较普遍存在的不足，并且从思想观念到体例、篇目、表现手法上都有所更新和创新。这次获奖志书所表现出来的许多优长，正是社会主义新志书质量要求之所在。从这些人们公认的优长之中，可以总结出提高新志书质量的一些带共性的经验。这些经验主要可以归纳为：

一是坚持正确的政治方向和唯物辩证的思想方法，做到准确、全面地认识地情，实事求是地记述地情。

任何著作都是有指导思想的。本届修志一开始就强调了要用马克思列宁主义、毛泽东思想为指导思想，必须坚持党的四项基本原则，要在政治上和党中央保持一致。这是社会主义新方志必须坚持的政治标准。从已出版的志书来看，无论是前期出版还是后期出版的，在根本的政治方向上都是经得起检验的，都能坚持四项基本原则，坚持邓小平建设有中国特色社会主义理论，以《关于建国以来党的若干历史问题的决议》精神为准则。但也毋庸讳言，在前期出版的某些志书中曾出现过一些形而上学的简单化的做法。正如当时一些评论者所归纳的那样，有的志书把解放前写得一团漆黑，解放后一片光明，改革开放以来一帆风顺。这种记述方法不符合客观实际，因而影响了志书的质量。

从本次参评的志书来看，几乎所有志书在总结中，都强调了要以唯物辩证的思想方法，历史地看待事物。共同的经验都是，对封建官吏，对国民党和国民政府的政事活动，要做到善恶并书，功过兼及，该肯定的要敢于肯定；对共产党和人民政府的功绩和工作中的失误，既不溢美，也不回避；对改革开放以来新出现的社会问题，也做到实事求是地反映；对一地的优势要充分展示，但不夸饰，对劣势和制约因素也不讳言。总而言之，是以唯物、辩证的实事求是的态度，对待历史、对待现实的。

在获奖志书中，这方面做得好的例子是很多的，如山东省《文登市志》记述国民政府军队，既记其在抗日战争中制造摩擦，"围剿"人民军队的罪恶，又记其与人民军队联合抗击日寇的史实。国民党保安第五常备队队长姜仞九，在向阳山的一次对日作战中，在腹背受敌、敌我力量悬殊的情况下，"甩开大衣，决心死守阵地，下令：谁退就枪毙谁。亲率特务排抢夺敌人机枪，中弹牺牲"。人民为了纪念他，将向阳山改名为仞九山。写30年代一个民团军大队长丛镜月，不但写了他血腥镇压共产党人的大量罪行，同时也记述了他升任司令后，在抗日时，批准其部下的政治部主任翻印毛泽东的《论持久战》，并在扉页题上"抗战必胜"，发至班排以上干部中研读，进行抗日教育。也记述了1942年文登县政府转令，关于动员不给敌人纳粮的指示，并把指示全文附录于志书中。天津的《静海县志》，没有因为其领导人禹作敏出了问题而淡化对大邱庄的记述，依然设专编浓墨重彩地记述了大邱庄人在中共十一届三中全会后的努力拼搏，以致一跃而成为"中国第一村"的变化历程。山西《榆次市志》中记述土地改革时，如实地记述了原县委在土改中的错划成分和"把地主扫地出门"的错误做法；贵州《瓮安县志》在记述解放后取得巨大成绩的同时，也如实地记述了"大跃进"年代违反客观规律所造成的失误，还把当时的民谣"干部脑壳胀，把塘修在坡坡上，白天装太阳，晚上装月亮"，也予以揭出，让人引以为戒。在充分肯定农村经济体制改革的同时，也注意记述在改制过程中出现的37起"继祖业"、54起毁塘造田、92起滥伐森林的问题及其纠正过程。《云南省志·公安志》中，对清代及民国时期的警察两方面的作用，都作了客观的记述。《湖南省志·公路志》在记民国时的"交通建设年"中，实事求是，做到"不讳其成就，不饰其劣败"。《福建省志·金融志》在对福建金融业的历史和现状进行记述时，既充分记述了解放后福建金融业的发展及对国民经济发展的重要作用，又记述了金融业改革尚未完全到位，调节机制还不健全等方面存在的问题。

二是加强调查研究，增强志书的资料含量，努力追求资料的全、真、特、新。

资料性是志书的本质属性之一，一部志书中所含资料的多少、真伪，有否新资料和独家资料，是决定志书本身质量的关键。80年代末到90年代初出版的志书中，有些曾因资料相对薄弱而引起人们的忧虑。所以1991年在郑州举行的工作年会的会议纪要中，就明确地指出，有些志书资料不足，尤其是"对北洋军阀时期、国民党统治时期（包括日本侵略军占领时期）社会状况的记述过于简略，缺乏较为具体的资料"，"这是当前影响志书政治质量的一个比较突出的问题，应当加以充实"。

本次参评之志，较之90年代初以前出版的志书，已经有了很大的改观，大都做到了资料丰富、翔实，能反映一地的自然和社会的历史与现状。尤为参加评议的专家们所看重的是，一些志书中还吸纳了不少的新资料或独家资料。其中包括：

（1）系统地汇集某个方面、某个历史时段或某项（个）历史事物（事件）的特有资料，可补旧史志之缺者。如河南《洛阳市志·文物志》中汇集了大量珍贵的考古资料；湖南《常德市志》汇集抗日战争中常德会战的资料，几乎做到整个战役16个日日夜夜的逐日逐夜的记述；云南《耿马县志》中汇集的关于土司制度资料，并设专章记述傣族历和佤族历，这在全国志书中所仅有的；四川《涪陵县志》汇集的巴史考古资料及反映封建地主对农民剥削的《杨文宣佃约》；湖北《阳新县志》中汇集的有关太平天国时期太平军在该地活动情况的历史资料；天津《汉沽区志》记其历史上盐业生产组织、生产方式，历朝盐政、运销，官场内幕，并附录"盐场灶首张廷惠'桐裕成'发家史"，盐工反抗日本人掠夺的"码架子事件"等鲜为人知的资料；甘肃《敦煌市志》汇集的有关归义军、金山国、回鹘的史料；新疆《塔城市志》记述的雅乐噶图金矿惨案、火烧贸易圈、有关不平等条约、俄国哈萨克人及败兵流入塔城等等，都属于这一类的资料。

（2）通过自身实际调查所获得的足以纠正旧载之错讹者。如福建《浦城县志》在修纂中，通过实地调查纠正了本县公路交通中的多处数据错误；浙江的绍兴市素有"桥乡"之称，但到底有桥多少座，谁也说不清楚。桥梁专家们著书立说也各有各的说法。本届《绍兴市志·交通志》的修纂过程中，发动各乡的交通专管员进行实地调查，查实绍兴实有 5 米以上各种民间桥梁的准确数字是 5001 座。《宁波市志》在修纂中，通过实地踏勘和考证，纠正了旧志中关于句章古城位置的记述；《广东省志·水利志》中纠正了关于 1943 年旱灾中饿死 300 万人的说法（农村减少 300 万，不等于饿死 300 万）等。这方面最典型的例子莫过于《文登市志》中对天神福山起义旗帜之纠正了。1937 年 12 月我党领导的天福山起义是一件大事。起义中组建了山东人民抗日救国军第三军。这次起义打出的旗帜，中国军事博物馆有陈列，第三军的名称是墨书在一面无字的旗裤上的。本次修志中，找到了旗帜设计者林一山及当年绣旗的妇女，以及 1940 年出版的《胶东大众》所载天福山人民捐献的三军少先队队旗等人证、物证，确认当时起义的旗帜是在青天白日旗的基础上改造而成的。"山东人民抗日救国军第三军"，是用白布刻字缝在旗上的。

（3）注意集纳某种特殊典型的个例资料，如湖南《江永县志》所载的堪称世界二绝的"女书"及"千家峒"的资料，前者详细地反映了该县上江墟等地历史上曾流传的一套妇女专用文字，后者则解决了瑶族人若干代以来苦苦寻求的祖居地的问题；河北省《晋县志》中，专记当年土改时，震动冀中的"周村事件"和"枣园事件"的资料，以及全国农村实行大包干的今天，该县周家庄乡和吕家庄村仍实行集体经营的典型资料；《新疆通志·农业志》中收录的很具典型意义的地主对农民剥削形式的详细资料；青海《天峻县志》中记述的 1949 年前的封建部落制度及牧主、头人、宗教上层对广大牧民实行残酷压迫、剥削的典型资料，还有 50 年代《天峻县多勒、先锋牧业生产合作社社章》和 80 年代《天峻县牧业包干责任制实施方案》等极具存史价值的文献。

（4）收入新发现的有特殊学术研究价值的资料。如前述的浙江《绍兴市志》收入其交通局进行全市桥梁调查时，在新昌县桃源乡桃树坞村发现的一座建于东晋时期的造型独特的桥。此桥经专家们鉴定，其拱圈造型接近悬链线型。此前这种桥型在中国桥梁史上被认为是空白，只是到了 20 世纪 60 年代才从国外引进此项技术。志书载入这条资料，不仅填补了我国桥梁史研究中的一项空白，而且把中国悬链线型桥梁建筑的历史向前推进了千余年。该志中还载入了由市计量局提供的比中国历史博物馆收藏的还早

3000 多年的新石器时代的量器以及原始瓷权，还有唐代签发给日本遣唐僧来越州的度牒等；《浙江省科学技术志》中所发掘出的宋代官府组织推广占城稻和对该品种种植方法的榜文，浙江机械钟表的发端于 1905 年，比山东科技志所载提早 10 年的资料，宣统三年成立浙江省农事试验场，把农业科研机构的出现比历史说法前推了 24 年的资料；河南《宝丰县志》不仅在记白朗起义时获得了新资料，而且还记入了继白朗之后的又一支农民起义——河南自治军的资料，包新发现的其斗争口号：打倒军阀，救济国运，平均贫富，普度平民等，弄清了自治军 12 路司令及 50 营的编制，填补了中国现代史中的一项空白；广东《增城县志》载入的该县新塘镇旅新西兰华侨黄国民，于民国初年发动华侨捐资支持孙中山讨袁斗争，后应孙中山之召，回国出任"华侨讨贼军第十路军"军需长、增城县长的资料，包括当时大总统府的函件、委任状、介绍书，华侨捐款名册，县政府财政文书与收支册，黄国民本人的自传和写给广东省政府的述职报告、"政见书"等，都是极富学术研究价值的资料。

（5）本次修志中新编成的各种系统资料，如《辽宁省志·地震志》中，载录的在修志中编成的 1973—1988 年域内 1.5 级以上的地震表；河北《晋县志》编纂过程中形成的反映从唐到清末同治十一年（1872）间，20 次迁徙改道的"滹沱河历史变迁图"；陕西《府谷县志》根据各种物候现象的观察和记录编成的"府谷县自然历"；《库车县志》编有"库车国王世系"，有些少数民族地区的志书中编有"土司世系"等。《文登市志》的《建置》章专设"村庄"一节，将全县 952 个村庄，遂一记述每个村庄设村的历史及命名之由。如编号 3 的段家疃村条所记云："清末，林姓自西龙格肩担全部家产来居，称担家庄。1981 年改今称，97 户。"编号 79 的翻身庄条云："明末张姓自崖头来为刘姓守茔地。1945 年人民翻身解放，遂易今名，59 户。"这既便于了解各村及姓氏的来历，也便于民间的寻宗访祖。因为此地"经金元之乱，境内土著旧户十不存一，现在姓氏多为明代以后由外地迁入"，故这种资料尤觉珍贵。其《姓氏》章内编有"姓区规模"和"主要姓氏分布"。前一节将市管范围内 354 姓，由人口最多（7.6 万）的王姓，直排至只有 1 人的雪姓，都是很有价值的。

加强资料性是体现方志基本属性的举措，也是提高志书质量的一个极为重要的方面。

　　三是从总体上把握地情特点，准确、全面地体现时代特点、地方特点和专业特点。

　　地方志书最基本的一条要求是要反映地方特点。在本届修志前期的相当一段时间内，人们对地方特点的理解，较多地只偏重于该地特有的某些单个或单项事物，多注意从"人无我有，人少我多，人有我优"等方面去寻找本地独有的山川古迹、风物特产等。志书中为了反映这些特点，较多的只注意了从编目的升格，将特有事物单列篇、章方面去寻找出路。当然，一地的特有事物是记述该地地情时应予注意的，升格法也不失为突出地方特点的一种方法。在本次获奖的志书中，有的运用升格法设专门篇、章记述本地特有事物的方法，也受到了专家们的首肯，如安徽《歙县志》中专设的"徽商"、"徽墨歙砚"篇，新疆《库车县志》中专设的"龟兹乐"、"龟兹石窟艺术"卷，广东《增城县志》中的"荔枝"卷等。

　　但一地的某项特有事物与该地的地方特点毕竟还不是一回事，它至多只能是地方特点表象化的部分体现而已。仅用升格法并不能全面深刻地反映出地方特点，且随意升格或升格过多过滥，会有损于志书的整体性。这次参评的一些志书中，大多都注意了从总体上去把握一地的特点，不限于升格，单设篇、章去记述一两件具体事物，而是注意全方位地去反映一地的地方特点。如绍兴、宁波、苏州和福建的仙游，历史以来都是人文昌盛的地方，这些志书中就注意了全方位、多角度地反映这一特点。又如广西《合浦县志》，因为珍珠是其支柱产业，而且与其他多方面的县情息息相关，故志书中除经济篇专设一章详尽介绍合浦珍珠业的历史和现状外，其他各篇章也从不同角度反映合浦珍珠在该县的地位及其在国内外的影响。卷首有国家和自治区领导人对合浦珍珠的题词，概述中有介绍合浦珍珠的段落，文化艺术章记了"合浦珠还"的传说，人物和附录中载入了与珍珠有关的人物和诗文。贵州《大方县志》，因该县是个高原多山之县，山地占了其面积的96%，山是其自然环境的一大特点，这个特点影响其县情的方方面面。为了反映这个特点，志书的几乎所有篇章中都围绕"山"字做文章。《云南省志·邮电志》由于注意了从多方面反映邮电的自然环境和历史特点，所以读过该志的人都觉得它"滇味真浓"。此外，山西《盂县志》全方位地反映革命根据地的特点，甘肃《天峻县志》多角度地反映其牧业县的特点，福建《东山县志》从多侧面反映其海岛县的特点等，都是做得比较成功的。

还有一点值得注意的，也是表明方志工作者对地方特点的理解和认识已经进了一步的，是这次获奖的一些志书中，许多已经不再单纯狭隘地只把自己的优长当作地方特点，而是把自己的劣势也看成地方特点加以如实记述了。如四川《攀枝花市志》在修纂中，就本着"优势是特色，劣势也是特色"的认识，将自己的优长作为特色记述的同时，把自己的"重工业特重，轻工业特轻"，"大全民，小集体"，"大工业、小农业"，城市基础设施落后，"欠债太多"，影响着城市综合功能发挥等问题，也作为自身特点加以如实记述。又如山西省地处黄土高原，自然环境恶劣，十年九旱，旱、涝、风、雹、地震等自然灾害频繁，因而救灾救济成为该地历朝历代民政事务的重要方面。山西历来又是兵家必争之地，抗日战争时期，中国共产党领导的八路军，在吕梁山、太行山、太岳山创立了晋绥、晋察冀、晋冀鲁豫革命根据地。山西老区人民积极参军参战，拥军支前，为中国革命付出了巨大代价。因此优待抚恤也是民政部门工作的重要内容。《山西通志·民政志》将这两方面都作为自己的特点，加以重点记述，还把通常灾荒史书不记的"兵灾"、"敌灾"也看作自己的特点，专门记述。可见他们也不仅仅把优长视为本地的特点了。

四是注意总结经验教训，体现事物发展规律。

人类的知识是在不断地总结人们生产斗争、阶级斗争和科学实验的成功经验和失败教训之中积累起来的。所谓的书本知识，其中很大部分就是这些成功经验和失败教训的归纳或直接的记录。志书是一地自然和社会的历史与现状的记述，对于该地人们在上述三方面的成功经验和失败教训，毫无疑问是应当加以记述的。但从已经出版的志书来看，在这方面却有自觉程度和记述得优差之分，从而也使志书的整体质量形成了不同的档次。

本届获奖志书中，不少志书之所以为人们看重，注意记述历史的经验教训也是一个方面的原因。如宁夏的《中卫县志》和甘肃的《民勤县志》，记述治理沙漠的经验就很典型，受到人们的称赞。中卫县地处腾格里大沙漠南沿，历史上长期受到沙漠威胁，造成压地埋城、沙进人退的局面。中华人民共和国成立后，中卫人民在中国共产党的领导下，艰苦奋斗，营造防风固沙林，引水治沙，平沙造果林，建设农田林网，创造了人进沙退的辉煌业绩。尤其是其沙坡头人工生态工程，造成国内第一个具备荒漠生态兼人工生态特征的自然保护区的经验值得注意。民勤县更是处于巴丹吉林和腾格里大沙漠之间，全县农区绿洲面积仅占总面积的 16.32%。这是沙化危害最严重的县份之一，又是全国治沙成绩最突出的县之一。其志书设专章详尽地记述了新中国建立后治沙的历程与成果，使其治沙的办法和经验得到充分反映。上述两部志书将这些经验加以记述，进行传播，不但对我国内蒙古、甘肃、青海、宁夏、新疆，等省、区治沙抗沙，防止沙漠化具有重要的借鉴意义，而且也会受到凡受沙漠威胁的世界同类地区人们的重视。又如陕西《合阳县志》记述当地农民创造的享誉国内外的"旱地农业技术"的经验，山西《盂县志》中载录的从盂县林粮间作，所显示的北方土地立体利用的前景，江苏《盐城县志》记述其农田水利建设和治碱、沤改旱、旱改水、轮作、复种、间套种等方面的经验，《仙游县志》总结本县支柱产业——甘蔗一度滑坡的经验教训，以及湖南《湘潭县志》记述"大跃进"时期水库建设中的教训等，都很值得重视。

志书不是单纯的资料堆砌，还要将真实可靠的资料进行科学有序的排列，使其反映真实的地情，并尽可能地体现出事物发展变化的规律或趋势，从而增强志书的实用价值。不少志书在这方面都进行了很大的努力，并取得了明显的成果，如《辽宁省志·地震志》不但记述了世界上第一次成功预报海城 7.3 级地震的经验，而且从公元 2 年至 1985 年辽宁地震的丰富资料的编纂中，揭示了辽宁地震活动的时间分布和空间分布的特点和规律；湖南《常德市志》中记述了从公元 285—1988 年常德旱灾发生的频率和趋势，自明代以后水灾日益严重的因果关系和水灾周期；广西《象州县志》的自然灾害章中，不但概括了自然灾害的一般规律，又反映了各种灾害之间的相互关系；新疆《农八师垦区石河子市志》的修纂过程中，根据垦区 34 年降雹资料，进行梳理，归纳出冰雹走向的 4 条路径，揭示了垦区的降雹规律；四川《大足县志》"灾异"章的"风雹"节，不但记述从民国十一年至 1981 年 60 年中发生冰雹 48 次的频率，降雹的主要地区，每年的降雹的主要月份，而且绘有"大足县冰雹路线示意图"，这都大大地增强了志书的科学性，提高了其实用价值。

如果说前面所列举的，仅限于生产斗争和自然变化方面的经验和规律总结的话，那么重庆市《大足县志》则是在更高层次上，注重了社会历史经验的总结。该书一改通行的"概述"为"纵览"，除开头部分极简括地介绍其区位和地理环境外，集中总结了三条历史的经验教训，这就是："安定则兴"、"宽恤则荣"、"唯实则成"。大足从唐乾元元年（758）建县至今的 1230 多年中，经历了四个相对安定和四个战争动乱时期。四个安定时期都促进了社会发展，经济繁荣；四个动乱时期都造成了社会停滞，经济萧条，给人民带来深重的灾难。从这里总结出来就是"安定则兴"。通过展列历史上宽政恤民，也就是政治不太苛酷，实行轻徭薄赋、与民休息的政策时期，都给社会带来了生机，造成了经济的繁荣。即便是解放以后，所谓的宽恤内涵已与旧时代有本质的不同，但同样是党的政策对头，社会就发展繁荣，而"左"的时期政策太严，管得过死，也造成了生产的破坏。这里的经验教训就是"宽恤则荣"。大足的历史同样证明，凡是从实际出发，遵照客观规律办事，就事业有成，反之就会失败。如果是一两项（件）具体事情上的违反客观规律，影响还是局部的，但如果是在带全局政策上的脱离或超越实际，就会出现严重的失败和挫折。这又一次地说明了马克思主义实事求是原则，是在任何一个地方都是适用的。这样三条经验教训，从本县的历史实际之中总结出来，更有直接的教育意义，这就是联系实际的马克思主义历史唯物主义的教育，其意义是深远的。

五是继承经世致用的优良传统，树立修志为用的思想，注意发挥新志书在两个文明建设中的作用。

经世致用是我国文化著述中的一项优良的传统，我们的新编地方志书也应当继承和发扬这项优良的传统。铁映同志在全国地方志第二次工作会议的讲话中，强调"修志为用"，要为两个文明建设和改革开放服务，推动社会事业的发展。在本次颁奖会上发表的重要讲话中，他又再一次强调"要把志书工作从以往的案头工作发展成为适应新时代要求的社会服务工作"，并建议明年召开一次用志工作会议。

修志为用，在方志界已经成为大多数人的共识。本次评奖志书的推荐报告中，几乎所有的都填有志书出版后，在为两个文明建设服务方面所作出的贡献：有的在进行爱国主义教育、革命传统教育和国情教育方面发挥了作用。如《山东省志·军事志》出版后，省军区认为该志书，是"研究历史，从中吸取经验教训，从而指导部队、民兵和兵役工作，指导未来的反侵略战争；对于向部队、民兵和人民群众进行爱国主义、革命英雄主义和国防观念的教育，都具有重要意义"，故专门拨款 20 万元，购买 2000

套，发至海防部队连以上和各县、市、区人民武装部以上单位以供学习，并要求"很好保存，列入交代，以充分发挥志书的资政、教育和存史作用"。有的成为各级各类学校的教材，如《湖南省志》的《交通志·公路志》出版后，被吸纳为省交通学院和交通学校的教材。福建的《仙游县志》、广东的《增城县志》、四川的《威远县志》等，都已被改编成中小学的必读的乡土教材。

有的在为"寻根"方面发挥了作用，如吉林的《通化市志》为一批国际友人找到了留在中国的亲人，为牺牲在中国的日籍八路军战友找到了遗骨、墓地。有的为落实政策，解决历史遗留问题提供了合理解决的历史依据，如《上海县志》为一批参加 1949 年夏粮征收工作的老同志，解决离休待遇问题提供了依据。《广西通志·侨务志》为领导部门制定《对工龄满 30 年以上的归侨退休职工退休费按原工资发放的通知》提供了依据；贵州《瓮安县志》为一批抗日官兵找到他们为国捐躯的下落，使多年失去联系的家乡亲人了却心事并引以为荣。有的在对内、对外经贸洽谈或申请贷款中，增强了合同依据和申报理由的可信性，如四川红原县去瑞典洽谈泥炭开发合同，对方见到专人乘机送去的《阿坝州志》后，很快就在合同上签了字。湖南常德市为解决城市水污染问题，欲向日本低息贷款 500 万美元，日方派人来常查看《常德地区志·环境保护志》及现场考察后，立即同意贷款 490 万美元。

志书在应用上，更多的是成为行政决策的依据或基建选址、改造设施等的参考。如《歙县志》一出版即成为县政协、民主党派、工商联负责人讨论政府国民经济和社会发展计划及远景目标纲要时，提出开发矿业，开发温泉，开发林业等建议的依据，这些建议为政府采纳，组织实施，推动了本县经济的发展。湖南长沙县政府在制定"九五"规划、县乡镇企业局制定全县乡镇企业发展规划、县小康办制定达小康规划，都以《长沙县志》提供的数据和史实为主要参考。望城县 1996 年遇到特大洪水，县防汛指挥部根据降雨情况、气象预报，参考新出版的《望城县志》提供的历年水文资料，果断地作出在洪峰到来之前 70 小时开启靖港电排等重点排灌机械进行抢排渍水的决策，制定并实施提前抢筑苏蓼垸、花果垸的方案，结果在超历年最高水位 0.74 米的危急情况下，创造了全县未决一堤一垸的奇迹。江西抚州地区有一段公路路基发软沉陷，一时难以制定改造方案。

经查《江西省志·交通志》才找到原因，原来该路段属深淤泥地段，1930年国民党抢修公路，只是在淤泥上铺垫松木，再加填砾石泥土即简易通车。松木年久腐烂，虽路基不断加高，仍年年不断发软下陷。承建部门查清原因后，采取彻底清除淤泥层，更换新土的措施，从而清除了多年的隐患。

这样的事例举不胜举。在规定字数很有限的评奖推荐报告中，各地都还要尽可能地罗列新志书在发挥社会效用方面的事例，正说明把能不能经世致用作为考察一部志书优差的一项标准，已经成为方志界的共识。本次参评的志书中，凡是在这方面做得好的，都得到了评委们的首肯。这又为我们总结了一条值得注意的重要经验，那就是修志之中要强调用志。

六是树立出佳志、创名志的目标，发扬探索精神，力争在思想观念和志书的篇目、体例及反映地情手法上有所创新。

铁映同志曾经指出，修志者应有创名志、佳志、良志的意识和抱负，写出一批优秀志书出来。本次参评的志书许多都是怀着这样的目标编纂出来的。如获一等奖的重庆《大足县志》在自己的总结中说的："自己以'争创良志'为目标，自策自励，创新奉献，团结协作，奋力拼搏。"获二等奖的湖北《监利县志》在编修时就抱定"走自己的路"，努力做到"人同我异，人略我详，人弃我取，人无我有"，充分体现自己的特色，要求自己文字上做到高度概括，"丰而不余一言，约而不失一词"，争取做到"叫人增减不了一字，也变异不得一字"。获二等奖的江苏《广陵区志》，在修纂当中曾受到多方面的关心与期望。1990年2月，江泽民同志为广陵区志题写了书名，给编修者以极大的鼓舞。全国政协副主席赵朴初、胡绳也先后为之题词。广陵区政府和志办的同志们将这些鼓舞看作鞭策，把《广陵区志》的编修当作政治任务来完成，决心一定力争出名志。

人们每做一件事，总希望获得最佳效果，达到最理想的目标。有没有这种期望和追求，对行事结果的影响是不同的。怀抱较高的奋斗目标，经过努力，虽然由于各种原因的制约，其所达到的程度免不了要打一些折扣，但它仍然可以取得可能达到的比较理想的效果，这就是古人教导的法乎其上，而得其中。如果自事之始就没有一个较高的预期，只是法乎其中，所得就可想而知了。这次评选出来的这些志书，是否就算得上是佳志、良志、名志，尚需历史的检验，由后人去评说，但它们这次获奖了，受到了专家和评委们的好评，至少说明是属于达到较高质量水平的志书。

出佳志、创名志的愿望人人有之，但佳志、名志却不是轻而易举可得的。它需要修志者在对方志理论深刻理解的基础上，创造性地运用各种技法，或在体例和篇目上有所创新，或在表现手法上有与众不同之处。本次参评志书中凡受到评委们青睐者，都是这样得来的。它们不简单地步人后尘，在先行者的后面亦步亦趋，也不食古不化，死守旧志的教条，而是敢于创新，敢于试验。如这些志书的编者中，许多人都赞成"修志要合格，又要不拘一格"。在史志界大多数人都主张"详今略古"这个口号的情况下，他们大胆地试行了当代方志学家魏桥同志新提出的"详今明古"的主张。笔者认为，这两个口号虽只一字之差，但在内涵上却有很大的不同。"详今略古"包含的是"量"的要求，而"详今明古"则重在"度"的掌握。对人类社会事象的记述，很难用多大的"量"来区分详与略，但却可在一定的"度"上加以把握。志书中对古代部分内容的记述，只要达到说清当时情状，就可以认为是适得其度了。浙江的《东阳市志》在编纂中，又把"详今明古"这种理论，进一步发展成为"特点所在，重点所在，规律所在，价值所在"，就是"详之所在"，因而不仅使自己的志书写得很有特色，而且为新志书的编纂贡献了新鲜的理论和经验。中国历来的传统中，都有"地灵人杰"的说法，所以旧方志中往往有溢美乡邦的毛病。而《东阳市志》的编者们却敢于正视本域"得天非厚，土地不多，人均耕地少"的先天不足。总结出本域人正是因为穷而"勤奋过人"，反而表现出"才华横溢"，使之成为"人才独丰"之地，成为名副其实的"人才之邦，教授之都，巧匠之乡"，恰是"地瘠人杰"了。于是在自己的志书中确定以记本邑人为主，做到全书见物见人，以事传人，以绩带人，立传树人，将人物的活动通贯全书，又在志书中首设居民部类，修成了本届修志以来的第一部新三宝体志书，受到人们的普遍称赞。

还有一些志书，如山东省志的《孔子故里志》，青海省志的《彩陶志》，甘肃的《敦煌市志》，洛阳市志的《文物志》等，虽然没有像《东阳市志》那样明确地提出类似"特点所在，重点所在，规律所在，价值所在"，就是"详之所在"的口号，但从志书中却可以看出，他们并没有为"详今略古"的观念所囿，而是根据志书内容的实际，另有自己的详略取向。

根据志书所要反映内容的实际，不但可以有详略取向上的不同，也可以在体例上进行创新的探索。新疆的《农八师垦区石河子市志》就是从内容的实际出发，而创立的一部合志。合志之体本来古已有之。但历史上的合志往往是境域相邻的两个行政区域，由于联系密切而在修志时将两者合修一部志书，冠以合志之名，如乾隆《常（熟）昭（文）合志》、道光《虞乡志略》（虞乡，乃常熟县之古名，是时包括常熟、昭文两县，故该志亦为合志）、光绪《常昭合志稿》、民国时的《重修常昭合志》等。光绪《武阳县志》也是武进与阳湖两县的合志。而《农八师垦区石河子市志》则不是这种情况。石河子市是在农八师垦区的基础上发展起来的。志书既载农八师屯垦戍边的历史与现状，又载军垦新城石河子的创建与发展历程，具有屯垦志和城市志的双重性。根据师、市同源的历史和同城而治、一个党委领导、职能部门合署办公、一个机构挂两块牌子的现状，而修成的一部结构浑然一体、内容熔为一炉、记述上前后贯通的一个大型农垦区与一个城市的合志。这是亘古未有的特殊志体。该志被评为二等奖，除了其内容的丰富、科学而外，这种特殊的志体也是为人们看重的原因之一。在本次参评志书中，在篇目和体例上进行探索创新的例子是很多的。从这里又给我们得出一条经验，新编志书中必须努力创新，而且新志书创新的天地是非常广阔的。

七是注意吸收各方面的专家参加修志，努力提高志书的科学性和学术品位。

古时志书之有名者，多由知名学人完成。正如民国方志学家吴宗慈所云，"要修成专门不朽而切合时代之佳作，亦非专家学者不可"（《论今日之方志学》）。又如瞿宣颖所云："古人官修之书以能佳者，全在一学识超卓、精力弥满之人一手鉴裁"（《志例丛话》），故能出一些佳志、名志。当代地方志书，内容极大丰富，涉及百科，既有社会科学的内容，也有自然科学的内容。没有专家学者的参加，要想修出高质量的志书来是难以想象的；仅由个别专家"一人鉴裁"，也还难以"藏事"，必须由多方面的专家通力合作方能完成。本届修志之前期，只提出"党委领导，政府主持"，但在各地实际上已有不少的专家参与。除了一些专业性很强的，如方言、自然地理等专志，由相关学科的专家主笔编写之外，更多的是请专家作志书的顾问，帮助审稿、把关。实践证明，在修志中专家的作用是不容忽视的。所以在"党委领导，政府主持"之后，又加上了"专家参予"一句。

对此，本届修志的倡导者胡乔木同志在1991年10月曾明确地指出，"过去修志是一些很有学问的人去做的，它本身是一项学术性的工作"，"志书中的任何一个门类都是一门专门的学问"，"从事方志工作，还是要搞学问，要把它作为学术工作来抓"，甚至提出"搞地方志还是要靠学者"，"对于地方志我还是主张要由学者来管"。到全国地方志第二次工作会议上，铁映同志在讲话中，更明确地提出"专家修志"的要求。铁映同志这一要求的提出，既是当前修志情况的真实写照，也是多年来实际经验的总结。

此次参评的志书，可以说无一部没有专家的参与。尤其是一些省志的专业志，参加的专家、学者更多，有的一部专志参加编写的学者专家达数十人、上达百人，甚至数百人之多。如《甘肃省志·农业志》的53位撰稿人中，属省农业科技部门、省农业科学院、甘肃农业大学等15个单位具有丰富实践经验的农业专家、教授就占30多人。《陕西省志·农牧志》就是由省农牧厅一位年近七旬的资深老专家牵头，组织西北农业大学和各农业科研机构共80多位教授、副教授，历时数年完成的。《四川省志·地理志》全书共设九篇，政区、人口两篇为人文地理部分，地质矿产、地貌、气候、水文、土壤、植被、动物等七篇为自然地理部分，是一部跨社会科学和自然科学两大学科的综合地方文献。该志就是由西南师范大学、四川省地矿局、四川省气象局、中科院成都分院、西南农业大学、四川师范学院等政府事业、高校、科研部门的150余位专家通力合作完成的。有的甚至基本上都是由学者专家写成的，如《浙江省科学技术志》在编写过程中，就组织了近百个单位的462名学者、专家参加撰写和评审工作。

专家、学者参加修志，不仅保证了志书的科学性和学术品位的提高，而且也大大地提高了地方志的知名度，有利于方志事业的发展。

三　找出了不足和教训，是更值得注意的

世无足赤之金，难有全优之志。前面我们用了较大的篇幅来总结获奖志书的成功经验，肯定了其优长，但并不是说这些经验与优长只在本次获奖志书中才有，也不是说这些获奖志书都已经是十全十美了。恰恰相反，有些未获奖甚至未获提名的志书，可能比某些获奖的志书更好，更具特色，其经验更值得重视。而某些获奖的志书则可能比未获奖者反而逊色得

多。在数量如此之大，篇幅如此之巨，内容涉及面如此之广阔，时间又如此之短促的情况下，评奖工作在具体操作上之复杂与困难是可想而知的。因而出现一些未尽相宜的情况也是难免的。

至于对已获奖志书的总体估价，则恐怕要用"优长跟短缺同在，经验与教训共存"这样两句话来概括，才更接近于实际情况。在评奖过程中，评委们在充分肯定成绩的同时，对存在问题的批评也是毫不含糊的。将这些批评意见，尤其是一些带共性的存在问题予以揭出，对我们在修的志书和即将开始的续修志书都是有鉴戒意义的。

1. 因循有余而创新不足。评委们认为，参评的志书模式化的倾向比较浓重，篇目格式雷同，千志一面，特点鲜明突出的不是很多。有些地方本来在地域特点、民族特点、人文历史特点、时代特点或物产风貌的某些方面是比较突出的，可是在志书中反映出来的却显得很平淡一般，造成志书可读性不强。

2. 在纠正旧志重人文轻经济之中，有矫枉过正的倾向，有的综合志书写得"经济繁荣，人烟稀少"，变成经济专志了。有的走到背离志书体例的地步，把生产技术的具体操作写得过多过细，变成了生产技术的教科书。有一个县总共开列四个文化方面的名人，其中三个是名不见经传的；列了一个高级职称人名表，连一个高级的都没有，但在该县志中还是硬模仿他处旧志的做法，说本县如何人文荟萃，给人一种不实事求是的感觉。

3. 有些志书反映出编修者学识水平的差距，或主观认识上存在偏颇，因而影响了志书的科学性，主要表现如：（1）绝大多数志书都未注明资料出处，使人不敢放心引用，有的本来吸纳了很有价值的资料，却因资料所注要素不全，使人还是无法使用（如一部省志的华侨志中，有一份《在美国的华侨华人名录》，本来是很重要的资料，可是由于没有注明是哪个年份的，因而就大大地减弱了其资料价值）；（2）大部分志书没有编制索引或索引不全，造成使用极不方便，使志书的科学性大打折扣；（3）不少志书中程度不同地存在一些硬伤，如一部社会科学专志中，将甲骨文与历史学、考古学并列；一部省志的民政志中，说原始社会就有专司民政的司徒；不止一部志书把传说人物大禹也拿来当本地人物做文章；一部地区志把古代人物也列入副省级、副军级以上人物表中，把今人的头衔安到了古人头上；一部市志中说"16 世纪，清廷"已经如何如何；有的志书中的人物排列，申明以生、卒年为序，但却把曹植放在萧统之后，王维放在柳宗元之后，而把光绪时的人物又放在了乾隆时人物之前；（4）有些志书中的照片资料性不强，存史价值不高，变成了产品广告。

4. 个别志书中偶有思想认识模糊、观点错误的，如有的志书在记述"反右派斗争"、"四清运动"时，还停留在当时的认识水平上，未加分析地基本给以肯定。有部志书将港澳同胞及港澳眷属，放在"华侨志"内记述，造成内外不分了。有部志书的"综述"中，仅反映了八国租界给该地带来新的建设，而没有点明租界是对我国主权的侵略，是帝国主义进行政治、经济、文化侵略和掠夺的据点。有部志书在记民族关系时，用了"消除'族界'"的提法，显然是有违民族政策的。

5. 校对不细，差错率比较大。据核查，有一部志书的差错率竟然达到万分之2.4。笔者也曾参与查核两部志书的表，一部县志有10张表内的分合关系不符，占全书总表数的4.25％，一部市志的专志有14张表，有分合关系不符的，占全总表数的7.4％，可见是不容掉以轻心的。

从上所述可以看出，本次评奖中所体现的经验是很丰富的，反映出来的问题也是不可忽视的。无论是成功经验，还是问题和教训，因为都是在我们自己的实践中总结出来的，对我们今后工作的鉴戒意义是很直接的，很可宝贵的。我们这次评奖工作，用了近一年的时间，花费了很大的精力和一定的物力、财力，但完全是值得的。它为方志宝库积累的思想财富，将大大有益于方志事业的发展。

1997 年 11 月 6 日第四稿

（原载《中国地方志》1997 年第 6 期、《广西地方志》1998 年第 2 期、《汕头》1997 年第 4 期）

序言跋语

1. 《梅州市志》序

我自幼生长在桂北山区，周围有不少客家人的邻居和朋友，使我对客家人风俗情性有较多的了解，以至于也学会了一口可以乱真的客家话。上大学时同班里有两位广东梅县籍的同学，在与他们两位客家人的相处交谈之中，便使我对梅州这个地方产生了无限的神往，奈亲临无缘，总以为憾。直至 2008 年 7 月下旬，承蒙梅州市志办丘洪松、叶小华两主任盛情相邀，我才得以实现了履旅梅州之梦。又是因为中了两位主任之"招儿"，而与梅州的修志工作结下了难解之缘。在其后一年半多一点的时间之内，梅州市及其下属的一区六县一市的九部志书中，除《梅县志》已经先行评过之外，其余八部志书的评稿会都未能逃脱。在这频繁的接触交往之中，与这里的人、地、志事都有了深浓的感情。在最后一部县志评稿会上，我有感而写下了这样四句话：

两年八次到梅州，非是退休作浪游。
苟为志书献绵薄，七旬老叟复何求？

地方志是记述一定区域内的历史和现状的载体。无论是对历史和现状的记述，都无外是自然和人群活动两大部分。虽然历史和现状都是由自然和人群活动两个部分相构成的，但志书对于这两个部分的记述是不可均衡用力的。因为构成自然的地质地理、山川风貌、水文气候等的内容变数相对较小，凡有修志传统的地方，前志均已有了记述，故它不成其为重点，而重点记述的就在于人群的活动了。

在记述人群活动之中，仍有主次之分。在我看来，对于一个地区人群活动内容的记述，重点应当写出其地人群的骄傲，亦即写出该地之人对国家、对民族、对整个人类社会所作出的贡献。如果这样理解不错的话，我认为摆在我们面前的这部《梅州市志》是抓准了这个重点的，记述也是比较充分的。

梅州是公认的客家人南迁的最后中转站，是客家人最集中的聚居区，甚至有人将其称为"客都"。正是通过这一次次的考察、访问、参加会议、接触、学习，我深深地感到客家人有几个最显著的特点：一是崇文尚武、注重教育，雅儒雄健。自晚清以来至2007年底，这里共出现了228位大学校长、22位两院院士；辛亥革命以来共走出了473位将军。二是能吃苦耐劳，勇于进取，善于探索。无论是留居本土还是旅居世界各地的客家人，在任何困境面前都百折不挠，身处什么样的逆境之中，都能脚踏实地、自强不息，涌现了一大批社会精英，对民族、对国家和对整个人类社会都作出了突出的贡献。现在遨游在太空诸多小行星之中的2866号、3388号和3611号，经国际小行星命名协会审议通过的"田家炳星"、"曾宪梓星"和"大埔星"，就是以梅州籍的人或地命名的。另外还有祖籍梅州的"李光耀星"。三是具有强烈的爱国主义传统意识，任是身处天南海北的客家人，都时时心向祖国，情系桑梓，有极强的向心力。正是从这里走出了许多爱国志士和为国扬威的名人，有的是爱国志士、有的是革命先驱、有的是长征英烈、有的是抗日名将、有的是中华人民共和国的开国元勋。还有一脚踢掉"东亚病夫"帽子的亚洲球王。四是客家人都待人十分诚恳、热情好客，无论是新与客家人相处共事，还是初去客家人家里作客，都能坦诚相处，关系融洽。

正是以上诸多的特点，使梅州这个客家人的聚居区，在整个华人世界大有名气，而且成为了全国闻名的历史文化名城、"文化之乡"、"华侨之乡"、"足球之乡"。

现在编成的这部市志，与其地域、其人群是相称的。为了显示这些地域和人群的特点，志书编纂者们是很费了一番心思的。无论是编目设计还是在表现技法上，都进行了认真的探索，取得了令人瞩目的成果。就篇目而言，先是特设一个《侨胞 港澳台胞》篇。这一篇之设，在其他侨乡的志书中也有设的。本志之特还在于将这一篇安排紧接在《人口》篇之后，使之与《人口》篇组成一个"人群"的部类。篇中注意追述了这个"华侨之乡"的成因，尤以较浓重的笔墨，展示了遍布世界各地的侨胞和港澳台胞，于所在地作出的贡献，以及他们心系桑梓、报效祖国的殷殷之情。将这一篇与本市的人口篇连在一起，就表现了两篇所述之人群本是一根、血肉相连，让人读来无不深感一种游子思乡、慈母倚闾的融融暖意。其次，为了反映客家人聚居区的特点，又专设了《客家风情》篇，将客家文化、客家人的衣食住行、风俗语言，尽情显示。其三，为了显示"文化之乡"的特点，在《文化》篇之外，又将《著述》加以升格成篇，既有有史以来的著述目录，又有不同时期各体著述的精粹选录，体现了这个历史文化名城和文化之乡的历史渊源。至于章、节一级的特设、巧设，就无需一一细说了。

对于一些不便设为专门篇、章、目的，则在相关的记述中加重笔墨或以特别的技法加以显示。仅以《城市建设》章中的《梅城一江两岸建设》、《种植业》章中设的《梅州金柚》和《体育》章中《足球之乡——梅州》三个"专记"之设，就显示出编纂者的苦心妙思，同样紧贴客家人的特点展开。《足球之乡——梅州》专记，体现了客家人的雄健勇武。尤其是《梅州金柚》这个专记，更体现了客家的开放进取、精益求精的精神，笔者读来感慨尤深。这种金柚源自敝家乡的容县沙田乡，故称沙田柚，至少有400年以上的历史。万历《宾州志》和乾隆《贵平县志》中，均有其优质特点的记述。新中国成立后，广西柑橘研究所亦进行了专门的研究。回忆少年时，柚子不但是我们这些贫苦人家孩子，最常吃到的家常水果，而且还常把尚未成熟的柚子当足球来踢。梅州迟至民国初年才由到梧州为官的郭仁珊引回。时至今日，外甥早已超过舅舅和表兄，成为规模化生产，获有"六个第一"的美誉，多次在全国农业博览会上获奖，成为地方的支柱产业之一。而敝家乡的沙田柚则还只在自己小范围之内小打小闹，这不是端着金碗讨饭吃么？按说家乡也是类似的山区，种柚传统和气候条件，都优于梅州。但梅州人谨遵叶帅"要向山区进军"和耀邦同志"面向山，开发山"的教导，形成了规模，打出了优势。我真为客家人的开拓进取精神所折服，也为家乡人的不争感到怅惜。

客家人的这种开拓进取精神，同样在修志中也得到体现。以丘、叶两位主任为首的志书编纂班子，不但在追求志书质量上兢兢业业，还谨记"修志为用"的古训，还在修志过程中，就探索利用方志资源为社会文明建设服务的路子。去年建成现已正式开放的"归读公园"的内容构架，就是市志办一手设计的。公园沿梅江长 4 公里，繁花绿树丛中，建亭、台、屋、苑、廊，共 10 组建筑，每组均寓一位历史名人的突出事迹，用的都是修志中汇集的资料精华。整个公园，不但是市人休闲之所，更是极具历史人文内涵的传统教育基地，也是梅州市的一张物化名片。笔者于开放前数日曾去览游一过，面对每一组建筑都流连难舍。尤其是在《剑英弈台》前更是浮想联翩，突然就回忆起了头年所写的那首《拜谒梅州叶剑英元帅纪念园，步叶帅〈八十书怀〉韵》：

八十书怀论废兴，自是古今一闻人。
仗剑一击伸汉气，运筹多志静胡尘。
群丑金瓯乱舞日，身居细柳卫沉沦。
面直汹涛终挺立，赖尔南天一柱撑。

《梅州市志》即将付印，辞丘、叶二主任之命不获，粗写以上记忆，聊以为贺，并祝《梅州市志》在当地三个文明建设中发挥更大的作用。

诸葛计 于北京昌平天通西苑五桐斋
2010 年"五一"国际劳动节，时年七十又一
（《梅州市志》，叶小华总纂，方志出版社 2011 年版）

2. 新编《临桂县志》序

新编《临桂县志》已经修成，即将发排付印，这对全县人民是一件可喜可贺的大事。

由于工作的关系，近几年来，我几乎每天都可以接触到一部或几部各类新编志书面世的消息。每一条这种消息的传来，都使我感到由衷的高兴。但也毋庸讳言，任何一条这类消息对我的触动，都远不如《临桂县志》修成对我触动之深。读者幸勿讥我的狭隘与偏私，实是无法摆脱的乡情使然。"维桑与梓，必恭敬止"，"胡马依北风，越鸟巢南枝"嘛！

常读书的人都有这样的体会，同是一部书，以不同的感情去读，往往会产生不同的感受，取得不同的效果。在这里我的体会尤深。新编《临桂县志》版面虽只有120万字，但我从中却可读出三百、五百万字，甚至上千万字的内蕴来。例如《旅游资源》一节中的"（地下加口）岩"一目，书中虽只介绍了它的位置、面积、形状、特点、价值等，我却在文字之外，又读出了它令人难忘的历史。抗日战争时期，它曾是乡人避难之所。其中部的一个约3平方米的平台，曾是我一家3口人的奢华居所。它左边一株石笋就是天然的灯台，右边斜壁上一个巨大的仙人履迹，就成了我家临时的碗柜。又如《民族》章的"民族团结"一目，书中虽只从1951年写起，但我却读出了此前的悠悠岁月中，舅父及许多邻人乡友入山谋生，受到瑶民兄弟的热情接待，以及佩戴奇特的瑶家老伯、伯娘，背扛背篓出山卖药，到舅父家作客、"认老同"等无数生动的事例来。写下这些，我并非是在责备县志过于简略。在这里想表达的只是，一个长期旅居在外的游子，其对故乡的无限忆恋，是用多少文字都无法尽述的。

新县志的修成，离不开县领导的支持及各方面的配合与帮助。但最不可没的功劳应属于县志办公室，尤其是主编李荣典、副主编甘广秋及整个修志工作的主持者刘寿孙等诸公。本志的编纂工作始于1985年；自那至今已有十个春秋。在这3600多个日日夜夜，县志办的同志们经冬历暑，无论晨昏，在收集 2000 多万字资料基础之上，精心编纂，数改篇目，三易其稿，方得成书。数千万字的搜集纂辑，靠的都是手工操作，一笔一画书攒而成，其艰巨繁难可想而知。这十年正是全国实行改革开放的十年，经济的发展和科技的进步，使得其他许多部门的工作条件，都有了很大的改善。而方志工作的性质和条件，却决定了县志办的同志们，不得不依然在艰苦、清苦、辛苦的条件下工作（据笔者所知，有时整个办公室一年的经费只有 1000 元）。别人在业余时间做家务、看小说、看电视以及陪着亲人到娱乐场所消闲享受之时，正是志办的同志们冷凳寒灯、苦读冥思之时。他们以惊人的毅力，忍受着冷清，无声地耕耘，默默地奉献，终于成就此皇皇巨著，实在令人感佩至深。书及于此，想起去年四月，我参加新编《扬州市志》评稿会时写的一首绝句，用来转送本县志办诸同志，也是颇为合适的。诗曰：

> 十年"三苦"远尘嚣，非是忤愚懒逐潮。
> 囊里羞涩无需愧，一志修成足自骄。

临桂自汉元鼎六年（公元前 111 年），建始安县（唐至德二年——公元 757 年改临桂县）起，至今已有 2100 余年的历史。自三国至清的 1600 年间，本县一直是郡、州、路、府治所在；元至民国间，广西行省亦长期设治于临桂，故有"桂郡首邑"之称。在政治、经济及文化方面，都处在较为特殊的地位。文化方面尤为突出。自唐乾宁二年（859）赵观文廷试第一，为广西夺得第一个状元起，至清末的 1000 余年间，广西共有 9 人获状元，其中 5 人出自临桂。宋代本县有 36 人进士及第。明、清两代，广西中进士者达 711 人，临桂占到 239 人，高居各县之首。其中，陈宏谋的玄孙陈继昌，从嘉庆十八年至二十五年（1813—1820 年）的 8 年间连中三元，成为有清一代仅有的两个三元及第者之一。在整个中国科举史上，三元及第者也只有 13 人。从光绪十五年至十八年（1889—1892 年），科举共开三科，本县便有张建勋、刘福姚两人中状元，其中壬辰（1892 年）科，除了一名状元之外，还有 7 人同中进士。自那之后，在北京的临桂会馆的大门上，便挂出了"一县八进士，三科两状元"的楹联，一时成为佳话广为流传。中国科举史上的这一奇迹，确实是临桂县、甚至整个广西都足以引为骄傲的。这样的成绩，与中原地区的许多古县、大县相比，不但毫无愧色，而且还有过之。我曾向邻居、《清代的状元》一书的作者宋元强教授讨教过，怎么解释临桂县科举考试中显示出来的这种特殊现象？他以陈宏谋祖孙等重视教育为对。毫无疑问，这是一个重要原因，但是否就是答案的全部呢？看来尚有进一步探讨的余地。

与此相关，在临桂县的文化史上，还有另一个奇特的现象，就是开始修志的时间比许多较晚设置的县都晚，修志的次数也少。有关历史上各个历史时期修成志书的数量，各种方志史说法颇不一致。由于统计口径不同以及诸多其他原因的影响，这并不足怪。现姑采其中一说以言之。由汉至唐的1100年间，全国修纂的志书总数近400种，有宋一代319年间，修成1016种，元代享国89年，修成志书140余种。如果说从汉至元的1500年间，临桂这个古县只有过一部《临桂图经》（已佚），已使人感到很不相称的话，那么有明一代的276年间，也未修出一部县志来，简直是不可思议了。明代共修成志书2892种。据《明史·地理志》所载，终明之世，为直隶者2，为布政使司13，府140，州193，县1138，羁縻府19，羁縻州47，县6，共有县级以上建置单位是1559个。平均每个单位修成志书1.86种，除却少量的乡镇、卫所等小志不计，仅以县级以上志书言之，平均亦不下1.8种。从1998年出版的《广西地方志提要》可以查得，广西现存的明代志书也还有10种之多。解放后已并入临桂县的义宁县，是五代后晋时才设置的一个蕞尔小县。据今尚存世的谢云道光《义宁县志·序》可知，这个县在明成化、正德、嘉靖间也曾三次纂修县志。在这些数字对比面前，临桂县居然是空白，不但不见留下志书，也不见其曾修过县志的信息。这个历史之谜，看来也只好留待方志史家们去求解了。

据笔者目前闻见所及，临桂县修志晚于清初。康熙二十二年（1683年），知县张遴奉省宪修《广西通志》之檄，催取县志，无以为报，乃以本邑孝廉潘宏澍及其子毓梧以应修邑志事。宏澍父子任役之后，"遍购遗编，广搜残简，采见闻，参传讯，集成临邑小志"，以报当事。次年省志告成之后，又将小志再为纂辑，"参以郡乘，缺者补之，略者增之"。最后又由本县孝廉杨文芳核定义例、条目，厘为10卷，才梓刻成书。据说此书于中国科学院南京地理研究所图书馆有藏，但笔者无缘寓目，仅得见张遴、潘宏澍序各一。此后嘉庆七年（1802年）、光绪三十一年（1905年）又两次纂修，志书均存。

民国时期，曾于20世纪三四十年代两次纂修。可惜由于日寇入侵及时局变迁，使这两次修志成果，于大陆已无处觅其芳踪矣。本届修志以来，笔者忝于本县志顾问之列，虽曾首倡编纂《临桂县乡友通讯录》，又曾以个人名义致书海内外乡贤，多方访寻，冀有所获。奈依旧踪迹杳然，已无从知其尚存世否也。这无疑给本届修志增添了难度，使20世纪前半期及其以前的资料多付阙如，留下了历史的遗憾。

编修地方志是中华民族的优良传统，千百年来代代赓续。关于修志的意义与作用，先贤们已经论述很多，且人言人殊。有人偏重于它的教化功能，说是"史志之书，有裨风教者，原因传述忠孝节义，凛凛烈烈，有声有色，使百世而下，怯者勇生，贪者廉立。"（章学诚《答甄秀才论修志第一书》）有人着重它的存史作用，说志书记载史实，传信于后，让后代得以稽考，可以纠史之缪，补史之缺。有人强调它的资治功能，或者是为最高当政者皇帝，使其"衽席之上，敧枕而郡邑可观；游幸之时，倚马而山川尽在"（唐·元稹《进西北图经状》）。或者是为读书人和高级官员，使他们足不出户便知悉地方，"不入提封而知其人民、城社、田租、土贡、风俗异同、户口多寡之差"（元·杨维桢《至正昆山志序》）。但更多的人则认为，志书资治功能表现在"有益民生吏治"，主要是为治理一方的地方官员服务的。志书对于地方治理者之重要，犹如行暗室之火烛，济江河之舟楫一样，一志在手，"一目了然。准而行之，可以为能吏，可以为廉吏，可以为日记不足、月记有余之循吏"（沈德潜《［乾隆］长洲县志·序》）。

方志的功能本来具有多面性，因此上述诸说都不无道理，且互不抵牾。但对于一个地方来说，有益于"民生"与"吏治"，其关系更为密切。我们现在编修的是社会主义新方志，它既有教育的作用，又有存史的功能，也有资治的义务。如果说我们本届编修的志书与历史上修的志书有什么不同的话，除了史观上的区别之外，最重要的恐怕就是比旧志更强调"修志为用"，更强调为地方的发展服务了。从10多年来已经出版的千余种省、市、县三级的新志书来看，在这方面都已经发挥了较明显的作用，获得了不同程度的效益：或者推动了教育的发展，引起了科技的进步，促进了地方经济的腾飞；或者开发了地方资源，发掘了传统产品和技艺，恢复了历史的特产；或者沟通了与外界的联系，引来了外资，推动了改革开放的进程；或者以所提供科学地情，使领导者据之作出了科学的决策，迅速地改变了地方的面貌。

新编《临桂县志》是否也能起到这样的作用呢？我认为是完全可以的。它以客观科学的态度，比较准确地记述了本县的地情，既反映了自身的特点，又展示了面临的现实，尤其是多处运用对比的资料，显示出过去行进的步伐及今后发展的潜力所在。临桂是个农业县，有着优越的自然条件。正是在这个基础上，县人通过努力做出了贡献。至 1990 年，农业人口人均产粮、亩产都不仅高于全国，也高于广西的平均水平，成为全国粮食生产、高产先进县，农业人均收入也在全国农业人口平均收入之上。现在面临的问题是：人口剧增，劳力人均占有耕地逐年减少，森林覆盖率及木材蓄积量下降，生态环境趋向不良，水利工程年老失修，农业内部产业结构不尽合理。这些都影响了本县农业发展的步伐，使之低于广西的平均速度。工业生产水平不高，基础较差，矿产资源相对贫乏，发展工业的难度较大。志书还如实地记述了许多可以挖掘的潜力：有较多条件较好的宜农宜粮荒地、宜林荒山、宜于养殖的水域，有待开发利用；有多种经济价值较高的土特产品；有为数可观的剩余劳动力；又地处旅游名城桂林市近郊。凡此种种，都是其他许多县份无法比拟的优势。新县志以无数的事实、确切的数据，真真切切地告诉县人，我们的优长与短劣同在，困难与机遇并存，关键就在于领头人的正确决策与决心了。这难道还不是最好的资治之书吗？

旧时代的州县长官，称为知州、知县，就是知悉本州本县的意思，而志书则是他们依赖的重要工具。今天，我们各级地方的领导者们，任务就是在中央方针政策的指引下，因地制宜地进行科学决策，带领群众发展经济奔小康，建设有中国特色的社会主义。熟知地情也是首要条件。如果他们都不但能经常读读本市、本县的志书，也读一读与本地基础条件相仿，而改革开放以来又已经迅速崛起的地方的志书，从对比之中获得启示与借鉴，对于他们搞好工作，又岂止是小补而已？

新编《临桂县志》，果能得到自今而后的领导者们的不时光顾，则又岂止是志人之幸，举邑之人尤幸甚焉。

本县富汴村人、抱山牧竖诸葛计
1995 年 4 月序于北京

（《临桂县志》，李荣典主编，方志出版社 1996 年版。此文刊于县志之同时，还刊发于《广西地方志》1996 年第 4 期）

3. 时代催新法

——序《大埔县志》

中国方志优良传统之一，是代代赓续，延绵不绝。凡在前贤肇创之后而再修者，或称新一代，或曰新一届，而今又有新一轮之说。20世纪之后半期至其末，全国大地上出现了有史以来最大的一次修志高潮。修成志书数量之众，志种之多，遍及地域之广，都可谓是空前的。进入新世纪之后开展起来的新一轮，被通称为社会主义时期的第二轮志书。不过在笔者看来，如果不是有意地忽略20世纪五六十年代那轮修志功绩的话，应该已经是社会主义时期的第三轮修志了。

在前一轮志书完成之后，紧接的新一轮志书如何修法，在方志界已经进行了十多年的讨论探索，成果也已经不少。无论是在理论探讨，还是实际的做法上的摸索中所取得的成绩，在方志史上都是有积极意义的。

在前一轮志书之后的新一轮志书，到底是应当修成新的通志，还是修成断代续志，这是首先遇到的第一个问题。关于这个问题在第二轮（实际是第三轮）修志开始时，就出现了两种不同的意见，其壁垒鲜明的对立，于2000年7月在哈尔滨举行的全国续志篇目设置的理论讨论会上，得到最集中的体现。当时与会者当中，带去自制篇目的多数修志实际工作者，都持的是修断代志的主张。他们的理解是，顾名思义，续志就应当是修一部接续前志的断代志，其时段的上限为接续前轮志书的下限，其内容主要就是续记上轮志书下限后的史事；对于前志的内容不再纳入，只是补其缺佚、纠其错讹而已。而与会的不少理论研究者和部分实际工作者，则主张不但要续记上轮志书下限后的史事，补其缺佚，纠其错讹，还要融汇前志的内容，另铸新辞，修成一部新的通志。时为中国地方志协会会长王忍之先生的讲话，是这后一种主张有代表性的概括。他提出新一轮修志的任务：一是"续"，把中国改革开放20年变化记述清楚，是新一轮修志的首要任务；二是"修"，就是对前一轮志书进行修正，好的保留，错的纠正，缺的补上，繁的精减。不能只讲"续"，不讲"修"。有的方志史研究者还为这种主张提供了历史的依据，提出从今流传下来的 8000 多部旧志来看，真正一刀切式的续志是很少看到的。就是如《吴郡图经续记》这样名为"续记"的志书，实际上仍然是一部贯通古今的地方志。笔者因故没参加那次会议，从会后看到的《会议纪要》中，我便将这两种意见，概括为是"修'续志'"，还是"'续'修志"。

从近十年来先后修成出版的这轮志书和已知的情况来看，多数地方实行的是"修'续志'"，只有可数的一些地方是"'续'修志"。现在摆在读者面前的这部《大埔县志》，实行的也是"修'续志'"。

同样是实行"修'续志'"的地方，做法上也还各有不同。各自在实际摸索中得出来的经验也是很可宝贵的，有的还具有创新的意义。

历史上修成真正的断代续志虽然为数不是很多，但持修断代续志主张的人还是不少的，有的还是历史上很有名的方志专家。明代世宗嘉靖年间，吴廷举纂了一部《湖广总志》，又名《湖广图经志书》。吴氏在是志序中就提出："作志本难。否则不若姑仍旧志，附以新事之为得也。"（转见赵慧文，《湖北方志》1989 年第 2 期）

清代孙星衍在乾嘉时期曾纂修过多部很有影响的志书，是毫无争议的方志名家。嘉庆十九年（1814），他在华亭沈氏重刻宋人杨潜纂的《云间志》的序言中也提出："余病今世修志。无善作好手，不如刻古志于前，以后来事迹续之。或旧有遗漏舛误，不妨别为'考证'一卷。"其后的阮元也是一位于志事多所建树的方志名家。道光十八年（1838）他重返故里江苏仪征，邑人以重修县志事就问于他时，他同样提出："欲得新志之善，必须存留旧志。当于各门之中，皆列申志（指申嘉瑞修的隆庆《仪真县志》）于前，然后再列新增。凡下志有异同，则详注以推其得失；新增之事迹，则据实以著其本源。其旧志缺漏舛伪，有他书可以订正者，别立《校补》一卷。"（阮元《重修仪征县志》序）

按照这种主张，历史上也确实出现了一些以这种模式修成的比较典型的断代续志。如康熙时，林华皖主修、郝应第续纂的《新乐县志》20 卷，是在明万历张正蒙修、陈实纂《新乐县志》之后的续修。其做法就是每逢单卷照录万历原书，偶卷则为所续的新内容。

　　清季至民国间的方志学者，提出或运用续志的原则，虽各家所说略有区别，但都大同小异。道光十三年（1874），汪士铎的《续纂江宁府志》，实行的是前志以后的事续之，无可续者舍之，残缺者补之，没有的门目则另创。实际行的是续、补、创的三字原则。民国三十年（1941）续俭、范紫东纂修的《乾县新志》，自己说，实行的是创、补、续、因、变五个字。同年，黎锦熙撰的《方志今议——城固县志续修工作方案》中，提出修志四原则：明三术、立两标、广四用、破四障。其中的明三术，明确讲就是续、补、创。笔者认为，将前人的意思，归纳为续、补、纠、创四个字，可能更准确些。

　　现在的《大埔县志》（1979—2000），是在县几届县委和政府的领导和主持下，由黄建辉先生为主任和主编的这个团队，多年辛勤劳动的结晶。在这部志书中，基本是按上述四字原则实行的，但又有其创意。

　　本书基本框架略同于1992年11月出版的《大埔县志》（前志），它记述的是大埔县1979—2000年间的史事，"续"是其主要内容，自不必说。"补"前志之缺者也不少。有以专节出现者，如《人口》篇中，补有《主要姓氏来源及人口分布》节；《政权 政协》篇中，补有《镇人民代表大会》节；《教育》篇中，补有《学"陶"师"陶"》节；《文化》篇中，补有《族谱》节等。除了以专节出现的补以外，还有以篇前小序的形式作补的。如在《乡镇》篇的小序中，就增补了自明嘉靖三十六年（1557）至1983年的近四百年间社会基层组织的"都"、"社"、"乡"、"镇"、"公社"、"场"、"区"的变化情况。还有在行文中随处作补的，如《乡镇（场）》篇的《湖寮镇》条的行文中，补入有"据文物考证，古时，镇中心原是湖泊，有人于湖边搭棚而居，故称湖寮"。更值得注意的是，其《人物》篇中的《人物传》，补历史人物的传主更多。前志的人物传共有74篇，收入传主76人。新志的人物传共有123篇，收入传主124人。据笔者粗略统计，属于前志下限前故世的人物有72人之多，也就是说，所补人物数量几与前志列传的等同。这是迄今为止，笔者所见的新旧志书中，补其前志人物之最多者。

　　关于"纠"前志的舛误，除了专在《附录》中设有《前志勘误表》之外，还在行文中，甚至在一些不显眼之处，很巧妙地就加以了改正。如在《自然资源》章内，将前志的《矿产》节的节题，改为《矿物》节。

一字之改,无形中就使志书的科学性得到提升。因为只有已开发为人类造福的方可称"产",而含已开采和未开采的总称,只是矿物和矿藏。

更值得注意的是,它在"创"字上下的工夫。这里面包括新篇目的创设和体例方面的创新。

斯志中新增的篇有:《海外埔人与港澳台同胞》、《扶贫开发与小康建设》、《移民》三篇。《海外埔人与港澳台同胞》篇,是将前志的《华侨 侨务》篇扩改的,改得好。它是同类事物内容恰如其分的归纳与拓展,能更准确地反映事类的实际。其位置前移与《人口》篇相连,也移得好。物以类聚,人以群分。对于人群划分的标准,可以有多种的不同,以县境内、外来划分,也可以是一种标准的划分法。将港澳台胞与华侨华人统划作县域之外这个群体,是正确的,这里不但不牵涉国境内外的问题,而且解决了不少志书中在处理华人、侨胞与港澳台胞关系上遇到的难题。在写华人华侨和港澳台胞时,把记述重点放在这个群体对本根的情感及其报效上的贡献,其着眼点也是对的。

《扶贫开发与小康建设》篇,这是大埔这个特殊地域在特殊时段内所特有的事项。在其他的历史时段上不可能有,也是全国非贫困县、市的志书所没有的。"文章合为事而作",增此一篇,增得有理有据。

《移民》篇。志书上限以前县域也有移民问题,但都是小规模的,故前志未列章、节专记。新时期电站建设和铁路建筑中出现了较大规模的移民,故设此新篇事属必要,是时代进程使然。

至于章、节数量的减增,名称的变易,章节的升降,次序的先后调整,都无不蕴藏有编纂者的创意心思。

与历史上所有断代续志比较,本志还有一项更特殊的创新,就是上限与前志部分叠合的做法。前志的下限是 1988 年,按传统的做法,本书的上限应是 1989 年。但本志没有采用严格时限的"一刀切"的做法,而是把其上限定在 1979 年,与前志的断限有 11 年的叠合期。这个叠合期的存在,就产生了断代续志一种新的接续法,使"纵不断线"的线接续得更为紧密与自然。当然,这种部分叠合期的做法,不是本志的独创,在其前修成出版的多数二轮(暂按多数人的称法)志书,都是这样做的。其所以如此做,是因为 1978 年中共十一届三中全会而开启的改革开放的新国策,令中国步入了一个民族重辉的新时代。为保证一个新时期记述的完整性,将志书上限打破常规，适当前移，无形中便成就了续志做法上的这一新创，这完全是时势使然。不知读者诸君以为然否？

黄主编将志稿寄来令读，同时责令作序。自知道德文章皆不堪此任，曾转荐师长数人，均未获免。勉为读志稿有得如上，如不为志界同仁视为佛头所着之秽，则幸甚矣。

一介退休的志界行走诸葛计 2009 年 6 月

于北京昌平区天通西苑五桐斋，时年七十

（《大埔县志》，黄建辉主编，广东人民出版社 2011 年版）

4.《乌苏县志》序

由于新疆志友的谬荐及乌苏市志办主编廖基衡先生的错爱，其志办将皇皇百余万言的《乌苏县志》稿寄来，嘱为之序。奉读钧旨，聆其电令，不胜惶恐。"人之患，在好为人序"之警告曾有所闻。小子何人，也敢冒此不韪？然廖君以"边远民族地区修成一志，不啻搬掉一座大山"相恳驱，又可奈何？

近年来在日常工作中，对于边疆地区、少数民族地区、历史上较少修志地区所编的新志书出版，笔者常怀有一种先睹为快的渴求。即使不能细读、通读，稍作浏览也是好的。因为这些地区的历史特点、民族特点、民情风俗特点、自然环境特点和资源特点，往往都十分鲜明、突出。为了反映这些特点，志书在篇目、体例及表现手法上又往往时有创新。每读其书，总能让人见到新的景观，了解到新的情况，获得新的知识，得到新的享受。古人所谓的"烛游"、"卧游"、"书海之游"，其乐莫不尽现于斯。

乌苏，其名过去虽有耳闻，其地于我则属生疏。志稿之首虽有"乌苏县行政区划图"，但由于图中未标明其在新疆的位置，故为了弄清乌苏之所在方位，不得不借助于全国地图的新疆幅。当我于地形图中那片被深浅不等的褐黄色所包围的绿色翡翠里找到她时，一种亲切之感便油然而生。真不啻久久跋涉于沙漠之中而偶遇清泉。展读《乌苏县志》稿，更是如所期望，又一次获得阅读上述新志书时所特有的那种享受。它时而令我击案称是，时而又令我泪眼模糊，有时甚至热泪盈眶。读完志稿，觉其惠人益世者多多，然不能尽述，今谨择印象尤深者两点以言之。

一是经世致用，可为推动地方发展的行政决策服务。

经世致用是我国文化著述中的一项优良的传统。章学诚也曾强调，"夫修志者，非示观美，将求其实用也"。毫无疑问，编纂社会主义新志书，也要继承和发扬这一优良的传统，树立修志为用的目标。修志者，尤其是志书的主编者，这种意识的明暗强弱，直接关系到志书功用的大小，以至影响到志书质量的高下。志书的可用性是有层次之别的。有的注意展现某些具体事物的发展变化规律，可为人们利用及预防。如本志稿自然灾害章冰雹节内，从历史资料的归纳中，得出本县冰雹行进的 3 条路径，就能直接服务于人们的生产和生活；有的通过记述人类曾经历过的惨痛教训，提供了多方面的历史鉴戒。如本志稿专设的《征鉴》篇，令人得知许多事情的避趋去就，等等。

但是，修志为用的最高着眼点，还应当放在为地方经济发展、社会发展的高层决策服务上。志书如何为经济发展、社会发展决策服务？广西《灵川县志》主编廖江先生曾有一个很形象的比喻。其谓：志书全面地记述了一地的地情，让主政者对该地所面临的自然、社会环境及其所拥有的资源和基础设施等，虽已了然于胸，但如不思开拓进取，仅以常规设治，其地虽也会有序地发展，但速度只会是鸭行鹅步，社会面貌及人民的生活都不会有快速的发展和提高。犹如一户农家拥有了一批糯谷，打成江米，仅用来煮成糯米饭，也能充饥果腹，但只是得以度日而已，生活难以提高。如若设法找到一些曲霉（俗称酒曲），将糯米酿成江米酒，则不但营养丰富，味道甘甜，且可将节约下来的粮食投入市场，换回其他所需物品，是很划得来的事情。一部好的志书，就应当是这种曲霉的提供者。一个有为的地方志工作者，就应该充当这种曲霉的发现者。他们在修志过程中，深入而精心地研究本地的地情，从而寻找出推动地方社会和经济发展的关键，提供给主政者，为他们进行决策服务。这个比喻是非常形象而又贴切的。

通过览读，我认为这部《乌苏县志》稿，既系统而全面地记述了乌苏县自然及社会的历史和现状，也找出了制约乌苏发展的种种因素，尤其是指明了推动乌苏经济和社会快速发展的关键所在。这些因素和关键，不但能从全书的资料中体现出来，而且在全志的《概述》中，更以十分明快的策论之笔予以揭出。还是让我们来读一读《概述》中的这段文字吧：

> 资源优势和地缘优势仍未得到很好的开发利用；人工控制天气刚刚起步，农牧业生产和人民生活易受灾害性天气袭扰；社会生活中还存在某些不安定因素，干部群众的思想观念还不适应发展的要求……

这些因素都是制约全局的劣势。相对而言，它们都是局部的、暂时的。关键的、全局性的劣势是什么？一曰财力不足；二曰人才奇缺……正是这两个带全局的劣势，使我们失去了一个又一个的机遇！而这两条恰恰又容易被人们所忽视。因此，要开拓前进，必须千方百计开源节流，积累资金。"十年树木，百年树人"，造就人才急不可待，要挤出钱来办教育，千方百计提高劳动者的素质。有了较充裕的财力，有了一定数量的德才兼备的人才，振兴乌苏，一切困难都可以迎刃而解。

这不就是找到了推动乌苏发展的关键吗？这对于乌苏县领导们决策的帮助作用，就不言自明了。

二是为新志书加强精神文明建设内容的记述，作出了有益的探索。

社会主义建设，包括物质文明建设和精神文明建设。新编地方志书，不但要记述这两方面的内容，更要为推动两个文明建设发挥作用。这虽已是本届修志中的共识，但从已出版的志书来看，在加强精神文明的记述方面，做得出色的却不是很多。《乌苏县志》则在这方面做出了有益的探索。除了在相关的篇章中，注意了精神文明内容的记述外，尤其值得称道之处，还在于《社会风尚》篇的设置上。该篇将记述重点，放在民族团结和军民团结上。内中辑录了许多的各民族群众之间，互助友爱及军爱民、民拥军的生动事例，一条条读来无不令人动容。笔者几乎是饱噙泪水，读完这两章的。抓住各民族群众之间和军民之间，这种血肉和鱼水之情的实例进行记述，既充分体现了乌苏的地方特点，又使志书具有了强烈的教育作用。这一点我认为是比较成功的。

本志历一十三载始克完成，殊非易事。如廖基衡主编所言，"比起内地的同行来，我们修志又多了两重困难：一是此地文化落后，档案难找，修志资料有如大海捞针；二是人才难得，基层单位修志人员如凤毛麟角。这套稿子从头至尾，基本上是办公室几个人啃下来的。"

阅其信，读其书，受其感而为此短文，聊以为序。

《中国地方志》主编诸葛计
1998 年元月 16 日于北京海淀区学院南皂君东里 11 号楼 3 门 7 号
（《乌苏县志》，廖基衡主编，新疆人民出版社 1999 年版）

5. 《十堰市志》序

　　《十堰市志》已经编纂完成。这是十堰有市的建置以来修成的第一部志书，是40万十堰人民社会生活中一件值得庆贺的大事。作为一名方志工作者，能在志书正式付梓之前就读到它，也是一件幸事。本志以马列主义、毛泽东思想和邓小平理论为指导，坚持历史唯物主义和辩证唯物主义的存真求实态度，按照方志体例，采用科学编纂方法，全面系统地记述了十堰自然和社会的历史及现状的方方面面情况，是一部具有一定科学性的难得的地情资料著作。笔者读完这部志稿之后，从中获得两点很深的印象：

　　其一，是反映十堰的城市特点非常突出。

　　反映地方特点，是地方志书编纂中所要努力追求的重要目标之一，它的成功与否，直接影响到志书质量的高低。从这部志稿中，人们就能清楚地看到，十堰是一个新兴的中等工业城市，与其他同类型的城市相比，其本身最为明显的特点，就是"山城"、"车城"。车城的特点，主要是表现在该市的产业结构上。汽车工业居于绝对的主导地位。汽车制造、轮胎制造、汽车零部件制造，构成了十堰经济的三大支柱，对十堰经济发展起着决定性的作用。志书中，除了将中国第二汽车制造厂从工业中析出，升格单列一卷外，这一特点还渗透到全书的各卷之中。山城的特点，主要表现在城市布局上的"集镇群式"的构成上。其中心区与各集镇之间，集镇与集镇之间，都因山岭地势分割而保持一定的距离，都留有一定的空间地带。这在全国城市中都是极为罕见的。

　　其二，是反映时代特色十分鲜明。

　　一部志书之中，除了反映地方特点之外，反映时代特色，也是其应当着力追求的。是否能反映时代特色，是志书成功与否的又一个重要标志。本届编修的社会主义第一代新志书，基本都是自古及今的通志。但本着修志"详近略远"的通则，又理所当然地把记述时限重点放在近、现代，也就是自鸦片战争以来至今的一个半世纪之内。进入近代以来的100多年，是中国社会历史发生巨大而深刻变化的时期。在这100多年中，就社会形态而言，中国由一个老大落后的完整的封建社会，逐步走向解体，经历了半殖民地半封建社会阶段、新民主主义阶段，最后走上有中国特色社会主义社会的历史过程。就社会性质的另一标准而言，中国由自给自足的传统的农业社会，进入到了具有初级水平的现代的工业化社会。就全国而言，大体是如此。但就国内的不同地区而言，则又各有先后、迟速和程度之别。作为记述各地区社会历史变化过程的地方志书来说，就应当抓住当地变化最大的时期作为记述的重点。通过对该地区这个时段变化的记述，体现出这样一个时代的特点来。

十堰是一个只有30多年历史的中等工业城市。建市之前只是郧县辖下偏僻山区的一个农村小镇。30多年来，这一地区以惊人的速度，发生了巨大而深刻的变化。《十堰市志》虽然也是贯通古今的通志体，但其记述重点却放在了近30年来的变化历史上，无疑这是恰当的，也是正确的。因为正是近30多年来，这里才基本完成了从传统的农业社会，向现代化工业社会的过渡。从志书所记述内容的实际来看，其所以出现这样快速的变化，一是得益于党和人民政府的决策，将这个偏僻山区作为三线建设的重点，给予了巨大人力、物力、财力的投入；二是得益于国家统一部署下的全国一盘棋的体制，汇集了全国各大工业城市的精兵强将和先进的机器设备，调集了全国各地5万多工人、干部和专业技术人才的协力共建；三是得益于劳动群众建设社会主义的积极性和艰苦创业的精神。在城市的初建阶段，来自全国各地数以万计的建设者们云集十堰，头顶蓝天，脚踏荒山，住芦棚，点马灯，粗茶淡饭，在极为艰苦的自然环境和物质条件下，架桥铺路，引水送电，安装设备，调试攻关，为大打我国汽车工业翻身仗，而作出了无私的奉献。所有这些都归结到一条，就是只有在社会主义制度下，十堰才得到了这样的机遇与可能的条件。志书所记下十堰发展的历史，充分地反映了社会主义制度的优越性，体现了一条不可移易的规律：那就是只有社会主义才能发展中国。

一部志书，让人读完之后能留下如此深刻的印象，自然得出这条反映真理的结论来，可见编纂者们在这方面作出的努力，是成功的，是达到了预期目的的。我相信，志书出版发行之后，定能惠及当代，功垂后世。

1999 年 12 月 26 日

（《十堰市志》，梁国银总纂，中华书局 1999 年版）

6. 《锡林郭勒盟畜牧志》序

　　我自幼生长在岭南山区，对外部世界知之甚少；成年后读书、工作，又是从城市到城市，极少有机会出去领略祖国的大好河山，景物风光。东南的茫茫大海，西北的千里戈壁，西南的热带丛林，北方的大漠草原，都无不令我神往。尤其是"天苍苍，野茫茫，风吹草低现牛羊"的内蒙古大草原，更是引起我无限的遐想，令我渴求去亲睹她那蓝天白云，绿草如茵，繁花似锦，牛羊遍野的自然景观。记得大约是 1978 年左右，内蒙古大学的阮芳纪先生调入北京，在《历史研究》编辑部与我同在一个办公室工作。他每次对大草原的绘声绘色的描述，不但使我 7 岁的小女儿听得如醉如痴，就连我这已经进入不惑之年的人，听后也产生了对草原的无比向往之情。

　　可庆幸的是，有时机遇也肯从人所愿。近年来我改而步入地方志的行列，由于工作的关系，我不但有了与各地修志同行接触的机会，也终于得到了较多的外出了解各地山川自然、风土民情的机会。在日常的工作中，我对边疆地区、少数民族地区、历史上修志少的地区的方志工作，无论是新志编纂还是旧志整理，总是特别地关注。有同志开玩笑说我是情有独钟，我也自认不讳。这种感情的产生，当然主要是这些地区的历史特点、民族特点、自然环境特点、资源特点值得特别注意，加之相关的历史资料稀少难得等原因使然；但我也不得不承认，前述的那种神往和遐想，也是或多或少地起了一定的潜在作用。

　　对内蒙古的修志同行，除了自治区志办的若干同志之外，我还与三个地区的志办（也就是三部志书的编纂工作者）有较多直接的联系。一个是伊克昭盟志办，一个是呼伦贝尔盟志办，另一个就是《锡林郭勒盟畜牧志》编辑办公室了。如果我们把引起自己与某人或某事物发生联系的一种偶然的机遇，称作人们常说的"缘分"的话，我也算得上是与锡盟畜牧志办有缘分的了。1996年夏的一天，我到单位上班，在办公室不期然地与该志主编齐伯益先生相遇。在不长的交谈时间里，我从齐先生的介绍中，知道了许多以前不知不懂的有关草原人的生产、生活的情况，有些简直是想象不到、闻所未闻。在整个谈话过程中，我深深地被齐先生那种对草原的深厚感情所感染，同时也被齐先生和他们志办诸同志的高度敬业精神所感动。这自然就引起了我对齐先生主编的《锡林郭勒盟畜牧志》的极大兴趣。

锡林郭勒盟乃是以蒙古族为主实行民族区域自治的地区。蒙古族是我国民族大家庭里极富特色的一个成员。她世居于我国北部边疆，以畜牧业为主。世世代代，蒙古族的牧民们沿袭着逐水草而游牧的生产方式，在与大自然的搏斗中，培养和锻炼了他们尚武坚强、智慧勇敢的性格，被称为"马背上的民族"。他们以自己辛勤的汗水，培育了驰名中外、曾遍布祖国大地的蒙古种牲畜，为祖国畜牧业的发展做出了突出的贡献。他们以自己的智慧、勇敢和鲜血，一次次地抗击了外来侵略，挫败了敌人分裂我国的阴谋，保卫了祖国领土的完整。无论是在建设祖国还是在保卫祖国的斗争中，他们都为自己赢得了荣誉。他们是我们民族大家庭中的自豪和骄傲。

锡盟又是全国四大草原之一的内蒙古草原的典型地区。草原是为人类提供草食牲畜产品和绿色食品的基地。草地是生态多样性、物质多样性和遗传多样性的宝库，是保持生态环境稳定的绿色屏障。我国的草场牧业不但有极为悠久的历史，更有非常美好的前景。我国的草地面积四倍余耕地面积，草场牧业的发展潜力很大。我国的牧民群众在长期的牧业实践中，积累了丰富的经验。解放以后，尤其是中共十一届三中全会以后，牧业生产有了很大的发展；但是也还存在比较突出的矛盾，主要是技术水平较低，效益欠佳。以草原面积而论，仅一个锡盟就与以畜牧业著称的新西兰的草原面积相当，但我们的单位草地的畜产品产量，却只相当于新西兰的1/27；草场利用不尽合理，致使草场严重退化；牧民们在长期实践中摸索出来的许多宝贵经验，总结提高还不够，有些科研成果的推广应用也不够，等等。

为了进一步建设和开发草原，促进我国畜牧业的快速发展，显然，编修一部记述以蒙、汉为主的各族人民在锡盟这块典型的草原地区从事牧业的历史与现状的志书，对于了解蒙古族，了解我国北部草原以及我国畜牧业的历史与现状，都是很有意义的。编修地方志是我国优良的文化传统，代代相续，永未断章。仅留传至今的 1949 年以前修成的旧志书就有近万种，11 万多卷；但遍查所有方志存目，都还没有一部记载畜牧业的专门志书。本届修志当中，虽然许多省、市的规划中都有畜牧志的专卷，但从目前的进展情况来看，《锡林郭勒盟畜牧志》也是属于成书较早的一部。从在方志发展中创设一个新门类的角度来看，其意义也是不应低估的。

现在出版的这部锡盟《畜牧志》，都 24 章，逾百万言，全方位地记述了锡盟畜牧业生产力和生产关系演变的历史和现状的方方面面。该志不但体例得当，时代和民族特色突出，地域和专业特点鲜明，资料丰富、翔实，以事系人做得较好，而且注意了历史经验和教训的总结。尤其难能可贵的是，它通过具体史实的记述，体现了事物发展的规律，使志书具有了较强的资治、教育作用。

第一，是中国共产党的领导。蒙古民族虽然是个坚强勇敢、勤劳智慧的民族，但在长期的封建、半殖民地半封建社会制度的桎梏下，民族灾难深重。在旧中国三座大山的压迫下，牧民生活穷困落后，贫病交加，牧区疾疫流行，牧业萎缩，人口呈负增长趋势。到解放前夕，锡察地区（即今锡盟地区）人口仅剩 13 万，牲畜只有百余万头（只）。有人曾断言："五十年后这个民族将自行灭亡。"但是，就在这个关键时刻，蒙古族人民和全国各族人民一道，在中国共产党的领导下，通过艰苦卓绝的斗争，终于迎来了解放，经过新民主主义阶段，又走上了有中国特色的社会主义道路。由于坚持了"提倡定居游牧，达到人畜两旺"的正确方针，五十年后的今天，锡盟草原已是人畜两旺，百业俱兴，由逐水草放牧进而到定居建设养畜。1990 年全国第四次人口普查时，锡盟人口已达到 88.9 万，比解放时增长近 6.8 倍，以至要采取措施，有计划地控制人口增长；1996 年牲畜总头数已突破 1480 万头（只），比解放时 1946 年的 110.2 万头（只），增加了 12 倍多。志书中虽然只据事直书，坚持了述而不论，但却明白无误地体现了只有在中国共产党的领导下，走社会主义道路，才是蒙古民族发展昌盛的唯一正确道路这一真理。

第二，是民族之间的团结。草原地区的畜牧受自然条件的影响极大。干旱草乏和大雪封冻，是牧区常遇的灾害，后者的危害更甚。在旧社会，人自对天，分散游牧，对灾害的抗御能力低。一遇大雪灾，便出现牲畜被吞噬，牧民陷入苦难的境地。新社会虽然还不能完全消除和抵御灾害，但由于建立了民族之间、地区之间、人与人之间完全新型的关系，一方有灾，八方支援，共同抗灾，对灾害的抗御能力已经大大增强了。如 1977 年 10 月至 1978 年 4 月，锡盟草原上遭受了史无前例的大雪灾，深雪冰冻长达 6 个月之久（牧民称之为铁雪白灾）。在旧社会，这将是一场灭顶之灾。但在党中央、国务院的亲切关怀下，各地立即调动了大量的人力物力，支援抗灾救灾。中央派了 23 架各种类型的飞机，飞行 6790 架次，向灾区空投粮食、饲料 493 万公斤，其他抗灾物资 420 多吨。人民解放军、商业部、交通部等部门及天津、河北、辽宁等省、市，派出救灾人员，送来各地、各部门、各族人民捐献的救灾物资。北京军区派出坦克、装甲车为汽车开路，派油罐车送油。自治区内各地及锡盟也出动拖拉机、载重汽车近千辆，满载食品、饲料等各种物资送到抗灾第一线，运草、运料进行抗灾、保人、保畜。正是在各族人民的大力支援下，灾害所造成的破坏降到了最低限度，全盟保畜达 74.6%。这是一曲各族人民互相支援、团结抗灾、夺取保人保畜胜利的凯歌。在我们这个民族大家庭里，各民族之间的支援都是相互的。蒙古族人民遇到困难时得到了各族人民的大力支援，同样，其他各族各地有困难的时候，蒙古族人民也给予了无私的援助。1961—1962 年，在全国性的经济困难时期，锡盟各族人民节衣缩食，源源不断地将大量的肉食支援全国各地。当地从领导干部到一般市民，都只吃定量供应的肉食，机关食堂的菜里也不放肉；牧民之家每户一年也仅吃一两只羊；全盟人均供肉量不超过全国的平均标准。正是在这种特殊困难面前，各民族之间的有难同当、同甘共苦的手足之情充分地表现了出来。志书中记下这些事实，笔法虽是质朴的，但在字里行间却显示了这样一个确定无疑的结论：中华民族的文明是全国各族人民共同创造的，在这个民族大家庭里，56 个成员之间，大家互相依靠，谁也离不开谁。

第三，是正确决策，科技兴牧。锡盟的畜牧业经历了逐水草自由放牧—定居游牧—建设养畜、科学养畜的发展历程，而今又正在向集约化草原畜牧业的目标迈进。志书翔实地记述了这个地区畜牧业发展沿革，并且特别注意了生产和管理中经验、教训方面资料的汇集。如在记述 1953 年的抗灾活动时，专门集录了当时从群众中总结出来的 10 条经验、教训。在记述抗御 1977—1978 年的"铁雪白灾"时，详介了锡林浩特市的经验和教训。该市是重灾区，每畜过冬草仅有 15 斤，临时又惜售牲畜，最后 30 万头牲畜只剩下 3 万头，90% 的牲畜被大雪吞噬，皮毛都未收回；灾后经各地支援，8 年才得以恢复。但这个重灾区的白音锡勒牧场三分场，由于处置得当，情况却是另外一个样子。他们的经验是采取"暖繁冷售"、"暖增冷缩"，即青草期多养，提高繁殖成活率；冷季少养，增加母畜比重，养好母畜。在大风雪来临时，主动处理了 40% 的牲畜，把贮存草料集中用于保母畜及种畜，结果母羊、牛、马保畜率达 96%。经处理所得的都是好皮、好肉。次年仔畜繁成率达 80%，总增牲畜 21%。十一届三中全会后，1985 年冬到 1986 年春，1992 年冬到 1993 年春，锡盟又遭受两场大雪灾。由于落实了畜牧承包责任制，牧民有了自主权，上下都增强了立草为业、建设养畜、商品和效益意识。盟委和行署总结了以往的经验，及时做出卖字当头，限令出栏，量草养畜的卖、走、保的决策和果断措施。结果，安全渡过两次大雪灾。近似 1977 年大灾的 1992 年，保畜率和繁殖成活仔畜数都超过 1977 年。出现了卖的多，保的多，繁活多，增收多的良性循环。

志书在记述锡盟利用新科技繁养牲畜，一步一步提高畜牧业科学水平方面，也有丰富的资料。具体反映了锡盟从 50 年代开始，便注意吸收国内外畜牧业先进技术，诸如防治急性传染病，建设机械化饲草饲料基地，种植人工牧草，引入种畜大搞改良，使科学技术逐步推广的过程，可以称得上是一部科技兴牧的实录和教科书。

志书成功之处当然还有许多，不可能一一论列。但仅从上述数端，已足见这部《畜牧志》通过对资料的集纳和编排，除了存史作用而外，在给人以教育和启迪的方面是比较成功的。锡盟志办诸同仁历时 8 年，在艰苦、辛苦、清苦的条件下修志立言，完成此经世致用之作，实在可钦可敬。当前锡盟已被国家列为草原畜牧业建设综合示范区，这里的草原畜牧业出现了前所未有的良好机遇；同时，在国内外先进地区畜牧业发展的强劲势头和竞争面前，也面临着强烈的挑战。我相信这部具有较强科学性的畜牧志，在提高锡盟畜牧业的科技含量，推动锡盟草原畜牧业的发展方面，是可以发挥重要作用的。

1997 年 11 月

（《锡林郭勒盟畜牧志》，齐伯益主编，内蒙古人民出版社 2002 年版）

7. 一往直前求创新
——跋天津市新编《南开区志》

新编《南开区志》就要正式出版了，这无论对南开区还是对全国志界来说，都是一件可喜可贺的事情。

城市修志虽是我国的一个古老传统，城市志也是我国志林中的一个古老的志种。但城市管辖区单独修志却是我们本届修志中才出现的新事物，是在中国志林中新出现的一个新志种。这一新的举措和新志种的出现，既是方志史上的一个创新，又是时代发展合乎规律的产物。

在长期的封建社会中，城市的职能，其军事、政治意义重于工商业，所以旧的城市志记述的重点，多是军政部门的公堂衙署和达官贵人的府第园林，还有就是历朝历代的军事、政治行为，寺庙、道观和陵墓的创置等活动，这与当时"国之大事，在祀与戎"的社会现实是相一致的。因此类事项毕竟是有限的，故志书对城市状况及其职能等的记述，不需要，也不可能有很大的篇幅。无论在当时是多么大的城市，即使是帝都京城，修成一部综合的志书也就足矣。

今之城市则不但区域范围扩大，而且事务繁多，职能多多。尤其是经济、科技以及于市的设施、管理、辐射等职能更显重要。加之本届修志中，强调要改变旧志重人文轻经济的格局，所要记述的内容自然就大增。就行政建制而言，大城市所辖的区相当于县级；在中央直辖市的辖区，如南开区则是地级。实际上，要反映一个中等以上城市辖区的状况，其所要记述内容的分量，不但不亚于一个县或县级市，与旧时的市、县相比，往往有过之而无不及。所以，城市区志在本届修志中便应运而生，且受到修志者的重视。不仅一些大中城市普遍开展了区志的修纂活动，而且全国还出现了城市区志协作会、研讨会一类的组织，不定期地召开会议，开展了区志理论的研究和探索，出版了区志研究的理论著作，获得了可喜的成果。

新编《南开区志》，不但遵循了城市区志编纂的一般原则，而且锐意创新，是一部地方特色鲜明、有较高质量的新志书。除了资料丰富、观点正确、文风端正、符合志体等一般城市区志所应遵循的要求外，还从本区的区情实际出发，特设了《南开精华》和《厢风卫俗》两个专篇。置于志书第二篇位置的《南开精华》，编者的主旨，是以"精华"名篇，将本区诸方面特有事物加以汇集。这样的做法，不但在全国城市区志中所仅见，就是在数以千计的市县志中，也是不多见的。其中所开列的"全国之最"、"天津之最"共28项。从全国之最的诸项中，不但说明了本区的特有优势，而且也从一个侧面反映了天津的科技文化方面在全国所处的位置，尤其在机械、电子工业方面，是处在全国领先地位的。作为天津一个辖区的志书，这样做不仅不应看作是越域而书，而且正是它义不容辞职责的一部分。所列的天津之最各项，则表明了本区在天津所占的地位。通过这部分志文的阅读，读者自然就会得出，本区是天津市一个精华之区的结论，包括人文、历史等方面。

《厢风卫俗》篇，更是写得津味实足，活脱脱地把天津的人文历史及城风民俗，都集中表现了出来。任何一个地区的志书编纂者，都会把反映该地区自身的特点，作为努力追求的目标，但能做到像《南开区志》这样集中和深刻，却也是不多见的。一个地区的民情风俗，是该地区地方特点的重要组成部分。因而，至今出版所有的市、县志中，几乎都设有该地民情风俗的专篇（章）。也可能由于城市人口流动性大，居民来源和构成上的特殊性等原因，故而造成一个城区之中，其民情风俗特点不明显，与相邻之区差异不大的情况。所以已经出版的城市区志中，很少有设民情风俗篇（章）的。现在的《南开区志》却单独设立这么一篇，首先在篇目上就给人一种不同凡响的感觉。更重要的是这一篇之设，就使这个五方杂处，既曾是军事重镇、沿海城市，又是当今工商业中心的天津市的一个老城区的特点，得到了反映。除了这两个特篇设置之外，本志还在其他一些篇、章中，在取材和写法上，也有一些很值得注意的地方。如人物篇中，就有两点很值得注意：一是"入志人物主客兼有"，"主籍人则少些"。这与许多县志中收录人物，坚持"以本籍人为主"的做法是不同的。这种不同，正是抓住了城市居民与以乡村为主的县属居民历史来源不同的本质，是历史渊源与现实相结合，实行灵活运用的例子。二是在人物传中，舍得以较大的篇幅，为南开大学、南开中学的许多教授、教师、学者立传，使这些科技人员的业绩在一部区志中，得到这么集中的反映，也是许多学校和科研单位的学人，在其他志书中不易得到的待遇。这在提倡"科技兴国"的今天，更有其特殊的意义。当然，《南开区志》也从中获得了很大的光荣。在这里，很难说是南开大学等学校和科研单位沾了区志的光，还是区志沾了南开大学等学校和科研单位的光。这难道不可以说也是本区志的一个特点吗？

本志除在文化篇单设了《艺文志》以外，还以"附录"形式，收录了不少很有价值的珍贵文献。这是未冠"艺文志"之名的一个"艺文简编"，既可以看作是对《艺文志》的加强，又可看作是对某些志书不设《艺文志》的补缺之举。当然，这样的处置，是否就是善善之法，尚属可以研究和讨论的。

如果说前述已经取得的成绩，确立了《南开区志》在本届志书当中一个相应的位置，值得人们注意的话，我认为从方志学的角度来看，更值得注意的是编纂者们在创新实践中所取得的经验。虽然至今还未见到他们的系统总结，但据我所知，可以肯定的起码有这么两条：

一是要有追求创新的强烈要求（愿望）。于城市区志的编修，在本届修志开始之时，并未明确列入政府主管的三级志书之内，是属于起步较晚的一个方面。本志在区志编修行列中也算不上是早的。当它开编之时，全国三级志书已经公开出版不少，其中城市区志也已经有出版的了。鉴于先行出版的不少志书篇目趋同，给人有雷同感（有的评论者评之为"千志一面"）之弊，所以本志编修工作一开始，编纂者们就怀着一种向先行者学习，借鉴别人经验，但绝不走照搬照套的捷径，而是要开拓创新，搞出一部能比较充分反映本区特点的、特色鲜明的城市区志的强烈要求。这个抱负始终是他们追求的目标。实践中，遇到的困难是可想而知的。其间有些好心的同行，曾对该志主编说，你年纪这么大了，都已经是超期服役了，集中力量按照大家都通得过的要求，赶快完成任务就大功告成了；按照你们的新篇目，万一搞出来的不符志体，或者"志不志，史不史"，出力不讨好，你怎么收场？他们也曾犹豫过。但他们的创新要求得到了天津市志办主要领导的坚决支持。郭凤岐主任甚至对他们说，创新是要有一点冒险精神的，只要敢闯，哪怕出一点纰漏，评审后还可以改嘛。至于走一点弯路，多花一点时间，也是值得的，责任不由你们来负。在上级领导的大力支持下，他们终于坚持了下来，按既定目标，完成了这部颇具特色的区志。

二是要善于学习，择善而从。要走与众不同的路，关键是要有主见。要敢于坚持己见，又不要固执己见。这是从事研究工作的科学态度。本志编纂者们不但明于此理，更为可贵的是能按此理而行。仅举一两个例子就可以说明这一点。原来评审稿的篇目中，第二篇的篇目是《南开瑰宝》。评审会上有专家提出，"瑰宝"一词内涵和外延都不很确定，过于模糊，什么样的事物可称"瑰宝"，不好确定。定稿时就改了《南开精华》。评审稿的《大事记》中，笔者曾在会上指出，自清末至全国解放的几十年中，有内容越来越简的反常趋势。1912—1921 年一段，每年平均 4.8 条；1922—1936 年段，每年平均 2.8 条；1937—1945 年段，每年平均 0.77 条。其中的 1938—1945 的 8 年内，竟总共只有 3 条，这是极不正常的，也是资料断缺的表现。评审会后，经过编纂者的努力发掘，到正式定稿时，单只抗日的大事就增加了 5 条。

《南开区志》编纂中，肯定是有很多经验值得重视的。希望志办的同人们，利用志书出版发行之后的时机，认真加以总结，从理论上进行提炼、升发，使志办在为社会呈献一部高质量的《南开区志》的同时，为中国方志学的理论建设，也作出一份卓越的贡献。

载《天津史志》1999 年第 3 期

（《南开区志》，王树凯主编，天津社会科学院出版社 1998 年版）

8. 《文成华侨志》序

　　物以类聚，人以群分。人类社会按照不同的标准，可以将人们划分为各式各样的群体。侨民，则是以一种特别的籍属关系划分的一个群体，即离开原籍，侨居他国者也。中国旅居海外的侨民，都是华夏子孙，故称为华侨。与其他国家的侨民相比，华侨是一个更具特殊性的群体。其特殊性何在？特就特在这个群体里的成员，都是龙的传人，中国传统文化的世代熏陶，使他们"根"的观念比之他国侨民更为浓重，对故国家园的向心力更为强烈。无论何时何地，他们虽身在异乡，却都以祖国的民族尊严为重，情系祖国，心恋故土，一个心愿就是企盼祖国强盛繁荣。

　　文成是 1946 年 12 月才建立的一个新县，全县只有 1292 平方公里，人口 30 多万，是浙南的一个小县。但就在这样一个小县中，旅外侨胞竟达 6.7 万多人，占全县总人口的 1/5 还多，分布于世界 50 多个国家和地区。文成的旅外侨胞，也和全国其他地方的侨胞一样，具有上述的共性特点，都有炽热的爱国心和强烈的向心力。无论是早年为生活所迫而背井离乡者，还是近年来外出以谋求发展者；也不论是处于艰辛的苦力地位者，还是已有跨国公司的富豪者，都无不如此。不是么，早在三十年代，"'8·13 事变'后，中国进入全面抗战时期。县境原旅居在日本的 323 名华侨，除病亡 24 人，留日本 15 人外，其余 284 人先后返回祖国，其中大多数是在侨领胡俊明带领下，愤然投身抗日救亡运动。"有的因特殊处境未能回国参战者，还是念念不忘，"最怜此身留异国，未能追随捣东京"！到了八九十年代，他们又以各种不同的方式，有力地支援了祖国的经济建设，为祖国的繁荣昌盛作出了卓越的贡献。修志是中华民族的优良传统，自古及今，各类事物莫不有志。对于这样一个对民族和国家作出卓越贡献的特殊的群体，岂可无志？！

　　朱礼先生，历"十年寒暑，五易其稿"主编完成 148 万言的首部《文成县志》，于1996年11月出版发行之后，又在文成县外事侨务办公室的支持下，历尽艰辛，修成了这部《文成华侨志》，除表明领导和他本人的远见卓识之外，实是一件善而又善的义举，其功甚伟，利在千秋。

我历来坚持的有两点看法：其一曰：爱国主义是地方志的灵魂，或者说是地方志不可变易的主题；其二曰：新中国的这一届修志，是在祖国尚待统一的一个特殊的历史时期进行的，故这一代的修志活动和修成的志书，具有一项与往昔修志和志书不同的特殊功效，即它负有沟通海峡两岸、联系海内外同胞，增强民族意识，增进相互了解，促进祖国统一的使命。以此二者来衡量这部《文成华侨志》，它是坚持了这一主题，担负了这一特殊历史使命的。志中所载的文成旅外侨胞，无论是谋生、创业，还是在社团活动中，他们的一言一行，无不闪现出爱国主义和推动祖国统一之行、之情，让人一读就热血沸腾，热泪盈眶。他们凡在所到之处，都树立了中国人民刻苦勤劳、正直友善的良好形象，传播中华文明，弘扬中华文化，促进中外经济、文化交流，充当了无其名有其实的国际间的民间使者。志书条分缕析地记下他们的嘉行善迹，是具有极强史教作用的。

这部志书，就修志本身而言，也有它特殊意义的一面。中国修志传统中，历来都有一条"越境不书"的规则。而该部志书中，却突破了这一成例。涉及境内境外内容之比，境外的内容占至太半。这不能说是违例，只能说是属于特殊事物允许有特殊处置之志。这种"例以义立"的做法，应当是对传统方志理论的丰富和发展。

蒙朱礼先生以志稿掷来，得以先睹为快。受志书中所记人、事之感，略书如上，聊以为序。

2000年12月29日

（《文成华侨志》，朱礼主编，中国华侨出版社2002年版）

9. 一副能窥时代变迁的镜具
——序江山市《白沙村志》

一

感志界老友毛东武先生之高谊,将修辑甫成的浙江省江山市《白沙村志》稿掷来,得以先睹,实为一快事也。作为一个不足1400人的行政村,仅在二十有一年之内,遂先后修成两部村志,且规模一部比一部宏大,内容一部比一部翔实、丰富、深刻。这不但为此前中国方志史上所仅有,就是在全国大规模修志活动延续开展30余年之后的当今,亦属鲜见。作为始终参与前后两志纂辑,并为之多方奔走呼号的毛先生,亦属用心良苦矣。

自1949年10月中华人民共和国成立之后,由政府部门有组织地开展社会主义新方志的编修已经进行了三轮(第三轮尚在进行中),但是,每一轮纳入政府修志工作规划的,都只限于市、县一级以上的建置单位,乡镇一级和大型企(事)业单位,都是入不了政府修志规划之内的,更不用说村屯一级的了。然而,实际上各地在政府规划之外,自行修成出版的乡镇村级志书,总的数量并不在入于政府规划的省、市、县三级志书数量之下。这样的事实,最真确不过地显示出,编修地方志书这一优良的文化传统,确实是深深地植根于中国社会之中。

早在16年前的1995年3月,浙江永康县《河头村志》公开出版、发行的时候,曾引起国内学界的重视。在他们村志书首发式的时候,就在该村同时举行了一次中国乡村社会文化的研讨会,有中国社会科学院、北京农业大学、清华大学、杭州大学以及浙江省地方志学会乡村社会研究中心等单位,30多位专家出席了会议。我在自著的《中国方志五十年史事录》一书中,只讲到与会的学者们对这部村志出版的意义,比较一致地评估为：是"农民自己创造历史，众人写志，众人入志，众人用志，众人藏志，是神州大地的新鲜事，是农民自我觉醒的表现。"

读完眼前这部《白沙村志》之后，在我看来，它们的出版发行，与《河头村志》的意义不但是一致的，而且有更为广阔、深刻之处。《大河村志》发行开研讨会时，我也曾接到了邀请函，但因办公室另有他事"撞车"而未能赴会，不曾聆听与会的专家们在会上谈到更多的内容。但有一点意思，即使是当时有人谈到过，我想还是可以再展开说一说的，就是方志界的一个传统的议题：志与史的关系、志书的历史价值问题。中国存留史籍之丰富在世界上首屈一指，这是东西方学界都共同首肯的。但是，自从近代新史学诞生之后，便出现了对中国史籍的一种"疵议"，认为中国存留下来的有国史而无社会史，反映的只有国家而无社会；或曰有国史而无民史，史书所记载的只有帝纪，后妃、王侯世家列传和高官显宦的事迹，而于社会之实际情状和生民之忧乐惨舒，则付阙如。

其实，这种说法，反映了仅只以中国历朝正史（国史）为"史"而产生的一种误解。中国的史籍，不仅有"二十五史"和多种的"通志"、"通考"、"通典"、"会要"、"实录"等，记载历代王朝的典章制度和史事的"国史"，更有数十倍于这些"国史"的、记载地方史事的地方志书。两者共同组成为一个有国史提其纲于上，地方史籍网络于下的庞大体系。在这个体系之中，有历史形成的自然分工：国史考王朝的嬗变和国家大政之得失；地方志书则记载了中央的施政纲领贯彻于地方之情状，以及各地的疆域、山川、物产、人文、民生，直至一地的风俗习尚和人民的痛舒苦乐，何可谓有国史而无社会史、有国史而无民史？

不过，在考察地方志这种中国的社会史和民史时，有一点是值得我们注意的，就是这条社会史或曰民史的"线"，向下延伸是否到位的问题。就中国方志史来说，从现今存世的志书来看，以省、府、郡、州、县志居多，就是当代纳入政府修志系列的也只有省、市、县（区）三级的志书。严格说来，这些官修的省、府、郡、州、县或省、市、县（区）志，还不是十分到位的、最完整意义上的民史，最多也只能算是半官半民史而已。只有民间自发编纂的乡镇以下直至村屯的志书，才是更全面、细致地反映最基层社会面貌和生民具体生活情状的志书。可惜，这后一类的志书，历史上流传下来的相对要少得多；进入当代虽然逐渐多了起来，但也还没有做到普遍的修纂，而且修成的绝大多数都停留在自印、内部发行，只在较小范围内传播，这不能不说是一个历史的遗憾。

为什么说，旧有官修的省、府、郡、州、县志，甚至当今纳入国家规划系列的、"党委领导，政府主持"修的省、市、县三级志书，还不是最完整意义上的民史，最多只能算是半官半民史，只有乡镇以下直至村屯的志书，才是真正反映最基层社会面貌和生民具体生活的志书？这是由它们各自所承担的任务和所记述的范围所限定的。纳入国家规划的即使最下一级的县志，其记述范围最少也是一千数百平方公里（甚至数千平方公里）、包括数十万甚至上百万的众生。面对如此广袤而繁多的对象，尽管也要求尽可能多地载入具体的实例，但这些被选入的个例，至多也只能是某些方面的典型，或某些个例事物的一个小时段或某个侧面而已。就整部市、县志书而言，其记述仍不能不以概括和归纳的地情为主，浮光掠影自不能免。与乡镇村屯志比较而言，前者偏重于抽象，只有后者才能有更多的具象，全面、详细、形象地记述一个个最基层的社会细胞组织，在一定历史时段内方方面面的情状和变化，反映其进化的过程。

现在出版的这部《白沙村志》，其所记述内容的全面、细致、深刻，可以证明我此话不虚。

二

地方志是什么？历史上人们对它有各种正面回答或喻称。有人称其为医家的"方书"，是诊脉知虚实而后开的"处方"，是施"针砭"、投"药剂"的依据；有人比之为治田的耒耜；有人譬作渡河之舟楫或津梁；有人比作夜行之火炬；又有人称之为制器的模范；还有人比之为治家的田粮籍册；地方官们则称它是治州（县）的"左券"。这种种喻说，都有其近似之处。不过在我看来，一部好的志书，倒更似是一副能窥视时代变迁的镜具。这种镜具在对社会进行透视观察时，它具有望远和显微的双重功能。

摆在我们面前的这部《白沙村志》，是不是这样的一副镜具？它是不是也有这样的双重功能呢？我认为答案是肯定的。从望远的功能来说，它将数百年来、尤其是近百年来中国农村社会（起码是其中一种基层类型）的变迁，浓缩地呈现在人们的面前；从显微的功能来说，它将最细致、深刻的农村社会事象尽收眼底。

首先，村志抓住人群这个社会中最活跃的要素，清晰地透视出"白沙村民"这个社会群体，在志书断限的时段内，由山民，经历了传统农民，继而进入现代化城镇居民行列这样三步进化的轨迹。

村志断限跨度长达六七百年，重点记述则是清末以来这一百多年间的史事。从志书上限以来直到1949年新中国建立前，生活在白沙村的，是地处仙霞岭七八百米高山地区的、一个带有若干原始形态的山民群体。他们的活动主要就局限在面积不到3平方公里的范围之内，其中山地占了总面积的88.18%。这些傍溪山而居的人们，固然可以尽享"气因清露湿，涧借落叶甘"；"桂香屋里觉，松涛枕上听"的天然赐予；但生活物质的匮乏，无时无刻不在威胁着他们的生计。一条条山间小溪既是白沙人的生命之源，同时又给他们带来灾难。山洪频发，每次一来便冲得房倒屋塌、堤崩地毁。山洪过后，人们辛苦开辟的田地，留下的只是白茫茫的一片沙滩，故村子也因此而命名为"白沙"。

1949年解放时，全村仅有耕地321亩，一年所获仅够村人八九个月最低生活食用。这些土地当中，原先大部为江山城关镇郑家所有，部分为定村王氏宗祠所有，白沙村的农户，佃农占到50%。在这样的环境里，他们除了耕田，还要从事着种山、猎捕、伐木、放排等，靠采集山里的兽皮、蛇皮、靛青等山货，肩挑手提至山外去出售。在生产活动中，喜猎捕，善伐木。他们从事伐木时，还是"砍树高山班"这种传统组织，以"归树棚"等五字经规范大伙的行动。

他们所生产的竹木柴炭、土产山货，仅从一条大溪运输，依靠木排、竹排运到峡口外销售；"所有盐、米、酱、醋、百货日杂用品等生活必需品，全都由江山县城或清湖码头肩挑起运"。白沙人到大山外的大地方——峡口，要行走25公里，全是翻山越岭，羊肠小道，涉水过河，跨36道溪，最伤力劳命。女人很少去峡口，县城更不知东西南北向。民谣有"有女莫嫁廿七都（清时白沙属廿七都），爬山越岭要过溪"。男人去峡口挑一担米，往返至少两天，要在路途借宿一夜。若遇大雨，山洪暴发，被阻少则三五天，多则十来天，还要冒涉水过河的风险。雪花淤一带每年都有廿七都人过河淹死的。家人空着肚皮，经常站在门首，遥望远方，盼夫早日安全归来。走亲访友，要早作准备，按行程计算时间，从早出发，以防赶不上饭餐。从生产、生活方式直至信仰习俗的种种方面，都可见直到解放时，他们还是带有较为浓重原始形态的一个山民群体。

1949 年解放之后，实行了土地制度的改革，虽然封建的生产关系废除了，但初期生产力水平还是低下的。一时还脱离不了以耕山为主的山民性质。其后直至二十世纪末的五十年间，志书中所载列的一组数字，记录了白沙村人如何由山民，一步步跨入农民行列的：

1949 年，全村有耕地 321 亩，亩产 150 公斤，人均占口粮仅够八、九个月食用；

1959 年有耕地 438 亩，亩产 154 公斤；

1969 年有耕地 560 亩，亩产 364.5 公斤；

1979 年有耕地 763 亩，1973 年亩产 568 公斤；

1989 年有耕地 801 亩，1984 年亩产 787 公斤，人均占粮 413 公斤；

1999 年有耕地 1199 亩，人均粮食 484 公斤。

耕地面积逐年扩大、单产一步步提高的过程，也就是白沙人由山民一步步变为农民的过程。这个过程是怎样得来的？不是靠山神的庇佑，也不是靠老天爷的赐予，靠的全是白沙人在共产党的领导下，辛苦的治沙造田实现的。六七十年代，他们"男男女女，老老少少，脚穿草鞋，身披蓑衣，头戴竹笠，肩挑畚箕，奋战沙滩"，"春天不怕寒风雨淋，盛夏何惧炎日高照，冬天脚踏雪地……扛石头，砌堤埂，筑护坡，平河滩，操田基，运田土，用二十余年的汗流和心血，砌起总长五公里的防洪堤埂"。在这个过程当中，用的还是比较原始的工具："竹枧当平尺，盛水定准基。黄泥搅成浆，用来作基底。……远近选沃土，取其作田泥……"将许多茫茫沙滩变成良田，才实现了从半年野菜半年粮的日子中熬出了头。农机具原先使用的是木犁，直到 1960 年虽引进了铁犁，仍以木犁为主；1985 年始有拖拉机。

因修建白沙坑水库的需要，2002 年冬，整个山村迁移至凤林镇平岗建立新村，是白沙村人由农民向现代化城镇居民迈进的一次飞跃。在这一百多年之内，他们在历史上留下了由山民经农民而至城镇居民的三重足迹。《白沙村志》所记述的，白沙村人这个群体随时代进步的三重趾印清晰可见。

其次，是村落的变化。如果说，人群是一场大戏的众多演员的话，村落则是这些演员的载体和他们活动的舞台。那么在这一百多年间，白沙这个村落又经历了怎样的变迁呢？通过村志这副镜具，人们又能看到一个穷乡僻壤的棚户山村，跟随全国城镇化的总进程，一跃而跨入现代城镇型示范村行列的过程。

历史上，在深山区的白沙村，山民居住的是凌乱布列在各条小溪旁的泥草窝棚。这种当时通称的箬铺棚，棕做瓦，杂木作柱，一座箬铺棚一般30平方米左右，一家人要住上30—50年。到民国年间也只有极少数泥木结构的瓦房。直至1949年解放时，全村还有11户19人住在窝棚、众厅、庙宇里。居民晚上点的还是松明灯、竹火把。20世纪50—80年代，也还是泥木瓦屋结构，1984年才出现有混凝土的平房或二层楼房。

2002年搬迁岗地后的白沙村，共建成庭院式别墅楼房205座，全部黛瓦盖顶，人均居住面积达89.2平方米。2009年，作为白沙村所属的水碓淤自然村，除极少数保留旧房外，全自然村也是到处楼房林立，村容为之一改。

现在白沙的村容是：别墅式楼房布列整齐，规划有序。全村道路硬化；宅间四旁绿化；伸臂路灯全覆盖，全村亮化度达90%。村内有水塔、供排水、排污系统工程，自来水入户率达100%。街边建有公共厕所，设有垃圾箱，村旁水塘净化，有卫生保洁员专司其事。户户有卫生间和三隔粪池，污水处理率达100%。虽仍名为"村"，但街道、楼房、公共广场，室内室外的建筑设施，都已经大大超过了许多市镇。笔者亲见，既惊讶又深受感动，曾"警告"陪同参观的村委干部吴先生："慎勿向外作视屏宣传，以防北京的部长无人愿做，都到你这里来当村民了！"

与民命相关的"行"（交通）与"住"是同样重要的。原先与外界几乎隔绝的白沙村，解放后修了路，改水运为陆运。起初开通峦路，避弯过河。七八十年代又进行三次道路改造。第一次由羊肠小道变成手拉车道，第二次变为机耕道，第三次才建成公路。志书中留下的一段记忆，颇能生动地说明问题：1973年，公社派干部到峡口，连驮带拉，购入了第一辆自行车。一些从未出过远门的老人，见此"怪物"好稀奇。前后两个像米筛样的东西，会飞转，人骑在架上不会摔倒，速度比步行快好几倍。山民见自行车来，行路时老远就避至路边停下，让其驶过。进入80年代后，自行车已不足为奇，普及到村里的家家户户。部分村民购入了摩托车。走亲访友、赶集，近处骑车，远处坐客车，出行大为方便。货物转运，由肩挑逐步改用手拉车、拖拉机运输，后又由汽车取代。2002年迁移平岗建成新村后，205国道穿村而行，每天有几十班公交车往返经过；村民自驾小车、轿车也极方便。每天往来的客车、小车、货车达300辆（次）左右。30多户村民有了自己的小轿车，去江山县城有如进自己的菜园一样方便。外出打工者则由汽车而火车，已有10%的村民乘坐过飞机。

当然，说明白沙村已经成为现代化城镇示范村的，不仅是其居住和交通等硬件设施，同样也体现在社会内涵的其他诸多方面，诸如生产方式、产值、居民的职业构成、生活、文化素质，等等。

从生产方式来看，白沙村民从山民变为农民之后，最初实行的也是耕织结合，生产只为自身的消费。虽也有一些手工业，如一些简单的木材加工，那只是手工制作自用的桌椅板凳和木构房屋等。直到1967年才开始以木制织机编织草席，1968年开办草绳厂、粮食加工厂。70年代开始有车间加工木料，进行机械加工板材，向外销售。改革开放以后，工业发展速度加快。2002年之后，居民便由以农为主逐渐向以工为主过渡，变而为当今的亦工亦农、工重于农的新型农民了。到2009年底，全村有木材加工厂30家，职工达700人，年产值1亿5千万元。200余人在外务工，有16人已经当上企业中层管理人员和技术骨干，有年薪高达7万至10万元以上者。在村办的工厂中，经营者已经有"价跟市场走，品对口径产，技术求生存，品牌占市场"的意识。一个厂子成为了江山市的农业龙头企业。许多原先的农民，可以驾着自己的车子到工厂上班。此外，还有来料加工发扣、头花、手链、手镯、耳环等，分散在居民家中进行的手工制作。工业促进了农业增效，农民增收。村民2003年人均收入3150元，2009年增至8810元。

从居民的职业构成来看。全村1989年从事农、林、牧的占67.09%，其他职业的占32.91%。2007年从事种养业的仅占统计人口的5.54%，自办工业的占12.77%，打工（本村打工、省内打工、省外打工）的占65.54%，其他职业（如画家、美容、茶叶经销、本地经商、外地经商等）占16.14%。可见此时村民的职业构成，已经由农为主，变而为以工商为主了。不但如此，这样一个小村，甚至与国际的脉搏也相通了。面对那两年国际金融危机的冲击，村子的人不但能感觉得到，而且还能及时调整自己的产业，实行小厂变大厂；变木材粗加工为细加工；实行土地承包转让，保证了经济依仍稳步上升。

居民生活中除了住、行和衣、食而外，剩下的还有医疗卫生、通信等。70年代群众开始在村里有电话可打，90年代居民自己家有电话、手机。五十年代民谣是："农村干部有三宝：电筒、钢笔和手表"；21世纪初新民谣是："乡下村民有三宝：手机、轿车和电脑"。

再从居民的文明程度来看。做到了人口有计划生育。从儿童起便可以享受城市同样的优良高质教育（幼儿园和小学生，早晚均由村开班车接送）。至2009年12月31日止，白沙全村（含水碓淤自然村）共有大学生124名，研究生3人，博士生4人，有人已成为了国际名牌大学的博士生，有人已经成为获得多项专利的高科技人员，有人成为获得国务院特殊津贴的特殊贡献人才。村里的党、团、青、妇、民兵、政法、治保、调解等的各项工作（活动），搞得热气腾腾。各种专门人才和积极分子，在各自的岗位上创有许多骄人的业绩。

综上所述，可见白沙村这个现代城镇型示范村正是实至名归，绝非浪得虚名。

在1996年5月召开的全国地方志第二次工作会议上，中国地方志指导小组成员、中国社会科学院社会学研究所所长陆学艺研究员，曾经作了一个《社会变迁与地方志编纂》的发言，指出中国的社会结构以及经济体制，都正在发生着深刻的变化。就社会结构而言，正由农业社会向工业社会转化，农村社会向城市社会转化，单一同质的社会向多样化社会转化，由封闭、半封闭社会向开放社会转型，这是翻天覆地、历史性的变化。这是世界所有国家都或经历过、或经历着、或要经历的必由过程。在对外学术交流中，了解到欧洲人都以他们没有记下他们的这段经历而引以为憾，以致今天只能从小说和少量的历史档案中去找。所以他们对中国今天的变化都特别感兴趣。中国比世界各国还要多一个经济体制方面的变化，即由计划经济向社会主义市场经济体制的转化。陆氏认为，我们正在进行的修志，正是千载难逢的机遇。将这种变化记录下来，无论是对中华民族，还是对世界文化建设，都是重大的贡献。

我们的《白沙村志》正是从中国社会的一个最基层的组织，以十分细致的笔触，不但记述了陆先生上面提到的诸多方面的变化，而且比他所希望的追述得更远，将半殖民地、半封建社会向社会主义初级阶段的过渡，由封建的小农经济向社会主义单一的计划经济过渡，而后又由这种单一的计划经济体制，向社会主义市场经济体制的转变。不但记载了体制方面的变化，而且记述了在不同体制时期，活动着的人群的变化、村貌的变化。其对中华民族文化和世界文化的贡献，岂不伟欤?!

三

在捧读《白沙村志》，窥见中国农村百年沧桑巨变的同时，也深深地感到这部志书起码还有两项可以预期的、明显的社会功能。

其一是教育激励功能。

村志也属地方志的一种。地方志书的要义，最根本之点就在于"信今传后，彰往昭来"。所谓"彰往昭来"，就是要彰显以往，昭示未来。也就是通过它所记述的内容，为后人留下一份宝贵的精神财富。照我现在所达到的一种很粗浅的理解，所谓"彰往"，实际上就是要彰显所记述地区的人群最值得骄傲的事实与表现，例如对国家、对民族、对科学、对世界做出了什么样的贡献；活动在这个地区的先辈们，是在什么样的条件下，付出了什么样的努力，取得了什么样的成就，有什么经验教训，也就是给后人留下了什么样的精神财富。用这种精神财富去鼓舞和教育后来的人们，这就是"昭来"。志书的本质是什么? 按我的理解，可以用最简单的一句话来概括，就是为特定的地区和特定的人群树碑立传。一个地区的地方志就是为这个地区的人们树碑立传。当然这是广义的树碑立传，不仅只是志书所立的人物传那样狭义的理解。

这部村志为白沙村人树碑立传，是做得很充分很到位的，不曾遗落村人哪怕是至微至细的点滴的历史功绩和佳行美事，将志书作成了一部全村人的功德谱，一个巨细不遗、尽收村人嘉行懿德的百宝箱。

书中对村人的嘉行懿德采取了多种形式的收载。首先是为比较典型的31 人立传，在人物传的无题序言中，说明所收有代表性的人物，都是在白沙这个淳朴、和谐、正直、友善的俗境之中出现的；继之又将100 多人收入人物录；而后是各类人名表。这些传、表、录中选材之广泛，就谕示了于平凡之中，时时皆有好事可做，人人只要愿意就处处皆有楷模可学。

书中所载村中集体之美者，有所获国家、省、市、县授予的34项集体荣誉，这固然是可喜可贺、村人值得骄傲与自豪的。但有一项群体之美虽未获得奖牌，志书也未将其载入集体荣誉之列，在我看来却是最高、最令人钦慕的一项。这便是本村，"一届届管理干部、一届届具体管理人员，始终坚持清清白白做人，节节俭俭办事，不肯为集体浪费一分钱，不肯为自己腰包多塞一分钱……直到20世纪末，白沙村干部和经济管理人员，没有一个因经济问题而受到牵连，也没有因涉贪问题而受到处分……"这种优良的品德，在新世纪又有进一步的发扬。2002年冬移建新村时，又由党支部和村委会分配，实行党员和干部与贫困户结对帮扶。按各家各户人口实际所应建房的面积、高度、层数、造价、质量都要全村取齐，所需建房资金缺多少，结对的党员和干部就要负责包多少，而且要保证全村统一按时入住。不少党员、干部除了倾其所有进行帮扶之外，还要向远近亲友举贷，才保证了任务的按期完成。全村入住新房之后，党员、干部为了让包扶之家还欠自己的债务，还要帮其开拓创业致富门路。据说一些"对子"之间的关系至今依旧维持着。这样一个领导集体，应该是白沙村人最值得骄傲与自豪的了。对于一个示范村来说，这样的党员和干部群体，不是当今最具示范意义的么?!

志书人物传中收录个人之优秀事迹者，有于艰难之中收藏族谱，传承地方文明者；有吏员经商致富之后，仍具俭约品德、关心桑梓者；有夫君物故后的孀妇，养育、训诫子女成人者；有青年守寡，奉侍舅姑，抚育幼孤有方者；有塾师兼医生，医德高尚者；有善书法技艺，有遗迹留传后世者；有治家有方，和睦妯娌、和谐乡里者；有义务尽心奉老惜孤者；有克己奉公，热心公益者；有孀居而勉力支撑大家庭者；有办事公道，在村坊卓富人望者；有在恶劣环境下，热心支持红军革命者；有带头捐款修桥筑路者；有乐于助人，善解邻里纠纷者；有能工巧匠而声名光前裕后者……总之是村中之人，一能一善，一优一长，都尽行收入。

在人物录中，录有功臣、特殊贡献人物；录有先进模范人物；录有博士、硕士生、本科生、大专生名录；录有在外公职人员、解放军军人名录；录有先后曾为生产队长者；录有创业领头人；录有为国立功的，有获得国务院特殊津贴的。还以列表形式，对做好事或有优异表现各类人员予以表彰者：如两个自然村《行政职务名录》中，载有自民国以来至 2008 年列名的 65 人次；有出席县人大的代表 7 人次；有向四川大地震捐助的芳名 57 人；捐助村体育活动中心 191 人；捐助兴建聚贤亭的列名 68 人；有在渠边建埠头捐助名单 62 人；有在运动会上获奖名单；有在《可爱的白沙》征文中获一二等奖名单；有尖子人才代表名录；有在民间文艺的一曲一调的作者、表演者，等等。虽然多数都算不上轰轰烈烈的大事，但就是这些平凡之中的表现，无一不唤起村人的自豪感与荣誉感，激起后人的景仰与效法。真正做到了：志书未遗一丝美，平淡之中树楷模。以身边的人事实例为榜样的激劝作用是难以估量的。

其二是情感纽带的功能。

不少中国人的家里，往往都有一张"全家福"的合影，用以维系家庭团结和睦感情的用意，尽人皆知，不言自明。我比一般人更幸运一点的是，于白沙村委会办公室见到了旷世仅有的一张《全村福》。这张全村福又因有一部《白沙村志》与之相匹配而意义更加非凡。实际这是以影照体和文字体相互契合的一部双璧的全村福。

志书在"世系"一环里，列有《姓氏派系》和《户籍与户主身世》的专节。姓氏派系节内，据今存族（家）谱及相关的历史资料，理清了主要姓氏与白沙村的历史渊源以及枝派关系。"户籍与户主身世"节，每户所列记的内容与派出所存的户籍卡片相类似而加详，除了每个家庭成员的自然信息外，还增有"渊源身世"一栏，以户主为中心，上追记父、祖，下及子、孙；有户主本人的主要经历、专长、与本村的特殊关系及影响、人望等。有了这两节，就使从这个村里走出来的每个村民（不管现在是否生活在村内），都明了从其若干代的祖上起到本身，与这个白沙村的关联、自己及现家庭所有成员在这个村中的位置、还有与家族内外及邻里之间的关系。这里就包含了深深的血亲之情、族亲之情、村坊、乡党、邻里之情。这是任何的距离、任何力量、任何的变故都扯不开、割不断的天然之情。这是从一个根上生发出来的一种无形的情感纽带。

从志书的记述中，我们还看到了在新时代，由于村人还不断地为这条纽带添丝续麻，使这条纽带变得更加粗壮了。例如欢送入伍或入学的事，差不多村村都有，我见到的唯有此村最为特别。报名入伍者经体检、政审合格后，村里便组织人敲锣打鼓送入伍通知书。正式入伍的前一天，举行欢送仪式。本人及父母均戴大红花，由村干部、邻居、亲友、学生组成的欢送队伍，直送到乡政府集中；乡政府于当晚举行晚宴和电影晚会，招待新兵、家属和村干部等送行者；次日又组织队伍隆重欢送至车上。其后村里又特别注意做好军属优待工作；退伍回乡之后又做好妥善的安置。入学也是如此。自1991年始，村委会就设立奖学金制度，凡考取中专、大专户口迁出者，一名学生年奖100元。每年正月初一上午，村二委组织乐曲队，吹吹打打把100元钱送到学生父母手里，有如旧时中状元一样荣耀。2002年移村前，就有20多人得此奖励。2006年起又由百元提高到千元。无论是参军入伍还是上学离村、外出工作者，哪怕是走到天涯海角，谁能忘怀得了曾经历那么激动内心、浓浓乡情的那一幕？正如一在外工作的乡友于一首《雨夜家思》中所写的："不知为何，异地的天总没有故乡的蓝，水也没有故乡的清澈……我只是一只被放飞的风筝，无论身在何方，心灵的绳索，永远拴在故乡高大笔直的枫树上。"人们的爱乡爱国情怀不就是从这里生发出来的么？

新的《白沙村志》就要付印了。志以村名，村以志传。白沙村已经是现代城镇型示范村，愿村志在推进这个示范村的建设和发展上再给上一把力，把白沙村建设得更加美好！

诸葛计2011年5月于北京天通苑五桐斋，时年七十又二

（原载《浙江方志》2013年第4期）

（《白沙村志》，毛东武主编，方志出版社2012年版）

10. 山西临川县《礼义村志》序

九十年代初，中国社会科学院方志资料中心成立之初，该中心负责人赵家朱女士曾有垂询，对新方志的收藏有什么意见或建议？我当时曾给她写过一个书面意见，其中说到，如果经费充足应当全收；如果限于经费需要分批购入，则先从乡、镇、村等小志入手。除了这些小志多数是自编自印、一般印数都不大，出版不久便难以寻觅之外，还有一个重要的原因，便是乡、镇，尤其村，是构成中国社会的细胞。这些最基层的志书，能更深入具体地反映中国社会发展变化的历程，对农村社会的研究具有县级以上志书难以替代的作用与价值。至今，我仍持这样的看法。这或许就是我对《礼义村志》的编修也予以关注的一个原因。

礼义，是山西陵川县西北部一个较大的村庄。与中国许多的其他村镇相比，这个村子突出的特点，一是历史悠久，文化积存丰厚，文物古迹遍布村境。建于西村的吉祥寺和村中的崔府君庙，都是金代建筑，同为国家级文物保护单位。一个村庄之内就有两个"国保"单位，在全国不说是仅见，起码也是罕见的了。二是以民风淳朴，"知书识礼，信守节义"而著称，故名礼义。一方面是耕读传家的传统影响，"带经而锄者，四野相望，虽闾巷细民，亦能道古今，晓文理"。另一方面是中国传统文化思想在这里的流变也值得注意。早在四百多年前，村上的钱庄、当铺、盐店、商号、客栈等就达200多家，前来经商者几乎来自大半个中国。本村居民除了务本力田外，还有下煤窑、搞冶炼、开店经商、肩挑贸易，形成农、工、商兼营的格局，这与历来的"重农抑末"传统又不尽相同。三是十一届三中全会以来，改革的步子跨得较大，是较早跨入小康的村子。

村志在对本村历史与现状的记述中，是较好地反映了她的历史进程、体现了上述特点的。对生产规模、生产和生活方式的逐步改变，各项新事物的出现和推广过程，都条理分明，让人清晰可见。尤其是志书中偶有的点睛之笔，更体现了编纂者的忧患意识与策论之见。在不过 2000 字的《概述》中，除了述及礼义足以骄人之处外，用了近 1/5 的篇幅陈述了值得忧患的种种表现，又用了近 1/8 的篇幅，提出了如何改变这种状况的策论。又如，在《公共设施》节的"供水 排水"目下，指出"污水排放工程，尽管埋设了几条管道，基本上还处于一种洪、污共流或一种自流状态"。还如，《种植业》节的"肥料施用"目下的"现在普遍存在的一个问题是，农家肥已被打入'冷宫'，沤制农家肥的传统很可能从此绝迹。"等等。本届修志时，山西《阳城县志》主编刘伯伦先生于 1993 年曾提出，地方志要反映忧患意识，并认为"只有具备忧患意识的知识分子，才配做修志工作者；只有深思远虑、高瞻远瞩之人，才配做志书的主编。"笔者对此是极为赞成的，并认为这是本届修志中的一项重要的理论收获。村志也是较充分地体现了这种思想的。

村志初稿写成之后，振山曾邀约曹振武先生和我参加志稿评点。曹老和我除充分肯定其优长之外，也提出了一些不足，如作为一个历史如此悠久村子的村志，解放前的历史内容还有待充实，个例的典型资料还稍显不足，《丛录》中的"历代碑文"未作现代标点等。或者资料难以收集以及其他一些特殊的具体原因，未能补充、改进，留下了一些遗憾，这也是无可奈何的事情。

村志主编张振山是本村人。由他主编的《陵川县志》于 1999 年初出版之后，又以近一年的时间，主编了这部村志。据悉，此志完成之后他还将着手《锡崖沟志》的编纂。其所以能如此，除了他对方志事业的执著之外，更来源于他对故乡的赤子之情。他从参加工作 40 年来未曾离县，对县内事业的忠诚及其所经受的磨难，绝非常人所能想象。如果将其事迹如实写出，那将会是感人至深的。笔者从各种渠道听到的一些片断之中，就不由自主地时而鼓掌，时而担忧，时而为之含泪。

受振山同志的坚请，更为他们村修志诸同仁的执著精神所感动，写了上面这些，聊以为序。

2001 年 11 月 11 日

（《礼义村志》，张振山主编，2001 年 11 月内部印行）

11. 广西桂林市灵川县《灵川镇东唐氏家谱》序

　　不佞乃退休林下十有余载之寂寂病翁。于无聊之际，偶承旧时桂中同班学友唐尚炜（适中）兄，以其"乐在其中，苦在其中"、孜孜矻矻所纂就之《灵川镇东唐氏家谱》赐读，并掷函略谓："与其成书后给人常笑，还不如在此前给我的老同学……先笑，免除后笑"，云云。

　　受责捧读一过，顿使昏花老眼为之一亮，感奋与欣羡之情油然而生，果然难抑击案大笑。语者或谓，一普通《家谱》而已，何羡之有？何笑之有？不敏敬陈，可羡可笑者略有二焉：

　　一曰：吾兄专素所修习及泰半生孜孜所业者，乃"昼仪陈景润，夜梦华罗庚；心默九九表，口念勾股弦"，为"人之患"。至"老了"，"身体还硬朗"，"趁脑子还不糊涂"之机，硬是"干起了属文之事"，"经过近五年时间的努力"，终修成一姓"七十多年"之家谱（此引均其来函及《谱·前言》中语）。于我等同学之中，竟成长有精理通文，业兼两界，俱有所成之双栖学者。作为旧友，岂不为之欢欣鼓舞，开怀大笑而特笑者乎？

　　二曰：以所成之谱视之，有图有照，有表有文，仅就技术形式而言，对旧谱牒已是一大改进。尤可贵者，修谱者之思想观念，能与时俱进，弃旧图新。其最彰著者莫过于两则：一为突破旧式谱牒谱男不谱女之通则，改而为"（凡）我族出生的女子，录至结婚生子为止"。二为扬弃离时远去，"不准接养异姓承继及招赘情事"之旧规，实行"不受本（旧）家规影响。招赘者、改姓者视同宗亲"。如此卓见，如此行事，显其已居今世修谱之前沿，树时代新谱之楷模矣，夫复何疑。此非时代之幸，尤为中国谱牒发展史之幸乎？为之大笑者又岂因其为学友朋侪而已哉？

　　家（族）谱之代代赓续，乃吾国悠久文化传统之一脉。就已物化之成书者不知凡几。虽历经浩劫，水火蠹蚀之灾，幸存者尚余数以万计。盖因诸谱所修时代不同，必然各具其时代之印记。以当今思想认识高度衡之，难免觉其有真实与舛讹同在，精华与糟粕并存。历史使然，无可如何者也。然以后之视今，犹今之视昔。要在于争处其时代之潮头，视前者有所进步而已。以笔者陋见，而今所修之新谱，似前述之弃旧图新，所在不乏，足慰先人。然是否已臻佳境，尚有可讨论否也？愚意以为，似尚有两端略可议者。

其一，未可以谱牒记述范围限得过于狭窄，应允许与地方志有所"搭界"。其实地方志书与家（族）谱，构成传统乡邦文献之两翼，相互间相通之处颇多。最大之共同点便是，均为记述自古及今特定人群活动之载体。其区别仅在于，地方志系以特定地域为范围，而家（族）谱则是以血缘群体别内外罢了。其共同之旨均在于"存史"、"教化"。鄙意历来以为，所谓存史，最主要就是存所记述范围内之先民们，对地方，对国家，对民族，对世界（全人类）作出贡献之史，记出他们创出之骄傲与自豪，用以激劝后人，便可起教化作用。

其二，如果前述之理解无大谬者，则家（族）谱之栏界则当适当宽松淡然一些。如历来所固守之"敬宗亲族"，可否拓为"敬宗睦邻"？一地既有宗族间之敬爱团结，又有乡党们之和谐共处，方有社会之稳定安宁，合力共创，此乃无须烦言之理也。又如谱中记述族属精英之时，于为官为宦，等高位崇，造福桑梓，声名显著者，固当尽述。但万毋堕入时下流行鄙薄的"官本位"之窠臼。于族里村坊间无闻众生之中，凡能体现中国传统美德之修桥筑路，赈济兴学，拾金不昧，见义勇为，热心公益，严己宽人，睦邻大度，敬老爱幼，助寡恤孤，身处逆境仍自强不息者，等等，亦当为之记述。果如是，则谱之激劝功能，自当更上层台矣。

尚炜兄仍沿我等乡里"强按牛头"之法严命为序，坚辞未获恩赦。本当限于本谱之内为言，奈扯东拉西之故习未改，说了如许仅沾点边之题外话。不知我兄以为然否？更不知读此谱之师友以为然否？是以为序。

五桐斋主诸葛计公历 2012 年 8 月 15 日于北京昌平天通苑双耕庐，时年七十又三矣

（《灵川镇东唐氏家谱》，2012 年 10 月有族印本）

12. 六翁辑点《历代邹县志十种》序

甲戌季秋某日上午，余至单位上班未久，中国地方志指导小组办公室便有一翁来访，谓有地方志书出版事宜亟须洽谈。余以职责攸归无可辞，遂奉茶侍座聆听之。初询所自，便令人顿萌欣慕之心。翁张氏信民，山东邹县人也。邹以孔子、子思、孟子诸大圣贤笃生其地，而声名播扬古今中外。华风所至，凡言及一地之人文鼎盛，孰不以获邹鲁之况喻为荣？余自蒙童时即闻有邹鲁之说。及长，览读古籍新书，方知诸处皆有以邹鲁自比者。诸如关西邹鲁、西南邹鲁、巴蜀邹鲁、东南邹鲁、海滨邹鲁、塞外邹鲁、小邹鲁等等，均曾于载籍寓目。今得亲见圣人梓里之文士，虽姓张而非姓孔、姓孟，亦聊慰平生之仰慕矣。

翁以来意略陈，则彼等重视乡邦文献之卓识、社会责任感及敬业精神，尤令人肃然而生敬意。张翁多年执教乡里，后事新县志之编纂。壬申岁以年届退休离岗，遂与本邑五翁合力，以三载有奇之岁月，备尝辛苦，辑成、整理、标点成《历代邹县志十种》。翁之此来，即为是书之出版而奔走也。其余五翁者，孔翁宪尧，太半生从教；刘翁凤桐，行伍出身，后事建筑工程技术工作；孟翁庆丰，中医药者；王翁轩，文物考古工作者；张翁延龄，早年从教，后事图书管理工作；并张翁而六焉。人或称彼等为邹县六怪，亦一雅谑也。

可敬者，六翁皆年逾耳顺。退休赋闲，本可优游自在，安度晚年。然仍本孔圣人之教，不知老之将至，相约而辑理邹之邑乘。凑集退休金，以老病之身，不畏艰苦，不惮拮据繁难，孜孜矻矻，终成就此不朽之功。如是之境界，如是之精神，宁不成为吾等后学者之楷模乎？余以感佩至深，遂为之谋划联络，冀觅一仅以薄微之利而乐于玉成其事之出版社。幸得中国工人出版社编辑刘岚君之鼎力相助，俾是书得以问世，真乃一大幸事也。

　　纂修新志，辑理旧志，乃吾国固有之优良传统，代代相续，莫不如斯。自本届修志以来，旧志志整理亦受到相应之重视。早于1981年7月，中国地方史志协会成立之时，会长梁公寒冰遂提出旧志整理之"几点意见"。翌年于武汉举行之座谈会上，即制定旧志整理之九年规划。越二年，中国地方志指导小组恢复未久，又召开专门会议，于其属下特设以地方史志协会副会长董公一博为主任、12位专家为委员之旧方志整理工作委员会，并落实具体近期计划与长远规划。各省、自治区、直辖市亦积极响应，纳入省市地方志工作范围之内。三数年间，工作虎虎生风，成就赫然。梁、董二公及诸委员之功，实不可没也。惜乎未久，董、梁二公相继乘鹤西归，是事遂乏主持，该委员会亦无人过问，仅以其名尚存而已。各省市该项事业，亦视各该方志部门领导之见识与重视之差异而大相径庭矣。所幸者，今中国地方志指导小组历经调整，已大大充实、加强。作为志界之一员，诚盼能从领导角度，部署相应力量，予以关心、推动，不致令是事之自流若目前之状也。

　　邹之有志，其来久矣，所修届次亦夥。唯今之所存者，仅半或泰半而已。80年代本届新修方志之初，邹县史志办公室乃修新与辑旧并举，于新修《邹县简志》完稿之同时，曾辑成《邹志旧志汇编》一书，于丙寅之秋印行，都50余万言。其法乃将当时所获之旧志，按专题资料分类而汇集之，其名实以《邹县旧志资料汇编》更为恰当。是书一出，颇获史志界之佳评。略谓"集九种邹县旧志为一书，去粗取精，分门别类，为整理出版旧的地方史志开创了一条新的路子"者也。

　　或谓《汇编》既已受人看重若此，作为该书两副主编之张延龄、张信民二翁，六年而后胡复重行辑点《历代邹县志十种》，尚有意义乎？余谓有之也。吾人皆当谨记先哲之教，尺有所短，寸有所长，凡事均需作辩证而观也。前之《汇编》，固有阅读、对照、参考、应用之便，然亦有分解割裂之嫌，令人难窥原书之全豹。今六翁本"一存二用"之旨而辑点之《十种》，采原书汇集之法，除作新式标点而外，各书面貌一仍其旧观，则又颇便展现各时期社会之风貌，及志书形式发展变化之崖略，尤为治方志史者寻理其发展变化脉络之必需。此又有其所长矣。

　　《十种》之可贵者，尤以新补入董公朴园之［道光］《邹县志稿》、臧公家祎之［民国］《邹县志稿》二书为最。前《汇编》纂集之时，以未获二书而深以为憾，直呼"归来兮《臧志》"。此憾今已由《十种》而弥补矣。董志之全书，乃王轩翁50年代末于城内一挂面铺中赎回，珍而藏之。此翁真有心人也。是志未刊，乃手抄稿本。翁见之时，店主正撕之用以包面条售人。如非翁之至，或迟数日而至，是书即不全泯人间，亦必残甚。今虽卷首不存，而志文尚属完整，宁非志林这一大幸耶？翁之功岂可没乎？臧志亦王翁早年获而藏之，虽仅为原书之十一，且零碎殊甚，经张翁延龄细心拼合、填描，遂至可读。此次一并补入，亦弥足珍贵矣。以是观之，《十种》之与《汇编》，自是各具千秋，长短可互补也。两书之并存，虽未可谓邹邑志书之全璧，然亦聊补遗珠之憾矣。

以六翁合391岁老病之躯，而成就此浩繁工程，自不可苛求其十全十美。白璧微瑕，在所难免。其昭显者如重标点而疏勘校，或致旧志原有错舛未纠，抵牾未理。又以新式标点运用之未彻底，偶有新旧混用，遂使版面未尽划一，头绪有欠明晰。个别句读亦有可商榷者。足见古籍整理之非易也。明乎此，则知承先辈之基础，学六翁之精神，是其所是，正其所非，臻于完善，乃吾辈后学者所当努力从事者也。

六翁之行是事，一无支助，二无经费。初期纸张文具，及往来信函所需，皆由各人微薄离、退休金中凑集，尚可应付。书之将成，其印刷出版之经费所需，于彼等不啻天文数字矣。正于无计可施之际，适逢邹县旅台同乡联谊会会长黄秉安翁归里省亲，闻说是事，遂衔命返台，就商于该会成员、孟子七十五代嫡孙、亚圣奉祀官孟祥协翁，暨乡友薛玉琨翁等，各皆慷慨解囊，集赀玉成是书之出版。三翁之乡情高谊，诚亦足多。辑点《十种》者，六翁也，共成是书者实九翁矣。

邹县史志办，先已辟旧志资料分类汇集之路子；邹县之六翁，今复开动员社会闲散力量进行旧志整理之先河。是皆无愧于邹鲁之风流矣。

弄文墨于孔孟之乡、邹鲁之地，何啻于舞刀关庙，弄斧班门，贻人之讥，自知难免。然受感于诸翁之作为，余亦在所不惜矣。

后学广西临桂诸葛计序于公元一九九五年岁次乙亥之七月

（六翁辑点《历代邹县志十种》，1995年由中国工人出版社出版，本文除载于志书外，又曾刊于山东《志与鉴》1996年第3期）

13. 雷坚著《广西方志编纂史》序

　　雷坚同志继《广西建置沿革考录》和《雷沛鸿传》两部专著出版之后，如今《广西方志编纂史》又要付印了。这在广西乃至中国方志史上，都是值得重视的一件事情。作为对中国方志史关注有年的一个老者，承蒙作者的不弃，将临付印前的全稿惠赐，得以先睹为快，实感幸甚。

　　是书虽自谦名为《广西方志编纂史》，实际并非仅述广西方志编纂的历史过程，它除了记述广西历代地方志书编纂状况（涵历代志书编纂组织、编纂过程、经费来源、评审方法和制度、数量统计、不同时段的地域分布、存佚情况以及志书的体例和内容特点等）及其发展轨迹之外，还尽可能地对一些具有代表意义的志书和修志事例进行分析、研究、考证、评价，述其成败得失，探求广西方志的发展规律。实际写成了一部较全面的广西方志通史。

　　正如梁启超先生在《清代学者整理旧学之总成绩·方志学》中，评论地方志书的价值时所指出的那样："以我国幅员之广，各地方之社会组织、礼俗习惯、生民利病，樊然殽杂，各不相侔者甚夥。而畴昔史家所记述，专注重一姓兴亡及所谓中央政府之囫囵画一的一般施设，其不足以传过去、现代社会之真相明矣……犹幸有芜杂不整之方志……供吾侪披沙拣金之凭借，而各地方分化发展之迹及其比较，明眼人遂可以从中窥见消息。斯则方志之所以可贵也。"与对中国历史的记述和研究状况相似，至今为止，对中国方志史的研究，也多还停留在全国性的宏观研究上。方志的历史也与中国的社会历史一样，由于不同地域社会经济发展先后不一，地域文化传统之差异等因素的影响，方志发展也同样有着区域的不同。对中国方志史进行区域性的全面研究，本书虽不能说在全国是开创性的第一部，但对广西这样一个祖国南大门的边陲之地，开发相对较晚的少数民族聚居地区志事的系统研究，却是具有开拓性的。正是由于广西历史和地域的这些特点，致使广西方志也有自己独有的特色。譬如带"土"字的府、州、县志及长官司志、土司志较他省为多；涉及"夷夏之辨"的边防、外事及官民抗击外来侵略内容的志书多；记载"贬官"、"谪宦"的名人多。本书对各个历史时期的记述和评论，都先从总览全国方志发展的概况入手，进而对广西方志的发展展开论述，从而体现出广西方志所具有的共性中的个性，这是难得的。

书中对在全国方志史研究中经常提到的多部志书中存在的疑问，如坐实其成书的具体朝（年）代等，经过研究，提出了自己较有说服力的看法。对前人的研究成果既尊重又不盲从，既有纠正，又有补充，既反映最新研究状况，又提出自己的研究所得，注意廓清一些著作中反复引证中存在的混乱，对广西历史上一些志书内容和编纂体例的特点作了较深刻的分析。这些无疑对全国方志史的研究都具有推动意义。对志书中一些编纂方法、编目设置、条目编写上的资料选择和运用的择优介绍，又可作为当前志书编纂的借鉴，从而又具有了现实的指导意义。书中还注意发掘了若干特别少见难得的资料，给予揭出，为其他学科的研究工作提供了研究素材。其意义就不仅只是有益于方志学史的研究了，而且进入了方志应用学的领域。

新中国成立以来的五十多年中，特别是20世纪70年代末以来的20多年里，出现了在中国方志史上规模最大的一个修志高潮。在这一轮的修志高潮中，不但其持续时间之长，开展面之广，修成志书数量之多，是历史上任何朝代都不可比拟的，而且创出了一套全新的修志模式，形成了其自身与历史不同的诸多特点。这些特点初作归纳，起码有于下诸端：一是出现了主持和指导全国修志中枢机构；二是中央政府正式颁布了修志法规，方志工作步入法制化、制度化的轨道；三是地方志书纂修与修志常设机构建设并进；四是在修志实践中培育了大批方志人才；五是修用结合，推动社会文明建设与学术研究的开展；六是修纂新志与整理旧志相结合；七是开门修志，广泛吸收各方面专家的参与，形成了党委领导、政府主持、众手成志的格局；八是修评同步，志书纂修与方志理论研究相结合等。要阐述清楚这些特点，是一部大书的任务，不是本文所能承担的。

在此只想结合雷坚同志的这部《广西方志编纂史》的出现，略说一下在修志实践中培育修志人才这一点。中国方志虽有近两千年的历史，但长期以来，从旧式教育到新式教育中，并没有方志专业方面的科系和课程设置。民国时期以来的一些知名方志学家，都是在学校完成其他专业学习之后，通过自学或从事方志工作和研究，才成为这方面专门家的。如大家所熟知的金毓黻，是北京大学国文系毕业的；黎锦熙是湖南优级师范学堂史地部毕业的；李泰棻是北京高等师范学堂史地科毕业的；方国瑜在北京师范大学和北京大学，都是专攻考据学的；朱士嘉在燕京大学是专攻目录学的；傅振伦是北京大学史地系毕业的，等等。

从民国时期到新中国成立后的 20 世纪 80 年代以前的高等教育中，虽有一些史地系的教师开设了方志学方面的一些课程，但都只是作为历史、地理学系的选修课程。不少学生学过这方面的知识后，由于新中国成立初期志事的一度中断，也很少有人专门从事此业者。故新中国方志事业开展起来之后，除了思想理论准备不足之外，就是方志人才的奇缺。

70 年代末开始的新一轮修志中，解决这个尖锐矛盾的办法，主要就是举办多种形式的培训班、研讨班。初期的培训班，让学员们初步了解了方志的基础知识之后，就是让他们在实践中去进行摸索，将自己摸索中得到的体会或遇到的问题，带到研讨班去讨论、交流，也就是常说的"以会带训"的方式。事实证明，这是一条行之有效的成功经验。正是通过这种方式，在 20 多年的实际工作磨砺中，铸就了中国历史上最庞大的一支修志队伍，许多人不但成为了合格的志书编纂者，而且在方志理论研究方面，有见地、有成果，成为了名副其实的方志专家。本书的撰著者雷坚同志就是其中的佼佼者之一。

如在本书《后记》中所言，她也是从参加复旦大学方志学专修班，才开始步入方志学殿堂的。从专修班回到工作单位之后，主编和参编了多部新志书、地情类著作和工具书、方志教材。继《广西建置沿革考录》和《雷沛鸿传》两部个人专著之后，而今又推出了洋洋 40 余万言的《广西方志编纂史》，还在国家和省级刊物上发表相关论文数十篇。在通志馆担任重要领导工作，又负责《广西通志》专志的组织、指导、编辑和编审任务，其工作量是可想而知的。就在抓《广西通志》这个主业工作之余，还完成如此繁巨的个人论著的撰作，其意志之坚，有如其名，用力之勤，不难想见。天道酬勤，足慰师友和激励后人。

雷坚同志正当大好年华，我们期待她有更多更好的大作相继问世。读书稿有感，略述如上，聊以为序。

2007 年 11 月 21 日于北京昌平天通西苑五桐斋

（《广西方志编纂史》，广西人民出版社 2007 年版）

14. 一部特色鲜明的区域方志史
——序陈泽泓《岭表志谭》

　　十多年前，当我们第一轮修志接近结束之时，笔者曾不自量力，试着对那轮的修志情况，进行一番回顾梳理，写了那本《中国方志五十年史事录》。在该书出版之时，感蒙陈桥驿先生欣然赐序鼓励。在那篇序文中，先生有这样的一句话："中国方志史上五次修志高潮，除第一次有《隋书·经籍志》的一段简短文字可稽，而第二次有《玉海》条目略获端倪外，其余从明嘉靖到民国，都无人进行总结评论，这是方志史上令人遗憾的空缺。"我体会，先生的这段话，是给中国方志界，提出的一个需要填补空白的重要课题，也是给我们这一代方志工作者开出的一道考题。体现了老一辈学者对当今方志界殷殷期望之情，这也是历史的期望。

　　自那时起，笔者便十分注意捕捉这份答卷应试者的信息。几年前，还曾推介过也是我们岭南学者的一部区域方志编纂史的专著。令人大为欣慰的是，而今陈泽泓先生又将他的答卷——一部名为《岭表志谭》的专著，呈献给了学界。这是一部高屋建瓴，又紧扣新志书修纂实际的、特色鲜明的区域方志史，是一部陈桥驿先生所期望的填补历史空白一类之作。它比至今所见同类的著作，规模都更宏大；内容覆盖面更广、时间跨度更长；有古今内容的巧妙筛选、结合，更注重当代修志经验教训的总结；对当前及今后修志都具更强的针对性和指导性。

　　在这几个"更"字当中，规模更大，见书便知，无须细说。就时间跨度而言，它上起东汉，下迄本书搁笔之时。这个时段，将来中原修志历史更久远的某个地区的同类著作，向上追溯，可能会超过它，但它毕竟已经追溯至岭南正式志书的发端。更主要的，它是上下统合、古今兼收并蓄的第一部。在古今内容的筛选及组合上，它采用了两种不同的形式，可以简称作前代和当代的两大部分。前代之部名为《广东名家修志录》；当代之部则名为《广东省首轮93部县区志评析》。前代部分的撰写形式，是以志家带志书。以不多文字的《前言》，简述广东方志概说之后，便选介了46位志家。综介各人所处的时代、人生经历、道德品性、学术范围、方志思想、修志实践。对于他们各人所修的志书，则重在揭示其各方面的特点，特别注意将它们放在历史的纵向和横陈的坐标系统之中加以考察。看它们各自的因陈创变，以及对后世的影响。从而确定其人其书，在方志史上的地位。对一些志书中，载录稀见的特有资料，也略加披露。颇利于用志者的按图索骥。

这部《岭表志谭》的重点，也是作者用力最深之处，是当代部分《广东省首轮93部县区志评析》，故在书中的顺序置在了前代部分之前。这个部分，从范围来说，它包揽了广东省第一轮所修的全部县区一级的志书，无一漏略。从每一部志书所涉及的方面来说，它详析了志书所有从冠名、凡例、篇幅、断限、图照、体式，直至每一种体裁、每一个部类、篇目、人物、表录及特例（特殊事物的处理方法），共开列了34个分项。再从他评析的着眼点来看，做到了宏微兼具，一一追述了各个专项的历史渊源、当下的普遍共识，在第一轮修志中有什么创变，理论探索研究状况若何，广东省县区级志书修纂中实际运用情况怎样，做得规范的有哪些志书、有哪几种表现形式？其中最优者是哪些？对于失范或做得不到位、即便是最差的典型也不加隐不讳，一一具名列出，指出其问题之所在。无论是择优还是指劣的典型，都不停留在就事论事上，而注意从总结经验教训的角度切入、展开，进而从实践升华到新方志理论研究的层面。在这些研究中，作者立足广东，又不局限于广东，敢于超出省垣，环视全国方志界。即使对当时全国名气很大的权威著作，甚至国家相关部门颁布或认可的指导文件（如《中国地方志工作暂行规定》等），也能持科学的、实事求是的扬弃态度，既肯定它们的历史功绩，也指出其局限性。更为难能可贵的是，作者很注意自己研究的实践性。他不但立足于广东省首轮已经出版93部县区志书的实际，而且也着眼于目前正在开展的第二轮，以及今后的修志。在其34个专项的评析之中，不少项内都设有"一点思考"、"几点启示"、"对第二轮修志的启示"、"第二轮修志的相关问题"等细目，以启迪后人，供后来者选择和思考。

写到这里，我自然就想到了第一轮修志的倡导者胡乔木同志，于1991

年10月17日听取中国地方志指导小组秘书长郦家驹汇报时，给出的一段指示："要提高这支专业队伍的水平，不能只讲大道理，而是要讲小道理。每个门类究竟怎么才能写好，需要分门别类提出来，让大家都能明白，怎样算好，怎样算坏，要用具体事例来说明，这样才能让从事地方志工作的人打开眼界……是不是可以考虑从旧方志中，选一些好的内容，选若干部分，选若干段，把它印出来，让参加修志的人看，让大家都知道，好的地方志应该是什么样，怎么才能算得上是一部好的志书。地方志指导小组应当运用发通报的办法，哪一部志书写得好的，可以通报全国。写得不好的，就要对它加以详细、具体评论，这种评论也通报全国。你们办培训班、讲习班，可以用这种通报为教材，让大家都知道怎么算好的志书，怎么就是写得不好的志书，现在不能只是空泛地讲志书质量问题。"对此我是十二万分赞成的，认为这样言之有物的培训，使学员面前有实例，可以摸得着，看得见，学得会，用得上。故我不但在不少地方都加以宣传，而且自己到各地讲课中，也尽可能地结合一些实例。可惜，当时限于自己的视野和水平有限，所选之例未必典型，分析也未必恰当。

现在来看《广东省首轮93部县区志评析》部分，它与乔木同志所讲的精神是完全吻合的，而且比乔木同志讲的更具体、细致得多了。从广东全省所有的县区志之中，精淘细理，择优捕拙。在志书的每项类目中，无论所举好的还是不好的典型，都不止三个两个，逐一给以既平实又独到的分析。再加上前述的那些"思考"、"启示"，简直就是一部十分理想的、理论与实践紧密结合的《方志编纂学》的优秀教材。可以预言，在未来的方志编纂中，其示范意义是不可估量的。

在下退休十数年来，盘桓京郊林下，观棋马路之傍。一日"三饱两倒"，优哉游哉，心智怠惰。不意今岁新春伊始，便奉岭南旧友泽泓兄电话垂命，令为其新著作一书序。初闻此言，不免于欢忻与惊骇俱来。欢忻者，喜友人等身著作高台之上，又添一巨著，更嘉惠我志林；惊惧者，自忖我何德何能？学术才思，道德文章，皆弗类也。仅诺愿先睹为快而已。

不日，书稿掷来，解包一看，书名居然是《岭表志谭》。立即就令我在脑际产生了两点感想：其一，是我这个出生、成长于岭南山区者，原来也可以称为"岭表山民"的；其二，是想到了一千多年前，唐五代间人刘恂撰写的那部《岭表录异》。据《四库全书总目提要》所说，是书原本久佚，今传之为从《永乐大典》辑出本。内容"记载博赡，而文章古雅。于虫鱼草木，所载尤繁。训诂名义，率多精核。"（卷70《史部·地理类三》，河北人民出版社2000年3月版第1891页）奈我私库无藏此书，上图书馆借阅，则因老病又加足疾，行动不便，又不会上网，故至今未得睹其概貌。然顾其名而思其义，当系专录千年前岭南地区之异物、异事，就不知还含载异人否也。窃以为，自唐末至今，绵历千有余载，世事沧桑，人文演进，其可以补录岭南之异者，又不知凡几。远的且不去说，就眼前这部《岭表志谭》作者陈泽泓先生，不就是一位人中"异者"吗？

近二三十年来，他在肩负领导职务，承担大量学术组织、指导工作，参与诸多社会活动的同时，努力笔耕，已出版个人专著16部，200余万字，合著8部，史志及古文化研究的论文近200篇。单只这样几个数字，就足以令学界昂首仰视的了。更可异者，是他居于中国改革开放前沿之地，身处经济大潮涌动之中。窗外传来者，尽是一片银票横飞之声，街头目染的，都是天南海北下海而来的淘金者。"熙熙攘攘，皆为利来"。作为年既轻，体又健，有相当学历、智力上上的一个壮汉，处在这物欲横流从未稍歇的浪潮中心，居然能意定神闲，耐得住寂寞，站得稳脚跟，目不斜视，耳不兼闻。为了传承岭南的传统文化，不惜冷凳寒灯，兢兢业业，孜孜矻矻，埋头耕耘于岭南这片史志文苑之中，做出了如许骄人的业绩。如果如他自称的"入行时间不长，学历不高，先天不足，多靠自学"，则其付出的艰辛又更当倍蓰矣。这难道还不是亿万中挑一的人间特异者吗?!

如果说，唐人刘恂的那部《岭表录异》，仅录物种，未录人事，要补录也不便违其原旨的话。为了切合"虫鱼草木，所载尤繁"的体例，只好先将这岭表泽泓，"异化"为一"跃龙"了。这并无丝毫蔑称之意。早在1973年3月，我在历史研究的好友张荣芳先生，南调广州中山大学成行时，于"饯行席上贺团园"之际，我就已有诗句劝慰他，"都门繁华休萦恋，岭南深水好藏蛟"了。岭表之地，水深林密，果然藏龙卧虎。一千八百多年前，先辈的朋友们雅称我的老祖宗为"卧龙先生"；作为一千八百年后他耳孙的我，将朋友中之俊杰者，尊之为潜龙、伏龙、盘龙、跃龙、飞龙，不亦可乎。幸师友们谅之。

五桐斋主 诸葛计

2013年3月9日于北京天通苑双耕庐，时年七十又四矣

（《岭表志谭》，陈泽泓著，广东人民出版社2013年版）

15. 《一代志坛——马克思主义方志学理论与实践》序

　　中国地方志的编纂已历千年以上，但是方志已否成为一门独立的学科，在方志学界还是见仁见智，争论多多。在上个世纪八十年代大规模开展起来的第一代社会主义新方志编纂中，提出建立马克思主义方志学的概念之后，又引起了一番新的争论。这些争论又都与方志领域中的一些基本理论的认识直接关联。显然，对于这些最基本的理论作出科学回答之前，要谈论将方志学作为一门独立的学科建立起来，是缺乏基础的。

　　从八十年代开始以来的上届修志工作至今已告基本结束。在这届修志中，凡有事业心的方志工作者，无不怀有对新方志学理论体系构建的雄心。故二十年来，不但修成出版了数以万计的各级各类志书，大大地丰富了中国方志的内容，而且在"十万之众"的修志大军之中，还培养和造就了一支人数可观的方志专业队伍和理论研究人才，出版本专业的理论专著数以百计。但冷静客观地分析一下也毋庸讳言，这些专著较多的都还是偏重于具体经验的总结和某些局部方面的理论升华，真正上升到学科建设的通论层面的还屈指可数。现在呈献在读者面前的这部甄人先生的《一代志坛——马克思主义方志学理论与实践》一书，在这个层面的著作之中占有一席之地是当之无愧的。

　　甄人，原名甄炳昌，原是中共广州市委宣传部文艺处长，1987 年起调任广州市地方志编纂委员会办公室主任、《广州市志》常务副总纂。我与甄人先生几乎同时步入志界，工作中我们联系较多，私交甚笃。他为人谦逊，乐于助人，事业心极强，尤其是刻苦钻研的敬业精神更是感人至深。他在主持全市地方志全面工作和担任市志总纂任务的双重重荷之余，还特别注重方志理论的研究。他先后在我主编的《中国地方志》和《羊城今古》等刊物上发表的一些颇具独到见解的文章，都曾在方志界引起过较大

的反响，受到过好评。1996 年 9 月他从主任的领导岗位退下来之后，随着
市志总纂任务的先后完成，又忙里偷闲，挤出时间潜心进行理论探索，在
颈椎病和迸发综合征的折磨之下，以惊人的毅力，撰成了这部凝十五年心
血的理论专著，献诸志坛，更是令人感佩。

　　这部著作分上下两大篇。上篇中，作者对传统的和当代的方志理论及
自己结合修志实践的理论探索，进行了相当系统的梳理辨析和研究总结，
诸如地方志的性质和特征、地方志的功能和作用、方志学的研究对象和任
务、方志学学科体系的构成、方志学的科学属性及其与其他学科的关系、
方志学的方法论问题等等。在这些梳理辨析和研究之中，他能慎思独断，
在许多地方发人之所未发，言人之未曾言，不少地方在前人的基础上有了
较大的推进。下篇则是自己领导市志办进行方志编纂的实践和管理经验的
总结，对于即将开展的新一轮志书的编纂，具有重要的参考价值，可以作
为培训教材之用。作者谦称自己这样做是为新方志学大厦构建添砖加瓦，
但实际已经是不仅在为马克思主义方志学的构建描绘了一幅较为成熟的蓝
图，而且已经在马克思主义方志学的构建中跨出了相当坚实的一步，在这
个学科的发展史上，占得了一席之地。这是笔者通读全稿之后所得出的一
个结论。

　　书的作者亲身经历了新中国第一次大规模的修志活动。这部著作的出
现，可以说是时代的产物，是作者的幸运。当然更是作者个人潜心努力的
结晶。躬逢其盛又正在认真总结第一届修志经验的有心人还大有人在。于
不久的将来，类似或者水平更高的著作也一定还有出现，这是我所相信
的，也是我所期盼的。

　　　　　　　　　2002 年 8 月 3 日于北京朝阳区华威西里社科院宿舍
　　（《一代志坛——马克思主义方志学理论与实践》，甄人著，方志出版
社 2002 年版）

三

附　录

未收入本集的文稿目录

史文（7篇）

1. 关于李自成最后归宿问题的重新探讨

（载《文史知识》1982年第1期；

《中国社会科学》英文版1982年第2期）

2. 郭沫若与中国农民战争史研究

（载林甘泉、黄烈主编《郭沫若与中国史学》），中国社会科学出版社1992年版。

3. 关于中国农民战争历史作用的初步考察

（载《中国农民战争史研究辑刊》第一辑，上海人民出版社1979年版。）

4. 从五代十国统治阶级上层的更新看唐末农民战争对经济发展的促进作用

（未刊稿）

5. 唐末农民战争战略防御阶段略论

（载《中国史研究》1980年第2期）

6. 关于中国社会及经济（自宋至1900年）中美学者讨论会概述

（载《中国社会科学》1981年第2期；

《中国社会科学》（英文版）1980年第2期）

7. 《中国封建地主阶级研究》（论文集）编者的话，中国社会科学出版社1988年版。

志文（39篇）

1. 中国方志史上两件划时代意义的大事

（载《中国地方志》2007 年第 9、11 期）

2. 方志工作应在国情教育中发挥作用

（载《中国地方志》1992 年第 1 期"评论员文章"）

3. 祝贺我国修志工作进入第二个十年

（载《中国地方志》1990 年第 1 期"评论员文章"）

4. 大胆的尝试 可贵的探索

——若干新志书中"党的领导作用"记述概说

（载《柳州今古》1992 年第 4、5 期；

《河北地方志》1993 年第 1 期）

5. 继承传统 服务当代 遗惠后人

——全国新编地方志成果展览巡礼

（载《中国地方志》1993 年第 2 期；《中国青年报》1993 年 3 月 16 日；《湖北方志》1995 年第 1 期；《上海修志向导》1995 年第 3 期）

6. 70 年代末以来新编地方志工作概述

（载《当代中国史研究》1994 年第 3 期；《中国历史学年鉴—1994》；《湖北方志》1995 年第 1 期；《上海修志向导》1995 年第 3 期）

7. 新中国方志五十年概说——《中国方志五十年史事录·自序》，方志出版社 2002 年版

8. 态度水平俱如斯 宁不受欢迎

—— 内蒙古地方志编委会副编审胡道源先生访谈录

（载《中国地方志》1995 年第 3 期）

9. 沉痛悼念梁寒冰同志

（载中国地方志）1989 年第 5 期）

10. 深切怀念曾三同志（编辑部文章）

（载《中国地方志》1991 年第 1 期）

11. 关于新志人物传编写若干问题的探讨

（载《天津史志》1995 年第 3、4 期；

《北京地方志》1996 年第 1 期）

12. 军事志编写与研究的几个问题

——在广州军区军事志研讨会上的讲话（2000 年 4 月）

13. 志林辑特

（载《广西地方志》1997 年第 1 期）

14. 志书续修与上届修志总结

（载《河北地方志》2000 年第 4 期）

15. 对志书续修的两点认识

（载《广西地方志》2002 年第 5 期）

16. 关于两届志书时代内容和时代特点的思考

——学习"十五大"文件之一得

（未刊稿，1997 年 12 月 23 日完稿）

17. 志书续修反映地方特色谈

（未刊稿，2001 年 8 月 14 日改完）

18. 续修志书中的"纠"字说

（载《中国地方志》2001 年第 1、2 期）

19. 方志资源与西部开发

（载《中国地方志》2000 年第 4 期；《广西地方志》2000 年第 4 期）

20. 阮元与焦山书藏

（载《江苏地方志》2009 年第 4 期）

21. 说方志中"杂志"的收藏价值（未刊稿，1995 年 12 月 17 日完稿）

22. 为地方经济腾飞和社会发展寻找"酵母"

——关于当代方志工作者社会职责的一点认识（未刊稿）

23. 新方志科学性与学术性述评

（未刊稿）

24. 打开河南省方志宝库的一把钥匙

——《河南地方志提要》再评（未刊稿）

25. 是书能令怯者勇

——新编《芷江县志》简评

（载《湖南地方志》1995 年第 1、2 期）

26. 对《伊克昭盟志》两个专卷试评

（载《中国地方志》2003 年第 6 期）

27. 一斑窥豹

——读《深圳市志·教科文卫卷》有得

（载《广东史志》2005 年第 4 期）

28. 给当代史志工作者的一份重要启示

——读《原罪——侵华日军在南京栖霞暴行录》有得

（载《江苏地方志》2007 年第 6 期）

29.《湘乡市志》印象谈

（载湖南湘乡县志办《史志之友》1991 年第 3—4 期）

30. 王景玉《方志新探》读后

31. 这样的研究文章可当作教材用

——读《广西地方志》2004 年第一期一组文章有感

（载《广西地方志》2004 年第 6 期）

32. 我对《中国地方志》的了解与认识

——在《中国地方志》创刊 30 周年座谈会上的发言

（摘发于《中国地方志》2013 年第 1 期）

33. 读《建德市志稿》

——在《建德市志》2008 年 12 月 23 日全国部分专家评审会上的发言，（载《方志专家品读〈建德市志〉》，大众文艺出版社 2011 年版）

34.《潮痕集》诗词选录 30 首

（载鞠盛主编《全国诗社诗友作品选萃》（第十集），民族出版社 1996 年版。）

35. 修志诗词选 7 首

（载柳成栋编《修志吟》，天马图书有限公司 2001 年版）

36. 序谢兴鹏《史海拾贝》

（2003 年内部印行）

37. 陈云华、赵燕秋著《方志实践与理论》序

（载陈云华、赵燕秋《方志实践与理论》，中国文史出版社 2010 年版）

38. 就《区志编纂刍议》一书稿致王腊波先生

（载王腊波《区志编纂刍议》，方志出版社 2011 年版）

39. 惭愧，还有许多未来得及说的话——《气宇永存·序》

（尚在出版中）

后 记

　　一部著作的《后记》，自然是记该著作写成之后的事。现在这个集子中的东西，写作的时间跨度有达三四十年者。故这则《后记》只好记整个集子编成之后的事。

　　这个文集选出送交出版社之后，与该书的责任编辑郎丰君博士交流中，面临着一个具体问题，便是全集注释方式的规范化问题。此集中各篇文章写作时间有先有后，运用的注法都是按该文章当时通行的格式。一条引文，先只要求注出书名和篇名就够了，如《新五代史·张全义传》；《新唐书·黄巢传》。其后又进到在篇名或页码前加上一个卷次，就算很完满的了。如《新五代史》卷62，《南唐世家》。无论是前一种，或是后一种的注法，与当今出版系统的规范要求，显然就相去甚远了。所以，我不得不遵照出版社的要求，将每条引文出处的版权要素和页码都一一补全。这事看似简单，实则颇为繁难。正是在这次核校之中，让我感触良多。突出的就是感到时代的飞速发展，科技的进步，对传统科研模式的冲击及其对研究方式带来的变革。

　　让我感触最深的第一点，是感到新一代的学人，欣逢全国新的文化高潮时期，他们的际遇比他们的先行者们，不知要幸运多少倍。当他们在步入科研道路时，只要去了解一下其前行者们苦读爬梳之万状艰辛，与自己面临的平台相比，定会倍感幸福的。我之所以认定他们会有这样的感觉，是因为这种幸福，连我只做这点点补注工作中也感受到了。回想四十多年前，我开始想触摸一下唐末五代这段历史时，最先读到的是清人彭元瑞注的《五代史记》。在感谢此书引我入门的同时，更佩服它所引证资料来源之广泛，单是宋以后的杂史、笔记就有三四十种之多。为了撰写我计划的"十国纪年"中的《吴越史事编年》、《闽国史事编年》及《南唐先主李昪年谱》等书稿时，为了追读其所引及的这数十种书，光是为将这些书的书目，从相关的类书、丛集中找到，就不知在历史所的图书室和《历史研究》杂志社的资料室，耗费了多少时日，下了几多功夫。至今回想起来都还感到头"大"。故这次要核对"史苑趾迹"中所引述到的那些资料，按"新规"重行补齐所注的要素时，我几乎一点也忘不了当年的辛苦经历。畏难情绪几乎让我产生了放弃整理出版的念头。

但出乎意料的是，为试着核校找补，再次走进离开二三十年之后的历史所阅览室，见到一个全新的书海时，真的使我惊呆了。各式各样大部头的新编类书、全集、集成、汇编及各式各样的工具书，叠架累室。让我只费了四五天时间，就基本做完了。令我更为惊异的是，我按原来旧式的手工操作，做完古籍部分资料核校的当天，为着一些新方志的资料，去请教仍在职的社科院图书馆的赵嘉朱教授时，她又为我打开了更新的一扇大门。她告诉我，她们馆的电子阅览室只有两三天就可正式开放了。在那里我所需要核查的内容，只要一键检索，就全都有了。三天后到该电子阅览室去一体验，果如其言。在所内阅览室几经反复都没有解决的几个难点，到电脑上一查便获，真可谓是易如反掌。先我而有所体验的所内一位老友曾对我说，按现在的设施，懒到只躺在床上就能搞研究了。我虽还没有达到他讲的那种体验，但确实初步感到，原先那种"牧人之侦亡畜"① 似的、苦不堪言的资料寻查办法，变得果然乐在其中了。新一代的学人们，他们一步入科研领域，便能运用这种新的科技成果，充分享受其中的乐趣，不正是他的幸运和幸福吗？

让我感触深的第二点，是我在查找相关资料过程中，每一步都得到热情的帮助。其中在中国社会科学院图书馆方志资料中心，受到的感动尤深。7月11日那天我一进馆，还未开言，一位青年先生便中止了自己手头的工作，很热情地问我需要什么帮助？我说明要查对涉及几十部新、旧志书的版权要素时，他接看所开的书目后，便客气地送上一杯茶水来，让我在阅览桌前稍候，就进内馆去了。不一会儿，便按书单一套套大书搬到了我的面前。我可以想象得到，这是既细碎又烦难的事。先要到电脑上检索书的有无、放在何处？单就搬动那庞大活动书架的运转，就是份不轻的体

---

① 叶绍钧先生在上世纪 30 年代初，编纂《十三经索引》的自序中说："第言注释，一语弗悉其源，则摊书寻检，目光驰骋于纸面，如牧人之侦亡畜，久乃得之，甚矣其惫。"转引自《陈桥驿方志论集》，杭州大学出版社 1997 年版，第 23 页。

力活。每一本几公斤重的精装大书，寻找、下架、上架（有时还需要借助凳子），无不既费心又费力。一些十数册、甚至数十册的平装书，还要找准相关的卷册。有时一种书就要来回往返好几次。当我在翻阅查找时，他一边擦汗，还一边为我辨认模糊不清的细字。整个过程，他都毫无倦意，更无厌情。使我不但没有一点思想负担，反而觉得温暖全身……最后，我想要他一张名片。他说没有名片，只留了一个电话。并十分客气地说："您这么大年纪，天气这么热，如果还有什么需要，打个电话就可以帮你查找！"就这样，我才知道，他是该资料中心的王建国先生。几句温馨的话语，让我更加感动。

讲到电话，让我又想到了社科院图书楼 1308 室和 010－85195265 的那个电话号码。这里是发生在今年 6 月 24 日又一件令人十分欣慰的故事。那天是到历史所阅览室查阅，中午在院部食堂进餐。席间偶与所内一位老先生说到，关于某名家一部著作的一个版本，居然没有找到。我们本来也只是随便聊聊而已。没有想到的是，坐在同桌对面正与自己朋友说话的一位年轻先生，却无意间听到了。待我们餐毕正准备离席时，他便走到我的面前，很客气地说："老先生，您要查书的那个版本，我可以给你找到。需要的话，可到图书楼 1308 室找我。"说着便把自己的姓名（甘大明）和电话给了我。我们可是素昧平生的哟。下午，我电话约着去见到他时，我所要的书已经摆在阅览室的一个空位上了。临了他还一再叮咛，有什么相关的需要，还可以随时电话找他。第二天又给我手机上发来短信，说他是院图书馆国际交流部的小甘，以后有资料查询方面的问题，可以随时联系。并留下了他的手机号。几天后，我要去电子阅览室阅读，求教于他时，果然他不但又陪我进去，并给我这个半电脑盲者以悉心的指导……

正是这几天一连串的故事，使我在心底里忽然叨念起一个"扶"字来。这是相当时间以来，在传媒上出现频率较高的一个字。二三十年前，常听到的是"扶上马，送一程"，说的是干部新老交替中的亲密关系。近年来，媒体上出现最多的便是，"路遇老人需要时，扶不扶?"的讨论。当然，答案都是肯定的多，社会绝大多数人也是这样做的。这是我们这个社会正能量的体现。我自己虽暂时还没有年老到在生活中，要旁边的人搀一下、扶一把的境地。但在学术道路上得到认识的，或不认识者搀一把，扶一下的际遇，是很多的。在我这次资料的核查中，要不是有这诸多年青朋友的帮扶，不知要多花几倍的时间，也不一定做到目前的这个程度。谁能说老人除了在行路之外，就不需要相搀、相扶？谁又能说老年人遇到难处时，不是时时处处都有出手相搀扶者？

在本书出版过程中，对我的帮扶，出手最勤，用力最大者，莫过于郎丰君先生了。当我还只作试探性联系时，便受到他极其热情的接待，并一再地对我表示，作为年轻人，为老一辈人帮一点力所能及的忙，是理所当然的。当稿子呈送到他手里之后，他对本稿所付出的心血，真使我既无比感激，又羞愧难当。大到整个段落，细到一个个标点，都给以悉心的修改。尤其对原稿中错别字改正，更是难以数计。诸如：以改予，像改象，藉改借，作改做，功改工，迳改径，纪改记，份改分，等等，不下数十处之多。不但为稿子剔除了硬伤，更为我在读者面前大大地遮了丑。这份感激情，我实在是难于用语言和文字加以表达的。

面对我们这个时代，面对我们所处的这个温馨的环境，真感到自己不该老去。真想反复高声吟唱："只恨此身生太早，未得多享盛世时！"如果能将我自诩的"70后"，变为全社会都理解的70后，该有多好啊！

诸葛计

2014 年 10 月 30 日于天通苑五桐斋